해심밀경소 제6 분별유가품 상
解深密經疏 分別瑜伽品第六

| 동국대학교 불교기록문화유산아카이브사업단(ABC)
본서는 문화체육관광부 지원으로 동국대학교 불교학술원에서 간행하였습니다.

한글본 한국불교전서 신라 8
해심밀경소 제6 분별유가품 상

2021년 11월 10일 초판 1쇄 인쇄
2021년 11월 20일 초판 1쇄 발행

지은이 원측
옮긴이 백진순
발행인 박기련
발행처 동국대학교출판부

출판등록 제2020-000110호(2020. 7. 9)
주소 04626 서울시 중구 퇴계로36길2 신관1층 105호
전화 02-2264-4714
팩스 02-2268-7851
Homepage http://dgpress.dongguk.edu
E-mail abook@jeongjincorp.com

편집디자인 꽃살무늬
인쇄처 네오프린텍(주)

© 2021, 동국대학교(불교학술원)

ISBN 978-89-7801-006-1 93220

값 25,000원

이 책의 무단 전재나 복제 행위는 저작권법 제98조에 따라 처벌받게 됩니다.

한글본 한국불교전서 신라 8

해심밀경소 제6 분별유가품 상
解深密經疏 分別瑜伽品第六

원측圓測
백진순 옮김

동국대학교 불교학술원

동국대학교출판부

해심밀경소解深密經疏 해제

백 진 순
동국대학교 불교학술원 조교수

1. 원측의 생애와 저서

1) 생애

원측圓測(613~696) 스님은 7세기 동아시아에서 활동했던 신라 출신의 위대한 유식학자 중 한 사람이다. 어린 나이에 입당入唐해서 일생을 중국에서 보냈는데, 그가 활동했던 시대는 중국과 신라의 정치적 격변기에 해당하고, 또 현장玄奘(600~664)이 가져온 많은 유식학 경론들이 새로 번역됨으로써 법상종法相宗이 형성되었던 중국 유식학의 전성기였다. 그는 규기窺基(632~682)와 더불어 법상종 양대 학파의 시조가 되었는데, 그를 따르던 도증道證·승장勝莊·자선慈善 등 신라 출신의 학자들을 그가 주로 주석하던 서명사西明寺의 이름을 따서 '서명파'라고 부른다.

원측의 행적을 알 수 있는 자료로는, 최치원崔致遠(857~?)이 찬한 「고번경증의대덕원측화상휘일문故翻經證義大德圓測和尙諱日文」(李能和의 『朝鮮佛敎

通史』에 수록, 이하 「휘일문」이라 약칭), 찬녕贊寧(919~1001)의 『송고승전宋高僧傳』에 실린 「당경사서명사원측법사전唐京師西明寺圓測法師傳」(T50, 727b4), 송복 宋復(?~1115?)의 「대주서명사고대덕원측법사불사리탑명병서大周西明寺故大德圓測法師佛舍利塔銘并序」(『玄奘三藏師資傳叢書』 권2(X88, 384b9)에 수록, 이하 「탑명병서」라 약칭), 담악曇噩(1285~1373)의 「신수과분육학승전新脩科分六學僧傳」 권23(X77, 274a21) 등이 있다. 이 중에서 찬녕과 담악의 자료에는 '원측이 현장의 강의를 훔쳐 들었다'는 설 외에는 구체적 정보가 없고, 많은 학자들이 여러 이유를 들어 도청설을 비판해 왔으므로 여기서는 더 이상 언급하지 않겠다.[1] 근래에는 주로 송복의 「탑명병서」와 최치원의 「휘일문」에 의거해서 원측의 생애 및 저술·역경 활동 등을 연구하는 추세다.

먼저 비교적 객관적이고 상세한 정보를 담고 있는 송복의 「탑명병서」에 의거해서 원측의 생애를 재구성해 보면 다음과 같다.

스님의 휘諱는 문아文雅, 자字는 원측圓測이며, 신라 왕손이다. 그는 3세에 출가해서 15세(627년)에 중국 유학길에 올랐다. 처음에는 경사京師의 법상法常(567~645)과 승변僧辯(568~642) 두 법사에게 강론을 들으며 구舊유식의 주요 경론을 배웠다.[2] 정관 연간正觀年間(627~649)에 대종문황제大宗文皇帝가 도첩을 내려 승려로 삼았다. 원측은 장안의 원법사元法寺에 머물며 『비담론毗曇論』·『성실론成實論』·『구사론俱舍論』·『대비바사론大毘婆沙論』 및 고금의 장소章疏를 열람하였는데, 모르는 게 없어 명성이 자자했다고 한다. 이후 현장이 인도에서 귀환해 그에게 『유가사지론瑜伽師地論』·『성유식론成唯識論』 등의 논과 이미 번역되었던 대소승의 경론을 주자 이에 대

---

1 조명기趙明基, 『신라불교의 이념과 역사』(서울: 경서원, 1982), p.159; 박종홍朴鍾鴻, 『한국사상사─불교사상편』(서울: 서문당, 1974), p.63 참조.
2 두 법사 중에서 법상은 섭론종攝論宗과 지론종地論宗을 두루 섭렵한 사람으로서, 왕후의 조칙을 받아 공관사空觀寺의 상좌上座가 되어 『華嚴經』·『成實論』·『毗曇論』·『攝大乘論』·『十地經論』 등을 강의하였다. 승변은 『攝大乘論』을 널리 퍼뜨린 사람으로서, 또한 조칙을 받아 홍복사弘福寺에 머물면서 『攝大乘論』·『俱舍論』 등의 주석서를 저술하였다.

해서도 금방 통달하였다. 이처럼 원측은 법상·승변 등에게서 구舊유식을 두루 배웠을 뿐만 아니라 현장의 도움으로 신역 경론에도 통달하였기 때문에 신·구 유식학 경론에 대한 포괄적 지식을 갖게 되었다.

그 뒤에 원측은 왕의 칙명을 받고 서명사의 대덕이 되었다. 이때부터 본격적 저술 활동에 들어가서, 『성유식론소成唯識論疏』 10권, 『해심밀경소解深密經疏』 10권, 『인왕경소仁王經疏』 3권, 『금강반야金剛般若』·『관소연론觀所緣論』·『반야심경般若心經』·『무량의경無量義經』 등의 소疏를 찬술하였다. 이뿐만 아니라 『대인명론기大因明論記』(『因明正理門論』의 주석서)와 같은 논리학(因明) 주석서도 찬술하였다. 원측은 성품이 산수山水를 좋아해서 종남산終南山 운제사雲際寺에 가서 의지하였고, 또 그 절에서 30여 리 떨어진 한적한 곳에서 8년간 은둔하기도 하였다. 이 시기는 나당羅唐 전쟁이 일어났던 시기(671~676)와 거의 일치한다. 전쟁이 끝난 후에 원측은 서명사 승도들의 요청으로 다시 돌아와 『성유식론』 등을 강의하였다. 당唐 고종高宗 말기(측천무후 초기) 중천축中天竺 출신의 일조 삼장日照三藏(Ⓢ Divākara : 613~687)이 장안에 와서 칙명을 받들어 대덕 다섯 사람을 뽑아 함께 『밀엄경密嚴經』 등을 번역할 때는 법사가 그 수장이 되었다. 또 무후가 실차난타實叉難陀(Ⓢ Śikṣānanda : 652~710) 삼장을 모셔다 동도東都인 낙양洛陽에서 신역 『화엄경』 80권을 번역하게 했을 때 증의證義를 맡았는데, 미처 마치지 못한 채 낙양洛陽의 불수기사佛授記寺에서 생을 마감하였다. 이때가 만세통천萬歲通天 원년(696) 7월 22일이었고, 춘추春秋 84세였다.[3]

그런데 이러한 원측의 생애와 학문 활동에 대해 한번 생각해 볼 점이 있다. 원측은 신라 출신 승려이지만 평생을 중국에서 활동하였고, 게다가 중국 불교적 색채가 그다지 강하지 않은 '법상유식法相唯識'이라는 교학을 연구한 사람이다. 우리는 그가 신라 출신의 유식학자라는 이유만으로 그

---

[3] 송복宋復의 「大周西明寺故大德圓測法師佛舍利塔銘(并序)」(X88, 384b12) 참조.

를 '신라 유식학'의 대변자처럼 간주하지만, 이와는 조금 다른 시각을 최치원의 「휘일문」에서 발견할 수 있다. 이 글은 문학적 미사여구가 많고 또 사료로서의 가치에 대해 논란이 있기는 해도 여기에는 원측을 좀 더 넓은 시야에서 바라볼 수 있게 해 주는 중요한 평가가 나온다.

우선 「휘일문」에서 눈에 띄는 대목은 원측의 선조에 대해 "풍향의 사족(馮鄕士族)이고 연국의 왕손(燕國王孫)"이라고 한 것이다. 여기서 말한 '풍향'에 대해 북연北燕의 집권 세력이었던 풍씨馮氏 일가가 모여 살던 지역을 가리킨다고 하는데, 말하자면 원측의 선조는 '연'에서 한반도로 망명해 온 지배층이었다는 것이다.[4] 원측은 마치 원류를 찾아가듯 어린 나이에 당唐으로 유학길에 올랐다. 그는 특히 6개 국어를 통달할 정도로 어학에 소질이 있어 마침내 천축어로 말을 하면 되풀이해서 중국어로 말할 수 있을 정도였다. 그는 측천무후 시대에 왕성하게 활동하면서 무후의 극진한 대접과 존경을 받았다. 측천무후의 수공垂拱 연간(685~688)에 신라 신문왕神文王이 법사를 사모하여 여러 번 표문表文을 올려 환국을 요청하였으나 무후가 정중하게 거절하였으므로 끝내 돌아오지 못하였다.[5] 「휘일문」에서는 이러한 원측의 일생에 대해 평가하기를, "그 온 것은 진을 피해 나온 현명한 후손이고(避秦之賢胤) 그 간 것은 한을 돕는 자비로운 영혼(輔漢之慈靈)"이라고 하였다. 말하자면 불법을 선양하면서 평생 이역 땅에서 보낸 원측의 생애에 대해 '중국에서 망명해 왔던 어진 후예가 다시 중국을 돕는 자비로운 영혼이 되어 돌아간 것'이라 평한 것이다. 이러한 평가는 얼핏 사대주의적 발상의 일면으로 여겨질 수도 있지만, 법상학자 원측이 특정 지역

---

4 남무희, 『신라 원측의 유식사상 연구』(서울: 민족사, 2009), pp.42~50 참조.
5 원측의 귀국 여부와 관련해서, 이능화는 『三國遺事』의 "효소왕대孝昭王代(692~702)에 원측 법사는 해동의 고덕이었는데 모량리牟梁里 사람이었기 때문에 승직을 제수하지 않았다."라는 문구에 의거해서 원측이 잠시 귀국했지만 대우를 받지 못하자 다시 당에 돌아가서 임종했다고 추측하기도 하였다. 이능화李能和, 『朝鮮佛敎通史』 下編(서울: 寶蓮閣, 1972), p.166 참조.

에 한정되지 않고 동아시아라는 넓은 지평에서 활동했던 위대한 사상가였음을 새삼스럽게 일깨워 준다.[6]

2) 저서

원측은 규기와 더불어 법상종의 두 학파를 만들어 낸 장본인인 만큼 그가 찬술한 주석서들도 많다. 영초永超의 『동역전등목록東域傳燈目錄』(1094)과 의천義天(1055~1101)의 『신편제종교장총록新編諸宗教藏總錄』 등에 의거해서 원측이 찬술한 문헌들의 목록을 정리해 보면 다음과 같다.

○ 『인왕경소仁王經疏』 3권
○ 『반야바라밀다심경찬般若波羅蜜多心經贊』 1권
○ 『해심밀경소解深密經疏』 10권
○ 『무량의경소無量義經疏』 3권
○ 『백법론소百法論疏』 1권
○ 『이십유식론소二十唯識論疏』 2권
○ 『성유식론소成唯識論疏』 10권과 『별장別章』 3권
○ 『육십이견장六十二見章』 1권
○ 『아미타경소阿彌陀經疏』 1권
○ 『관소연연론소觀所緣緣論疏』 2권
○ 『광백론소廣百論疏』 10권
○ 『대인명론기大因明論記』 2권(『理門論疏』라고도 함.)

---

6 이상의 설명은 최치원의 「諱日文」을 참고한 것이다. 이 「諱日文」은 이능화李能和의 『朝鮮佛敎通史』 下篇(서울: 寶蓮閣, 1972), pp.167~168에 실려 있다.

이 외에도 송복의 「탑명병서」에는 '금강반야金剛般若에 대한 소疏'도 언급되었는데, 현존하는 목록들에는 나오지 않는다.[7] 또 『한국불교찬술문헌목록』에 따르면, 원측에게 『유가론소瑜伽論疏』(권수 미상)가 있었다고 하는데, 이 또한 기존 목록에는 보이지 않는다.[8] 다만 현존하는 둔륜遁倫의 『유가론기瑜伽論記』에 원측의 주석이 많이 인용되는 것으로 보아 『유가론』 전권은 아니더라도 일부에 대한 주석서라도 있었을 것이다.[9]

위 목록에 열거된 문헌 중에 현재 전해지는 것은 『인왕경소』와 『반야심경찬』과 『해심밀경소』이고 모두 『한국불교전서韓國佛敎全書』 제1책에 실려 있다. 그런데 산실된 것으로 알려진 『무량의경소』와 관련해서, 『천태종전서天台宗全書』 제19권에 수록되어 있는 연소憐昭 기記 『무량의경소』 3권이 원측의 저술이라는 주장이 일본 학자들에 의해 제기되었다.[10] 또 『성유식론측소成唯識論測疏』라는 표제가 붙은 집일본이 국내에 유통되고 있는데, 이 집일본은 혜소惠沼의 『성유식론요의등成唯識論了義燈』 등에 인용된 원측의 『성유식론소』 문장들을 뽑아서 엮은 것이다.

---

7 원측이 『金剛般若疏』를 찬술했다면, 그것은 아마도 『金剛般若經』이나 무착無著의 『金剛般若論』이나 천친天親(세친)의 『金剛般若波羅蜜經論』에 대한 주석서였을 것이다.
8 『韓國佛敎撰述文獻目錄』(동국대학교출판부, 1976, p.13)의 '圓測' 찬술목록에 "19. 瑜伽論疏 卷數未詳 失"이라고 하였다. 이것의 전거가 된 것은 『佛典疏鈔目錄』(大日本佛敎全書 第1冊 p.115)이다.
9 당대唐代 『瑜伽師地論』 연구사 안에서 원측이 차지하는 위상에 대해서는 백진순, 「『瑜伽論記』에 나타난 圓測의 위상」, 『東洋哲學』 제50집, 한국동양철학연구회, 2018), pp.273~298 참조.
10 이 주장을 맨 처음 제기한 것은 다이라 료쇼(平了照)의 「四祖門下憐昭 記 『無量義經疏』에 대하여」(福井康順 編, 『慈覺大師研究』, 天台學會 發行, 1964年 4月, pp.423~438)이고, 다시 그 논지를 더욱 상세하게 보완해서 기츠카와 도모아키(橘川智昭)가 근래에 「圓測新資料·完本 『無量義經疏』とその思想」(『불교학리뷰』 4, 금강대학교 불교문화연구소, 2008, pp.66~108)이라는 논문을 발표하였다. 필자가 판단하기에도 현담의 내용과 경문 해석의 문체 그리고 인용된 문헌의 종류 등이 『解深密經疏』와 거의 일치하는 점으로 보아 원측의 저술이 분명한 듯한데, 이에 대해 차후에 더 많은 연구가 필요하다.

2. 『해심밀경解深密經』의 이역본과 주석서들

1) 네 종류 이역본

『해심밀경解深密經(ⓢ Saṃdhinirmocana-sūtra)』은 유가행파瑜伽行派의 소의 경전所依經典으로서 유식唯識 사상의 근간을 이루는 기본 교설들이 설해져 있다. 원측 소에 따르면, 『해심밀경』에는 광본廣本과 약본略本 두 종류가 있었다고 한다. 전자는 십만 송으로 되어 있고, 후자는 천오백 송으로 되어 있다. 이 『해심밀경』은 약본이고, 약본의 범본梵本은 한 종류인데, 중국에서 다른 역자들에 의해 네 차례 번역되었고 그에 따라 경문의 차이가 생겼다.

첫째, 남조南朝 송宋대 원가元嘉 연간(424~453)에 중인도 승려 구나발타라求那跋陀羅(ⓢ Guṇabhadra : 394~468)가 윤주潤州 강녕현江寧縣 동안사東安寺에서 번역한 『상속해탈경相續解脫經』 1권이다. 이 한 권에는 두 개의 제목이 있는데, 앞부분은 『상속해탈지바라밀요의경相續解脫地波羅蜜了義經』이라하고, 뒷부분은 『상속해탈여래소작수순처요의경相續解脫如來所作隨順處了義經』이라 하며, 차례대로 현장 역 『해심밀경』의 일곱 번째 「지바라밀다품」과 여덟 번째 「여래성소작사품」에 해당한다.

둘째, 후위後魏 연창延昌 2년(513)에 북인도 승려 보리유지菩提留支(ⓢ Bodhiruci)가 낙양의 숭산嵩山 소림사少林寺에서 번역한 『심밀해탈경深密解脫經』 5권이다. 이 경에는 11품이 있는데, 여기서는 제4품(현장 역 『해심밀경』의 「승의제상품」)을 네 개의 품으로 나누었다.

셋째, 진조陳朝의 보정保定 연간(561~565)에 서인도 우선니국優禪尼國 삼장 법사인 구라나타拘羅那陀(ⓢ Kulanātha, 진제眞諦 : 499~569)가 서경의 사천왕사四天王寺에서 번역한 『해절경解節經』 1권이다. 이 경에는 4품이 있는데,

현장 역 『해심밀경』의 「서품」과 「승의제상품」에 해당한다.

넷째, 대당大唐 정관貞觀 21년(647) 삼장 법사 현장玄奘이 서경의 홍복사 弘福寺에서 번역한 『해심밀경』 5권이다. 이 경은 8품으로 되어 있는데, 「서품」·「승의제상품」·「심의식상품」·「일체법상품」·「무자성상품」·「분별유가품」·「지바라밀다품」·「여래성소작사품」이다.

이상의 네 본 중에서, 현장 역 『해심밀경』은 「서품」을 제외하고 나머지 7품이 『유가사지론瑜伽師地論』(T30) 제75권~제78권에 수록되어 있다. 또 다른 세 개의 본을 현장 역 『해심밀경』과 비교했을 때, 『해절경』에는 단지 맨 앞의 2품만 있고 뒤의 6품은 빠져 있고,[11] 『상속해탈경』은 맨 뒤의 2품에 해당하고 앞의 6품이 빠져 있으며, 『심밀해탈경』에 나온 11품 중에서 4품은 현장 역 「승의제상품」을 네 개로 세분한 것이다.[12] 다른 이역본에 비해 현장 역 『해심밀경』이 비교적 문의文義가 잘 갖추어져 있기 때문에 중국 법상학자들은 대개 이에 의거해서 주석하였다.

2) 원측의 『해심밀경소』

『해심밀경』의 주석서는 중국에서 여러 스님들에 의해 저술되었다. 앞서 언급되었듯, 진제眞諦(구라나타)는 『해절경』 1권을 번역하고 직접 『의소義疏』

---

[11] 『解節經』의 내용은 현장 역 『解深密經』의 「序品」과 「勝義諦相品」에 해당하는데, '서품'의 명칭을 빼고 그 내용을 '승의제상품' 서두에 배치시킨 다음 다시 『勝義諦相品』을 네 개로 세분한 것이다.

[12] 『深密解脫經』의 제2 「聖者善問菩薩問品」, 제3 「聖者曇無竭菩薩問品」, 제4 「聖者善淸淨慧菩薩問品」, 제5 「慧命須菩提問品」은 모두 현장 역 「勝義諦相品」을 네 개로 구분한 것이다. 이 품에서는 승의제의 오상五相을 논하는데, 처음의 두 가지 상(離言·無二의 상) 과 나머지 세 가지 상을 설할 때마다 각기 다른 보살들이 등장하여 세존 등에게 청문請問하기 때문에 별도의 네 품으로 나눈 것이다.

4권을 지었는데,[13] 이것은 오래전에 산실되었으며 단지 원측의 인용을 통해 일부의 내용만 간접적으로 확인해 볼 수 있다. 또 현장 역 『해심밀경』에 대한 주석서로는 원측의 『해심밀경소』 10권이 있고, 이외에도 영인슞因의 소疏 11권, 현범玄範의 소 10권, 원효元曉의 소 3권, 그리고 경흥璟興의 소도 있었다고 하는데,[14] 현재는 원측의 소만 전해진다.

원측의 『해심밀경소』는 『한국불교전서』 제1책에 실려 있는데, 이는 『만속장경卍續藏經』 제34책~제35책을 저본으로 하여 편찬된 것이다. 이 책은 총 10권이고 본래 한문으로 찬술된 것인데, 그중에 제8권의 서두 일부와 제10권 전부가 산실되었다. 이 산실된 부분을 법성法成(T Chos grub : 775~849)의 티베트 역(『影印北京版西藏大藏經』 제106책에 수록)에 의거해서 일본 학자 이나바 쇼쥬(稻葉正就)가 다시 한문으로 복원하였고,[15] 이 복원문은 『한국불교전서』 제1책에 함께 수록되어 있다. 또 1980년대 관공觀空이 다시 서장西藏의 『단주장丹珠藏』(T Bstan-ḥgyur)에 실린 법성 역 『해심밀경소』에 의거해서 산실되었던 제10권(金陵刻經處刻本에서는 제35권~제40권에 해당)을 환역還譯하였고,[16] 이 환역본은 『한국불교전서』 제11책에 수록되어 있다.

원측의 『해심밀경소』의 찬술 연대에 대해 측천무후가 주周를 건국한 690년 이전이라는 데는 이견이 없는 듯하다. 그 이유는 『해심밀경소』에서는 '대당 삼장大唐三藏'이라는 칭호를 여전히 쓰고 있는 데 반해 측천무후 시대에는 현장을 대당 삼장이라 하지 않고 '자은 삼장慈恩三藏'이라고 칭하기 때문이다. 따라서 원측의 소는 늦어도 689년까지는 찬술되었어야 한

---

13 앞서 언급되었듯 『解節經』은 현장 역 『解深密經』의 네 번째 「勝義諦相品」만 추려서 번역하여 증의證義를 본 다음 직접 소를 지은 것이다.
14 『法相宗章疏』 권1(T55, 1138b8); 『東域傳燈目錄』 권1(T55, 1153a22) 참조.
15 이나바 쇼쥬(稻葉正就), 「圓測·解深密經疏散逸部分의 研究」, 『大谷大學研究年報』 제 二十四集, 昭和 47.
16 관공觀空 역, 『解深密經疏』, 中國佛敎協會.

다. 그런데 그 상한선에 대해서는, 원측의 소에서 "지파가라(日照三藏)가 신도新都에서 번역할 때……"라는 문구 등을 근거로 해서 지파가라가 장안에 온 681년 이후라고 보는 학자도 있고,[17] 원측의 소에서 동도東都인 낙양을 신도新都라고 칭하고 있음을 근거로 해서 당唐 고종이 죽은 이듬해인 684년 이후라고 보는 학자도 있다.[18] 요컨대 빠르면 681년이나 684년에서 늦게는 689년까지 찬술되었을 것으로 추정된다.

3. 『해심밀경소解深密經疏』의 특징과 내용

1) 원측 소의 주석학적 특징

원측은 경전의 문구를 철저하게 교상敎相 혹은 법상法相에 의거해서 해석하는 전형적 주석가다. 그는 '삼승의 학설이 모두 궁극의 해탈에 이르는 하나의 유가도瑜伽道를 이룬다'는 관점에서 각 학파들의 다양한 교설들에 의거해서 경문을 해석한다.[19] 그의 사상을 흔히 '일승적' 혹은 '융화적'이라고 간주하는 일차적 이유를 여기서 찾을 수 있다. 이러한 원측의 태도는 『해심밀경소』에 가장 두드러지게 나타나는데, 그 특징을 몇 가지로 정리하면 다음과 같다.

---

17 남무희, 앞의 책, p.120 참조.
18 조경철, 「『해심밀경소』 승의제상품의 사상사적 연구」, 이종철 외, 『원측의 『해심밀경소』의 승의제상품 연구』(한국학중앙연구원출판부, 2013), pp.167~168 참조.
19 원측의 경전 주석학에서 나타나는 종합의 원리는 유가행파의 '유가瑜伽의 이념'에 이미 내재되어 있다. 이에 대해서는 졸고 「원측의 『인왕경소』에 나타난 경전 해석의 원리와 방법」, 『불교학보』 제56호(동국대학교 불교문화연구원, 2010), pp.151~153 참조.

먼저 원측의 해석에서 가장 두드러진 특징은 정교하고 세분화된 과목표에 의거해서 경문을 해석한다는 것이다. 경전 해석에서는 과목의 세부적 설계 자체가 그 주석가의 원전에 대한 독창적 해석이라 볼 수 있다. 왜냐하면 어떤 주석가가 경전의 문구를 어떤 단위로 분절하는가에 따라 그 경문의 해석이 달라지기 때문이다. 원측의 과목 설계는 삼분과경三分科經의 학설에 따라 경문 전체를 크게 세 부분으로 나누는 데서 시작된다.[20] 맨 먼저 삼분의 큰 틀 안에서 다시 계속해서 그 하위의 세부 과목들로 나누어 가면 하나의 세밀하게 짜여진 과목표가 만들어진다. 원측이 설계한 『해심밀경소』의 과목표만 따로 재구성해 보면 다른 주석서의 그것과 비교할 때 타의 추종을 불허할 정도로 정교하게 세분화되어 있고, 또한 그 과목들 간의 관계가 매우 정합적이고 체계적이다. 이 과목표에 의거해서 경문들을 읽어 가면, 마치 하나의 경전이 본래부터 그러한 정교한 체계와 구도에 따라 설해진 것처럼 보인다.

원측 소의 또 다른 특징은 그의 주석서가 방대한 백과사전적 형태를 띤다는 점이다. 그는 정교한 과목 설계에 맞춰서 모든 경문을 세분하고 그 각 문구에 대한 축자적 해석을 시도한다. 이러한 해석 방식을 거치면 하나의 주석서는 다양한 불교 개념들의 변천사를 일목요연하게 보여 주는 불교 교리서로 재탄생한다. 이 과정에서 문답의 형식으로 얼핏 상충되는 것처럼 보이는 문구와 주장들의 조화를 모색하는데, 간혹 특정한 설을 지지하거나 비판하기도 하지만 대개는 삼승의 모든 학설들이 각기 일리가 있으므로 상위되는 것이 아니라고 결론짓는다. 그는 언제나 다양한 학파의 해석이 근거하고 있는 나름의 논리를 이해하려고 하였다. 이런 학문적 태도를 갖고, 한편으로 하나의 경문에 대한 대소승의 다양한 해석들

---

[20] 삼분과경三分科經에 대해서는 뒤의 '2) 경문 해석의 구조 및 주요 내용'(p.17)에서 다시 후술된다.

간의 갈등·긴장 관계를 보여 주고, 다른 한편으로 적절한 원리와 방법을 동원해서 그것들을 체계적 구조 안에 정리하고 종합해 놓는다.

또 마지막으로 언급될 중요한 특징의 하나는 그 주석서의 정교함과 방대함이 수많은 경론의 인용문들에 의해 이루어졌다는 점이다. 원측 소에서 문헌적 전거가 없이 자의적으로 해석하는 경우는 거의 없다고 해도 과언이 아니다. 우선 눈에 띄는 것은 『해심밀경』의 경문을 그 경의 이역본인 『심밀해탈경深密解脫經』·『상속해탈경相續解脫經』·『해절경解節經』의 문구와 일일이 대조해서 그 차이를 밝힌 점이다. 또 그는 유식학자이기는 하지만 '유식唯識'의 교의에 국한하지 않고 대소승의 여러 학파나 경론들의 학설과 정의正義에 의거해서 그 경문의 의미를 총체적으로 보여 주고자 한다. 그는 여러 해석들을 종파별로 혹은 경론별로 나열하기도 하고, 때로는 서방 논사와 중국 논사의 해석을 대비시키기도 하고, 때로는 진제 삼장眞諦三藏의 해석을 길게 인용한 뒤 '지금의 해석(今解)'이나 '대당 삼장' 또는 '호법종護法宗' 등의 해석을 진술함으로써 구舊유식과 신新유식을 대비시키기도 한다.

원측 소에서 인용되는 문헌들의 범위와 수는 매우 광범위하고 방대해서 그 모든 인용 문헌의 명칭을 일일이 열거할 수 없을 정도다. 그러나 원측은 주로 종파별로 해석을 나열하되 그 종을 대표하는 논에서 주요 문장을 발췌하는데, 특히 소승의 살바다종薩婆多宗(설일체유부), 경부經部(경량부), 대승의 용맹종龍猛宗(중관학파), 미륵종彌勒宗(유식학파) 등 네 종파를 중심으로 기술하였다. 원측 소의 인용문을 살펴보면, 거의 대부분 직접 인용의 형태를 띠지만 때로는 원문을 요약·정리해서 인용하기도 하는데, 후자의 경우 간혹 문장을 구분하는 글자나 묻고 답하는 자를 명시하는 문구를 보완하기도 한다.

원측 소에서 각 종파의 견해를 대변하는 논서로 빈번하게 인용된 것은 다음과 같다. 먼저 살바다종의 학설은 『대비바사론大毘婆沙論』·『잡아

비담심론雜阿毘曇心論』·『구사론俱舍論』·『순정리론順正理論』 등에서, 경부종의 학설은『성실론成實論』에서, 용맹종의 학설은『대지도론大智度論』에서 주로 인용된다. 이에 비해 미륵종의 견해는 상대적으로 광범위한데, 대표적인 것은『유가사지론瑜伽師地論』·『현양성교론顯揚聖教論』·『집론集論』·『잡집론雜集論』·『변중변론辨中邊論』·『대승장엄경론大乘莊嚴經論』, 그리고 다섯 종류『섭론攝論』(무착의『섭대승론』과 그 밖의 세친·무성의『섭대승론석』이역본들)·『유식이십론唯識二十論』·『성유식론成唯識論』·『대승광백론석론大乘廣百論釋論』·『불지경론佛地經論』 등이다. 이 외에도 자주 인용되는 경은『묘법연화경妙法蓮華經』·『대반열반경大般涅槃經』·『대반야바라밀다경大般若波羅蜜多經』『대반야경大般若經』)·『십지경十地經』 등이다.

2) 경문 해석의 구조 및 주요 내용

원측의 경문 해석은 법상학자들이 일반적으로 수용하는 삼분과경三分科經에서 시작된다. 삼분과경이란 하나의 경전을 서분序分·정종분正宗分·유통분流通分 등으로 나누는 것을 말하는데, 이는 동진東晉의 도안道安 이후로 경전 해석의 기본 원칙이 되었다. 중국 법상종 학자들은 이 삼분을 특히『불지경론佛地經論』에 의거해서 교기인연분教起因緣分·성교정설분聖教正說分·의교봉행분依教奉行分이라고 칭한다. '교기인연분'은 가르침을 설하게 된 계기와 이유 등을 밝힌 곳으로서 경전 맨 앞의「서품」에 해당하고, '의교봉행분'은 그 당시 대중들이 부처님의 설법을 듣고 나서 수지하고 봉행했음을 설한 곳으로서 대개 경의 끝부분에 붙은 짧은 문장에 해당하며, 그 밖의 대부분의 경문은 모두 설하고자 했던 교법을 본격적으로 진술한 '성교정설분'에 해당한다.

그런데 이 삼분과경의 관점에 볼 때, 이 경의 구조에 대해 이견들이 있다. 그것은 이 경의 각 품 말미에 따로따로 봉행분들이 달려 있고 이 한 부部 전체에 해당하는 봉행분은 없기 때문이다.[21] 이런 이유로 '이 경에는 교기인연분과 성교정설분만 있고 마지막 의교봉행분은 없다'는 해석이 있고, 마지막의 봉행분을 한 부 전체의 봉행분으로 간주하면 '삼분을 모두 갖춘다'는 해석도 가능하다. 원측은 우선 '두 개의 분만 있다'는 전자의 해석을 더 타당한 설로 받아들였다.

교기인연분은 다시 증신서證信序(통서通序)와 발기서發起序(별서別序)로 구분된다. 증신서에서는 경전의 신빙성을 증명하기 위해 몇 가지 사항을 밝히는데, 이를 흔히 육성취六成就라고 한다. 원측은 『불지경론』에 의거해서 '총현이문總顯已聞·시時·주主·처處·중衆' 등 5사事로 나누어 해석하였다.[22] 발기서란 정설을 일으키기 전에 '여래께서 빛을 놓거나 땅을 진동시키는' 등의 상서를 나타냈음을 기록한 것이다. 『해심밀경』에서 교기인연분은 「서품」에 해당하는데, 이 품에는 증신서만 있고 발기서는 없다.

성교정설분은 「서품」을 제외한 나머지 일곱 개의 품에 해당한다. 원측에 따르면, 이 성교정설분은 경境·행行·과果라는 삼무등三無等을 설하기 때문에 일곱 개의 품도 크게 세 부분으로 나뉜다.[23] 「승의제상품勝義諦相品」·

---

21 이 『解深密經』은 특이하게 「無自性相品」, 「分別瑜伽品」, 「地波羅蜜多品」, 「如來成所作事品」 등의 끝부분에 각각의 봉행분奉行分이 있고, 이에는 "이 승의요의의 가르침(此勝義了義之敎)을 너희들은 받들어 지녀야 한다."라거나 또는 "이 유가요의의 가르침(此瑜伽了義之敎)을 너희들은 받들어 지녀야 한다."는 등의 문구가 진술된다.

22 『佛地經論』 권1(T26, 291c3) 참조. 중국 법상종에서는 흔히 이 논에 의거해 통서通序를 다섯으로 나누어서, ① 총현이문總顯已聞, ② 설교시說敎時, ③ 설교주說敎主, ④ 소화처所化處, ⑤ 소피기所被機라고 하는 경우가 있다. 이 중에서 '총현이문'은 육성취 중에서 '여시如是'와 '아문我聞'을 합한 것이다.

23 『解深密經』의 내용을 유식의 경境·행行·과果의 구조로 나누는 것은 유식학파의 전형적인 사고방식이다. 여기서 '경境(Ⓢ viṣaya)'은 보살들이 배우고 알아야 할 대상·이치 등을 가리키고, '행行(Ⓢ pratipatti)'은 그 경에 수순해서 실천하고 익히는 것을 말하며, '과果(Ⓢ phala)'는 앞의 두 가지로 인해 획득되는 결과로서 해탈과 보리를 가리킨다. 이 세 가지는 다른 것과 비교될 수 없을 만큼 수승한 것이므로 삼무등이라 한다.

「심의식상품心意識相品」・「일체법상품一切法相品」・「무자성상품無自性相品」 등 네 개의 품은 관해지는 경계(所觀境), 즉 무등의 경계(無等境)를 밝힌 것이다. 다음에 「분별유가품分別瑜伽品」・「지바라밀다품地波羅蜜多品」 등 두 개의 품은 관하는 행(能觀行), 즉 무등의 행(無等行)을 밝힌 것이다. 마지막의 「여래성소작사품如來成所作事品」은 앞의 경·행에 의해 획득되는 과(所得果), 즉 무등의 과(無等果)를 밝힌 것이다.

이상의 세 가지 경·행·과 중에서, 먼저 관찰되는 경계를 설한 네 개의 품은 다시 크게 두 종류로 나뉜다. 앞의 두 품은 진眞·속俗의 경계를 밝힌 것이다. 그중에 「승의제상품」은 진제를 밝힌 것이고, 「심의식상품」은 속제를 밝힌 것이다. 또 뒤의 두 품은 유성有性·무성無性의 경계를 밝힌 것이다. 그중에 「일체법상품」은 삼성三性의 경계를 밝힌 것이고, 「무자성상품」은 삼무성三無性의 경계를 밝힌 것이다.

다음에 관찰하는 행을 설한 두 개의 품도 차별이 있다. 앞의 「분별유가품」은 지止·관觀의 행문行門을 설명한 것이고, 다음의 「지바라밀다품」은 십지十地의 십도十度(십바라밀)를 설명한 것이다. 지·관의 행문은 총괄적이고 간략하기 때문에 먼저 설하고, 십지에서 행하는 십바라밀은 개별적이고 자세하기 때문에 나중에 설하였다.

마지막으로 획득되는 과를 설한 「여래성소작사품」에서는 여래가 짓는 사업에 대해 설명한다. 이치(경境)에 의거해서 행을 일으키고 행으로 인해 과를 획득하기 때문에 이 품이 맨 마지막에 놓였다. 여기서는 불과佛果를 획득한 여래께서 화신化身의 사업 등을 완전하게 성취시키는 것에 대해 설한다.

이상의 해석을 도표로 나타내면 다음과 같다.

三分科經	三無等	品 名	내 용	
敎起因緣分		「序品」		
聖敎正說分	無等境 (所觀境)	「勝義諦相品」	眞諦	眞·俗의 경계
		「心意識相品」	俗諦	
		「一切法相品」	三性	有性·無性의 경계
		「無自性相品」	三無性	
	無等行 (能觀行)	「分別瑜伽品」	止觀의 行門	總相門
		「地波羅蜜多品」	十地의 十度	別相門
	無等果 (所得果)	「如來成所作事品」	境·行에 의해 획득되는 果	
依敎奉行分			없음	

『해심밀경소』 품별 해제

분별유가품分別瑜伽品 해제

1. 유가瑜伽(S yoga)의 의미[1]

　동서양을 막론하고, 몸과 마음의 활동을 제어하는 어떤 방법을 통해 인생의 모든 고통과 속박에서 벗어날 수 있다는 견해들이 오랜 철학적 전통의 한편에 자리 잡고 있다. 인도 철학에서 그러한 전통을 대변하는 하나의 단어를 들자면, 그것은 아마도 '요가(S yoga)'일 것이다. 사실상 인도의 모든 철학적 통찰과 종교적 실천은 모두 '요가'를 바탕으로 한다고 해도 과언은 아닌데, 마찬가지로 불교의 모든 이론과 수행법도 '마음의 동요를 제거하고 해탈에 이르게 한다'는 요가의 기본 이념을 따르는 것이다. 그렇다 해도, 불교 내에서는 유독 유식학파唯識學派만을 '유가사瑜伽師(S yogācāra : 요가를 실천하는 스승들)' 혹은 '유가행파瑜伽行派'라고 칭한다. 그 이유는 이 학파에서 요가 체험과 불교적 교리를 결합하여 체계적 학설을

---

[1] 이 절의 내용은 백진순의 「요가(瑜伽, yoga)의 의미와 목적」(『불교학연구』 vol.16, 서울: 불교학연구회, 2007)을 요약·정리한 것이다.

완성하였기 때문이다. 그들의 요가 체험에 종교적 권위를 부여한 경전이 바로 『해심밀경解深密經』인데, 이 경의 「분별유가품分別瑜伽品」은 '요가의 완전한 의미(瑜伽了義)를 자세히 설명한 품'이다.

요가란 그 어원에서 보면 '마음을 하나의 경계에 묶어 두는 것(心一境性)' 즉 정신을 한군데에 집중하는 것을 뜻한다.[2] 그런데 이 단어는 많은 불교 경론에서 매우 다양하고 폭넓은 의미로 쓰였다. 따라서 중국의 번역가들은 간혹 '상응相應'이라 번역하기도 하지만, 대개 범음 그대로 '유가瑜伽(이하에서는 '요가'를 '유가'라고 칭함)'라고 음역하였다. 이 '유가'라는 개념은 유가행파에서 철학적·종교적으로 매우 중요한 의미를 갖는다. 아마도 이 유가의 의미와 목적을 살펴보는 과정에서 우리는 철학과 종교가 어떻게 하나로 조화될 수 있는가라는 매우 고전적인 질문에 대한 하나의 대답을 발견할 수도 있다. 앞질러 말하면, 그들에게 '유가의 길(瑜伽道)'이란 그의 철학적 통찰을 종교적 해탈로 이끌어 가는 최상의 방편으로서, 마치 그 안에서 지혜를 잉태시키고 점차 성숙시켜서 마침내 궁극의 보리를 탄생시키는 일종의 정신적 연금술과 같은 것이다.

그렇다면 유가행파 안에서 '유가'란 어떤 의미를 갖는가. 이와 관련해서 원측圓測을 비롯하여 중국의 주석가들은 대개 인도의 최승자最勝子 등이 지은 『유가사지론석瑜伽師地論釋』의 해석에 거의 전적으로 의지한다.[3] 원측은 그 논의 해석을 크게 두 가지로 정리하였다.

---

2 'yoga'라는 범음은 본래 '묶다', '결합하다', '통제하다'라는 뜻을 가진 범어 √yuj에서 유래한 말이다. 불교 내에서 이 용어를 매우 제한적 의미로 사용할 때는 '심일경성心一境性', 즉 선정·삼매의 다른 이름으로 사용된다.
3 인도의 최승자最勝子 등의 보살이 지은 『瑜伽師地論釋』은 『瑜伽師地論』의 가장 오래된 주석서인데, 현재는 당唐의 현장玄奘이 번역한 제1권만 전해진다. 이 논에서 '유가사지론'이라는 서명書名 중의 '유가瑜伽(Ⓢ yoga)'라는 단어에 대해 자세히 해석하였다. 이 논에서 특히 '유가'를 경境·행行·과果의 유가로 구분하여 설명하는데, 원측의 해석은 모두 그에 의거한 것이다. 『瑜伽師地論釋』 권1(T30, 883c23~884c23) 참조.

범음 '유가'는 여기 말로 '상응相應'이라 한다. 그런데 이 '유가'라는 것은, 『유가사지론석』에 의하면, 두 가지 해석이 같지 않다.

① 한편에서 말한다. 〈삼승의 경境·행行·과果 등['등'이라는 말은 능전能詮의 교법敎法을 똑같이 취급한 것이다.]의 모든 법들을 통틀어 모두 '유가'라고 설한다. 이 모든 것은 다 훌륭한 방편으로서 '상응'이라는 의미를 갖기 때문이다.……중략……〉

② 한편에서 말한다. 〈바로 삼승의 관행觀行을 취하여 '유가'라고 이름한다. 자주 진수進修하여 도리에 부합하고, 행에 수순해서 수승한 과를 얻기 때문이다. '경'과 '과'와 '성스런 교법'은 (그 순서대로) 유가(관행)의 경계이기 때문에, 유가의 결과이기 때문에, 유가를 (언설로) 나타낸 것이기 때문에 또한 유가라고 이름하였지만, 바로 유가 (그 자체는) 아니다.〉[4]

원측이 소개한 두 가지 해석(①과 ②)은 차례대로 광의廣義의 유가와 협의狹義의 유가를 대변한다. 간단히 말하면, 유가란 광의에서는 불교라는 이름으로 포괄되는 모든 이론·수행 등을 포괄하는 말이고, 협의에서는 특히 지관止觀을 가리키는 말이다.

① 유가를 가장 폭넓게 이해하는 경우, '삼승의 경境·행行·과果 및 그에 관한 성교聖敎'를 모두 '유가'라고 칭할 수 있다. 이 중에 '경'이란 소승·대승의 수행자들이 알아야 할 경계들이고, '행'이란 그 경계에 대한 앎에 의거해서 일으킨 대·소승의 갖가지 수행법들이며, '과'란 저 경계에 대한 앎과 행으로 인해서 획득되는 갖가지 지혜·공덕 등의 과果를 말한다. '성

---

[4] 『解深密經疏』 권6(X21, 298b1), "梵音瑜伽。此云相應。然此瑜伽。依瑜伽釋。兩釋不同。一云。通說三乘境行果等。【等言等取能詮敎法。】所有諸法。皆名瑜伽。一切竝有方便善巧相應義故。……一云。正取三乘觀行說名瑜伽。數數進修合理。順行得勝果故。境果聖敎。瑜伽境故。瑜伽果故。詮瑜伽故。亦名瑜伽。非正瑜伽。"

교'란 삼승의 경·행·과의 유가를 나타내는 언어 자체로서의 교설을 말한다. 이러한 삼승의 경·행·과 등이 모두 '유가'로 간주되는 이유는 '상응'의 의미를 갖기 때문이다. 우선, 삼승인이 알아야 할 이론적 경계를 알고, 그에 의거해서 관행을 일으키며, 다시 그 앎과 행에 반드시 그 결과가 뒤따른다는 측면에서 보면, 삼승의 경·행·과 간에 서로 상응하는 관계가 있다.

그런데 삼승의 경·행·과가 모두 '유가'라고 불리는 진짜 주요한 이유는 그것들이 공통적으로 바른 가르침(正敎)과 상응하고, 또 바른 도리(正理)와 상응하기 때문이다. 말하자면 삼승의 이론적 경계와 수행과 그 결과들은 교리적으로도 근거가 있고 논리적으로도 타당하기 때문에 모두 '유가'라고 칭한다. 본래 부처님의 바른 가르침(正敎)이란 부처님의 깨달음이라는 하나의 기원에서 비롯되는 것이며, 그 가르침과 상응하는 대소승의 모든 법들도 동일한 기원을 갖는다. 만약 삼승의 모든 법들이 부처님의 바른 가르침과 상응한다면 그것은 결국 부처님이 깨달았던 세계로 인도하는 길잡이 혹은 좋은 방편이 될 수 있다. 또한 삼승의 모든 법들이 미혹과 전도에서 벗어나 지혜와 해탈로 인도하는 방편이 되는 것은 바른 도리(正理)와 상응하기 때문이다. 이때 '바른 도리'란 특히 인과(因果)의 도리를 뜻하며, 어떤 진술들 간의 논리적 관계나 사건들 간의 인과적 선후 관계, 혹은 그런 세속적 인과에 대한 바른 지식과 수행이 원인(因)이 되어 궁극의 과果에 이르는 관계를 뜻할 수 있다.

이와 같이 광의의 유가라는 관점에서 보면, 삼승의 모든 경·행·과 등은 성스런 가르침과 상응하고, 인과의 도리와도 상응하며, 그리고 그 셋이 서로 상응하는 관계에서 우리를 궁극의 깨달음의 세계로 인도하는 거대한 '유가의 길(瑜伽道, ⓢ yoga-mārga)'을 이루는 것이다.

② 그러나 좁은 의미에서 보면, '유가'란 삼승의 경·행·과 및 그에 관한 교설 중에서도 특히 관행(觀行)(행유가)을 가리키는 말이다. 비록 '경'은 유

가(관행)의 경계이고, 과는 유가의 결과이며, 교설은 저 유가에 대해 표현해 놓은 언어적 수단이라는 점에서 모두 '유가'라고 통칭하였지만, 유가의 본질은 삼승의 관행, 즉 지止·관觀(S̄ śamatha-vipaśyanā)에 있다.

유가행파에서 '유가'는 일반적으로 지관을 뜻하며, 선정禪定·심일경성心一境性 등과 동의어로 쓰인다. 그 대표적 사례가 바로 『해심밀경』「분별유가품」이다. 품명에 나타나듯 이곳에서는 '유가의 완전한 의미', 즉 지관 수행의 모든 것에 대해 자세히 설명한 것이다.

2. 유가지관瑜伽止觀의 특징 및 의의[5]

1) 이언법성離言法性과 철학적 사색

유가행파의 정신을 엿보는 데 있어 유가지관만큼 적절한 주제는 찾기 힘들 것이다. 마치 중세의 신학자가 평생 신神과 그 피조물의 본성을 알고자 했던 것처럼, 유가행자들은 전심으로 세존의 말씀(교법)과 그 의미의 본성을 알고자 하였다.

만약 누군가 불교의 신봉자로서, '세존은 궁극적 깨달음을 이루신 분이고, 그의 깨달음에서 흘러나온 말씀은 결코 거짓일 수가 없으며 모두 참된 것이다.'라고 믿는다면, 그는 당연히 세존의 교설이 우리를 깨달음의 세계로 인도하는 좋은 방편이라는 것도 믿을 것이다. 유가행자들이 교법에 의지해서 지관止觀을 닦는 일차적 이유도 거기에 있다. 그들은 지관 안에서 지혜가 잉태되고 점차로 무르익어 마침내 최상의 깨달음에 이를 것

---

[5] 이 절의 내용은 백진순의 「유가지관(瑜伽止觀)에 나타난 의미[artha, 義]에 대한 고찰」, 『불교학연구』 vol.49, 서울: 불교학연구회, 2016)을 요약·정리한 것이다.

이라 기대한다.

이러한 유가행파의 정신은 「분별유가품」 첫머리에 단순명료하게 진술되었다. 여기서 세존은 보살에게 "교법에 의지하고 또 원願에 머물면서, 지관을 닦으라."라고 권한다. '교법에 의지하여 지관을 닦으라'는 것은, 세존이 설했던 모든 십이분교十二分敎의 교법을 관觀의 경계로 삼아서 그 의미에 대해 두루 깊이 사색해 보라는 것이다. 무릇 교법에 대한 사색은 무지의 어둠에 광명을 비추는 것이고, 그것만으로 어둠이 극복되지 않는다 해도, 위없는 깨달음(無上菩提)에 대한 '원'이 오랫동안 그를 이끌어 갈 것이다.⁶

그런데 불교 내에서 종파를 불문하고 공통적으로 받아들이는 하나의 자명한 사실이 있다. 그것은 바로 〈궁극적 진리는 세존의 깨달음 속에 직접 알려졌고 그래서 가지적可知的인 것임을 인정한다 해도, 그것은 사유로 알려지거나 말로 표현될 수 없다.〉는 것이다. 우리가 설사 승의제勝義諦, 법무아성法無我性, 진여眞如, 공성空性, 법성法性 등, 이러한 여러 이름들을 가지고 그것에 대해 사유해 본다 한들, 그 이름들과 결합된 어떤 관념만이 떠오를 뿐 궁극적 진리가 알려진 것은 아니다. 이처럼 궁극적 진리는 우리의 지성으로 파악되거나 말해질 수 있는 그 어떤 것도 아니며 그런 것을 무한히 넘어선다고 하는 사상은 『해심밀경』「승의제상품」의 '언어를 떠나 있는 법성(離言法性)'(이하 '이언법성'이라 칭함)에 대한 설법에도 분명하게 나타난다.⁷

---

6 『解深密經』「分別瑜伽品」의 서두에서 세존은 자씨보살에게 "법가안립法假安立을 의지하고(依), 또 무상보리 대한 원願에 머물면서(住), 대승大乘 안에서 지관을 닦으라."라고 권한다. 이 중에 '법가안립'이란 최상의 깨달음으로 인도하기 위해 임시로 설해 놓은 부처님의 모든 교설들을 가리킨다. 부처님의 모든 교설을 열두 가지 형식으로 구분해 놓은 것이 바로 십이분교十二分敎다. 『解深密經』 권3(T16, 697c14) 참조.

7 『解深密經』「勝義諦相品」에서는 '승의제勝義諦'를 다섯 가지 상(五相)을 따라서 관하라고 한다. 그런데 그 다섯 가지 상은 모두 '이언법성離言法性은 말해질 수 없는 것이다(不可

그러므로 교법에 대한 사색이 최상의 깨달음의 성취라는 종교적 목표에 기여하는 것이 되려면, 관행자는 그의 사색의 전 과정에서 시종일관 준수해야 할 일반적 제약의 원리로서 저 '이언법성'의 사상을 받아들여야 한다. 말하자면, 우리는 저 이언법성에 대해 '그것이 무엇이다'라고 규정할 수는 없고, 오직 '그것은 무엇이라고 말해질 수 없다'는 것을 알 수 있을 뿐이다. 그리고 그러한 사실을 더욱 분명하게 이해하면 할수록, 우리는 그와 비례해서 간접적으로나마 그것에 대해 더 잘 알게 되는 것이다. 이러한 원리는 교법에 대한 사색을 다음과 같은 방향으로 제약하고 인도한다.

① 먼저, 그 사상은 관행자가 '알아야 할 경계(所知境)'의 한계를 규정한다. 만약 이언법성은 '언설될 수 있는 그 모든 것을 넘어선다'는 사실을 통해서만 간접적으로 알려지는 것이라면, 바로 그런 이유에서 그가 지관 수행을 통해 '알아야 할 것(所知, 所應知)'이란 바로 그 언설된 모든 것, 즉 '일체법一切法'으로 한정된다.

② 또 그 사상은 관행자가 이제 사색하려는 바의 법(所思法)의 정체를 분명하게 일깨워 준다. 만약 일체법의 본성이 말해질 수 없는 것이라면, 사물적인 것이든 관념적인 것이든 혹은 그 밖의 어떤 것이든, 그것은 언설된 것인 한에서는 일차적으로 '언어'에 불과한 것이다.[8]

③ 또 그 사상은 관행자가 그의 사색 속에서 알려진 바의 일체법에 대해서도 최종적으로 어떻게 해야 할지를 알려 준다. 그것은 바로 이언법성의 세계로부터 거기에 속할 수 없는 모든 것, 즉 언어와 결합되어 있는 모

說)'라는 점을 다섯 가지 측면에서 달리 표현한 것이다.
[8] 『解深密經』「一切法相品」에서는 일체법에 변계소집성遍計所執性·의타기성依他起性·원성실성圓成實性 등 세 가지 측면이 있다고 한다. 이 중에 변계소집성은 언어적 허구와 동일시된다. 모든 법은 무엇보다 범부의 두루 헤아리는 마음(遍計)에 어떤 것이라 집착된 것(所執)이고, 그런 것으로서는 '변계소집성'이다. 이때 실체가 없는데도 범부의 마음 속에서 실재라고 집착되는 것은 사실상 하나의 '빈 이름'에 불과하다.

든 것을 분리시키는 것이다.

　이상에 따를 때, 우선 지관의 그 첫 번째 단계는 '일체법에 대해 사유한다는 것은 그 법을 가리키는 말(言 : 교법의 언어)에 대해 사유하는 것과 같음'을 인정하는 데서 출발한다. 그리고 일체의 교법과 그에 의해 지시되는 (혹은 나타나는) 의미의 세계에 대해 극진하게 사유하고 난 후에는, 다시 그 사색의 결과로 생겨난 새로운 상相들을 제거하기 위해 그것을 대치對治할 수 있는 각각의 공空을 관한다. 이러한 공관空觀으로 저 상들을 하나하나 제거해 가고, 최종적으로는 그 '공'에 대한 관념도 떠난다.

　요컨대, 이언법성의 사상은 유가지관의 전 과정에서 철학적 사색을 제약하는 근본 원리로 작용할 뿐만 아니라, 또한 그가 일체법에 대해 사색하고 난 후에 다시 그러한 사색의 결과를 초월하여 종교적 체험에 침잠하도록 이끌어 주는 길잡이의 역할도 하는 것이다.

2) 법法을 아는 것과 의미(義)를 아는 것

(1) 말과 의미의 본성

　[말의 본성] 유가지관의 중요한 특징 중의 하나는 불교의 언어철학적 통찰을 지관 수행에 그대로 접목시켰다는 것이다. 유가지관에서 '관觀(Ⓢ vipaśyanā)'이라 통칭되는 다양한 지혜의 활동(慧行)들을 실질적으로 이끌어 가는 것은 불교의 언어관이다. 앞서 말했듯, 일체법의 이언법성離言法性과 그에 속하지 않는 모든 것을 구분하는 결정적 기준은 '언어'다. 그 점을 숙지하는 관행자라면, 무엇보다 이언법성의 세계에 추가된 언어적 허구(假)들에 미혹되거나 헛되이 집착하는 과오를 경계해야 한다. 따라서 교법의 사색에서는 '말(言)'의 본성에 대해 알고, 또한 그 말로써 실제로 무엇이 이해되고 있는지를 아는 것이 무엇보다 중요해진다.

이런 맥락에서 유가지관瑜伽止觀도 크게 그 두 가지 방향으로 진행된다. 즉 법法(Ⓢ dharma)과 의미(義, Ⓢ artha)를 관하는 것이다. 여기서 '법'은 말 자체로서의 교법을 뜻하고, '의미'란 그 말에 의해 지시되는 (혹은 현현하는) 대상을 가리킨다. 부처님이 설했던 '일체법一切法'은 방대해도 '법(말)'과 '의미(대상)'라는 두 범주로 모두 포괄될 수 있다. 모든 교법은 일차적으로는 말이고, 그것이 하나의 말로 이해되는 것은 어떤 의미를 나타내기 때문이다. 따라서 '법'과 '의미'라는 두 범주로 일체법을 포괄해서 관하는 것이다.

우선, 교법의 본성에 대한 유가행파의 관점은 초기 불교의 언어관을 대부분 수용한 것이다. 불교도들에게 언어란 문자언어가 아니라 음성언어를 뜻하므로 모든 언어의 본체는 청각적 소리(聲)다. 그런데 우리가 어떤 소리를 하나의 '말'로 받아들이는 것은, 우리 의식이 그 소리 상의 특정한 음운굴곡音韻屈曲을 파악하면 그 음운들이 곧장 어떤 의미를 현현시키기 때문이다. 이러한 청각적 말소리 상의 특정한 음운 유형에 의거해서 이름(名)과 문장(句)과 음소(文)를 가립한다. 「분별유가품」 중에서 '법法'이라 한 것은 특히 명名·구句·문文을 가리키며,[9] 유가지관에서 '법을 관한다'는 것은 그 명·구·문이 하나의 의미를 현현하는 과정에서 각기 어떤 차별적 기능을 하는지를 잘 관찰하는 것이다.

'명名'이란 어떤 의미(대상)를 현현시키는 하나의 단어·이름을 말하는데, 경에서는 "오염법과 청정법에 대해 자성自性과 상想을 임시로 시설한 것"이라 하였다. 예를 들어 '사과'라는 단어가 어떤 것 자체(自性)를 한정시키는 역할을 하는 것은 그 이름과 특정한 관념(想)이 결합되기 때문이다.

---

[9] 불교 학파에 따라서 교체敎體(교의 본질)는 여래의 '음성(聲)'이라 간주하는 학파도 있고, 혹은 명名·구句·문文을 강조하는 학파도 있다. 혹은 그 네 가지 법을 모두 교체로 보기도 한다. 『解深密經』 「分別瑜伽品」에서는 특히 명·구·문을 중심으로 교법의 본성에 대해 설하였다.

하나의 단어와 그것이 상기시키는 관념의 결합 관계에 의거해서 우리는 모든 오염법과 청정법에 특정한 이름들을 부여하고, 다시 그에 의지해서 모든 것을 분별한다. 또 '구句'란 둘 이상의 단어를 조합하여 하나의 차별적 의미가 드러나는 것인데, 경에서는 "오염법과 청정법의 의미를 설하는 의지처"라고 하였다. 예를 들어 '사과는 빨갛다.'라는 문장에서 '사과'를 '빨갛다'고 한정함으로써 '빨갛지 않은 것'과 차별시키는 것처럼, 하나의 문장은 오염법과 청정법 상의 많은 차별적 의미들을 분명하게 드러내는 언어적 단위라고 할 수 있다. 또 '문文'이란 말을 이루는 최소의 음운적 단위인 '음소'를 가리키는데, 경에서는 "이름과 문장이 의지하는 바의 자字"라고 하였다. 예를 들어 '아'와 '버'와 '지'처럼 그 자체로는 아무런 의미를 지니지 않지만 그 음소들이 모여 '아버지'가 되는 것처럼, '문'이란 단어와 구를 명료하게 드러내 주는 음운적 단위이므로 '이름과 문장의 의지처'가 되는 것이다.

[의미의 본성] 말의 본성에 대한 사색은 이미 초기 불교에서부터 정립된 불교적 언어관을 바탕으로 한 것이기 때문에 유가지관의 특징은 오히려 '말의 의미(語義)'에 대한 사색에서 잘 드러난다. '의미'에 해당하는 범어 artha는 매우 다의적이다. 어원적으로 그 용어에는 의미, 대상, 경계, 목적, 가치, 이익, 사事 등 여러 가지 뜻이 있다. 유식학 논서에서 그 용어는 '경境' 혹은 '의義' 등으로 번역된다. 이것은 하나의 말에 의해 지시되는 (혹은 현현하는) 대상이라는 점에서는 말의 의미의 자리에 놓이고, 또 마음에 의해 인식되거나 사유되는 대상이라는 점에서는 경계·대상의 지위를 갖는다. 유가지관에서는 특히 교법의 언어에 의해 지시되는 (혹은 현현되는) 대상, 즉 말의 의미의 자리에 놓인 것을 '의義'라고 하였다.

「분별유가품」에서는 그 의미의 세계를 십의十義로 나누어 설명하거나, 혹은 오의五義나 사의四義나 삼의三義 등으로 나누어 설명하기도 한다. 자세히 나누거나 혹은 간략히 나누는 차이는 있어도, 어쨌든 그러한 분류에 의해 '일체一切'의 의미의 세계를 모두 포괄하였다는 점에서는 차이가 없다. 이 중에 열 가지 의미를 예로 들면 다음과 같다. 〈일체의 의미를 안다는 것은, 가령 ① 진소유성盡所有性, ② 여소유성如所有性, ③ 파악하는 주체(能取), ④ 파악되는 대상(所取), ⑤ 건립建立, ⑥ 수용受用, ⑦ 전도顚倒, ⑧ 전도 없음(無顚倒), ⑨ 잡염雜染, ⑩ 청정淸淨의 의미 등을 아는 것이다.〉[10]

우선, 유가행자라면 세존께서 교법으로 나타내려 했던 모든 것을 그 궁극에까지 사색하고 관찰해야 한다. 이것을 '진소유성'과 '여소유성'이라고 하는데, 그 두 범주를 아는 것이 의미의 세계에 대한 관찰에서 가장 핵심이라 할 수 있다. 이 중에 ① 진소유성이란 가령 오온·십이처·십팔계 등처럼 모든 물리적·정신적인 존재들의 외연 전체를 포괄하는 개념을 말한다. 이와는 달리, ② 여소유성이란 가령 '진여' 등과 같이 그 모든 것들에 내재하거나 관철되는 이치 등을 가리킨다.[11] 말하자면, 유가행자가 모든 교법에 의해 지시되는 (혹은 현현되는) 의미의 세계를 그 극한까지 관찰한다고 할 때, 그 관찰의 범위를 시방세계의 무량한 존재 전체 즉 '일체'에로 확대하여 그 본성과 특징 등을 모두 알아야 할 뿐만 아니라, 또한

---

[10] 『解深密經』 권3(T16, 699c10). "善男子。彼諸菩薩。由十種相了知於義。一者知盡所有性。二者知如所有性。三者知能取義。四者知所取義。五者知建立義。六者知受用義。七者知顚倒義。八者知無倒義。九者知雜染義。十者知淸淨義."

[11] 이 경에서는 특히 여소유성을 일곱 가지 진여(七眞如)로 나누어 자세히 설명하는데, 이는 대소승의 여러 경론에서 언급된 불교적 진리를 일곱 가지로 압축한 것이다. 그중에, 첫째 유전流轉진여란 생사윤회의 세계에서 모든 행이 시작도 없고 끝도 없이 이어지는 것을 말하며, 초기불교에서부터 공통적으로 수용되어 온 불교적 진리다. 둘째 상相진여란 모든 법에 내재한 인人·법法의 무아성無我性을 말하며, 즉 대승의 반야사상에서 확립된 이공二空의 도리에 해당한다. 셋째 요별了別진여란 모든 것은 오직 식일 뿐이라는 '유식唯識'의 도리를 말하며, 유가행파에서 새롭게 정립한 진리에 해당한다. 다음의 네 가지 안립安立·사행邪行·청정淸淨·정행正行의 진여란 각기 고苦·집集·멸滅·도道의 진리에 해당한다. 이 일곱 가지 진여는 "오염법과 청정법 가운데 내재되어 있는 궁극의 진리"이며, 유가행자가 사물의 전체성과 더불어 반드시 관찰해야 할 궁극적 의미에 해당한다. 이상은 『解深密經』 권3(T16, 699c18 이하) 참조.

그 모든 것들에 두루 관철되는 궁극의 진리 등에 대해서도 깊이 사색해야 한다. 이 두 가지에 대해 안다면, 일체법을 그 극한까지 철저하게 궁구했다고 할 수 있다.

이 외에도 ③ 파악하는 주체(能取)와 ④ 파악되는 대상(所取)의 관계를 중심으로 의미의 세계를 관찰하거나, 또는 ⑤ 유정들이 기거하는 자연계(建立)와 ⑥ 유정들이 수용하는 생활도구(受用)들에 대해 관찰한다. 또 이와 같은 세계에서는 가령 ⑦ '무상한 것을 영원하다'고 하는 등의 전도顚倒된 견해가 일어나기도 하고, 이와는 반대로 ⑧ 전도되지 않은 견해가 일어나기도 한다. 또 삼계에서는 ⑨ 번뇌煩惱·업業·생生의 잡염법들이 일어나고, 이와는 반대로 ⑩ 저 잡염법의 속박에서 벗어나게 하는 보리분법菩提分法 등과 같은 청정한 도道가 일어나기도 한다. 유가행자는 이러한 전도와 전도 없음, 잡염과 청정의 관계를 중심으로 후자가 전자를 어떻게 대치對治하는지에 대해서도 잘 관찰해야 한다.

유가행파에 따르면, '말의 의미'를 안다는 것은 바로 '말의 의미로 현현된 대상의 영상'에 대해 아는 것이다. 말하자면 하나의 말에 의해 이해되고 있는 것은 대상(義) 그 자체가 아니라 그 대상의 영상影像, 혹은 그 본래의 대상과는 별개인 어떤 관념(想)이다. 이러한 관점은 유가행파만의 독특한 것이라기보다는 이미 초기 불교에서부터 존재했던 것이기도 하다. 그들이 이전의 철학적 전통과는 갈라지게 된 것은 '말의 의미로 현현한 영상의 기원'에 관한 관점 때문이다. 우리는 가령 '불(火)'이라는 말이 실재의 불이 아닌 '불'의 관념만을 불러일으킨다 해도, 여전히 그 관념적 '불'은 본래 실재의 불에서 비롯되었다고 생각할 것이다. 그러나 유가행파는 '말의 의미로 현현된 영상'은 외계 대상에서 유래한 것이 아니라 오직 식識이 현현해 낸 것이라고 주장한다. 이것이 이른바 '유식唯識'의 교의다.

이러한 유식의 교의가 그들의 지관 수행의 체험 속에서 발견되었다는 점은 주지의 사실이지만, 이것이 '의미의 본성'에 대한 사색에서 도출되었다는 점은 그다지 알려져 있지 않은 듯하다. 다음 절에서는 그 점을 좀 더 구체적으로 알아보겠다.

(2) 지관에서 발견된 유식唯識의 도리

교법에 대한 철학적 사색이 종교적 목적에 기여하는 것으로서 적극 권장되는 곳에서는 철학사를 가를 만한 획기적 통찰이 등장하기도 한다. 그러한 통찰은 '말'에 의해 나타나는 것의 정체, 즉 '의미'의 본성에 대해 사색하는 과정에서 등장한다. 하나의 말에 의해 어떤 의미가 알려질 때, 다시 말해서 마음속에 말과 결합된 어떤 대상의 영상影像이 나타날 때, 그것의 정체는 무엇인가. 앞질러 말하면, 유가지관瑜伽止觀 안에서 그 영상의 정체에 관한 물음은 '유식唯識'의 교의가 등장하는 결정적 계기가 되었다.

유가행자가 교법에 의지해서 지관止觀을 닦을 때, 처음에는 교법에 대해 많이 듣고 그것을 믿고 따르면서 그 의미를 나름대로 사유한다. 그런 후에, 그는 조용한 곳에서 머물며 이전에 잘 사유했던 바의 법(所思法)에 대해 깊이 사색하는데, 이때 지관을 일으킨다. 이러한 지관의 실천에서 '지止'는 모든 종류의 선정에서 공통적으로 전제되는 것이기 때문에 유가지관의 특징은 '관觀'의 대상을 살펴볼 때 잘 드러난다. 가령 우리의 일상적인 산란된 마음이 하나의 말을 매개로 하여 어떤 언어적 표상을 떠올리듯, 마찬가지로 지관 수행자가 삼매(선정) 속에서 본격적인 관을 일으킬 때 교법의 단어나 문구에 의지하여 그것의 영상을 현현해 낸다. 이것을 '삼마지영상三摩地影像(삼매에서 현현한 영상)' 또는 '삼마지영상소지의三摩地影像所知義(삼마지영상인 알아야 할 의미)'라 한다. 이 영상이 유가행자가 삼매에서 관하는 경계(所觀境)이자, 지금까지 교법의 의미라고 칭해 왔던 이른바 '알아야 할 의미(所知義)'에 해당한다.

유가행자가 저 삼마지영상을 관의 경계로 삼아 '알아야 할 의미'에 대해 사유하면서 수승한 이해를 일으킬 때, 그런 이해를 일으키는 지혜의 활동(慧行)들을 통칭해서 '관'이라 한다. 이러한 지혜의 주요한 활동을 살펴보면, 그들이 궁극적으로 언어와 사유를 넘어선 이언법성의 세계에 이르기 위한 목적에서 그들의 지성을 사용할 때라도 그것을 결코 신비한 방법으로 사용하지 않는다는 것을 알 수 있다. 그는 관하는 지혜로써 관찰하는 경계(일체의 교법)의 외연 전체에 대해 바르게 사유하거나(能正思擇), 그 모든 경계에 관철되는 내적 본질이나 이치에 대해 지극하게 사유해 본다. 또 관찰되는 경계의 모든 특징(相)들을 자세히 분석하여 그에 맞는 개념들을 정립하거나(周遍尋思), 그 경계들을 더욱 상세하게 살피고 그것들 간의 인과관계 등을 추리해서 새로운 진실을 밝히기도 한다(周遍伺察).[12] 이러한 관찰을 통해 '일체'에 대한 지식을 추구해 가는 과정에서 또한 그 지혜가 잉태되고 점차로 무르익어 가는 것이다.

그런데 저 삼마지영상에 대한 관찰에서 유가행파는 어떤 중요한 철학적 의문을 일으키게 되었다. 그 영상들은 부정관不淨觀을 닦을 때는 청어 青瘀(검푸른 시체의 모습) 등처럼 시각적 표상으로 나타날 수도 있고, 혹은 교법에 대해 사색할 때처럼 어떤 언어적 표상이나 대상에 대한 지智의 형태로 나타날 수도 있다. 삼마지영상들은 선정의 마음의 힘에 의해 현현되는 것이기 때문에 자연스럽게 이런 의문이 생길 수 있다. 〈삼매 속에 현현된 저 영상들은 이 마음과 같은 것인가, 다른 것인가.〉 이 경에서는 삼매(선정)에서 현현하는 그 영상들은 본래 자기 마음과 다르지 않다고 말한다.[13] 이러한 주장 자체는 파격적인 것은 아니다. 더 나아가 이 경에서는

---

12 『解深密經』에는 위의 능정사택能正思擇·최극사택最極思擇·주변심사周遍尋思·주변사찰周遍伺察 뿐만 아니라, 그 외에도 인忍·낙樂·혜慧·견見 등이 '관觀'의 동의어로 언급된다. 『解深密經』(T16, 697c28) 참조.

13 『解深密經』권3(T16, 698a27). "慈氏菩薩. 復白佛言. 世尊. 諸毘鉢舍那三摩地所行影像. 彼與此心. 當言有異. 當言無異. 佛告慈氏菩薩曰. 善男子. 當言無異. 何以故. 由彼影像. 唯是識故. 善男子. 我說識所緣. 唯識所現故."

다음과 같이 묻고 답한다. 〈항상 '색色' 등을 분별하고 있는 범부들의 일상적 마음에 나타나는 대상의 영상도 또한 자기 마음과 차이가 없는가.〉 이에 대해 〈모든 대상의 영상(所緣影像)은 식이 현현해 낸 것이다.〉라고 답한다. 요컨대, 삼매의 마음이든 산란된 마음이든, 우리 모든 마음에 나타난 대상의 영상은 모두 마음이 현현해 낸 것이다.[14] 이것이 '유식唯識'의 교의다.

유가지관 안에서 '유식'의 교의는 본래 '말의 의미'에 대해 사색하는 과정에서 등장한 것이지만, 그것이 모든 인식 대상의 기원에 대한 진술로 이해될 때 유가행파의 사상은 '식일원론'이라는 새로운 지평으로 나아가게 된다. 일반적으로 알려진 '유식'의 교의는 정확하게 말하면 다음과 같은 것이다. 〈모든 인식은 대상 그 자체가 아니라 그것의 영상을 현현해 내어 인식하는 것이다.〉 이러한 교의를 계승하는 후대의 학자들은 〈오직 식識만 있고 경계(境. ⓢ artha)는 없다.〉고 하는 '유식무경唯識無境'의 종지를 선양하였다. 또 그 종지를 성립시키기 위해 '식'의 본성에 관한 정교한 이론들을 고안해 내었는데, 이것이 후대의 유식설唯識說이다.

3) 영상의 제거

유가지관에서 교법에 대한 명상은, '분별 활동이 있는' 삼매에서 각 경론의 개별적인 문구를 관의 경계로 삼아서 행해질 수도 있고, 혹은 '분별 활동이 없는' 삼매에서 모든 경론의 교설을 모두 총괄하는 하나의 진리(진여)만을 관의 경계로 삼아 행해질 수도 있다. 이 과정에서 문혜聞慧·사혜思慧·수혜修慧 등의 갖가지 유루·무루의 지혜가 무르익는다. 이 중에 '수

---

14 『解深密經』 권3(T16, 698b9). "摩地所行影像顯現。世尊。若諸有情自性而住。緣色等心所行影像。彼與此心。亦無異耶。善男子。亦無有異。而諸愚夫。由顚倒覺。於諸影像。不能如實知唯是識。作顚倒解。"

혜(수행에 의해 성취된 지혜)'는 언어(文)와 그 의미(義)에 의지하면서도 그에 제약되지 않는 수승한 지혜다. 유가지관의 마지막 수순은 삼마지영상을 관함으로 생겨난 새로운 상相들을 저 수혜로써 하나하나 다시 제거하는 것이다.[15] 「분별유가품」에서는 제거하기 어려운 몇 가지 상들을 제거할 수 있는 몇 가지 공관空觀들에 대해 자세히 설명한 후에, 최종적으로 다음과 같이 결론짓는다. "만약 의타기상과 원성실상에서 모든 종류의 잡염·청정의 변계소집상을 끝내 멀리 떠나는 것, 그리고 여기에서 전혀 얻음이 없는 것, 이와 같은 것을 대승의 총체적 공성空性의 모습이라 한다."[16]

　유가지관은 이 세계가 언어로 명명되어 있다는 사실로부터 출발하는 것이지만 그 최종적 목표는 모든 언어적 제약을 초월해 있는 궁극적 진리의 세계에 도달하는 데 있다. 교법을 관함으로써 그의 오염된 관념이 수승한 지혜의 형태로 바뀌었다 해도, '말을 떠나 있는 법성(離言法性)'은 그러한 지혜의 관념도 무한히 넘어서는 것이다. 그러므로 관행자는 말 자체와 그 의미가 모두 마음이 현현해 낸 산물이라는 것을 아는 것뿐만 아니라 또한 그러한 앎 자체도 마찬가지라고 하는 사실을 받아들여야 한다. 말하자면, 그는 지금까지의 사색의 결과로서 생겨난 교법(名·句·文)과 그 의미들에 대한 지智에 대해서도 끝내 얻을 것이 없다고 관찰한다. 그 지혜의 관념 또한 '모두 자기 마음이 전변해 낸 것(皆自心變)'이고 '가짜로 시설된 존재(假施設有)'이기 때문이다. 지관에서 처음으로 잉태되고 점차로 무르익은 수승한 지혜에 대해서 그러한 자각이 분명해지면 질수록, 그는 온 마음을 오로지 있는 그대로의 세계(眞如)에 향해 놓고 거기로부터 모든 말과 관념을 분리시킬 수 있게 된다. 그것이 바로 대승의 '무소득無所得의

---

15 『解深密經』 권3(T16, 700c20). "世尊。除遣如是十種相時。除遣何等。從何等相。而得解脫。善男子。除遣三摩地所行影像相。從雜染縛相。而得解脫。彼亦除遣。"

16 『解深密經』(T16, 701b14). "若於依他起相。及圓成實相中。一切品類雜染清淨。遍計所執相。畢竟遠離性。及於此中。都無所得。如是名爲於大乘中總空性相。"

공성空性'을 깨닫는 것이며, 또한 유식성唯識性에 머무는 것이다.

3. 경문의 구조 및 내용

『해심밀경』에서 「서품」을 제외한 나머지 일곱 개의 품은 '성교정설분聖敎正說分'에 해당한다. 이 성교정설분은 유식唯識의 경境·행行·과果를 설한 것이기 때문에 그 일곱 개의 품을 세 부분으로 구분해 볼 수 있다. 「승의제상품勝義諦相品」·「심의식상품心意識相品」·「일체법상품一切法相品」·「무자성상품無自性相品」 등 네 개의 품은 관찰되는 바의 경계(所觀境)에 해당하고, 다음의 「분별유가품分別瑜伽品」·「지바라밀다품地波羅蜜多品」 등 두 개의 품은 능히 관찰하는 행(能觀行)에 해당하며, 마지막의 「여래성소작사품如來成所作事品」은 앞의 경과 행에 의해 획득되는 과(所得果)에 해당한다. 앞서 언급했듯, 이 경의 「분별유가품」에서 '유가瑜伽'라 한 것은 특히 '지관止觀'을 가리킨다. 여기서는 총 열여덟 개의 문門으로 나누어 지관 수행에 관한 모든 것을 자세하게 설명하였다. 각 문들의 주요 내용은 다음과 같다.

① **지관止觀의 의依와 주住에 대해 분별한 문**

첫 번째 문에서는 유가지관을 닦는 데 있어 보살들이 명심해야 할 두 가지 강령을 제시하였다. 경문에서는 그것을 '의依'와 '주住'라고 표현하였다. 보살들이 대승 안에서 지관을 닦는다고 할 때, 반드시 의거해야 할 것(依)이 있고, 또 항상 머물러야 할 곳(住)이 있다. 경에서는 말하길, 부처님이 깨달음으로 인도하기 위해 임시로 가립해 놓은 십이분교十二分敎의 모든 교법敎法에 의거해서(依) 지관을 닦아야 하고, 또한 항상 무상보리無上菩提에 대한 원願에 머물면서(住) 지관을 닦으라고 한다.

② 지관止觀의 소연所緣의 차별을 밝히는 문

두 번째 문에서는 지관의 네 종류 소연경사所緣境事(대상, 경계), 즉 유분별영상有分別影像과 무분별영상無分別影像과 사변제성事邊際性과 소작성판所作成辦에 대해 설명하였다. 유분별영상은 관의 경계(觀境)이고, 무분별영상은 지의 경계(止境)이며, 사변제성과 소작성판은 지관 두 가지 도道의 공통된 경계이다. 여기에 열거된 네 종류 소연들은 그 밖의 여러 유식논서에서 설했던 네 종류 편만소연遍滿所緣에 해당한다. 원측의 해석에 따르면, 네 종류 편만소연에 대한 설명은 논서들마다 조금씩 차이가 있는데, 특히 『해심밀경』의 경문과 일치하는 것은 『현양성교론顯揚聖敎論』의 해석이다. 그 두 경론의 공통적인 정의에 따르면, 네 종류 소연경사는 다음과 같은 것이다.

① 관을 닦는 행자가 스승으로부터 정법正法을 청문聽聞하고 나서 그가 교수 받은 것을 근거로 해서 깊이 사색할 때, 알아야 할 사(所知事)에 대해 삼매 속에서 그 법의 영상影像을 떠올리고 그것을 경계로 삼아 관찰觀察하고 간택簡擇하며 두루 심사尋思하고 두루 사찰伺察한다. 이러한 관찰의 대상이 되는 것을 '유분별영상'이라 한다.

② 다시 그 관하는 마음을 대상으로 삼아 사마타(止)로써 고요하게 한 채 마음을 편안히 머물게 할 때, 이러한 사마타의 대상이 되는 것을 '무분별영상'이라 한다.

③ 유가행자는 지관을 통해 '일체一切'의 알아야 할 사事들을 극한(邊際)까지 다 궁구하는데, 이러한 경계를 '사변제성事邊際性'이라 한다. 그런데 모든 것을 궁극에까지 사색한다고 할 때, 가령 오온五蘊이나 십이처十二處나 십팔계十八界 등처럼 '일체법'을 포괄하는 법문에 대해 사유하는 것뿐만 아니라, 또한 가령 진여眞如처럼 일체법의 궁극적인 내적 본질 혹은 일체에 관철되는 도리 등에 대해 사유해야 한다. 전자를 가리켜 '진소유성盡所有性을 사유한다'고 하고, 후자를 가리켜 '여소유성如所有性을 사유한다'

고 한다.

④ 마지막으로 '소작성판所作成辦'이란 '해야 할 일을 완전히 성취한 자'에게 현현되는 대상, 즉 전의轉依를 이룬 자에게 현현하는 '전도 없는 청정한 대상'들을 가리킨다.

③ 지관을 잘 구하는 것에 대해 분별한 문

세 번째 문門은 사마타奢摩他(止)와 비발사나毘鉢舍那(觀)에 대해 정의한 것이다. '사마타'는 마음과 마음을 하나의 경계에 안주시키는 것이고, 이는 모든 종류의 수행에 공통적으로 전제되는 것이다. 유가지관의 특징은 사마타보다는 비발사나에서 찾을 수 있다.

유가행자는 지관 안에서 십이분교十二分敎의 모든 교법의 의미를 관한다. 그들은 본격적 지관에 들기 전에 문혜聞慧와 사혜思慧에 의지해서 교법을 많이 듣고 사유하고, 그런 후에 다시 한적한 곳에 머물면서 그에 대해 작의作意하고 사유한다. 이와 같은 예비적 단계를 거치는 과정에서, 만약 그가 '교법에 대해 사유하는 마음', 즉 관심觀心을 경계로 삼아서 그에 대해 작의하고 사유하다 보면, 마음이 자주 안주安住함으로 인해 심신心身의 경안輕安이 일어나게 된다. 이것을 일컬어 '사마타'라고 한다.

이 사마타가 일어나면, 그는 사마타의 경계를 버리고 다시 삼매 속에서 법의 영상影像을 현현해 내어 그에 대해 작의하고 사유한다. 이것을 일컬어 '비발사나'라고 한다. 이때 유가행자들이 관하는 '삼마지영상'을 일컬어 '삼마지영상소지의三摩地影像所知義'라고 한다. 원측의 해석에 따르면, 그에 대해 두 가지 해석이 가능하다. 오직 영상에만 의거해서 해석하면, '삼마지영상소지의'라는 복합어는 '삼마지영상 그 자체가 바로 알아야 할 의미(三摩地影像卽所知義)'라는 뜻이다. 이와는 달리, 영상과 본질本質이라는 두 가지 범주에 의거해서 해석하면, 그 복합어의 의미가 조금 달라진다. 말하자면 그가 이전에 듣고 잘 사유했던 교법에 의거해서 영상을 현현해 낸 것이기 때문에, '잘 사유했던 교법'은 본질本質에 해당하고, 그것이 '알아야 할 의미(所知義)'다. 후자의 경우, 그 복합어는 '삼마지영상의 소지의(三摩地影像之所知義)'를 뜻한다.

④ 지·관에 수순하는 작의作意를 밝히는 문

네 번째 문에서는 '지관에 수순하는 작의'에 대해 설명한다. 본격적 지관을 닦기 위해서는 먼저 '사마타(止)'가 선행되어야 하는데, 신심身心의 경안輕安이 일어났을 때 비로소 '사마타를 획득했다'고 한다. 그런데 아직 심신의 경안이 일어나지 않은 상태, 즉 정위定位에 들지 못한 단계에서 관행자가 사마타(止)와 비발사나(觀)의 소연경계에 대해 각기 작의作意하고 사유할 때는 그 작의를 일컬어 '사마타에 수순하는 작의' 혹은 '비발사나에 수순하는 작의'라고 한다. 말하자면, 아직 심신의 경안이 일어나지 않은 상태에서 일으킨 지·관의 작의는 '사마타의 작의' 혹은 '비발사나의 작의'라고 이름하지 않고, 단지 '사마타에 수순하는 작의' 혹은 '비발사나에 수순하는 작의'라고 한다는 것이다.

⑤ 지·관 두 가지 도道의 동이同異를 밝히는 문

다섯 번째 문에서는 사마타의 도(止道)와 비발사나의 도(觀道)가 어떤 점에서 같기도 하고 다르기도 한지를 설명한 것이다. 경문에 따르면, 그 두 가지 도道는 완전히 다른 도라고 할 수도 없고 완전히 같은 도라고 할 수도 없다. 비발사나의 도란 '어떤 경계'를 관하는 것이고, 사마타의 도란 '어떤 경계를 관하는 마음 자체'에 고요히 머무는 것이기 때문에, 두 가지 도가 완전히 별개라고 할 수는 없다. 그러나 두 가지 도는 각각의 소연경계가 다르다는 점에서 구별된다. 말하자면, 비발사나의 마음이 관하는 경계는 유분별영상有分別影像이고, 사마타의 마음이 머무는 경계는 무분별영상無分別影像이라는 점에서 두 가지 도는 구별되는 것이다.

⑥ 지관에서의 유식唯識의 도리를 분별하는 문

여섯 번째 문에서는 '유식唯識'의 도리를 밝힌다. 여기에서는 지관의 수행자들이 삼매 속에서 현현해 낸 영상(三摩地影像)은 외계 실재에서 유래한 것이 아니라 결국 마음이 현현해 낸다고 말한다. 또한 삼마지영상뿐만 아니라, 우리의 일상적 마음(산란된 상태)에 현현하는 대상의 영상도 마찬가지로 오직 식이 현현해 낸 것이라고 말한다. 요컨대, 삼마지의 마음이든 혹은 산란된 마음이든, 우리 마음에 나타난 대상의 영상은 모두 마음이 현현해 낸 것이다. 이것이 이른바 '유식'의 교의이다. 이곳의 내용은 철학적으로 매우 중요한데, 이에 관해서는 앞에서 별도로 자세히 서술하였다.[17]

특히 이곳의 경문은 '삼계유심三界唯心'의 경전적 전거 중의 하나로 자주 인용된다. 무착無著의 『섭대승론攝大乘論』에서는 '유식'의 이치를 성립시키기 위해 이 경문을 교증教證으로 인용하였고, 세친世親과 무성無性의 『섭대승론석攝大乘論釋』에도 그에 관한 논의들이 있다. 이하에서 원측은 신역·구역의 다섯 종류 『섭론攝論』에서 주요한 문구들을 뽑아서 '유식'이라 설한 취지를 자세히 해석하였다.

⑦ 지관을 따로 닦는 것과 짝지어 닦는 것에 대해 밝히는 문

일곱 번째 문에서는 지관止觀의 단수單修와 쌍수雙修를 설명하였다. 이에 관한 경문이 다소 난해하므로 해석상의 차이가 있을 수 있다. 경문에 따르면, 단수와 쌍수란 다음과 같다.

① 오로지 관만 닦음(一向修觀): "연속해서 작의하여 오직 심상만 사유하는 것이다.(若相續作意。唯思惟心相。)"

② 오로지 지만 닦음(一向修止): "연속해서 작의하여 오직 무간심만 사

---

[17] 앞의 '(2) 지관에서 발견된 유식唯識의 도리' 참조.

유하는 것이다.(若相續作意。唯思惟無間心。)"

③ 지관을 함께 굴림(止觀俱轉): "심일경성을 바르게 사유하는 것이다.(若正思惟心一境性)"

여기서 지관止觀의 단수單修와 쌍수雙修를 구분하는 결정적 기준은 바로 소연경계(所緣境)의 차이다. 말하자면 '사유한다(思惟)' 혹은 '관한다(觀)'고 할 때, 어떤 것을 소연경계로 삼아 사유하는가에 따라 '지'와 '관'이 구별되고, 또 지관의 쌍수가 되기도 한다. 우선, 오로지 관만 따로 닦는 경우, ① 관심觀心에 의해 사유되는 경계를 '심상心相'이라 했는데, 이는 '마음의 상분相分', 즉 삼마지에서 현현한 유분별영상有分別影像을 가리킨다. 또, 오로지 지만 따로 닦는 경우, ② 지심止心에 의해 사유되는 경계를 '무간심無間心'이라 했는데, 이는 무간상속無間相續하는 마음, 말하자면 유분별영상을 관하는 마음 자체를 가리킨다. 다시, 지관을 함께 닦는 경우, ③ '심일경성心一境性'을 지관의 경계로 삼는다. 경문에 따르면, '심일경성을 사유한다'는 것은 이중적 의미를 갖고 있다. 즉 '저 삼마지의 영상이 오직 식임을 통달하고, 다시 여성如性(진여)에 대해 사유하는 것이다. 원측의 해석에 따르면, 이는 세속의 유식唯識(心一境)'을 사유하고 나서 다시 승의의 유식성唯識性(心一境性)을 사유함을 뜻하거나, 혹은 세속과 승의의 유식성을 사유하는 것을 뜻한다.

⑧ 지관의 종류 수의 차별을 밝히는 문

여덟 번째 문에서는 지止와 관觀의 종류를 여러 방식으로 나누어서 자세히 설명하였다. 우선, 경에서는 관의 종류를 유상有相·심구尋求·사찰伺察의 비발사나毗鉢舍那(觀) 등 세 종류로 나누었다. 이 중에, '유상의 비발사나'란 사법似法·사의似義에 대해 사유하는 것, 다시 말하면 법法·의義 그 자체가 아니라 삼매에서 현현한 '그 법·의와 유사하게 현현된 영상'에 대해 사유하는 것을 말한다. '심구의 비발사나'란, 이전의 '유상'이라는 경계 중에서 아직 잘 이해하지 못했던 것에 대해 알기 위해 작의作意하고 사유하는 것을 말한다. '사찰의 비발사나'란, 그 경계들에 대해 이미 잘 이해하고 나서 궁극의 해탈을 증득하기 위해서 작의하고 사유하는 것을 말한다.

다음으로, 경문에서는 지의 종류를 세 종류, 여덟 종류, 네 종류 등으로 분류해서 거듭 설명하였다. 사마타奢摩他(止)란 이전의 비발사나의 마음을 소연경계로 삼아 그것을 안주安住하도록 하는 것이다. 앞의 관의 마음에 세 종류가 있었으므로 그에 따라서 사마타도 세 종류로 구분될 수 있다. 또는 색계色界의 사정려四靜慮와 무색계無色界의 사무색정四無色定 등 여덟 종류의 사마타로 구분해 볼 수도 있다. 또는 자慈·비悲·희喜·사捨라는 사무량四無量에 각기 사마타가 있으므로 네 종류의 사마타로 구분해 볼 수도 있다.

이전에 이미 언급하였듯, 사마타는 모든 종류의 선정에 전제되기 때문에 유가지관의 특징은 '관'에 있다고 할 수 있다. 따라서 원측은 주로 『유가사지론瑜伽師地論』 등에 의거해서 '관'의 특징과 활동에 대해 설명하였다. 한편, '지'에 대해서는 살바다종과 대승종의 주요한 핵심적인 설명들을 소개하였다.

⑨ 법에 의지하는 지관과 법에 의지하지 않는 지관을 밝히는 문

아홉 번째 문에서는 교법에 의지하여 지관을 닦는 경우와 그렇지 않은 경우를 설명하였다. 경문에 따르면, 전자는 이근利根의 보살이 자신이 이전에 듣고 사유했던 바의 교법에 의지해서 지관을 닦는 것이고, 후자는 둔근鈍根의 보살이 타인의 가르침을 받아서 부정관不淨觀 등을 닦는 것을 말한다. 또 경문에서는 그 두 가지를 수법행隨法行(법에 수순하는 행)과 수신행隨信行(믿음에 수순하는 행)의 차이로 설명하기도 하였다.

그런데 유가지관瑜伽止觀의 특징은 무엇보다 '교법에 대한 사색'에 있기 때문에 이 아홉 번째 문의 설명도 그에 초점이 맞춰져 있다. 교법에 의지해서 지관을 닦을 때, 혹은 십이부十二部의 교법 중에 각기 개별적 법(別法)에 대해 사색할 수도 있고, 모든 계경 등을 포괄하는 십이부의 총체적 교법(總法)을 한 단위로 삼아서 사색할 수도 있다. 여기서 중요한 것은 물론 총체적 교법을 사색의 대상으로 삼아 지관을 행하는 것인데, 이는 곧 '진여眞如'라는 궁극적 대상을 관하는 것을 말한다. 총체적 교법을 대상으로 하는 지관을 닦는 자들은, '일체의 교법이 결국은 진여에 수순하는 것이고, 거기로 향해 가는 것이고, 거기에 임하여 들어간다'는 것에 대해 사유한다. 이러한 수행은 십이부 중에 한 부에 해당하는 소총법小總法을 관의 경계로 삼아 진행될 수도 있고, 십이부 전체를 총괄하는 대총법大總法을 관의 경계로 삼아 진행될 수도 있으며, 혹은 무량한 여래의 음성, 그 음성상에 나타난 무량한 언어적 기호(명·구·문), 여래의 언어에 대해 연속적으로 펼쳐진 무량한 설명과 해석 등, 이 세 가지의 무량함을 모두 아우르는 무량총법無量總法을 관의 경계로 삼아 진행될 수도 있다.

경문에 따르면, 보살의 견도인 초지初地(極喜地)에 이르렀을 때는 총체적 교법을 대상으로 하는 지관을 '통달했다'고 하고, 제3지(發光地)에 이르면 '획득했다'고 한다. 이러한 지관의 수행을 통해 점차로 번뇌를 끊고 지혜를 성숙시켜 궁극에는 보리와 해탈과 전의轉依를 획득하게 된다.

⑩ 유심사有尋伺 등의 차별을 밝히는 문

열 번째 문에서는 세 종류 삼마지에 대해 자세히 설명하였다. 이 세 종류 삼마지는 '심사尋伺'의 유무有無를 기준으로 하여 사선팔정四禪八定을 세 종류로 구분한 것이다. '심尋'이란 대상에 대해 거칠게 헤아리는 정신 작용이고, '사伺'는 미세하게 관찰하고 사유하는 정신 작용이다. 이 두 가지 정신 작용과 상응하는 선정을 총칭해서 유심유사삼마지有尋有伺三摩地라고 하며, 이는 초선정初禪定 및 미지정未至定에 해당한다. 또 '심'과 상응하지 않고 '사'와만 상응하는 삼매를 총칭해서 무심유사삼마지無尋唯伺三摩 地라고 하며, 초선初禪의 근본정根本定과 제2선의 근분정近分定의 중간, 곧 중간정中間定을 가리킨다. 또 심과 사의 작용이 일어나지 않는 삼마지를 총칭해서 무심무사삼마지無尋無伺三摩地라고 하며, 색계 제2선 이상에서부 터 무색계의 꼭대기인 유정천有頂天까지를 가리킨다.

경문에서는 이에 대한 설명을 두 번 반복하였는데, 처음에는 오직 지전地前에만 의거해서, 다음에는 통틀어 지전과 지상地上에 의거해서 차별적 상들을 설명하였다. 먼저, 오직 지전에만 의거해서 설명하면 다음과 같다. 〈유심유사삼마지'란 문文·의義의 법상에 대해 심구·사찰할 때 거칠고 두드러진 영수領受와 관찰觀察이 있는 지관을 말한다. '무심유사삼마지'란 앞의 총법總法·별법別法의 상에 대해 거칠고 두드러진 관찰을 일으킴은 없고, 미세하게 저 이전의 총·별의 교법을 기억憶念하는 광명光明의 염念으로 영수·관찰하는 모든 지관을 말한다. '무심사삼마지'란 이전의 제법에 대해 자유자재로 능숙하게 전혀 작의함이 없이 영수·관찰하는 모든 지관을 말한다.〉

다음에, 통틀어 지전·지상에 의거해서 설명하면 다음과 같다. 〈지전의 사선근위四善根位에서 사심사관四尋思觀을 닦을 때, 앞의 난煖·정頂의 선근위에서 명名·의義·자성自性·차별差別 등 네 종류 경계에 대해 심사하는 것을 '심구尋求'라 한다면, 인忍·세제일법世第一法의 선근위에서 네 종류 경계에 대해 여실하게 아는 것은 '사찰伺察'이라 한다. 전자의 지위를 일컬어 '유심유사삼마지'라고 하고, 후자의 지위를 '무심유사삼마지'라고 한다. 다시 지상의 지위에서 제법을 총괄해서 소연으로 삼아 진여관眞如觀을 짓되 모든 심尋·사伺를 떠나는 것을 '무심무사삼마지'라고 한다.〉

⑪ **지상**止相·**거상**擧相·**사상**捨相**의 차별을 밝히는 문**

열한 번째 문에서는 지상止相·거상擧相·사상捨相의 차별을 설명하였다.

이 중에, 지止와 거擧는 지止·관觀과 밀접하게 연관된 개념이다. '지상'이 란, 마음이 들떠 있을 때 혐오할 만한 법이나 혹은 무간심無間心(觀心)에 대 해 작의함으로써 마음을 적정하게 하는 것을 말한다. 또 '거상'이란, 마음 이 가라앉았을 때 기뻐할 만한 법이나 심상心相(삼마지영상)에 대해 작의함 으로써 마음을 책려하는 것을 말한다. 마지막 '사상'이란, 마음이 혼침과 도거에 의해 오염되었을 때 인위적으로 노력하지 않고도(無功用) 혹은 자 유자재로(任運) 작의를 일으켜 장애를 떠나는 것을 말한다.

⑫ 법法을 아는 것과 의미(義)를 아는 것의 차별을 밝히는 문

열두 번째 문에서는 법法(Ⓢ dharma)과 의미(義, Ⓢ artha)를 아는 것에 대 해 자세히 설명하였다. 여기서 법과 의미의 구분은, 언어 자체와 그에 의 해 언표되는 의미(대상)의 구분과 같다. 말하자면, '법'이란 일차적으로는 의미를 나타내기 위한 언어적 수단으로서의 '교법 자체'를 뜻하고, '의미' 란 그 교법의 언어로 나타내려 했던 대상 혹은 이치를 가리킨다. 우선, '법(언어)'의 본성에 대한 사색은 초기 불교에서부터 정립된 언어관을 바탕 으로 진행된다. 부처님이 설하신 교법敎法의 본질(體)은, 그분의 음성 상 에 나타난 특정한 음운 유형들, 즉 이름(名)·문구(句)·음소(文)다. 따라서 '법을 안다'는 것은, 하나의 의미를 나타내는(能詮) 과정에서 이름·문구· 음소가 어떤 차별적 기능을 담당하는지를 정확하게 이해하는 것을 말한 다. 다음으로, '의미'란 하나의 말에 의해 나타나게 되는 것(所詮)을 뜻하 며, '유식'의 지평에서 보면, 마음에 현현된 대상의 영상影像에 해당한다. 따라서 '의미를 안다'는 것은 바로 '말의 의미(語義)'로 현현된 대상의 영상 들에 대해 아는 것을 말한다. 이 의미의 세계는 여러 방식으로 분류될 수 있다. 『해심밀경』에서는 때로는 열 가지 범주(十義), 혹은 다섯 가지나 네 가지나 세 가지 범주 등을 통해 다양한 방식으로 구분하였다. 이를 통해 서 요가행자들은 명·구·문이라는 언어에 의해 지시되는 모든 의미(대상)

의 세계를 대상으로 삼아서, 그것들의 다양하고 차별적 모습과 내적 본질에 대해 집중적으로 관찰한다.

이 열두 번째 문에는 교법에 대한 사색을 강조하는 유가지관의 특징이 잘 나타나 있으므로 앞에서 별도로 자세히 다루었다.[18]

⑬ 지관이 능히 모든 선정을 포괄함을 밝힌 문

열세 번째 문의 설명은 매우 간단명료하다. 즉 지·관이라는 두 가지 도道가 넓은 의미에서는 한량없는 삼승의 모든 뛰어난 삼마지를 모두 포괄한다고 하였다.

⑭ 지관의 인과因果와 작업作業을 밝히는 문

열네 번째 문에서는 지관을 이끌어 낸 원인, 지관에 의해 이끌려 나오는 결과, 그리고 지관의 가장 주요한 작용에 대해 설명하였다. 그에 따르면, 청정한 별해탈계別解脫戒 및 문혜聞慧·사혜思慧와 같은 정견正見이 원인이 되어 지관을 획득하게 된다. 또 이 지관을 닦은 결과로서 선하고 청정한 마음과 지혜를 비롯하여 세간·출세간의 모든 선법들을 획득한다. 또 이처럼 지관을 닦는 과정에서 상박相縛과 추중박麤重縛이라는 두 종류 속박에서 점차로 벗어나게 되는 것이 지관의 주요 작용이다.

⑮ 지관의 모든 장애의 차별을 밝히는 문

열다섯 번째 문에서는 지관을 장애하는 여러 요소들을 설명하고, 다시 열한 개의 지地에서 각기 대치對治되는 장애들을 설하였다. 먼저, 다섯 가지 계박(五繫)과 다섯 가지 번뇌의 덮개(五蓋)와 다섯 가지 산동散動이 지관의 장애가 될 수 있다. 구체적으로 말하면, 신체와 재물에 연연해하는 것

---

18 앞의 '2. 유가지관瑜伽止觀의 특징 및 의의' 참조.

은 '지止'를 장애하고, 모든 성스런 가르침을 잘 따르지 못하는 것은 '관觀'을 장애하며, 서로 뒤섞여 놀기를 좋아하거나 조그만 것에 만족하는 것은 지와 관을 모두 장애하여 궁극에 이르지 못하게 한다. 또 다섯 번뇌의 덮개(五蓋) 중에, 도거掉擧·악작惡作은 마음을 흩어지게 하므로 '지'를 장애하고, 혼침昏沈·수면睡眠·의疑는 마음을 어둡게 하고 결정하지 못하게 하므로 '관'을 장애한다.

또 경에서는 작의作意와 외심外心과 내심內心과 상相과 추중麤重의 측면에서 마음의 산동散動에 대해 설명하였다. 이에 대한 경론의 해석이 분분하지만, 이 경에서 설한 산동의 의미는 다음과 같다. '작의산동'이란 아직 깨닫지 못한 보살이 대승의 작의를 버리고 이승의 작의에 떨어지는 것이다. '외심산동'이란 외적인 경계의 상에서 마음이 흩어지는 것이다. '내심산동'이란 혼침과 수면과 침몰沈沒 등으로 마음이 암매해지는 것이다. '상산동'이란 아직 선정을 얻기 전의 외적 경계의 상에 의거해서 그것을 '선정 내의 경계의 상'과 동일시하는 것이다. '추중산동'이란 선정의 느낌(受)을 '나의 것(我所)'이라 헤아리거나 추중신麤重身(신체)을 '나(我)'라고 헤아리면서 '만慢'을 일으키는 것이다.

마지막으로 보살의 십지十地와 여래지如來地 등 열한 개의 지에서 지관에 의해 대치되는 장애들을 설하였다. 이 경의 「지바라밀다품地波羅蜜多品」에서도 열한 개의 지에서 대치되는 우치愚癡와 추중麤重을 설하기도 하는데, 이 「분별유가품」에서 설한 장애와는 조금 차이가 있다. 원측은 각 경론의 교설을 참조하여, 그 열두 가지 장애를 상세히 해석하였는데, 그중에서도 특히 『성유식론成唯識論』의 해석이 가장 상세하다.

⑯ 지관으로 보리를 증득함을 밝히는 문

열여섯 번째 문에서는 인위因位의 보살들이 지관 수행에서 어떤 단계를 거쳐 궁극의 과위果位에 도달하는지를 설명한다. 경문에서는 특히 그것을 가행위加行位·견도위見道位·수도위修道位로 구분한다.

① 가행위에서는 유분별영상有分別影像과 무분별영상無分別影像이라는 두 종류 대상을 증득한다. 또 일곱 가지 진여(七眞如)에 의거해서 잘 심정審定하고 잘 사량思量하고 잘 안립安立했던 바의 진여성眞如性에 대해 바르게 사유한다. 이와 같은 진여성을 사유함으로 인해, 이전에 관찰했던 바의 제법의 상들을 모두 하나하나 제거해 가고, 또 이전에 설했던 바의 오계五繫와 오개五蓋와 오종의 산동散動이 일어날 때마다 곧바로 능히 그것을 대치한다.

② 보살의 견도인 초지에 들 때는 사변제성事邊際性을 증득하며, 두 종류 박박縛에서 벗어나게 된다.

③ 그 후 아홉 지의 수도위에서는 앞의 세 가지 대상을 모두 갖추어 지관을 닦으며 관지觀智를 성숙시킨다.

④ 마지막 궁극의 과위果位에서는 무상보리를 증득하니, 이 불과佛果의 지위에서는 '소작성만所作成滿(所作成辦)'을 증득하며, 지관의 네 종류 소연 경계가 모두 구족된다.

⑰ 광대한 위덕威德을 이끌어 냄을 밝히는 문

열일곱 번째 문에서는 보살의 모든 광대한 위덕을 이끌어 낼 수 있는 여섯 가지 핵심 사항에 대해 설명하였다. 그것은 마음의 생함(生), 머묾(住), 벗어남(出), 증장增長, 손감損減, 방편 등을 잘 아는 것이다.

① '마음의 생함을 잘 안다'는 것은, 산란된 마음에 현현되는 육경六境 혹은 수승한 선정의 마음에 현현된 불토佛土나 제불諸佛 등과 같은 경계를 반연하는 마음 등이 생기하는 데에 어떤 차별이 있는지를 잘 아는 것이다.

② '마음의 머묾을 잘 안다'는 것은, 요별진여了別眞如, 즉 '유식唯識을 관하는 지혜(무분별지)'와 상응하는 마음에 대해 잘 알아서 그 경계에 안주하는 것이다.

③ '마음의 벗어남을 잘 안다'는 것은, 저 유식을 관하는 마음을 잘 앎으로 인해 자연히 상박相縛과 추중박麤重縛이라는 두 종류 속박에서 벗어나는 것에 대해 잘 아는 것이다.

④ '마음의 증장을 잘 안다'는 것은, 속박들이 증장할 때 그것을 대치하는 마음의 지혜도 역시 함께 증장하는 것을 말한다.

⑤ '마음의 손감을 잘 안다'는 것은, 앞의 두 종류 속박들이 손감될 때 그에 의해 잡염된 마음과 상응하는 견見 등이 또한 손감되는 것을 말한다.

⑥ '방편을 잘 안다'는 것은, 팔해탈八解脫과 팔승처八勝處와 십변처十遍處 등과 같은 방편을 잘 닦아서 온갖 장애를 제거하거나 혹은 신통神通 등의 공덕을 일으키는 것이다.

⑱ 무여의열반에서 멸하는 수受를 밝히는 문

열여덟 번째 문에서는 무여의열반계에서 멸하는 수受에 대해 설명하였다. '수受(ⓢ vedanā)'란 영납領納의 뜻으로, 마음에 거스르거나(違) 맞는(順) 등의 경계에 대해 고苦·낙樂 등의 느낌이 일어나는 것을 말한다. 이 '수'는 오온五蘊이나 십이연기十二緣起 중의 한 요소로 설정되었던 데서 암시되듯, 중생이 생사에서 윤회하도록 하는 매우 중요한 요인이다. 따라서 이 경에서는 먼저 모든 '수'에 대해 설명하고 나서, 마지막으로 무여의열반계에서 소멸하는 미세한 '수'에 대해 설하였다.

'수'를 분류하는 방식은 다양하지만, 경문에서는 그것을 크게 소의추중수所依麤重受와 피과경계수彼果境界受로 구분하고, 다시 그 두 종류 수를 각기 네 종류로 나누어 설명한다. 이것은 내적 경계와 외적 경계의 차이에 따라 그에 대한 느낌의 종류를 구분한 것이다. 이에 관한 대표적인 해석에 따르면, '소의추중수'란 내적인 신체를 대상으로 하여 생겨난 느낌이고, '피과경계수'란 외적인 경계를 대상으로 하여 생겨난 느낌이다. 다시 내적 신체를 대상으로 하여 생겨난 소의추중수에서도, 오식五識과 의식意

識 중 어느 것과 상응하는가, 혹은 과를 이미 완전히 성취한 상태(果已成滿麤)인가 아닌가에 따라 네 가지로 구분된다. 또 외적 경계를 대상으로 하여 생겨난 피과경계수에서도 외적인 기세간이나 살림도구 또는 현재와 과거의 대상 등을 기준으로 네 종류로 구분된다.

경문에 따르면, 유여의열반계에서는 그 두 종류의 수가 모두 다 소멸하고, 오직 현재의 '명촉생수明觸生受', 말하자면 성자의 지혜(明)와 접촉하여 생하는 미세한 느낌만 존재한다. 그러나 무여의열반계에 이르면 이 명촉생수도 완전히 소멸한다.

차례

해심밀경소解深密經疏 해제 / 5
분별유가품分別瑜伽品 해제 / 21
일러두기 / 64

제6편 분별유가품分別瑜伽品 상

제1장 품명 해석 ……… 66

제2장 경문 해석 ……… 72
 1. 지관止觀을 바로 해석함 ……… 72
  1) 장행으로 자세히 해석함 ……… 72
   (1) 지관止觀의 상相을 자세히 설명함 ……… 72
    ① 지관의 의依와 주住에 대해 분별한 문 ……… 72
     가. 물음 ……… 72
     나. 대답 ……… 78
    ② 지관의 소연所緣의 차별을 밝히는 문 ……… 86
     가. 물음 ……… 86
      가) 표장標章으로서 개수를 듦 ……… 86
      나) 개수에 의거해 이름을 나열함 ……… 87
      다) 묻는 말을 바로 일으킴 ……… 103
     나. 대답 ……… 104
    ③ 지관을 잘 구하는 것에 대해 분별한 문 ……… 113
     가. 물음 ……… 113
     나. 대답 ……… 115
      가) 수행의 소의所依인 교敎를 밝힘 ……… 115
      나) 교에 의거해서 바로 수행함을 나타냄 ……… 118
       (가) 지관의 방편을 총괄해서 설명함 ……… 118
        ㉮ 문혜聞慧를 밝힘 ……… 118

　　　　㉯ 사혜思慧를 밝힘 121
　　　(나) 지관의 두 문을 따로따로 해석함 122
　　　　㉮ 지止 123
　　　　　a. 지의 문을 바로 해석함 123
　　　　　b. 앞의 질문에 결론지어 답함 130
　　　　㉯ 관觀 131
　　　　　a. 관문을 바로 해석함 131
　　　　　　a) 정위定位에 의거한 해석 131
　　　　　　　(a) 영상에 의거한 해석 131
　　　　　　　　ⓐ 소연이 아닌 것을 배제함 131
　　　　　　　　ⓑ 경계에 의지해 관을 일으킴 134
　　　　　　　(b) 본질과 영상에 공통적으로 의거한 해석 138
　　　　　　b) 정위定位와 산위散位에 공통적으로 의거한 해석 139
　　　　　b. 앞의 질문에 결론지어 답함 141
④ 지·관에 수순하는 작의作意를 밝히는 문 141
　가. 지止에 수순하는 작의 141
　　가) 물음 141
　　나) 대답 143
　나. 관觀에 수순하는 작의 143
　　가) 물음 143
　　나) 대답 144
⑤ 지·관 두 가지 도道의 동이同異를 밝히는 문 145
　가. 물음 145
　나. 대답 146
　　가) 질문에 의거해 총괄해서 표명함 146
　　나) 문답으로 따로따로 해석함 147
⑥ 지관에서의 유식唯識의 도리를 분별하는 문 148
　가. 물음 149
　나. 대답 156
　다. 징문 156
　라. 해석 157

　　　　가) 종지를 표방하며 바로 설함 157
　　　　나) 외도의 의심을 버리게 함 157
　　마. 힐난 159
　　바. 회통 161
　　　　가) 경계가 마음과 분리되지 않는다고 해석함 161
　　　　　　(가) 법法 161
　　　　　　(나) 비유 166
　　　　　　(다) 결합 180
　　　　나) 문답으로 산심散心의 소연所緣에 대해 분별함 181
　　　　　　(가) 보살의 청문 181
　　　　　　(나) 여래의 정설 182
⑦ 지관을 따로 닦는 것과 짝지어 닦는 것에 대해 밝히는 문 184
　　가. 공통적 수습과 개별적 수습에 대해 설명함 185
　　　　가) 한결같이 관觀을 닦는 것에 대해 설명함 185
　　　　　　(가) 보살의 청문 185
　　　　　　(나) 여래의 정설 186
　　　　나) 한결같이 지止를 닦는 것에 대해 설명함 187
　　　　　　(가) 보살의 청문 187
　　　　　　(나) 여래의 정설 188
　　　　다) 지와 관 두 가지를 함께 굴리는 것(俱轉)에 대해 나타냄 189
　　　　　　(가) 보살의 청문 189
　　　　　　(나) 여래의 정설 190
　　나. 세 종류 소연의 차별에 대해 거듭 해석함 192
　　　　가) 첫 번째 소연(심상心相)에 대한 해석 192
　　　　　　(가) 질문 192
　　　　　　(나) 해석 193
　　　　나) 두 번째 소연(무간심無間心)에 대한 해석 193
　　　　　　(가) 질문 193
　　　　　　(나) 정설 194
　　　　다) 세 번째 소연(심일경성心一境性)에 대한 해석 194
　　　　　　(가) 질문 194

(나) 정설 195
⑧ 지관의 종류 수의 차별을 밝히는 문 196
  가. 관觀 196
    가) 물음 196
    나) 대답 197
      (가) 개수를 표시함 197
      (나) 이름을 열거함 197
      (다) 따로따로 해석함 198
        ㉮ 유상비발사나有相毗鉢舍那 198
          a. 질문 198
          b. 해석 198
        ㉯ 심구비발사나尋求毗鉢舍那 199
          a. 질문 199
          b. 정설 199
        ㉰ 사찰비발사나伺察毗鉢舍那 200
          a. 질문 200
          b. 해석 200
  나. 지止 207
    가) 물음 207
    나) 대답 207
      (가) 세 종류 사마타를 설명함 207
      (나) 여덟 종류 사마타를 설명함 208
      (다) 네 종류 사마타를 설명함 234
⑨ 법에 의지하는 지관과 법에 의지하지 않는 지관을 밝히는 문 249
  가. 교법에 의지하는 지관과 의지하지 않는 지관을 밝힘 249
    가) 질문 249
      (가) 소의所依인 교법을 듦 249
      (나) 교법에 의거해 질문함 250
    나) 대답 251
      (가) 질문에 대해 바로 설함 251
        ㉮ 법에 의지한 지관을 해석함 251

　　　　㉯ 법에 의지하지 않는 지관을 해석함 ········ 252
　　　　　a. 간략한 해석 ········ 252
　　　　　b. 자세한 해석 ········ 253
　　　　　c. 총괄적 결론 ········ 256
　　　(나) 신행信行·법행法行에 의거해서 '의지함과 의지하지 않음'에 대해 해석함
　　　　　········ 257
　　　　㉮ 법에 의지함에 대해 해석함 ········ 257
　　　　㉯ 법에 의지하지 않음에 대해 해석함 ········ 258
　나. 총법總法·별법別法을 반연하는 지관을 밝힘 ········ 262
　　가) 질문 ········ 262
　　　(가) 소의인 교를 듦 ········ 262
　　　(나) 교에 의거해서 질문을 일으킴 ········ 263
　　나) 대답 ········ 263
　　　(가) 별법別法을 반연하는 지관에 대해 답함 ········ 263
　　　(나) 총법總法을 반연하는 지관에 대해 해석함 ········ 266
　　　　㉮ 해석 ········ 266
　　　　　a. 별법을 거두어 총법으로 삼아 작의·사유하는 것에 대해 밝힘
　　　　　　········ 266
　　　　　b. 사유의 모습에 대해 해석함 ········ 268
　　　　　　a) 교敎에 세 가지 뛰어난 작용이 있음을 사유함 ········ 268
　　　　　　　(a) 진여의 이치에 의거해서 세 가지 작용을 사유함 ········ 268
　　　　　　　(b) 보리 등에 의거해서 세 가지 작용을 사유함 ········ 270
　　　　　　b) '교'란 선법善法을 설한 것이라고 사유함 ········ 272
　　　　　c. 지관을 닦는 것에 대해 결론지음 ········ 273
　　　　㉯ 결론 ········ 273
　다. 총법總法을 반연하는 지관의 차별을 밝힘 ········ 273
　　가) 소총법小總法을 반연하는 지관의 차별을 밝히는 문 ········ 274
　　　(가) 질문 ········ 274
　　　　㉮ 소의所依인 교敎를 듦 ········ 274
　　　　㉯ 교에 의거해서 질문함 ········ 275
　　　(나) 대답 ········ 275

㉮ 소총법小總法을 반연하는 지관을 밝힘 ……… 275
㉯ 대총법大總法을 반연하는 지관을 밝힘 ……… 276
㉰ 무량총법無量總法을 반연하는 지관을 밝힘 ……… 278
나) 총법을 반연하는 지관을 획득하기 위해 갖추어야 할 조건을 밝히는 문
……… 284
(가) 청문 ……… 284
(나) 정설 ……… 285
㉮ 개수를 들어 간략히 답함 ……… 285
㉯ 다섯 가지 연을 따로따로 해석함 ……… 290
 a. 첫 번째 연 ……… 290
 b. 두 번째 연 ……… 293
 c. 세 번째 연 ……… 297
 d. 네 번째 연 ……… 299
 e. 다섯 번째 연 ……… 301
다) 획득한 지위와 통달한 지위를 밝히는 문 ……… 310
(가) 질문 ……… 310
(나) 대답 ……… 311
㉮ 앞의 질문에 바로 답함 ……… 311
㉯ 초학자에게 권함 ……… 312
⑩ 유심사有尋伺 등의 차별을 밝히는 문 ……… 312
 가. 질문 ……… 313
 나. 대답 ……… 316
  가) 오직 지전地前에만 의거해서 차별적 모습을 설명함 ……… 316
   (가) 유심유사有尋有伺의 모습을 밝힘 ……… 316
   (나) 무심유사無尋唯伺의 모습을 설명함 ……… 317
   (다) 무심무사無尋無伺의 모습을 해석함 ……… 320
  나) 통틀어 지상地上에도 의거해서 차별적 모습을 설명함 ……… 321
   (가) 유심유사의 모습을 밝힘 ……… 321
   (나) 무심유사의 모습을 해석함 ……… 322
   (다) 무심무사의 모습을 해석함 ……… 323
⑪ 지상止相·거상擧相·사상捨相의 차별을 밝히는 문 ……… 323

가. 질문 324
나. 대답 325
　가) 지상止相에 대해 답함 325
　나) 거상擧相에 대해 설명함 326
　다) 사상捨相에 대해 해석함 327
⑫ 법法을 아는 것과 의미(義)를 아는 것의 차별을 밝히는 문 331
가. 법을 아는 것과 의미를 아는 것에 대해 밝힘 331
　가) 소지所知에 의거해서 법과 의미를 아는 것에 대해 밝힘 331
　　(가) 질문 331
　　(나) 대답 333
　　　㉠ 법을 아는 것에 대해 밝힘 333
　　　　a. 업을 표시하며 개수를 듦 333
　　　　b. 개수에 의거해서 이름을 나열함 334
　　　　c. 차례대로 따로 해석함 336
　　　　　a) 명名 336
　　　　　　(a) 질문 336
　　　　　　(b) 해석 336
　　　　　b) 구句 338
　　　　　　(a) 질문 338
　　　　　　(b) 대답 338
　　　　　c) 문文 339
　　　　　　(a) 질문 339
　　　　　　(b) 대답 340
　　　　　d) 각기 따로 아는 것에 대해 해석함 347
　　　　　　(a) 질문 347
　　　　　　(b) 대답 348
　　　　　e) 총합을 아는 것에 대해 해석함 348
　　　　　　(a) 질문 348
　　　　　　(b) 대답 349
　　　　d. 해석을 마치고 총결지음 349
　　　㉡ 의미를 아는 것에 대해 해석함 350

a. 지관止觀에서 의미를 아는 것에 대해 밝힘 350
  a) 십의十義에 의해 의미를 아는 것에 대해 밝힘 350
    (a) 표장으로서 개수를 듦 350
    (b) 개수에 의거해서 이름을 나열함 351
    (c) 차례로 따로따로 해석함 352
      ⓐ 진소유성盡所有性 352
        ㄱ. 정석正釋 352
        ㄴ. 유석類釋 353
      ⓑ 여소유성如所有性 354
        ㄱ. 간략히 밝힘 354
        ㄴ. 자세히 해석함 360
          ㄱ) 표장으로서 개수를 듦 360
          ㄴ) 차례로 따로따로 해석함 360
            (ㄱ) 유전진여流轉眞如 360
            (ㄴ) 상진여相眞如 365
            (ㄷ) 요별진여了別眞如 366
            (ㄹ) 안립진여安立眞如 368
            (ㅁ) 사행진여邪行眞如 369
            (ㅂ) 청정진여淸淨眞如 369
            (ㅅ) 정행진여正行眞如 370
          ㄷ) 4평등을 7진여에 배당시킴 370
            (ㄱ) 유정평등有情平等 370
            (ㄴ) 제법평등諸法平等 371
            (ㄷ) 보리평등菩提平等 372
            (ㄹ) 지혜평등智慧平等 372
      ⓒ 능취能取 373
      ⓓ 소취所取 374
      ⓔ 건립建立 375
        ㄱ. 총괄적 해석 375
        ㄴ. 개별적 해석 376
          ㄱ) 촌전村田의 양 376

차례 • 59

ㄴ) 대지大地의 양 377
ㄷ) 사주四洲의 양 378
ㄹ) 삼천대천세계三千大千世界의 양 379
　(ㄱ) 백천百千의 양 379
　(ㄴ) 구지拘胝의 양 390
　(ㄷ) 무수無數의 양 392
ㅁ) 시방세계十方世界의 양 394
ⓕ 수용受用 394
ⓖ 전도顚倒 396
ⓗ 무전도無顚倒 398
ⓘ 잡염雜染 399
ⓙ 청정淸淨 400
(d) 십의에 대해 총결지음 402
b) 오의五義에 의거해서 의미를 아는 것에 대해 설명함 403
　(a) 표장으로 개수를 둠 403
　(b) 문답으로 이름을 나열함 403
　　ⓐ 질문 403
　　ⓑ 대답 404
　(c) 차례대로 따로 해석함 405
　　ⓐ 변지사遍知事 405
　　ⓑ 변지의遍知義 406
　　　ㄱ. 총괄해서 표명함 407
　　　ㄴ. 따로 해석함 407
　　　　ㄱ) 세속世俗·승의勝義의 문 407
　　　　ㄴ) 공덕功德·과실過失의 문 409
　　　　ㄷ) 사연四緣·삼세三世의 문 411
　　　　ㄹ) 삼상三相의 문 416
　　　　ㅁ) 병病 등으로 분별한 문 416
　　　　ㅂ) 사제四諦로 분별한 문 418
　　　　ㅅ) 진여眞如의 여러 이름으로 밝힌 문 419
　　　　ㅇ) 광廣·약略으로 분별한 문 422

ㅈ) 사기四記의 차별로 밝힌 문 ········ 424
ㅊ) 은밀隱密·현료顯了의 문 ········ 426
ㄷ. 유석類釋 ········ 428
ⓒ 변지인遍知因 ········ 428
ⓓ 변지과遍知果 ········ 429
ㄱ. 표제를 내걺 ········ 429
ㄴ. 해석 ········ 430
ㄱ) 무위과無爲果를 해석함 ········ 430
ㄴ) 유위과有爲果를 해석함 ········ 431
ⓔ 각의 완료(覺了) ········ 432
(d) 오의에 대해 총결지음 ········ 433
c) 사의四義에 의거해서 의미를 아는 것에 대해 설명함 ········ 436
(a) 총괄해서 나타냄 ········ 436
(b) 따로 해석함 ········ 437
ⓐ 질문 ········ 437
ⓑ 대답 ········ 437
(c) 결론 ········ 439
d) 삼의三義에 의거해서 의미를 아는 것에 대해 설명함 ········ 439
(a) 총괄적 표명 ········ 439
(b) 문답으로 이름을 나열함 ········ 440
ⓐ 질문 ········ 440
ⓑ 대답 ········ 441
(c) 따로 해석함 ········ 441
ⓐ 문文의 의미 ········ 441
ⓑ 의義의 의미 ········ 442
ㄱ. 표장標章으로 개수를 듦 ········ 443
ㄴ. 개수에 의거해서 이름을 나열함 ········ 443
ㄱ) 첫 번째 상 ········ 443
ㄴ) 다음의 네 종류 상 ········ 444
ㄷ) 여섯 번째 상 ········ 445
ㄹ) 일곱 번째 상 ········ 445

ㅁ) 여덟 번째 상 **446**
ㅂ) 아홉 번째 상 **447**
ㅅ) 열 번째 상 **448**
ⓒ 계界의 의미 **453**
　ㄱ. 표장으로 개수를 듦 **454**
　ㄴ. 개수에 의거해서 이름을 나열함 **454**
　ㄷ. 총결 **457**

찾아보기 / **459**

제6 분별유가품 하 목차

        b. 삼혜三慧로 의미를 아는 것에 대해 설명함
    나) 능히 아는 지(能知智)에 대해 설명함
    나. 모든 상들을 제거하는 것에 대해 설명함
    ⑬ 지관이 능히 모든 선정들을 포괄함을 밝힌 문
    ⑭ 지관의 인과因果와 작업作業을 밝히는 문
    ⑮ 지관의 모든 장애의 차별을 밝히는 문
    ⑯ 지관으로 보리를 증득함을 밝히는 문
    ⑰ 광대한 위덕威德을 이끌어 냄을 밝히는 문
    ⑱ 무여의열반에서 멸하는 수受를 밝히는 문
  (2) 결론지어 찬탄하며 배우길 권함
    ① 질문의 유익함을 찬탄함
    ② 부처님이 똑같이 설하셨음을 나타냄
    ③ 중생들에게 수학하라고 권함
 2) 게송으로 거듭 설함
  (1) 게송의 발기
  (2) 게송으로 거듭 설함
    ① 유가에 위배됨과 수순함의 득실을 나타냄
    ② 유소득有所得의 과실을 나타냄
    ③ 중생을 교화하며 오염을 벗어나는 공덕을 나타냄
    ④ 욕欲 때문에 법을 설하는 과실을 밝힘
    ⑤ 집착을 버리고 중생을 이롭게 하는 이득을 밝힘
2. 의교봉지분依敎奉持分
 1) 질문
 2) 대답
  (1) 두 가지 질문에 바로 답함
  (2) 가르침의 뛰어난 이익을 찬탄함

일러두기

1 '한글본 한국불교전서'는 문화체육관광부의 지원을 받아 동국대학교 불교학술원에서 수행하고 있는 '불교기록문화유산아카이브사업(ABC)'의 결과물을 출간한 것이다.
2 이 책의 번역은 『한국불교전서』(동국대학교출판부 간행) 제1책의 『해심밀경소解深密經疏』를 저본으로 하였다.
3 본 역서의 차례는 저자 원측圓測의 과목 분류에 의거해서 역자가 임의로 넣은 것이다.
4 본 역서에서는 시각적 효과를 고려하여 『해심밀경』 본문과 원측의 해석을 **경** 과 **석** 으로 구분하였다. 다시 원측의 해석에 나온 '問曰'은 **문** 으로, '答曰'은 **답** 으로, '解云과 又解云'은 **해** 로, '論曰'은 **논** 으로, '頌曰'은 **송** 등으로 처리하였다.
5 원문의 협주夾註는 【 】로 표시하였다.
6 『해심밀경』의 경문을 가리키거나 혹은 다른 경론의 문장을 그대로 직접 인용한 경우는 " "로 처리하였고, 그 밖에 출전의 문장을 요약·정리해서 인용하거나 출처가 확인되지 않는 학설을 진술한 경우는 ' '나 〈 〉로 묶어 주었다.
7 인용문에 나오는 '乃至廣說'이나 '乃至'가 문장의 생략을 뜻하는 경우, 인용문의 중간에 있으면 '……중간 생략……'으로, 문장의 끝에 있으면 '……이하 생략……'으로 처리하였다.
8 음역어는 현재의 한문 발음대로 표기하였다.
9 번역문에 이어 원문을 병기하였다. 원문은 『한국불교전서』를 저본으로 했으며, 띄어쓰기를 표시하기 위해 온점(。)을 사용하였다.
10 본 역서에서는 『해심밀경소』의 모든 인용문들에 대해 출전을 찾아서 확인·대조해서 원문 아래 별도의 교감주를 달았다. ㉠은 『한국불교전서』에 이미 교감된 내용이고, ㉡은 역주자가 새로 교감한 것이다.
　1) 원문을 그대로 직접 인용하였고 그 출전이 현존하는 경우, 원전과 대조해서 글자의 출입이 있거나 오탈자나 잉자剩字로 확인되면 원문 교감주에 표기하였다.
　2) 요약·정리된 인용문들이나 저자의 해석문 중에 전후 문맥상 오탈자나 잉자라고 여겨지면 교감주에 표시하였다.
　3) 『한국불교전서』의 교감주에서 발견되는 오류도 역자 교감주에 따로 표시하였다.
11 역주에서 소개한 출전은 약호로 표기하였다. T는 『대정신수대장경大正新脩大藏經』, X는 『신찬대일본속장경新纂大日本續藏經』의 약자이다.

제6편
분별유가품
分別瑜伽品

해심밀경소 권6【경본 제3】
서명사 사문 원측이 찬술하다
분별유가품 제6

解深密經疏卷第六【經本第三】
西明寺沙門 圓測撰
分別瑜伽品第六

이 품을 해석하는 데 대략 두 종류가 있다. 처음은 품의 이름을 해석하는 것이고, 나중은 경문을 바로 해석하는 것이다.

將釋此品。略有二種。初釋品名。後正文釋。[1]

1) ㉠ '文釋'은 '釋文'의 도치인 듯하다.

제1장 품명 해석

품의 이름을 해석하겠다.
범음 '유가(Ⓢ yoga)'는 여기 말로 '상응'이라 한다.
그런데 이 '유가'는, 『유가사지론석』에 의하면, 두 가지 해석이 같지 않다.[1]

釋品名者。梵音瑜伽。此云相應。然此瑜伽。依瑜伽釋。兩釋不同。

한편에서는 말한다.

삼승의 경境·행行·과果 등['등'이란 말은 능전能詮의 교법을 똑같이 취한 것이다.[2]]의 모든 법들을 통틀어 '유가'라고 설한 것이니, 모든 것은 다 함께 방편선교로서 '상응'의 뜻을 갖고 있기 때문이다.[3]

---

[1] 이하에서 진술된 '유가'에 대한 두 가지 해석은 최승자最勝子의 『瑜伽師地論釋』 권1(T30, 883c23~885a8)에 나온다. 이 논에서는 "유가사지론瑜伽師地論"이라는 제명題名을 해석하면서, 불교의 모든 경론에 나온 범어 '유가瑜伽(Ⓢ yoga)'의 다양한 용례를 분석한다. 그에 따르면, '유가'의 의미를 광의廣義와 협의狹義로 구분할 수 있다. 광의에서는 유가란 삼승三乘의 모든 경境·행行·과果를 통칭하는 말이고, 협의狹義에서는 삼승의 관행觀行만을 가리킨다. 원측의 해석에 따르면, 이 경에서 '유가'라 한 것은 협의의 관행을 뜻하며, 특히 '지관止觀'을 가리키는 말이다. 이 「분별유가품」은 바로 요가수행자의 지관 수행에 대해 자세히 분별한 것이다.

[2] "삼승의 경·행·과 등"에서 마지막 '등'이라는 글자에 의해 생략된 말은, '능전能詮의 교법敎法'이다. 말하자면 삼승의 경·행·과뿐만 아니라 그에 대해 언어적으로 표현해 놓은 (能詮) 성스런 가르침(聖敎)들도 모두 '유가'의 범주에 포함된다는 것이다.

[3] 이하에서는 경境·행行·과果라는 세 종류 유가도瑜伽道를 통해 '유가'의 의미를 설명하고 있다. 경境(Ⓢ viṣaya)이란 보살들이 배우고 알아야 할 대소승의 다양한 경계를 가리

'경유가境瑜伽'라고 했는데, 말하자면 모든 경계들은 전도되지 않은 성질(無顚倒性), 서로 어긋나지 않는 성질(不相違性), 서로 수순하는 성질(相隨順性), 궁극으로 나아가는 성질(趣究竟性)이 있고, [해] 그 순서대로 그것의 자성, 도리와 어긋나지 않음, 제법에 수순함, 이로 말미암아 능히 보리·열반으로 나아감과 같다.[4] 바른 이리理·교敎·행行·과果와 상응하기 때문에 유가라고 한 것이다.[5] 이 경유가는 비록 모든 법에 통하지만, 여러 경론에서는 서로 수순하는 근기에 맞춰 갖가지로 다르게 설한다. 혹은 관대觀待 등의 네 종류 도리를 설하면서 (유가라고 하고),[6] 이와 같이 내지는 오온·십팔계·십이처·십이연기·사제 등을 설하면서 모두 유가라고 하였다.

키고, 행行(S pratipatti)이란 그런 경계에 상응해서 일으킨 모든 삼승의 관행觀行들을 가리키며, 과果(S phala)란 경계에 대한 앎과 그에 따른 관행의 결과로서 획득되는 결과를 가리킨다. 이러한 삼승의 경·행·과는 모두 방편선교로서 '상응相應'의 의미를 갖고 있다. 말하자면 방편으로서의 경은 행·과와 더불어 상응하고, 그 행은 과와 더불어 상응하며, 또 삼승의 경·행·과는 정교正敎·정리正理와 상응하는 것이다. 이와 같이 삼승의 경·행·과 등은 모두 상응하는 관계에서 하나의 거대한 유가의 도를 이루기 때문에 그것들을 모두 '유가(상응)'라 이름한다.

4 대소승에서 제시한 다양한 이론적 경계들은 무전도성無顚倒性·불상위성不相違性·상수순성相隨順性·취구경성趣究竟性 등의 네 가지 성질을 갖추었기 때문에 '유가'라고 불린다. 이 중에 '무전도성'이란 '유식의 경계' 그 자체가 전도된 것이 없음을 나타내고, '불상위성'이란 그것이 도리와 어긋나지 않음을 나타내며, '상수순성'이란 그것이 제법諸法에 수순함을 뜻하고, '취구경성'은 그것이 궁극적으로 보리와 열반에 나아가게 해 줌을 뜻한다.
5 이상은 '경유가境瑜伽'에 대한 총괄적 해석(總釋)이고, 이하는 각각의 경론에 나온 개별적 해석(別釋)을 소개한 것이다.
6 사종도리四種道理란 모든 존재와 변화에 관철되는 법칙·이치를 크게 네 가지로 구분한 것으로, 즉 관대觀待·작용作用·증성證成·법이法爾 등 네 종류 도리를 말한다. 어떤 경론에서는 특별히 그 '사종도리'만을 경유가라고 설하기도 한다. 모든 이론적 경계들에 대한 지식은 궁극적 깨달음에 이르게 해 주는 바른 원인이 되며, 그런 지식의 탐구에 있어 인과因果의 도리를 잘 아는 것이 매우 중요하기 때문이다. 예를 들어『解深密經』「如來成所作事品」에서는 여래의 화신化身의 사업을 설명하면서 '여래의 언음言音의 세 종류 차별', 즉 계경契經과 조복調伏(律)과 본모本母(論) 등을 언급하는데, 그중 논(본모)의 특징을 설명하면서 사종도리에 대해 설한다. 그에 따르면, 여래는 이와 같은 네 종류 도리에 맞는 말씀을 설하시면서 화신의 사업을 성취한다. 자세한 것은『解深密經』권5「如來成所作事品」(T16, 709b11~18) 참조.

(그것들은) 모두 다 네 가지 성질을 갖추고 있고, 네 가지 법에 수순하기 때문이다.[7]

'행유가行瑜伽'라고 했는데, 말하자면 모든 행들이 다시 서로 수순하고, 바른 도리와 부합하며, 바른 교에 수순하고, 바른 과에 나아가기 때문에 유가라고 한 것이다.[8] 이 행유가는 비록 모든 행에 통하지만, 여러 경론에서 서로 수순하는 근기에 맞춰 갖가지로 다르게 설한다. 혹은 모든 행들을 바로 닦는 것에 대해 설하면서 유가라고 하고, 혹은 삼십칠보리분법三十七菩提分法[9]을 설하면서 유가라고 하며, 혹은 사마타奢摩他와 비발사나毘缽舍那를 평등하게 굴리는 도道를 설하면서 유가라고 하고,[10] 이와 같이 내지는 다시 보살이 모든 수승한 지혜와 자비를 평등하게 짝 지어 굴리는 것에 대해 설하면서 유가라고 하였다. (그것들은 모두) 위에서 말한 네 가지 의미를 갖추고 있기 때문이다.

'과유가果瑜伽'라고 했는데, 말하자면 모든 과들이 다시 서로 수순하고, 바른 도리(理)에 부합하며, 바른 교教에 수순하고, 바른 인因과 부합

---

7 '네 가지 성질'이란 '전도되지 않는 것(無顚倒性), 서로 어긋나지 않는 것(不相違性), 서로 수순하는 것(相隨順性), 구경으로 나아가는 것(趣究竟性)' 등을 말하고, '네 가지 법'이란 바른 도리(正理)·교教·행行·과果를 가리킨다.
8 이상은 '행유가行瑜伽'에 대한 총괄적 해석이고, 이하는 각각의 경론에 나온 개별적 해석을 소개한 것이다.
9 삼십칠보리분법三十七菩提分法: 보리분菩提分이란 깨달음에로 인도하는 원인을 뜻하며, 넓은 의미에서는 지혜를 구하는 서른일곱 가지 수행법들은 모두 보리(깨달음)에로 따르며 나아가기 때문에 삼십칠보리분법 또는 삼십칠도품三十七道品이라 한다. 이에는 사념주四念住·사정근四正勤·사여의족四如意足·오근五根·오력五力·칠각지七覺支·팔정도八正道 등이 있다.
10 유가(요가)를 수행의 차원에 국한시켜 정의할 때, 각 경론에서 각기 다르게 말한다. 예를 들어 『辨瑜伽師地經』에서는 가장 포괄적 의미에서 '모든 수행'을 전부 유가(상응)의 행이라 한다고 하였다. 또 『月燈經』에서는 삼십칠보리분법(삼십칠도품)만을 유가라고 하는데, 과果에 수순하는 모든 행들 중에서 삼십칠도품이 가장 뛰어나기 때문이다. 또 『大分別六處經』에서는 지止와 관觀을 평등하게 굴리는 도만을 특별히 유가라고 했는데, 이 지관이야말로 여러 행들의 가장 근본이 되기 때문이다. 이에 관한 자세한 설명은 둔륜의 『瑜伽論記』 권1(T42, 312a18) 참조.

하기 때문에 유가라고 한 것이다.[11] 이 과유가는 비록 모든 과법에 통하지만 여러 경론에서는 서로 수순하는 근기에 맞춰 갖가지로 다르게 설한다. 혹은 어떤 곳에서는 역력力·무외無畏 등의 불공불법不共佛法[12]을 설하면서 유가라고 이름하고, 이와 같이 내지는 혹은 유위·무위의 공덕을 설하면서 모두 유가라고 이름한다. (그것들은 모두) 이상에서 (설한) 의미를 갖추고 있기 때문이다.

이와 같은 성교聖敎를 또한 유가라고 한다.[13] 바른 도리와 부합하기 때문이고, 바른 행에 수순하기 때문이며, 바른 과를 이끌어 내기 때문이다.

一云。通說三乘境行果等。【等言等取能詮敎法。】所有諸法。皆名瑜伽。一切並有方便善巧相應義故。境瑜伽者。謂一切境。無顚倒性。不相違性。相隨順性。趣究竟性。【解云。如次。如其自性。不違道理。隨順諸法。由此能取[1)]菩提涅槃。】與正理敎行果相應。故云瑜伽。此境瑜伽。雖通一切。然諸經論。就相隨機。種種異說。或說觀待等四種道理。如是乃至說蘊界處緣起諦等。皆名瑜伽。總具四性順四法故。行瑜伽者。謂一切行更相順故。稱正理故。順正敎故。趣正果故。說名瑜伽。此行瑜伽。雖通諸行。然諸經論。就相隨機。種種異說。或說正修諸行。說名瑜伽。或說三十七菩提分法。說名瑜伽。或

---

11 이상은 '과유가果瑜伽'에 대한 총괄적 해석이고, 이하는 각각의 경론에 나온 개별적 해석을 소개한 것이다.
12 역력力·무외無畏 등의 불공불법不共佛法 : 성문이나 보살 등과는 공유하지 않고 부처님만이 지닌 특수한 법을 '불공불법'이라 하는데, 그런 것 중에 십력十力이나 사무외四無畏 등이 있다.
13 이 첫 번째 해석을 소개하면서, 맨 먼저 '삼승의 경·행·과 등을 모두 유가라고 한다'고 하였다. 이 문구에 대해 원측은 협주에서 '등'이라는 말에 의해 '능전能詮의 언어인 성교聖敎까지 유가에 포함시킨 것이다'라고 하였다. 따라서 이상의 경·행·과를 비롯해서 또한 그 경·행·과를 나타내기 위한 언어적 수단으로서의 성스런 교설을 모두 유가라고 통칭한다는 것이다.

說奢摩他毗鉢舍那平等運道。說名瑜伽。如是乃至復說菩薩所有殊勝慧悲平等雙轉。名爲瑜伽。具上所說四種義故。果瑜伽者。謂一切果更相順故。合正理故。順正敎故。稱正因故。說名瑜伽。此果瑜伽。雖通諸果。就諸經論。就相隨機。種種異說。或有處說。力無畏等不共佛法。說名瑜伽。如是乃至或說有爲無爲功德。皆名瑜伽。具上義故。如是聖敎。亦名瑜伽。稱正理故。順正行故。引正果故。

---

1) ㉐ '取'는 '趣'인 듯하다.

한편에서는 말한다. 〈삼승三乘의 관행觀行을 곧바로 취하여 유가라고 설한다. 자주자주 정진·수행하여 이치에 부합하고, 행에 수순하여 뛰어난 과를 획득하기 때문이다. 경境·과果·성교聖敎는, 유가의 경계이기 때문에, 유가의 결과이기 때문에, 유가를 언표해 놓은 것이기 때문에, 또한 유가라고 했지만 바른 유가는 아니다.[14]〉

해 그 논(『유가사지론석』)에 두 가지 설이 있기는 해도, 이 경(『해심밀경』)에서 말하는 '유가'는 두 번째 설에 해당한다. 모든 행 중에서 지止·관觀을 체로 삼는 것이니, 이는 『육처경六處經』에서 '사마타와 비발사나를 평등하게 운용하는 도를 유가라고 설한다'고 했던 것과 동일하다.[15] 이 품에서 지·관 유가의 의미를 자세하게 설명하기 때문에 '분별유가품'이라 이름한 것이다.

一云。正取三乘觀行。說名瑜伽。數數進修合理。順行得勝果故。境果聖敎。瑜伽境故。瑜伽果故。詮瑜伽故。亦名瑜伽。非正瑜伽。解云。彼論雖有兩

---

14 두 번째 해석은 앞의 첫 번째 해석과는 달리 '삼승의 관행觀行'만을 유가라고 하는데, 이는 일반적으로 알려진 유가의 정의에 가장 가까운 것이다. 말하자면 유가의 경계(境), 유가의 결과(果), 유가에 대한 모든 성스런 가르침(聖敎)들도 모두 '유가'라고 불리기는 하지만, 유가의 본질은 관행觀行이라는 것이다.

15 앞의 '행유가'와 관련된 본문과 주석 참조.

說。此經瑜伽當第二說。於諸行中。止觀爲體。同六處經。以奢摩他毗鉢舍那平等運道。說名瑜伽。於此品中。廣明正¹⁾觀瑜伽之義。故名分別瑜伽。
___
1) ㉠ '正'은 '止'의 오기인 듯하다.

제2장 경문 해석

1. 지관止觀을 바로 해석함

1) 장행으로 자세히 해석함

(1) 지관止觀의 상相을 자세히 설명함

① 지관의 의依와 주住에 대해 분별한 문[16]

가. 물음

경 이때 자씨보살마하살이 부처님께 말하였다. "세존이시여, 보살은 무엇에 의지하고 무엇에 머물면서 대승 안에서 사마타와 비발사나를 닦습니까?"

爾時。慈氏菩薩摩訶薩。白佛言。世尊。菩薩何依何住。於大乘中。修奢摩他毗鉢舍那。

---

[16] 이하에서는 장행으로 지관止觀에 대해 총 열여덟 개의 문門으로 설명하였다. 그중 첫 번째 문에서는 유가지관瑜伽止觀을 닦는 데 있어 보살들이 명심해야 할 주요한 강령을 두 가지 측면에서 제시하였다. 경문에서는 그것을 '의依'와 '주住'라고 표현하였다. 보살들이 대승 안에서 지관을 닦는다고 할 때, 반드시 의거해야 할 것(依)이 있고, 또 항상 머물러야 할 곳(住)이 있다. 구체적으로 말하면, 보살들은 깨달음으로 인도하기 위해 임시로 가립해 놓은 십이분교十二分敎의 모든 교법敎法에 의거해서(依) 지관을 닦아야 하고, 또한 항상 무상보리無上菩提에 대한 원願에 머물면서(住) 지관을 닦아야 한다.

석 이상으로 네 품에서 '관찰되는 경계(所觀境)'를 설명하였다. 다음에 두 품이 있으니, 능히 관찰하는 행(能觀行)을 해석한 것이다.[17]

이 중에 두 가지가 있다. 처음의「분별유가품」은 지행止行과 관행觀行을 밝힌 문이고, 다음의「지바라밀다품」은 십지十地의 십도十度(십바라밀)를 밝힌 문이다. 이 두 품 가운데 지·관은 총괄적인 것이므로 먼저 밝히고, 십도는 개별적인 것이므로 나중에 밝힌다. 혹은 지관은 간략한 것이므로 먼저 밝히고, 십바라밀은 자세한 것이므로 나중에 밝혔다고 해도 된다.

釋曰。上來四品辨所觀。次有二品。釋能觀行。於中有二。初分別瑜伽。明止觀行門。後地波羅蜜。明十地十度。於二品中。止觀是總。所以先明。十度是別。故在後說。或可止觀略故先明。十度是廣。所以後說。

지관을 밝힌 곳에서 경문을 구별하면 두 가지가 있다. 처음은 지관을 바로 해석한 것이고, 나중의 "이때 자씨" 이하는 교에 의지해서 받들어 지녔음을 밝힌 것이다.

전자에 두 가지가 있다. 처음은 장행으로 자세히 해석한 것이고, 나중은 게송을 들어 거듭 설한 것이다.

어떤 이는 다음과 같이 주장한다. 〈이 품은 전체적으로 셋으로 구분된다. 처음은 장행으로 자세히 해석한 것이고, 다음은 게송을 들어 간략히 설한 것이며, 마지막은 교에 의지해서 받들어 지닌 것이다.〉

---

17 『解深密經』에서 「序品」을 제외한 나머지 일곱 개의 품은 '성교정설분聖敎正說分'에 해당한다. 이 성교정설분은 유식唯識의 경境·행行·과果를 설한 것이기 때문에 그 일곱 개의 품을 크게 세 부분으로 구분해 볼 수 있다. 「勝義諦相品」·「心意識相品」·「一切法相品」·「無自性相品」 등의 네 품은 관찰되는 경계(所觀境)에 해당하고, 다음의 「分別瑜伽品」·「地波羅蜜多品」 두 품은 관찰하는 행(能觀行)에 해당하며, 마지막의 「如來成所作事品」은 앞의 경·행에 의해 획득되는 과(所得果)에 해당한다.

就止觀中。文別有二。初正釋止觀。後爾時慈氏下。明依教奉持。前中有二。初長行廣釋。後擧頌重說。有義。此品總分爲三。初長行廣釋。次擧頌略說。後依敎奉持。

장행으로 해석한 곳에서 다시 두 가지로 구분된다. 처음은 지관의 상相을 자세히 설명한 것이고, 나중의 "이때 세존께서 이런 말씀을 설하시고 나자" 이하는 결론지어 찬탄하며 배우길 권한 것이다.

(지관의 상을) 자세히 설명한 곳에 열여덟 개의 문이 있다.

첫 번째는 지관의 의依와 주住에 대해 분별한 문이다.

두 번째는 지관의 소연所緣의 차별을 밝히는 문이다.

세 번째는 지관을 잘 구하는 것에 대해 분별한 문이다.

네 번째는 지관에 수순하는 작의作意를 밝히는 문이다.

다섯 번째는 지관 두 가지 도道의 동이同異를 밝히는 문이다.

여섯 번째는 지관에서의 유식唯識의 (도리를) 분별한 문이다.【혹은 심心과 경境이 하나인지 다른지를 분별한 문이라고 해도 된다.】

일곱 번째는 지관을 따로(單) 닦는 것과 짝지어(複) 닦는 것에 대해 밝히는 문이다.

여덟 번째는 지관의 종류 수의 차별을 밝히는 문이다.

아홉 번째는 법에 의지하거나 의지하지 않는 지관을 밝히는 문이다.

열 번째는 유심사有尋伺 등의 차별을 밝히는 문이다.

열한 번째는 지상止相·거상擧相·사상捨相의 차별을 밝히는 문이다.

열두 번째는 법法을 아는 것과 의義를 아는 것의 차별을 밝히는 문이다.

열세 번째는 지관이 능히 모든 선정들을 포괄함을 밝힌 문이다.

열네 번째는 지관의 인과因果와 작업作業을 밝히는 문이다.

열다섯 번째는 지관의 모든 장애의 차별을 밝히는 문이다.

열여섯 번째는 지관으로 보리를 능히 증득함을 밝히는 문이다.
열일곱 번째는 광대한 위덕威德을 이끌어 냄을 밝히는 문이다.
열여덟 번째는 무여의열반에서 멸하는 수受를 밝히는 문이다.

就長行中。復分爲二。初廣辨止觀相。後爾時世尊說是語已下。結嘆勸學。
就廣辨中。有十八門。一分別止觀依住門。二止觀所緣差別門。三分別能求
止觀門。四隨順止觀作意門。五止觀二道同異門。六分別止觀唯識門。【或
可分別心境一異門。】七修習止觀單覆1)門。八止觀種數差別門。九依不依法
止觀門。十有尋伺等差別門。十一止擧捨相差別門。十二知法知義差別門。
十三止觀能攝諸定門。十四止觀因果作業門。十五止觀治2)障差別門。十六
止觀能證菩提門。十七引發廣大威德門。十八於無餘依滅受門。

---
1) ㉤ '覆'은 '複'인 듯하다. ㉨『解深密經疏』권6(X21, 306c21)에 '雙'으로 되어 있다.
2) ㉨ '治'는 '諸'의 오기다.

이것은 첫 번째로 지관止觀의 의依와 주住에 대해 분별한 문이다. 이 중에 두 가지가 있다. 앞은 질문이고, 뒤는 대답이다.

이것은 첫 번째로 보살이 청문한 것이다.

"자씨慈氏"란 바른 범음에 의하면 '매달리야梅怛履耶(S Maitreya)'라고 해야 한다. 여기 말로 '자씨'라고 했는데, 본래 세 가지 의미가 있다.

첫째는 성姓을 따라 이름을 정한 것이다. 어머니 성이 자씨이고 어머니의 '자'라는 성을 따라 그 이름을 정했기 때문에 '자씨'라고 이름한 것이다. 자字는 '아씨다阿氏多(S Ajita)' 혹은 '아기다阿嗜多'라고 한다. 여기 말로 '무승無勝'이라 하는데, (그를) 이길 수 있는 사람이 없음을 말한다. 구역에서 '아일다阿逸多'라고 한 것은 잘못된 것이다.

둘째는 자성自性이 자비慈悲로우므로 자씨라고 이름한 것이다. 따라서 『화엄경』에서 '최초로 자심삼매慈心三昧를 얻었기 때문에 자씨라고 이름한

다'고 하였다.[18]

셋째는 원願에 의거해서 이름을 정한 것이다. 『일체지광선인경一切智光仙人經』에서 설하길, 미륵彌勒(자씨)은 예전에 '일체지광선인'이었는데 자불慈佛께서 설한 『삼매경』을 접하고서 '미래에 성불했을 때 (나) 또한 자불이라 이름하겠다'고 발원하였다.[19]

이런 세 가지 의미 때문에 '자씨'라고 이름한 것이다.【『심밀해탈경』에서는 '미륵'이라 하였다.[20] 『승가타경』에서는 '미제례彌帝隸'라고 하였는데, 위魏나라 말로 '자慈'라고 한다.[21]】

此卽第一分別止觀依住門。於中有二。先問。後答。此卽第一菩薩請問。言慈氏者。依正梵言。應云梅怛履邪。[1] 此云慈氏。自有三義。一者從姓立名。母姓慈氏。從母慈姓。以立其名。故名慈氏。字阿氏多。或作阿嗜多。此云無勝。謂無人能勝也。舊云阿逸多者。訛也。二者自性慈悲。名爲慈氏。故華嚴云。初得慈心三昧。故名慈也。三者依願立名。一切智光仙人經說。彌勒昔作一切智光仙人。値於慈佛說三昧經。發願未來得成佛時。亦名慈佛。由斯三義。故名慈氏【深密經云。彌勒。僧伽吒經云。彌諦疑。[2] 魏云慈也。】

---

18 실차난타實叉難陀 역 『華嚴經』 권79(T10, 435b9) 등에는 "혹은 미륵이 최초로 자심삼매를 증득하는 것을 보고, 이로부터 자씨라고 호칭하게 되었다.(或見彌勒最初證得慈心三昧。從是已來。號爲慈氏。)"라는 문구가 나온다.

19 옛날에 '일체지광명一切智光明'이라는 어떤 대바라문이 부처님께서 『慈三昧光大悲海雲經』을 설하시는 것을 듣고서 세속의 모든 논의로써 부처님에게 따지고 비난했지만 결국 부처님을 굴복시키지 못했다. 이로 인해 그는 '불제자가 되어 그 경을 암송하고 지니면서 그 공덕으로 먼 미래에 성불하여 미륵이라 이름하겠다'는 서원을 세웠다고 한다. 『一切智光明仙人慈心因緣不食肉經』 권1(T3, 458a13) 참조.

20 이 경의 이역본 중에 보리유지菩提流支 역 『深密解脫經』 권3(T16, 674b5)은 모두 11품으로 되어 있고, 그중에 아홉 번째 「聖者彌勒菩薩問品」이 『解深密經』 「分別瑜伽品」에 해당한다. 여기에는 세존께 청문한 보살이 '성자미륵보살聖者彌勒菩薩'이라 되어 있다.

21 『僧伽吒經』 권2(T13, 966c24)에는 "미제례보리살타彌帝隸菩提薩埵【'미제례'란 위나라 말로 '자'라 한다.(彌帝隸者。魏云慈也。)】"라는 말이 나온다. 이 경은 원위元魏 때 우선니국優禪尼國의 왕자인 월파수나月婆首那가 번역한 것이다.

1) ㉠ '邪'는 '耶'의 오기인 듯하다. 2) ㉠ '彌諦疑'라는 음사어의 용례는 없다. 『僧伽
吒經』권2(T13, 966c24) 등에 따르면, '諦疑'는 '帝隷'의 오기인 듯하다.

질문에는 두 가지 뜻이 있다. 첫째는 무엇을 의지(依)로 삼아서 지관을 닦는가를 물은 것이고, 둘째는 어떤 법에 머물면서(住) 지관을 닦는가를 물은 것이다.

범음 '사마타奢摩他(Ⓢ śamatha)'는 여기 말로 '지止'라고 하고, '비발사나 毗鉢舍那(Ⓢ vipaśyanā)'는 여기 말로 '관觀'이라 하니, 곧 정定과 혜慧이다. 따라서 『성실론』 제24권의 「지관품」에서는 '지를 정이라 하고 관을 혜라 한다'고 하였으며, 『불지론』 제1권에서는 '지'는 삼마지三摩地(Ⓢ samādhi)이고 '관'은 반야般若(Ⓢ prajña)라고 하였다.[23] 또 『대반야경』 제568권에서는 '지'는 일심으로 산란되지 않음을 말하고, '관'은 여실하게 법을 보는 것을 말한다고 하였다.[24] 또 무성無性의 『섭대승론석』 제7권에서는 "사마타란 모든 산동散動을 능히 대치시키는 정定을 말하고, 비발사나란 능히 모든 전도顚倒를 대치시키는 혜慧를 말한다."[25]라고 하였다. 【『성실론』제24권, 『기신론』, 『잡집론』제1권과 제10권, 『현양성교론』제2권, 『우바새계경』제3권, 『보살장경』제19권, 『대집경』제24권, 『열반경』제31권에서도 두 가지의 별상別相에 대해 해석했는데 번거로울까 봐 서술하지 않겠다.】

問有二意。一問以何爲依而修止觀。二問住於何法而修止觀。梵音奢摩他。此云止也。毗鉢舍那。此云觀也。卽是定慧。故成實論第二十四止觀

---

22 현존하는 『成實論』「止觀品」은 제15권에 해당한다. 이 책의 권15(T32, 358a17)에는 "지止를 정定이라 하고 관觀을 혜慧라고 한다."라고 하였다.
23 친광親光의 『佛地經論』권1(T26, 295c11)에서는 "지止는 삼마지三摩地이고 관觀은 반라야般羅若이다."라고 하였다.
24 『大般若波羅蜜多經』권568(T7, 935a12) 참조.
25 『攝大乘論釋』권7(T31, 424c29).

品云。止名定。觀名慧。佛地論第一云。止謂三摩地。觀謂般若。又大般若
五百六十八云。止謂一心不亂。觀謂如實見法。又無性攝論第七卷云。奢摩
他者。謂能對治諸散動定。毗鉢舍那者。謂能對治諸顚倒慧。【成實論二十四。
起信論。雜集論第一第十。顯揚第二。優婆塞戒經第三。菩薩藏經十九。大集經
二十四。涅槃經三十一。釋二別相。恐繁不述也。】

나. 대답

경 부처님께서 자씨보살에게 말씀하셨다. "선남자여, 마땅히 알라. 보살은 '법가안립法假安立'[26]과 '아뇩다라삼먁삼보리의 원을 버리지 않음', (이것을) 의지할 곳(依)으로 삼고 머물 곳(住)으로 삼아서,[27] 대승 안에서 사마타와 비발사나를 닦는다."

佛告慈氏菩薩曰。善男子。當知。菩薩法假安立。及不捨阿耨多羅三藐三菩提願。爲依爲住。於大乘中。修奢摩他毗鉢舍那。

석 이것은 두 번째로 여래가 바로 대답한 것이다. 말하자면 모든 보살은 십이부경十二部經[28]이라는 '가짜로 안립된 교법(假安立法)'을 소의로 삼아

---

26 법가안립法假安立 : 임시방편으로 안립해 놓은 십이분교十二分教의 모든 교법들을 가리킨다. 이하의 원측의 해석에 따르면, 일체법의 본성은 본래 언어를 떠난 것이지만 각각의 명名·상相을 가짜로 안립해서 색법色法·심법心法의 차별적 법들을 구별해 놓았기 때문에 '법가안립'이라 한다. 예를 들어 오온·십이처·십팔계 등의 교법에서부터 나아가 십이부경 전체를 모두 '법가안립'이라 한다.
27 "……의지할 곳으로 삼고 머물 곳으로 삼아서(爲依爲住)"라고 한 것은, 법가안립法假安立에 의지하고 무상보리의 원원에 머문다는 뜻이다.
28 십이부경十二部經 : 부처님의 일대의 교설을 그 경문의 성질과 형식에 따라 열두 가지로 나눈 것이다. 계경契經, 중송重誦, 수기受記, 불송게不誦偈, 자설自說, 연기緣起, 비유譬喩, 본사本事, 본생本生, 방광方廣, 미증유未曾有, 논의論議 등이 있다. 이 중에,

서 지관을 닦고, 또 보리의 대원大願을 버리지 않는 데 머물면서 지관을 닦는다는 것이다.

"법가안립法假安立"이라 했는데, 일체의 제법은 다 명언名言을 떠난 것이지만 가짜로 십이분교²⁹를 안립한 것이다. 따라서 이 경 제1권에서는 "곧 이와 같은 이언법성離言法性에 대해 다른 사람들이 등각等覺을 실현하게 하려고 명名·상想을 가짜로 안립하였다."³⁰라고 하였다.³¹ 또 『보은경』 제1권에서는 "법에는 언설이 없으나 여래는 교묘한 방편으로 명·상이 없는 법에서 명·상의 언설을 일으킨다."³²라고 하였다.

또 예를 들어 『유가사지론』 제36권에서 말한다. "(문) 무슨 인연으로 일체법의 이언자성離言自性에서 언설을 일으키는가? (답) 언설을 일으키지

계경은 산문체의 경전을 말하고, 중송은 산문체의 경문 뒤에 그 내용을 운문으로 거듭 읊은 것이다. 수기는 문답의 해석 혹은 제자의 다음 세상에 날 곳을 예언한 것이다. 불송게는 풍송諷誦으로 사언·오언·칠언의 운문이다. 자설은 남이 묻지 않는데 부처님이 스스로 말씀하신 것을 말한다. 연기란 경 중에서 부처님을 만나 설법을 듣게 된 인연을 말한 것이다. 비유는 비유를 통해 은밀한 교리를 밝힌 곳이다. 본사는 부처님과 제자들의 지난 세상 인연을 말한 곳이다. 본생은 부처님 자신의 지난 세상에 행하던 보살행을 말한 곳이다. 방광이란 광대한 진리를 말한 곳이다. 미증유란 부처님이 여러 신통력을 나타내는 것을 말한 것이다. 논의는 교법의 의리를 문답으로 논의한 경문을 말한다.

29 십이분교十二分敎 : 부처님의 일대의 교설을 그 경문의 성질과 형식에 따라 열두 가지로 나눈 것, 즉 앞서 말한 십이부경十二部經의 교를 가리킨다. 자세한 것은 앞의 각주 '십이부경' 참조.
30 『解深密經』 권1(T16, 689a7).
31 『解深密經』 「勝義諦相品」에는 "모든 성자들은 성지聖智·성견聖見으로 언어를 떠났기 때문에 정등각을 이루셨으니, 곧 이와 같은 '이언법성'에 대해 다른 이들로 하여금 등각을 이루도록 하려고 명名·상想을 가립하여 그것을 유위라고 말한 것입니다.(謂諸聖者. 以聖智聖見. 離名言故. 現正等覺. 卽於如是離言法性. 爲欲令他現等覺故. 假立名想. 謂之有爲。)"라는 문구가 나온다. 타인들로 하여금 깨달음을 얻도록 하기 위해서, 유위有爲나 무위無爲 등으로 구분해서 여러 가지 법들을 임시방편으로 안립해 놓았지만, 그러한 유위·무위의 모든 법들은 일차적으로는 가짜 이름(假名)에 불과하고, 법성法性 자체는 그러한 언어를 떠나 있는 것이다. 자세한 것은 원측/백진순 옮김, 『해심밀경소 : 제2 승의제상품』(서울: 동국대학교출판부, 2013), pp.101~106 참조.
32 『大方便佛報恩經』 권1(T3, 127c8).

않는다면 타인을 위해 일체법의 이언자성을 설해 줄 수 없고, 타인 또한 이와 같은 의미를 들을 수 없다. 들은 적이 없다면, (그가) 이러한 일체법의 이언자성을 알아서 다른 이로 하여금 제법의 이언자성을 듣고 알도록 할 수가 없다. 그러므로 이러한 이언자성에 대해 언설을 일으킨 것이다."[33]

> 釋曰。此卽第二如來正答。謂諸菩薩用十二部經。假安立法。以爲所依。而修止觀。又住不捨菩提大願而修止觀。法假安立者。一切諸法。皆離名言。而假安立十二分敎。故此經第一云。卽於如是離言法性。爲欲令他現等覺故。假安[1]立名想。又報恩經第一卷云。法無言說。如來以妙方便。能以無名相法。作名相說。又如瑜伽三十六云。何因緣故。於一切法離言自性。而起言說。答。若不起言[2]卽不能爲他說一切法離言自性。他亦不能聞如是義。若無有聞。卽不能知此一切法離言自性。爲欲令他聞知諸法離言自性。是故。於此離言自性。而起言說。
>
> ---
> 1) ㉓『解深密經』권1(T16, 689a8)에 '安'이 없다.　2) ㉓『瑜伽師地論』권36(T30, 489c4)에 '言' 뒤에 '說'이 있다.

'보리의 원에 머문다'는 것은 『현양성교론』 제2권에서 설한 것과 같다. 그 논에서는 말한다.

> '발심發心'이란 보살들이 보리심을 발하는 것을 말한다. 만약 보살들이 보살법성菩薩法性[34]에 머물면서 시방세계의 모든 유정들에게 이익을

---
33 『瑜伽師地論』권36(T30, 489c3).
34 보살법성菩薩法性 : '법성法性'이란 '종성種性'을 가리킨다. 보살은 그러한 보살종성에 머물고, 또 무상보리에 대한 원願 등에 머물면서 바라밀을 행한다. 『雜集論』권11(T31, 747a27) 참조.

주고자 한다면, 저 행상의 강력하고 뛰어난 인연에 의지해서 무상보리에 대해 큰 서원을 발하는 것이다.

'수발심법受發心法'이란, 〈나는 반드시 미래에 무상보리를 증득할 것입니다. 시방의 모든 유정을 제도하여 모든 번뇌를 떠나게 하려 하기 때문이고 또 모든 고난을 떠나도록 하려 하기 때문입니다.〉라고 말하는 것이다.

이 수발심受發心에는 다시 두 종류가 있다.

첫째는 '세속발심世俗發心'[35]이다. 가령 어떤 사람이 지자智者의 앞에서 공경히 머물면서 증상된 뜻을 일으켜 서원하면서 '장로께서 기억해 주십시오'라고 하거나, 혹은 '성자께서 기억해 주십시오'라고 하거나, 혹은 '오파타야鄔波拖耶[36]【여기 말로 친교親敎라고 한다.】께서 (기억해 주십시오'라고 하고나서), '저는 이러한 이름의 사람입니다. 오늘부터 처음 무상보리심을 발한 것은 모든 유정을 요익되게 하려 하기 때문입니다. 지금부터 무릇 제가 닦는 육도六度의 행은 모두 무상보리를 증득하려 하기 때문입니다. 저는 지금 모든 보살마하살과 더불어 화합하여 출가하오니, 원컨대 존자께서는 제가 보살임을 증지證知해 주십시오'라고 한다. 두 번째와 세 번째도 이와 같다.

둘째는 '증법성발심證法性發心'[37]이다. 가령 어떤 사람이 이미 첫 번째

---

35 세속발심世俗發心 : 세속수발심世俗受發心이라고도 한다. 지전地前의 보살이 아직 견도見道에 들지 못했을 때는 다만 유루정有漏定에 의지해서 '발심'의 말을 진술하고 그것을 일정 기간 동안 섭수攝受하는 것을 말한다. 『瑜伽師地論』 권72(T30, 695a3), 『瑜伽論記』 권19(T42, 740a10) 참조.

36 오파타야鄔波拖耶([S] upādhyāya) : 친교사親教師·근송近誦·의학依學이라 의역하며, 화상和尙과 같은 뜻이다. 제자가 나이가 어릴 때는 스승을 떠나지 않고 항상 따라다니고 가까이 있으면서 경전을 수지하며 암송하기 때문에 '근송'이라 하고, 또 제자는 스승에 의지해서 도를 배우고 닦기 때문에 '의학'이라 한다.

37 증법성발심證法性發心 : 보살 수행의 첫 번째 아승기겁을 거치고 나서 보살의 초지인 극희지初極喜를 이미 증득한 자가 발심하는 것을 '증법성발심'이라 한다. 이 보살은 이미 무상보리無上菩提와 보리의 방편에 대해 여실하게 알았고, 자신이 장차 대보리大菩

겁劫의 아승기야阿僧企耶³⁸를 거쳤고 보살의 초지初地인 극희지極喜地를 증득하였으며……중간 생략³⁹……이와 같은 이유로 대보리의 원에서 퇴전하지 않는다면, 이를 '증법성발심'이라 한다.⁴⁰

住菩提願。如顯揚論第二卷說。彼云。發心者。謂諸菩薩發菩提心。若諸菩薩住菩薩法性。爲欲利益十方世界所有有情。依彼行相强勝因緣。於無上菩提。發大誓願。受發心法。謂我必定當證無上菩提。爲度十方一切有情。令離諸煩惱故。及離諸苦難故。此受發心。復有二種。一世俗發心。謂如有一隨智者前。恭敬而住。起增上意。發誓願言長老憶念。或言聖者憶念。或言鄔波拕耶。【此云親教】我如是名。從今日始教¹⁾無上菩提心。爲欲饒益諸有情故。從今已往。凡我所修六度之行。皆爲證得無上菩提故。我今與諸菩薩摩訶薩。和合出家。願尊證知我是菩薩。第二第三亦復如是。二證法性。²⁾ 謂如。³⁾ 已過第一劫阿僧企耶。證得菩薩初極喜地。乃至。由如是故。於大菩提願不退轉。是名證法性發心。

1) ㉢『顯揚聖教論』권2(T31, 490c27)에 따르면, '敎'는 '發'의 오기다. 2) ㉢『顯揚聖教論』권2(T31, 491a3)에 '性' 뒤에 '發心'이 있다. 3) ㉢『顯揚聖教論』권2(T31, 491a3)에 '如' 뒤에 '有一'이 있다.

혹은 '보리의 원에 머문다'는 것은, 『반야경』에서 말한 네 종류 마음에

제의 과果에 가까이 갈 것임을 알았으며, 자·타가 모두 평등함을 증득하여 대아大我의 뜻을 얻었고, 더 이상 유전流轉과 적멸寂滅에 머물지 않는 보살도菩薩道를 얻었기 때문에 광대한 대의를 획득한다. 이와 같은 이유로 인해 그는 대보리의 발원에서 물러서지 않는다. 『顯揚聖教論』권2(T31, 491a3) 참조.

38 첫 번째 겁劫의 아승기야阿僧企耶 : 보살의 수행이 완성되는 데 걸리는 삼아승기겁 중에 첫 번째 아승기겁을 말한다.

39 『顯揚聖教論』권2(T31, 491a5)에 따르면, "……중간 생략(乃至)……"에 생략된 문구는 다음과 같다. "已入菩薩定無生位。已如實知無上菩提及菩提方便。已悟自身將近等近大菩提果。證解自他悉平等故。得大我意。已至不住流轉寂滅菩薩道故。得廣大意。"

40 이상은『顯揚聖教論』권2(T31, 490c18) 참조.

해당한다고 볼 수도 있다.⁴¹

따라서 공덕시의 『파야론』에서는 말한다.⁴² 〈'어떻게 머무는 것입니까'란, '마땅히 어떤 모습의 과과果에 마음이 머물면서 원하고 구하는 것입니까'라는 말이다. 여기서는 보살과菩薩果의 네 종류 이익과 상응하는 마음을 나타내 보였으니, 어떤 것이 네 종류인가? 첫째는 무변심無邊心이니, 가령 경에서 '모든 일체중생 부류'라고 했던 이와 같은 것들이다. 둘째는 최상심最上心이니, 가령 경에서 '나는 모두 무여열반에 들게 하여 그들을 멸도시키겠다'고 한 것과 같다. 셋째는 애섭심愛攝心이니, 가령 경에서 '이와 같이 한량없는 중생을 멸도시킨다 해도 진실로 어떤 중생도 멸도를 얻은 자는 없다'고 한 것과 같다. 넷째는 정지심正智心이니, 가령 경에서 '중생상衆生想이 있는 자는 보살이라 이름하지 않는다'고 한 것과 같다. 구체적으로 설하면 그 경과 같다.〉⁴³

세친의 『반야론』에서는 '첫째는 광대심廣大心이고, 둘째는 제일심第一心이며, 셋째는 상심常心이고, 넷째는 부전도심不顚倒心이다'라고 하였다.⁴⁴

---

41 예를 들어 『金剛般若波羅密經』 권1(T8, 749a6)에는 "어떻게 머물러야 합니까.(應云何住)"라는 물음에 대해, "①모든 일체중생의 부류를……②나는 모두 무여열반에 들어서 멸도하게 할 것이다. ③이와 같이 멸도한 무량하고 무수하며 무변한 중생 중에 실로 멸도를 얻은 중생은 없으니, ④어째서인가? 수보리여, 만약 보살에게 아상·인상·중생상·수자상이 있다면, 보살이 아니다.(①所有一切衆生之類……②我皆令入無餘涅槃而滅度之. ③如是滅度無量無數無邊衆生. 實無衆生得滅度者. ④何以故. 須菩提. 若菩薩有我相. 人相. 衆生相. 壽者相. 即非菩薩.)"라고 답하는 대목이 있다. 이 경문은 네 종류 마음에 머무는 것을 설하였다. 이하 공덕시의 해석에 따르면, 이 경문은 그 순서대로 무변심無邊心과 최상심最上心과 애섭심愛攝心과 정지심正智心을 나타낸 것이다. 한편, 세친의 해석에 따르면, 이 경문은 그 순서대로 광대심廣大心과 제일심第一心과 상심常心과 부전도심不顚倒心을 설한 것이다.
42 공덕시功德施의 『파야론破若論』은 당唐의 지파가라地婆訶羅가 638년 서태원사西太原寺에서 번역한 것이다. 『金剛般若波羅密經』의 주석서인데, 경문과 논, 또는 논과 송을 구분하지 않고 경문의 자구에 대해 직접 강의하는 방식으로 해석하거나, 혹은 해석하려는 요점을 먼저 쓴 후에 경문을 인용하여 해석함으로써 경전의 의의를 설명하기도 한다. 이는 공덕시功德施 보살이 지은 것이므로 '공덕시파야론'이라 하였다.
43 『金剛般若波羅蜜經破取著不壞假名論』 권1(T25, 887b16) 참조.

或可住菩提願者。卽是般若經中四種心也。故功德施波若論云。云何住者。於何相果。心住願求。此中顯示菩薩果四種利益相應之心。何者爲四。一無邊心。如經所有一切衆生之類。如是等。二最上心。如經我皆令入無餘涅槃而滅度之。三受[1]攝心。如經如是滅度無量衆生。實無衆生得滅度者。四正智心。如經若有衆生想卽不名菩薩者。具說如彼。世親波若論云。一廣大[2]心。二第一心。三常心。四不顚倒心。

1) ㉠『功德施波若論』권1(T25, 887c13)에 따르면, '受'는 '愛'의 오기다. 2) ㉠『金剛般若波羅蜜經論』권1(T25, 781c28)에 '大'가 없다.

"대승 안에서"라고 했는데, 지관을 닦는 문은 두 가지 장藏(성문장과 보살장)에 통하지만 성문장을 배제시켰기 때문에 '대승'이라 설한 것이다. 대승에 포섭되는 이理·교敎·행行·과果는, 위대한 사람이 타는 것으로서 수승하게 실어 나르는 작용이 있기 때문에 '대승'이라 하였다.【그런데 이 '대승'에 대해, 『기신론』과 『대집경』에서는 세 가지 의미로 '대승'을 해석하였다. 무성의 『섭대승론석』 제1권에서는 두 가지 의미와 일곱 가지 의미로 '대승'을 해석하였으며, 『십이문론』에서는 여섯 가지 의미로 '대승'을 해석하였다. 『선계경』 제7권, 『지지경』 제8권, 『현양성교론』 제8권, 『잡집론』 제11권, 『대승장엄경론』 제12권, 『유가사지론』 제46권에서는 일곱 가지 의미로 '대승'을 해석하였다. 『칭찬대승공덕경』에서는 37가지 의미로 '대승'을 해석하였다.】

大乘中者。修止觀門。通於二藏。簡聲聞藏。故說大乘。大乘所攝理教行果。大人所乘。有勝運用。故名大乘。【然此大乘。起信論大集經。三義釋大乘。無性攝論第一。二義七義。以釋大乘。十二門論。六義釋大乘。善戒經第七。地持第八。顯揚第八。雜集十一。莊嚴十二。瑜伽四十六。以七義釋大乘。稱贊[1]大乘

44 『金剛般若波羅蜜經論』 권1(T25, 781c28) 참조.

功德經。三十七義。釋大乘也。】

1) ㉠ '贊'은 '讚'의 오기다.

"사마타와 비발사나를 닦는다."라고 한 것은, 보살행에서는 지·관이 주가 되기 때문이다. 『법화경』에서는 "부처님은 스스로 대승에 머무시며, 그가 증득했던 법과 같이, 정定과 혜慧의 힘으로 장엄하여, 이로써 중생을 제도하시네."[45]라고 하였다.[46] 또 『대지도론』 제17권에서는 말한다. 〈마치 수레의 두 바퀴 중 하나는 강하고 두 번째 것이 약하다면 편안하지 않은 것처럼, 지智와 정定이 평등하지 않음도 또한 이와 같다. 그러므로 보살은 지·관을 짝지어 닦는 것이다.〉[47] 【『잡집론』 제10권에는 네 구가 있으니, 첫째는 정定은 있지만 혜慧가 없는 경우이고, 둘째는 혜는 있지만 정이 없는 경우이며, 셋째는 정과 혜가 모두 있는 경우이고, 넷째는 정과 혜가 모두 없는 경우이다.[48] 여기서도 마땅히 설해야 한다.[49]】

修奢摩他毗鉢舍那者。菩薩行中。止觀爲主故。法華云。佛自住大乘。如其所得法。定慧力莊嚴。以此度衆生。又智度論第十七云。如車二輪。一強二

---

45 『妙法蓮華經』 권1(T9, 8a23).
46 위의 『解深密經』 경문에서 "대승 안에서 사마타와 비발사나를 닦는다."라고 한 말의 의미를 좀 더 자세히 밝히기 위해 그와 유사한 『法華經』 문구를 인용하였다. "佛自住大乘。如其所得法。定慧力莊嚴。以此度衆生。"이라고 했는데, 말하자면 부처님 자신도 대승의 법에 머물렀고 그것을 증득했으며 다시 정定과 혜慧의 힘으로 장엄하여 그것으로써 중생을 제도하신다는 것이다. 이 경문도 역시 '대승의 법에 머물면서 정과 혜를 닦는다'는 점을 강조하는데, 여기서 정과 혜는 각기 사마타와 비발사나에 해당한다.
47 『大智度論』 권17(T25, 185b20) 참조.
48 『雜集論』 권10 「決擇分中諦品」(T31, 741c3) 참조.
49 여기서도 사마타奢摩他와 비발사나毗鉢舍那에 의거하여 4구를 만들어 볼 수 있다. ① 사마타는 얻었지만 비발사나는 얻지 못한 경우, ② 비발사나는 얻었지만 사마타는 얻지 못한 경우, ③ 사마타와 비발사나를 모두 얻지 못한 경우, ④ 사마타와 비발사나를 모두 얻은 경우이다.

弱。則不安隱。智定不等。亦復如是。是故菩薩雙修止觀。【雜集第十。有四句。一有定無慧。二有慧無定。三定慧俱有。四定慧俱無。此中應說。】

② 지관의 소연所緣의 차별을 밝히는 문[50]

가. 물음

가) 표장標章으로 개수를 둠

경 자씨보살이 다시 부처님께 말하였다. "세존께서 말씀하셨던 네 종류 소연경사所緣境事란,

---

[50] 두 번째 문門에서는 지관止觀의 네 종류 소연경사所緣境事, 즉 유분별영상有分別影像과 무분별영상無分別影像과 사변제성事邊際性과 소작성판所作成辦에 대해 설한다. 그에 따르면, 유분별영상은 관의 경계(觀境)이고, 무분별영상은 지의 경계(止境)이며, 사변제성과 소작성판은 지관의 공통된 경계이다. 여기에 열거된 지관의 네 종류 소연들은 여러 논에서 설했던 네 종류 편만소연遍滿所緣에 해당한다. 이하 원측의 해석에 따르면, 네 종류 편만소연에 대한 설명은 논서들마다 조금씩 차이가 나는데, 특히 『解深密經』의 경문과 일치하는 것은 『顯揚聖敎論』의 해석이다. 그 공통된 정의에 따르면, 네 종류 소연경사란 다음과 같다. 〈① 관을 닦는 행자가 스승으로부터 정법을 청문聽聞하고 나서 그가 교수 받은 것을 근거로 해서 깊이 사색할 때, 알아야 할 사(所知事)에 대해 마음속에 영상影像을 떠올리고 그것을 소연으로 삼아 관찰觀察하고 간택簡擇하며 두루 심사尋思하고 두루 사찰伺察한다. 이러한 관찰의 대상이 되는 것을 '유분별영상有分別影像'이라 한다. ② 다시 그 관하는 마음을 대상으로 삼아 사마타(止)로써 고요하게 한 채 마음을 편안히 머물게 할 때, 이러한 사마타의 대상이 되는 것을 '무분별영상無分別影像'이라 한다. 한편, ③ 유가행자는 지관을 통해 '일체一切'의 알아야 할 사 사들을 극한(邊際)까지 다 궁구하는데, 이러한 경계를 '사변제성事邊際性'이라 한다. 그런데 모든 것을 궁극에까지 사색한다고 할 때, 오온이나 십이처나 십팔계 등의 범주를 통해 '일체一切'에 대해 사유하는 경우도 있고, 혹은 그 일체법에 내적으로 관통하는 도리나 '진여眞如' 등에 대해 사유하는 경우도 있다. 전자를 진소유성盡所有性이라 하고, 후자를 여소유성如所有性이라 한다. 마지막으로 ④ '소작성판所作成辦'이란 '해야 할 일을 완전히 성취했을' 때 현현하는 대상, 말하자면 전의轉依를 이룬 자에게 현현하는 '전도 없는 청정한 대상'들을 가리킨다.〉

慈氏菩薩。復白佛言。如世尊說。四種所緣境事。

석 이하는 두 번째로 지관의 소연所緣의 차별을 밝히는 문이다. 이 중에 두 가지가 있으니, 앞은 물음이고, 뒤는 대답이다.

물음에 세 가지가 있다. 처음은 표장標章으로서 개수를 든 것이고, 다음은 개수에 의거해 이름을 나열한 것이며, 마지막은 묻는 말을 바로 일으킨 것이다.

이것은 처음에 해당한다.

"경사境事"라고 한 것에서, '경'이란 경계境界이고 '사'란 체사體事이다. 네 종류 소연경계에 모두 체성이 있기 때문에 '경사'라고 한 것이다.

釋曰。自下第二止觀所緣差別門。於中有二。先問後答。問中有三。初標業[1] 擧數。次依數列名。後正發問辭。此卽初也。言境事者。境謂境界。事謂體事。四所緣境。皆有體性。故言境事。

1) ㉑ '業'은 '章'의 오기인 듯하다.

나) 개수에 의거해 이름을 나열함

경 첫째는 유분별영상소연경사이고, 둘째는 무분별영상소연경사이며, 셋째는 사변제소연경사이고, 넷째는 소작성판소연경사입니다.

一者有分別影像所緣境事。二者無分別影像所緣境事。三者事邊際所緣境事。四者所作成辦所緣境事。

석 이것은 두 번째로 개수에 의거해 이름을 나열한 것이다.

소연경계를 묶어 보면 모두 네 종류가 있다. 첫째는 편만소연遍滿所緣

이고, 둘째는 정행소연淨行所緣이며, 셋째는 선교소연善巧所緣이고, 넷째는 정혹소연淨惑所緣이다.

이와 같은 네 종류는 여러 경에서 다르게 설한다.

이 경과 『심밀해탈경』(이 경의 이역본)에서는 단지 편만의 네 가지 소연만 나열하고 해석하지는 않았다.

『유가사지론』 제13권 및 제65권에서는 편만·정행 등의 네 종류 소연을 전부 나열하였고 해석하지는 않았다.

『집론』 제6권과 『잡집론』 제12권, 『현양성교론』 제16권, 『유가사지론』 제26권에서는 차례대로 네 종류 소연을 자세하게 해석하였다. 따라서 이제 (그와) 대조해 가며 설명하겠다.

釋曰。第二依數列名。結所緣境。總有四種。一遍滿所緣。二淨行所緣。三善巧所緣。四淨戒¹⁾所緣。如是四種。諸經不同。若依此經及深密經。但列遍滿四緣。而不解釋。若依瑜伽十三及六十五。具列遍滿淨行等四種所緣。而不解釋。集論第六。雜集十二。顯揚十六。瑜伽二十六。次第廣釋四種所緣。故今對辨。

1) ㉹ 『瑜伽師地論』 권26(T30, 427a24) 등에 따르면, '戒'는 '惑'의 오기다.

『집론』에서는 말한다.

故集論云。

어떤 것이 법에서의 소연의 차별인가?⁵¹ 간략히 설하면 네 종류가 있

---

51 이하 『集論』의 인용문은 '법法'에 대해 결택한 내용 중의 일부다. 여기서 '법'이란 이른바 계경契經 등 십이분교十二分敎에 속하는 제법諸法을 가리킨다. 이러한 제법에는 심·심소의 영역(所行), 즉 심·심소에 의해 파악되는 소연경계(所緣境)에 해당하는 것

으니, 편만소연遍滿所緣과 정행소연淨行所緣과 선교소연善巧所緣과 정혹소연淨惑所緣을 말한다.

편만소연에 다시 네 종류가 있으니, 유분별영상소연有分別影像所緣과 무분별영상소연無分別影像所緣과 사변제소연事邊際所緣과 소작성취소연所作成就所緣이다.

'유분별영상소연'이란 승해작의勝解作意[52]로 말미암은 모든 사마타·비발사나의 소연경계를 말한다. 【『잡집론』의 해석에서는 "'승해작의'는 오로지 세간적 작의다."[53]라고 하였다.】

'무분별영상소연'이란 진실작의眞實作意[54]로 말미암은 모든 사마타·비발사나의 소연경계를 말한다. 【『잡집론』의 해석에서는 "'진실작의'란 한결같은 출세간 (작의) 또는 이 뒤에 획득된 작의다."[55],[56]라고 하였다.】

들이 있다. 이하에서는 그러한 소연경계들의 다양한 차이에 대해 설명한 것이다. 자세한 것은 『集論』 권6(T31, 686c13) 참조.

52 승해작의勝解作意 : 승해작의의 의미는 학파마다 조금씩 다르다. 『瑜伽師地論』에서 승해작의는 일곱 종류 작의 중의 하나이거나, 40종류 작의 중의 하나로 분류된다. 예를 들어 그 책의 권33(T30, 465b28)에 따르면, 모든 유가사瑜伽師들은 기본적으로 일곱 가지 작의, 즉 요상了相·승해勝解·원리遠離·섭락攝樂·관찰觀察·가행구경加行究竟·가행구경과加行究竟果 작의에 의지해서 욕계의 이욕離欲을 획득할 수 있다고 한다. 이 중에서 승해작의는 요상작의에 뒤이어 생기는 것이다. 요가행자는 맨 먼저 욕계의 모든 법의 자상自相·공상共相에 대해 문혜聞慧·사혜思慧로 이치에 맞게 추리하고(比度) 사유해서(尋思) 욕계의 모든 거친 상(麤相)에 대해 요달한다. 그 다음에 다시 초정려初靜慮에는 그러한 거친 상이 없고 정묘한 상(靜相)만 있음을 알게 되는데, 이 단계에서는 문聞·사思를 뛰어넘어 사마타(止)·비파사나(觀)를 수행함으로써 소연所緣의 상相에 대해 수승한 이해(勝解)를 자주 일으키게 된다. 이와 같이 지·관의 수승한 이해와 상응해서 일어나는 작의를 '승해작의'라고 한다.

53 『雜集論』 권11(T31, 744c23).

54 진실작의眞實作意 : 『瑜伽師地論』 등에서 말한 40종류 작의 중의 하나로서, 제법의 자상自相·공상共相 및 진여상眞如相에 대해 이치에 맞게 사유하는 것(如理思惟)을 말한다.

55 이 『雜集論』의 문구에 대해 『瑜伽師地論略纂』 권5(T43, 71b6)에서 해석하길, "『대법론』(『잡집론』)에서 '한결같은 출세간 작의와 이 뒤에 획득된 작의'라고 한 것은, 근본지根本智와 후득지後得智에 해당한다. 이 중에서 자상自相과 공상共相으로써 제법을 사유하는 것은 후득지이고, 진여의 이치를 반영하는 것은 근본지이다."라고 하였다.

제6 분별유가품 상 • 89

'사변제소연'이란 모든 법의 진소유성盡所有性과 여소유성如所有性을 말한다. '진소유성'이란 온·처·계 등을 말한다.【『잡집론』의 해석에서는 "알아야 할 제법의 체사體事는 오직 이만큼의 분량의 한계(邊際)가 있다는 것을 나타내기 위해 온·계·처라는 삼과三科를 건립한 것이다."[57]라고 하였다.】 '여소유성'이란 사성제의 십육행상十六行相,[58] 진여, '일체행무상一切行無常, 일체행고一切行苦, 일체법무아一切法無我, 열반적정涅槃寂靜',[59] 공空·무원無願·무상無相[60] 등을 말한다.【『잡집론』의 해석에서는 "이와 같은 의미의 차별적 문들로

---

56 『雜集論』 권11(T31, 744c25).
57 『雜集論』 권11(T31, 744c27).
58 사성제의 십육행상十六行相 : 고제苦諦 등 사성제 하에 각기 네 가지 행상이 있으므로 총합 십육행상이 된다. 고제에는 비상非常·고苦·공空·비아非我의 4행상이 있고, 집제에는 인因·집集·생生·연緣의 4행상이 있으며, 멸제에는 멸滅·정靜·묘妙·이離의 4행상이 있고, 도제에는 도道·여如·행行·출出의 4행상이 있다. 이 중 고제는 인연을 필요로 하기 때문에 '비상非常'이고, 핍박의 성질이기 때문에 '고苦'이며, 아소견我所見과 상반되기 때문에 '공空'이고, 아견我見과 상반되기 때문에 '비아非我'이다. 고제의 원인으로서 집제는, 마치 종자가 싹을 생하는 도리와 같으므로 '인因'이라 하고, 인이 모여서 그 과를 동등하게 현기하도록 하므로 '집集'이라 하며, 과를 상속하게 하므로 '생生'이라 하고, 연이 되어서 과를 완성시키므로 '연緣'이라 한다. 고제가 사라진 멸제는, 모든 온蘊들이 다한 것이기 때문에 '멸滅'이고, 세 가지 불(三火 : 탐·진·치)이 꺼졌기 때문에 '정靜'이며, 모든 환란을 없앴기 때문에 '묘妙'이고, 모든 재앙에서 벗어났기 때문에 '이離'이다. 고제의 소멸을 위해 닦는 도제는, 통행通行의 뜻이 있기 때문에 '도道'이고, 정리正理와 계합하기 때문에 '여如'이며, 열반을 향해 바로 나아가기 때문에 '행行'이며, 영원히 초월할 수 있도록 하기 때문에 '출出'이다.
59 일체행무상一切行無常, 일체행고一切行苦, 일체법무아一切法無我, 열반적정涅槃寂靜 : 이것은 제행무상諸行無常·제법무아諸法無我·열반적정涅槃寂靜이라는 삼법인三法印에 다시 '모든 유위법은 다 고苦이다'라는 고법인苦法印을 추가한 것으로, 이를 사법인四法印이라 한다.
60 공空·무원無願·무상無相 : 해탈을 얻고 열반에 도달하도록 해 주는 세 종류 법문으로서 흔히 삼삼매三三昧 또는 삼해탈문三解脫門이라고 불린다. 공문空門이란 모든 것이 인연에 의해 생겼으므로 아我·아소我所의 둘이 모두 공함을 관하고, 이에 대해 통찰하는 것을 말한다. 무상문無相門은 모든 법이 자성이 없어서 남녀 등의 상이 없음을 관하고, 이에 대해 통달하는 것을 말한다. 무원문無願門은 모든 것이 영원하지 않고 모습 없는 것임을 알아서 더 이상 원하거나 구하는 것이 없어서 생사의 업을 짓지 않는 것을 말한다.

말미암아 알아야 할 경계를 요지하기 때문에 '여소유성'이라 한다."[61]라고 하였다.】

'소작성취소연'이란 전의轉依[62]를 말한다.【『잡집론』의 해석에서는 "이미 전의를 획득한 자에게는 전도 없이 소연이 현현하기 때문이다."[63]라고 하였다.】

云何於法所緣若[1]別。略[2]說有四。謂遍滿所緣。淨行所緣。善巧所緣。淨戒[3]所緣。遍滿所緣。復有四種。謂有分別影像所緣。無分別影像所緣。事邊際所緣。所作成就所緣。有分別[4]所緣者。謂由勝解作意。所有奢摩他毘鉢舍那所緣境界。【雜集釋云。勝解作意者。一向世間作意。】無分別影像所緣者。謂由眞實作意。所有奢摩他毘鉢舍那所緣境界。【雜集釋云。眞實作意者。一向出世間及此後所得作意。】事邊際所緣者。謂一切法盡所有性如所有性。盡所有性者。謂蘊界處【雜集釋云。爲顯所知諸法體事。唯有爾所分量邊際。是故建立蘊界處三。】如所有性者。謂四聖諦十六行相。眞如。一切行無常。一切行苦。一切法無我。涅槃寂靜。空無願無相。【雜集釋云。由如是等義差別門。了所知境。故名如所有性。】所作成就所緣者。謂轉依。【雜集釋云。已得轉依者。無有顛倒。所緣顯現故。】

1) ㉘『集論』 권6(T31, 686c19)에 따르면, '若'은 '差'의 오기다. 2) ㉘『集論』 권6(T31, 686c19)에 '略' 앞에 '若'이 있다. 3) ㉘『集論』 권6(T31, 686c20)에 따르면, '戒'는 '惑'의 오기다. 4) ㉘『集論』 권6(T31, 686c23)에 '別' 뒤에 '影像'이 있다.

'정행소연淨行所緣'에 다시 다섯 종류가 있다.[64]

---

61 『雜集論』 권11(T31, 745a2).
62 전의轉依 : 소의所依인 아뢰야식阿賴耶識을 전환시켜 번뇌장煩惱障·소지장所知障을 버리고 보리·열반을 획득한 상태를 말한다.
63 『雜集論』 권11(T31, 745a10).
64 이 『雜集論』 인용문에 열거된 부정不淨·자민慈愍·연성연기緣性緣起·계차별界差別·입출식념入出息念 등 다섯 종류 정행소연淨行所緣에 대해서는 여러 논에서 거의 동일하게 설명한다. 정행소연은 편향된 성향을 대치하기 위해 관하는 경계다. 말하자면 가행加行 등을 열심히 닦는 가운데, 탐貪 등과 같은 특정 성향이 두드러진 행인行人들은 각각의 편중된 성향을 대치시키기 위해 각각의 정행소연을 관함으로써 관행이 청정해

탐이 많은 행자는 부정不淨한 경계를 반연攀緣한다.

화를 많이 내는 행자는 자비를 닦는(修慈) 경계를 반연한다.

어리석음이 많은 행자는 뭇 연성緣性의 모든 연기緣起의 경계를 반연한다.

교만이 많은 행자는 계차별界差別의 경계를 반연한다.

심사尋思가 많은 행자는 '들숨·날숨의 염(入出息念)'의 경계를 반연한다.

【『잡심론』제8권, 『구사론』제22권, 『순정리론』제59권, 『대비바사론』제40권, 『유가사지론』제26권에서는 '부정관不淨觀'에 대해 자세히 해석하였다. 『잡심론』제7권, 『구사론』제29권, 『순정리론』제79권, 『대비바사론』제82권, 『유가사지론』제27권과 제32권, 『열반경』제15권에서는 자비관慈悲觀에 대해 해석하였다. 『유가사지론』제27권에서는 연기관緣起觀에 대해 해석하였다. 『잡심론』제5권, 『대비바사론』제75권, 『유가사지론』제27권에서는 계차별관界差別觀에 대해 해석하였다. 『잡심론』제8권, 『구사론』제22권, 『순정리론』제60권, 『대비바사론』제26권, 『유가사지론』제27권에서는 입출식관入出息觀에 대해 자세히 해석하였다.】

淨行所緣。復有五種。謂多貪行者。緣不淨境。多瞋行者。緣修慈境。多癡行者。緣衆勝[1]性諸緣起境。憍慢行者。緣界差別境。尋思行者。緣入出息念境。【雜心第八。俱舍二十二。順正理五十九。婆沙論四十。瑜伽二十六。廣釋不淨觀。雜心第七。俱舍二十九。順正理七十九。婆沙八十二。瑜伽二十七三十三。[2] 涅槃經十五。釋慈悲觀。瑜伽二十七。釋緣起觀。雜心第五。婆沙七十五。瑜伽二十七。釋界差別觀。雜心第八。俱舍二十二。順正理六十。婆沙二十六。瑜伽二十七。廣釋入出息觀。】

1) ㉥『集論』권6(T31, 687a5)에 따르면, '勝'은 '緣'의 오기다. 2) ㉥ '三'은 다른 판본에 '二'로 되어 있다. ㉥ '二'가 바른 듯하다. 진에瞋恚를 조복하는 자민관慈愍觀을 자세히 다룬 곳은 『瑜伽師地論』권32(T30, 462c20)이다.

지고 마음이 안주安住하게 된다.

'선교소연善巧所緣' 또한 다섯 종류가 있으니, 말하자면 온蘊선교와 계界선교와 처處선교와 연기緣起선교와 처비처處非處선교다.[65]

처비처선교란 어떻게 관해야 하는가? 연기선교와 같이 관해야 한다.

처비처선교와 연기선교는 어떤 차별이 있는가? 만약 제법이 제법을 윤택하게 해 주는 것이라면, 원인 없이 생긴다거나 불평등인不平等因에서 생긴다는 (견해를) 떠나도록 하기 때문에 이것을 연기선교라고 한다.[66] 인·과가 서로 칭합하며 (과는 인을) 섭수하고 (인은 과를) 생기시키기 때문에 이것을 처비처선교라고 한다.[67]

【『잡집론』에서는 다음과 같이 해석하였다. "말하자면 무명無明 등의 제법이 행行 등의 제법을 윤택하게 해 주는 것이니, 저 제법이 원인 없이 생기는 것은 아니고 또한 자재천 등의 불평등인에서 생기는 것도 아니다. 이와 같이 관하는 지智를 '연기선교'라고 이름한다. 말하자면 오직 유법有法을 원인으로 삼는다 해도 상칭인相稱因을 섭수해야만 비로소 상칭과相稱果를 생기할 수 있으니, 마치 선행은 좋아할 만한 이

---

[65] 이 『集論』 인용문에서는 온蘊·계界·처處·연기緣起·처비처處非處 등 다섯 종류 선교소연善巧所緣을 설하였는데, 이에 대해 논서들마다 조금 다르게 설한다. 예를 들어 『大毘婆沙論』 제6권에서는 계·처·연기·처비처 등 네 종류를 설하며, 『瑜伽師地論』 제27권에서는 『集論』과 동일하게 다섯 종류를 설하고, 같은 책 제57권에서는 근선교根善巧를 추가하여 여섯 종류를 설한다. 『顯揚聖敎論』 제14권에서는 다시 제선교諦善巧를 추가하여 일곱 가지를 설하기도 한다. 그런데 『瑜伽師地論』에 따르면, 이 다섯 종류 선교소연 중에 온선교蘊善巧는 자상自相에 대해 밝혀 놓은 것이고 그 밖의 선교는 공상共相에 대해 밝혀 놓은 것으로 보기도 하는데, 이와 같이 제법의 자상·공상에 대해 설명해 놓은 것을 모두 선교소연이라 한다. 『瑜伽師地論』 권27(T30, 433c1~434b12), 『瑜伽論記』 권7(T42, 449c21) 참조.
[66] 모든 것이 원인 없이 생긴다는 무인론無因論은 인과의 세계에서 '인'을 부정해 버리는 손감損減의 집착에 해당하고, 반면에 모든 것은 가장 수승한 원인 즉 불평등인不平等因에서 생긴다는 것은 존재하지 않는 '인'을 상정하는 증익增益의 집착에 해당한다. 여기서 불평등인이란 가령 쁘라끄리띠(冥性, ⑤ prakṛti)나 대자재천大自在天과 같은 수승하고 유일한 원인을 가리킨다. 이러한 두 가지 사견邪見을 떠나게 해 주는 좋은 방편의 교설이 바로 '연기緣起'이다.
[67] 하나의 원인에는 그에 뒤따르는 결과가 있고 하나의 결과에는 그에 선행하는 원인이 있어서 원인과 결과 간에 상응 관계가 성립하는 것을 일컬어 '인과가 서로 칭합한다(因果相稱)'고 하였다. 이와 같은 인과에 대해 잘 설명해 놓은 것을 처비처선교라고 한다.

숙이숙(이숙의 과보)을 불러내고 악행은 좋아할 수 없는 이숙을 불러내는 것과 같다. 이와 같이 견주고(比) 이와 같이 관찰(觀)하는 지智를 '처비처선교'라고 이름한다."[68] 다섯 종류 선교란 자세하게는 『유가사지론』제27권에서 설한 것과 같다.】

善巧所緣。亦有五種。謂蘊善巧。界善巧。處善巧。緣起善巧。處非處善巧。[1] 應云何觀。應如緣起善巧觀。處非處善巧緣起善巧。有何差別。若以諸法深閨[2]諸法。令離無因不平等因生故。是緣起善巧。因果相稱。攝受生故。是處非處善巧。【雜集釋云。謂以無明等諸法深閨[3]行等諸法。非彼諸法無因而生。亦非自在即[4]等不平等因生。如是觀智。名緣起善巧。謂雖唯有法爲因。然由攝受相稱因。方能生起相稱果。如善行感可愛異熟。惡行感不可愛異熟。如是比如是觀智。名處非處善巧。五種善巧。廣如瑜伽第二十七說。】

1) ㉠『集論』권6(T31, 687a8)에 '巧' 뒤에 '處非處善巧'가 있다. 2) ㉠『集論』권6(T31, 687a10)에 '深閨'이 '流潤'이라 되어 있다. 3) ㉠『雜集論』권11(T31, 745a27)에 '深閨'이 '流潤'이라 되어 있다. 4) ㉠『雜集論』권11(T31, 745a28)에 따르면, '即'은 '天'의 오기다.

'정혹소연淨惑所緣'이란 하지의 거칢(麤性)과 상지의 고요함(靜性), 진여와 사성제를 말한다.[69]【『잡집론』에서 다음과 같이 해석한다. "'하지의 거칢과 상지의 고요함'이란 세간도世間道에 의거해서 설한 것이니, 이것이 모든 번뇌(纏)를 제어하고 조복시키기 때문이다.[70] '진여와 사성제'란 출세간도出世間道에 의거해서 설

---

68 『雜集論』권11(T31, 745a27).
69 이상의 인용문은『集論』권6(T31, 686c19~687a14)의 내용을 요약한 것이다.
70 세간도世間道에서는 하지下地와 상지上地를 비교해서 하지는 더욱 거칠고 상지는 더욱 고요함을 관함으로써 하지의 번뇌를 떠난다. 이처럼 번뇌를 청정하게 하는 관觀의 경계를 정혹소연淨惑所緣이라 한다. 예를 들어 욕계를 초정려初靜慮와 대조하거나 점점 나아가서 무소유처無所有處를 비상비비상처非想非非想處와 대조하여 관하는 경우, 낮은 지에서는 과환過患이 더욱 심하고 고苦가 증장되는 것을 알게 되고 이로 인해 그것을 싫어하여 떠나게 된다. 반면에 '진여와 사성제'란 출세간도出世間道의 차원에서 번뇌를 청정하게 하기 위해 관하는 경계이다. 『瑜伽師地論』권27(T30, 434b14), 『瑜伽

한 것이니, 간략히 (설하면) 진여이고 자세히 (설하면) 사성제이다. 이것을 (관함으로) 인해 모든 수면隨眠을 영원히 없애기 때문이다."⁷¹ 자세한 것은 『유가사지론』 제27권에서 설한 것과 같다.】

淨戒¹⁾所緣者。謂下地麤性。上地靜性。眞如及四聖諦。【雜集釋云。下地麤性上地靜性者。依世間道說。由此制伏諸纏故。眞如及四聖諦者。依出世道說。略故眞如。廣四聖諦。由此永害諸隨眠故。廣如瑜伽第二十七也。】

---
1) ㉠『集論』 권6(T31, 687a13)에 따르면, '戒'는 '惑'의 오기다.

자세하게 분별하면, 예를 들어 『잡집론』 제11권, 『현양성교론』 제16권, 『유가사지론』 제26권과 제27권과 같다.

그런데 뒤의 세 가지 경계에 대해서는 여러 논들이 거의 똑같이 설하기 때문에 별도로 해석하지 않겠다. 편만소연遍滿所緣의 네 가지 경계에 대해서는 여러 교에 차이가 있기 때문에 이제 대조해서 설명하겠다.

지금 이 경 등은 뛰어난 것에 의거해 설했기 때문에 편만소연의 네 종류만 나타낸 것이다. 이와 같은 네 가지 경계의 이름에는 공통적인 것과 개별적인 것이 있다.

若廣分別。如雜集十一。顯揚十六。瑜伽二十六七。然後三境。諸論大同。故不別釋。遍滿四境。諸敎有異。故今對辨。今此經等。就勝而說。是故偏顯遍滿四種。如是四境名有通別。

공통적 이름이라 한 것은 네 종류를 모두 '편만소연'이라 이름하기 때

『論記』 권7(T42, 450b19) 참조.
71 『雜集論』 권11(T31, 745b5).

문이다.

『유가사지론』 제26권에서는 말한다. "이와 같은 네 종류 소연경사所緣境事는 일체에 변행遍行하고, 모든 소연경계(所緣境)에 수순해 들어가며, 과거·미래·현재의 정등각자正等覺者가 함께 설하신 바이기 때문에 편만소연이라 이름한 것이다. 또 이 소연은 비발사나품에 두루 미치고, 사마타품에 두루 미치며, 일체사一切事에 두루 미치고 진실사眞實事에 두루 미치며, 인과상속사因果相屬事[72]에 두루 미치기 때문에 편만소연이라 이름한다. 말하자면 유분별영상이라 설한 것은 이 중에 비발사나품에 해당하고, 무분별영상이라 설한 것은 이 중에 사마타품에 해당하며, 사변제성이라 설한 것은 이 중에 일체사와 진실사에 해당하고, 소작성판이라 설한 것은 이 중에 인과상속사에 해당한다."[73] 내지는 그 논에서는 말하길, "마땅히 알라. 이와 같은 편만소연은 청정한 가르침에 수순하고 바른 도리에 계합하는 것이니, 이와 같은 것을 일컬어 편만소연이라 한다."[74]라고 하였다.

言通名者。四種皆名遍滿所緣故。瑜伽論二十六云。如是四種所緣境事。遍行一切。隨入一切所緣境中。去來今世正等覺者。共所宣說。是故說名遍滿所緣。又此所緣。遍毗鉢奢那品。遍奢摩他品。遍一切事。遍眞實事。遍因果相屬事。故名遍滿。謂若說有分別影像。卽是此中毗鉢舍那品。若說無分別影像。卽是此中奢摩他品。若說事邊際性。卽是此中一切事眞實事。若說所作成辦。卽是此中因果相屬事。乃至彼云。當知。如是遍滿所緣。隨順淨教。契合正理。如是名爲遍滿所緣。

---

72 인과상속사因果相屬事 : 네 종류 편만소연 중에 '소작성판所作成辦'을 가리킨다. 이것은 인因을 수행하여 과果를 증득했을 때, 즉 전의轉依를 이루었을 때 현현하는 경계이기 때문에 '인과상속사'라고 하였다. 『瑜伽師地論略纂』권8(T43, 113c1) 참조.
73 『瑜伽師地論』권26(T30, 427c19).
74 『瑜伽師地論』권26(T30, 428c16).

개별적 이름이라 한 것에 대해 여러 교설이 같지 않다.

『잡집론』에 의하면, 승해작의勝解作意로 말미암은 모든 지관의 소연경계를 '유분별영상'이라 하니, 이는 오로지 세간적 작의의 소연이기 때문이다.[75] 진실작의眞實作意로 말미암은 모든 지관의 소연경계를 '무분별영상'이라 하니, 이는 오로지 출세간적 작의(무분별지無分別智의 작의) 및 그 후에 획득된 작의(후소득지後所得智의 작의)의 소연이기 때문이다.[76] 제법의 체사體事는 오직 이만큼의 분량의 한계가 있으니, 가령 온·계·처와 같은 것을 '사변제소연'이라 한다.[77] 이미 전의轉依를 획득한 자의 소연경계이기 때문에 '소작성판소연'이라 한다.[78]

구체적으로 설하면 그 논과 같다.[79]

言別名者。諸敎不同。若依雜集。由勝解作意所有止觀所緣境界。名有分別影像。一向世間作意所緣故。由眞實作意所有止觀所緣境界。名無分別影像。一向出世作意。及後得所緣故。諸法體事。唯有爾所分量邊際。如蘊界處。名事邊際所緣。已得轉依者所緣境故。名所作成辦所緣。具說如彼。

---

[75] 이 『雜集論』의 정의에 따르면, 승해작의에 의해 현현된 유분별영상은 '지'와 '관'의 소연이다. 이는 유분별영상은 '관'의 경계라고 했던 『解深密經』의 경문과는 차이가 난다.

[76] 이 『雜集論』의 정의에 따르면, 진실작의에 의해 현현된 무분별영상은 '지'와 '관'의 경계이다. 이는 『解深密經』에서 무분별영상을 '지'의 경계라고 정의했던 것과 차이가 있다.

[77] 이 『雜集論』 권11(T31, 744c26)에서는 "사변제소연事邊際所緣이란 일체법의 진소유성盡所有性과 여소유성如所有性을 말한다."라고 정의하였다. 그런데 위의 원측 소에서 "제법의 체사體事는 오직 이만큼의 분량의 한계가 있으니"라고 한 것은, 사변제 중에 특히 '진소유성'에 해당한다. 가령 오온이나 십이처나 십팔계 등의 교설에서 다섯 가지 혹은 열두 가지 혹은 열여덟 가지 각기 다른 범주를 통해 '일체법'의 외연外延의 한계(邊際)를 정해 놓은 것을 말한다.

[78] 『雜集論』에서는 소작성판에 대해 '전의를 획득한 자에게 현현되는 경계'라고 하였는데, 이는 『解深密經』의 정의와는 일치하지만, 뒤의 『瑜伽師地論』과는 조금 차이가 있다. 자세한 것은 뒤의 『瑜伽師地論』 제26권의 인용문 참조.

[79] 이상의 네 가지 편만소연에 대한 설명은 『雜集論』 권11(T31, 744c21) 참조.

『유가사지론』에 의하면 (다음과 같다.)

'유분별영상'이란 (다음과 같다.) 말하자면 '알아야 할 사의 동분영상(所知事同分影像)'[80]에 대해 삼마희다지[81]의 비발사나행을 통해, 관찰觀察하고 간택簡擇하며 지극히 간택하고(極簡擇) 두루 심사하며(遍尋思) 두루 사찰한다(遍伺察). '알아야 할 사'란 정행소연淨行所緣과 선교소연善巧所緣과 정혹소연淨惑所緣을 말하고,[82] (영상이) 그 '알아야 할 사'와 유사하게 현현하므로 이런 도리에 따라 '알아야 할 사의 동분영상'이라 이름한 것이다. 관행觀行을 닦는 자는 이 영상을 추구함으로써 그것의 본성本性인 '알아야 할 사'에 대해 공덕과 과실을 관찰하고 심정審定한다. 이것을 유분별영상이라 이름한다.[83]

---

[80] 알아야 할 사의 동분영상(所知事同分影像) : 요가수행자는 삼마지의 마음에 자신이 관해야 할 대상의 영상을 현현시키고 그에 대해 사색한다. 이처럼 삼마지에서 현현한 영상을 삼마지의 영상影像([S] pratibimba)이라 한다. 교법에 대해 명상하는 경우에는 그것은 교법에 의해 현현된 어떤 언어적 표상이지만, 가령 부정관不淨觀에서처럼 시각적 표상이 현현하는 경우도 있다. 『解深密經』에서는 이 영상을 '삼마지소행영상三摩地所行影像' 또는 '삼마지영상소지의三摩地影像所知義' 또는 '소지사동분영상所知事同分影像' 등으로 표현한다. 이 중에서 '소지사동분영상'이라고 이름한 이유는 다음과 같다. 지관止觀의 수행에서 '알아야 할(所知) 사事([S] vastu)'에 대해 관찰할 때, 그러한 관찰의 대상이 되는 것은 '알아야 할 사(所知事)' 그 자체가 아니라 삼마지의 마음에 현현된 그것의 영상이다. 그 영상은 '알아야 할 사'와 유사하기(似) 때문에 '동분同分'이라 한다. 『瑜伽師地論』 권26(T30, 427a29), 『瑜伽論記』 권6(T42, 444b27) 참조.
[81] 삼마희다지三摩呬多地 : 범어 samāhita의 음사어로서, 등인等引이라 의역한다. 선정(定)을 가리키는 여러 이름들 중의 하나로서, 특히 산위산위散位를 제외한 유심有心·무심無心의 모든 선정들을 통칭할 때 쓰인다.
[82] 비발사나행毗鉢舍那行(觀行)을 통해 '알아야 할 사(所知事)'에 대해 관찰觀察하고 간택簡擇하는데, 앞서 말했듯 삼마희다지三摩呬多地의 작의作意를 현전시켜서 그 '알아야 할 사'에 대해 승해勝解를 일으키게 된다. 그 '알아야 할 사'에는, 정행소연淨行所緣과 선교소연善巧所緣과 정혹소연淨惑所緣 등이 포함된다. 이 세 종류 소연에 대해서는 앞에서 『集論』 인용문을 통해 자세히 설명한 바 있다.
[83] 이상의 '유분별영상'에 대한 설명은 『瑜伽師地論』 권26(T30, 427a29) 참조.

'무분별영상'이란 (다음과 같다). 말하자면 관행을 닦는 자는 이와 같은 영상의 모습을 받아들이고 나서, 다시 관찰하거나 사택하거나 지극히 사택하거나 두루 심사하거나 두루 사찰하는 것이 아니라, 곧장 이 소연의 영상에서 사마타로써 그 마음을 고요하게 한다.[84] 이것을 무분별영상이라 이름한다.[85]

'사변제성'이란 소연所緣 중에 진소유성盡所有性·여소유성如所有性을 말한다. '진소유성'이란 온·처·계와 사제 등을 말한다.[86] '여소유성'이란 소연 중에 진실성眞實性, 진여성眞如性, 네 가지 도리성道理性을 말한다.[87]

'소작성판'이란 (다음과 같다.) 관행을 닦는 자가 지관을 닦아 익힌 것이 인연이 되었기 때문에 영상을 반연하는 모든 작의作意들이 모두 원만해질 수 있다. 이 (작의가) 원만하기 때문에 곧 전의轉依를 얻어 모든 추중들이 모두 다 사라진다. 전의를 얻었기 때문에 영상을 초월하게 되고,

---

[84] 사마타행奢摩他行(止行)에서는 아홉 종류 행상行相을 현현시키는데, 이때는 비발사나행에서처럼 경계의 영상을 관찰觀察·간택簡擇하는 것이 아니라 그 영상을 현현시켜서 마음을 안주安住시키는 것이다. 따라서 사마타의 소연의 영상은 무분별영상이라고 한다. 그 아홉 종류 행상에 대해 p.123 '㉮ 지止' 이하에서 다시 자세히 설명하였다.
[85] 이상의 '무분별영상'에 대한 설명은 『瑜伽師地論』권26(T30, 427b15) 참조.
[86] 가령 색온色蘊 이외에는 그 밖의 다른 '색'은 없고 수온受蘊·상온想蘊·행온行蘊·식온識蘊 등 네 가지 온 이외에 그 밖의 수·상·행·식은 없으니, 모든 유위의 사(有爲事)는 이 다섯 가지 법에 속하거나, 마찬가지로 일체의 제법은 십이처나 십팔계로 포괄될 수 있다. 또 모든 알아야 할 사(所知事)는 사성제에 속한다. 이와 같이 제법 전체의 분량을 모두 포괄한 것을 일컬어 '진소유성盡所有性'이라 한다. 수행자는 이러한 진소유성을 관함으로써 일체법에 대한 전체적 이해를 추구해 간다. 『瑜伽師地論』권26(T30, 427b29) 참조.
[87] 여소유성如所有性이란 대상의 가장 진실한 성품, 즉 진여성眞如性을 가리키거나, 혹은 모든 현상에 관철되는 관대觀待·작용作用·증성證成·법이法爾 등의 네 종류 도리 등을 가리킨다. 수행자는 오염법과 청정법 가운데 내재된 이러한 여소유성을 관함으로써 사물의 내적 본질에 대한 이해를 추구해 간다. 『瑜伽師地論』권26(T30, 427c4) 참조.

곧 '알아야 할 사(所知事)'에 대해 무분별의 현량[88] 지견智見이 생겨남이 있다. 초정려初靜慮에 든 자가 정려를 획득했을 때 초정려의 소행경계所行境界(영역, 경계)에 대해, 내지는 비상정非想定(非想非非想處定)에 든 자가 그 비상정을 획득했을 때 그 선정의 소행경계에 대해, 이와 같은 것을 일컬어 '소작성판'이라 한다.[89]

구체적인 설명은 그 논과 같다.[90]

若依瑜伽。有分別影像者。謂於所知事同分影像。由三摩呬多地毗鉢舍那行。觀察簡擇極簡擇。遍尋思遍伺察。所知事者。謂淨行所緣。善巧所緣。淨戒[1]所緣。彼所知事。相似顯現。由此道理。名所知事同分影像。修觀行者。推求此故。於彼本性所知事中。觀察審定功德過失。是名有分別影像。無分別影像者。謂修觀行者。受[2]如是影像相已。不復觀察簡擇極簡擇遍尋思遍伺察。然卽於此所緣影像。以奢摩他。[3] 寂靜其心。是名無分別影像。事邊際性者。謂若所緣。盡所有性。如所有性。盡所有性者。謂蘊界處四諦。如所有性者。謂若所緣是眞實性。是眞如性。四道理性。所作成辦者。謂修觀行者。修習止觀爲因緣故。諸緣影像所有作意。皆得圓滿。此圓滿故。便得轉依。一切麤重。悉皆息滅。得轉依故。超過影像。卽於所知事。有無分別現量智見生。入初靜慮者。得靜慮時。於初靜慮所行境界。乃至入非想定者。得彼定時。卽於彼定所行境界。如是名爲所住[4]成辦。其說如彼。

---

88 무분별의 현량(無分別現量) : 유가행자가 관을 계속해서 최고도에 달했을 때 선정 상태에서 대상을 명료하게 직관하는 것, 즉 '요가적 직관(Ⓢ yogijñāna)', 또는 일반적으로 언어적 분별을 매개로 하지 않고 감관으로 대상을 직접 지각하는 것을 가리킨다.
89 이 『瑜伽師地論』 제26권의 정의에 따르면, 전의를 획득한 자에게 현현한 경계뿐만 아니라 나아가 모든 선정의 경계들도 모두 소작성판으로 간주한다는 점에서 이 『解深密經』과 앞의 『雜集論』의 정의와는 차이가 난다.
90 이상은 『瑜伽師地論』 권26(T30, 427a29) 이하의 내용을 요약한 것이다.

1) ㉠ '戒'는 '惑'의 오기다. 이하도 동일하다. 2) ㉘ '受' 뒤에 다른 판본에는 '所'가 있다. ㉠『瑜伽師地論』 권26(T30, 427b16)에 따르면, '受' 뒤에 '取'가 누락되었다. 3) ㉠『瑜伽師地論』 권26(T30, 427b18)에 '他' 뒤에 '行'이 있다. 4) ㉠『瑜伽師地論』 권26(T30, 427c19)에 따르면, '住'는 '作'의 오기다.

이와 같은 네 종류 소연은 『유가사지론』 제11권에 나온 40작의作意 중에 '네 가지 작의'를 말하고, 『현양성교론』 제16권과 『유가사지론』 제67권에 나온 열여섯 종류 수修 중에 '세 종류 수'에 해당하는데, 그 의미를 해석하면 거의 동일하기 때문에 따로 서술하지 않겠다. 【'네 가지 작의'란, 첫째는 유분별영상소연有分別影像所緣의 작의이고, 둘째는 무분별영상소연無分別影像所緣의 작의이며, 셋째는 사변제소연事邊際所緣의 작의이고, 넷째는 소작성판소연所作成辦所緣의 작의다.[91] '세 가지 닦음'이란 첫째는 영상수影像修이니, 유분별영상과 무분별영상을 하나로 합해서 설했기 때문이다. 둘째는 사변제수事邊際修이고, 셋째는 소작성판수所作成辦修이다.[92]】

『현양성교론』에 의하면, 유분별영상이란 '알아야 할 사의 동분(所知事同分)'인 삼마지소행관경三摩地所行觀境이고,[93] 무분별영상이란 '알아야 할 사

[91] 『瑜伽師地論』에 열거된 40종류 작의作意 중에 유분별영상소연작의有分別影像所緣作意, 무분별영상소연작의無分別影像所緣作意, 사변제소연작의事邊際所緣作意, 소작성판소연작의所作成辦所緣作意 등은 이 경에서 설한 '지관의 네 종류 소연'과 직접적으로 연관되는 것이다. '유분별영상작의'라고 한 것은, 분별되는 경계에 대해 작의作意함으로써 그 경계를 대상으로 하여 비발사나毘鉢舍那를 닦게 되기 때문이다. 그 밖의 '무분별영상작의' 등이라 한 것도 이와 마찬가지다. 자세한 것은 『瑜伽師地論』 권11(T30, 333a2) 참조.
[92] 『瑜伽師地論』에 열거된 열여섯 종류 닦음(修) 중에 영상수影像修와 사변제수事邊際修와 소작성판수所作成辦修가 이 경에서 설한 '지관의 네 종류 소연'과 연관된다. 이 세 종류 수 중에, 앞의 영상수는 유분별영상·무분별영상을 소연으로 삼아 닦는 것이다. 유분별有分別의 비발사나품毘鉢舍那品의 삼마지소행영상三摩地所行影像에 대해 작의作意하고 사유思惟하기 때문에, 혹은 무분별無分別의 사마타품奢摩他品의 삼마지소행영상에 대해 작의하고 사유하기 때문에, '영상수'라고 이름한다. 자세한 것은 『瑜伽師地論』 권67 「攝決擇分中修所成慧地」(T30, 668b28) 참조.
[93] 『顯揚聖教論』 권16(T31, 559c27)에서는 비발사나의 경계(觀境)인 유분별영상을 일컬어

의 동분'인 삼마지소행심경三摩地所行心境을 말한다.[94] 사변제란 진소유성과 여소유성을 말하고, 소작성판이란 전의轉依 및 이에 의거한 무분별지無分別智의 (소연경계를) 말한다.【『삼무성론』에서 설한 것은 오류가 많기 때문에 살펴보지 않겠다.】

이러한 여러 설들 중에 『현양성교론』에서 설한 것은 『해심밀경』의 문장과 잘 맞지만, 『집론』 등은 그렇지 않다. 『집론』 등에서는 처음의 두 개가 지·관에 공통되는 경계라고 설하기 때문이다.[95] 또 저 『유가사지론』은 『해심밀경』과 차이가 있는데, 모든 정려 등의 경계가 소작성판에 통한다고 하기 때문이다.[96]

"① 알아야 할 사의 동분(所知事同分)인 ② 삼마지소행관경三摩地所行觀境"이라 하였다. 여기서 ① '알아야 할 사의 동분'이라는 문구와 ② '삼마지소행관경'이라는 문구는 모두 '삼마지의 영상'을 가리킨다. 유가행자는 삼매에서 관찰해야 할 대상의 영상을 떠올려서 그 영상을 관하는데, 삼매에서 현현된 영상은 '알아야 할 사(所知事)'와 유사한(似) 것이므로 '동분同分'이라고 하였다. 또 '소행所行'이란 소연경계와 같은 말이고, 유분별영상은 관찰되는 경계이기 때문에 '소행관경所行觀境'이라 하였다.

[94] 『顯揚聖教論』 권16(T31, 559c29)에서는 사마타의 경계(止境)인 무분별영상을 일컬어 "알아야 할 사의 동분(所知事同分)인 삼마지소행사마타경三摩地所行奢摩他境"이라 하였다. 위의 원측 소에는 마지막 '奢摩他境'이라는 네 자가 '心境'으로 되어 있는데, 의미는 크게 다르지 않다. 사마타에서는 관하는 마음(觀心) 그 자체를 소연경계로 삼기 때문에 '사마타의 경계(奢摩他境)'라는 표현 대신에 '심경心境'이라 한 듯하다. 그 밖의 문구의 의미는 앞의 각주에서 설명한 것과 같다.

[95] 이전의 『雜集論』(『集論』의 해석서) 등의 진술에 따르면, 유분별영상이란 승해작의勝解作意로 말미암은 지止·관觀의 소연경계를 말하고, 무분별영상이란 진실작의眞實作意로 말미암은 지·관의 소연경계를 말한다. 이 논에서는 유분별영상과 무분별영상은 지·관에 공통되는 경계이지만, 단지 승해작의에 의해 현현된 경계인가 혹은 진실작의에 의해 현현된 경계인가의 차이가 있다. 그러나 이 『解深密經』에서는 전자는 관觀의 경계이고 후자는 지止의 경계라고 설하기 때문에 그 논과는 차이가 있다.

[96] 소작성판소연所作成辦所緣이란 전의轉依를 획득한 자에게 현현되는 전도 없는 영상들을 가리킨다. 그런데 앞의 『瑜伽師地論』 인용문에서는 "초정려初靜慮에 든 자가 정려를 획득했을 때 초정려에서 현행된 경계(所行境界), 내지는 비상정非想定에 든 자가 그 비상정을 획득했을 때 그 선정에서 현행된 경계, 이와 같은 경계들을 소작성판이라 한다."라고 하였다. 그러나 이 『解深密經』에서는 소작성판의 소연경계를 그와 같이 광범위하게 정의하지 않기 때문에 그 논과는 차이가 있다.

지금 『해심밀경』에서 설했던 네 가지 경계를 해석하자면, 그 뜻은 『현양성교론』과 같다.[97] 따라서 별도로 해석하지 않겠다.

卽此四種。瑜伽十一。四十住[1]意中。名四作意。顯揚十六。瑜伽六十七。十六修中。是三種修。釋義大同。故不別叙【四作意者。一有分別影像[2]作意。二無分別影像所緣作意。三事邊際所緣作意。四所作成辦所緣作意。三種修者。一影像修。有分別影像無分別影像。合爲一故。二事邊際修。三所作成辦修也。】若依顯揚。有分別影像者。謂所知事同分三摩地所行觀境。無分別影像者。謂所知事同分三摩地所行心境。事邊際者。謂盡所有性。及如所有性。所作成辦者。謂轉依及依此無分別知[3]【三無性論所說。多謬故。不觀也。】此諸說中。顯揚所說。順於經文。非集論等。集論等說。初二皆通止觀境故。又彼瑜伽與經別者。諸靜慮等。通成辦故。今釋經中所說四者。意同顯揚。故不別釋。

1) ㉠ '住'는 '作'의 오기다.   2) ㉠ 『瑜伽師地論』 권11(T30, 332c9)에 따르면, '像' 뒤에 '所緣'이 누락되었다.   3) ㉠ 『顯揚聖敎論』 권16(T31, 560a2)에 '知'가 '智'로 되어 있다.

다) 묻는 말을 바로 일으킴

경 이 네 가지 중에서 몇 개가 사마타의 소연경사이고, 몇 개가 비발사나의 소연경사이며, 몇 개가 두 가지 모두의 소연경사입니까?"

---

97 지관의 네 종류 소연에 대한 각 논서의 해석들 중에 『顯揚聖敎論』이 『解深密經』 경문과 가장 잘 맞는다고 하였다. 이러한 원측의 정의에 따르면, 유분별영상有分別影像은 관觀의 경계이고, 무분별영상無分別影像은 지止의 경계이며, 사변제事邊際의 진소유성盡所有性・여소유성如所有性은 지・관의 공통된 경계이며, 소작성판은 전의轉依를 이룬 자에게 현현하는 전도 없는 경계로서 또한 지・관의 공통된 경계이다.

於此四中。幾是奢摩他所緣境事。幾是毗鉢舍那所緣境事。幾是俱所緣境事。

석 세 번째는 묻는 말을 바로 일으킨 것이다.

釋曰。第三正發問辭。

나. 대답

경 부처님께서 자씨보살에게 말씀하셨다. "선남자여, 하나는 사마타의 소연경사이니, 무분별영상을 말한다. 하나는 비발사나의 소연경사이니, 유분별영상을 말한다. 두 개는 둘 모두의 소연경사이니, 사변제와 소작성판을 말한다."

佛告慈氏菩薩曰。善男子。一是奢摩他所緣境事。謂無分別影像。一是毗鉢舍那所緣境事。謂有分別影像。二是俱所緣境事。謂事邊際所作成辦。

석 두 번째는 여래께서 바로 답하신 것이다. 네 가지 경계의 개별적 특징은 이전에 이미 설했던 것과 같다. 네 가지 중에 두 번째는 지止의 경계이니, 사마타에는 분별이 없기 때문이다. 네 가지 중에 첫 번째는 관觀의 경계이니, 비발사나에는 분별이 있기 때문이다. 네 가지 중에 뒤의 두 개는 지·관의 경계에 통하니, 지와 관은 통틀어 두 종류 경계를 소연으로 삼기 때문이다.

釋曰。第二如來正答。四境別相。如前已說。四中第二。是其止境。以奢摩他無分別故。四中第一。是其觀境。毗鉢舍那有分別故。四中後二。通止觀境。止觀通緣二種境故。

그런데 이 네 가지 경계의 지地가 차별되는 것에 대해 여러 설이 다르다.

한편에서는 말한다. 〈처음의 두 개는 지전地前의 경계이다. 교에 의지해서 닦을 때, 곧 자기 (식이) 변사變似해 낸 모든 법法·의義의 영상상분影像相分[98]을 반연하여, '관觀'으로 능히 추구해 가는 것을 '유분별'이라 하고, 정심定心으로 추구해 간다면 '무분별'이라 한다. 세 번째는 십지十地의 정관正觀의 소연경계이니, 십지에 이르러서야 비로소 경계의 변제邊際에 대해 알게 되기 때문이다. 네 번째 소연은 오직 불지佛地에 있는 것이니, 전의를 획득한 (자의) 소작성판의 소연경계이기 때문이다.〉[99]

문 그렇다면 어째서 『잡집론』에서는 '무분별영상소연이란 무분별지와 후소득지의 경계를 말한다'고 했는가?[100]

해 그 논에서 회통의 논리를 낸 것이기 때문에 내재된 의미는 『유가사지론』등과 다르다.

然此四境地別者。諸說不同。一云。初二是地前境。依敎修時。卽緣自變似

---

[98] 영상상분影像相分 : 인식하는 작용을 견분見分이라 하고 그에 의해 인식되는 대상을 상분相分이라 한다. 이 상분을 본질本質과 영상影像으로 구분하는데, 영상은 심·심소에 의해 직접 인식되는 대상의 영상이라면, 그 영상의 실질적 근거가 되는 사사 자체를 '본질'이라 한다.

[99] 지전地前의 보살들이 교에 의지해서 법法과 의義에 대해 사유하는데, 보살이 삼매 속에서 교법과 그 의미에 대한 영상을 떠올리면 이러한 언어적 표상은 그것은 법·의 그 자체가 아니라 마치 '법과 유사하고 의와 유사하게(似法似義)' 현현한 영상이기 때문에 '법·의와 유사한 영상상분(似法義影像相分)'이라 하였다. 이 해석에 따르면, 초지初地 이전에서 관지觀智의 대상으로 삼은 영상은 관觀(비발사나)의 경계인 '유분별영상'이고, 정심定心으로 추구하는 영상은 지止(사마타)의 경계인 '무분별영상'이다. 십지 이상에서는 그러한 경계의 변제邊際, 즉 '사변제성사邊際性'을 사유한다. 마지막 불지佛地에서 현현된 경계는 '소작성판'이다.

[100] 첫 번째 해석에 따르면, 무분별영상은 십지 이전(地前)의 경계이다. 그런데 앞서 인용된 『雜集論』에서는 무분별영상에 대해 "오로지 출세간적 작의 및 그 후에 획득된 작의의 소연"이라고 하였다. 이는 무분별영상이 무분별지無分別智 및 후소득지後所得智의 소연임을 말하는데, 보살의 지위에서는 보살의 견도見道, 즉 초지 이상(地上)의 경계임을 뜻한다. 따라서 위와 같은 질문을 한 것이다.

諸法義影像相分。觀能推求。名有分別。定心推求。名無分別。第三卽是十地正觀所緣境界。至於十地。方可了知境邊際故。第四所緣。唯在佛地。以得轉依所作成辦所緣境故。問。若爾。如何雜集論說。無分別影像所緣者。謂無分別及後所得智境。解云。彼論生通¹⁾理。故所在義。異瑜伽等。

1) ㉘ '通'은 다른 판본에 '道'로 되어 있다.

한편에서는 말한다. 〈처음의 두 개는 지전地前과 십지十地에 공통되니, 두 지위 모두 영상의 경계가 있기 때문이다. 풀이하면 이전에 설한 것과 같다.〉

한편에서는 말한다. 〈앞의 세 개는 다 지전과 십지의 지위에 공통되니, (사변제事邊際의) 진소유성盡所有性 등은 모든 지위에 통하기 때문이다. 풀이하면 이전에 설한 것과 같다.〉

한편에서는 말한다. 〈네 종류는 다 모든 지위에 공통된다. 예를 들면 『유가사지론』 제67권에서 "소작성판수所作成辦修란 무엇인가? 이미 근본정려根本靜慮¹⁰¹ 혹은 모든 등지等至¹⁰² 혹은 세간의 선정 혹은 출세간의 선정에 증입한 자의 모든 닦음(修)을 소작성판수라고 이름한다."¹⁰³라고 하였다. 『현양성교론』 제16권과 『유가사지론』 제11권과 제26권에서도 똑같이 설한다.〉

한편에서는 말한다. 〈모든 설이 다 이치에 위배된다. 다음의 경문에 준

---

101 근본정려根本靜慮 : 색계의 사정려마다 각기 그 본격적 선정에 들어가기 이전의 예비적 단계를 '근분정近分定'이라 한다면, 색계 사정려의 본격적 선정의 단계를 근본정려라고 한다.
102 등지等至 : 삼마발저三摩鉢底(Ⓢ samāpatti)의 의역으로 정수正受·정정현전正定現前이라고도 한다. 이것은 선정의 이명異名들 중의 하나로서, 선정의 자상自相을 가리키는 단어다. 특히 유심정有心定과 무심정無心定에 통용되는데, 산위散位에 대해서는 사용하지 않는다.
103 『瑜伽師地論』권67(T30, 668c26).

해 보면, 지전에는 오직 처음의 두 개만 있고, 십지에는 앞의 세 개가 있으며, 불지佛地에는 네 가지가 갖추어져 있다. 따라서 뒤의 경문에서 "그는 이전에 이미 두 종류 소연을 증득했고, 그는 지금 견도를 증득했기 때문에 다시 사변제소연을 증득하고, ……중간 생략…… 아뇩다라삼먁삼보리를 증득했기 때문에 또 소작성만所作成滿(소작성판)소연을 증득한다."라고 하였다.[104] 구체적으로 설하면 그 경과 같다.〉

一云。初二通在地前及十地。二位皆有影像境故。解同前說。一云。前三皆通地前及十地位。盡所有等通諸位故。解如前說。一云。四種皆通諸位。如瑜伽論六十七云。云何所作成辦修。謂已證入根本靜慮。或諸等至。或世間定。或出世間定。諸所有修。名所作成辦修。顯揚十六。瑜伽十一二十六亦同。一云。諸說皆不違理。准下經文。地前唯初二。十地有前三。佛地具之四。故下經云。彼於先時。已得二種所緣。彼於今時。得見道故。更證得事邊際所緣。乃至證得阿耨多羅三藐三菩提故。又得所作成滿所緣。具說如彼。

문 무루의 심품은 영상을 변현해 내는가, 아닌가? 변현해 내지 않는다면, 가령 이전의 『집론』과는 어떻게 회통시켜 해석하겠는가?[105] 영상을 변

---

104 이 해석에 따르면, 뒤에 나온 『解深密經』 경문에서 "그는 이전에 이미 두 종류 소연을 증득했고"라는 것은 지전地前에 유분별영상·무분별영상을 이미 증득한 것을 말한다. 또 "그는 지금은 견도를 증득했기 때문에 다시 사변제의 소연을 증득하고"라는 것은 초지初地(보살의 견도見道)에 들어서 이전의 두 가지뿐만 아니라 다시 사변제소연까지 증득한 것을 말한다. "아뇩다라삼먁삼보리를 증득했기 때문에 또 소작성만所作成滿(소작성판)소연을 증득한다."라는 것은 불지佛地에 이르러 이전의 세 가지 소연에 다시 소작성판까지 증득한 것을 말한다.
105 이전의 『雜集論』에서 무분별영상無分別影像은 출세간의 작의(出世作意) 및 그 후에 획득된 작의(此後所得作意)의 소연경계라고 한 것은 곧 무분별지無分別智 및 후득지後得智에 의해 현현되는 경계임을 뜻한다. 그에 따르면, 무분별영상도 어쨌든 영상影像

현해 낸다면, 『유식삼십론송』과 다시 어떻게 회통시키겠는가? 그 논에서는 "만약 이때 소연에서 지智가 전혀 얻는 바가 없으면"이라고 하였다.[106]

답 이 뜻을 해석하면 『성유식론』 제9권에서 설한 것과 같으니, 그 논에서는 말한다.[107]

> 問。無漏心品變影像不。若不變者。如前集論如何合[1)]釋。若變影者。三十唯識。復云何通。彼云。若時於所緣。智都無所得。答。釋此義。如成唯識第九卷說。彼云。

1) ㉘ '合'은 '會'인 듯하다. ㉑ '會'로 간주하였다.

다음의 통달위는 그 상이 어떤 것인가? 게송으로 말한다.

> 만약 이때 소연에서
> '지'가 전혀 얻는 바 없으면,
> 이때 유식에 머무는 것이니
> 이취의 상을 떠났기 때문이네.

논하여 말한다. 이때 보살은 소연경계에서 무분별지로 전혀 얻는 바

이기 때문에 무루無漏의 심품心品도 영상을 변현해 낸다고 말할 수 있다.

[106] 이 문구는 『唯識三十論頌』 권1(T31, 61b14)에 나오는 제28송에 해당한다. 이 게송에 따르면, 보살이 만약 소연경계에 머물면서 무분별지無分別智로 전혀 얻는 바가 없으면, 이때 '유식성唯識性에 머문다'고 한다. 이 게송의 취지에 따를 때, 무루無漏의 심품心品은 영상을 변현해 내지 않는다.

[107] '무루無漏의 심품心品도 영상影像을 변현해 내는가'라는 질문에 대해, 이하에서는 그에 대해 무분별지無分別智와 후득지後得智로 구분해서 답하였다. 『成唯識論』에서는 그 질문이 '무분별지와 후득지에 견분見分·상분相分의 이분二分의 상이 있는가'라는 물음으로 대체된다. 이하의 인용문 중에, 전반부에는 '무분별지에 이분이 있는가'라는 물음에 대해 세 가지 견해가 소개되어 있고, 후반부에는 '후득지에 이분이 있는가'라는 물음에 대해 세 가지 견해가 소개되어 있다.

가 없으니, 갖가지 희론의 상을 취하지 않기 때문이다.……중간 생략
……

어떤 이는 다음과 같이 주장한다. 〈이 지智(무분별지)에는 이분二分(견분·상분)이 둘 다 없다. 왜냐하면 소취所取(파악되는 것)와 능취能取(파악하는 자)의 상이 없다고 설하기 때문이다.〉

어떤 이는 다음과 같이 주장한다. 〈이 지에는 상분과 견분이 둘 다 있다. 왜냐하면 그것의 상을 띠고 일어나는 것을 일컬어 '그것을 반연한다(緣彼)'고 하였기 때문이다.[108] 만약 그것의 상이 없는데도 '그것을 반연한다'고 말한다면, 색지色智 등을 성지聲智 등이라 해야 할 것이다.[109] 만약 견분이 없다면 능히 반연할 수 없을 텐데, 어찌 '진여를 반연하는 지(緣眞如智)'라고 설할 수 있겠는가? 진여성眞如性을 또한 능연能緣이라고 해서는 안 된다.[110] 따라서 여기에도 결정코 견분이 있다고 인정해야 할 것이다.〉

어떤 이는 다음과 같이 주장한다. 〈이 지에는 견분은 있어도 상분은 없다. 왜냐하면 '무상의 취(無相取)는 상을 취하지 않는다'[111]고 설하기

---

[108] 두 번째 논사에 따르면, 어떤 것이 인식 대상(所緣緣)이 되기 위해서는 '지智'가 반드시 그것의 형상을 띠고 일어나야 하고, 지에 그것의 형상이 나타나야만 '그것을 소연으로 삼는다(緣彼)'는 말도 성립한다. 따라서 무분별지에도 인식 작용(見分)과 인식 대상(相分)이 모두 있다고 주장한다.
[109] '지智'에 어떤 것의 형상이 없어도 그것을 반연한다는 말이 가능하다면, 가령 소리(聲)의 표상을 띠지 않는 '색지色智'에 대해서도 '성지聲智'라고 해도 된다는 모순이 발생한다.
[110] 진여성眞如性은 증득되는 경계이므로 소연所緣이라고 할 수 있지만, 그것이 능히 증득하는 지智, 즉 능연能緣은 아니다. 따라서 소연인 진여 이외에 별도로 능연인 지가 있어야 한다는 말이다.
[111] 이것은 『瑜伽師地論』 권73(T30, 701a18)에 나오는 '무상취無相取'에 관한 문답이다. 이 논에서는 무상계無相界에 대해 그 상을 취한다면 '상을 취함이 없는 것(無相取)'이 아니고, 반면에 아무것도 취한 것이 없다면 '무상의 취(無相之取)'라는 말도 성립하지 않을 것이라고 질문한 후 다음과 같이 대답한다. 〈언설의 수면을 멀리 떠났기 때문에 비록 무상계를 취한다 해도 이는 상을 취하는 것이 아니다. 따라서 무상의 취가 성립한다.〉

때문이다. 비록 견분이 있어도 분별은 없으므로 '능취能取가 아니다'라고 말했지만, 취取가 전혀 없는 것은 아니다. 비록 상분은 없어도 이것이 상相과 같은 것을 띠고 일어난다고 설할 수 있으니, (이 지는) 진여와 분리되지 않기 때문이다. 마치 자증분自證分이 견분을 반연할 때는 (그것의 영상을) 변현해 내지 않고 반연하는 것처럼, 이것도 또한 이러하다.[112] (영상을) 변현해 내어 (그것을) 반연한다는 것은 직접 증득하는(親證) 것이 아니니, 마치 후득지처럼 마땅히 분별이 있을 것이다. 따라서 이 지에 견분은 있어도 상분은 없다고 인정해야 한다.〉[113]

모든 후득지에는 이분二分(견분·상분)이 있는가?

어떤 이는 다음과 같이 주장한다. 〈둘 다 없다. 능취·소취를 떠났기 때문이다.〉

어떤 이는 다음과 같이 주장한다. 〈이 지智(후득지)에는 견분은 있어도 상분은 없다. 이 지품智品에 분별이 있다고 설하기 때문이고, 성지聖智는 모두 직접(親) 경계를 관조할 수 있기 때문이다. (집착하지 않기 때문에 '이취二取를 떠났다'고 설하였다.)[114]〉

---

112 세 번째 논사는, 진여를 인식하는 무분별지無分別智의 작용은 상분相分을 전변해 내지 않고도 진여를 인식한다고 주장한다. 이는 마치 이 자증분自證分이 견분見分을 반연하는 경우와 유사하다. 식識의 삼분설三分說을 주장했던 진나陳那에 따르면, 상분相分(대상의 영상)을 인식하는 것은 견분見分이고, 그 견분의 앎을 다시 알아차리는 자증분自證分의 작용이 수반된다. 그런데 인식대상과 인식작용 간의 관계는 오직 상분과 견분 간에만 성립하고 견분과 자증분 간에는 성립하지 않는다. 자증분의 작용은 별개의 대상을 인식하는 것이 아니라 대상을 아는 견분의 작용에 필연적으로 뒤따르는 내적 자각을 가리킨다.
113 『成唯識論』 권9(T31, 49c14).
114 이상의 『成唯識論』 인용문 중간에 '不執著故說離二取'라는 문구가 빠져 있는데, 이것을 넣어야 두 번째 유의有義에서 말하려 했던 본의本意가 분명해진다. 이 두 번째 유의에 따르면, 후득지後得智에는 분별 작용이 있고, 또 경계를 직접 관조하는 작용이 있다. 따라서 '견분은 있다'고 말해야 한다. 그런데 이러한 후득지에는 집착이 없기 때문에 '후득지가 이취二取(능취·소취)를 떠난다'고 설하는 것이다. 『成唯識論』 권9(T31, 50b19) 참조.

어떤 이는 다음과 같이 주장한다. 〈이 지에는 이분二分이 둘 다 있다. 이것은 '진여와 유사한 상(似眞如相)'을 사유하는 것이지, '진실한 진여성(眞實眞如性)'을 보는 것은 아니기 때문이다.[115]〉[116]

자세한 것은 그 논에서 설한 것과 같다.

次通達位。其相云何。頌曰。若時於所緣。智都無所得。爾時住唯識。離二取相故。論曰。若時菩薩。於所緣境。智[1]不[2]都無所得。不取種種戲論相故。乃至廣說。有義。此智二分俱無。說無所取能取相故。有義。此智相見俱有。帶彼相起。名緣彼故。若無彼相名緣彼者。應色等智。[3] 名聲等智。若無見分。應不能緣。寧可說爲緣眞如智。勿眞如性亦名能緣。故應許除[4]此定有見分。有義。此智見有相無。說無相取不取故。雖有見分。而無分別。說非能取。非取全無。雖無相分。而可說此帶如相起。不離如故。如自證分。緣見分時。不變而緣。此亦應爾。變而緣者。便非親證。如後得智。應有分別。故應許此有見無相。諸後得智。有二分耶。有義。俱無。離二取故。有義。此智見有相無。說此智品有分別故。聖智皆能觀[5]能觀[6]照境故。有義。此智二分俱有。說此思推[7]似眞如相。不見眞實眞如性故。廣說如彼。

1) ㉠『成唯識論』 권9(T31, 49c18)에 '智' 앞에 '無分別'이 있다. 2) ㉠『成唯識論』 권9(T31, 49c18)에 따르면, '不'은 잉자剩字다. 3) ㉠『成唯識論』 권9(T31, 49c25)에 '等智'가 '智等'으로 되어 있다. 4) ㉠『成唯識論』 권9(T31, 49c27)에 따르면, '除'는 잉자다. 5) ㉠『成唯識論』 권9(T31, 50b19)에 '觀'이 '親'으로 되어 있다. 6) ㉠『成唯識論』 권9(T31, 50b19)에 따르면, 뒤의 '能觀' 두 글자는 잉자다. 7) ㉠『成唯識論』 권9(T31, 50b21)에 따르면, '推'는 '惟'의 오기다.

---

115 이 해석에 따르면, 후득지後得智는 진실한 진여 그 자체(眞實眞如性)를 직접적으로 증득하는 것이 아니라 마음속에서 '진여의 영상影像', 즉 '진여와 유사한 상(似眞如相)'을 변현해 내어 헤아리는 것이다. 따라서 이러한 후득지는 인식 작용(見分)과 인식 대상(相分)의 이분二分적 구조를 띠는 것이다.
116 『成唯識論』 권9(T31, 50b17).

『불지론』 제3권에서 설한 뜻도 『성유식론』과 동일하다.

비록 여러 설이 있지만, 호법종에 의하면 무분별지에는 견분은 있어도 상분은 없고, 모든 후득지에는 견분과 상분이 둘 다 있다.[117]

문 그렇다면 『잡집론』에서 설한 것과 어떻게 회통시켜 해석하겠는가? 그 논에서는 "무분별영상소연이란 진실작의眞實作意로 말미암은 모든 지·관의 소연경계를 말한다. 진실작의란 오로지 출세간 작의 및 이후에 획득된 작의다."라고 하였다.[118]

해 무착은 다만 '진실작의'라고 하였을 뿐 '출세간지'라고는 말하지 않았기 때문에 '출세간' 등의 말은 사자각의 뜻이지 무착의 설은 아니다.[119] 따라서 서로 어긋나는 것은 아니다.

> 佛地第三意同唯識。雖有諸說。依護法宗。無分別智。見有相無。諸後得智。見相俱有。問。若爾。雜集所說如何會釋。彼論說云。無分別影像所緣者。謂由眞實作意所有止觀所緣境界。眞實作意者。一向出世間。及此後所得

---

117 원측에 따르면, 앞에 진술된 『成唯識論』의 여러 가지 해석(有義)들 가운데, 전반부의 '무분별지無分別智에 이분二分이 있는가'라는 문제에 대해서는 세 번째 해석은 호법종護法宗의 정설正說이고, 후반부의 '후득지後得智에 이분이 있는가'라는 문제에 대해서는 세 번째 해석이 정설이다.

118 호법종護法宗의 정의正義에 따르면, 무분별지無分別智에는 견분見分만 있고 상분相分은 없으며 후득지後得智에는 견분과 상분이 모두 있다. 한편, 이전의 『雜集論』 인용문에서는 무분별영상無分別影像이 '출세간적 작의作意(무분별지)와 이후에 획득된 작의(후득지)의 소연경계'라고 하였다. 그 논에 따르면, 무분별영상도 영상이기 때문에 출세간의 무분별지에 역시 영상상분影像相分이 있는 셈이다. 이는 '무분별지에 상분이 없다'고 한 호법종의 정의와는 어긋난다는 것이다.

119 사자각師子覺(⑤ Buddhasiṃha)은 무착無著의 문인이다. 현장 역 『雜集論』은 안혜安慧가 무착보살의 『集論』과 그 논에 대한 사자각의 해석을 합유合揉하여 엮은 책이다. 무착의 『集論』 권6(T31, 686c24)에서는 다만 "무분별영상이란 진실작의에 따른 모든 사마타·비발사나의 소연경계를 말한다."라고 하였다. 그런데 『雜集論』에 "출세간 작의 및……"이라는 문구를 덧붙인 것은, 사자각의 해석일 뿐이고 무착의 본의와는 상관이 없다는 것이다. 따라서 무착의 『集論』과 호법종의 해석이 서로 어긋나는 것은 아니라고 하였다.

作意。解云。無著但名眞實作意。不言出世間智。故知出世間等言。師子覺意。非無著說。故不相違。

③ 지관을 잘 구하는 것에 대해 분별한 문[120]

가. 물음

경 자씨보살이 다시 부처님께 말하였다. "세존이시여, 어떤 것이 보살이 이 네 종류 사마타·비발사나의 소연경사에 의지해서 사마타를 능히 구하고 비발사나를 잘 하는 것입니까?"

慈氏菩薩復白佛言。世尊。云何菩薩。依是四種奢摩他毗鉢舍那所緣境事。能求奢摩他。能善毗鉢舍那。

---

120 세 번째 문門은 지止(사마타)와 관觀(비발사나)에 대해 정의한 것이다. '사마타'는 마음과 마음을 하나의 경계에 안주시키는 것이고, 이는 모든 종류의 수행에 공통적으로 전제되는 것이다. 따라서 유가지관瑜伽止觀의 특징은 사마타보다는 비발사나에서 찾을 수 있다. 유가지관은 십이분교十二分敎의 모든 교법에 의거해서 그 법의法義를 관하는 것이다. 유가행자들은 본격적 지관에 들기 전에 문혜聞慧와 사혜思慧에 의지해서 교법을 많이 듣고 사유하며 다시 한적한 곳에 거하면서 그에 대해 작의作意하고 사유한다. 이와 같은 예비적 단계를 거치는 과정에서, 만약 그가 '교법에 대해 사유하는 마음', 즉 관심觀心을 경계로 삼아서 그에 대해 작의하고 사유하다 보면, 마음이 자주 안주安住함으로 인해 심신心身의 경안輕安이 일어나게 된다. 이것을 일컬어 '사마타'라고 한다. 이 사마타가 일어나면, 그는 사마타의 경계를 버리고 다시 삼매 속에서 법의 영상影像을 현현해 내어 그에 대해 작의하고 사유한다. 이것을 일컬어 '비발사나'라고 한다. 이때 유가행자들이 관하는 '삼마지영상'을 일컬어 '삼마지영상의 소지의(三摩地影像所知義)'라고 한다. 이하의 해석에 따르면, 그에 대해 두 가지 해석이 있다. 오직 영상影像에 의거해서 해석하면, 삼마지영상 자체가 바로 '알아야 할 의미(所知義)'라고 볼 수 있다. 반면, 영상과 본질本質이라는 두 범주에 의해 해석하자면, 이전에 듣고 잘 사유했던 교법에 의거해서 영상을 현현해 낸 것이기 때문에, '잘 사유했던 교법'은 본질本質에 해당하고, 그것이 '알아야 할 의미(所知義)'다.

석 이하는 세 번째로 지관을 잘 구하는 것에 대해 분별한 문이다. 이 중에 두 가지가 있다. 앞은 물음이고, 뒤는 대답이다.

이것은 물음이다. 물음에 두 가지 뜻이 있다. 첫째 물음은 '어떤 것이 보살이 이 네 종류 지관의 소연에 의거해서 사마타를 능히 구하는(求) 것인가'라는 것이고, 둘째 질문은 '(어떤 것이) 비발사나를 잘 하는(善) 것인가'라는 것이다.

'구한다(求)'와 '잘 한다(善)'는 것에 대해 해석하면 세 가지 의미가 있다.

한편에서는 말한다. 〈'구한다'는 것과 '잘 한다'는 것은 모두 '닦는다(修)'는 뜻이다. 지止와 관觀을 구분하기 위해 '구한다'와 '잘 한다'는 말을 설했다.〉

한편에서는 말한다. 〈'구한다'와 '잘 한다'는 말은 지와 관에 통용된다. 따라서 『심밀해탈경』에서는 "(어떤 것이) 지관을 수행修行하고 지관을 잘 아는(善知) 것입니까."[121]라고 하였다.〉

한편에서는 말한다. 〈'구한다'는 것은 '닦는다'는 뜻이다. 지止에 나아가 닦기 때문에 ('구하는' 것은) 오직 지이고 관은 아니다. '잘 한다'는 것은 '잘 안다'는 말이다. 비발사나는 잘 안다는 뜻이기 때문에, ('잘 하는' 것은) 오직 관이고 지는 아니다. 따라서 이 『해심밀경』에서는 "(어떤 것이……) 사마타를 능히 구하고 비발사나를 잘 하는 것입니까."라고 하였다.〉

釋曰。自下第三分別能求止觀門。於中有二。先問。後答。此卽問也。問有二意。一問。云何菩薩。依此四種止觀所緣。能求奢摩他。二問。能善毗鉢舍那。言求善者。釋有三義。一云。求之與善。皆是修義。爲分止觀。說求善言。一云。求善通止及觀。故深密云。修行止觀善知止觀。一云。求是修義。進修止故。唯止非觀。善謂善知。毗鉢舍那。善知義故。唯觀非止。故此經

---

[121] 『深密解脫經』 권3(T16, 674b20).

云。能求奢摩他。能善毗鉢舍那。

나. 대답

가) 수행의 소의所依인 교教를 밝힘

경 부처님께서 자씨보살에게 말씀하셨다. "선남자여, 내가 여러 보살들을 위해 설했던 법가안립法假安立, 이른바 계경·응송·기별·풍송·자설·인연·비유·본사·본생·방광·희법·논의,

佛告慈氏菩薩曰。善男子。如我爲諸菩薩所說法假安立。所謂契經。應頌。記別。諷誦。自說。因緣。譬喩。本事。本生。方廣。希法。論議。

석 이하는 두 번째 여래께서 바로 답하신 것이다. 이 중에 두 가지가 있다. 처음은 수행의 소의所依인 교教를 밝힌 것이고, 나중은 교에 의거해서 바로 수행함을 나타낸 것이다.

이것은 처음에 해당한다. 부처님께서 자씨에게 '내가 보살을 위해 법가法假로서 안립해 놓은 십이분교十二分教, 이른바 계경 내지는 논의'라고 말씀하셨다.

그런데 이 십이부의 교법들은 매우 많다. 구체적으로 서술하면 『집론』제6권에서 설한 것과 같다. 그 논에서는 말한다.

계경契經이란, 장행의 형식으로 글을 편집해서, 마땅히 설명해야 할 의미에 대해 간략히 설한 것이다.

응송應頌이란, 여러 경들에서 혹은 가운데쯤이나 혹은 끝부분에서 게송으로 거듭 읊은 것(重頌)이다. 또는 불요의경不了義經은 마땅히 다시

게송으로 해석해 주어야 하기 때문에 '응송'이라 한다.

기별記別이란, 말하자면 이곳에서는 성스런 제자들의 지나간 과거에 있어서 공덕·과실로 인한 생처生處의 차별에 대해 기별한다. 또는 요의경了義經을 기별이라 설하기도 하니, 깊고 비밀스런 뜻을 기별하여 열어 보여 주기 때문이다.[122]

풍송諷誦이란, 말하자면 여러 경들에서 구句로 설한 것이니, 혹은 2구로 혹은 3구로 혹은 4구로 혹은 5구로 혹은 6구로 설한다.【해 『현양성교론』과 『유가사지론』 등의 설에 의거해 말하였다.】

자설自說이란, 말하자면 여러 경들 중에서 어떤 때 여래께서 열의悅意를 갖고 스스로 설하신 것이다.

연기緣起란, 말하자면 요청으로 인해 설해 준 것이다. 또는 인연이 있어서 학처學處(계율)를 제정한 것도 연기라고 한다.

비유譬喩란, 말하자면 여러 경들 중에 있는 비유로 설한 것이다.

본사本事란, 말하자면 성스런 제자 등의 전생에 상응하는 일을 설한 것이다.

본생本生이란, 말하자면 여러 보살들의 본행本行(전생의 행)에 상응하는 일을 설한 것이다.

방광方廣이란, 말하자면 보살장菩薩藏에 해당하는 언설이다. '방광'이라 이름하기도 하고 또한 '광파廣破'라고 이름하기도 하고, 또한 '무비無比'라고도 이름한다. 어떤 의미에서 '방광'이라 이름하는가? 모든 유정들의 이익과 안락의 의지처이기 때문이고, 광대하고 심오한 법을 설하였기 때문이다. 어떤 의미에서 '광파'라고 이름하는가? 모든 장애를 널리

---

[122] 규기窺基의 『妙法蓮華經玄贊』 권4(T34, 721b10~15)에 따르면, 십이부경十二部經 중에서 기별경記別經이라 불리는 것에는 세 종류가 있다. 첫째는 제자들의 지난 과거의 생사生死의 인과因果에 대해 설한 것, 둘째는 심오한 밀의를 분명하게 설명해 놓은 것, 셋째는 보살이 나중에 성불成佛할 것임을 기약해 놓은 것을 말한다. 그런데 위의 『集論』에서는 앞의 두 가지 의미를 설한 것이다.

깨뜨릴 수 있기 때문이다. 어떤 의미에서 '무비'라고 이름하는가? 어떤 법도 이에 견줄 만한 것이 없기 때문이다.

희법希法이란, 이곳에서는 성문과 모든 대보살과 여래 등의 지극히 드물고 매우 기이한 법에 대해 설한다.

논의論議란, 이곳에서는 전도가 없이 모든 심오하고 비밀스런 법상法相에 대해 해석한다.[123]

【『심밀해탈경』에서는 범어 이름을 구체적으로 나열하고 번역하지는 않았다. 따라서 그 경에서는 "이른바 수다라修多羅, 기야祇夜, 화가라나和伽羅那, 가타伽陀, 우타나優陀那, 니타나尼陀那, 아파타나阿婆陀那, 이제우다가伊帝憂多伽, 사다가闍多伽, 비불락毗佛略, 아부타단마阿浮陀檀摩, 우파제사憂婆提舍다.[124],[125]라고 하였다.】

자세하게 분별하면 구체적인 것은 『별장』과 같다.

釋曰。自下第二如來正答。於中有二。初明修所依教。後顯依教正修。此即初也。佛告慈氏。我為菩薩法假安立十二分教。所謂契經乃至論議。然此十二諸教甚多。且述集論第六所說。彼云。契經者。謂以長行綴緝[1] 略說所應說義。應頌者。即諸經中。或中或後。以頌重頌。又不了義經。應更頌釋。故名應頌。記別[2]者。謂於是處。聖弟子等謝往過去。記別[3]德[3]生生處差別。又了義經說名記別。[*] 記別[*]開示深密意故。諷誦者。謂諸緣[4]中。以句宣說。或以二句。或三或四。或五或六。【解云。依顯揚瑜伽等說言】自說者。謂諸經中。或時如來悅意自說。緣起者。謂因請而說。又有因緣。制立學處。亦

---
123 이상은 『集論』 권6(T31, 686a25) 참조.
124 이상에 진술된 십이부경 각각의 범어 이름은 다음과 같다. 계경契經(S sūtra), 응송應頌(S geya), 기별記別(S vyākaraṇa), 풍송諷頌(S gāthā), 자설自說(S udāna), 인연因緣(S nidāna), 비유譬喩(S avadāna), 본사本事(S itivṛttaka) 본생本生(S jātaka), 방광方廣(S vaipulya), 희법希法(S adbhuta-dharma), 논의論議(S upadeśa).
125 『深密解脫經』 권3(T16, 674b22) 참조.

名緣起。譬喩者。謂諸經中有比[5]說。本事者。謂宣說聖弟子等前世相應事。本生者。謂宣說菩薩本行[6]相應事。方廣者。謂菩薩藏相應言說。如名方廣。亦名廣破。亦名無比。爲何義故。名爲方廣。一切有情利益安樂所依處故。宣說廣大甚深法故。爲何義故。名爲廣彼。[7] 以能廣破一切障故。爲何義故。名爲無比。無有諸法能比類故。希法者。若於是處。宣說聲聞諸大菩薩及如來等最極希有甚奇特法。論議者。若於是處。無有顚倒。解釋一切深隱諸[8]相。【依深密經。具列梵名。而不翻出。故彼經云。彼[9]所謂修多羅。祇夜。和伽羅那。伽陀。優陀那。尼陀那。阿婆陀那。伊帝憂多伽。闍多伽。毗佛略。阿浮陀檀摩。憂優[10]婆提舍也。】若廣分別。具如別章。

---

1) ⑨『集論』권6(T31, 686a25)에 '縟'은 '縟'으로 되어 있다.   2) ⑨『集論』권6(T31, 686b5)에 '別'이 '莂'로 되어 있고, 이하도 동일하다.   3) ⑨『集論』권6(T31, 686b6)에 '德'이 '得'으로 되어 있다.   4) ㉰ '緣'은 '經'인 듯하다. ⑨『集論』권6(T31, 686b8)에 따르면, '經'이 바르다.   5) 『集論』권6(T31, 686b13)에 '比' 뒤에 '況'이 있다.   6) ⑨『集論』권6(T31, 686b15)에 '行' 뒤에 '藏'이 있다.   7) ⑨『集論』권6(T31, 686b19)에 따르면, '彼'는 '破'의 오기다.   8) ⑨『集論』권6(T31, 686b24)에 따르면, '諸'는 '法'의 오기다.   9) ⑨『深密解脫經』권3(T16, 674b22)에 따르면, '彼'는 잉자다.   10) ⑨『深密解脫經』권3(T16, 674b25)에 따르면, '優'는 잉자다.

나) 교에 의거해서 바로 수행함을 나타냄

(가) 지관의 방편을 총괄해서 설명함

㉮ 문혜聞慧를 밝힘

경 보살은 이것을 잘 듣고, 잘 받아들이며, 말(言)로 잘 통리通利하고,[126]

---

126 '말로 잘 통리한다(言善通利)'는 것은 특히 어업語業이 자재함을 말한다. 큰 음성으로 경전을 독송하여 잊지 않거나, 혹은 다시 남에게 말로 자세히 설명해 주는 것을 말한다. 자세한 것은 『瑜伽師地論』권24 「本地分中聲聞地」(T30, 415a25) 참조.

마음(意)으로 잘 심사尋思하며, 견見으로 잘 통달하고서,[127]

菩薩於此。善聽。善受。言善通利。意善尋思。見善通達。

석 이하는 두 번째로 교에 의거해서 바로 수행함을 밝힌 것이다. 이 중에 두 가지가 있다. 처음은 지관의 방편을 총괄해서 밝힌 것이고, 나중의 "다시 곧 이" 이하는 지관의 두 문을 따로 해석한 것이다.
전자 중에 두 가지가 있다. 처음은 문혜[128]를 밝힌 것이고, 나중은 사혜[129]를 설명한 것이다.

釋曰。自下第二依教正修。於中有二。初總明止觀方便。後復卽於此下。別釋止觀二門。前中有二。初明聞慧。後辨思慧。

이것은 처음에 해당한다.
그런데 이 문혜는 다섯 가지 상相이 있다. 첫째는 잘 듣는 것이고, 둘째는 잘 받아들이는 것이며, 셋째는 말(言)로 잘 통리通利하는 것이고, 넷째는 마음(意)으로 잘 심사尋思하는 것이며, 다섯째는 견見으로 잘 통달하는 것이다. 말하자면 보살들은 이 교법에 대해 전심專心으로 잘 듣고, 능히

---

127 이하의 경문은 '관觀(비발사나)을 잘 한다(能善毗鉢舍那)'는 것이 무엇인지를 밝힌 것이다. 이하 원측의 해석에 따르면, 이 경에서 그것을 크게 문聞과 사思의 차원에서 설명하였다. 말하자면 '능히 잘(能善) 관한다'는 것은, ㉮ 교법教法을 많이 청문聽聞하고 그것을 잊지 않고 기억하여 통달하는 것은 물론이고, 나아가 ㉯ 조용한 곳에서 그 교법의 바른 도리(正理)에 대해 깊이 사유思惟할 수 있어야 한다. 그 두 가지에 능能할 때 '관을 잘 한다'고 할 수 있다. 위의 경문에서는 듣고(聞) 기억(持)하는 것에 대해 설하였고, 뒤의 경문에서는 바른 도리에 대해 사유하는 것에 대해 설하였다.
128 문혜聞慧 : 문소성혜聞所成慧라고도 하며, 지극한 가르침(至敎)을 들음으로써 생겨난 뛰어난 지혜를 말한다.
129 사혜思慧 : 사소성혜思所成慧라고도 하며, 바른 도리(正理)를 사유함으로써 생겨난 뛰어난 지혜를 말한다.

잘 수지하며, 암송해서 통리하고, 마음으로 잘 사유하며, 혜慧로 잘 통달한다.

『유가사지론』제25권에 의하면 네 종류의 상으로 그 문혜를 해석하였는데, 이『해심밀경』에서 말한 처음의 '청문聽聞'의 상은 제외하였다.[130]

『유가사지론』제13권에 의하면 그에 여섯 가지 모습이 있으니, 각혜覺慧의 상을 추가한 것이다. 뒤의 다섯 가지 상은 이름이 조금 다르지만 의미는 이『해심밀경』과 일치한다. 따라서 그 논에서는 말한다. "문소성지聞所成地[131]란 어떤 것인가? 오명처五明處[132]의 명名·구句·문文들의 무량한 차별에 대해, 각혜가 우선이 되어 청문하고 영수하며 독송하고 기억하며 전도 없이 이해하는 것이다."[133]

해 순서대로 이『해심밀경』의 다섯 가지 상에 해당하니, 청문은 '잘 들음'에 해당하고, 영수는 '잘 받아들임'에 해당하며, 독송해서 자세히 숙지하는 것을 '말로 잘 통리한다'고 하였고, 기억해서 사량하는 것을 '마음으

---

130 『瑜伽師地論』권25「本地分中聲聞地」(T30, 417b5~9)에서는 '다문多聞'에 대해 설명하면서, "말하자면 설명해서 개시해 놓은 교법이 있으면,……이와 같은 종류의 많은 묘법들을 ① 잘 수지하고, ② 말로 잘 통리하며, ③ 마음으로 잘 심사하고, ④ 견으로 잘 통달하는, 이와 같은 것을 일컬어 '다문을 구족했다'고 이름한다."라고 하였다.

131 문소성지聞所成地:『瑜伽師地論』에서 설한 열일곱 종류 지地 중의 하나다. 이 논에서는 십칠지를 삼승의 경境·행行·과果로 나누어 설명하였는데, 그중 열 번째 문소성지, 열한 번째 사소성지思所成地, 열두 번째 수소성지修所成地, 열세 번째 성문지聲聞地, 열네 번째 독각지獨覺地, 열다섯 번째 보살지菩薩地, 열여섯 번째 유여의지有餘依地, 열일곱 번째 무여의지無餘依地 등은 삼승의 행에 해당한다. 이 여섯 개의 지 중에 처음의 세 개의 지는 삼승이 공통적으로 닦는 삼혜三慧의 행을 설한 것이고, 문혜聞慧의 행을 삼혜 중에 제일 먼저 닦기 때문에 앞에 놓였다. 문소성지에서는 교법을 많이 듣고 잘 수지·독송하여 기억하고 사유함으로써 문혜를 성취한다.

132 오명처五明處: 불교의 입장에서 인도의 학문을 다섯 가지로 분류한 것으로서, 내명內明, 인명因明, 성명聲明, 의방명醫方明, 공업명工業明을 말한다. '내명'이란 불교의 진리에 관한 학문이고, '인명'은 인에 관한 학문 즉 논리학이며, '성명'이란 문자·음운·조어造語 등에 관한 학문 즉 문법학이고, '의방명'은 병의 치료와 예방에 관한 학문이며, '공업명'이란 각종의 기술에 관한 학문이다.

133 『瑜伽師地論』권13(T30, 345a18).

로 잘 심사한다'고 하였으며, 사유해서(惟求) 이해하는 것을 '견으로 잘 통
달한다'고 하였다.

> 此卽初也。然此聞慧。有其五相。一者善聽。二者善受。三言善通利。四意
> 善尋思。五見善通達。謂諸菩薩。於此教法。專心諦聽。能善受持。諷誦通
> 利。意善思推。慧善通達。若依瑜伽第二十五。以四種相。釋其聞慧。除此
> 經中初聽聞相。若依瑜伽第三十¹⁾卷。有其六相。加覺慧相。後之五相。名
> 少異。義當此經。故彼論云。云何聞所成地。謂於五明處名句文身無量差
> 別。覺慧爲先。聽聞領受。讀誦憶念。無倒解了。解云。如次當此經五。聽聞
> 卽當善聽。領受卽當善受。讀誦精熟。名言善通利。憶念思量。名意善尋思。
> 惟求解了。名見善通達。

1) ㉲ '三十'은 '十三'의 오기인 듯하다. 이하의 인용문은 『瑜伽師地論』 제13권에 나
온다.

㉔ 사혜思慧를 밝힘

경 곧 잘 사유했던 바와 같은 법에 대해 홀로 한적한 곳에 머물면서 작의
하고 사유한다.

> 卽於如是¹⁾善思惟法。獨處空閑。作意思惟。

1) ㉲ 『解深密經』 권3(T16, 698a5)에 '是'가 '所'로 되어 있고, 교감주에 따르면
'是'로 된 곳도 있다. 그런데 '如所善思惟法'은 반복 문구이므로 '所'가 바른 듯
하다.

석 이것은 두 번째로 그 사혜를 설명한 것이다. 즉 문혜로 사유했던
법에 대해 홀로 한적한 곳에 머물면서, 들었던 바의 법法·의義의 두 종류
영상에 대해 작의하고 사유한다.

따라서 『유가사지론』 제16권에서는 말한다. "사소성지思所成地[134]란 어떤 것인가? 가령 어떤 사람이 홀로 한적한 곳에 자리 잡고서, 그가 들었던 바와 같은 (제법의 도리), 궁구하고 통달했던 바와 같은 제법의 도리에 대해 자세히 살피고 사유하는 것을 말한다."[135]

또 『유가사지론』 제13권에서는 말한다. "만약 한적한 곳에 머물기를 좋아한다면 곧장 능히 내심內心을 이끌어 내어 바른 사마타에 안주하고, 만약 내심이 바른 사마타에 안주하면 곧장 능히 비발사나를 이끌어 낸다.[136~137]

釋曰。此卽第二辨其思慧。卽於聞慧所思惟法。獨處空閑。作意思惟所聞法義二種影像。故瑜伽論第十六云。云何思所成地。謂如有一。獨處空閑。審諦思惟如其所聞如所究達諸法道理。又瑜伽論第十三云。若爾[1)]空閑。便能引發內心。安住正奢摩他。若[2)]心安住正奢摩他。便能引發毗鉢舍那。

1) ㉎『瑜伽師地論』 권13(T30, 341b3)에 '爾'가 '樂處'로 되어 있다. 2) ㉎『瑜伽師地論』 권13(T30, 341b4)에 '若' 뒤에 '內'가 있다.

(나) 지관의 두 문을 따로따로 해석함

---

134 사소성지思所成地 : 『瑜伽師地論』에서 설한 십칠지 중의 하나다. 그중에 문소성지聞所成地와 사소성지와 수소성지修所成地 등 세 개의 지대는 삼승이 공통적으로 닦는 삼혜三慧의 행을 설한 곳이다. 이 사소성지에서는 이전에 들었던 교법의 바른 도리(正理)에 대해 깊이 사유함으로써 사혜思慧를 성취한다. 자세한 것은 이전의 각주 '문소성지聞所成地' 참조.
135 『瑜伽師地論』 권16(T30, 361b18).
136 이 문장은 비발사나(觀)를 잘 하기 위해서는 사마타(止)가 수반되어야 함을 논한 것이다. 여기서 말한 '내심內心'이란, 이후의 경문에서 설하듯, 법法·의義를 사유하는 관심觀心을 말하는 것이 아니라, 그 '능히 사유하는 관심'을 소연경계(所緣境)로 삼고 있는 지심止心을 가리킨다.
137 『瑜伽師地論』 권13(T30, 341b3).

㉮ 지止

a. 지의 문을 바로 해석함

경 다시 곧 '이러한 능히 사유하는 마음'[138]에 대해, 내심內心이 연속해서 작의하고 사유한다.[139] 이와 같은 정행正行으로 (마음이) 많이 안주하기 때문에 신경안과 심경안을 일으키면,[140] 이것을 '사마타'라고 이름한다.

復即於此能思惟心。內心相續。作意思惟。如是正引。[1] 多安住故。起身輕安及心輕安。是名奢摩他。

1) ㉴『解深密經』권3(T16, 698a7)에 따르면, '引'은 '行'의 오기다.

석 이하는 두 번째로 지와 관을 따로따로 해석한 것이다. 이 중에 두 가지가 있다. 앞은 '지'를 해석한 것이고 나중은 '관'을 해석한 것이다.

전자에 두 가지가 있다. 처음은 지문止門을 바로 해석한 것이고, 나중은 앞의 질문에 결론지어 답한 것이다.

---

[138] 여기서 '이러한 능히 사유하는 마음(此能思惟心)'이라 한 것은 지止(사마타)에서의 소연의 경계(所緣境)를 가리킨다. 사마타에서는 '교법에 대해 사유하는 마음', 즉 관심觀心을 소연경계로 삼는다.
[139] 여기서 말하는 '내심內心'이란 지심止心, 즉 지止(사마타)에서의 능연의 마음(能緣心)에 해당한다. 사마타에서는 내심이 연속해서 저 '관하는 마음'에 대해 작의作意하고 사유하는 것이다.
[140] 심心·신身이 경쾌하고 편안해져서 소연의 경계에서 느긋하게 자적하는 상태가 되는데, 이를 경안輕安(S prasrabdhi)이라 한다. 이 경안이 일어나면 심신이 유연해지고 성도聖道를 감내할 수 있는 상태(堪忍)가 되어 수습修習이 잘 진행될 수 있다. 소승의 설일체유부說一切有部에서는 경안을 신경안身輕安과 심경안心輕安으로 구분했는데, 경안이 오식五識과 상응하면 신경안이라 하고 의식意識과 상응하면 심경안이라 한다. 유식학 경론에서는 이와 조금 다르게 설한다. 자세한 것은 해당 경문에 대한 원측의 해석 참조.

처음의 문(지를 밝힌 문)에는 본래 두 가지 설이 있다.

釋曰。自下第二別釋止觀。於中有二。先止後觀。前中有二。初正釋止門。後結答前問。就初門中。自有兩說。

(* 첫 번째 해석)
한편에서는 말한다.
이 경문에 네 개의 절이 있다. 첫째로 소연의 경계(所緣境 : 반연되는 경계)를 밝혔고, 둘째로 능연의 마음(能緣心 : 반연하는 마음)을 밝혔으며, 셋째로 그 '주住'를 나타냈고,[141] 넷째로 그 이름에 대해 결론지었다.

① "다시 곧 이러한 능히 사유하는 마음에 대해"라고 한 것은 소연의 경계를 밝힌 것이다. 그런데 이 경문을 해석하면 본래 두 가지 설이 있다. 한편에서 말한다. 〈이 법法·의義의 경계에 대해 능히 바르게 사유하는 문혜·사혜 두 가지 혜와 상응하는 마음을 소연경계로 삼는 것이다.〉 한편에서 말한다. 〈이 두 가지 혜와 상응하는 마음을 소연경계로 삼는 것이다.〉[142]

이 경문의 뜻을 말하자면, 사마타문에서는 마음과 마음을 하나의 경계에 머물도록 하기 때문에 '마음'을 소연경계로 삼는 것이고, 비발사나문에서는 알아야 할 의미(所知義)를 간택簡擇하려고 하기 때문에 문혜·사혜 두 가지가 변현해 낸 '상분相分'을 소연경계로 삼는다는 것이다.[143]

---

141 여기서 말한 '주主'란 심신의 경안輕安을 획득하기 위해 닦는 정행正行, 즉 아홉 종류의 심주心住를 가리킨다.
142 "이 능히 사유하는 마음에 대해(於此能思惟心)"라고 한 것은, 지止의 소연경계가 되는 관심觀心 자체를 가리킨다. 이 문구에 대한 두 가지 해석은 모두 '문혜·사혜와 상응하는 마음을 가리킨다'고 보는데, 다만 이 두 번째 해석과 비교할 때 앞의 해석에서는 오직 '정사유正思惟하는 마음'에 국한시켰다는 점에서 차이가 있다.
143 사마타는 '관하는 마음(觀心)'을 대상으로 삼아 그것을 고요하게 하는 것이고, 비발사나는 법의法義에 대해 사색하기 위해 삼매 속에서 그 '알아야 할 의미(所知義)'의 영상

一云。於此文中。有其四節。一所緣境。二能緣心。三顯其信。[1] 四結其名。
言復卽於此能思惟心者。是所緣境。然釋此文。自有兩說。一云。於此法義
境中。能正思惟。聞思二慧相應之心。爲所緣境。一云。於此二慧相應之心。
爲所緣境。此中意說。奢摩他門。心心令住一境。是故緣心爲境。毗鉢舍那。
爲欲簡擇所知義故。聞思二慧所變相分。爲所緣境。

1) ㉯ '信'은 '住'의 오기인 듯하다. 뒤에서는 세 번째 구가 '머묾에 대해 나타내었다
(顯其住)'고 해석하였고, 전후 문맥상 '住'가 바르다.

② "내심內心이 연속해서 작의하고 사유한다."라고 한 것은, 능연의 마음(能緣心：止心)[144]을 설명한 것이다. '내심'이란, 능연의 마음을 거두어 선정 안에 있게 한 것을 일컬어 '내심'이라 한 것이다. 따라서 『유가사지론』 제63권에서는 "마음을 내부의 소연경계에 매어 놓고 외부의 소연으로 흩어지지 않도록 하기 때문이다."[145]라고 하였다. 이것은 '지심止心이 연속해서 문聞·사思와 상응하는 마음을 작의하고 사유한다'고 해석한 것이다.[146]

을 현현시켜 그 영상을 관하는 것이다. 앞에서는 이러한 관찰의 경계를 '삼마지소행영상三摩地所行影像' 또는 '삼마지영상소지의三摩地影像所知義' 또는 '소지사동분영상所知事同分影像' 등으로 표현하였다. 자세한 것은 이전의 설명한 네 가지 편만소연遍滿所緣 중에 '유분별영상有分別影像'에 대한 해석 참조.
144 원문은 '辨能緣止'라고 되어 있는데, 문맥이 통하지 않는다. 이 첫 번째 해석에 따르면, 위의 경문은 네 개의 절節로 구분되며, 첫째는 소연의 경계(所緣境)를 밝혔고, 둘째는 능연의 마음(能緣心)을 밝혔으며, 셋째는 그 '주住'를 나타냈고, 넷째는 그 이름에 대해 결론지은 것이다. 이에 따르면, 두 번째 절에서는 '능연의 마음'을 설명한 것이다. 따라서 '辨能緣止'의 '止'를 '心'으로 간주하였다.
145 『瑜伽師地論』 권63(T30, 650b7). 이 문장은 모든 정려靜慮에 대해 '머묾(住)'이라 이름하는 이유를 설명한 것이다.
146 『瑜伽師地論』에 따르면, 사마타에서는 내심內心(止心)은 관심觀心을 경계로 삼아 사유하는데, 이때 소연경계가 되는 '관심'이란 '문혜聞慧·사혜思慧와 상응하는 마음', 즉 법法·의義를 관하는 마음이다.

內心相續作意思惟者。辨能緣止。[1] 言內心者。攝能緣心。在於定內。名爲
內心。故瑜伽論六十三云。繫心於內所緣境界。於外所緣。不流散故。此釋
正[2]心相續作意思惟聞思相應之心。

---

1) ㉠ '止'는 '心'인 듯하다. 자세한 것은 해당 번역문 역주 참조. 2) ㉑ '正'은 다른 판본에 '止'로 되어 있다. ㉠ '止'가 바른 듯하다.

③ "이와 같은 정행正行으로 (마음이) 많이 안주하기 때문에 신경안과 심경안을 일으키면"이라 한 것은, 그 '주住'를 나타낸 것이다. 말하자면 사마타란 '내주內住' 등의 아홉 가지 정행[147]을 갖추기 때문에 신경안과 심경안을 일으키는 것이다.

'신경안'이란 사대소조四大所造의 경안촉輕安觸[148]이고, '심경안'이란 선심소 열한 개 중에 경안 심소(輕安數)를 말한다.[149] 무성의 『섭대승론석』에서는 "경쾌하고 안은해서 감능성堪能性[150]을 갖는 것이 경안의 상이다."[151]라고 하였다. 이와 같이 신·심의 경안의 상태(分位)를 사마타라고 건립한 것

---

147 아홉 가지 정행正行 : 사마타에 갖추어진 아홉 종류 심주心住, 즉 ① 내주內住, ② 등주等住, ③ 안주安住, ④ 근주近住, ⑤ 조순調順, ⑥ 적정寂靜, ⑦ 최극적정最極寂靜, ⑧ 전주일취專注一趣, ⑨ 등지等持 등을 말한다. 이후에 언급되는 비발사나품(觀品)이 정사택正思擇 등의 네 종류 혜행慧行을 갖추는 것처럼, 이 사마타품(止品)은 아홉 종류 심주를 갖춘다는 것이 특징이다. 이 아홉 종류 심주에 대한 자세한 해석은 이하의 『雜集論』의 인용문에 나온다.

148 사대소조四大所造의 경안촉輕安觸 : 이 문구는 신경안身輕安이라는 것이 경안의 풍촉(輕安風觸)을 본질로 하는 것임을 나타낸 것이다. 『瑜伽師地論』권32(T30, 464c22)에 따르면, 선정 상태에서는 사대四大 중에 풍대風大가 유독 증대하여 많은 대종들이 몸 안으로 들어오는데, 이로 인해 번뇌의 추중麤重들을 쉽게 제거하고 대치할 수 있게 되므로 몸이 유연하고 경쾌해진다고 한다.

149 유식의 오위백법五位百法 중에 신信·참慚·괴愧·무탐無貪·무진無瞋·무치無癡·근勤·경안輕安·불방일不放逸·행사行捨·불해不害 등의 열한 가지 심소心所는 모든 선한 마음과 상응하는 정신 작용이므로 '선심소'라고 한다. 여기서 말한 심경안이란 이 선심소 중의 하나인 경안을 가리킨다는 것이다.

150 감능성堪能性 : 감응성堪任性이라고도 하며, 번뇌 추중을 떠나서 심신心身이 유연해지고 편안해져서 성도聖道를 감당해 낼 수 있는 상태가 되는 것을 말한다.

151 현장 역 무성의 『攝大乘論釋』권3(T31, 398b9).

이다.

따라서 『유가사지론』 제13권에서는 "만약 능히 내면에서 아홉 가지로 마음을 안주시킨다면, 이와 같은 것을 일컬어 '내심이 바른 사마타에 안주한다'고 한다."[152]라고 하였다.

'아홉 종류 심주心住'에 대해, 예를 들어 『집론』 제5권에서는 아홉 가지 이름만 열거할 뿐 해석하지 않았다.[153] 『잡집론』 제10권에서는 차례대로 표시해 놓고 해석하였다. 따라서 그 논에서는 말한다.

> 사마타란 안에 마음을 거두어 머물게 하고(令住), 가지런히 머물며(等住), 편안히 머물고(安住), 가까이 머물며(近住), 조순調順해지고, 적정寂靜해지며, 지극히 적정해지고(最極寂靜), 한곳에 전념하며(專注一趣), 평등하게 섭지하는(平等攝持) 것을 말한다. 이와 같은 아홉 가지 행으로 마음을 안주하게 하는 것이 사마타이다.

'머물게 한다'는 것은, 외적인 반연攀緣을 거두어들이고 내적으로 산란을 떠나서 최초로 마음을 (어떤 경계에) 묶어 두기 때문이다.

'가지런히 머문다'는 것은, 최초로 거칠게 동요하는 마음을 (그 경계에) 묶어 두고 나서 곧 소연所緣에서 상속하는 계념繫念[154]이 미세해지고 점점 간략해지기 때문이다.

'편안히 머문다'는 것은, 혹시 염念을 놓쳐 밖으로 내달리면 찾아서 다시 거두어들이기 때문이다.

'가까이 머문다'는 것은, 처음부터 그 마음이 밖으로 흩어지지 않도록

---

152 '몸(身)'에 있어서 와구臥具에 대한 탐착을 떠나 한적한 곳에 있기를 좋아하는 것처럼, 내면의 아홉 종류 '주심住心'에 있어서도 이와 같이 된다면 사마타에 안주하는 것이라고 하였다. 『瑜伽師地論』 권13(T30, 341b1).
153 『集論』 권5(T31, 685b5).
154 계념繫念 : 계념係念·현념懸念·현상懸想이라고도 하는데, 즉 염念을 한곳에 묶어 두고 그 외의 것은 생각하지 않는 것을 말한다.

하기 위해 '염念'에 가까이 머물기 때문이다.

'조순해진다'는 것은, 예전부터 산란의 원인인 색 등의 법에 대해 '과환'의 상想을 일으키고 (그것의) 증상된 힘으로 인해 그 마음을 조복시켜 흩어지지 않도록 하기 때문이다.

'적정해진다'는 것은, 요동된 마음의 산란된 악각惡覺[155]과 수번뇌隨煩惱[156]에 대해 깊이 '과환'이라 보고 그 마음을 거두어 조복시켜 흩어지지 않도록 하기 때문이다.

'지극히 적정해진다'는 것은, 혹시 염을 놓쳐서 산란된 각(散亂覺) 등이 돌연히 현행하면 곧바로 제어하여 조복시켜서 다시 일어나지 않도록 하기 때문이다.

'한곳에 전념한다'는 것은, 정근精勤과 가행加行이 간격 없이(無間) 빠짐없이(無缺) 상속하면서 뛰어난 삼마지에 안주하기 때문이다.

'평등하게 섭지한다'는 것은, 잘 수습했기 때문에 가행으로 말미암지 않고 공용을 멀리 떠나서 정심定心이 상속하면서 산란을 떠나 일어나기 때문이다.[157]

자세하게 분별하면 『유가사지론』 제30권과 『장엄경론』 제7권과 같다.[158]

---

155 이 『雜集論』에서 언급된 '각覺'은, 『瑜伽師地論』 권30(T30, 451a7)에는 '심사尋思'로 되어 있는데, 즉 대상을 분별하는 정신 활동을 가리킨다. '악각惡覺'이란 욕欲·에恚·해害와 함께 일어나는 세 종류 나쁜 각을 뜻한다. 그중에서 '욕각欲覺'은 탐낼 만한 세간의 사물에 대해 생각하면서 욕심을 일으키는 것이고, '에각恚覺(瞋覺)'은 원망스런 세간의 일을 생각하면서 성내는 마음을 일으키는 것이며, '해각害覺(惱覺)'은 미워하거나 시기하는 마음으로 타인을 괴롭히려는 생각을 일으키는 것이다.
156 이 『雜集論』에서 언급된 '수번뇌'는, 『瑜伽師地論』 권30(T30, 451a7)에는 "탐욕개貪欲蓋 등의 모든 수번뇌"로 되어 있다. 여기서 말하는 '수번뇌'는 근본번뇌에 수반해서 일어나는 번뇌를 뜻하는 것이 아니라, 마음을 따라 일어나서 유정을 뇌란惱亂시키는 모든 번뇌를 뜻한다.
157 『雜集論』 권10(T31, 741b9).
158 아홉 종류 주심의 명칭은 두 논서에서 다르게 표현된다. 『瑜伽師地論』 권30(T30,

④ "이것을 사마타라고 이름한다."라고 한 것은 그 이름에 대해 결론지은 것이다.

如是正行多安住故起身輕安及心輕安者。此顯其住。謂奢摩他。具內住等九正行故。起身輕安及心輕安。身輕安者。四大所造輕安觸也。心輕安者。善十一中輕安數也。無性論云。輕而安隱。有堪能性。是輕安相。如是身心輕安分位。立奢摩他。故瑜伽論第十三云。若能於內九種住心。如是名爲內心安住正奢摩他。九心住者。如集論第五。但列九名。而不解釋。雜集第十。次第牒釋。故彼論云。奢摩他。[1] 謂於內攝心令住。等住。安住。近住。調順。寂靜。最極寂靜。專注一趣。平等攝持。如是九行。令心安住。是奢摩他。住[2]者。攝外攀緣。內離散亂。最初繫心故。等住者。最初繫縛麤動心已。卽於所緣相續繫念。微細漸略故。安住者。或時失念。於外馳散。尋復殿[3]攝故。近住者。從初已來。爲令其心。於外不散。親近令[4]住故。調順者。從先已來。於散亂因色等法中。起過患想增上力故。調伏其心。令不流散故。寂靜者。於擾動心散亂惡覺隨煩惱中。深見過患。攝伏其心。令不流散故。最極寂靜者。或時失念。散亂覺等卒[5]爾現行。即便制伏。令不更起故。專注一趣者。精懃加[6]行。無間無缺。相續安住勝三摩地故。平等攝持者。善修習故。不由加行。遠離功用。定心相續離散亂轉故。若廣分別如瑜伽論第三十卷。莊嚴第七。是名奢摩他者。結其名也。

1) ㉮『雜集論』 권10(T31, 741b9)에 '他' 뒤에 '者'가 있다. 2) ㉮『雜集論』 권10(T31, 741b11)에 '住' 앞에 '令'이 있다. 3) ㉮『雜集論』 권10(T31, 741b14)에 따르면, '殿'은 '斂'의 오기다. 4) ㉮『雜集論』 권10(T31, 741b15)에 따르면, '令'은 '念'의 오기다. 5) ㉮『雜集論』 권10(T31, 741b20)에 따르면, '卒'은 '率'의 오기다. 6) ㉯ '加'는 다른 판본에 '信'으로 되어 있다. ㉮『雜集論』에 따르면, '加'가 바르다.

450c18)에서는 "內住。等住。安住。近住。調順。寂靜。最極寂靜。專注一趣。及以等持。"라고 하였고, 『大乘莊嚴經論』 권7(T31, 624b20)에서는 "一安住心。二攝住心。三解住心。四轉住心。五伏住心。六息住心。七滅住心。八性住心。九持住心。"이라 하였다.

(* 두 번째 해석)

한편에서는 말한다.

이 경문에서는 두 가지로 구분된다. 처음에 "다시 이러한 (능히 사유하는 마음)에 대해……"라고 한 것은 지止의 방편을 해석한 것이다. 나중에 "이와 같은 (정행으로)……"라고 한 것은 '지'에 대해 바로 해석한 것이다.[159]

이것은 상품의 지혜止慧(修慧)는 다시 '이 중中·하下 두 가지 품의 문혜·사혜 두 가지 혜가 내적으로 상속하고 있는 마음'을 반연하여 소연경계로 삼고 있음을 밝힌 것이다.[160]

지상止相을 바로 해석하면, 그 의미는 앞의 해설과 같다.

一云。於此文中。即分爲二。初復即於此等者。釋止方便。後如是等者。正釋止也。此明上品止慧。復即緣此中下二品聞思兩慧內相續心。爲所緣境。正釋止相。義同前解。

b. 앞의 질문에 결론지어 답함

---

[159] 이 두 번째 해석에 따르면, 위의 경문에서는 크게 방편위方便位와 근본위根本位로 구분해서 '지止'를 설명한다. 말하자면 경문에서 "다시 곧 이러한 능히 사유하는 마음에 대해, 내심內心으로 상속해서 작의하고 사유한다.(復即於此能思惟心。內心相續。作意思惟)"라고 한 것은 아직 근본위(定位)의 사마타를 획득하기 이전에 예비적으로 닦는 방편위의 사마타를 설한 것이다. 이어서 "이와 같은 정행正行으로 (마음이) 많이 안주하기 때문에 신경안과 심경안이 일어나면……(如是正行。多安住故。起身輕安及心輕安。……)"이라 한 것은 근본위의 사마타를 설한 것이다.

[160] 이것은 삼혜三慧에 의거해서 경문을 해석한 것이다. 경문에서 "이 능히 사유하는 마음에 대해 내심이 상속하며 작의하고 사유한다."라고 했는데, 여기서 '능히 사유하는 마음'이란 중품中品의 사혜思慧와 하품下品의 문혜聞慧가 내적으로 상속하는 마음을 가리키며, 이것이 사마타의 소연경계(所緣境)에 해당한다. 또 "내심"이라 한 것은 상품上品의 지혜止慧(修慧)와 상응하는 마음을 가리키며, 이것은 사마타의 능연의 마음(能緣心)에 해당한다.

경 이와 같이 보살은 능히 사마타를 구한다.

如是菩薩。能求奢摩他。

석 이것은 두 번째로 앞의 질문에 결론지어 답한 것이다.

釋曰。此卽第二結答前問。

㈏ 관觀

a. 관문을 바로 해석함

a) 정위定位에 의거한 해석

(a) 영상에 의거한 해석

ⓐ 소연이 아닌 것을 배제함

경 그는 신·심의 경안을 획득하여 소의로 삼기 때문에, 곧 잘 사유했던 바와 같은 법[161]의 내적인 삼마지소행영상[162]을 관찰하고 승해하되, 심상心相[163]

---

161 잘 사유했던 바와 같은 법(如所善思惟法) : 관觀의 소의所依가 되는 교법, 즉 계경 등의 십이분교十二分敎를 가리킨다. 지관 수행을 본격적으로 실천하기 위해서 수행자들은 교법을 많이 듣고(聞) 기억하며 한적한 곳에서 자리 잡고서 그 교법에 대해 사유한다. 본격적 비발사나의 수행에서는 '이처럼 잘 사유한 그대로의 법'에서 '삼매의 영상'을 현현시켜 관찰한다.
162 삼마지소행영상三摩地所行影像 : '삼마지三摩地'란 '정定'으로 의역하며, 마음을 하나의 경계에 집중하고 있는 상태를 말한다. '소행所行'이란 '경계'와 같은 말이다. 유가

을 버리고 떠난다.

彼由獲得身心輕安爲所依故。卽於如所善思惟法內三摩地所行影像。觀察
勝解。捨離心相。

석 이하는 두 번째로 관문을 따로 해석한 것이다. 이 중에 두 가지가 있다. 처음은 관문을 바로 해석한 것이고, 나중은 앞의 질문에 결론지어 답한 것이다.
앞의 문(관을 바로 설명한 곳)에는 본래 두 가지 설이 있다.

釋曰。自下第二別釋觀門。於中有二。初正釋觀門。後結答前問。就前門中。
自有兩說。

한편에서는 말한다. 총괄적으로 정위定位에 의거해서 이 경문을 해석하면, 그에 두 가지 해석이 있다.
첫째는 오직 영상影像[164]에 의거해서 이 경문을 해석한 것이다. 이 중에 두 가지가 있다. 처음에는 소연이 아닌 것을 배제하였고,[165] 나중에는 경

행자가 어떤 법法의 의미(義)에 대해 관찰할 때, 삼마지 속에서 자신이 사유했던 법의 영상을 현현해 내어 관찰한다. 그 영상을 일컬어 '삼마지소행영상'이라 한다. 이 용어에 대해서는 뒤의 '⑥ 지관에서의 유식唯識의 도리를 분별한 문(分別止觀唯識門)'에서 다시 후술된다.

163 심상心相 : 비발사나를 행할 때는 이전의 사마타의 경계를 버리게 되는데, 이때 버려지는 경계를 '심상'이라 하였다. 이전의 경문에서는 이 사마타의 경계를 "능히 사유하는 마음"이라 하였는데, 즉 관심觀心을 가리킨다. 이 관심을 일컬어 '심상'이라 하였다. 사마타는 관심(심상)을 경계로 삼지만, 다시 비발사나에서는 그 관심을 버리고 다시 법의 영상을 현현시켜 관의 경계로 삼는다. 따라서 '심상을 버리고 떠난다'고 하였다.

164 영상影像 : 마음속에 현현된 대상의 형상(相分)을 가리키며, 본질本質과 상대되는 개념이다. 이에 관한 설명은 뒤의 '본질과 영상'에 대한 주석 참조.

165 '소연이 아닌 것을 배제했다'는 것은, 관문觀門에서는 비발사나(觀)의 소연所緣인 삼마

계에 의지해서 관을 일으키는 것이다.

이것은 처음에 해당한다. 경문에 두 개의 절이 있다.

처음에 "그는 (심신의 경안을) 획득하여······"라고 한 것은, 관의 소의所依를 밝힌 것이다. 말하자면 이전의 지止에서 경안을 획득하여 소의로 삼기 때문에 관을 일으킬 수 있다는 것이다.

나중에 "곧 (잘 사유했던 바와 같은 법)······"이라 한 것은, 소연이 아닌 것을 배제한 것이다. 말하자면 문聞·사思로 반연하여 사유했던 바와 같은 법에서 내적인 삼마지의 관觀의 동분영상同分影像[166]을 일으키고, 이 영상에 대해 승해를 일으켜서 사유하고 관찰하는데, (이때는) 비발사나를 생겨나게 하려고 사마타의 소연인 심상心相을 버린다는 것이다. '심상'이란, 마음 그 자체가 상이므로 '심상'이라 이름하였다.[167]

一云。總依定位。以釋此文。有其二解。一唯約影像。以釋此文。於中有二。初簡非所緣。後依境發觀。此卽初也。文有二節。初彼由獲得等者。辨觀所依。謂由前止獲得輕安爲所依故。能發於觀。後卽於等者。簡非所緣。謂卽如聞思所緣思惟法上。起內三摩地觀[1]同分影像。於此影像。發起勝解。思

지소행영상三摩地所行影像을 일으키기 위해서 이전의 사마타(止)의 소연인 심상心相을 버리고 떠나는 것을 말한다.
166 관觀의 동분영상同分影像 : 유가행자는 먼저 교법을 듣고 그 의미에 대해 사유하고 나서, 자신이 사유했던 법에 대해서 삼매 속에서 그것의 영상을 현현해 내고 그 영상을 경계로 삼아서 관한다. 그런데 유가행자들이 관하는 대상은 '알아야 할 사(所知事)' 혹은 '알아야 할 의미(所知義)' 그 자체가 아니라 삼매에서 현현한 그것의 영상이다. 이 영상을 '삼마지소행영상三摩地所行影像'이라 하고, 또 그것은 '알아야 할 사' 혹은 '알아야 할 의미'와 닮은(似) 영상이므로 '동분영상同分影像'이라고도 한다.
167 여기서 '심상心相'은 지업석持業釋으로 분석되는 복합어다. 즉 '마음 그 자체가 상'이라는 의미에서 '심상'이라 하였다. 이는 사마타의 소연所緣인 '마음 그 자체'를 가리킨다. 말하자면, 지심止心은 관심觀心 그 자체를 소연으로 삼기 때문에 사마타의 소연을 '심상'이라 한 것이다. 이와는 달리, '심상'을 '심心의 상相'으로 해석할 경우, 마음에 인식된 '상분相分'을 가리킨다.

惟觀察。爲欲生起毗鉢舍那。捨奢摩他所緣心相。言心相者。卽心是相。故
名心相。

---

1) ㉑ '觀'은 다른 판본에 '現'으로 되어 있다. ㉠ '現'으로 간주하고 번역하였다.

ⓑ 경계에 의지해 관을 일으킴

경 곧 이와 같은 '삼마지영상소지의'[168]에 대해, 능히 바르게 사택하고 지극하게 사택하며 두루 심사하고 두루 사찰하는, 인忍과 낙樂과 혜慧와 **견**見과 관觀을 '비발사나'라고 이름한다.

即於如是三摩地影像所知義中。能正思擇。最極思擇。周遍尋思。周遍伺
察。若忍若樂。若慧若見若觀。是名毗鉢舍那。

석 이것은 두 번째로 경계에 의지해서 관을 일으키는 것이다. 경문에 네 개의 절이 있다.
첫째로 "(이와 같은 삼마지영상의 소지의)에 대해……"라고 한 것은, 관찰되는 경계(所觀境)를 설명한 것이다. 이것은 앞서 말한 '내적인 삼마지 소행영상'이 소지의所知義(알아야 할 의미)이자 관찰되는 경계라는 것이다.[169]

---

168 삼마지영상소지의三摩地影像所知義 : 이것은 관경觀境을 나타낸 것이다. 원측의 해석에 따르면, 이 문구는 두 가지로 이해될 수 있다. 첫째, 오직 영상影像에만 의거해서 해석하는 경우, 삼마지영상과 소지의所知義(알아야 할 의미)는 동격 관계로서 삼마지영상 그 자체가 소지의에 해당한다. 둘째, 본질本質과 영상에 모두 의거해서 해석하는 경우, 삼마지영상과 소지의는 영상과 본질의 관계에 있다. 말하자면, 본질이란 바로 앞서 언급되었던 "잘 사유했던 바와 같은 법(如所思惟法)"을 가리키며, 이것이 소지의(알아야 할 의미)다. 그 본질의 법에 의거해서 삼매의 마음속에 현현해 낸 영상을 일컬어 '삼마지영상'이라 한다.
169 이 해석에 따르면, '삼마지영상소지의三摩地影像所知義'라는 문구 중에서 '삼마지영상'이란 앞서 언급했던 '삼마지소행영상三摩地所行影像' 혹은 '삼마지관동분영상三摩地觀同分影像'과 같고, 그 영상 자체가 바로 '소지의所知義(알아야 할 의미)'다. 이것은 오직

둘째로 "능히 바르게 사택하고……"라는 것은 관觀의 행상行相을 해석한 것이니, 이 (관행) 중에 네 가지 혜의 행상이다.[170]

이 네 가지 행상은 『잡집론』 제10권에서 설한 것과 같다. 따라서 그 논에서 말한다. "'제법을 간택한다'는 것은 진소유성盡所有性을 (사유하는 것이고) '지극하게 간택한다(最極簡擇)'는 것은 여소유성如所有性을 (사유하는 것이다.) '두루 널리 심사한다(普遍尋思)'는 것은 유분별작의有分別作意와 동시에 현행한 '혜'로 제법의 상을 건립하기 때문이고, '두루 자세히 관찰한다(周審觀察)'는 것은 아주 구체적으로 추구하기 때문이다."[171]

『유가사지론』 제30권도 『잡집론』과 거의 동일하다.[172] 그 논에서 말한다.

'영상'에 의거해서 해석한 것이다. 그런데 원측이 후술하듯이, 영상과 본질에 모두 의거해서 해석한다면, '소지의'는 영상의 근거가 되는 '본질의 법'을 가리킨다.

[170] 앞서 언급했던 사마타품(止品)이 아홉 종류 심주心住를 갖추고 있는 것처럼 이 비발사나품(觀品)에도 네 가지 혜의 행상(四慧行相)이 갖추어져 있다. 네 종류 혜행慧行이란, ① 능정사택能正思擇, ② 최극사택最極思擇, ③ 주변심사周遍尋思, ④ 주변사찰周遍伺察을 말한다. 다음에 인용되는 『雜集論』에는 ① 간택簡擇, ② 최극간택最極簡擇, ③ 보변심사普遍尋思, ④ 주심관찰周審觀察이라고 하였는데, 그 차례대로 『解深密經』과 『瑜伽師地論』에 나온 ① 능정사택, ② 최극사택, ③ 주변심사, ④ 주변사찰에 해당한다. 이 경론들의 표현은 조금 다르지만 그 의미는 거의 같다. 그에 따르면, ① '간택'이란 일체법의 진소유성盡所有性에 대해 사유하는 것이고, ② '최극간택'이란 일체법의 여소유성如所有性에 대해 사유하는 것이다. ③ '보변심사'란 혜慧로써 제법의 상相을 분별하고 사유해서 그것을 잘 건립하는 것이고, ④ '주심관찰'은 그러한 관찰을 더욱 자세하고 정밀하게 추구해 가는 것이다.

[171] 『雜集論』 권10(T31, 741b28).

[172] 이하 『瑜伽師地論』에서 나온 네 가지 혜행慧行의 내용은 앞의 『雜集論』의 설명과 거의 동일하다. 단 이 논에서는 편만소연遍滿所緣과 정행소연淨行所緣과 선교소연善巧所緣과 정혹소연淨惑所緣 등 네 종류 소연에 의거해서 그 혜행들의 특징을 좀 더 구체적으로 진술하였다. 그에 따르면, 그 밖의 정행·선교·정혹 등 세 가지 소연들에 편만遍滿하는 진소유성과 여소유성을 관찰하는 것이 그 차례대로 능정사택과 최극사택이다. 또 그 세 가지 소연들에서 유분별有分別의 관혜觀慧로써 제법의 상을 두루 분별하여 건립하는 것이 주변심사周遍尋思이고, 제법의 상을 더욱 자세하고 정밀하게 추구하는 것이 주변사찰周遍伺察이다.

네 종류 비발사나란 어떤 것인가? 말하자면 어떤 비구가 내심內心의 사마타에 의지해서, 제법에 대해 능히 바르게 사택하고(能正思擇) 지극하게 사택하며(最極思擇) 두루 심사하거나(周遍尋思) 두루 사찰하는(周遍伺察) 것을 일컬어 네 종류 비발사나라고 한다.

'능히 바르게 사택한다'는 것은 어떤 것인가? 정행소연경계淨行所緣境界[173]에서, 혹은 선교소연경계善巧所緣境界[174]에서, 혹은 정혹소연경계淨惑所緣境界[175]에서, 진소유성을 능히 바르게 사택하는 것을 말한다.

'지극하게 사택한다'는 것은 어떤 것인가? 즉 그 소연경계에서 여소유성을 지극하게 사택하는 것을 말한다.

'두루 심사한다'는 것은 어떤 것인가? 그 소연경계에서 혜慧와 더불어 구행한 유분별작의有分別作意를 따라서 그것의 형상(相狀)을 취하여 두루 널리 심사하는 것을 말한다.

'두루 사찰한다'는 것은 어떤 것인가? 그 소연경계에서 자세히 살피고 추구하고 두루 사찰하는 것이다.[176]

---

173 정행소연경계淨行所緣境界 : 부정不淨·자민慈愍·연성연기緣性緣起·계차별界差別·아나파나(入出息) 등의 다섯 종류 소연을 말한다. 예를 들어 탐이 많은 행자는 부정不淨한 경계를, 화를 많이 내는 행자는 자비(慈愍)라는 경계를, 어리석음이 많은 행자는 연기緣起라는 경계를, 교만이 많은 행자는 계界의 차별이라는 경계를, 심사尋思가 많은 행자는 들숨·날숨의 식념息念이라는 경계를 대상으로 삼아서 관한다. 『瑜伽師地論』 권26(T30, 428c18) 참조.
174 선교소연경계善巧所緣境界 : 온蘊·처處·계界·연기緣起·처비처處非處 등의 다섯 종류 소연을 말한다. 말하자면 요가수행자는 오온과 십이처와 십팔계와 십이연기의 갖가지 차별에 대해 구체적으로 잘 알고, 또 인과의 도리가 바른 것인지 그릇된 것인지(處非處)를 잘 추리해서 알아야 한다. 이와 같이 선교방편으로서 시설된 다섯 가지 경계들을 '선교소연'이라 한다. 『瑜伽師地論』 권27(T30, 433c1) 참조.
175 정혹소연경계淨惑所緣境界 : 하지下地 번뇌의 거칢, 상지上地 번뇌의 정묘함, 사성제, 진여 등의 경계를 말한다. 예를 들어 요가수행자는 하지를 상지와 비교해서 하지의 번뇌의 거칢을 관하여, 하지에서는 과환이 더욱 심하고 고苦가 증장되는 것을 알고 그것을 싫어하여 떠나게 된다. 이와 같이 번뇌를 청정하게 하는 관觀의 경계가 되는 것들을 '정혹소연'이라 한다. 『瑜伽師地論』 권27(T30, 434b14) 참조.
176 『瑜伽師地論』 권30(T30, 451b13).

『현양성교론』 제4권에서는 그 순서대로 4종관四種觀이라 이름하였다.[177]

셋째로 "인忍과……"라고 한 것은 관의 다른 이름들을 나타낸 것이니, 그에 다섯 종류가 있다. '인忍'은 인해忍解이고, '낙樂'은 즐거움을 느끼는 것(受樂)이며, '혜慧'는 분별하는 것이고, '견見'은 추구하는 것이며, '관觀'은 관찰하는 것이다. 이와 같은 다섯 종류는 의미는 같은데 이름만 다르다.[178] 따라서 『유가사지론』 제82권에서는 '혜慧와 지智와 견見과 명明과 관觀 등의 이름은 차별되지만 법상을 간택하는 심소유법을 그 자성으로 삼는다'고 하였다. 『현양성교론』 제13권도 『유가사지론』과 동일하게 설한다.

넷째로 "비발사나라고 이름한다."라고 한 것은 결론이다.

釋曰。此卽第二依境發觀。文有四節。一卽於等者。辨所觀境。卽此前說內三摩地所行影像。爲所知義。是所觀境。二能正思擇等者。釋觀行相。卽是此中四慧行相。此四行相。如雜集論第十卷說。故彼論云。簡擇諸法者。盡所有故。最極簡擇者。如所有故。普遍尋思者。由有分別作意俱行慧。建立諸法相故。周審觀察者。委具推求故。瑜伽三十大同雜集。彼云。云何四種毗鉢舍那。謂有苾蒭。依止內心奢摩他故。於諸法中。能正思擇。最極思擇。周遍尋思。周遍伺察。是名四種毗鉢舍那。云何名爲能正尋思。[1)] 謂於淨行所緣境界。或於善巧所緣境界。或於淨戒[2)]所緣境界。能正思擇盡所有性。云何名爲最極思擇。謂卽於彼所緣境界。最極思擇如所有性。云何名爲周遍尋思。謂卽於彼所緣境界。由慧俱行有分別作意。取彼相狀。周遍尋

---

[177] 『顯揚聖敎論』 권4(T31, 501b29)에는 간택제법관簡擇諸法觀, 극간택제법관極簡擇諸法觀, 변주량관遍籌量觀, 변심찰관遍審察觀 등 4종관四種觀을 언급하였다.

[178] 인忍·낙樂·혜慧·견見·관觀 등은 공통적으로 법상에 대해 판단하는 정신적 작용을 가리키는 말로서, 그 이름은 여러 가지이지만 동일한 심소법心所法을 가리킨다. 심소법 중에서 '혜'란 법상法相을 간택하고 무지無智를 대치하는 정신작용을 가리킨다. 이 이름은 차별되지만, 모두 그러한 간택하는 성질이 있기 때문에 '혜'의 범주에 들어간다. 자세한 것은 『瑜伽師地論』 권82(T30, 758a13) 참조.

思。云何名爲周遍伺察。謂卽於彼所緣境界。審諦推求。周遍伺察。顯揚第四。如次名爲四種觀也。三若忍等下。辨觀異名。有其五種。忍謂忍解。樂謂受樂。慧卽分別。見是推求。觀謂觀察。如是五種。義一名異。故瑜伽論八十二云。慧智見明觀等名之差別。簡擇法相心所有法。爲其自性。顯揚十三。亦同瑜伽。四是名毗鉢舍那者。結也。

1) ㉭『瑜伽師地論』권30(T30, 451b16)에 '尋思'가 '思擇'으로 되어 있다. 2) ㉭『瑜伽師地論』권30(T30, 451b17)에 따르면 '戒'는 '惑'의 오기다.

(b) 본질과 영상에 공통적으로 의거한 해석

두 번째는 본질本質과 영상影像[179]에 공통적으로 의거해서 이 경문을 해석한 것이다.

"(잘 사유했던) 바와 같은 법……"이라 한 것은, 본질의 법을 나타낸 것이다.

"내적인 삼마지……"라는 것은, 본질에 의거해서 영상을 일으키고 영상에 의탁해서 관찰한다는 것이다.

"이와 같은 (삼마지영상의 소지의)에 대해……"라고 한 것은, 영상을 관찰함에 따라 '소지의라는 본질의 경계(所知義本質之境)'를 요달한다는 것이다.[180] 따라서 『유가사지론』 제26권에서는 "관행을 닦는 자는 영상을 추

---

[179] 본질本質과 영상影像 : 인식 대상(相分)을 두 종류로 구분한 것이다. 유식설에 따르면, 심과 심소가 대상을 인식할 때 대상 그 자체를 직접 인식하는 것이라기보다는 그것의 영상을 마음속에 현현시켜 인식한다고 한다. 이 영상은 심·심소의 직접적 인식 대상이 되므로 친소연親所緣이라 한다. 이에 대해 마음에 나타난 영상의 실질적 근거가 되는 사사 자체를 '본질本質'이라 한다. 이 본질은 우리의 식에 직접 파악되는 것이 아닌 간접적 인식 대상이므로 소소연疎所緣이라 한다.

[180] 이전의 해석에 따르면, 삼마지의 영상 그 자체가 '알아야 할 의미(所知義)'이다. 이는 위의 경문을 오직 영상에만 의거해서 해석하였기 때문이다. 지금 이 해석에 따르면, 삼마지의 영상은 본질의 법에 의거해서 현현해 낸 것이고, 그 본질의 법이 바로 '알아야 할 의미'에 해당한다. 이는 위의 경문을 본질本質과 영상影像에 의거해서 해석하였

구하기 때문에 '그것의 본성인 소지사(彼本性所知事)'[181]에 대해 공덕과 과실을 관찰하고 심정審定하는 것이다."[182]라고 하였다.

그 밖의 문구를 해석하자면 의미는 앞의 (영상에 의거한) 해설과 같다.

二通約本影。以釋此文。言卽於如所等者。影[1]本質法。內三摩地等者。依本起影。託影觀察。卽於如是等者。由觀影故。了所知義本質之境。故瑜伽論二十六云。修觀行者。推求影[2]故。於彼本性所知事中。觀察審定功德過失。釋餘文句。義如前解。

1) ㉮ '影'은 '彰'의 오기인 듯하다.   2) ㉮ 『瑜伽師地論』 권26(T30, 427b14)에 '影'이 '此'로 되어 있다.

b) 정위定位와 산위散位에 공통적으로 의거한 해석[183]

한편에서는 말한다.

정위定位와 산위散位에 공통적으로 의거해서 이 경문을 해석하자면, 이 중에 두 가지가 있다. 처음은 관觀(비발사나)의 방편方便을 설명한 것이고,

---

기 때문이다.
181 그것의 본성인 소지사(彼本性所知事): '소지사所知事'란 '소지의 所知義'와 같다. 모두 경문에서 '잘 사유했던 바와 같은 법(如所思惟法)'이라 한 것을 가리킨다. 이러한 '알아야 할 사(所知事)' 혹은 '알아야 할 의미(所知義)'를 일컬어 본질의 법(本質法) 혹은 본질의 경계라고 하였다. 그런데 관행을 닦는 자들은 본질의 법 자체를 직접적으로 관한다기보다는 삼마지에서 그것의 영상을 현현해 내어 그 영상을 통해 본질의 법에 대해 사유하는 것이다. 따라서 '본질의 법'을 일컬어 '그것(삼마지영상)의 본성인 소지사'라고 하였다.
182 『瑜伽師地論』 권26(T30, 427b13).
183 두 번째 설은 정위定位·산위散位에 의거해서 위의 경문을 해석한 것인데, 그에 따라 과과를 나누면 다음과 같다.
　(a) 辨觀方便: "彼由獲得身心輕安爲所依故。卽於如所善思惟法……觀察勝解捨離心相."
　　ⓐ 辨觀所依: "彼由獲得身心輕安爲所依故."
　　ⓑ 正明方便: "卽於如所善思惟法……觀察勝解捨離心相."
　(b) 正明根本毗鉢舍那: "卽於如是三摩地影像所知義中……是名毗鉢舍那."

나중의 "(이와 같은 삼마지영상의 소지의)에 대해" 이하는 근본의 비발사나에 대해 바로 설명한 것이다.[184]

전자 중에 두 가지가 있다. 처음에는 관의 소의所依를 나타내었고, 나중의 "곧 (잘 사유했던 바와 같은 법)에 대해" 이하에서는 (관의) 방편을 바로 밝혔다. 말하자면 신身·심心의 경안輕安을 획득하여 소의로 삼았기 때문에 정위定位·산위散位에 의거해서 관한다. 그런데 (관이) 인발되려면 반드시 문혜·사혜의 산심散心을 방편으로 삼아야 하기 때문에 여기서 바로 문聞·사思라는 방편을 설명하였다. 그 이유는 무엇인가? (문·사는) 지·관 두 문의 행상에 앞서는 것이기 때문에 비록 이미 선정을 얻었다 해도 다시 '산심의 문·사'라는 방편을 일으키는 것이다. "내적인 삼마지(內三摩地)"라고 한 것은, 마음을 거두어 흩어지지 않게 한 것을 '내內'라고 한 것이지, 바로 선정 속에 있기 때문에 '내'라는 말을 한 것은 아니다.

그 밖의 문구는 앞에서 해석한 것과 같다.

그런데 이 방편위方便位(散位)와 근본위根本位(定位)에 대해 모두 두 가지 해석이 있다. 첫째는 오직 영상에 의거해서 해석한 것이고, 둘째는 본질·영상에 공통적으로 의거해서 해석한 것이니, 그 뜻은 이전의 해석과 동일하다.

一云。通約定散。以釋此文。於中有二。初辨觀方便。後卽於下。正明根本毘鉢舍那。前中有二。初辨觀所依。後卽於下。正明方便。謂由獲得身心輕安。爲所依故。依定散觀。而所發必由聞思慧散心。以爲方便故。此正明聞思方便。所以者何。止觀二門行相前故。雖已得定。更起散心聞思方便。言內三摩地者。攝心不散。名之爲內。非正在定。故說內言。餘如前釋。然此

---

184 이 해석에 따르면, 관觀을 설명한 두 개의 경문 중에, 앞의 "그는 신·심의 경안을 획득하여 소의로 삼기 때문에……심상心相을 버리고 떠난다."라는 경문은, 아직 근본위根本位(定位)의 비발사나를 획득하기 이전에 예비적으로 닦는 방편위方便位(散位)의 비발사나를 설한 것이다. 뒤의 "곧 이와 같은 삼마지영상의 소지의에 대해……비발사나라고 한다."는 경문은 근본위의 비발사나를 밝힌 것이다.

方便及根本位。皆有兩釋。一唯約影像。二通依本影。義同前釋。

b. 앞의 질문에 결론지어 답함

경 이와 같이 보살은 능히 비발사나를 잘 하는 것이다.

如是菩薩。能善毗鉢舍那。

석 이것은 두 번째로 앞의 질문에 결론지어 답한 것이다.

釋曰。此卽第二結答前問。

④ 지·관에 수순하는 작의作意를 밝히는 문[185]

가. 지止에 수순하는 작의

가) 물음

경 자씨보살이 다시 부처님께 말씀드렸다. "세존이시여, 모든 보살들은 '마

---

[185] 네 번째 문에서는 '지관에 수순하는 작의作意'에 대해 설명한다. 본격적 지관을 닦기 위해서는 먼저 '사마타(止)'가 선행되어야 하는데, 신심身心의 경안輕安이 일어났을 때 비로소 '사마타를 획득했다'고 한다. 그런데 아직 심신의 경안이 일어나지 않은 상태, 즉 정위定位에 들지 못한 단계에서 관행자가 사마타(止)와 비발사나(觀)의 소연경계에 대해 각기 작의하고 사유할 때는 그 작의를 일컬어 '사마타에 수순하는 작의' 혹은 '비발사나에 수순하는 작의'라고 한다. 말하자면, 아직 심신의 경안이 일어나지 않은 상태에서 일으킨 사마타·비발사나의 작의는 '사마타의 작의' 혹은 '비발사나의 작의'라고 이름하지 않고, 단지 '사마타에 수순하는 작의' 혹은 '비발사나에 수순하는 작의'라고 한다.

음을 반연하여 경계로 삼아 내적으로 사유하는 마음'이 나아가 아직 신·심의 경안을 획득하지 못했을 때는,[186] (그들의) 모든 작의를 무엇이라 이름해야 합니까?"

> 慈氏菩薩。復白佛言。世尊。若諸菩薩。緣心爲境。內思惟心。乃至未得身心輕安。所有作意。當名何等。

석 이하는 네 번째로 지관에 수순하는 작의를 밝히는 문이다. 이 중에 두 가지가 있다. 처음은 지止에 수순하는 작의를 밝힌 것이고, 나중은 관觀에 수순하는 작의를 밝힌 것이다.

전자에 두 가지가 있으니, 앞은 물음이고 뒤는 대답이다.

이것은 물음에 해당한다. 말하자면 이전의 (경문에서) 설한 것처럼 "다시 이러한 능히 사유하는 마음에 대해 내심이 상속하며 작의하고 사유하는데", 이와 같은 작의가 아직 경안을 얻기 이전까지는 무엇이라 이름해야 하느냐는 것이다.

> 釋曰。自下第四隨順止觀作意門。於中有二。初明順止作意。後順觀作意。前中有二。先問。後答。此卽問也。謂如前說。後[1]卽於此能思惟心。內心相續。作意思惟。如是作意。乃至未得輕安已前。當名何等。
>
> 1) ㉠ 경문에 따르면, '後'는 '復'의 오기인 듯하다.

---

186 이 질문은 이전에 진술된 "復卽於此能思惟心。內心相續。作意思惟。如是正行多安住故。起身輕安及心輕安。是名奢摩他。"라는 경문을 염두에 둔 것이다. 보살들은 '이 능히 사유하는 마음'을 소연경계로 삼아서 내심內心이 상속하면서 그것을 작의하고 사유한다. 이때 '내주內住' 등의 아홉 가지 정행正行을 수습해서 마음이 많이 안주하게 되면 마침내 심·신의 경안이 일어나게 되는데, 이것을 일컬어 '사마타'라고 이름한다. 그런데 이러한 심·신의 경안이 일어나기 이전의 모든 작의에 대해서는 어떤 차별적 이름을 부여하는가라고 물었다.

나) 대답

경 부처님께서 자씨보살에게 말씀하셨다. "선남자여, 이는 사마타의 작의가 아니라 사마타에 수순하는 승해와 상응하는 작의이다."

佛告慈氏菩薩曰。善男子。非奢摩他作意。是隨順奢摩他勝解相應作意。

석 두 번째는 세존께서 바로 대답하신 것이다. 이것은 지止에 수순하는 작의이지 바른 사마타의 (작의는) 아니니, 경안이 없기 때문이다.

釋曰。第二世尊正答。是順止作意。非正奢摩他。無輕安故。

나. 관觀에 수순하는 작의

가) 물음

경 "세존이시여, 보살들이 아직 신·심의 경안을 획득하지 못한 이전에는, (잘) 사유했던 바와 같은 모든 법들의 내적인 삼마지소연영상[187]에 대해 작의하고 사유할 때, 이와 같은 작의는 무엇이라 이름해야 합니까?"

世尊。若諸菩薩乃至未得身心輕安。於如所思所有諸法內三摩地所緣影像。作意思惟。如是作意。當名何等。

석 이하는 두 번째로 관에 수순하는 작의를 밝힌 것이다. 이 중에 두

---

187 삼마지소연영상三摩地所緣影像 : 이전에 언급된 '삼마지소행영상三摩地所行影像'과 같다.

가지가 있으니, 앞은 질문이고 뒤는 대답이다.

 이것은 질문에 해당한다. 말하자면 앞에서 설했듯 "잘 사유했던 바와 같은 법의 '내적인 삼마지소행영상'을 관찰하고 승해하되, 심상心相을 버리고 떠난다."라고 할 때, 이와 같은 작의는 아직 경안을 얻지 못한 이전에는 무엇이라 이름해야 하느냐는 것이다.

> 釋曰。自下第二隨觀作意。於中有二。先問。後答。此卽問也。謂前所說。卽於如所善思惟法內三摩地所行影像。觀察勝解。捨離心相。如是作意。乃至未得輕安已前。當名何等。

나) 대답

경 "선남자여, 이는 비발사나의 작의가 아니라 비발사나에 수순하는 승해와 상응하는 작의다."

> 善男子。非毗鉢舍那作意。是隨順毗鉢舍那勝解相應作意。

석 두 번째는 여래께서 바로 대답하신 것이다. 이는 관觀에 수순하는 작의作意이지 바른 관의 (작의는) 아니니, 경안이 없기 때문이다.
 이 경문에 준해 보면, 지·관은 오직 정위定位에만 있음을 확증할 수 있다. 또 이 경문으로 인해, 전 단락에서 설했던 "내심이 상속하며 작의하고……"라는 말은 그 방편을 (밝힌 것이고, 이것이) 정의正義임을 알아야 한다.[188]

---

[188] 이전의 경문에서는 지止와 관觀을 따로 설하였는데, 원측에 따르면 이 경문에 대해 각기 두 가지 해석이 있다. 그 두 번째 해석들은 모두 해당 경문을 방편위方便位와 근본위根本位로 나누어 해석한 것이다. 예를 들어 '지'에 대해 따로 설명하면서, 경문에

釋曰。第二如來正答。是隨順觀作意。而非正觀。無輕安故。卽准此文。證知止觀唯在定位。又由此文。應知。前段所說。內心相續作意等言。是其方便。以爲正義。

⑤ 지·관 두 가지 도道의 동이同異를 밝히는 문[189]

가. 물음

경 자씨보살이 다시 부처님께 말씀드렸다. "세존이시여, 사마타의 도道는 비발사나의 도와 차이가 있다고 해야 합니까, 차이가 없다고 해야 합니까?"

慈氏菩薩。復白佛言。世尊。奢摩他道與毗鉢舍那道。當言有異。當言無異。

서는 "① 다시 곧 이러한 능히 사유하는 마음에 대해, 내심內心이 상속해서 작의作意하고 사유思惟한다. ② 이와 같은 정행正行으로 (마음이) 많이 안주하기 때문에 신경안身輕安과 심경안心輕安이 일어나면, 이것을 '사마타'라고 이름한다."라고 하였다. 이 경문을 방편위와 근본위로 나누어 해석하면, 앞의 문구(①)는 근본위의 사마타(止)를 획득하기 위해 그 전에 예비적으로 방편위의 사마타를 닦는 것이고, 뒤의 문구(②)는 정위定位(근본위)에 들어 본격적으로 사마타를 닦는 것이다. 그런데 지금 '④ 지관에 수순하는 작의作意를 밝히는 문(隨順止觀作意門)'에서 '① 사마타에 수순하는 작의'와 '② 사마타의 작의'를 구분하였고, 또 '① 비발사나에 수순하는 작의'와 '② 비발사나의 작의'를 구분한다. 이러한 점에서 준해 볼 때, 이전의 단락에서도 방편과 근본을 나누어 설했다고 보는 것이 정확한 해석이라고 하였다.

189 이하의 다섯 번째 문에서는 사마타의 도(止道)와 비발사나의 도(觀道)가 어떤 점에서 같기도 하고 다르기도 한지를 설명한 것이다. 경문에 따르면, 그 두 가지 도道는 완전히 다른 도라고 할 수도 없고 완전히 같은 도라고 할 수도 없다. 비발사나의 도란 '어떤 경계'를 관하는 것이고, 사마타의 도란 '어떤 경계를 관하는 마음 자체'를 대상으로 삼아 마음이 편안하게 머물도록 하는 것이기 때문에, 두 가지 도가 완전히 별개라고 할 수는 없다. 그러나 비발사나의 마음이 관하는 경계는 유분별영상有分別影像이고, 사마타의 마음이 머무는 경계는 무분별영상無分別影像이라는 점에서 두 가지 도는 구별되는 것이다.

석 이하는 다섯 번째로 지·관 두 가지 도道의 동이同異를 밝히는 문이다. 이 중에 두 가지가 있으니, 앞은 물음이고 뒤는 대답이다.

이것은 물음에 해당한다. 〈지와 관이라는 두 종류는 모든 수행자가 노닐며 밟아 가는 곳이자 혹은 능히 모든 성도聖道의 법을 이끌어 내기 때문에 '도道'라고 하는데, 이와 같은 두 가지 도는 같은 것인가, 다른 것인가.〉

釋曰。自下第五止觀二道同異門。於中有二。先問。後答。此卽問也。止觀二種。諸修行者。所遊履處。或能引生諸聖道法。故名爲道。如是二道。爲同爲異。

나. 대답

가) 질문에 의거해 총괄해서 표명함

경 부처님께서 자씨보살에게 말씀하셨다. "선남자여, 차이가 있는 것도 아니고 차이가 없는 것도 아니라고 말해야 한다.

佛告慈氏菩薩曰。善男子。當言非有異非無異。

석 이하는 두 번째로 여래께서 바로 답하신 것이다. 이 중에 두 가지가 있다. 처음은 질문에 의거해 총괄해서 표명한 것이다. 나중은 문답으로 따로따로 해석한 것이다.

이것은 처음에 해당한다.

釋曰。自下第二如來正答。於中有二。初依問總標。後問答別釋。此卽初也。

나) 문답으로 따로따로 해석함

경 어째서 차이가 있지 않다고 하는가? (사마타는) '비발사나의 소연경심所緣境心'[190]을 소연으로 삼기 때문이다. 어째서 차이가 없지는 않다고 하는가? 유분별영상은 (사마타의) 소연이 아니기 때문이다."

何故非有異。以毗鉢舍那所緣境心。爲所緣故。何故非無異。有分別影像。非所緣故。

석 이것은 두 번째로 문답으로 따로따로 해석한 것이다.
그런데 이 경문의 해석에는 본래 두 가지 설이 있다.
한편에서는 말한다. 〈'차이가 있지 않다'는 것은 본질에 의거해서 말한 것이다. 우선 마치 지·관을 함께 굴릴 때와 같아서, (사마타의 마음은) 똑같이 문聞·사思의 소연所緣인 '상분의 경계(相分境)'와 능연能緣인 '견분의 마음(見分心)'을 반연하여 본질의 경계(本質境)로 삼는다. 본질이 동일하므로 '차이가 있지 않다'고 하였다.[191] '차이가 없지는 않다'는 것은 영상에 의거해서 설한 것이다. 저 지·관이 동일한 소연일 때도 변현된 영상은 각각 다르다. 말하자면 유분별영상과 무분별영상에는 차별이 있기 때문에 '차

---

190 비발사나의 소연경심所緣境心 : 이 문구는 사마타에서 소연경계가 되는 것이 바로 비발사나의 마음임을 밝힌 것이다. 이하의 원측의 해설에 의하면, '소연경심'은 두 가지로 해석될 수 있다. 첫째, '소연경계(所緣境)와 마음(心)'을 가리킨다. 이에 따르면, 사마타는 '관해지는 경계와 관하는 마음'을 모두 소연으로 삼는 것이다. 둘째, '소연경계의 마음'으로 해석할 수도 있다. 이에 따르면 사마타는 '비발사나의 소연경계를 관하는 마음'만을 소연으로 삼는 것이다. 원측은 뒤의 해석이 경문과 더 잘 맞는다고 하였다.
191 이 해석에 의하면, 사마타의 마음(止心)은 관해지는 경계(所觀境)와 그것을 관하는 마음(能觀心)을 모두 소연경계, 즉 본질本質의 경계로 삼아서 그에 고요히 머물고 있는 것이다. 이처럼, '본질'에 의거해서 말하자면, 사마타와 비발사나의 소연경계가 전혀 별개의 것이라 말할 수는 없다는 것이다.

이가 없지는 않다'고 하였다.¹⁹²〉

한편에서는 말한다. 〈'차이가 있지 않다'고 했는데, 사마타가 비록 비발사나의 소연인 문聞·사思의 상분의 경계를 반연할 수는 없다 해도, 저 문·사 두 가지 혜의 소연경계 상에 있는 견분의 마음을 반연할 수 있기 때문에 차이가 있는 것은 아니다.¹⁹³ '차이가 없지는 않다'는 것은 의미상으로 앞의 해석과 동일하다.〉

이 두 가지 학설 중에 후자의 설이 뛰어나니, 앞의 경문과 잘 맞기 때문이다.

釋曰。此卽第二問答別釋。然釋此文。自有兩說。一云。非有異者。約本質說。且如止觀俱轉之時。同緣聞思所緣相分境及能緣見分心。爲本質境。以質同故。名非有異。非無異者。約影像說。以彼止觀同緣之時。所變影像。各各不同。謂有分別影。無分別影。有差別故。名非無異。一云。非有異者。以奢摩他。雖不能緣毗鉢舍那所緣聞思相分之境。而能緣彼聞思二慧所緣境上見分之心。故非有異。非無異者。義同前說。於二說中。後說爲勝。順前文故。

⑥ 지관에서의 유식唯識의 도리를 분별하는 문¹⁹⁴

---

192 지와 관에서는 모두 삼마지의 영상을 소연所緣으로 삼지만, 앞서 지관의 네 종류 소연에 대한 설명에서 이미 언급되었듯, 비발사나의 소연은 유분별영상有分別影像이고, 사마타의 소연은 무분별영상無分別影像이다. 따라서 영상의 차원에서는 사마타와 비발사나의 도道가 전혀 차이가 없는 것은 아니라고 하였다.
193 이 해석에 따르면, 지止(사마타)는 '관觀하는 마음'만 소연으로 삼는 것이다. 그런데 이때에도 '지'는 단지 텅 빈 마음이 아니라 '경계에 나아가 있는 마음' 즉 '경계를 관하는 마음'을 소연으로 삼고 있는 것이다. 이런 의미에서는 사마타와 비발사나의 도道가 완전히 다른 것은 아니다.
194 이하 여섯 번째 문에서는 '유식唯識'의 도리를 밝힌다. 여기에서는 지관의 수행자들이 삼매 속에서 현현해 낸 영상(三摩地所行影像)은 외계에서 유래한 것이 아니라 결국 마음이 현현해 낸 것이라고 말한다. 또한 삼마지영상뿐만 아니라, 우리의 일상적 마음(산란된 상태)에 나타나는 대상의 영상도 마찬가지로 식이 현현해 낸 것이라고 말한

가. 물음

경 자씨보살이 다시 부처님께 말씀드렸다. "세존이시여, 모든 '비발사나삼마지소행영상'[195]은, 그것이 이 마음과 차이가 있다고 해야 합니까, 차이가 없다고 해야 합니까?"

慈氏菩薩。復白佛言。世尊。諸毗鉢舍那三摩地所行影像。彼與此心。當言有異。當言無異。

석 이하는 여섯 번째로 지관에서의 '유식唯識'의 (도리를) 분별하는 문이다. 혹은 마음과 경계가 하나인지 다른지를 분별하는 문이라 볼 수도 있다. 이 중에 여섯 가지가 있다. 첫째는 물음이고, 둘째는 대답이며, 셋째는 징문이고, 넷째는 해석이며, 다섯째는 힐난이고, 여섯째는 회통이다.

다. 요컨대, 삼마지의 마음이든 혹은 산란된 마음이든, 우리 마음에 나타난 대상의 영상은 모두 마음이 현현해 낸 것이다. 이것이 이른바 '유식唯識'의 교의다. 특히 이곳의 경문은 '삼계유심三界唯心'의 경전적 전거 중의 하나로 자주 인용된다. 무착無著의 『攝大乘論』에서는 '유식'의 이치를 성립시키기 위해 이 경문을 교증敎證으로 인용하였고, 세친世親과 무성無性의 『攝大乘論釋』에도 그에 관한 논의들이 있다. 이하에서 원측은 신역·구역의 다섯 종류 『攝論』에서 주요한 문구들을 뽑아서 '유식'이라 설한 취지를 해석한다.

195 비발사나삼마지소행영상毗鉢舍那三摩地所行影像: 이하 원측의 해석에 따르면, 이 문구에 대해 세 가지 해석이 있다. 첫 번째는 정定의 소연所緣(소행영상)을 가리킨다는 것이고, 두 번째는 관觀의 소연을 가리킨다는 것이며, 세 번째는 정과 관의 소연을 가리킨다는 것이다. 이러한 해석의 차이가 생긴 이유는 '비발사나삼마지毗鉢舍那三摩地'의 의미를 다르게 해석하였기 때문이다. '비발사나'는 '관觀'으로 의역하고, 그 체는 심소법 중에 혜慧, 즉 경계에 대해 간택簡擇하는 정신 작용이다. '삼마지'는 '정定'으로 의역하며, 이것을 심소법 중의 하나인 정定으로 간주할 경우, 마음을 하나의 경계에 집중하는 것(心一境性)이다. 이 두 가지는 심소의 작용은 다르기 때문에 '비발사나삼마지의 소행영상'이라는 문구가 관의 소연을 가리키는지 혹은 정의 소연을 가리키는지에 대해 해석이 각기 달라질 수 있다. 자세한 것은 이하에 진술된 세 가지 해석과 해당 역주 참조.

이것은 첫 번째로 자씨보살이 청문한 것이다. 그런데 이 질문의 뜻에 대해 본래 세 가지 해석이 있다.

한편에서는 말한다.[196] 〈여기서는 관觀(비발사나)을 들어서 '정定(삼마지)의 소연所緣'에 대해 물은 것이다. 예를 들어『섭대승론』에서는 단지 '모든 삼마지의 소행영상'이라고 설할 뿐 '관'을 말하지는 않았고,[197] 이 경의 뒤에서도 "삼마지의 소행영상이 현현한다."라고 하였다.〉

한편에서는 말한다.[198] 〈여기서는 정定(삼마지)을 들어서 '관觀의 소연'에 대해 물은 것이다. 예를 들어 여러 곳에서 '십일체처관十一切處觀'[199] 등은 '정'이 아니라고 설하기 때문이다. 그런데『섭대승론』등에서는 '삼마지란 정에 의지해서 관을 일으키는 것이다'라고 한다. 따라서 '정'이라는 말을 설한 것이다.〉

---

[196] 첫 번째 해석에 따르면, 위의 경문에서 "모든 비발사나삼마지의 소행영상(諸毗鉢舍那三摩地所行影像)"이라고 한 것은, 비발사나라는 말을 덧붙이기는 했지만 결국 '정定의 소연所緣', 즉 삼마지에서 현현한 영상影像을 가리키는 것이다. 이에 따르면, 위 경문에서는 삼마지(定)의 영상이 이 마음(此心)과 같은지 다른지를 물은 것이다.

[197] 예를 들어『攝大乘論』권2(T31, 138b4)에서는 '삼계에 오직 마음이 있을 뿐이다(三界唯有心)'라는 교설의 경전적 증거로서 위의『解深密經』의 문구를 예로 들면서 말한다. "또 박가범께서『해심밀경』에서 또한 이와 같이 설하셨다. 말하자면 그 경에서 자씨보살이 세존에게 묻기를, '모든 삼마지의 소행영상, 그것은 이 마음과 차이가 있다고 해야 합니까, 차이가 없다고 해야 합니까.'라고 하였다.(又薄伽梵。解深密經。亦如是說。謂彼經中。慈氏菩薩。問世尊言。諸三摩地所行影像。彼與此心。當言有異。當言無異。)"

[198] 두 번째 해석에 따르면, 위 경문에서 "모든 비발사나삼마지의 소행영상(諸毗鉢舍那三摩地所行影像)"이라 한 것은, 삼마지(定)라는 말이 붙기는 했지만 실은 '관觀의 소연所緣', 즉 비발사나(觀)의 경계가 되는 영상을 나타낸 것이다. 이에 따르면, 위 경문에서는 비발사나의 영상이 이 마음과 같은지 다른지를 물은 것이다.

[199] 십일체처관十一切處觀 : 십일체입十一切入 혹은 십변처十遍處라고도 한다. 이것은 지·수·화·풍·청·황·적·백·공空·식識 등의 열 가지 법을 소연으로 삼아서 그것들이 빈틈없이 모든 곳에 두루 편재해 있음을 관찰하는 것이다. 행자들은 팔해탈八解脫과 팔승처八勝處를 닦은 후에는 색 등에 대해 청정한 모습을 얻고 나서 또 관의 경계에 대해 자유자재하게 되면, 다시 이 관법을 닦는다. 이 중에서 앞의 여덟 가지는 색계에 해당하고 뒤의 두 가지는 무색계에 해당한다.

한편에서는 말한다.²⁰⁰ 〈정定·혜慧의 소연인 영상에 대해 짝지어 질문한 것이다. 이 경에서는 '비발사나삼마지의 소연경所緣境'에 대해 물었기 때문이다.²⁰¹ 이 질문의 뜻은, 비발사나삼마지의 소행所行인 청색 등, 그것이 이 마음과 같은가 다른가라는 것이다. 『심밀해탈경』에 의하면, 또한 이 경과 동일하다.〉

釋曰。自下第六分別止觀唯識門。或可分別心境一異門。於中有六。一問。二答。三徵。四釋。五難。六通。此卽第一慈氏請問。然此問意。自有三釋。一云。此中擧觀。問定所緣。如攝大乘。但說諸三摩地所行影像。而不說觀。此經下云。三摩地所行影像顯現。一云。此中擧定。問觀所緣。如諸處說。十一切處觀等。非是定故。而攝論等言。三摩地者。依定起觀。故說定言。一云。雙問定慧所緣影像。此經中問毗鉢舍那三摩地所緣境故。此問意云。毗鉢舍那三摩地所行靑等。彼與此心。爲一爲異。依深密經。亦同此經。

"삼마지소행영상"이라 한 것에 대해, 무성無性의 해석은 다음과 같다. "삼마지란 능히 마음을 하나의 경계에 머물게 하는 것이고, 심법을 체로 삼는다. 이것의 소연경계를 '소행所行'²⁰²이라 설하는데, 본경本境을 '질質(본질)'이라 하고, 그와 유사하게 현현한 것을 '영상'이라 한다."²⁰³

---

200 세 번째 해석에 따르면, 위 경문에서 "모든 비발사나삼마지의 소행영상(諸毗鉢舍那三摩地所行影像)"이라 한 것은, 비발사나(觀)와 삼마지(定) 두 가지의 소행영상을 나타낸 것이다. 이에 따르면, 위 경문에서는 그 두 종류 영상이 이 마음과 같은지 다른지를 물은 것이다.
201 경문에서 '비발사나삼마지의 소행영상'이라고 표현한 것은 '비발사나'와 '삼마지'의 소행영상, 즉 관觀과 정定의 소연所緣을 나타낸 것이다. 여기서 '비발사나'를 관觀이라 하지 않고 '혜慧'라고 한 것은, '관'은 심소법 중에 '혜'를 체로 삼기 때문이다.
202 소행所行 : 감각기관이나 지智에 의해 인식되는 영역·경계 혹은 범위를 뜻한다.
203 현장 역 무성無性의 『攝大乘論釋』 권4(T31, 400b23).

그런데 이 영상은, 『섭대승론』에 준해 보면 청어靑瘀[204] 등의 영상이다.[205] 양조梁朝 『섭대승론석』에 따르면 십변처十遍處[206] 중에 앞의 여덟 종류 색법, 즉 청靑·황黃·적赤·백白·지地·수水·화火·풍風을 말한다.[207]

그런데 이 여덟 가지 색에 대해, 살바다종은 여덟 가지 중에 사대(지·수·화·풍)는 촉처觸處에 속하고 '청' 등의 네 가지는 색처色處에 속한다고 한다. 그 종에서는 법처法處에 속하는 색[208]은 오직 무표색無表色[209]뿐이라

---

[204] 청어靑瘀 : 부정관不淨觀의 일종인 9종 관상觀想 중 하나다. 수행자는 육체에 대한 집착을 제거하기 위해 시체의 아홉 가지 추악한 형상을 관한다. 그중에 청어상靑瘀想이란 바람과 햇볕으로 시체가 황적색으로 변화했다 다시 검푸른 색으로 변하는 것을 관상하는 것이다.

[205] 무착의 『攝大乘論本』에서는 '유식唯識'의 교증敎證으로서 위의 『解深密經』의 경문을 인용한 후, 이어서 말한다. "정심定心에 듦에 따라서 모든 청어靑瘀 등과 같은 '알아야 할 영상(所知影像)'들이 나타나 보이는데, 모든 청어 등의 사물들은 (마음 바깥에) 별도로 있는 것이 아니라 다만 자기 마음을 보는 것이다." 이 논에 따르면, 『解深密經』 경문에서 '삼마지소행영상三摩地所行影像'이라 한 것은, 부정관不淨觀에서 관상觀想하는 '검푸르게 변한 시체(靑瘀)' 등과 같은 영상들을 가리킨다. 현장 역 『攝大乘論本』 권2(T31, 138b15) 참조.

[206] 십변처十遍處 : 이전의 '십일체처관十一切處觀'에 대한 주석 참조.

[207] 진제 역 『攝大乘論』에서는 '유식唯識'의 교증敎證으로서 『解節經』(『해심밀경』의 이역본)의 동일한 경문을 인용한다. 그런데 이 『解深密經』의 "모든 비발사나삼마지의 소행영상은(諸毗鉢舍那三摩地所行影像)……" 등의 문구는 그 『解節經』에는 "이 색상은 정심의 소연경계이니(此色相是定心所緣境)……"라고 되어 있다. 여기에는 '영상' 대신에 '색상色相'이라는 표현을 사용했는데, 이에 대해 진제 역 세친世親의 『攝大乘論釋』에서 해석하길 "색상이란 십일체입十一切入(十遍處) 중에 앞의 여덟 가지 입入 등을 말한다."라고 하였다. 이 해석에 따르면, '색상'이란 십변처 중에 지·수·화·풍·청·황·적·백 등 여덟 종류 법을 가리키고, 뒤의 공空·식識 두 종류 법은 제외된다. 그 이유는 앞의 여덟 가지 색법들은 색계色界에 해당하지만, 뒤의 '공무변空無邊'과 '식무변識無邊'은 모두 무색계無色界이기 때문이다. 진제 역 『攝大乘論』 권1(T31, 118b25), 진제 역 세친世親의 『攝大乘論釋』 권5(T31, 182c10) 참조.

[208] 법처法處에 속하는 색色 : 오식五識이 아닌 의식意識에 의해 파악되는 색법들을 가리킨다. 이에 대해서는 p.166 '(나) 비유' 중에서 거울과 본질과 영상의 상을 논하면서 자세한 설명이 나온다.

[209] 무표색無表色 : 신업身業·구업口業에 의거해서 선업·악업이 발생하면 밖으로 표현되지 않는 색법이 몸 안에 생겨나는데, 이것을 무표업無表業이라 한다. 소승의 살바다종은 신업·어업의 본질은 색법으로 보았기 때문에 그 업으로 인해 훈발된 무표업도

고 하기 때문이다.[210]

경부종에 의하면, 가령 『성실론』과 같이 무표無表는 오직 색도 아니고 심도 아니며, 모든 선정의 경계가 되는 색(定境色)은 법처에 속한다고 하는데, 이는 대승과 거의 동일하다. 따라서 『구사론』 제13권에서 말한다.

경부의 논사가 설한다.……우선 첫 번째 경에서 '세 가지 색이 있다'고 한 것에 대해, 유가사는 다음과 같이 설한다.[211] 〈정려를 닦을 때 정력定力에 의해 생겨난 바로서 선정의 경계가 되는 색은 안근眼根의 경계가 아니기 때문에 '무견無見'이라 하고, 처소에 장애받지 않기 때문에 '무대無對'라고 한다.〉

(유부의 반문) 만약 그렇다고 말한다면, 어떻게 그것을 색이라 이름하겠는가?

(경부의 대답) 이와 같은 힐난에 대해 해석하면 (그대들이) '무표색'이라 한 것과 동일하다.[212] 또한 경에서 설한 '무루의 색(無漏色)'에 대해, 유가사는 말한다.[213] 〈정력에 의해 생겨난 색 중에 무루의 선정(無漏定)에

색법의 일종으로 간주한다.
210 법처法處에 속하는 색은 여러 종류인데, 경부종經部宗과 유식종唯識宗에서는 삼마지에서 현현된 색법들을 법처에 포함시킨다. 그런데 살바다종에서는 오직 무표색無表色만 법처에 속한다고 보기 때문에 삼마지의 영상인 여덟 가지 색들은 법처가 아니라 각기 촉처觸處나 색처色處에 포함된다고 하였다.
211 이것은 '무표색無表色이 실유한다'는 유부有部의 주장에 대해, 경부經部 논사가 유가사瑜伽師의 설을 빌려서 반박한 것이다. 우선 유부 논사는 '세 가지 색이 있다'는 계경의 문구를 교증敎證으로 제시하면서, 계경에서 말한 유견유대有見有對와 무견유대無見有對와 무견무대無見無對 중에 무견무대가 바로 무표색無表色이고 법처소섭색法處所攝色이라고 주장한다. 이에 대해 경부 논사가 〈무견무대란 무표색이 아니라 선정에 의해 생겨난 색과 같다〉고 하는 유가사의 주장을 빌려서, '무표색은 실유가 아니다'라고 반박하였다.
212 이 반론에 따르면, 선정의 힘으로 생겨난 색은 실재의 색이 아님에도 그것을 '색'이라 명명할 수 있으니, 이것은 마치 유부有部 논사들이 무표색無表色이 실재의 색법의 특징을 갖지 않음에도 그것을 '색'이라 이름하는 경우와 같다.

의해 (생겨난) 것을 무루의 색이라 한다.〉²¹⁴

이제 대승에 의하면, 십일체관(십변처)과 팔해탈²¹⁵ 등의 소연경계가 되는 색들은 모두 법처에 속하는 것이다.【문장을 인용할 필요가 있다.】

三摩地所行影像者。無性釋云。三摩地者。是能令心住一境性。心法爲體。此所緣境。說名所行。本境名質。似彼現者。說名影像。然此影像。准攝大乘。是瘡¹⁾瘀等影。梁朝攝論。十遍處中前八種色。謂靑黃赤白地水火風。然此八色。薩婆多宗。八中四大觸處所攝。靑等四種色處所收。彼宗法處所攝色中唯無表故。依經部宗。如成實論。無表唯是非色非心。諸定境色法處所攝。大同大乘。故俱舍論第十三云。經部師說。且諸²⁾經言有三色者。瑜伽師說。修靜慮時。定力所生定境界色。非眼根境。故名無見。不障處所。故名無對。若謂旣爾。如何名色。釋如是名。³⁾與無表同。又經所說無漏色者。瑜伽師說。卽由定力所生色中。依無漏定者。卽說爲無漏。今依大乘。十一切觀八解脫等所緣境色。皆是法處。【須引文】

1) ㉔『攝大乘論』등에 따르면, '瘡'은 '靑'의 오기인 듯하다.　2) ㉔『俱舍論』권

213　이것은 '계경 중에서 설한 무루의 색(無漏色)이란 바로 무표색無表色을 말한다'는 유부有部의 주장에 대해 경부經部 논사가 다시 유가사瑜伽師의 설을 빌려 반박한 것이다. 그에 따르면, 무루의 색이란 무루의 선정에 의해 생겨난 색과 같다. 따라서 이것도 실유하는 색이 아니다.
214　『俱舍論』권13(T29, 69a30).
215　팔해탈八解脫 : 여덟 종류 선정의 힘에 의거해서 색계와 무색계의 탐욕을 퇴치하는 것을 말한다. 첫째는 내적으로 색상色想이 있어서 색에 대한 탐욕을 제거하기 위해 외부의 모든 색에 대해 부정관不淨觀을 닦는 것이다. 둘째는 내적으로 색상이 없어도 욕계의 탐욕을 완전히 끊기 어려우므로 다시 외계의 부정不淨한 상을 관하는 것이다. 셋째는 외부 색의 청정한 모습(淨相)을 관함으로써 번뇌가 일어나지 않게 하고 정해탈淨解脫을 신증身證하여 구족하는 것이다. 넷째는 공무변처空無邊處에 드는 것이고, 다섯째는 식무변처識無邊處에 드는 것이며, 여섯째는 무소유처無所有處에 드는 것이고, 일곱째는 비상비비상처非想非非想處에 드는 것이며, 여덟째는 상수멸想受滅(滅盡定)해탈에 드는 것이다.

13(T29, 69a30)에 따르면, '諸'는 '初'의 오기다.   3) ㉢『俱舍論』권13(T29, 69b4)에 따르면, '名'은 '難'의 오기다.

문 어째서 이 경문에서는 오직 '비발사나의 소연경계'만 설했는가?[216]

답 전 단락에서 '지止는 오직 마음만 소연으로 삼고 관觀은 모든 경계를 소연으로 삼는다'고 했는데, 이전 (단락을) 따라서 질문을 일으켰기 때문에 '지'는 (굳이) 논하지 않은 것이다.

문 여기서는 마땅히 '소연경계는 관觀과 같은가 다른가'라고 말해야 하는데, 어째서 '심心과 같은가 다른가'라고 말했는가?

답 심과 상응하기 때문에 '심'이라 설하였으니, 마치 '유식'이라는 말과 같다.[217] 따라서 서로 어긋나는 것은 아니다.

問。如何此中。唯說毗鉢舍那所緣境界。答。前段中說。止唯緣心。觀緣諸境。乘前起問。故不論止。問。此應言所緣境界與觀同異。如何乃言與心一異。答。心相應故。亦說名心。如唯識言。故不相違。

---

216 이 여섯 번째 문門에서는 '지관止觀의 소연경계가 오직 마음이 현현해 낸 것'임을 밝힘으로써 '유식唯識의 도리'를 설한다. 그런데 이 경문에서 자씨보살은 "모든 비발사나삼마지의 소행영상(毗鉢舍那三摩地所行影像), 그것은 이 마음과 차이가 있다고 해야 합니까, 차이가 없다고 해야 합니까?"라고 묻는다. 따라서 원측은 어째서 이 경문의 문답에서는 비발사나삼마지의 소행영상, 즉 관觀의 소연경계만 거론했는지를 다시 물은 것이다.

217 '비발사나삼마지의 소연경계'에 대해 묻는 것이므로 '비발사나(觀)의 소연경계가 비발사나 그 자체와 같은지 다른지'를 물어야 하는데 어째서 '이 마음과 같은가 다른가'라고 물었는가. 이에 대해 '관혜觀慧'라는 것은 결국 '마음과 상응하는 법(心相應法)'이기 때문에 '마음'이라 했다고 답하였다. 이것은 마치 모든 법들이 '식과 분리되지 않는다'는 점에서 다 '유식唯識'이라고 말하는 것과 같은 맥락이다. 예를 들어 모든 심소법心所法들은 식識과 상응해서 일어나기 때문에 '유식'이라 하고, 또 경계의 상들은 식에 의해 반영되는 대상(所緣)이기 때문에 또한 '유식'이라 한다.

나. 대답

경 부처님께서 자씨보살에게 말씀하셨다. "선남자여, 차이가 없다고 말해야 한다."

佛告慈氏菩薩曰。善男子。當言無異。

석 두 번째는 여래께서 간략하게 답하신 것이다. 경계는 마음과 분리되지 않기 때문에 '차이가 없다'고 하였다. 이치상 실로 '같지도 않고 다르지도 않다'고 말해야 하지만, 다르다는 집착을 깨뜨리기 위해 다만 '차이가 없다'고 말한 것이다.

釋曰。第二如來略答。境不離心。故言無異。理實而言非一非異。爲破異執。但言無異。

다. 징문

경 "어째서입니까?"

何以故。

석 세 번째는 보살이 거듭해서 징문하길, '어찌 소연의 (경계가) 능연의 마음과 분리되지 않겠는가'라고 하였다.

釋曰。第三菩薩重徵。豈不所緣離能緣心。

라. 해석

가) 종지를 표방하며 바로 설함

경 "저 영상은 오직 식이기 때문이다.

由彼影像。唯是識故。

석 네 번째는 여래께서 바로 해석하신 것이다. 이 중에 두 가지가 있다. 처음은 종지를 표방하며 바로 설하신 것이다. 나중은 외도의 의심(疑情)을 버리게 한 것이다.
이것은 처음에 해당한다.
저 영상은 식의 소연이기 때문이다.[218]

釋曰。第四如來正釋。於中有二。初標宗正說。後遣外疑情。此卽初也。由彼影像。識所緣故。

나) 외도의 의심을 버리게 함

경 선남자여, 나는 식의 소연은 오직 식이 현현해 낸 것이라 설하기 때문이다."

善男子。我說識所緣唯識所現故。

---

218 경문에서 "저 영상은 식識이기 때문이다."라고 한 것은, '저 삼마지의 영상은 식의 소연(識所緣)이기 때문이다'라는 말과 같다. 구체적으로 말하면, 식에 의해 인식되는 대상(所緣)의 영상은 식이 현현해 낸 것이기 때문에 그 영상이 식과 완전히 다른 것이라 말할 수는 없다는 것이다.

석 이것은 두 번째로 외도의 의심을 버리게 한 것이다.[219]

무성의 해석은 다음과 같다. "나는 외계에 있는 식의 소연경계는 오직 내식內識이 변현해 낸 것이라 설했으니, 즉 이 소연경계는 식을 자성으로 삼는다는 뜻이다. 이 경문의 뜻을 설하자면, 식의 소연경계는 오직 식에 현현된 영상일 뿐 따로 실체가 있는 것은 아니라는 말이다."[220]

세친의 해석은 다음과 같다. "말하자면 식의 소연은 오직 식이 현현해 낸 것이지 별도의 경계는 없다는 뜻이다. 다시 '식'을 거론한 것은 내가 설했던 바 '정식定識의 소행所行(선정의 식의 경계로 현현된 영상)'은 오직 식이 현현해 낸 것이지 별도의 체가 없음을 나타낸 것이다."[221]

【여기에서 신역新譯『섭대승론석』제4권, 양梁『섭대승론석』제5권, 『성유식론』제7권, 『불지경론』제3권, 『잡집론』제11권 등을 인용해서 '유식唯識'의 도리를 설명해야 한다.[222]】

---

219 이하에서 원측은 위의 경문을 무성無性과 세친世親의『攝大乘論釋』을 인용해서 해석하였다. 『攝大乘論』의 본문에도 '유식唯識'의 교증으로서 이 경문을 인용하였는데, 이하에 제시된 인용문들은 모두 "식의 소연은 오직 식이 현현해 낸 것(識所緣唯識所現)"이라는 문구에 대한 해석이다.

220 현장 역 무성無性의『攝大乘論釋』권4(T31, 400b26).

221 현장 역 세친世親의『攝大乘論釋』권4(T31, 338c23).

222 이하의 논들에는 유식종에서 '유식唯識'의 교의敎義를 성립시키는 다양한 교증敎證과 이증理證을 제시하였다. 그중에 세친의『攝大乘論釋』권4(T31, 138b2)에서는 교敎와 이理에 근거해서 '유식'의 이치를 정당화하였다. 우선, '유식'의 교리적 증거로서『解深密經』의 "모든 삼마지의 소행영상은 이 마음과 차이가 있다고 해야 합니까, 없다고 해야 합니까……"라는 문장을 제시한다. 다음으로 이 논에서는 아직 진실한 깨달음을 얻지 못한 자라도 다음과 같이 추리하여 '유식'의 도리를 알 수 있다고 한다. 〈解深密經〉에서 '모든 식識의 소연은 오직 식이 변현해 낸 것이다'라고 하는데, 이는 삼마지 상태에서 인식 대상(所緣境界)으로서 현현한 영상들이 결국 선정의 마음에 의해 현현된 것이므로 별도의 실체가 없다는 뜻이다. 예를 들어 '검푸르게 변하는 시체(靑瘀)' 등의 영상을 관할 때 그러한 영상들은 마치 실물처럼 눈앞에 현현하지만 결국 선정의 마음에 의해 현현된 영상이므로 마음 이외에 별도의 실체가 없다. 또 이 영상은 억지식憶持識(기억을 본질로 하는 식)의 상기想起 작용에 의해 나타난 것도 아니다. 왜냐하면 '검푸르게 변하는 시체'와 같은 경계는 눈앞에 분명하게 현전해 있지만, 억지식의 상기에 의해 현현되는 영상은 흐릿하기 때문이다. 만약 문헤·사헤의 억지식이 이미 사라진 과거의 경계를 잠시 작의作意하여 그것이 생각나게 하였다고 주장한다 해도,

釋曰。此卽第二遣外疑情。無性釋云。我說在外識所緣境。唯是內識之所顯現。卽是所緣境識爲自性義。此意說言。識所緣境。唯是識上所現影像。無別有體。世親釋云。謂識所緣。唯識所現無別境義。復擧識者。顯我所說定識所行。唯識所現。無別有體【此中應引新攝論第四。梁論第五。成唯識第七。佛地論第三。雜集十一。說唯識道理也。】

마. 힐난

경 "세존이시여, 만약 저 소행영상이 이 마음과 차이가 없다면, 어떻게 이 마음이 다시 이 마음을 본다는 것입니까?"

世尊。若彼所行影像。卽與此心。無有異者。云何此心還見此心。

석 다섯 번째는 보살이 힐난을 설정한 것이다. 힐난은 다음과 같다. 〈마음은 능연能緣(인식 작용)을 뜻하고, 경계는 소장所杖(인식 대상)을 뜻한다. 세존께서 설하신 것처럼 소행영상이 마음과 다르지 않다면, 어떻게 이 마

어쨌든 그 과거의 경계는 현재는 존재하지 않는 것이고 다만 억지식의 상기에 의해 그것과 유사한 영상이 현현한 것이다.〉 이 논에서는 이와 같은 도리를 선정의 마음뿐만 아니라 모든 '식'에 적용하여, 식에 나타난 소연경계는 실재하는 것이 아니라 '유식'이라고 말한다. 다른 한편, 『成唯識論』권7(T31, 39c20)에서는 '유식'이라 말한 취지(意趣)에 대해 말한다. "유식이라는 말에는 심오한 취지가 있다. '식'이란 ① 모든 유정들의 여덟 가지 식(八識)과 여섯 부류의 심소(六位心所), ② 변현되어진 인식대상(相分)과 인식작용(見分), ③ 분위차별分位差別의 법들(색심의 차별에서 건립된 24종 불상응행법들), ④ 저 공의 이치에 의해 현현된 진여眞如 등을 총괄해서 나타낸 것이다. ① (여덟 가지 식은) 식 자체의 상(識自相)이고 (심소법들은) 식과 상응하기(識相應) 때문이고, ② (상분과 경분은 식이) 변현해 낸 바(所變)이기 때문이며, ③ (분위차별의 법들은 식의 차별적) 상태(分位)에 따라 (가립된 것이기) 때문이고, ④ (진여 등은 식의) 진실한 성품(實性)이기 때문이다. 이와 같은 모든 법들은 다 '식'과 분리되지 않는다는 점에서 총괄해서 '식'이라는 이름을 건립하였다."

음이 다시 이 마음을 본다는 것인가? 이는 곧 세간과는 어긋나니, 눈은 스스로를 볼 수 없고, 손가락은 스스로를 가리킬 수 없으며, 칼은 스스로를 자를 수 없는 것이다.〉[223]

무성의 해석은 다음과 같다. "'어떻게 이 마음이 다시 이 마음을 파악한다(取)는 것입니까'라고 한 것은 '자기에게 작용하는 모순(作用於自相違)'을 나타낸 것이다."[224]

양梁『섭대승론석』에서는 말한다. "만약 별개의 식이 있어서 식의 경계가 된다면 '유식'의 뜻이 성립하지 않는다.[225] 만약 (마음) 자체를 반연하여 경계로 삼는 것 또한 성립하지 않는다. 세간에는 이와 유사한 것은 없기 때문이다."[226]

釋曰。第五菩薩設難。難云。心是能緣義。境是所扶[1]義。如世尊說。所行影像不異心者。云何此心還見此心。便違世間。眼不自見。指不自指。刀不自割。無性釋云。云何此心還取此心者。此顯作用於自相違。梁攝論云。若有別識爲識境。則唯識義不成。若緣自體爲境事亦不成。以世間無此類故。

1) ㉢『解深密經疏』권6(X21, 305a16)에 '扶'이 '杖'으로 되어 있다.

---

223 이 힐난의 요지는, 간략히 말하면, '칼이 스스로를 벨 수 없는 것처럼 식識(마음)이 식(마음)을 볼 수는 없다'는 것이다. 이하에 인용된 무성『攝論』과 양梁『攝論』의 취지도 모두 동일하다. 이것은 '유식唯識'의 교의에 대한 주요한 반론 중의 하나로서, 유식학 경론에 자주 거론되는 것이다.
224 현장 역 무성의『攝大乘論釋』권4(T31, 400b28).
225 여기서 '유식唯識'이란, 구체적으로는, 우리가 대상을 인식할 때 그 대상을 직접 인식하는 것이 아니라 '자기 식이 그 대상의 영상을 현현해 내어 인식한다'는 뜻이다. 그런데 만약 '자기 마음이 자기 마음을 보는 것과 같다'고 하는 비판을 피하기 위해 '자기 식識과 구분되는 별도의 식을 경계로 삼는다'고 말한다면, 이는 '자기 식이 현현해 낸 영상을 인식하는 것이다'라는 유식의 교의와는 어긋나게 된다.
226 진제 역 세친의『攝大乘論釋』권5(T31, 182c22).

바. 회통

가) 경계가 마음과 분리되지 않는다고 해석함

(가) 법法

경 "선남자여, 여기서는 조금의 어떤 법도 능히 (그 밖의) 조금의 어떤 법을 본다는 것은 있을 수 없다. 그런데 이 마음이 이와 같이 생기할 때 곧 이와 같은 영상이 현현하는 것이다.

善男子。此中無有少法能見少法。然即此心如是生時。卽有如是影像顯現。

석 이하는 여섯 번째로 여래가 해석하여 회통시킨 것이다. 이 중에 두 가지가 있다. 처음에는 '이 경계가 마음과 분리되지 않는다'고 해석하였다. 나중에는 문답으로 산심散心의 소연所緣에 대해 분별하였다.
전자 중에 세 가지가 있으니, 말하자면 법과 비유와 결합이다.

釋曰。自下第六如來釋通。於中有二。初釋是境不離於心。後問答分別散心所緣。前中有三。謂法喩合。

이것은 법을 설한 것이다. 무성의 해석은 다음과 같다. "조금의 어떤 법도 능히 조금의 어떤 법을 파악한다는 것은 있을 수 없다(無有少法能取少法)'고 한 것은 앞의 힐난에 대해 해석해 준 것이다. 작용이 없기 때문이다. 말하자면 일체법에서 작용作用·작자作者라는 것은 다 성립하지 않기 때문이다.[227][228]

해 "조금의 어떤 법도(……)있을 수 없다'는 것은 작자가 없음을 나타낸 것이고, '능히 조금의 어떤 법을 파악한다(는 것은 있을 수 없다)'²²⁹란 작용이 없음을 나타낸 것이다.

위세본魏世本²³⁰에서는 "법이 능히 법을 파악한다는 것은 있을 수 없다."²³¹라고 하였다. 양조본梁朝本²³²에서는 "법이 능히 그 밖의 법을 파악한다는 것은 있을 수 없다."²³³라고 하였다. 『대업론大業論』²³⁴에서는 "하나의 법이 능히 그 밖의 법을 파악한다는 것은 있을 수 없다."²³⁵라고 하였다. 『심밀해탈경』에서는 "하나의 법이 능히 (그 밖의) 하나의 법을 관觀한다는 것은 있을 수 없다."²³⁶라고 하였다. 이와 같은 교설은 문구는 다르지만 의미는 동일하다.

해 또는 "조금의 어떤 법(少法)도 조금의 어떤 법을 파악한다는 것은 있을 수 없다."라고 한 것은, 의타依他의 마음 상에는 심체心體가 실재하는 것도 아니고 또한 그 마음과 분리되어 작용이 실재하는 것도 아니라는 것이다.

---

227 일체법은 인연 화합에 의해 생기하고 작용하는 것이다. 따라서 어떤 법도 그 자체의 고유한 작용을 갖는 것은 없고 또 어떤 법도 그러한 작용을 일으키는 주체(作者)가 아니라고 하였다.
228 현장 역 무성無性의『攝大乘論釋』권4(T31, 400c1).
229 원문은 '能見少法者'라고 되어 있는데, '見'은 '取'의 오기인 듯하다. 이 문구는 앞서 진술된 '無有少法能取少法'이라는 문구 중에 뒤의 '能取少法'이라는 네 자를 가리키기 때문이다.
230 위세본魏世本 : 후위세後魏世의 불타선다佛陀扇多가 번역한 무착無著의『攝大乘論』(T31)을 가리킨다.
231 불타선다 역『攝大乘論』권1(T31, 101a24).
232 양조본梁朝本 : 진陳의 천축 삼장 진제眞諦가 번역한 세친世親의『攝大乘論釋』(T31)을 가리킨다.
233 진제 역 세친世親의『攝大乘論釋』권5(T31, 182c25).
234 『대업론大業論』: 수隋의 천축 삼장 급다笈多 등이 공역한 세친世親의『攝大乘論釋論』(T31)을 가리킨다.
235 급다 외 공역 세친世親의『攝大乘論釋論』권4(T31, 285b24).
236 『深密解脫經』권3(T16, 674c26).

此卽法說。無性釋云。無有少法能取少法者。此釋前難。無作用故。謂一切法
作用作者。皆不成故。解云。無有少法者。顯無作者。能見[1]少法者。顯無作用。
魏世本云。無有法而能取法。梁朝本云。無有法能取餘法。大業論云。無有一
法能取餘法。深密經云。無有一法能觀一法。如是等說。文異義同。又解。無
有少法能取少法者。卽於依他心上。無實心體。亦無實用。離於彼心。

---

1) ㉮ '見'은 '取'의 오기인 듯하다. 해당 번역문 역주 참조.

다음에 숨겨진 비난(伏難)[237]이 있으니, '이미 실재하는 작용이 없다면 어떻게 파악하는 자(能取)와 파악되는 대상(所取)이 있을 수 있는가.'라는 것이다. 따라서 말한다.〈그런데 의타기依他起가 마치 마음과 유사하게(似心) 생기할 때 곧 이와 같은 영상이 현현하기 때문에 '이 마음이 경계를 파악한다'고 말하는 것이다.[238]〉

무성의『섭대승론석』에서는 말한다. "(경에서) '그런데 이 마음이 이와 같이 생기할 때'라고 했는데, 연緣으로 제법을 일으키는 위력이 크기 때문에 곧 하나의 체體에서 두 개의 영상이 생기하니, 상호 대망하면 일치하지도 않고 분리되지도 않는다. 모든 심·심법(심소)은 연기의 힘으로 인해 그 본성 상 자연적으로(法爾) 이와 같이 생기하게 된다."[239]

---

237 숨겨진 비난(伏難): 경문으로 표현되지 않았지만 그 저변에 깔려 있는 비난을 말한다. 위의 경문에서 "그런데 이 마음이 이와 같이 생기할 때……"라는 경문은, 어떤 복난伏難을 염두에 두고 해명한 말이라는 것이다.
238 여기서 의타기依他起란 인연으로 생기하는 식識을 가리킨다. 이 의타기의 식이 '마음과 유사하게(似心) 생한다'고 했는데, 실재하는 마음(實心)이란 없는데도 마치 그런 마음이 있는 것처럼 생기하기 때문에 '마음과 유사한 것(似心)'이라고 하였다. 이 '마음과 유사한 것'이 생기할 때는 그와 동시에 마치 외부에 경계가 있는 것처럼 대상의 영상이 현현하는데, 이에 의거해서 '이 마음이 경계를 파악한다'는 말을 가립하였다. 그러나 앞서 말한 것처럼, 모든 법에는 고유한 작용이나 작자라는 것은 없다. 따라서 어떤 것이 다른 어떤 것을 파악하는 일은 있을 수 없고, 다만 인연 화합의 작용에 의해서 생기하는 것이다.
239 현장 역 무성無性의『攝大乘論釋』권4(T31, 400c2).

이와 같이 모든 심법들이 경계를 반연하는 도리는 『성유식론』 제7권에서 설한 것과 같으니, 그 논에서는 다음과 같이 설한다.

　　(외인의 반문) 외색外色은 실로 없어서 (그것이) 내식內識의 경계가 아니라는 점을 인정한다 해도, 타심他心은 실로 있는데 어떻게 자기 식의 소연이 아니겠는가?[240]
　　(논주의 대답) 누가 타심이 자기 식의 경계가 아니라고 설했는가? 다만 그것이 친소연親所緣이라고 설하지 않았을 뿐이다.[241] 말하자면 식이 생기할 때는 실체적 작용이 없으니, 마치 손 등이 직접 사물을 잡는다거나 태양 등이 빛을 펼쳐 외경을 직접 비추는 것과 같은 것이 아니라, 다만 마치 거울 등에 외경과 유사한 것이 현현하는 것과 같은 것을 일컬어 '타심을 안다'고 한다.[242] 이것은 직접적으로 아는(親了) 것이 아니니,

---

[240] 이것은 '유식무경唯識無境'의 도리를 반박하는 외도의 힐난이다. 외도는 다음과 같이 힐난한다. 〈외계의 색이 실재하지 않기 때문에 그것이 자기 식의 인식 대상이 될 수 없다'는 점을 인정한다면, 가령 타심지他心智의 문제는 어떻게 설명할 수 있는가.〉 타심지란 타인의 마음을 알아차리는 지智이다. 불교 내에서는 욕계의 미혹을 끊은 색계의 근본정根本定에서는 이 타심지를 획득할 수 있다고 인정한다. 그런데 '타심'이란 자기 식의 외부에 존재하는 또 다른 정신적 실체, 즉 외경外境이다. 따라서 외인은 만약 외경을 인정하지 않는다면 타심지라는 말도 성립할 수 없고, 반대로 만약 타심지를 인정한다면 내 마음 바깥에 또 다른 외경을 인정하게 되므로 '유식'의 교의와는 어긋난다고 비판하였다.
[241] 논주는 '타심他心' 그 자체는 친소연親所緣이 아니라고 함으로써 앞의 힐난을 피해 간다. 친소연이란 인식에 직접 파악되는 대상을 뜻하니, 식이 변현해 낸 영상을 가리킨다. 말하자면 타심 그 자체를 친소연으로 삼아서 아는 것이 아니라 자기 식에 현현한 타심의 영상을 인식할 때 '타심을 안다'고 한다는 것이다. 또 '인식에 직접 알려지는 것은 타심 그 자체가 아니라 그것과 유사한 영상이다.'라고 주장함으로써 '유식'의 교의를 옹호하려 한다.
[242] 연기하는 제법에 고유한 작용作用도 주체(作者)도 없듯이, 의타기의 식식도 마찬가지다. 그런데 손으로 다른 사물을 잡는 경우처럼 자기 몸(自身)과 분리된 다른 실체를 직접(親) 취취한다거나, 태양 등이 외경을 비추는 경우처럼 어떤 것이 자기 바깥의 다른 물체를 직접 비추는 것과 같은 비유는, 모두 실질적 작용의 주체와 대상이라는 별개의 실체가 있음을 전제로 하기 때문에 적절한 비유가 아니다. 그보다는 타심을 인식

직접 알려지는 것(親所了)이란 말하자면 '자기 식이 변현해 낸 것(自所變: 영상)'이다. 따라서 계경에서는 〈조금의 어떤 법(少法)도 그 밖의 법을 파악하는 것은 있을 수 없고, 다만 식이 생기할 때 그것과 유사한 상이 현현하는 것을 일컬어 '그 사물을 파악한다'고 한다.〉고 하였다.[243] 마치 타심을 소연으로 하는 경우처럼 색 등을 소연으로 하는 경우도 이러하다.[244]

자세하게 문답해 보면, 구체적으로는 저 『성유식론』과 같다.[245]

次有伏難。旣無實用。如何得有能所取耶。故作此言。然依他起。似心生時。卽有如是影像顯現。故說此心能取於境。無性論云。然卽此心如是生時者。緣起諸法威力大故。卽一體上有二影生。更互相望。不卽不離。諸心心法。由緣起力。其性法爾。如是而生。如是諸心緣境道理。如成唯識第七卷說。彼云。外色實無。可非內識境。他心實有。寧非自所緣。誰言他心非自識境。但不說彼是親所緣。謂識生時。無實作用。非如手等親執外物。日等敘[1)]光親照外境。但如鏡等似外境現。名了他心。非釋[2)]能了。親所緣[3)]者。謂自所變。故契經言。無有少法能取餘法。但識生時。似彼相現。名取彼物。如緣他心。色等亦爾。廣作問答。具如彼論。

하는 것은 타심의 영상을 인식하는 것이기 때문에, 그것이 가령 거울 속에 마치 외부에 실재하는 것처럼 보이는 대상의 영상이 나타나는 것과 유사하다.
243 이 논주는 『解深密經』의 경문에 의거해서 '타심他心을 안다'는 말의 뜻을 해석하였다. 즉 실체적 작용을 가졌거나 작자作者 노릇을 하는 어떤 법도 존재하지 않으므로 '무엇이 무엇을 파악한다'는 말은 성립하지 않는다. 그런데 단지 식이 생기할 때 자기 식에 그 타심과 유사한 영상이 현현하면 이것을 일컬어 '타심을 안다'고 한다는 것이다.
244 『成唯識論』 권7(T31, 39c9).
245 『成唯識論』 권7(T31, 39a4)에는 '유식의 근거에 대한 힐난(唯識所因難)'을 비롯해서 아홉 개의 문답이 나온다. 이 문답을 통해 외도의 여러 반론을 회통시키면서 '유식'의 도리를 성립시킨다. 위의 인용문은 그 문답 중에 여덟 번째 '외부의 타심을 파악하는 것에 대한 힐난(外取他心難)'이다.

1) ㉢『成唯識論』권7(T31, 39c12)에 따르면, '叙'는 '舒'의 오기다. 2) ㉢『成唯識論』 권7(T31, 39c14)에 따르면, '釋'은 '親'의 오기다. 3) ㉢『成唯識論』권7(T31, 39c14) 에 따르면, '緣'은 '了'의 오기다.

(나) 비유

경 선남자여, 마치 아주 맑고 청정한 거울 면에 의지하여 본질(質)을 연으로 삼아 다시 본질을 보면서, '나는 지금 영상을 본다'고 말하거나 또 '본질과 분리되어 따로 실유하는 소행영상所行影像이 현현한다'라고 말하는 것과 같다.[246]

善男子。如依善瑩淸淨鏡面。以質爲緣。還見本質。而謂我今見於影像。及謂離質別有所行影像顯現。

석 이것은 비유로 설한 것이다.
그런데 이 거울의 영상에 대해서는 그 특징을 알기 어렵다. 따라서 지금 먼저 여러 종파에서 설한 바를 진술하고, 나중에 경문을 바로 해석하겠다.

釋曰。此卽喩說。然此鏡像。其相難知。故今先申諸宗所說。後正釋經。

(＊ 영상(像)에 대한 여러 종파의 학설)[247]

---

246 여기서 '거울과 본질本質과 영상影像'이 각기 무엇을 비유하는지에 대해 다양한 해석이 가능하다. '유식'의 교설을 따를 경우 이 세 가지는 모두 마음의 특정한 측면에 대한 비유로 이해되지만, 이하의 소승의 학설에서 알 수 있듯 이 비유는 그와는 다른 맥락에서 사용되기도 한다.
247 이하에서는 본격적 경문 해석에 앞서, '상像'에 대한 소승의 여러 종파의 학설을 소개

우선 여러 종파에 의하면, 영상(像)이 본질과 연속되는지 간격이 있는지, 그것은 실재하는지에 대해 대략 다섯 가지 해석이 있다.

첫 번째는 (영상은 본질과는) 간격이 있고, 실재한다는 설이다. 예를 들어 상좌부上座部는 곧 이 비유에 의거해서 중유中有[248]를 건립하지 않았다.[249] 【예를 들어 『구사론』 제8권, 『순정리론』 제23권, 또 『대비바사론』 제69권의 설과 같

하였다. 여기서 일단 '상'을 '영상'으로 번역하였지만, 소승의 학설은 '유식唯識'의 교의를 바탕으로 하지 않기 때문에 그들이 말하는 '영상'은 유식학의 그것과는 차이가 있다. 이하에서 언급되는 유부有部의 학설에서는 '영影'과 '상像'을 각기 다른 색법으로 구분하기도 하는데, '영색影色'은 어떤 사물이 광명光明을 가로막았을 때 드리워지는 그림자(影)를 가리키고, '상색像色'은 거울이나 물에 비친 영상과 같은 것을 말한다. '영'은 빛이 가로막혀야 생기지만 '상'은 빛이 있어야 생긴다는 차이가 있는데, 어쨌든 두 가지는 모두 색깔을 본질로 하는 색법으로서 현색顯色에 해당한다. 그런데 영색과 상색 중에 특히 '상색'의 실재성에 대해 소승 부파들 간에 이견異見이 있었다. 다음에 소개되는 소승 부파들 간의 상이한 견해들은 바로 이 상색의 실재를 인정하는가, 아닌가의 차이에서 비롯된 것이다.

248 중유中有 : 생사유전生死流轉의 네 단계 즉 생유生有·본유本有·사유死有·중유中有의 하나를 말한다. 중유란 중생이 죽는 순간(死有)부터 다음 생을 받기(生有) 직전까지의 중간 시기에 해당하는데, 이 시기에 존재하는 식신識身을 중유신中有身이라 한다. 이 중유의 몸은 아주 미세한 물질로 이루어져 있고 그것의 형상은 미래에 태어날 취의 본유本有의 형상과 유사하다고 한다.

249 첫 번째 설은 '영상'은 본질과 단절되어 실재한다는 것이다. 여기서 말하는 '영상(像)'이란 가령 거울(鏡)이나 물(水)에 비친 영상과 같은 것이고, 현색顯色의 일종인 '상색像色'을 말한다. 첫 번째 설에 의하면, 영상(거울에 비친 상)과 본질(외계의 피사체)은 각기 별도로 실재하는 것이다. 여기서 원측의 의도는 영상과 본질의 관계, 그리고 영상의 실재 여부를 논하려는 것이지만 이에 관련된 소승의 논서 내용이 중유中有의 논쟁과 연관되어 있기 때문에 중유의 문제도 함께 언급하였다. 그에 따르면, 상좌부가 거울에 비친 영상의 비유에 의거해서 '중유를 건립하지 않았다.' 예를 들어 『俱舍論』에는 유정의 사유死有와 생유生有 사이에 중유의 실재를 인정해야지 유정의 속생續生을 설명할 수 있다는 학파와 그런 중유가 실재하지 않아도 속생이 가능하다는 학파 간의 논쟁이 나온다. 이 논에서는 전자의 견해에 대해 후자가 다음과 같이 반론한다. "현견할 수 있지 않은가? 말하자면 마치 거울 등에 의지하여 본질(質 : 거울에 비춰진 피사체)로부터 영상(像 : 거울에 나타난 영상)이 생겨나는 것처럼 어떤 법이 속생續生하더라도 그 사이에 역시 끊어지는 경우가 있지 않은가? 이와 마찬가지로 유정의 사유와 생유 사이에 비록 끊어짐이 있다 해도 무엇이 속생하는 것을 방해하겠는가?" 원측에 의하면 상좌부가 바로 이와 같은 주장을 한 것이다. 거울에 사물의 영상이 나타날 때 본질(영상을 투여한 본체)과 거울 속의 영상(像色)은 서로 떨어져 있지만 전자에서 후

다. 분별론자分別論者²⁵⁰는 중유를 건립하지 않는데, 거울 안의 영상이 (본질과는) 간극이 있다는 뜻을 인정한다. 지금 상좌부도 그와 동일하게 설한 것이다.】

두 번째는 (영상은 본질과) 간격이 있고, 실재하지 않는다는 설이다. 그런데 제법이 인연화합한 힘으로 인해 이와 같이 (영상이) 보이게 되는 것이니, 모든 법성의 공능차별功能差別은 헤아리기 어려운 것이다. 예를 들어 세친보살이 중유를 건립했던 것과 같다.²⁵¹【예를 들어 『구사론』 제8권에서 자세하게 그 뜻을 설명하였다.】

세 번째는 (영상은 본질과) 연속되고, 실재한다는 것이다. 예를 들어

자로 곧바로 생하는 사례가 있는 것처럼, 마찬가지로 유정의 사유와 생유는 서로 간극이 있다 해도, 다시 말하면 그 둘을 이어 주는 중유의 실재를 인정하지 않더라도 속생할 수 있다는 것이다. 『俱舍論』 권8(T29, 44b22) 참조.

250 여러 기록에는 분별론자分別論者에 대해 이설異說이 나오는데, 상좌부上座部와 밀접한 연관이 있는 논사들로 간주된다. 인도불교사가들은 대개 남방에서 전해지는 상좌부의 학설은 정종正宗이 아니고 상좌부의 별전別傳이라고 여겨서 항상 '분별설分別說'이라는 이름으로 구별시켰다. 위의 원측의 협주에서도 상좌부가 분별론자의 설을 대부분 따랐다고 하였다. 한편 규기窺基의 『成唯識論述記』 권4(T43, 354a26)에서 "분별론자는 예전에는 '분별설부分別說部'라고 하였고 지금은 설가부說假部라고 한다."라고 하였다.

251 영상은 본질과는 '간격이 있고 실재한다(隔而是實)'는 주장에 이어서, 두 번째로 '간격이 있고 실재하지 않는다(隔而非實)'는 주장이 나오는데, 이것은 『俱舍論』의 논주論主인 세친世親의 견해다. 그에 의하면, 거울의 영상은 본질과 단절된 것이고, 상색像色은 실재하지 않는다. 세친은 몇 가지 이유를 제시하는데, 그중의 하나는 상색이 실재라면 동일한 처소에 거울과 영상이라는 두 가지 실법實法이 병존하는 모순이 생긴다는 것이다. 따라서 상색은 실체가 없다(像色無體)'고 하였다. 이에 의거해서 중유의 문제에 있어서도 첫 번째의 중유무체론中有無體論과는 다른 결론을 내렸다. 우선 영상(상색)은 실재가 아니므로 '본질(영상을 투여한 본체)과 영상'은 실재하는 두 법의 속생 관계에 대한 비유가 될 수 없다. 또 본질과 영상의 관계는 사유死有와 생유生有의 관계와 서로 유사하지 않기 때문에 '중유무체中有無體'에 대한 비유가 되지 않는다. 말하자면 전자의 경우는 오직 거울에 의지해서 영상이 나타나고 본질과 영상이 동시에 존재하는 관계이고, 후자의 경우는 동일한 상속체로서 전찰나에서 후찰나로 상속하는 관계이다. 따라서 '거울에 비친 사물의 영상'의 비유가 '중유 없이도 사유에서 생유로 속생한다'는 것을 보여 주는 사례가 될 수 없다. 세친은 이처럼 상색의 비실재를 주장했지만, 반면에 모든 경론의 문구에서 사유와 생유를 이어 주는 중유를 설하므로 '중유는 실재한다'고 결론짓는다. 『俱舍論』 권8(T29, 44b27) 참조.

중현衆賢 논사가 중유가 있다고 건립하면서 세친의 주장을 자세하게 논파했던 것과 같다.[252]【구체적인 것은 『순정리론』 제23권의 설명과 같다.】

네 번째는 (영상은 본질과) 연속되고, 실재하지 않는다는 설이다. 여러 종파에서 이런 입장(句)도 있을 것인데, 아직 증거가 되는 문장을 본 적이 없다.【조사해 보라.】

다섯 번째는 (영상은 본질과) 간격이 있는 것도 아니고 연속되는 것도 아니며, 실재하는 것도 실재하지 않는 것도 아니라는 설이다. 예를 들면 대덕大德 라마邏摩가 설한 것과 같다.【이는 경부의 세 번째 대사大師에 해당한다. 경부에는 세 명의 대사가 있다. 첫째는 구마라다鳩摩邏多이고, 둘째는 실리라다室利邏多이며, 셋째는 대덕 라마다.】 말하자면 안근眼根 및 본질(質)·거울(鏡) 등을 연으로 하여 다시 본면本面을 보면서 '별개의 영상(別像)을 본다'고 말한다는 것이다.[253]【『순정리론』 제23권에서 그의 계탁을 자세하게 논파하였으니, 찾아보면 알 수 있

---

252 영상은 본질과는 '간격이 있고 실재하지 않는다(隔而非實)'는 주장에 이어서, 세 번째로 '연속되면서 실재한다(連而是實)'는 주장이 나오는데, 이것은 『順正理論』의 저자 중현衆賢의 견해다. 그는 『俱舍論』의 세친이 '상색무체설像色無體說'을 동원해서 상좌부의 견해를 비판하고 '중유中有의 실재'를 주장한 것에 대해, 살바다종의 입장에서 다시 세친의 주장을 비판하며 '상색과 중유가 모두 실재한다'는 결론을 내렸다. 그에 의하면, 세간의 상속하는 법들 중에 처소의 간격이 있는데도 속생하는 경우는 없다. 만약 유정이 어떤 곳에서 죽고 다시 다른 곳에서 생한다면 그 중간에 연속되게 해 주는 중유가 있어야 한다. 가령 거울 표면에 본질(영상을 투사한 물체)로부터 영상이 생기하는 경우에도, 본질이 중간의 매개 역할을 하는 어떤 사물에 의해서 연속되었기 때문에 영상으로 나타난다는 것이다. 따라서 영상은 본질과는 연속되면서 속생한다고 하였다. 나아가 중현은 '한 곳에 두 가지 실법이 병존할 수 없다'는 이유에서 상색像色의 비실재를 주장한 세친의 논리에 대해 다음과 같이 비판한다. 예를 들어 동일한 곳의 벽壁과 빛(光)은 동시에 파악되는 경우가 있다. 비록 벽과 빛은 상이한 극미를 소의所依로 삼지만 일시에 한곳에 파악될 수 있는 것처럼, 거울과 영상도 마찬가지로 동시에 실유할 수 있다는 것이다. 세친의 주장에 대한 중현의 비판은 『順正理論』 권23(T29, 470b2), 『阿毘達磨顯宗論』 권13(T29, 834c2)에 자세하게 나온다.
253 『順正理論』에는 중현衆賢이 세친의 논리를 비판하기 위해서 대덕大德 라마邏摩의 학설을 함께 언급하고, 세친과 라마의 학설을 동시에 반박하는 대목이 있다. 여기에 대덕 라마의 입장이 총괄적으로 나타난 것은 아니지만, 원측은 전후 문맥상으로 보아

을 것이다.】

且依諸宗。像與本質。連隔彼實。略有五釋。一隔而是實。如上坐部。卽依此喩。不立中有。【如俱舍第八。正理二十三。又大婆沙六十九。分別論者。不立中者。許鏡中像者間隟義。今上坐部。亦同彼說也】二隔而非實。然諸法因緣和合勢力。令如是見。以諸法性功能差別。難可思議。如世親菩薩。而立中有。【如俱舍第八。廣辨其義也】三連而是實。如衆賢論師。立有中有。廣破世親。【具如正理第二十三】四連而非實。於諸宗中。應有此句。未見誠文。【勘】五非隔非連。非實不實。如大德邏摩。【此卽經部第三大師。於經部中。有三大師。一鳩摩邏多。二室利邏多。三大德邏摩】謂緣眼根及質鏡等。還見本面。謂見別像。【正理二十三。廣破彼計。尋卽可知】

(＊ '영상'에 대한 대승의 학설 : 경문 해석)[254]

이제 대승에 의하면 ('영상'과 관련해서) 본래 두 가지 문구가 있다.

첫째는 이『해심밀경』「심의식상품」에서 말한 '거울 속에 있는 영상'이다. 그 경에서는 말한다. "또 마치 아주 깨끗한 거울 면에 하나의 영상이 생기할 연緣이 현전해 있으면 오직 하나의 영상이 일어나고, 두 개나 여러 개 영상이 생기할 연이 현전해 있으면 여러 개의 영상이 생기하는 것과 같다."[255] 또『불지경』에서는 "마치 원경圓鏡[256]에 의지해서 여러 영상들

대덕 라마가 '영상이 본질과 간격이 있다고 해도 안 되고 연속된다고 해도 안 되며, 실재라고 해도 안 되고 비실재라고 해도 안 된다'고 주장한 것으로 간주했다.『順正理論』권23(T29, 470c9) 참조.

254 이상으로 '영상'에 대한 소승의 학설을 진술하였고, 이하에서는 대승의 학설을 크게 용맹종과 미륵종의 학설로 나누어 소개한다. 특히 미륵종의 학설을 다루면서 위의『解深密經』의 경문을 본격적으로 해석하였다.

255 『解深密經』권1(T16, 692c2).

256 원경圓鏡 : '대원경지大圓鏡智'를 가리키는 말로서, 깨달음을 이룬 자의 완전한 지혜가 온 세계를 두루 비추는 것을 비유한 것이다.

이 현현하는 것과 같다."²⁵⁷라고 하였고, 나아가 그 경에서는 "또 마치 원경에 의지하고 질質을 연으로 하여 갖가지 영상과 상모相貌들이 생기하는 것과 같다."²⁵⁸라고 하였다.

둘째는 이 경문에 의하면 "마치 아주 맑고 청정한 거울 면에 의지하여 본질本質을 연으로 삼아 다시 본질을 보면서, '나는 지금 영상을 본다'고 말하거나 또 '본질과 분리되어 별도로 실유하는 소행영상이 현현한다'고 말하는 것과 같다."라고 한다.

> 今依大乘。自有兩文。一依此經心意識¹⁾品。鏡中有影。故經說云。又如善淨鏡面。若有一影生緣現前。唯一影起。若二若多²⁾生緣現前。有多影起。又佛地經云。如依圓鏡衆像影現。乃至彼云。又如圓鏡依緣本質。種種影像相貌生起。二依此文云。如依善瑩淸淨鏡面。以質爲緣。還見本質。而謂我今見於影像。及謂離質別有所行影像顯現。
>
> 1) ㉠ '識' 뒤에 '相'이 누락된 듯하다. 2) ㉠ 『解深密經』 권1(T16, 692c3)에 따르면, '多' 뒤에 '影'이 누락되었다.

이와 같은 경에 대해 대승 논사들의 설은 두 가지 설로 나뉜다.

첫째, 용맹종은 앞의 경문과 『불지경』 등에 의거해서 거울 속의 영상은 별도의 체성體性이 있다고 건립하였다. 저 경부종에서 '도로(反) 자기의 얼굴 형상(面像)을 보는 것이다'라고 하였는데, 따라서 『대지도론』 제36권에서 말한다.

> **문** 영색影色과 상색像色을 따로 설해서는 안 된다. 어째서인가? 눈의 광명이 청정한 거울에 맞닿으면 도로 자기를 비추어 보는 것이다. 그림

---
257 『佛地經』 권1(T16, 721b12).
258 『佛地經』 권1(T16, 721b26).

자(影 : 影色)도 이와 같아서 빛을 차단하므로 그림자가 나타난 것이니, 다시 (별도의) 법이 있는 것은 아니다.259

답 사실은 그렇지 않다. 마치 기름 중에서는 얼굴 형상(面像)이 검게 보이지만 이는 본래 색이 아닌 것과 같고, 마치 5척尺의 칼에서 가로로 보면 얼굴 형상이 넓적하고 세로로 보면 얼굴 형상이 길쭉하지만 본래 얼굴은 아닌 것과 같으며, 마치 대진大秦의 수정水精260 가운데 이지러진 곳(玷)마다 모두 얼굴 형상이 있으니 하나의 얼굴 형상이 아닌 것과 같다. 이런 이유(因緣) 때문에 다시 본래의 형상을 보는 것은 아니다.

다시 거울이 있고, 사람이 있으며, (거울을) 가진 자가 있고, 광명이 있을 때, (이와 같은) 여러 연들이 화합하기 때문에 형상(像)이 생하는

---

259 원측은 『大智度論』의 이 질문은 경부종의 입장을 나타낸 것이라고 보았다. 경부종에서는 색법 중에 현색顯色(색깔)만 실법으로 인정하는데, 현색의 일종인 '상색像色'에 대해서는 그 실재성을 인정하지 않는다. 따라서 거울에 비친 얼굴 형상과 같은 상색에 대해, '도로 자기의 얼굴 형상을 보는 것이다'라고 말한다. 『大智度論』의 질문자는 나아가 상색과 영색影色 간에 차이가 없다고 말한다. 그에 따르면, 그 상색은 단지 '눈'의 광명이 거울 면에 부딪혀서 자기의 영상이 반사되어 보이는 것이고, 영색은 빛이 물체에 가로막혀 그 반대편에 그림자가 나타난 것이다. 상색과 영색은 둘 다 광명이 물체에 부딪힘으로써 생기는 것이고 또 별도의 실체성이 없는 것이므로 따로 구분할 필요가 없다고 하였다.

260 대진大秦의 수정水精 : 『大智度論』은 후진의 구마라집이 요진姚秦 홍시弘始 4년(402)에서 7년(405) 사이에 역출한 것이다. 『大智度論』에서 '大秦'은 2회 나오는데, 위의 권36 인용문 외에 권25(T25, 243a10)에도 좋은 나라가 아닌 변방의 나라(邊國)를 열거하면서 "안타라安陀羅, 사사라舍婆羅【나국裸國】, 두거라兜呿羅【소월씨小月氏】, 수리修利, 안식安息, 대진국大秦國"이라 하였다. 여기에 나온 '대진국'이라는 말이 가장 먼저 등장하는 문헌은, 중국의 역사서 가운데 남조南朝 송宋의 범엽范曄(398~446)이 지은 『後漢書』「西域傳」이다. 여기서는 "대진국은 리건犁鞬이라고도 한다. 바다의 서쪽에 있으므로 또한 해서국海西國이라고도 한다.……거처하는 성읍은 주위가 빙 둘러 100여 리이다. 성에는 다섯 곳의 궁이 있는데, 서로 거리가 각기 10리다. 궁실은 모두 수정으로 기둥을 삼고, 식기도 또한 그러하다.(大秦國。一名犁鞬。以在海西。亦云海西國。……所居城邑。周圜百餘里。城中有五宮。相去各十里。宮室皆以水精爲柱。食器亦然。)"라고 하여, 대진국이 수정으로 유명하다고 기재하고 있다. 대진국이 구체적으로 어느 곳을 가리키는 것인지에 대해서는 이견이 많으며, 고대의 로마를 가리킨다는 견해도 있다.

것이지, 여러 연들이 갖추어지지 않으면 형상이 생하지 않는다.²⁶¹

구체적으로 설하면 그 논과 같다.
그런데 이 논에서 설했던 문구에서 '자기의 얼굴을 본다'는 것은, 경부종에 의하면 '그림자(影)'로써 '상相'을 비유한 것이고, 대승의 의미는 아니다.²⁶²

如此等經。大乘諸師。分成兩說。一就¹⁾猛宗。卽依前文及佛地經等。立鏡中影別有體性。彼經部宗。反見自面。故智度論三十六云。問云。影色像色不應別說。何以故。眼光明對淸淨鏡。²⁾ 反自照見。影亦如是。遮光故影現。無更有法。答曰。是事不然。如油中見像黑。則非本色。如五尺刀中。橫觀則面像廣。縱觀則面像長。則非本面。如大秦水精中玷。玷皆有面像。則非一面像。以是因緣故。非還見本像。復次有鏡。有人。有持者。有光明。衆緣和合故有像生。若衆緣不具。卽像不生。具說如彼。而此所說文見自面者。依經部宗。以影喩相。非大乘義。

1) ㉤ '就'는 '龍'인 듯하다. 2) ㉠ 『大智度論』 권36(T25, 324c16)에 따르면, '鏡' 뒤에 '故'가 누락되었다.

둘째, 미륵종에는 본래 두 가지 설이 있다.²⁶³

---

261 『大智度論』 권36(T25, 324c15).
262 문장의 의미를 정확히 알 수 없다. 아마도 위의 『大智度論』의 질문에 나온 경부의 학설 상에 나타나는 난점을 지적한 듯하다. 이 인용문에 따르면, 경부는 상색像色과 영색影色은 본질적으로 구분되는 것은 아니라고 하였다. 가령 거울 속에 나타난 자기의 형상(像)을 보거나 또는 자기의 그림자(影)를 보는 것은 결국 '자기를 보는 것'이다. 이것이 이른바 '자기 마음이 자기 마음을 본다'는 유식唯識의 교의敎義와 유사하다. 그런데 '그림자'를 가지고 '상相'을 비유한 것은, 대승적 의미와는 다르다는 점을 지적한 듯하다.
263 이하에서 원측은 '영상'에 대한 미륵종彌勒宗의 두 가지 해석을 소개하였다. 여기서 '거울 속의 영상'이란 자기 식識에 현현된 대상의 영상을 비유한 것이다. 유식학자들

한편에서는 말한다.

 거울 속에 별도의 영상이 있어서, 안식이 일어날 때 (안식이 그) 영상을 반연하여 생기한다. 만약 오직 본질만 있고 별도로 영상이 없다면, 마땅히 견분만 있고 상분은 없다는 것이니, 곧 법法과 유喩가 유사성이 없는 과실이 있게 된다. 또 여러 교에서 '거울 속의 영상'의 (비유를 들어) 의타기依他起를 설했고, '허공 꽃'의 비유를 들어 소집성所執性을 비유했기 때문에, 결정코 영상은 실유하며 색처色處에 속하는 것이다.[264]
 그런데 이 『해심밀경』에서는 저들이 결정코 본질 외에 영상이 따로 있다고 집착하기 때문에 "본질을 연으로 삼아 다시 본질을 보면서 '나는 지금 영상을 본다'고 말하거나 또 '본질과 분리되어 별도로 실유하는 소행영상所行影像이 현현한다'고 말한다."라고 설하였다. 진실을 말하자면, 영상과 본질은 하나인 것도 아니고 다른 것도 아니니, 하나가 아니기 때문에 본질과 영상은 같지 않고, 다르지 않기 때문에 '본질을 본다'고 한 것이다.[265]

 은 인식 대상(所緣)을 본질상분本質相分과 영상상분影像相分으로 구분하는데, 우리의 식은 영상의 근거가 되는 본질을 직접 인식하는 것은 아니고, 본질에 의지해서 현현해 낸 영상을 인식하는 것이다. 이하에 진술된 두 가지 해석의 차이는, 우리에게 인식되는 그 '영상'의 실재성을 인정하는가 아닌가에 있다. 첫 번째 해석에 따르면, 영상은 의타기依他起의 가유假有로서 별도의 실재성을 갖기는 하지만 본질과는 전혀 다른 별개의 실체는 아니다. 두 번째 해석에 따르면, 영상이란 본질에 의거해서 자기 식이 현현해 낸 것일 뿐 별도의 실재성을 갖지 않는다. 원측은 뒤의 해석이 다른 교설들과 더 잘 부합한다고 간주하였다.

[264] 이 주장에 따르면, 여러 경론에서 '거울 속의 영상'은 대개 '의타기성'을 비유하는 데 쓰이고 '허공 꽃'은 '변계소집성'을 비유하는 데 쓰인다. 유식학자들은 의타기는 가유假有로서 어느 정도 실재성을 갖는 것이지만 변계소집은 실무實無로서 범부의 정情 속에서만 있고 실체는 전혀 없다고 간주한다. 그런데 거울 속의 영상은 어쨌든 모양과 색깔을 본질로 하는 색법이기 때문에 처문處門에서는 색처色處에 속한다는 것이다.

[265] 이 첫 번째 해석에 따르면, 본질과 영상은 다른 것이 아니기 때문에 경문에서 '본질을 본다'고 설하였지만 실제로는 영상을 보는 것이기도 하다. 그런데 사람들이 영상이 본

二彌勒宗。自有兩說。一云。鏡中有別影像。眼識起時。緣影而生。若唯本質。無別影像。應唯見分而無相分。便有法喩無相似失。又諸敎中。以鏡中像。說依他起。以空華喩。喩所執性。故定有影。色處所收。而此經中。爲彼定執質外別影。是故說言。以質爲緣。還見本質。而謂我今見於影像。及謂離質別有所行影像顯現。以實而言。影與本質。非一非異。由非一故。質影不同。由非異故。名見本質。

한편에서는 말한다.

본질과 분리되어 별도의 영상은 없으니, 경부종에서 '도로 자기 얼굴을 본다(反見自面)'고 한 것과 거의 동일하다. 미혹되고 어지럽혀졌기 때문에, '나는 지금 거울 속의 영상을 본다'고 말하거나 또 '본질과 분리되어 별도로 실유하는 소행영상所行影像이 현현한다'고 말하지만, (그 영상은) 실제로는 전혀 없다.

따라서 『불지론』 제4권에서는 말한다. "만약 실재의 영상이 없다면, 원경圓鏡에서 (영상이) 생하는 것은 어떻게 비유될 수 있는가? 본질이 있고 거울이 있어서, (둘이) 화합하여 연이 되어 주므로 이와 같은 상相이 나타나는 것이기 때문에 비유가 될 수 있다. 말하자면 모든 유정들은 전도되어 영상에 집착하고 (그로 인해) 훈습되어 무르익은 힘 때문에, 경면鏡面을 연으로 삼아 자기의 식識이 변이變異하여 얼굴의 영상과 유사한 것이 현현하면, 이로 인해 세상 사람들은 증상만增上慢을 일으켜 '나는 거울에서 그 얼굴의 영상을 본다'고 말한다. (그런데) 별도의 영상이 거울에서 생기한 것은 아니기 때문에 경에서는 다만 '온갖 영상이 나

질과 전혀 다른 별개의 실체라고 집착할 수 있기 때문에 앞의 경문에서 굳이 '본질을 연으로 삼아 본질을 본다'고 표현한 것이다.

타난다(衆像影現)'고만 설하였지 '생기한다(生起)'고는 설하지 않았다."²⁶⁶

문 그렇다면 어째서 『불지경』의 뒤 경문과 (이 『해심밀경』의) 「심의식상품」에서는 '생기한다'고 설했는가?²⁶⁷

해 '나타남(現)'에 의거해서 '생한다(生)'는 말을 가설한 것이다.

또 『섭대승론』 무성석론無性釋論(무성의 『섭대승론석』) 제5권에서는, "또 가령 영상이 거울 등에서 (나타나면) 다시 본질을 보면서도 '나는 지금 따로 영상을 본다'고 말하지만 이 영상은 실로 있는 바가 없는 것과 같다."²⁶⁸라고 하였다. 또 세친의 『섭대승론석』 제5권에서는, "비유하면 영상과 같아서 실로 (그런) 대상(義)은 있지 않다. 즉 본질에서 영상의 지각(覺)을 일으키지만 '영상'이라는 대상은 따로 얻을 수 없으니, 이것 또한 이와 같다."²⁶⁹라고 하였다.

비록 두 가지 설이 있지만 뒤의 설이 뛰어나니, 모든 교와 잘 맞기 때문이다.

一云。離質無別影像。大同經部反見自面。由連¹⁾亂故。謂我今見於鏡中像。及謂離質別有所行影像顯現。據實都無。故佛地論第四卷云。若無實影。圓鏡中生。云何爲喩。有質有鏡。和合爲緣。如是相現。故得爲喩。謂諸有情。顚倒執著影像。熏習成熟力故。鏡面爲緣。自識變異。似面影現。由是世間起增上慢。謂我鏡中見其面影。以無別影鏡中生故。經但說言衆像影現。不言生起。問。若爾。如何佛地下文及心意識²⁾品。說生起言。解云。依現假說生言。又攝大乘無性釋論第五卷云。又如影像。於鏡等中。還見本質。而謂

---

266 『佛地經論』 권4(T26, 309c27).
267 이는 다음의 경문에서 "이와 같이 마음이 생기할 때⋯⋯"라고 설한 것을 가리킨다.
268 현장 역 무성無性의 『攝大乘論釋』 권5(T31, 407a4).
269 현장 역 세친世親의 『攝大乘論釋』 권5(T31, 344b25).

我今別見影像。而此影像。實無所有。又世親釋第五卷云。譬如影像實無有義。卽於本質。起影像覺。然影像義。無別可得。此亦如是。雖有兩說。後說爲勝。順諸敎故。

1) ㉠ '連'은 '迷'의 오기인 듯하다. 『攝大乘論釋』 권4(T31, 400c6)와 『成唯識論演祕』 권6(T43, 934c16) 등에 이와 유사한 문구가 나오는데, 모두 '迷'로 되어 있다. 2) ㉡ '識' 뒤에 '相'을 보입하였다.

'영상이 없다'고 하는 경우에도 다시 두 가지 설이 있다.[270]

한편에서는 말한다. 〈거울에는 전혀 영상이 없다. 예를 들면 전에 인용했던 『섭대승론』 등에서 '본질에서 영상의 지각을 일으킨다'고 한 것과 같다.〉

한편에서는 말한다. 〈거울에 비친 면상面像에 본래 네 종류가 있다. 첫째는 아뢰야식이 변현해 낸 본질本質이고, 둘째는 안식이 변현해 낸 상분相分이며, 셋째는 동시의식同時意識의 상분이니, 이 세 종류는 동일한 본질처本質處이다. 넷째는 분별의식의 상분이니, 이 한 종류는 경면境面에 존재하는 것이고,[271] 『잡집론』에서 설한 다섯 종류 법처소섭색法處所攝色 중

---

[270] 이상으로 원측은 미륵종彌勒宗의 두 가지 해석 중에 '영상影像은 실재하지 않는다'는 두 번째 해석을 정설로 간주하였다. 말하자면 두 번째 해석은 인식 대상을 본질本質과 영상으로 구분했을 때 영상의 실재성을 부정하는 것인데, 이 경우에도 본질과 영상을 어떤 방식으로 구분하는가에서 차이가 있다. 첫 번째 해석은 간략히 본질(실물)과 그것의 영상으로 이분하고, 후자의 실재성을 부정하는 경우다. 두 번째 해석은 팔식설八識說에 의거해서 인식 대상을 좀 더 세분하고, 아뢰야식阿賴耶識과 오식五識과 오식동시의식五識同時意識이 변현해 낸 상相들은 모두 본질의 영역에 포함시키고, 의식意識이 변현해 낸 상들은 '영상'에 포함시킨다. 이 경우 실재성이 부정되는 것은 '의식이 변현해 낸 영상'이다.

[271] 이 해석에서는 인식 대상을 크게 본질(실물)과 그것의 영상으로 구분하였다. 이전의 세 종류 상像들이 본질처本質處에 속한다면, 반면에 '분별의식의 상분(分別意識相分)'이란 영상에 해당한다. 이 영상은 본질처에 속하는 것이 아니라 '경면鏡面에 있다'고 했는데, 이는 그 영상이 결국 분별하는 의식이 만들어 낸 허구임을 뜻한다. 따라서 '분별의식이 변현해 낸 상분'은 그 실재성이 부정된다.

의 변계소기색遍計所起色에 해당한다.【'다섯 종류'라고 한 것은 극략색極略色과 극형색極逈色과 수소인색受所引色과 자재소생색自在所生色, 그리고 변계소기색을 말한다.[272]】〉

就無影中。復有兩說。一云。鏡中都無影像。如前所引攝大乘等。卽於本質。起影像覺。一云。鏡所照面。自有四種。一者賴耶所變本質。二者眼識所變相分。三者同時意識相分。此之三種。同本質處。四者分別意識相分。此之一種。在於鏡面。卽雜集論五種法處所攝色中。遍計所起色也。【言五種者。極略。極逈。受所引。自在所生。及遍計所起色。】

그런데 (경문에 나온) 거울(鏡)과 질質과 상像의 차별상에 대해 여러 설이 같지 않다.

한편에서는 말한다. 〈거울은 선정(定)을 비유하고, '질'은 심왕心王을 비유하며, 영상은 상분相分을 비유한 것이다. 이 뜻을 설하자면 다음과 같다. 마음의 힘으로 인해 선정에 의지해서 청靑 등의 영상을 반연한다. 그

---

272 유식종에서는 모든 색법色法을 오근五根과 오경五境과 법처소섭색法處所攝色으로 구분한다. 이 중에 법처소섭색이란 색법이기는 하지만 오식五識으로 파악되는 것이 아니라 의식意識에 의해 파악되는 것이기 때문에 색처色處가 아닌 법처法處에 소속되는 색법들을 가리킨다. 유식종에서는 그것을 다섯 가지로 나눈다. 첫째, 극략색極略色은 극미極微를 가리키며, 질애를 가진 색법의 최소 단위를 말한다. 이는 혜慧로써 임의로 계속해서 나누고 쪼개었을 때 도달한 물질의 극한 개념이다. 둘째, 극형색極逈色이란, 공계색空界色・명明・암暗 등처럼 질애를 갖지 않는 현색顯色을 나누고 쪼개었을 때 도달하게 된 최소의 극미를 가리킨다. 셋째, 수소인색受所引色은 무표색無表色을 말한다. 즉 신업身業과 구업口業에 의거해서 선업・악업이 발생하면 밖으로 표현되지 않는 색법이 몸 안에 생겨나는데, 이것을 무표색이라 한다. 넷째, 변계소기색遍計所起色이란 영상影像과 같은 색법을 말한다. 즉 의식이 오근과 오경을 대상으로 하여 두루 헤아리고(遍計) 허망하게 분별하는 작용을 일으키면 마음에 영상들이 변현되어 나타나는데, 이것을 '변계에 의해 생기한 색'이라 한다. 다섯째, 자재소생색自在所生色이란 선정의 힘에 의해 자재하게 변현해 낸 색법들을 말한다. 『雜集論』 권1(T31, 696b27), 『大乘法苑義林章』 권5 「法處色義林」(T45, 340b28) 참조.

런데 저 영상은 마음이 변현해 낸 것이므로 다시 마음과 분리되지 않으니, 그러므로 '다시 자기 마음을 본다(還見自心)'고 설한 것이다. 견분見分이 다시 견분을 보기 때문에 '스스로를 본다'고 한 것이 아니다.〉[273]

만약 통틀어 정위定位와 산위散位에서 이 비유를 설한다면, 이에 두 가지 설이 있다. 한편에서는, 산위에도 선정이 있기 때문에 의미상으로 정위와 동일하다고 한다. 한편에서는, 산위에서 거울은 본질本質(본질상분)을 비유하고, 질質은 견분見分(인식작용)을 비유하며,[274] 영상은 상분相分(인식대상)을 비유한다고 한다.

한편에서는 말한다. 〈거울은 견분을 비유하고, 영상은 상분을 비유하며, '질'은 자증분自證分을 비유한 것이다. 이 뜻을 설하자면 다음과 같다. 자증분이 견분·상분을 변현해 내었기 때문에, 견분이 상분을 반연하되 그 상분·견분은 자증분과 분리되지 않기 때문에, '유식'이라 설한다.〉[275]

然鏡質像差別相者。諸說不同。一云。鏡卽喩定。質喩心王。影喩相分。此中意說。由心力故。依止於定。緣靑等影。然卽彼影。心所變故。還不離心。

---

[273] 첫 번째 해석에 의하면, 선정 속에서 현현된 영상은 결국 선정의 마음이 현현해 낸 것이다. 거울 속의 영상의 비유에서 본질이란 영상을 현현해 낸 선정의 마음을 비유한 것이다. '다시 자기 마음을 본다'는 것은 선정 속에 나타난 영상이 자기 마음과 분리되지 않는다는 의미이지, 실제로 마음이 자기 마음을 본다는 의미로 설한 것은 아니다.
[274] '거울은 본질本質을 비유한다'고 할 때의 '본질'은 본질상분本質相分을 말하고, '질質은 견분을 비유한다'고 할 때의 '질'은 거울에 영상을 투여한 피사체를 가리킨다.
[275] 두 번째 해석에 의하면, '거울 속의 영상'의 비유는 선정의 마음에 국한된 것이 아니라 대상을 분별하는 모든 식의 활동을 비유한 것이다. 여기서는 특히 진나陳那의 삼분설三分說을 동원하고 있는데, 진나에 의하면 모든 인식 활동에는 견분見分·상분相分·자증분自證分이 갖추어진다. 여기서 자증분이란 인식론적으로는 상분을 반영하는 견분의 작용에 반드시 뒤따르는 내적 자각을 가리킨다. 『成唯識論』(T31, 1b1)에 따르면, 이 삼분설에 의거해서 '식전변識轉變'을 설명하는 사람들은, 〈자증분은 식의 체(識體)이고 견분·상분 두 가지는 모두 이 자증분에 의거해서 생기한다.〉고 말한다. 이처럼 인식하는 쪽(見分)이든 인식되는 쪽(相分)이든 모두 '식' 자체와 분리되지 않는다는 의미에서 '유식唯識'이라 한 것이다.

是故說言還見自心。非謂見分還見見分。故言自見。若通定散。說此喩者。自有二說。一云。散位亦有定故。義同定位。一云。散中鏡喩本質。質喩見分。影喩相分。一云。鏡喩見分。影喩相分。質喩自證分。此意說云。由自證分變見相故。由見緣相。而彼相見不離自證。故說唯識。

(다) 결합

경 이와 같이 이 마음이 생기할 때 흡사 (마음 외에) 다른 것이 있는 것처럼 삼마지소행영상이 현현하는 것이다."

如是此心生時。相似有異。三摩地所行影像顯現。

석 세 번째는 법동유法同喩[276]를 든 것이다. 말하자면 이 선정의 마음이 이와 같이 생기할 때는 미혹되고 어지럽혀졌기 때문에 흡사 마음 바깥에 다른 것이 있는 것처럼 보이는 영상이 현현한다는 것이다. 그 이치를 논하자면, 마음이 변현해 낸 상相은 마음과 분리되지 않기 때문에 또한 '마음'이라 이름한 것이지, 마음과 분리되어 밖에 따로 '보인 것(所見)'이 있기 때문에 '다시 자기 마음을 본다'고 한 것은 아니다.

釋曰。第三擧法同喩。謂此定心。如是生時。以迷亂故。相似心外有異所見影像顯現。論其理也。心所變相。不離心故。亦說名心。非離心外別有所見。故言還見自心。

---

276 법동유法同喩 : 이전의 과목 분류 중에 세 번째인 '결합(合)'에 해당한다. 원측의 주석에서는 앞의 비유를 본래의 주장하려 했던 교법과 결합시키는 부분을 가리킨다.

나) 문답으로 산심散心의 소연所緣에 대해 분별함

(가) 보살의 청문

경 "세존이시여, 모든 유정들의 (산란된 마음, 즉) '자성으로 머물면서 색 등을 반연하는 마음'[277]의 소행영상, 그것은 이 마음과 또한 다름이 없습니까?"[278]

世尊。若諸有情。自性而住。緣色等心所行影像。彼與此心。亦無異耶。

석 이하는 두 번째로 문답으로 산심의 소연에 대해 분별한 것이다. 이 중에 두 가지가 있다. 처음은 청문이고, 나중은 정설이다.
이것은 청문에 해당한다. 청문한 뜻은 다음과 같다. 〈선정의 경계는 세존께서 설하신 것과 같은데, 모든 유정들의 (산란된 마음, 즉) '공용功用에 의하지 않고 자성적으로 머무는 마음'의 소연所緣인 색 등의 모든 영상 경계, 그것은 이 마음과 또한 다름이 없는 것인가.〉

釋曰。自下第二問答分別散心所緣。於中有二。初請。後說。此卽請問。問意。定境如世尊說。若諸有情。不由功用。自性住心。所緣色等諸影像境。

---

[277] 원측의 해석에 따르면, "자성으로 머물면서 색 등을 반연하는 마음(自性而住緣色等心)"이란 선정의 공용에 의하지 않고 그 자성 자체가 항상 색色 등의 경계를 분별하고 있는 유정有情들의 산란된 마음(散心)을 가리킨다.
[278] 앞서 삼마지(선정)의 마음에 현현된 영상들은 '오직 식이 현현해 낸 것'이라고 했는데, 여기서는 다시 범부들의 일상적인 산위散位의 마음에서 경험되는 외부의 색 등의 영상도 결국 식이 현현해 낸 것인가를 묻고 있다. 말하자면 삼마지에 현현된 색법의 영상뿐만 아니라 이처럼 유정들의 산란된 마음으로 일상적으로 경험하는 저 외부의 색법 등의 영상에 대해서도 '유식唯識'의 도리를 설할 수 있는지를 물은 것이다.

彼與此心。亦無異耶。

(나) 여래의 정설

경 "선남자여, 또한 다름이 있지 않다. 그러나 모든 어리석은 범부들은 전도된 지각(顚倒覺)으로 말미암아 모든 영상들에 대해 '오직 식이다'라는 것을 여실하게 알지 못하고 전도된 이해를 일으킨다."

善男子。亦無有異。而諸愚夫。由顚倒覺。於諸影像。不能如實知唯是識。作顚倒解。

석 두 번째는 여래께서 바로 설하신 것이니, 산심의 소연 또한 마음과 분리되지 않지만 모든 어리석은 범부들은 마음이 산란되었기 때문에 모든 영상들에 대해 '마음 바깥에 있다'는 이해를 일으킨다는 것이다.
문 부처님께서 '유식唯識'이라 설하신 것은 어떤 뜻이 있는가?
답 예를 들면 『광백론』 제10권에서 설한다.

여러 계경들에서 '오직 식만 있다'고 한 것은, '식識'을 관하여 저 외부 경계(外塵)를 버리게 하기 위해서다. 이미 외부 경계를 버리고 나면 허망한 마음도 따라서 그치니, 허망한 마음이 그쳤기 때문에 중도中道를 깨달아 아는 것이다. 따라서 계경에서는 말한다. 〈경계가 오직 마음임을 통달하지 못하면, 두 종류 분별을 일으키고, 경계가 오직 마음임을 통달하고 나면, 분별 또한 생기지 않는다네. 제법이 오직 마음임을 안다면, 곧 외부 경계(外塵)의 상을 버리고, 이에 따라 분별을 그치며, 평등한 참된 공을 깨친다네.〉
어리석은 범부 이생異生들은 경계의 맛에 탐착하여 모든 욕락을 받아들이되 버리고 떠나려는 마음은 없으니, 생사윤회하면서 삼유三有의 바다에 빠져 모든 극심한 고통을 받되 해탈의 인因은 없다. 여래는 자비의 방편으로 (그들을) 위해 '제법은 오직 식이다'라고 설하시어 외부 경계를 버리도록 하신 것이다. 외부 경계를 버리고 나면 허망한 식도 따라서 사라지고 허망한 식이 사라지면 곧 열반을 증득한다. 따라서 계경에서는 말한다. 〈세상에 양의良醫가 있어 온갖 병에 묘약을 투여하듯, 모든 부처님도 이와 같아서 중생을 위해 '유심'을 설하시네.〉[279]

구체적으로 설하면 저 『광백론』과 같다.
'유식唯識'에 대해 자세하게 해석한 것은 『성유식론』 제10권 등과 같다.[280]

---

[279] 『大乘廣百論釋論』 권10(T30, 249a25).
[280] '성유식론成唯識論'이라는 제명에서 나타나듯 이 논 전체는 '유식'의 도리를 증명하는 내용으로 이루어져 있다. 따라서 '유식唯識'이라 설한 비밀스런 의미(密意)를 매우 다양하게 설명하고 있다. 우선 '유식'을 설한 총괄적 취지를 살펴보면, 앞서 인용된 『廣百論』의 취지와 유사한 내용이 이 논의 권10(T31, 59a9)에 나온다. "(외인의 질문 : 외경外境은 없다 해도) 내경內境과 식識이 모두 허구인 것은 아닌데 어째서 다만 '유식唯識'이라 하고 '경境'이라는 말은 하지 않는가? (논주의 대답 :) '식'은 오직 안에만 있지만 '경'은 (내경뿐만 아니라) 또한 외경에도 통하는 말이다. 외경에까지 남용될까 봐 다만 '유식'이라 말한 것이다. 혹은 모든 어리석은 범부는 경계에 미혹되고 집착하여 번뇌와 업을 일으키고 생사에 빠져들면서도 마음을 관하여 출리出離를 구하는 것에 대해서는 이해하지 못하니, 그들을 불쌍히 여기기 때문에 '유식'이라는 말을 설하여 그들 스스로 마음을 관하여 생사에서 해탈하도록 한 것이다. ('유식'이란) 내경도 외경처럼 전혀 없음을 말한 것은 아니다.(內境與識. 旣並非虛. 如何但言唯識非境. 識唯內有. 境亦通外. 恐濫外故. 但言唯識. 或諸愚夫. 迷執於境. 起煩惱業. 生死沈淪. 不解觀心勤求出離. 哀愍彼故. 說唯識言. 令自觀心解脫生死. 非謂內境如外都無.)"

또 『成唯識論』에서는 여덟 가지 식 자체를 포함하여 오위백법五位百法의 일체법을 모두 '식'이라 명명할 수 있는 이유를 설한 곳이 있다. 그에 따르면, 일체법은 각기 어떤 의미에서든 중생들 각자의 '식'과 분리되지 않기 때문에 '유식'이라 한다. 예를 들어 그 논의 권7(T31, 39c17)에는 일체를 모두 '유식唯識'이라고 한 말의 뜻을 다음과 같이 해석한다. "어찌 유식의 교의가 단지 '하나의 식'만 설한 것이겠는가?……그러므로 '유식唯識'이란 말에는 비밀스런 의취가 있다. '식識'이란 말은 모든 유정들에게 각기 ① 팔식, ② 여섯 부류의 심소들, ③ 변현된 상분·견분, ④ 분위分位의 차별(불상응법), ⑤ 저 공空의 이치에 의해 현현된 진여가 있음을 총괄해서 표현한 것이다. (①

釋曰。第二如來正說。散心所緣。亦不離心。而諸愚夫。由心亂故。於諸影像。作心外解。問。佛說唯識有何意耶。答。如廣百論第十卷說。諸契經言。唯有識者。爲令觀識捨彼外塵。旣捨外塵。妄心隨息。妄心息故。證會中道。故契經言。未達境唯心。起二種分別。達境唯心己。[1] 分別亦不生。知諸法唯心。便捨外塵相。由此息分別。悟平等眞空。愚夫異生。貪著境味。受諸欲樂。無捨離心。生死輪迴。投[2]三有海。受諸劇苦。解脫無因。如來慈悲方便。爲說諸法唯識。令捨外塵。捨外塵已。妄識隨滅。妄識滅故。便證涅槃。故契經言。如世有良翳。[3] 妙藥投衆病。諸佛亦如是。爲物說唯心。具說如彼。廣釋唯識。如成唯識第十卷等。

---

1) ㉑『廣百論釋論』권10(T30, 249a29)에 따르면, '己'는 '已'이다.　2) ㉑『廣百論釋論』권10(T30, 249b4)에 따르면, '投'는 '沒'의 오기다.　3) ㉑『廣百論釋論』권10(T30, 249b8)에 '翳'는 '醫'로 되어 있다.

⑦ 지관을 따로 닦는 것과 짝지어 닦는 것에 대해 밝히는 문[281]

> 여덟 종류 식들은) 식의 자상自相이기 때문에, (② 심소법들은) 식과 상응相應하는 것이기 때문에, (③ 견분·상분은 앞의) 두 가지에 의해 전변된 것(所變)이기 때문에, (④ 불상응법은 심·심소·색) 세 가지의 (차별적) 분위分位에 (의거해서 가립되었기) 때문에, (⑤ 진여는 앞의) 네 가지의 실성實性이기 때문에, 이와 같은 제법이 모두 식과 분리되지 않음을 총괄해서 '식'이라는 이름을 건립한 것이다. '유唯'라는 말은 다만 어리석은 범부들이 집착하는 바 결정코 그 식들과 분리되어 실유한다고 여겨진 색 등을 차단한 것이다.(豈唯識敎。但說一識。……故唯識言。有深意趣。識言總顯一切有情。各有八識。六位心所。所變相見。分位差別。及彼空理所顯眞如。識自相故。識相應故。二所變故。三分位故。四實性故。如是諸法。皆不離識。總立識名。唯言但遮愚夫所執定離諸識實有色等。)"

281 이하 일곱 번째 문門에서는 지관止觀의 단수單修와 쌍수雙修를 설명하였다. 이 경문의 번역에서 차이가 있을 수 있다. 따라서 먼저 이『解深密經』과 이역본『深密解脫經』의 해당 경문을 비교해서, 해석의 근거를 찾아보겠다.

	『解深密經』	『深密解脫經』
一向修觀	若相續作意。唯思惟心相。	若菩薩隨順。觀彼心相不斷。
一向修止	若相續作意。唯思惟無間心。	若菩薩隨順。觀彼心相不斷。
止觀俱轉	若正思惟心一境性。	若菩薩觀心一心。

가. 공통적 수습과 개별적 수습에 대해 설명함

가) 한결같이 관觀을 닦는 것에 대해 설명함

(가) 보살의 청문

<u>경</u> 자씨보살이 다시 부처님께 아뢰었다. "세존이시여, 어느 정도 되어야 보살이 한결같이 비발사나를 닦는다고 하겠습니까?"

慈氏菩薩。復白佛言。世尊。齊何當言菩薩一向修毗鉢舍那。

<u>석</u> 이하는 일곱 번째로 지관을 따로(單) 수습하는 것과 짝지어(雙) 수습

> 위의 두 이역본을 살펴보면, 세 단락의 문구는 모두 'A(소연경계)를 사유한다' 혹은 'A를 관한다'는 구조로 되어 있다.
> ① 一向修觀 : 오직 심상을 사유한다.(唯思惟心相) = 끊임없이 저 심상을 관한다.(觀彼心相不斷)
> ② 一向修止 : 오직 무간심을 사유한다.(唯思惟無間心) = 끊임없이 저 심상을 관한다.(觀彼心相不斷)
> ③ 止觀俱轉 : 심일경성을 바르게 사유한다.(正思惟心一境性) = 심일심을 관한다.(觀心一心)
> 여기서 지관止觀의 단수單修와 쌍수雙修를 구분 짓는 기준은 바로 소연경계(所緣境)이다. 말하자면 '사유한다(思惟)' 혹은 '관한다(觀)'고 할 때, 어떤 것을 소연경계로 삼아 사유하는가에 따라 '지'와 '관'이 구별되고, 또 지관의 쌍수가 되기도 한다. 두 경에 의하면, ① 관심觀心에 의해 사유되는 경계를 똑같이 '심상心相'이라 했는데, 이는 '마음의 상분相分', 즉 삼마지에서 현현한 유분별영상有分別影像를 가리킨다. ② 지심止心에 의해 사유되는 경계를 '무간심無間心' 혹은 '심상心相'이라 했는데, 이는 무간상속無間相續하는 마음, 즉 앞서 말한 유분별영상을 관하는 마음 그 자체를 가리킨다. ③ 지관쌍수의 경계를 '심일경성心一境性' 혹은 '심일심心一心'이라 하였다. 경문에 따르면, '심일경성(심일심)을 사유한다(관한다)'는 것은 이중적 의미를 갖고 있다. 즉 '저 삼마지의 영상이 오직 식임을 통달하고, 다시 여성如性(진여)에 대해 사유하는 것이다. 이하 원측의 해석에 따르면, 이는 세속世俗의 유식성唯識性(心一境, 心)'을 사유하고 나서 다시 승의勝義의 유식성唯識性(心一境性, 一心)을 사유함을 뜻하거나, 혹은 세속과 승의의 유식성을 사유하는 것을 뜻한다.

하는 것에 대해 밝히는 문이다.【따라서 『장엄론』 제11권에서는 '단수單修'란 지와 관을 따로 닦는 것이고, '쌍수雙修'란 지와 관을 합해서 닦는 것이라고 하였다.[282]】 이 중에 두 가지가 있다. 처음은 공통적 수습과 개별적 수습에 대해 설명한 것이다. 나중의 "세존이시여, 심상心相이란 어떤 것입니까." 이하는 세 종류 소연의 차별에 대해 거듭 해석한 것이다.

전자 중에 세 가지가 있다. 처음은 한결같이 관을 닦는 것에 대해 설명한 것이다. 다음은 한결같이 지를 닦는 것에 대해 설명한 것이다. 마지막은 지와 관 두 종류를 함께 굴리는 것에 대해 나타낸 것이다. 이와 같은 세 단락에 모두 문답이 있다.

이 경문은 관을 밝히는 가운데 보살의 청문에 해당한다. 이것은 관을 닦는 행해行解의 분제分齊에 대해 물은 것이다.

> 釋曰。自下第七修習止觀單雙門。【故莊嚴論第十一云。單修者。謂止觀別修。雙修者。謂止觀合修。】於中有二。初明通別修習。後世尊云何心相下。重釋三種所緣差別。前中有三。初明一向修觀。次辨一向修止。後顯止觀二種俱轉。如是三段。皆有問答。此卽觀中菩薩請問。此問修觀行解分齊。

(나) 여래의 정설

경 부처님께서 자씨보살에게 말씀하셨다. "선남자여, 연속해서 작의하여 오직 심상心相만 사유하는 것이다."[283]

> 佛告慈氏菩薩曰。善男子。若相續作意。唯思惟心相。

---

[282] 『大乘莊嚴經論』 권11(T31, 645a9) 참조.
[283] 이 경문에 나온 '심상心相'이란 비발사나의 소연, 즉 관심觀心의 경계가 되는 상분相分을 가리킨다.

석 두 번째는 여래께서 바로 설하신 것이다. 말하자면 문혜·사혜와 함께하는 마음의 상분相分을 연속해서 사유하는 것이다.

문 앞에서 '심상을 버리고 떠난다(捨離心相)'고 설했던 것과 이것과는 어떤 차별이 있는가?

답 '심상心相'이라는 말은 똑같지만 이것은 의주석이고 그것은 지업석이기 때문에 차별이 있다.[284] 【『심밀해탈경』에서는 "수순해서 저 심상을 끊임없이 관하는 것이다."[285]라고 하였다.】

釋曰。第二如來正說。謂相續思惟聞思慧俱心之相分。問。前所說捨離心相。與此何別。答。心相雖同。此依主釋。彼持業釋。故有差別。【深密經云。隨順觀彼心相不斷。】

나) 한결같이 지止를 닦는 것에 대해 설명함

(가) 보살의 청문

경 "세존이시여, 어느 정도 되어야 보살이 한결같이 사마타를 닦는다고 하겠습니까?"

世尊。齊何當言菩薩一向修奢摩他。

---

284 이전의 "심상을 버리고 떠난다."라는 경문에서 '심상'은 지업석持業釋에 해당하고, '마음 그 자체가 상(心卽相)'이라는 뜻이다. 이는 사마타의 소연, 즉 지심止心의 경계가 되는 '관심觀心'을 가리킨다. 반면에 이 경문에서 말한 '심상'이란 의주석依主釋에 해당하고, '마음의 상분(心之相分)'이라는 뜻이다. 이는 비발사나의 소연, 관의 경계로서 현현된 상분相分을 가리킨다.

285 『深密解脫經』 권3(T16, 675a8).

석 두 번째는 오직 지만 닦는 것에 대해 물은 것이다.

釋曰。第二問唯修止。

(나) 여래의 정설

경 "선남자여, 연속해서 작의하여 오직 무간심無間心²⁸⁶만 사유하는 것이다."

善男子。若相續作意。唯思惟無間心。

석 여래께서 바로 설하신 것이다.
"무간심無間心"이란 직전의 무간상속無間相續하는, 법法·의義의 경계를 반연하는 문혜·사혜 두 가지와 상응하는 견분見分을 말한다. 따라서 『유가사지론』제11권에서는 "무간작의無間作意란 모든 때에 간단없이 상속해서 전전하는 것을 말한다."²⁸⁷라고 하였다. 따라서 '무간'이란 '상속'을 (뜻함을) 알 수 있다. 말하자면 사마타는 마음이 흩어지지 않도록 하는 것이기 때문에 오직 마음(관심)을 반연하는 것이다.

어떤 해석에 따르면, '무간심'이란 바로 직전에 (소멸한) 간격 없는 마음에 해당하고, (이것이 사마타의) 소연이 된다.

비록 두 가지 설이 있지만 앞의 설이 바르다.

---

286 무간심無間心 : 사마타에서 소연경계로 삼는 '관하는 마음' 자체를 가리킨다. 사마타에서는 무간상속無間相續하는 관심觀心을 소연경계로 삼기 때문에 '오직 무간심만 사유한다'고 하였다.
287 『瑜伽師地論』권11(T30, 333a15).

【『심밀해탈경』에서는 "심상을 끊임없이(心相不斷)"라고 하였다.[288]】

釋曰。如來正說。無間心者。卽前無間相續。緣法義境聞思二慧相應見分。故瑜伽論第十[1])云。無間作意者。謂一切時。無間無斷。相續而轉。故知無間是相續也。謂奢摩他。令心不散。故唯緣心。有解。無間心者。卽是次前無間隔心。以爲所緣。雖有二說。前說爲正。【深密經云。心相不斷。】

---
1) ㉠ '十' 뒤에 '一'이 누락된 듯하다. 이하의 인용문은 『瑜伽師地論』권11에 나온다.

다) 지와 관 두 가지를 함께 굴리는 것(俱轉)에 대해 나타냄

(가) 보살의 청문

경 "세존이시여, 어느 정도 되어야 보살이 사마타와 비발사나를 화합하여 함께 굴린다고 하겠습니까?"

世尊。齊何當言。菩薩奢摩他毗鉢舍那和合俱轉。

석 세 번째는 (지와 관을) 함께 굴리는 모습에 대해 물은 것이다.

釋曰。第三問俱轉相。

---
288 보리유지 역 『深密解脫經』권3(T16, 675a8)에는 "① 若菩薩隨順觀彼心相不斷。如是菩薩一向修行毘婆舍那…… ② 若菩薩隨順觀彼心相不斷。如是菩薩一向觀彼奢摩他法。"라고 하였다. 이 경에서는 ① 오로지 관觀만 닦는 것과 ② 오로지 지止만 닦는 것에 대해 똑같이 "觀彼心相不斷"이라 하였다. 이전의 각주에서 언급했듯, 관觀(비발사나)의 경계일 때는 '心之相'으로 분석되므로 '관심의 소연경계로 현현한 상분相分'을 가리키고, 반면에 지止(사마타)의 경계일 때는 '心卽相'으로 분석되므로 '마음 그 자체의 상'을 가리킨다.

(나) 여래의 정설

경 "선남자여, 심일경성[289]을 바르게 사유하는 것이다.[290]"

善男子。若正思惟心一境性。

석 여래께서 바로 설하신 것이다.

"심일경성"이란 지관을 함께 굴릴 때의 소연경계를 말한다. 그런데 이 하나의 문구에 대해 여러 설들이 다르다.

한편에서는 말한다. 〈'심일경心一境'이란 세속世俗의 유식唯識을 말하니,

---

[289] 심일경성心一境性 : 이것은 본래 선정(定)의 여러 가지 이명異名들 중의 하나로서, 마음을 하나의 경계에 집중하고 있는 상태를 뜻한다. 위의 번역문에서 편의상 '심일경성'이라고 해 두었지만, 이 경문에서는 지관쌍수止觀雙修의 소연경계를 뜻하는 말로 쓰였다. 이하의 원측의 해석에 따르면, '심일경성을 사유한다'는 것은 '심일경心一境을 사유함과 동시에 심일경성心一境性을 사유한다'는 이중적 의미를 갖고 있다. 이와 같은 해석의 근거를 보리유지 역『深密解脫經』권3(T16, 675a14~22)에서도 다시 확인해 볼 수 있다.『解深密經』에서 "正思惟心一境性"이라 한 것을『深密解脫經』에서는 "觀心一心"이라 하였고, 또『解深密經』에서 "何者心一境性"이라 한 것을『深密解脫經』에서는 "何者是心而言一心"이라고 하였다.

[290] 이 경문의 해석에서 관건이 되는 것은, '심일경성'이 어떤 의미에서 지관쌍수의 경계인가 하는 것이다. 이것은 후술되는『解深密經』과『深密解脫經』의 경문과 대조해 볼 때 그 의미가 더 명확해진다. 두 이역본에서는 지관쌍수의 소연경계인 '심일경성'에 대해 다음과 같이 말한다.

	지관쌍수	소연경계
현장 역 『解深密經』	若正思惟心一境性。	世尊。云何心一境性。 "善男子。① 謂通達三摩地所行影像。唯是其識。 ② 或通達此已。復思惟如性。"
보리유지 역 『深密解脫經』	若菩薩觀心一心。	"世尊。何者是心而言一心。" 佛言彌勒。"① 所謂觀彼三昧境像。覺知是心。 ② 覺知是心已。修眞如觀。彌勒。是名一心。"

이 두 경문에 따르면, '심일경성을 사유한다'는 것은, ① 저 삼마지의 소행영상이 오직 식識(혹은 마음)임을 통찰하고, 그와 같이 통찰하고 나서 ② 다시 진여眞如를 사유하는 것을 말한다.

경계가 마음과 분리되지 않는 것을 심일경이라 이름하거나, 혹은 오직 일심一心인 것을 심일경이라 이름한다. '심일경성心一境性'이란 승의勝義의 유식唯識을 말하니, 즉 모든 법의 오직 하나의 참된 성품(眞性)을 '심일경성'이라 이름한다.〉[291]

한편에서는 말한다. 〈'성性'이라는 말은 세속제에도 통한다. 따라서 『성유식론』 제9권에서는 "유식성唯識性은 대략 두 종류가 있다.……첫째는 세속의 (유식성이니), 즉 의타기성을 말한다. 둘째는 승의의 (유식성이니,) 즉 원성실성을 말한다."[292]라고 하였다.〉[293]

【『심밀해탈경』에서는 "(저 영상이 바로) '심'이고 '일심'임을 관한다(觀心一心)."[294]라고

---

291 이 해석에서는 지관쌍수에서의 소연경계를 '심일경心一境'과 '심일경성心一境性'으로 구분하여 설명하였다. 세속제의 차원에서는 '심일경', 다시 말하면 경계가 마음과 분리되지 않음(境不離心)에 대해 바르게 사유하는데, 이것은 '저 삼마지의 영상들이 오직 식(唯識)'임을 통달하는 것이다. 승의제의 차원에서는 '심일경성', 다시 말하면 모든 법의 참된 성품(眞性)에 대해 바르게 사유하는데, 이것은 '유식성唯識性'에 대해 바르게 사유하는 것이다.
292 『成唯識論』 권9(T31, 48a28).
293 이전 해석에서는 '심일경心一境'과 '그것의 성性'을 구분하여 각기 '세속의 유식唯識'과 '승의의 유식성唯識性'에 배당시켰다면, 이 해석에서는 세속과 승의의 차원에서 모두 유식성(심일경성)에 대해 사유하는 것이다. 그런데 다만 세속의 차원에서 유식성이란 '의타기성依他起性'을 말하고, 승의 차원에서는 '원성실성圓成實性'을 말한다.
294 보리유지 역 『深密解脫經』에는 지관쌍수止觀雙修를 "觀心一心"이라 하였다. 여기서 '심一心'이라는 문구는 지관쌍수의 소연경계를 나타내며, 『解深密經』의 '心一境性'에 대응하는 문구다. 보리유지 역에서 '心一心'은 다시 '是心而言一心'으로 표현되기도 한다.

지관쌍수에 대한 정의	소연경계에 대한 정의
心一心若菩薩觀心一心。如是奢摩他毘婆舍那一時修行。	何者是心而言一心。 ① 所謂觀彼三昧境像。覺知是心。② 覺知是心已。修眞如觀。彌勒。是名一心。

이 『深密解脫經』의 경문에 따르면, '심일심을 관한다(觀心一心)'는 것은, ① 이른바 저 삼매(에서 현현된) 경계의 영상을 관하여 '이것이 마음임(是心)'을 깨닫고, ② 이것이 마음임을 깨닫고 나서 오직 하나의 진여眞如를 관하는 것을 '일심一心'이라 이름한 것이다. 따라서 '심일심을 관한다'는 문구를 "(저 영상이 바로) 심이고 일심임을 관한다."라고 번역하였다.

하였다.】

釋曰。如來正說。心一境性者。謂止觀俱轉所緣境。然此一句。諸說不同。一云。心一境者。世俗唯識。境不離心。名心一境。或唯一心。名心一境。心一境性者。勝義唯識。謂一切法唯一眞性。名心一境性。一云。性言亦通世俗。故成唯識第九卷云。謂唯識性。略有二種。一者世俗。謂依他起。二者勝義。謂圓成實。【深密經云。觀心一心。】

나. 세 종류 소연의 차별에 대해 거듭 해석함

가) 첫 번째 소연(심상心相)에 대한 해석

(가) 질문

경 "세존이시여, 심상心相이란 어떤 것입니까?"[295]

世尊。云何心相。

석 이하는 두 번째로 세 종류 소연의 차별에 대해 거듭 해석한 것이다. 세 종류 소연을 해석하므로 곧 (경문은) 세 가지로 구분된다.
이것은 첫 번째 (소연을) 물은 것이다.

釋曰。自下第二重釋三種所緣差別。釋三所緣。卽分爲三。此問第一。

---

[295] 이것은 비발사나의 소연경계에 대해 거듭 물은 것이다. 이전의 원측의 문답에서 언급했듯, '심상心相'이 관의 대상을 뜻할 때는 의주석依主釋에 해당한다. 따라서 '심상'은 '심의 상(心之相)', 다시 말하면 비발사나의 소연경계인 영상상분影像相分을 가리킨다.

(나) 해석

경 "선남자여, 삼마지소행의 유분별영상²⁹⁶을 말하니, (이는) 비발사나의 소연이다."

善男子。謂三摩地所行有分別影像。毘鉢舍那所緣。

석 여래께서 바로 해석하신 것이다. 말하자면 이전에 설했던 것처럼, '심상心相'은 삼마지의 소행영상이고, 또한 관심觀心의 소행경계(인식 대상)이기도 하다.

釋曰。如來正釋。謂卽如前所說。心相是三摩地所行影像。亦卽觀心所行境也。

나) 두 번째 소연(무간심無間心)에 대한 해석

(가) 질문

경 "세존이시여, 무간심이란 어떤 것입니까?"

世尊。云何無間心。

석 이것은 두 번째 경계에 대해 물은 것이다.

---

296 유분별영상有分別影像 : 지관의 네 종류 소연경계 중에 관觀의 소연경계가 되는 영상을 말한다. 이에 대한 자세한 설명은 이전의 '② 지관의 소연所緣의 차별을 밝히는 문'(p.86 이하)에 나와 있다.

釋曰。問第二境。

(나) 정설

경 "선남자여, 그 영상을 반연하는 마음을 말하니, (이는) 사마타의 소연이다."

善男子。謂緣彼影像心。奢摩他所緣。

석 여래께서 바로 설하시길, 그 영상을 반연하는 문혜·사혜 두 가지 혜와 상응하는 상분相分의 마음이 사마타의 소연경계라고 하였다.[297]

釋曰。如來正說。緣彼影像聞思二慧相應相分之心。是奢摩他所緣境界。

다) 세 번째 소연(심일경성心一境性)에 대한 해석

(가) 질문

경 "세존이시여, '심일경성'이란 어떤 것입니까?"

世尊。云何心一境性。

---

[297] 비발사나에서는 삼매 속에서 법의法義의 영상을 현현해 내고, 문혜聞慧나 사혜思慧를 일으켜서 그 영상을 관한다. 따라서 그 영상을 관하는 마음에 대해 "문혜와 사혜 두 가지 혜와 상응하는 마음"이라 하였다. 그런데 사마타(止)에서는 다시 그 영상을 관하는 마음 자체를 소연경계로 삼기 때문에 사마타의 마음(止心)이 견분見分(인식 작용)이라면 비발사나의 마음(觀心)은 상분相分(인식 대상)이 된다. 따라서 그 비발사나의 마음을 일컬어 "상분의 마음"이라 하였다.

석 이것은 세 번째 (소연경계에 대해) 물은 것이다.

釋曰。此問第三。

(나) 정설

경 "선남자여, 삼마지의 소행영상이 오직 그 식이라는 것을 통달하고, 혹은 이것을 통달하고 나서 다시 여성如性을 사유하는 것이다.[298]"

善男子。通[1]達三摩地所行[2]影像。唯是其識。或通達此已。復思惟如性。
1) 옌『解深密經』권3(T16, 698b22)에 '通' 앞에 '謂'가 있다.   2) 옌『解深密經』권3(T16 698b23)에 '云'으로 되어 있지만, '行'이 바르다.

석 여래께서 바로 설하신 것이다. 말하자면 이때에는 제법이 모두 식과 분리되지 않음을 통달하는데, 이와 같이 관하고 나서 다시 '진여(如)'를 사유하는 것이다. 즉 앞의 두 종류 문에서는 마음과 경계를 따로 관하므로 지와 관을 함께 굴리는 것은 아닌데, 이 세 번째 문에서는 마음과 경계를 합해서 소연으로 삼기 때문에 지와 관을 함께 굴리는 것이다.【지와 관 두 가지 도道를 함께 굴리는 것에 대해 자세하게 해석하면『유가사지론』제31권과 같다. '심일경성'을 자세하게 해석하면『유가사지론』제30권과 같다.】

釋曰。如來正說。謂於此時。通達諸法皆不離識。如是觀已。復思惟如。謂前二種。心境別觀。止觀不俱。此第三門。心境合緣。止觀俱轉。【廣釋止觀二道俱轉。如瑜伽第三十一。廣釋心一境性。如瑜伽第三十也。】

---

298 "여성을 사유하는 것이다.(思惟如性)"라는 문구는『深密解脫經』에 "진여관을 닦는 것이다.(修眞如觀)"라고 되어 있다.

⑧ 지관의 종류 수의 차별을 밝히는 문[299]

가. 관觀

가) 물음

경 자씨보살이 다시 부처님께 말하였다. "세존이시여, 비발사나에는 모두 몇 종류가 있습니까?"

慈氏菩薩。復白佛言。世尊。毗鉢舍那。凡有幾種。

석 이하는 여덟 번째로 지관의 종류 수의 차별을 밝히는 문이다. 이 중에 두 가지가 있다. 앞은 관觀이고, 뒤는 지止이다.

---

[299] 여덟 번째 문에서는 지止와 관觀의 종류를 여러 방식으로 나누어서 자세히 설명한다. 우선, 경에서는 관의 종류를 유상有相·심구尋求·사찰伺察의 비발사나毗鉢舍那(觀) 등 세 종류로 나누어 설하였다. 이 중에, '유상의 비발사나'란, 사법似法·사의似義에 대해 사유하는 것, 다시 말하면 법法·의義 그 자체가 아니라 삼매에서 현현한 '그 법·의와 유사하게 현현된 영상'에 대해 사유하는 것을 말한다. '심구의 비발사나'란, 이전의 유상의 경계 중에 아직 잘 이해하지 못했던 것에 대해 알기 위해 작의作意하고 사유하는 것을 말한다. '사찰의 비발사나'란, 그 경계들에 대해 이미 잘 이해하고 나서 궁극의 해탈을 증득하기 위해서 작의하고 사유하는 것을 말한다. 다음으로, 경문에서는 지의 종류를 세 종류, 여덟 종류, 네 종류 등으로 분류해서 거듭 설명하였다. 사마타奢摩他(止)란 이전의 비발사나의 마음을 소연경계로 삼아 그것을 안주安住하도록 하는 것을 말한다. 앞의 관의 마음에 세 종류가 있었으므로 그에 따라 사마타도 세 종류로 구분될 수 있다. 혹은 색계色界의 사정려四靜慮와 무색계의 사무색정四無色定 등 여덟 종류의 사마타로 구분해 볼 수도 있다. 혹은 자慈·비悲·희喜·사捨라는 사무량四無量에 각기 사마타가 있으므로 네 종류의 사마타로 구분해 볼 수도 있다. 이상의 지관에 대한 설명 중에서, 사마타는 모든 종류의 선정에 전제되기 때문에 대승의 유가지관瑜伽止觀의 특징은 '관'에 있다고 할 수 있다. 이하에서 원측은 주로『瑜伽師地論』등에 의거해서 '관'의 특징과 활동에 대해 설명한다. 한편, '지'에 대해서는 살바다종과 대승종의 주요한 핵심적 설명들을 소개하였다.

관을 밝힌 곳에 두 가지가 있다. 앞은 질문이고 뒤는 대답이다.
이것은 질문에 해당한다.

釋曰。自下第八止觀種數差別門。於中有二。先觀。後止。觀中有二。先問。
後答。此卽問也。

나) 대답

(가) 개수를 표시함

경 부처님께서 자씨보살에게 말씀하셨다. "선남자여, 대략 세 종류가 있다.

佛告慈氏菩薩曰。善男子。略有三種。

석 두 번째는 세존께서 바로 설하신 것이다. 이 중에 세 가지가 있다.
개수를 표시하고, 이름을 열거하고, 따로따로 해석한 것이다.
이것은 처음에 해당한다.

釋曰。第二世尊正說。於中有三。標數。列名。別釋。此卽初也。

(나) 이름을 열거함

경 첫째는 유상비발사나이고, 둘째는 심구비발사나이며, 셋째는 사찰비
발사나이다.

一者有相毗鉢舍那。二者尋求毗鉢舍那。三者伺察毗鉢舍那。

석 두 번째는 개수에 의거해서 이름을 열거한 것이다.

釋曰。第二依數列名。

(다) 따로따로 해석함

㉮ 유상비발사나有相毗鉢舍那

a. 질문

경 어떤 것이 유상비발사나인가?

云何有相毗鉢舍那。

석 이하는 세 번째 차례대로 따로 해석한 것이다. 세 가지 개별적 상을 해석하므로 (경문도) 세 가지로 구분된다.
이것은 첫 번째 질문이다.

釋曰。自下第三次第別釋。釋三別相。卽分爲三。此初問也。

b. 해석

경 순전히 삼마지소행의 유분별영상만 사유하는 비발사나를 말한다.

謂純思惟三摩地所行有分別影像毗鉢舍那。

석 이것은 첫 번째 유상비발사나에 대해 바로 해석한 것이다. 말하자면 순전히 유분별영상인 사법似法·사의似義[300]에 대해 사유하는 것이다. 경계를 따라 이름을 붙였으므로 '유상有相'이라고 한 것이다.

釋曰。此卽正釋第一有相。謂純思惟有分別影像似法似義。從境立名。名爲有相。

㈏ 심구비발사나尋求毗鉢舍那

a. 질문

경 어떤 것이 심구비발사나인가?

云何尋求毗鉢舍那。

석 이것은 두 번째에 대한 물음이다.

釋曰。此問第二。

b. 정설

경 혜慧로써, 두루 '저러저러한 아직 잘 이해하지 못했던 모든 법'에 대해서, 잘 이해하기 위해서 작의하고 사유하는 비발사나를 말한다.

---

300 사법似法·사의似義 : 비발사나에서는 법法·의義 그 자체를 관하는 것이 아니라 삼매에서 현현한 그것의 영상을 관하는 것이다. 이 삼매의 영상은 법·의 그 자체가 아니라 그와 유사하게 현현된 것이므로 '사법·사의'라고 하였다.

謂由慧故。遍於彼彼未善解了一切法中。爲善了故。作意思惟毗鉢舍那。

석 이것은 바로 설한 것이다. 말하자면 혜로써 두루 '영상의 유상有相 경계 중에 아직 잘 이해하지 못했던 곳'을 알기 위해서 작의하고 사유하는 것이다.

釋曰。此卽正說。謂由慧故。遍於影像有相境中。未善解處。爲欲了故。作意思惟。

㉓ **사찰비발사나**伺察毗鉢舍那

a. 질문

경 어떤 것이 사찰비발사나인가?

云何伺察毗鉢舍那。

석 이것은 세 번째에 대한 물음이다.

釋曰。此問第三。

b. 해석

경 '혜'로써, 두루 '저러저러한 이미 잘 이해한 모든 법'에 대해서, 궁극적 해탈을 잘 증득하기 위해서 작의하고 사유하는 비발사나를 말한다.

謂由慧故。遍於彼彼已善解了一切法中。爲善證得極解脫故。作意思惟毗鉢舍那。

석 이것은 바로 해석한 것이다. 말하자면 저 경계를 이미 잘 이해하고 나서는 궁극의 해탈을 증득하기 위해서 (그것을) 작의하고 사유하는 것이다.

『유가사지론』 제30권에 의하면 이 경과 거의 동일하다. 따라서 그 논에서는 말한다.[301] "어떤 것을 일컬어 '오직 상을 따라 행하는(唯隨相行) 비발사나'라고 하는가? 말하자면 듣거나 수지한 법을 혹은 교수敎授·교계敎誡한 모든 법을, 등인지等引地[302]의 여리작의如理作意를 따라 잠깐 동안 사유하였지만, 아직은 사유하지(思) 않고 헤아리지(量) 않으며 추구하지(求) 않고 사찰(察)하지 않았다면, 이와 같은 것을 '오직 상을 따라 행하는 비발사나'라고 이름한다. 만약 다시 그 법에 대해 사유하고 헤아리며 추구하고 사찰한다면 이때는 '심사를 따라 행하는(隨尋思行) 비발사나'라고 이름한다. 만약 다시 저 법에 대해 이미 추구·사찰하고 나서 안립된 바와 같이 다시 살피고 관찰한다면, 이와 같은 것을 '사찰을 따라 행하는(隨伺察行) 비발사나'라고 이름한다."[303]

釋曰。此卽正釋。謂於彼境已善解了。爲欲證得極解脫故。作意思惟。依瑜

---

301 이 논에서 말한 '오직 상을 따라 행하는(唯隨相行) 비발사나, 심사를 따라 행하는(隨尋思行) 비발사나, 사찰을 따라 행하는(隨伺察行) 비발사나'란 그 차례대로 경문에서 말한 '유상有相 비발사나, 심구尋求 비발사나, 사찰伺察 비발사나'에 해당한다.
302 등인지等引地 : 삼마희다지三摩呬多地([S] samāhita-būṃmi)의 의역이다. 이것은 마음의 들뜸과 가라앉음을 멀리 떠나서 평형을 유지하여 심신이 다 평안한 상태를 가리킨다. '등인'도 선정의 다른 이름 중의 하나인데, 이 용어는 유심정有心定과 무심정無心定에는 통용되지만 산위散位에는 통용되지 않는다.
303 『瑜伽師地論』 권30(T30, 451b27).

伽論第三十卷。大同此經。故彼論云。云何名爲唯隨相行毗鉢舍那。謂於所聞所受持法。或於敎授敎誡諸法。由等引地如理作意。暫爾思惟。未思未量未推未察。如是名爲唯隨相行毗鉢舍那。若復於彼。思量推察。爾時名爲隨尋思行毗鉢舍那。若復於彼旣推察已。如所安住。[1] 復審觀察。如是名爲隨伺察行毗鉢舍那。

1) 옙『瑜伽師地論』권30(T30, 451c3)에 따르면, '住'는 '立'의 오기다.

(* 지관의 차별에 대한 부연 설명)

그런데 이 지관의 차별에 대해『유가사지론』제13권에서 말한다.

> 어떤 것이 지止인가? 아홉 종류 주심住心을 말한다.
> 어떤 것이 관觀인가? 삼사관三事觀과 사행관四行觀과 육사차별소연관六事差別所緣觀이다.
> '삼사관'이란, 첫째는 유상관有相觀이고 둘째는 심구관尋求觀이며 셋째는 사찰관伺察觀이다.[304]
> '사행관'이란, 모든 법에 대해, 간택의 행관(簡擇行觀)과 극간택의 행관(極簡擇行觀)과 변심사의 행관(遍尋思行觀)과 변사찰의 행관(遍伺察行觀)이다.[305]

[304] 이상의 삼사관三事觀은 이『解深密經』경문에 나온 유상有相·심구尋求·사찰伺察의 비발사나, 그리고 앞의『瑜伽師地論』권30의 인용문에 나온 유수상행唯隨相行·수심사행隨尋思行·수사찰행隨伺察行의 비발사나와 내용적으로 동일한 것이다.

[305] 이상의 사행관四行觀은『解深密經』과『瑜伽師地論』등에서 언급된 비발사나품(觀品)의 네 가지 혜의 행상(四慧行相)과 동일하다. 이에 대해서는, 이전의 '③ 지관을 잘 구하는 것에 대해 분별한 문'(p.113 이하)에서 자세히 설명한 바 있다.『解深密經』과『瑜伽師地論』등에는 네 가지 종류 혜행慧行을 능정사택能正思擇, 최극사택最極思擇, 주변심사周遍尋思, 주변사찰周遍伺察이라 하였고,『雜集論』에서는 간택簡擇, 최극간택最極簡擇, 보변심사普遍尋思, 주심관찰周審觀察이라고 하였는데, 그 순서대로 위의 인용문에서 열거된 사행관과 같다. 경론에 따라 이름은 조금 다르지만, 그 의미는 거의 동일하다. 이 중에 '사택(간택)'이란 일체법의 진소유성盡所有性에 대해 사유하는

'육사차별소연관'이란, 첫째는 의를 소연으로 삼는 관(義所緣觀)이고, 둘째는 사를 소연으로 삼는 관(事所緣觀)이며, 셋째는 상을 소연으로 삼는 관(相所緣觀)이고, 넷째는 품을 소연으로 삼는 관(品所緣觀)이며, 다섯째는 시를 소연으로 삼는 관(時所緣觀)이고, 여섯째는 도리를 소연으로 삼는 관(道理所緣觀)이다.[306·307]

『현양성교론』제4권에서도『유가사지론』과 동일하게 설한다.

然此止觀差別。如瑜伽論第十三云。云何止。謂九種住心。云何觀。謂或二[1] 事觀。或四行觀。或六事差別所緣觀。三事觀者。一者[2] 相觀。二尋求觀。三伺察觀。四行觀者。謂於諸法中。簡擇行觀。極簡擇行觀。遍尋思行觀。遍伺察行觀。六事差別所緣觀者。一義所緣觀。二事所緣觀。三相所緣觀。四品所緣觀。五時所緣觀。六道理所緣觀。顯揚第四。亦同瑜伽。

1) ㉠『瑜伽師地論』권13(T30, 347a1)에 따르면, '二'는 '三'의 오기다. 2) ㉠『瑜伽師地論』권13(T30, 347a2)에 따르면, '者'는 '有'의 오기다.

해 아홉 종류 주심住心과 세 종류 사관事觀과 네 종류 행관行觀은 이미 앞에서 설했던 것과 같다.[308] 따라서 여섯 종류 사관에 대해 이제 해석하겠다.

것이고, '최극사택(최극간택)'이란 일체법의 여소유성如所有性에 대해 사유하는 것이다. '주변심사(보변심사)'란 혜慧로써 제법의 상相을 분별하고 사유해서 그것을 잘 건립하는 것이고, '주변사찰(주심관찰)'은 그러한 관찰을 더욱 자세하고 정밀하게 추구해 가는 것이다.

306 이상의 삼사관三事觀과 사행관四行觀은 이『解深密經』의 이전 경문 해석에서 이미 자세히 설명한 바 있다. 한편, 마지막 '육사차별소연관'은 여섯 가지 차별되는 사事를 관찰의 경계로 삼는 관인데, 이에 대해서는 뒤의『瑜伽師地論』권30의 인용문을 통해 다시 상세하게 후술된다.

307 『瑜伽師地論』권13(T30, 346c29).

308 앞의『瑜伽師地論』인용문에서는 '지止'란 아홉 종류 주심이고, '관觀'이란 삼사관三事觀과 사행관四行觀과 육사차별소연관六事差別所緣觀이라고 하였다. 이 중에서 아홉

『유가사지론』 제30권에서 말한다.

'육사차별소연비발사나六事差別所緣毗鉢舍那'란 어떤 것인가? 말하자면 심사尋思[309]할 때 여섯 가지 사에 대해 심사하는 것이다.

첫째는 의義에 대해 심사하는 것이다. 이러이러한 말(語)에는 이러이러한 의미(義)가 있다고 바르게 심사하는 것을 말한다.

둘째는 사事에 대해 심사하는 것이다. 내외의 두 가지 사[310]에 대해 바르게 심사하는 것을 말한다.

셋째는 상相에 대해 심사하는 것이다. 제법의 두 가지 상을 바르게 심사하는 것을 말하니, 첫째는 자상自相이고 둘째는 공상共相이다.[311]

넷째는 품品에 대해 심사하는 것이다. 제법의 두 품에 대해 바르게 심사하는 것을 말하니, 첫째는 흑품黑品(악한 품류)이고 둘째는 백품白品(선한 품류)이다. 흑품의 과실과 과환에 대해 심사하고 백품의 공덕과 뛰어난 이익에 대해 심사하는 것이다.

다섯째는 시時에 대해 심사하는 것이다. 과거·미래·현재라는 삼시에

종류 주심住心과 사행관은 '③ 지관을 잘 구하는 것에 대해 분별한 문'에서 지止와 관觀을 따로 해석하면서 자세히 설명한 바 있다. 또 삼사관이란 바로 앞의 경문에서 말한 유상有相·심구尋求·사찰伺察의 비발사나를 가리킨다.

309 심사尋思 : 심사란 제법에 대해 사유하고 관찰하는(尋思觀察) 것을 가리킨다. 원측은 「勝義諦相品」의 '심사의 영역을 넘어선 모습(超過尋思所行相)'을 논하는 부분에서, 심사尋思란 심尋과 사伺라는 두 종류 심소를 통칭하는 말이라는 일반적 해석을 제시한다. 그에 따르면, '심'은 심구尋求이고, '사'는 사찰伺察인데, 이 두 가지는 모두 추구推求하거나 사량思量하는 정신 작용이다. 이 두 가지는 모두 사思나 혜慧를 체로 삼는 것이기 때문에, 이 경에서 그 둘을 '심사尋思'라고 통칭한 것이다. 『解深密經疏』 권2(H1, 183b), 같은 책 권2(X21, 215c) 참조.
310 내외의 두 가지 사 : 『瑜伽師地論』 권34(T30, 471a16)에 따르면, '내사內事'란 육처六處 등을 말하고, '외사外事'란 지地나 원園이나 산山 등과 같은 외부의 사물들을 말한다.
311 제법의 자상自相을 사유한다는 것은 현량現量(직접 지각)에 의해 파악되는 제법 각각의 특수상(自相)에 대해 사유하는 것이고, 제법의 공상共相을 사유한다는 것은 비량比量(추리)에 의해 파악되는 제법의 보편상(共相)들에 대해 사색하는 것이다.

대해 바르게 심사하는 것을 말한다. 이와 같은 사事가 일찍이 과거세에 있었음을 심사하고, 이와 같은 사가 미래세에 있을 것임을 심사하며, 이와 같은 사가 현재세에 있음을 심사하는 것이다.

여섯째는 도리(理)에 대해 심사하는 것이다. 네 종류 도리에 대해 바르게 사유하는 것을 말하니, 첫째는 관대도리觀待道理이고 둘째는 작용도리作用道理이며 셋째는 증성도리證成道理이고 넷째는 법이도리法爾道理이다.[312]

문 어떤 인연으로 이와 같은 '여섯 종류 사의 차별을 (소연으로 삼는) 비발사나'를 건립했는가?

답 세 가지 각覺에 의거해서 이와 같이 건립한 것이다. 어떤 것이 세 가지 각인가? 첫째는 어의각語義覺이고, 둘째는 사변제각事邊際覺이며, 셋째는 여실각如實覺이다. 의미(義)에 대해 사유하기 때문에 어의각을 일으키고, 그 사事 및 자상自相에 대해 사유하기 때문에 사변제각을 일으키며, 공상共相과 품品과 시時와 도리(理)에 대해 사유하기 때문에 여실각을 일으킨다. 유가를 수행하는 자에게는 오직 이만큼의 알아야 할 경계가 있으니, 이른바 말의 의미(語義)와 알아야 할 사(所知事)와 진소유성盡所有性·여소유성如所有性이다.[313·314]

---

312 여기서 말한 네 가지 도리道理(Ⓢ nyāya)란 모든 존재와 변화에 관철되는 법칙·이치를 크게 네 가지로 구분한 것으로, 즉 관대觀待·작용作用·증성證成·법이法爾의 네 가지 도리를 말한다. 첫째, 관대도리란 모든 행이 일어나는 데 반드시 여러 연을 필요로 하는 것을 말한다. 예를 들면 싹이 나오기 위해 반드시 종자種子·시절時節·수전水田 등의 연을 필요로 하는 것과 같다. 둘째, 작용도리란 예를 들어 안근眼根 등의 모든 근들이 안식眼識 등의 소의所依가 되는 작용을 갖고 또 색경色境 등의 모든 경계들이 안식 등의 소연所緣이 되는 작용을 하는 것을 말한다. 셋째, 증성도리란 현량現量(직접 지각)이나 비량比量(추리)이나 성교량聖敎量 등에 의해 증명됨으로써 성립된 도리를 말한다. 예를 들어 '제법무아諸法無我'와 같은 것이다. 넷째, 법이도리란 본래적으로 법계에 존재하는 자연적 도리를 말한다. 예를 들어 불이 무엇을 태울 수 있다거나 물이 무엇을 적실 수 있는 것과 같다.
313 세 종류의 각覺은 ① 의義와 ② 사事와 ③ 자상自相·공상共相과 ④ 흑품黑品·백품白

구체적으로 설하면 그 논과 같다. 네 종류 도리에 대해서는 뒤에 가서 설명할 것이다.

解云。九種住心。二¹⁾種事觀。四種行觀。已如前說。六種事觀。故今釋之。故瑜伽論第三十云。云何六事差別所緣毗鉢舍那。謂尋思時。尋思六事。一尋思於義。謂正尋思如是如是語有如是如是義。二尋思於事。謂正尋思內外二事。三尋思於相。謂正尋思諸法二相。一者自相。二者共相。四尋思於品。謂正尋思諸法二品。一者黑品。二者白品。尋思黑品過失過患。尋思白品功德勝利。五尋思於時。謂正尋思過去未來現在三時。尋思如是事。曾在過去世。尋思如是事。當在未來世。尋思如是事。今²⁾現在世。六尋思於理。謂正尋思四種道理。一觀待道理。二作用道理。三證成道理。四法爾道理。問。何因緣故。建立如是六事差別毗鉢舍那。答。依三覺故。如是建立。何等三覺。一悟³⁾義覺。二事邊際覺。三如實覺。尋思義故。起悟⁴⁾義覺。尋思其事及自相故。起事邊際覺。尋思共相品時理故起如實覺。修瑜伽師。唯有爾所所知境界。所謂語義及所知事。盡所有性如所有性。具說如彼。四種道理。如後當說。

1) 옙 '二'는 '三'의 오기인 듯하다. 2) 옙 『瑜伽師地論』 권30(T30, 451c18)에 '今' 뒤에 '在'가 있다. 3) 『瑜伽師地論』 권30(T30, 452a5)에 따르면, '悟'는 '語'의 오기다. 4) 옙 『瑜伽師地論』 권30(T30, 452a6)에 따르면, '悟'는 '語'의 오기다.

품과 ⑤ 삼시三時와 ⑥ 도리道理 등과 같은 여섯 종류 사사를 관찰함으로써 생기한다. 그중 첫 번째 '어의각語義覺'은 ① 말의 의미(義)를 심사尋思함으로써 생기한다. 두 번째 '사변제각事邊際覺'은 ② 내외內外의 사사, 그리고 ③ 두 종류 상相 중에 자상自相을 심사함으로써 생기한다. 세 번째 '여실각如實覺'은 ③ 두 가지 상相 중 제법에 관철되는 공상共相과 ④ 품류와 ⑤ 시時와 ⑥ 도리 등을 사유함으로써 생기한다. 그런데 두 번째 사변제각은 제법 그 자체의 자성自性을 아는 것이기 때문에 사변제성事邊際性 중에 진소유성盡所有性을 심사함으로써 생기하고, 세 번째 여실각은 제법에 공통적으로 관철되는 도리를 아는 것이기 때문에 사변제성 중에 여소유성如所有性을 심사함으로써 생기하는 것이다.

314 이상은 『瑜伽師地論』 권30(T30, 451c5~452a10)을 요약한 것이다.

나. 지止

가) 물음

경 자씨보살이 다시 부처님께 말하였다. "세존이시여, 이 사마타에는 모두 몇 종류가 있습니까?"

慈氏菩薩。復白佛言。世尊。是奢摩他。凡有幾種。

석 이하는 두 번째로 사마타의 종류가 몇 개인지 설명한 것이다. 앞은 물음이고 뒤는 대답이다.
이것은 물음에 해당한다.

釋曰。自下第二辨奢摩他種數多少。先問。後答。此卽問也。

나) 대답

(가) 세 종류 사마타를 설명함

경 부처님께서 자씨보살에게 말씀하셨다. "선남자여, '저것(심상)을 뒤따르는 무간심'으로 말미암아 이것에도 세 종류가 있음을 알아야 한다.

佛告慈氏菩薩曰。善男子。卽由隨彼無間心故。當知此中亦有三種。

석 이하는 바로 해석한 것이다. 이 중에 세 가지가 있다. 처음은 세 종류 사마타를 설명한 것이고, 다음은 여덟 종류 사마타를 설명한 것이며,

마지막은 네 종류 사마타를 설명한 것이다.

이것은 첫 번째로 유상有相 등의 세 종류 사마타에 해당한다.[315]

"그것을 뒤따르는(隨彼)"이란 앞에서 말한 '심상心相'이니, 즉 '뒤따르는 대상인 상분(所隨相分)'에 해당한다.[316] "무간심"이란 '능히 뒤따르는 견분의 마음(能隨見分心)'에 해당한다. 이 경문의 뜻을 설하자면, 저 심상을 반연하는 비발사나에 세 종류가 있기 때문에 무간심을 반연하는 사마타의 마음에도 세 종류가 있다는 것이다.

釋曰。自下正釋。於中有三。初明三種奢摩他。次明八種奢摩他。後明四種奢摩他。此卽第一有相等三。言隨彼者。前言心相。卽是所隨相分。無間心者。卽是能隨見分心也。此中意說。緣彼心相毗鉢舍那。有三種故。緣無間心奢摩他心。亦有三種。

(나) 여덟 종류 사마타를 설명함

경 다시 여덟 종류가 있으니, 말하자면 초정려에서 비상비비상처에 이르기까지 각기 한 종류의 사마타가 있기 때문이다.

復有八種。謂初靜慮乃至非想非非想處。各有一種奢摩他故。

---

315 비발사나의 마음은 심상心相(삼매에서 소연경계로 현현된 영상)을 대상으로 삼아 그것을 관한다면, 사마타의 마음은 그 관하는 마음을 경계로 삼아 그것을 안주하게 하는 것이다. 그런데 비발사나에 유상有相과 심구尋求와 사찰伺察 등 세 종류 차별이 있기 때문에 그 비발사나의 마음을 대상으로 삼는 사마타도 유상과 심구와 사찰 등 세 종류의 사마타로 구분될 수 있다.

316 "그것을 뒤따르는(隨彼)"이라는 문구에서 '그것(彼)'이란 심상心相, 즉 비발사나의 마음으로 관하는 경계를 가리킨다. 이 경우 '심상'이란 '심의 상분相分'을 가리킨다.

석 두 번째는 여덟 종류 선정을 곧 여덟 가지 지(八止)라고 이름함을 밝힌 것이다.

그런데 이 여덟 종류 선정은 두 가지로 구분된다. 처음은 사정려를 해석한 것이고, 나중은 사무색정을 설명한 것이다.

釋曰。第二明其八定。卽名八止。然此八定。分之爲二。初釋四靜慮。後明四無色。

네 종류 정려를 두 문으로 분별하겠다. 첫째는 이름을 해석하고, 둘째는 (정려의) 체성體性을 제시하겠다.

四種靜慮。二門分別。一釋名字。二出體性。

* 사정려四靜慮를 해석함

이름을 해석한다고 했는데, 앞은 공통적 이름, 뒤는 개별적 이름이다.
공통적 이름이란 (다음과 같다.)

살바다종은 예를 들어 『대비바사론』 제141권에 본래 하나의 해석이 있다. 그 논에서는 말한다. "**문** 이 네 가지는 어떤 이유에서 정려靜慮라고 하는가? **답** '정靜'이란 '적정寂靜'을 말하고, '려慮'는 '주려籌慮(자세히 헤아림)'를 말한다. 이 네 지地는 정定과 혜慧가 평등하기 때문에 정려라고 하고, 그 밖의 지는 (둘 중 하나가) 빠진 것이 있으므로 이 이름을 얻지 못한다.317~318

---

317 색계의 네 종류 선정은 정定의 고요함과 혜慧의 헤아림이 균등하게 유지되므로 특별히 '정려靜慮'라고 불린다. 그러나 무색계의 선정에는 고요함은 있으나 자세히 헤아림이 없고, 욕계의 삼마지에는 자세히 헤아림은 있으나 고요함이 없기 때문에 정려라고 하지 않는다.

『순정리론』제77권에 의하면 본래 두 가지 해석이 있다.

① 그 논에서 말한다. "(문) 어떤 의미에서 정려라는 이름을 건립했는가? 답 이 적정寂靜에 의지해서 비로소 심려審慮할 수 있기 때문이다. '심려'란 진실하게 '잘 안다(了知)'는 뜻이다."³¹⁹ 『구사론』제28권에서도 동일하게 설한다.³²⁰

② 한편에서는 말한다. "이 선정에서는 뛰어난 변연(勝遍緣)을 지니면서 이치에 맞게 사유하기 때문에 정려라고 이름한다. '뛰어남(勝)'이란 욕계를 배제한 것이고, '변연遍緣'이란 무색계를 배제한 것이며, '이치에 맞게 사유한다'는 것은 전도를 배제한 것이다. 능히 이러한 정定을 지니는 이러한 묘한 등지等持³²¹를 일컬어 '정려'라고 한다. 이 말은 지와 관을 평등하게 행하는 전도 없는 등지를 비로소 정려라고 이름했음을 나타낸 것이다."³²²

> 言釋名者。先通。後別。言通名者。薩婆多宗。如大婆沙百四十一。自有一釋。彼云。問。此四何緣說爲靜慮。答。靜謂寂靜。慮謂籌慮。此四地中。定慧平等。故稱靜慮。餘隨有闕。¹⁾ 不得此名。若依正理第七十三。²⁾ 自有兩釋。彼云。依何義故。立靜慮名。答。³⁾ 由依此寂靜。方能審慮故。審慮卽是實了知義。俱舍第二十八亦同。一云。此定持勝遍緣。如理思惟。故名靜慮。勝言簡欲界。遍緣簡無色。如理思惟。簡妄⁴⁾顚倒。能持此定。是妙等持。說名靜慮。此言顯示止觀均行無倒等持。方名靜慮。

---

318 『大毘婆沙論』권141(T27, 726c11).
319 『順正理論』권77(T29, 756c9).
320 『俱舍論』권28(T29, 145b11) 참조.
321 등지等持: 삼마지三摩地([S] samādhi)의 의역으로 '삼매'와 같은 말이다. 혼침과 도거를 떠났기 때문에 '등'이라 하고, 마음을 유지하여 하나의 경계에 머물게 하기 때문에 '지'라고 한다. 이 용어도 선정(定)의 다른 이름으로, 정심정心과 산심散心에 통용되고 유심정有心定에 국한해서 사용한다.
322 이것은 『順正理論』의 두 가지 해석 중에 두 번째에 해당하며, 같은 책 권77(T29, 756c14)의 '有說' 이하에 진술되었다.

1) ㉯『大毘婆沙論』권141(T27, 726c13)에 따르면, '闇'는 '闕'의 오기다. 2) ㉯ '三'은 '七'의 오기인 듯하다. 다음의 인용문은 『順正理論』권77에 해당한다. 3) ㉯『順正理論』에는 '答'이 없다. 4) ㉯『順正理論』권77(T29, 756c16)에 '妄'이 '異'로 되어 있고, 이를 따랐다.

『대비바사론』제80권에 의하면 본래 세 가지 해석이 있다. (정려란) 첫째로 능히 번뇌를 끊는 것(能斷結)이라 하거나, 둘째로 바르게 관하는 것(正觀)이라 하거나, 셋째로 (앞의) 두 가지 의미를 갖추는 것이라 한다. 따라서 그 논에서는 말한다.

어떤 의미에서 정려하고 이름하는가?
어떤 이는 다음과 같이 말한다. 〈능히 번뇌를 끊기 때문에 정려라고 이름한다.〉

문 모든 무색정도 또한 능히 번뇌를 끊으므로 정려라고 해야 하는가?

답 선정에서 능히 불선不善·무기無記 두 종류 번뇌를 끊는다면 (이 선정을) 정려라고 이름하는데, 모든 무색정에서는 오직 무기를 끊지 불선을 끊는 것은 아니므로 그것을 정려라고 이름하지 않는다.【'번뇌를 끊는 것'을 (정려라고 한 것에 대해) 다시 두 가지 해석이 있는데, 번거로울까 봐 진술하지 않겠다.³²³】³²⁴

---

323 '정려靜慮'를 '능히 번뇌를 끊는 것'으로 정의할 경우 몇 가지 의문이 제기될 수 있다. 이에 대해, 『大毘婆沙論』에서는 세 가지 문답으로 해명한다. 여기서는 뒤의 두 문답이 생략되었는데, 그 요지는 다음과 같다. ① 먼저 대론자는 만약 무기만 끊고 불선을 끊는 것은 아니므로 정려라고 하지 않는다면, 색계의 상지上地에서 불선의 번뇌를 끊는 것은 아니므로 오직 색계의 미지정未至定만 정려라고 해야 하지 않는가라고 반문한다. 이에 대해 논주는 다음과 같이 대답한다. 〈욕계의 번뇌를 바로 끊는 것은 미지정이지만, 상지에는 그것의 단대치斷對治는 없어도 그것의 염괴대치厭壞對治는 있으므로 '끊는다'고 한 것이다.〉 다시 반론자는 ② 그렇게 말한다면, 상지의 멸법지滅法智·도법지道法智 등은 욕계의 번뇌에 대한 단대치·염괴대치가 아니므로 정려에 속하는 것이 아니어야 한다고 반문한다. 이에 대해 논주는 다음과 같이 답한다. 〈그 선정이 욕계의 번뇌를 실제로 대치하는 일은 없지만, 그 욕계의 번뇌를 염괴대치할 수 있

다시 어떤 이는 〈능히 바르게 관하기 때문에 정려라고 이름한다.〉고 설하는 자가 있다.

문 그렇다면 욕계에 삼마지가 있어서 또한 능히 바르게 관하므로 정려라고 이름해야 할 것이다.

답 만약 삼마지가 선정의 이름과 선정의 작용을 갖추고 있고 능히 바르게 관하는 것이라면, 정려라고 이름한다. (그런데) 욕계의 삼마지는 선정이라는 이름을 갖고 있지만 선정의 작용은 없으니, 마치 진흙으로 된 징검다리에 ('다리'라는) 이름은 있지만 쓸모가 없는 것과 같다. 따라서 그것은 정려라고 하지 않는다.【'능히 바르게 관하는 것'을 (정려라고 한 것에 대해) 다시 세 가지 해석이 있는데, 번거로울까 봐 진술하지 않겠다.³²⁵】³²⁶

이와 같이 설하는 자들이 있다. 〈반드시 두 가지 의미를 갖추어야 비로소 '정려'라고 이름한다. 말하자면 능히 번뇌를 끊고, 능히 바르게 관하는 것이다.〉

욕계의 삼마지는 능히 바르게 관하기는 하지만 번뇌를 끊지는 못하고, 모든 무색정은 능히 번뇌를 끊기는 하지만 바르게 관하지는 못하니,³²⁷ 따라서 정려가 아니다. 다시 또 모든 무색정에는 고요함(靜)은 있어도 사려함(慮)은 없고, 욕계의 삼마지에는 사려함은 있어도 고요함은

는 힘을 갖고 있기 때문에 '끊는다'는 말을 할 수 있다.〉 자세한 설명은 『大毘婆沙論』 권80(T27, 411b29) 참조.
324 이상은 『大毘婆沙論』 권80(T27, 411b25) 이하의 내용을 요약한 것이다.
325 『大毘婆沙論』에는 '욕계의 삼마지에도 정관正觀이 있는데 그것을 정려라고 하지 않는 이유'가 제시되는데, 위의 인용문 이외에 전후로 세 가지 설명이 더 있다. 생략된 내용은 다음과 같다. ① 욕계에도 정관이 있지만 번뇌를 끊을 수 있는 정려는 아니다. ② 만약 정관이 견고하여 파괴되지 않고 소연의 경계에 계속해서 머물 수 있다면 정려라고 하지만 욕계의 삼마지는 그와 같은 공덕이 없다. ③ 만약 삼마지에서 마치 밀실의 등불처럼 바람에 의해 동요되지 않고 정관을 할 수 있다면 정려라고 하지만, 욕계의 삼마지는 쉽게 산란되므로 정려가 아니다. 『大毘婆沙論』 권80(T27, 411c26) 참조.
326 이상은 『大毘婆沙論』 권80(T27, 411c26) 이하의 내용을 요약한 것이다.
327 무색정에는 심尋·사伺와 같은 분별 작용이 사라지므로 정관正觀의 활동은 없다.

없는데, 색계의 선정에는 둘 다 있기 때문에 정려라고 이름한다. '정靜'이란 등인等引[328]을 말하고 '려慮'란 변관遍觀을 말하기 때문에 '정려'라고 이름한다.【'이 두 가지 의미'를 (갖추면 정려라고 한다는 것에 대해) 다시 두 가지 해석이 있는데, 번거로울까 봐 진술하지 않겠다.[329]】[330]

依大婆沙第八十卷。自有三釋。一能斷結。二是正觀。三具二義。故彼論云。以何義故。名爲靜慮。有作是說。以能斷結。故名靜慮。問。諸無色定。亦能斷結。應名靜慮。答。若定能斷不善無記二種結者。名爲靜慮。諸無色定。唯斷無記。非不善故。不名靜慮。【斷結中。更有兩釋。恐繁不述。】復有說者。以能正觀。故名靜慮。問。若爾。欲界[1]三摩地。亦能正觀。應名靜慮。答。若三摩地具有定名定用。能正觀者。名爲靜慮。欲界三摩地。雖有定名。而無定用。如涅[2]槃梁。有名無用。故非靜慮。【能正觀中。更有三釋。恐繁不述。】如是說者。要具二義。方名靜慮。謂能斷結。及能正觀。欲界三摩地。雖能正觀。而不能斷結。諸無色定。雖能斷結。而不能正觀。故非靜慮。復次。諸無色定。有靜無慮。欲界三摩地。有慮無靜。色定俱有。故名靜慮。靜謂等引。慮

---

328 등인等引 : 삼마희다三摩呬多([S] samāhita)의 의역으로서, 선정의 힘에 의해 신심의 조화롭고 평등한 상태가 이끌려 나온 것을 가리킨다. 이 용어도 선정의 다른 이름들 중의 하나인데, 단 '삼마희다'는 유심有心·무심無心의 정위定位에 국한해서 사용되고 산위散位에 대해서는 사용되지 않는다.
329 이상은 정려의 정의 가운데 '두 가지 의미를 갖춘다'고 한 것에 대해 설명한 것이다. 이 인용문 중간에 다음과 같은 내용이 생략되었다. 〈욕계의 삼마지와 무색정은 '단결斷結과 정관正觀'이라는 두 가지 요소를 완전하게 갖추지 못했거나 아예 결여되었다. 말하자면 ① 두루 관하고(遍觀) 두루 번뇌를 끊는(遍斷結) 것을 정려라고 하는데, 욕계의 삼마지는 두루 관할 수는 있지만 두루 번뇌를 끊지는 못하고, 모든 무색정에는 '두루 관하고 끊는다'는 두 가지 의미가 모두 없으므로 정려가 아니다. ② 일체의 번뇌를 고요하게 그치게 하고 일체의 소연에 대해 사려할 수 있어야 정려라고 하는데, 욕계의 삼마지에서는 일체의 소연을 사려할 수는 있지만 일체의 번뇌를 끊을 수는 없고, 모든 무색정에는 두 가지 의미가 모두 없으므로 정려가 아니다.〉『大毘婆沙論』권80(T27, 412a12) 참조.
330 이상은 『大毘婆沙論』권80(T27, 412a9) 이하의 내용을 요약한 것이다.

謂遍觀。故名靜慮。【是二義中。更有兩釋。恐繁不述。】

1) 역『大毘婆沙論』 권80(T27, 411c27)에 따르면, '界' 뒤에 '有'가 누락되었다. 2) 역『大毘婆沙論』 권80(T27, 412a5)에 '涅'가 '泥'로 되어 있다.

대승에 의하면, 그 뜻은 『순정리론』에서 첫 번째 '부차復次'에서 해석한 것과 동일하다.[331] 따라서 『유가사지론』 제33권에서는 "'정려'라는 것은, 하나의 소연에 계념[332]하여 적정寂靜해진 (상태에서) 바르고 자세히 사려思慮하기 때문에 '정려靜慮'라고 이름한다."[333]라고 하였다.

若依大乘。意同正理初復次釋。故瑜伽三十三云。言靜慮者。於一所緣。繫念寂靜。正審思慮。故名靜慮。

개별적 이름이란 초初·제2·제3·제4 (정려) 등을 개별적 이름이라 한다. 따라서 『순정리론』 제77권에서 말한다.

모든 정정려定靜慮[334]는 총상總相에는 차별이 없지만, 지地의 차이가 있음을 나타내기 위해 수에 의거해 이름을 표시하였다. 따라서 '초初'에

331 이하 『瑜伽師地論』 권33의 인용문에 따르면, 색계의 4선은 '적정寂靜과 자세한 사려(審思慮)'라는 두 가지 의미를 갖추기 때문에 '정려靜慮'라고 한 것이다. 이것이 『順正理論』 중에 처음의 '부차復次'에서 해석한 것과 같다고 하였다. 『順正理論』에는 실제로 '부차'라는 문구는 나오지 않지만, 이 책 권77의 두 가지 해석 중에 첫 번째 해석을 가리킨다. 그에 따르면, 색계의 4선을 유독 '정려'라고 한 것은, "이것의 적정에 의지해서 비로소 심려審慮할 수 있기 때문이다." 이 첫 번째 해석이 다음의 『瑜伽師地論』 권33의 해석과 동일하다.

332 계념繫念 : 하나의 경계를 전일하게 염念하면서 집중하는 것을 말한다.

333 『瑜伽師地論』 권33(T30, 467c7).

334 정정려定靜慮 : 『順正理論』에서는 색계의 사정려를 각기 정정려와 생정려生靜慮로 구분하였는데, 이 중에서 전자는 '인因으로서의 선정 자체'를 뜻하고, 후자는 그 선정을 닦음으로써 태어난 유정신有情身 즉 '과果로서의 정려'를 뜻한다. 『順正理論』 권77(T29, 756b19) 참조.

서 '제4'까지 설한 것이다.[335]

문 만약 선성善性에 포섭되는 심일경성心一境性(선정) 및 조반助伴[336]을 사정려라고 건립했다면, 어떤 상에 의거해서 초·제2·제3·제4의 정려를 건립한 것인가?

답 사伺와 희喜와 낙樂을 갖춘 것을 초정려라고 건립하였고, 점점 앞의 지支와 멀어질수록 제2정려·제3정려·제4정려라고 건립한다.[337] '사'와는 분리되고 둘이 있거나【제2정려는 '사'와 분리되고 '희'와 '낙' 두 가지만 있다.】 둘과는 분리되고 낙이 있거나【제3정려는 '사·희'와는 분리되고 '낙'만 있다.】 세 종류와 모두 분리된다.【제4정려는 '사'와 '희'와 '낙' 세 가지와 모두 분리된다.】 이와 같은 차례로 (건립하기) 때문에 심일경성을 네 종류로 구분한 것이다.

문 어찌 모든 정려에 '자慈' 등과 같은 특수한(不共) 명名·상想이 없겠는가? 그런데 지금은 단지 초初 등의 네 가지 수에만 의거해서 개별적 이름을 건립하는가?[338]

답 여기에도 특수한 명·상이 없는 것은 아니다. 그러나 오직 하나의 지地를 두루 포괄하는 이름이 없기 때문에 단지 수에 의거해 개별적 이름을 건립한 것이다.[339]

---

335 이상은 『順正理論』 권77(T29, 756b21) 이하의 내용을 요약한 것이다.
336 조반助伴 : 선정과 동시에 수반隨伴해서 일어나는 법들을 말한다.
337 색계의 정려는 '사伺'라는 분별 작용, 그리고 희수喜受·낙수樂受라는 감수感受 작용의 유무有無를 기준으로 색계의 정려를 네 종류로 구분하였는데, 하지下地는 세 가지 심소법을 모두 갖추지만 상지上地로 갈수록 개수가 점차 줄어든다.
338 '자慈·비悲·희喜·사捨'라는 특수한 명名과 상想에 의거해서 색계의 정려를 구분하면 또한 '자무량심' 등의 네 종류 무량심無量心이라는 명칭을 건립할 수도 있다. 그런데 왜 굳이 첫째·둘째 등과 같은 숫자를 써서 사정려를 구분했는가라고 묻고 있다.
339 이상의 두 문답은 『順正理論』 권77(T29, 756b16) 이하의 내용에 의거해서 재구성한 것이다.

言別名者。初二三四。名爲別名。故順正理七十七云。諸定靜慮。總相無別。
爲顯地異。就數標名。故說爲初乃至第四。問。若善性攝心一境性幷伴立
爲四靜慮者。依何相立初二三四。答。具伺喜樂。建立爲初。漸離前支。立
二三四。離伺有二。【第二靜慮。離伺。有喜樂二。】離二有樂。【第三靜慮。離伺
喜二但。有其樂。】具離三種。【第四靜慮。離伺喜樂三。】如是次第。故一境性。
分爲四種。問。豈諸靜慮無如慈等不共名相。[1] 而今但就初等四數。建立別
名。答。此中非無不共名相。[2] 然無唯遍攝一地名。故但就數。以爲別名。

1) ㉻『順正理論』권77(T29, 756b17)에 '相'이 '想'으로 되어 있다.   2) ㉻『順正理論』
권77(T29, 756b18)에 '相'이 '想'으로 되어 있다.

『구사론』도 동일하게 설한다.[340] 또『구사론』의 게송에서는 "처음은 사伺
와 희喜와 낙樂을 갖추고, 뒤로 갈수록 점점 앞의 지支에서 떨어진다네."[341]
라고 하였다.

문 어째서 게송에서 '심尋을 갖춘다'고 설하지 않았는가?[342]

해 예를 들면『구사론』에서 말한다. "이에 따라 또한 심尋의 의미를 갖
추고 있음을 이미 밝힌 셈이니, 마치 연기와 불의 관계처럼 (초정려에서
'사伺'는 '심'과) 반드시 구행俱行하기 때문이다. 즉 '사'가 (있을 때) 희喜·
낙樂은 있는데도 '심'과 구행하지 않는 경우는 있지 않다.[343]"[344]

---

340 『俱舍論』권28(T29, 145b22)에서도 사伺와 희喜와 낙樂의 유무有無를 기준으로 삼아
초정려 등 네 종류 정려를 건립한다고 하는데, 그 설명의 취지는 위의『順正理論』의
그것과 거의 동일하다.
341 『俱舍論』권28(T29, 145a24).
342 초정려는 심尋·사伺라는 분별 작용, 희喜·낙樂 등의 감수感受 작용이라는 네 가지 지
支를 모두 갖춘다. 그런데『俱舍論』의 게송에서 '사와 희와 낙'은 언급했지만 '심尋'은
언급하지 않았기 때문에 이와 같이 질문한 것이다.
343 '사伺'라는 분별 작용이 있고 또한 희喜와 낙樂 두 가지 감수 작용이 있다면, 이것은
초정려에 해당하기 때문에 반드시 '심尋'도 있는 것이다. 논주가 이와 같이 말한 것은,
초정려가 '심도 있고 사도 있는(有尋有伺) 선정'이기 때문이다. 초정려와 제2정려의 중
간에는 거친 분별 작용인 '심'은 사라지고 미세한 분별 작용인 '사'만 존재하다가(無尋

『대비바사론』제141권에서는 말한다. "사정려란 초정려에서 제4정려까지를 말한다. 어떤 이는 설하길, '심尋·희喜·낙樂·사捨와 상응하는 정려를 차례대로 사정려로 삼는다'고 한다."³⁴⁵

이제 대승에 의하면, 수에 의거해서 이름을 나열하니, (이는) 『순정리론』과 동일하다. 따라서 『유가사지론』에서는 순차의 수(順次數)에 의거해서 초정려에서 제4정려라고 이름한 것이라고 하였다.³⁴⁶

俱舍亦同。又俱舍頌云。初具伺喜樂。後漸離前支。問。如何頌中。不說具尋。解云。如俱舍論。由此已明亦具尋義。必俱行故。如煙與火。非伺有喜樂而不與尋俱。若依婆沙百四十一云。四靜慮者。謂初靜慮。乃至第四靜慮。有說。尋喜樂捨相應靜慮。如次爲四。今依大乘。就數列名。同順正理。故瑜伽云。依順次數。說名爲初乃至第四。

(정려의) 체를 나타내면 다음과 같다.

살바다종은, 예를 들어 『대비바사론』 제80권에서는 '네 종류 정려는 각기 자지自地의 선善·염染·무부무기無覆無記의 오온을 자성으로 삼는다'고 하였다.³⁴⁷

唯伺), 제2정려부터는 '사'마저 사라진다(無尋無伺). 요컨대, 초정려에서는 심·사가 함께 일어나고, 제2정려부터는 심·사 모두 사라지기 때문에 '사'라는 심소가 있다면 '심'도 있는 것이라고 하였다.

344 『俱舍論』 권28(T29, 145b23).
345 『大毘婆沙論』 권141(T27, 726c7).
346 『瑜伽師地論』 권33(T30, 467c6) 참조.
347 색계의 정려를 오온五蘊의 법체法體로 나타내자면, 색계의 각각의 자지自地에 속하는 색色·수受·상想·행行·식식이라고 말할 수 있다. 이와 대조해서 무색계의 선정은 색온色蘊이 배제되므로 '그 밖의 4온을 자성으로 삼는다'고 한다. 그런데 가령 『品類足論』에서 '사정려란 오직 선善의 오온五蘊을 체로 삼는다'고 설했던 것을 염두에 두고, 이 『大毘婆沙論』에서는 그러한 의문(疑)을 풀어 주기 위해 "사정려는 선과 염오染汚와 무부무기無覆無記에 통한다."라고 설하였다. 『大毘婆沙論』 권80(T27, 411b14) 참조.

또 『대비바사론』 제141권에서는 말한다. "사정려의 체에 본래 두 종류가 있으니, 첫째는 수행으로 획득된 것(修得)이고 둘째는 태어나면서 획득된 것(生得)이다. '수행으로 획득된 것'이란 그 지地에 포섭되는 심일경성心一境性(定)이고, 만약 조반助伴(동시에 수반하는 법들)까지 아울러 말하면 오온을 자성으로 삼는다. '태어나면서 획득된 것'은 지가 계박된 곳에 수반되는 그 밖의 오온을 자성으로 삼는다.[348][349]

『구사론』 제28권과 『순정리론』 제77권에서 설한 뜻도 『대비바사론』과 동일하다.

이제 대승에 의하면 『대비바사론』과 거의 동일하다. (즉 사정려에는) 생生과 정定이 있으니,[350] '생'은 선·염·무기의 오온을 자성으로 삼고, '정'[351]은 유루와 무루의 오온을 자성으로 삼는다.

> 言出體者。薩婆多宗。如大婆沙第八十卷。四種靜慮。各以自地善染無覆無記五蘊爲性。又婆沙論一百四十一云。四靜慮體。自[1]有二種。一修得。二生得。修得者。卽彼地攝心一境性。若幷助伴。等[2]五蘊性。生得者。隨地所繫餘五蘊爲性。俱舍二十八。正理七十七。意同婆沙。今依大乘。大同婆沙。有生及定。生卽善染無記五蘊爲性。善[3]用有漏無漏五蘊爲性。

---

348 색계色界의 상지에서 몰하여 하지에 태어나거나 하지에서 몰하여 상지에 태어날 때 그 태어난 지지에 속하면서 수반隨伴하는 오온을 일컬어 '사정려의 생득적 체體'라고 한다는 것이다.
349 『大毘婆沙論』 권141(T27, 726c8) 참조.
350 정려靜慮는 선정 자체인 정정려定靜慮와 그 선정을 닦아서 획득되는 과보로서의 생정려生靜慮로 구분된다. 이 정려에 대한 설명은 직전에 인용된 『大毘婆沙論』에서 말한 것과 같다. 그에 따르면, 정려의 체는 '수행으로 획득되는 것(修得)'과 '생득적인 것(生得)'으로 구분된다. 전자는 해당하는 지지의 선정(定 : 혹은 心一境性) 자체를 가리키고, 후자는 그 지에 수반되는 그 밖의 오온을 가리킨다.
351 여기서는 사정려의 체를 생生과 정定으로 구분하였다. 앞의 '生卽善染無記五蘊爲性'이라는 문구는 '생'을 설명한 것이고, 뒤의 '善用有漏無漏五蘊爲性'이라는 문구는 '정'을 설명한 것이다. 따라서 뒤의 문구 중에 첫 글자 '善'을 '定'으로 수정하였다.

1) ⓔ『大毘婆沙論』 권141(T27, 726c8)에 '自'가 '此'로 되어 있다. 2) ⓔ『大毘婆沙論』 권141(T27, 726c10)에 따르면, '等'은 '卽'의 오기다. 3) ⓔ '善'은 '定'인 듯하다. 해당 번역문 역주 참조.

(＊ 사무색정四無色定을 설명함)

사무색정에 대해 대략 두 문으로 분별하겠다. 첫째로 이름을 해석하고, 둘째로 체성을 제시하겠다.

四無色定。略以二門分別。一釋名字。二出體性。

이름을 해석한다고 했는데, 앞은 공통적 이름이고 나중은 개별적 이름이다.
공통적 이름이란 (다음과 같다.)
살바다종에 따르면, 『순정리론』 제77권에서 설한 것처럼 세 가지 의미가 있다. 첫째 '제약制約'의 뜻이고, 둘째 아울러 '극極'의 뜻도 나타내며, 셋째 아울러 '유有'의 뜻도 나타낸다. 따라서 그 논에서는 말한다.

> 어떤 의미에서 '무색無色(Ⓢ arūpya)'이라는 이름을 건립했는가?
> '로파嚕波(Ⓢ rūpya)'라는 말은 '변하거나 보이는 것(可變示)'[352]이라는 뜻을 나타낸다. '변하거나 보이는 것'이라는 뜻에 의해 '색'이라 이름한 것이다.
> '아阿(Ⓢ a)'라는 말은 '능히 제약한다(能制約)'는 뜻을 나타낸다. 생사의

---

352 색色(Ⓢ rūpya)에 대해 '변하거나 보이는 것(可變示)'이라는 뜻으로 정의하였다. 여기서 '변變'이란 '변애變礙'를 뜻하니, 즉 극미가 적집해서 머물기 때문에 물리적 장애와 변화가 있는 것을 말한다. 또 '시示'란 '시현示現'을 뜻하니, 즉 이곳에 있음과 저곳에 있음의 차이를 나타내 보이는 것을 뜻한다. 『順正理論』 권2(T29, 337c22~27), 같은 책 권4(T29, 348b23~27) 등 참조.

바다에서 또한 잠시 색을 제약하는 처소가 있음을 나타내기 위해, '제약'이라는 의미에서 '무無'라고 이름하였다. 그 계界에서는 '변하거나 보이는 것(變示)'을 제약함에 따라, '무색無色'이라는 의미에서 '아로파阿魯波'라고 하였다.[353]

혹은 이 '아'라는 말은 '극極'의 의미를 아울러 나타낸 것이다. 비록 그 밖의 계에도 '변하지도 보이지도 않는 법(不可變示法)'이 있기는 하지만, 무색계는 변하지도 보이지도 않는 것 중의 극한(極)이고, 여기에 있거나 저기에 있는 (것으로 드러나는) 소의所依인 모든 색들이 없기 때문이다.

혹은 이 '아'라는 말은 '있음(有)'이라는 뜻을 아울러 나타낸다. 이 계는 오직 '색이 없다(色無)'고만 하는 것을 차단하기 위해 '아'라는 말을 설하여 '무색이 있음(有無色)'을 나타낸 것이다.[354] 말하자면 세간에도 오직 부정의 언어(遮言)도 있지만 또한 능히 부정하면서(遮) 아울러 긍정(表)하는 말도 있음을 볼 수 있다. 어떻게 이것이 단지 부정인 것만은 아님을 나타낼까 하여, 따라서 '아'라는 말을 설하여 부정과 긍정을 함께 나타낸 것이다.[355]

『현종론』에서도 동일하게 말한다.
『대비바사론』 제141권에서는 말한다. "문 어째서 이 네 가지를 '무색'이

---

353 이에 따르면, '무색無色'이란 '변하고 보이는 것을 제약한다(制約變示)'는 뜻이다.
354 '무색無色'이라는 말에서 '무無'는 단지 'A가 없음(無A)'만을 뜻한다면 이는 차전遮詮(부정)에 해당한다. 그러나 '무색'이란 말은 'A가 없다(無A)'고 부정하는 말이자 그와 동시에 '無A의 있음'을 긍정하는 말이기도 하다는 것이다.
355 『順正理論』 권77(T29, 757a20). 이 논에는 이어서 "만약 이와 다르다면 마땅히 '아裒([S] a)'라는 말을 설해야 할 것이다. 혹은 이 계에 전혀 색이 있지 않으니 이치상 '아-로파裒魯波([S] arūpya)'라는 이름을 건립해야 한다. 그런데 여기서 아로파阿魯波([S] arūpya)라고 이름한 것은 아-로파의 체를 아로파라고 이름한 것이다. 말에 비록 단음과 장음이 있지만 의미상으로 차이가 없다.(若異此者。應說裒聲。或此界中。都無有色。理應建立裒魯波名。然此名爲阿魯波者。裒魯波體。名阿魯波。聲雖短長。而義無別。)"

라 이름했는가? 답 이 네 개의 지地에서는 모든 유색有色의 법을 넘어서 있기 때문에, 모든 유색의 법을 저해하기 때문에, 색법이 여기에서 생하는 것은 허용되지 않기 때문에, '무색'이라 이름하였다."[356]

言釋名者。先通。後別。言通名者。薩婆多宗。如順正理第七十七。有其三義。一制約義。二兼顯極義。三兼顯有義。故彼論云。依何義故。立無色名。魯彼[1]言顯可變示義。依可變示。說名爲色。阿言。卽顯能制約義。爲欲顯示生死海中。亦有蹔時制約色處。依制約義。說名爲無。由彼界中。制約變示。依無色義。名阿魯彼[2]。或此阿言。兼顯極義。雖於餘界。亦有不可變示法。而無色界。是不可變示中極。無在此在彼所依諸色故。或此阿言。兼顯有義。爲遮此界唯是色無。故說阿言。顯有無色。謂世亦有唯是遮言。亦見有能遮而兼表。如何顯此非但是遮。故說阿言。具顯遮表。顯宗亦同。若依婆沙一百四十一云。問。何故此四說名無色。答。此四地中。超過一切有色法故。違害一切有色法故。色法於此。無容生故。說名無色。

1) ㉻『順正理論』권77(T29, 757a21)에 '彼'가 '波'로 되어 있다.　2) ㉻『順正理論』권77(T29, 757a24)에 '彼'가 '波'로 되어 있다.

개별적 이름이란 (다음과 같다.)

살바다종에 따르면, 최초의 공처정空處定은 『대비바사론』 제84권에서 네 번의 '부차復次'로 해석한 것과 같다. 그 논에서는 말한다.

① 단지 가행으로 말미암은 것이기 때문에 '공무변처정空無邊處定'이라 이름한다. 말하자면 초업자初業者는 먼저 담장이나 나무나 벼랑이나 집 등에서의 모든 허공의 상을 사유해야 하고, 이 상을 취하고 나서 가상假

---

356 『大毘婆沙論』 권141(T27, 726c26).

想의 승해勝解로 무변한 허공의 상을 관찰하고 비춘다.[357] 먼저 무변한 허공의 상을 사유하면서 가행을 닦는데, 연속해 가면 최초의 무색정無色定을 이끌어 내게 된다. 따라서 이것을 설하여 '공무변처'라고 이름한 것이다.

② 다시 또 자연스럽게(法爾) 최초로 색色을 멀리 떠나는 지地를 '공무변처'라고 이름한다.

③ 다시 또 자연스럽게 최초로 색에서 해탈하는 지를 '공무변처'라고 이름한다.

④ 다시 또 등류과等流果(무변한 허공상)에 의거해서 이 선정을 '공무변처'라고 이름한 것이다.[358] 말하자면 유가사瑜伽師는 이 선정에서 나올 때 반드시 '허공과 유사한 상(相似空想)'을 일으켜서 현전시키는데, 일찍이 (다음과 같은 이야기를) 들은 적이 있다. 〈한 필추가 이 선정에서 나와 곧 두 손을 들어 허공을 더듬었다. 어떤 이가 보고는 '그대 어디를 찾습니까'라고 물었다. 필추는 '나는 내 몸을 찾는다'고 대답했다. 그가 '그대 몸은 평상 위에 있는데 어째서 다른 곳에서 자기 몸을 찾습니까'라고 말했다.〉 따라서 이 (선정에서) 나올 때는 허공의 상상을 일으키니, 이 상은 곧 이전 선정의 등류等流[359]이다. 그러므로 '공무변처'라고 이름

---

357 예를 들어 담장이나 나무나 벼랑이나 집 등은 색色(물질)이지만 그 색과 함께 존재하면서 그 자체는 색에 속하지 않는 것이 있다. 그것이 바로 '허공'이다. 이 허공의 체는 색과 함께 존재하는데 색의 없음(色無)에 의해서만 비로소 현현된다. 색에서 출리出離하려는 관행자觀行者가 가행위加行位에서 담장 등과 같은 사물에서의 허공의 상을 사유하면서, 그렇게 연속해서 사유하다 보면 '공무변처空無邊處'라는 최초의 무색정無色定을 일으키게 된다.『順正理論』권77(T29, 758b12) 참조.

358 시간적으로 연속되는 전후 찰나의 관계에서 다음 찰나의 '과'는 전 찰나의 '인'과 더불어 그 성질이 동등한 부류이기 때문에 그 과를 일컬어 '등류과等流果'라고 한다. 그런데 선정에서 나올 때 요가수행자에게 현전한 '무변한 허공의 상(無邊虛空想)'은 선정이라는 인因에서 생겨난 과果이기 때문에 그 무변한 허공상을 일컬어 '등류과'라고 하였다. 위의 해석에 따르면, 그 '과(허공상)'에서 이름을 따서 '인'에 해당하는 선정을 일컬어 '공무변처'라고 했다는 것이다.

359 선정의 등류等流 : 앞의 각주 358 참조.

한 것이다.[360]

구체적으로 설하면 그 논과 같다.
『구사론』에 의하면, 그 뜻은 『대비바사론』에서 처음의 '부차復次'로 해석한 것과 동일하다.[361] 『순정리론』과 『현종론』에 의하면, 그 뜻은 『대비바사론』에서 처음의 세 가지 '부차'로 해석한 것과 동일하다.[362]

言別名者。薩婆多宗。初空處定。如婆沙論第八十四四復次釋。彼云。但由加行。名空無邊處定。謂初業者。先應思惟墻上樹上[1]舍上等諸虛空相。取此相已。假想勝解。觀察照了無邊空相。以先思惟無邊空相。而修加行。展轉引起初無色定。故說此名空無邊處。復次。法爾初遠離色地。名空無邊處。復次。法爾初解脫色地。名空無邊處。復次。依等流故。說此定名空無邊處。謂瑜伽師。從此定出。必起相似空想現前。曾聞苾芻出此定已。便擧兩手。捫摸虛空。有見問言。汝何所覓。苾芻答曰。我覓自身。彼言。汝身卽在林[2]上。如何餘處更覓自身。故從此出。起虛空想。此想卽是前定等流。是故名爲空無邊處。具說如彼。若依俱舍。意同婆沙初復次釋。若依正理

---

360 이상은 『大毘婆沙論』 권84(T27, 432c24) 참조.
361 첫 번째 해석에 따르면, '공무변처空無邊處'라는 이름은 '가행加行'에 의거해서 건립한 것이다. 말하자면 가행위加行位에서 무변한 허공의 상을 연속해서 사유함으로써 최초로 이끌려 나온 무색정을 일컬어 '공무변처'라고 한다. 이와 마찬가지로 『俱舍論』 권28(T29, 146b6)에서는 "空無邊等……下三無色。如其次第。修加行時。思無邊空及無邊識無所有故。建立三名。"이라고 하였다.
362 『順正理論』 권77(T29, 758b12~23)에서는 "何故別名空無邊等。且前三種。名從加行。修加行位。思無邊空。及無邊識無所有故。① 若由勝解思惟無邊空。加行所成。名空無邊處。……故加行位。思惟虛空。成時隨應亦緣餘法。但從加行。建立此名。② 有餘師說。初離色地。創違色故。假立空名。③ 有餘復言。諸觀行者。由解脫色。即於此地受等蘊中。多住空想。依此建立空無邊名。"이라고 하였다. 여기에 나온 세 가지 해석(①·②·③)은 위의 『大毘婆沙論』 세 가지 해석(①·②·③)과 차례로 대응된다. 그런데 『順正理論』의 이역본인 『顯宗論』 권38(T29, 964c6~15)에는 첫 번째 해석(①)만 나오고, 두 번째(②)와 세 번째(③) 해석은 나오지 않는다.

及顯宗論。意同婆沙初三復次。

1) ㉡『大毘婆沙論』권84(T27, 432c28)에는 '上' 다음에 '崖上'이 있다. 2) ㉡『大毘婆沙論』권84(T27, 433a12)에 따르면, '林'은 '床'의 오기다.

식무변처識無邊處라고 한 것은『대비바사론』에서 두 번의 '부차復次'로 해석한 것과 같다. 그 논에서는 말한다.

　　①　단지 가행으로 (말미암은) 것을 '식무변처정識無邊處定'이라 이름한다.……말하자면 초업자는 먼저 청정안淸淨眼 등 여섯 종류 식識의 상相을 사유해야 하는데, 이 상을 취하고 나서 가상假想의 승해勝解로 무변한 식의 상을 관찰하고 비춘다. 먼저 무변한 식의 상을 사유하면서 가행을 닦는데, 연속해 가면 제2의 무색정을 이끌어 내게 된다. 따라서 이것을 '식무변처'라고 이름한 것이다.
　　②　다시 등류等流에 의거해서 이 선정을 '식무변처'라고 이름한다.[363] 말하자면 유가사는 이 선정에서 나올 때 반드시 '식과 유사한 상(相似識想)'을 일으켜서 현전시키니, 즉 식의 상을 관하면서 기뻐하며 머문다. 그러므로 이것을 '식무변처'라고 이름한다.[364]

구체적으로 설하면 그 논과 같다.
『구사론』도 의미상으로 (『대비바사론』의) 첫 번째 해석과 동일하게 설한다.[365] 『순정리론』과『현종론』도 모두『대비바사론』과 동일하게 설한다.[366]

363　이 선정(因)에 의해 산출된 등류과等流果인 '무변한 식의 상(無邊識相)'을 들어서 이 선정에다 '식무변처'라는 이름을 붙였다는 것이다.
364　『大毘婆沙論』권84(T27, 433a25).
365　『俱舍論』권28(T29, 146b)에 따르면, 공무변처空無邊處와 식무변처識無邊處와 무소유처無所有處 등 무색계의 세 종류 선정의 이름은 모두 '가행加行'에 의거해서 건립한 것이다.

言識無邊處者。依婆沙論。兩復次釋。彼云。但由加行。名識無邊處定。謂初業者。先應思惟淸淨眼等六種識相。取此相已。假想勝解。觀察照了無邊識相。以先思惟無邊識相。而修加行。展轉引起第二無色定。故說此名識無邊處。復次。依等流故。說此定名識無邊處。謂瑜伽師。從此定出。必起相似識想現前。謂於識相觀悅而住。是故名爲識無邊處。具說如彼。俱舍意同初復次釋。正理顯宗並同婆沙。

무소유처無所有處란, 『대비바사론』에서 다섯 번의 부차復次로 해석한 것과 같다. 그 논에서는 말한다.

① 문 이것은 어째서 무소유처라고 이름하는가? 답 여기에는 아我도 없고 아소我所도 없기 때문이다. 문 모든 지地에 '아'와 '아소'가 없는데 어째서 유독 이것만 무소유처라고 이름하는가? 답 그 밖의 지에서 능히 아집我執 및 아소집我所執이 약해지고 옅어지거나 그 세력이 감소되도록 해도 이 지地만 한 것은 없기 때문에 이것만 유독 '무소유처'라고 이름한 것이다.

② 다시 또 이 지에는 '진실하거나 항상하거나 변이하지 않는 법'은 없고, 상견常見을 줄이고 굴복시키는 것이 그 밖의 모든 지보다 뛰어나기 때문에 이것만 유독 '무소유처'라고 이름한 것이다.

③ 다시 또 이 지에는 이를 곳(所趣)이자 돌아갈 곳(所皈)인 옥사屋舍나

---

366 『順正理論』 권77(758b23~c2)에서는 "① 若由勝解思惟無邊識加行所成。名識無邊處。謂於純淨六種識身。能了別中善取相已。安住勝解。由假想力思惟觀察無邊識相。由此加行爲先所成。隨其所應亦緣餘法。但從加行建立此名。② 有餘師言。由意樂故及等流故。建立此名。謂瑜伽師。將入此定。先起意樂緣無邊識。從此定出。起此等流識相。最爲可欣樂故。將入已出俱緣識境。"이라고 하였다. 여기에 나온 두 가지 해석(①·②)은 차례로 『大毘婆沙論』의 두 가지 해석(①·②)과 서로 대응된다. 그런데 『順正理論』의 이역본 『顯宗論』 권38(T29, 964c15~19)에는 첫 번째 해석(①)만 나온다.

택실室宅처럼 능히 구호해 주는 것들은 없고, 교만과 해태懈怠(게으름)와 방일放逸을 굴복시키는 것이 그 밖의 모든 지보다 뛰어나기 때문에 이것만 유독 '무소유처'라고 이름한 것이다.

④ 다시 또 이 지에는 무변한 행상(無邊行相)이 없어지고 처음으로 그런 행상을 버리기 때문에 이것만 유독 '무소유처'라고 이름한 것이다.

⑤ 존자尊者 세우世友는 다음과 같이 말한다. 〈이 선정에서는 능히 거두는 것(能攝)과 거두어지는 것(所攝)의 행상이 일어나지 않기 때문이다. 마치 '나에게 처處가 있거나 시時가 있거나 소속되는 사물이 있는 것은 아니고 또한 처와 시와 사물이 내게 속하는 것도 없다'고 말하는 것과 같다. 따라서 이것만 '무소유처'라고 이름한다.〉[367]

구체적으로 설하면 그 논과 같다.

『순정리론』에서는 말한다. "승해勝解로 말미암아 모든 소유所有를 버리고자 하는 가행에 의해 성취된 것을 '무소유처'라고 한다. 말하자면 무변한 행상(無邊行相)의 거친 움직임을 보고 그것을 싫어하여 버리고자 하여 이런 가행을 일으키는 것이다. 그러므로 이 처處를 '가장 뛰어나게 버림(最勝捨)'이라 이름한다. 이곳에서는 다시는 무변한 행상을 즐겨 일으키지 않고, 마음이 소연에서 모든 소유를 버리고 고요하게 머물기 때문이다."[368]

『현종론』에서도 동일하게 설한다.[369]

> 無所有處者。依婆沙論五復次釋。彼云。問。此何故名無所有處。答。此中無我無我所故。問。一切地中。無我我所。何獨此名無所有處。答。無有餘

---

367 『大毘婆沙論』 권84(T27, 433b9).
368 『順正理論』 권77(T29, 758c2~6).
369 『顯宗論』 권38(T29, 964c19~23) 참조.

地能令我執及我所執羸劣穿薄勢力減少如此地者。故此獨名無所有處。復次。此地無有眞實常恒不變易法。損伏常見。勝諸餘地。故此獨名無所有處。復次。此地無有所趣所皈屋舍室宅。能爲救護。摧伏憍慢懈怠放逸。勝諸餘地。故此獨名無所有處。復次。此地中無無邊行相。初捨彼相。故此獨名無所有處。尊者世友。作如是說。於此定中。無能所攝行相轉故。如說非我有處有時有所屬物。亦無處時物屬我者。故此獨名無所有處。具說如彼。正理論云。若由勝解。捨一切所有加行所成。名無所有處。謂見無邊行相麤勤。[1] 爲欲厭捨。起此加行。是故此處。名最勝捨。以於此不復樂作無邊行相。心於所緣。捨諸所有。寂然住故。顯宗亦同。

---

1) ⓨ『順正理論』권77(T29, 758c3)에 따르면, '勤'은 '動'의 오기다.

비상비비상처非想非非想處라고 한 것은, 『대비바사론』에 오직 하나의 해석이 있으니, 그 논에서는 말한다.

문 이것은 어째서 비상비비상처라고 이름했는가?
답 이 지地에는 명료상明了想의 모습이 없고 또한 무상無想의 모습도 없기 때문에 '상想도 아니고 비상非想도 아닌 처'라고 이름하였다. '명료상의 모습이 없다'고 한 것은 가령 일곱 종류 지地의 유상정有想定과 같지 않기 때문이고,[370] '또한 무상의 모습도 없다'고 한 것은 가령 무상정無想定·멸진정滅盡定과 같지 않기 때문이다.[371] 이 지의 상상은 암둔하고

---

370 색계의 제4선(無想定)을 제외한 나머지 3정려와 사무색정 등은 아직은 상상이 존재하는 선정이므로 '유상정有想定'이라 한다. 이러한 유상정처럼 명료한 상상이 있는 것은 아니기 때문에 '비상非想'이라 하였다.
371 무상정無想定은 색계의 제4선禪에 속하는데, 범부와 외도들은 이 선정을 닦아서 색계의 무상천無想天에 나는 과보를 얻으면 이것을 참된 깨달음의 경계라고 오인한다. 멸진정滅盡定은 불환과不還果 이상의 성자聖者가 닦는 선정으로 무색계의 맨 꼭대기에 있는데, 이것을 닦음으로써 무색계의 꼭대기인 유정천有頂天에 태어난다. 이러한 무상정과 멸진정은 일체의 심상心想이 전혀 일어나지 않는 선정이다. 이 두 가지 선정

미약해서 명료하지도 않고 결정하지도 않기 때문에 '비상비비상처'라고 이름하였다.[372]

『구사론』과 『순정리론』과 『현종론』의 뜻은 『대비바사론』과 동일하다.[373] 또 『순정리론』에서는 말한다. "이 사무색정을 모두 '처處'라고 한 것은, 모든 존재(諸有)들이 생장하는 처이기 때문이다. 말하자면 이 네 처에서는 '무유無有가 있다'고 여기면서[374] 종종의 업과 번뇌를 생장시키기 때문에, 그 (무유가) 열반이라고 허망하게 헤아리는 것을 깨뜨리기 위해 부처님께서는 '유有를 생장시키는 처'라고 설하신 것이다."[375]

言非想非非想者。依婆沙論。唯有一釋。彼云。問。此何故名非想非非想處。答。此地中無明了想相。亦無無想相。故名非想非非想處。無明了想相者。非如七地有想定故。亦無無想相者。非如無想及滅定故。由此地想。闇鈍羸劣。不明了不決定。故名非想非非想處。俱舍正理及顯宗論。意同婆沙。又正理云。此四無色。皆言處者。以是諸有生長處故。謂此四處爲有無有。生長種種業煩惱故。爲破妄計彼是涅槃。故佛說爲生長有處。

처럼 상상이 전혀 없는 것(非想)은 아니기 때문에 '비비상非非想'이라 하였다.
372 『大毘婆沙論』 권84(T27, 433c3).
373 『俱舍論』 권28(T29, 146b9~11)에는 "명료하고 뛰어난 상이 없기 때문에 '비상'이라는 이름을 획득하고, 어둡고 미약한 상은 있기 때문에 '비비상'이라 이름한다.(謂無明勝想。得非想名。有昧劣想故。名非非想)"라고 하였다. 『順正理論』 권77(T29, 758c6~10), 『顯宗論』 권38(T29, 964c23~27) 등에서도 이와 동일하게 설한다.
374 원문은 "謂此四處爲有無有~"라고 되어 있는데, 그 의미를 정확히 알 수 없다. 단, 이 문구는 4무색처가 '모든 존재의 생장처(諸有生長處)'라고 했던 것에 대한 설명이다. 여기서는 이 4처가 무유애無有愛(涅槃眞空에 대한 탐착)의 대상이 됨으로써 종종의 업과 번뇌를 생장시킨다는 의미로 보았기 때문에 "이 네 처에 무유無有가 있다고 여기면서~"라고 해석하였다. 이때 '무유'는 모든 것이 사라진 상태, 즉 열반·진공이라 집착되는 것을 가리킨다.
375 『順正理論』 권77(T29, 758c16).

대승종에 의하면, 『유가사지론』 제33권에서 설한 것과 같다.

다시 또 허공에 대해 승해를 일으키기 때문에, 모든 청靑·황黃·적赤·백白 등과 상응하는 현색顯色[376]의 상상이 현현하지 않음에 따라, 또 욕欲을 싫어하여 떠남에 따라, 모두 그것을 초월한다.……이와 같은 유색有色·유대有對의 갖가지 상상을 제거하고 나서 무변無邊한 모습의 허공에 대한 승해를 일으킨다.……이미 근분정近分定[377]의 가행구경작의加行究竟作意[378]를 초월함에 따라 상지의 근본정根本定인 가행구경과작의정加行究竟果作意定[379]에 들어가게 된다.……여기에서는 근분정에 (의지하거나) 내지는 아직 상지의 근본정에 들지 못한 선정에 의지해서 오직 허공을 반연하는 것임을 알아야 한다. 만약 상지의 근본정을 이미 획득했다면, 또한 허공을 반연하기도 하고 또한 자지自地의 모든 온蘊들을 반연하기도 한다. 또 근분정에서 또한 하지의 모든 온을 반연하기도 한다.

---

[376] 현색顯色(S Varṇa-rūpa) : 눈으로 파악되는 경계를 색깔과 모양으로 구분했을 때, 색깔을 본질로 하는 색법을 현색이라 하고, 모양을 본질로 하는 색법을 형색形色이라 한다. 현색에는 청, 황, 적, 백, 구름, 연기, 티끌, 안개, 그림자, 햇빛, (햇빛 이외의) 밝음, 어두움의 12가지가 있다. 이 가운데 청·황·적·백의 4종은 본색이며, 나머지 8종은 이 4색의 차별로 나타난 색이다.

[377] 근분정近分定 : 본격적 선정(根本定)에 들기 직전의 예비 단계로서 색계4선과 무색계4선에는 각기 이런 예비적 단계가 있는데, 특히 초선의 경우는 아직 욕계를 벗어나기 전 단계이므로 '미지정'이라 한다.

[378] 가행구경작의加行究竟作意 : 『瑜伽師地論』 권33(T30, 466c13) 등에서 분류한 7종 작의作意 중의 하나로서, 초정려初靜慮에 들기 전의 가행도(근분정)에서 이미 모든 번뇌의 대치를 이미 다 끝마쳤을(究竟) 때 생기하는 작의이므로 이것을 일컬어 '근분近分의 가행구경작의'라고 하였다.

[379] 가행구경과작의정加行究竟果作意定 : '근본'이란 근본정根本定을 말하며, 예비 단계인 근분정近分定을 거친 다음에 들어가는 색계4선과 무색계4선의 본격적 선정을 가리킨다. 앞서 말한 '가행구경작의'가 인연이 되어 곧바로 근본정의 초정려初靜慮定에 증입證入해 들어가는데, 이 근본정의 초정려과 동시에 현행하는 작의를 '가행구경과작의加行究竟果作意'라고 하고, 근본정의 초정려는 그 작의와 상응하는 선정이므로 '가행구경과작의정'이라 하였다. 『瑜伽師地論』 권33(T30, 466c20) 참조.

다시 또 이 식이 무변한 허공에 대해 승해를 일으킴에 따라, 이 식이 무변한 허공의 상에 대한 승해와 상응한다는 것을 알아야 한다. 만약 식무변처識無邊處에 들어가고자 한다면 먼저 허공무변처虛空無邊處의 상상을 버리고 저 식識에 대해 다음으로 '(식)무변'의 행상에 대한 승해를 일으킨다. 이때 근분정·근본정의 공무변처를 초월하게 되고,……그가 식무변처의 모든 근분정 내지는 가행구경작의를 초월함에 따라 상지의 근본정인 가행구경과작의정에 들어가게 된다.

다시 또 식무변처에서 상지로 나아가려 할 때 그 식 밖으로 떠나서 다시 그 밖의 경계를 구하지만 전혀 얻는 바가 없게 되니, 말하자면 모든 존재하는 색色이나 비색非色과 상응하는 경계(境性)에서 (전혀 얻는 바가 없다.) 그가 경계를 구하지만 얻는 바가 없을 때 근분정 및 근본정의 식무변처를 초월해서 '그 밖의 경계는 전혀 없다'고 하는 승해를 일으키니, 이것을 일컬어 '무소유처無所有處에 대한 가상假想의 승해勝解'라고 이름한다. 즉 이와 같은 가상의 승해를 많이 수습하기 때문에 다시 무소유처의 모든 근분정 내지는 가행구경작의를 초월하여 그것(무소유처)의 근본정인 가행구경과작의정에 들어갈 수 있다.

다시 또 무소유처에서 상지로 나아가고자 할 때 무소유無所有의 상상에 대해 '거칠다(麤)'는 상상을 일으키기 때문에 곧 무소유처의 상을 버릴 수 있다. 먼저 무소유처정에 들어갈 때 모든 유소유有所有의 상을 초월하였고, 이제는 다시 무소유의 상을 초월하기 때문에 '상이 있는 것이 아니다(非有想)'라고 설하였으니, ('상'이란) 유소유의 상이나 혹은 무소유의 상을 말한다.[380] '상이 없는 것도 아니다(非無想)'라는 것은 무상정

---

[380] 무색계에서는 미세한 '상상과 수受'만이 일어나고 더 이상 색법은 현전하지 않는다. 이 중에 '상'은 경계에 대해 '얻는 바가 있는(有所有)' 선정(이전의 식무변처·공무변처)에서 일어날 뿐만 아니라 '얻는 바가 없는(無所有)' 선정에서도 일어난다. 비상비비상처非想非非想處에 들어갈 때는 직전의 무소유처無所有處의 상을 초월했을 뿐만 아니라

無想定 및 멸진정滅盡定처럼 모든 상想이 다 멸진해 버린 것과는 같지 않고,[381] 오직 미세한 상이 있어서 무상無相의 경계를 반연하여 일어나는 것을 말한다. 즉 이 처에서 승해를 일으킬 때는 모든 근분정·근본정의 무소유처, 그리고 비상비비상처의 근분정 및 가행구경작의를 초월하여 그것(비상비비상처)의 근본정인 가행구경과작의정에 들어가는 것이다.[382]

자세하게 분별하면 『현양성교론』 제2권과 같다.

依大乘宗。如瑜伽三十三說。復次。以於虛空。起勝解故。所有靑黃亦[1]白等相應顯色想。由不顯現故。及厭離欲故。皆能超越。除遣如是有色有諦[2]種種想已。起無邊相虛空勝解。由已超過近分加行究竟作意。入上根本加行究竟果作意定。當知此中。依於近分。乃至未入上根本定。唯緣虛空。若已得入上根本定。亦緣虛空。亦緣自地所有諸蘊。又近分中。亦緣下地所有諸蘊。復次。若由此識。於無邊空。發起勝解。當知此識無邊空相勝解。[3] 若有欲入識無邊處。先捨虛空無邊處想。卽於彼說。[4] 次起無邊行相勝解。爾時。超過近分根本空無邊處。由彼超過識無邊處所有近分。乃至加行究竟作意。入上根本加行究竟果作意定。復次。從識無邊處。求上進時。離其識外。更求餘境。都無所得。謂諸所有。或色非色相應境性。彼求境界。無所得時。超過近分及以根本識無邊處。發起都無餘境勝解。是則名爲於無所有假想勝解。卽於如是假想勝解。多修習故。便能超過無所有處一切近分。

그 이전의 처處의 상도 이미 넘어선 것이다. 따라서 '상이 있지 않다(非有想)'는 말은 유소유처이나 무소유처의 상이 일어나지 않음을 뜻한다.
381 무상정無想定과 멸진정滅盡定에서는 일체의 심식心識의 활동이 정지되고, 선정과 상응해서 일어나는 수受와 상想이라는 심소법마저 모두 소멸해 버린다. 따라서 이 두 가지를 이무심정二無心定이라고 한다. 이와 같은 무심정과는 같지 않기 때문에 '상이 없는 것은 아니다(非無想)'라고 하였다.
382 이상은 『瑜伽師地論』 권33(T30, 468b14~c28)의 내용을 요약한 것이다.

乃至加行究竟作意。入彼根本加行究竟果作意定。復次。從無所有處。求上進時。由於無所有想。起虛⁵⁾想故。便能棄捨無所有處想。先入無所有處定時。超過一切有所有想。今復超過無所有想。是故說言非有想。謂或有所有想。或無所有想。非無想。謂非如無想及滅盡定。一切諸想。皆悉滅盡。唯有微細想緣無相境轉。卽於此處起勝解時。超過一切近分根本無所有處。及非想非非想處近分乃至加行究竟作意。入彼根本加行究竟果作意定。若廣分別。如顯揚第二。

1) ⑨『瑜伽師地論』 권33(T30, 468b14)에 따르면, '亦'은 '赤'의 오기다. 2) ⑨『瑜伽師地論』 권33(T30, 468b23)에 따르면, '諦'는 '對'의 오기다. 3) ⑨『瑜伽師地論』 권33(T30, 468c2)에 '勝解' 뒤에 '相應'이 있다. 4) ⑨『瑜伽師地論』 권33(T30, 468c4)에 따르면, '說'은 '識'의 오기다. 5) ⑨『瑜伽師地論』 권33(T30, 468c18)에 따르면, '虛'는 '靨'의 오기다.

사무색정四無色定의 체體를 나타내겠다.

살바다종은, 예를 들어 『순정리론』 제77권에서 사무색정의 체를 총괄해서 말하면서 또한 '선성善性에 속하는 심일경성心一境性(선정)을 자성으로 삼는다'고 한다. 그런데 조반助伴(선정에 수반해서 일어난 법들) 중에 여기서는 색온을 제외하였으니, 무색계에는 수전隨轉하는 색은 없기 때문이다. 그러므로 (사무색정은) 4온을 자성으로 삼는 것이다.³⁸³

『대비바사론』 제84권에 의하면, 또한 (사무색정의 체에) 두 종류가 있으니, 정定과 생生을 말한다. 이 중에 '정'이란 무색의 정(無色定)을 말하고, '생'이란 무색계의 생(無色界生)을 말한다. "그 처處에 생하는 무부무기無覆無記의 수受·상想·행行·식識"이라는 이 말은 '저 4온의 이숙異熟을 자성으

---

383 『順正理論』에 따르면, 사무색정四無色定이라는 선정 그 자체에만 국한시켜 논하자면, 이는 '심일경성心一境性'을 자성으로 삼는 것이다. 그런데 무색계의 선정과 상응해서 일어나는 조반助伴까지 포괄해서 사무색정의 체를 논하자면, 색온을 제외하고 그 밖의 수·상·행·식 등 4온을 자성으로 삼는다. 이상은 『順正理論』 권77(T29, 757a8) 참조.

로 삼는다'는 것이다.384

『대비바사론』제141권도 동일하게 설하니, 그 논에서는 말한다. "사무색정의 체에 또한 두 종류가 있다. 첫째는 수행으로 얻은 것(修得)이고, 둘째는 태어나면서 얻은 것(生得)이다. '수행으로 얻은 것'이란 저 지地에 속하는 심일경성이고, 조반까지 아울러 설명하자면 (색온을 제외한) 4온을 자성으로 삼는다. '태어나면서 얻은 것'이란 저 지에 계박된 그 밖의 4온을 자성으로 삼는다는 것이다."385

대승종에 의하면, 총괄적 모습(總相)으로 사무색정의 체를 나타낼 때는 살바다종과 동일하다. 그런데 차이점은 '색온도 있다'고 하는 것이니, 정경계색定境界色은 무색계에도 통하기 때문이다.386【무작색無作色387을 조사해 보라.】

---

384 이전의 『順正理論』과는 달리, 이 『大毘婆沙論』에서는 사무색정四無色定의 체를 '정定'과 '생生'으로 구분하여 설명하였다. 이 논에서는 공무변처空無邊處를 일례로 들어 다음과 같이 정의한다. "공무변처란 총괄해서 두 종류가 있으니, 정과 생을 말한다. 그 처에 생하는 무부무기의 수·상·행·식, 이와 같은 것을 총칭해서 '공무변처'라 한 것이다. 비상비비상처에 이르기까지 설하면 또한 이와 같다.(云何空無邊處. 品類足說. 空無邊處. 總有二種. 謂定及生. 若生彼處無覆無記受想行識. 如是總名空無邊處. 乃至非想非非想處. 說亦如是.)" 무색계의 선정을 닦아서 무색계의 천天에 태어나는데, 사무색정이란 이러한 정무색定無色과 생무색生無色을 총칭하는 말이다. 또 "그 처에 생하는 무부무기의 수·상·행·식"이라고 하였는데, 그 무색계에는 색법이 현전하지 않으므로 그 밖의 4온을 자성으로 삼는다. '무부무기의 수·상·행·식'이라 한 것은 무색계에 태어날 때 이숙異熟의 과果로서 받게 되는 4온을 말한다. 이상은 『大毘婆沙論』 권84(T27, 432b8~13) 참조.
385 『大毘婆沙論』 권141(T27, 726c23).
386 대승의 학설에 따르면, 무색계까지도 정경계색定境界色이라는 것이 존재한다. '정경계색'이란 정소생색定所生色이라고도 하며, 즉 선정의 힘으로 변현해 낸 색色 등의 경계를 말한다. 예를 들어 『瑜伽師地論』 권53(T30, 594a11)에 따르면, 중생들의 업의 증상에 의해 생하는 색들이 존재하지 않는다는 의미에서 '무색계無色界'라고 말한 것이다. 이 '무색계'라 해도 수승한 선정의 힘에 의해 현전하는 자재색自在色들이 있다. 이것을 일컬어 '지극히 미세한 정소생색定所生色'이라 한다.
387 무작색無作色 : 무표색無表色을 가리키며, 신업과 구업으로 인해 내 몸 안에서 무형의 색법이 일어난 것을 말하는데, 여기서는 특히 무표색의 일종인 무루의 계체(無漏

言出體者。薩婆多宗。如順正理第七十七。四無色體。總而言之。亦善性攝。心一境性以爲自性。然助伴中。此除色蘊。無色無有隨轉色故。是故四蘊以爲自性。若依婆沙第八十四。亦有二種。謂定及生。此中定者。謂無色定。生者。卽說無色界生。若生彼處無覆無記受想行識。此言說彼四蘊異熟以爲自性。若依婆沙一百四十一亦同。彼云。四無色體亦二種。一修得。二生得。修得者。卽彼地攝心一境性。若辨助伴。卽四蘊性。生得者。卽彼地繫餘四蘊爲性。依大乘宗。總相出體。同薩婆多。而差別者。亦有色蘊。定境界色通無色故。【勘無作色。】

(다) 네 종류 사마타를 설명함

경 다시 네 종류가 있으니, 말하자면 자·비·희·사라는 사무량에 각기 한 종류 사마타가 있기 때문이다."

復有四種。謂慈悲喜捨四無量中。各有一種奢摩他故。

석 이것은 세 번째로 네 종류 지止(사마타)를 해석한 것이다. 네 가지 무량(四無量)과 상응하는 선정이기 때문에 ('사무량'이라 한다.)
그런데 '사무량'을 대략 두 개의 문으로 분별하겠다. 첫째로 이름을 해석하고, 둘째로 체성을 나타내겠다.

釋曰。此卽第三釋四種止。謂四無量相應定故。然四無量。略以二門分別。

戒體), 즉 무루율의無漏律儀를 가리킨다. 무루율의란 성자聖者들이 무루無漏의 선정에 들었을 때 그로 인해 인발引發된 무형의 색법으로서 악을 방지하는 작용을 하는 것을 말한다. 대승에서는 이러한 무루율의는 십지十地에 모두 존재하며 색계에 네 종류가 있고 무색계에도 6종이 있다고 한다. 『大乘法苑義林章』 권3(T45, 313b5) 참조.

一釋名字。二出體性。

이름을 해석하면 두 가지가 있다. 앞은 공통적 이름이고, 뒤는 개별적 이름이다.

'무량無量'이란 공통적 이름이다.

살바다종은, 예를 들어 『대비바사론』 제81권에서 네 번의 '부차復次'로 해석한 것과 같다. 그 논에서는 말한다.

문 어째서 '무량'이라 이름하였고, 무량이란 어떤 의미인가? 답 널리 유정을 반연하여 무량한 희론戱論 번뇌를 대치시키기 때문에 무량이라 이름하였다. 【'희론'에는 두 가지가 있으니, 첫째는 견見 번뇌이고, 둘째는 애愛 번뇌이다. 따라서 '희론 번뇌'라고 이름하였다.】

다시 또 널리 유정을 반연하여 무량한 방일放逸 번뇌를 대치시키기 때문에 무량이라 이름하였다. 【욕계의 번뇌를 '방일 번뇌'라고 이름하였다.】

다시 또 이와 같은 네 종류는 모든 현성들의 광대한 놀이터(遊戱處)이기 때문에 무량이라 이름하였다.

다시 또 이와 같은 네 종류는 능히 무량한 유정을 반연하여 경계로 삼기 때문에, 무량한 복을 생기게 하기 때문에, 무량한 과를 이끌어 내기 때문에 무량이라 이름하였다.[388]

『대비바사론』 제141권, 『구사론』 제29권, 『순정리론』 제79권에서도 앞의 『대비비사론』의 네 번째 해석과 동일하게 설한다.

대승종에 의하면, 예를 들어 『현양성교론』 제4권에서 세 가지 의미로 '무량'이라는 이름을 해석하였다. 〈첫째는 넓음(廣)이고 둘째는 큼(大)이며

---

[388] 『大毘婆沙論』 권81(T27, 420c13).

셋째는 한량없음(無量)이다. '넓다'는 것은, 견見의 소행所行(경계, 영역)에 대해 작의作意하기 때문이고, '크다'는 것은 문聞의 소행에 대해 작의하기 때문이며, '한량없다'는 것은 각覺·지知의 소행에 대해 작의하기 때문이다.[389] 이와 같은 세 가지 의미에서 일방一方 내지는 시방十方의 끝없는 기세간器世間 및 유정세간有情世間을 두루 반연하기 때문에 '한량없다'고 하였다.〉[390]

釋名有二。先通。後別。言無量者。卽是通名。薩婆多宗。如大婆沙第八十一四復次釋。彼云。問何故名無量。無量是何義。答普緣有情。對治無量戱論煩惱。故名無量。【戱論有二。一見煩惱。二愛煩惱。故名戱論煩惱也。】復次普緣有情對治無量放逸煩惱。故名無量。【欲界煩惱名爲放逸煩惱。】復次如是四種。是諸賢聖廣遊戱處。故名無量。復次如是四種。能緣無量有情爲境故。生無量福故。引無量果故。故名無量。若依婆沙第一百四十一。俱舍二十九。正理七十九。同前婆沙第四復次。依大乘宗。如顯揚第四。以其三義。釋無量名。一廣。二大。三者無量。廣者。於見所行作意故。大者。於聞所行作意故。無量者。於覺知所行作意故。如是三義。遍緣一方乃至十方無邊器世間及有情世間。故名無量。

개별적 이름이란, 첫째는 자慈이고 둘째는 비悲이며 셋째는 희喜이고 넷째는 사捨이다.

---

[389] 『顯揚聖教論』에서는 견見·문聞·각覺·지知에 의거해서 '한량없음'의 의미를 해석하였다. 그런데 여기서 말한 견·문·각·지에 대한 해석은 학파마다 매우 다양하다. 가령 살바다종이나 경부종에서는 육근六根이나 삼량三量(현량·비량·성언량)에 의거해서 견·문·각·지의 차이를 설명하기도 하고, 대승 안에도 다양한 해석들이 뒤섞여 있다. 원측은 이전의 「勝義諦相品」에서 이에 대해 상세하게 검토하여 정리한 바 있다. 자세한 것은 원측/백진순 옮김, 『해심밀경소 : 제2 승의제상품』(서울: 동국대학교출판부, 2013), pp.228~244 참조.
[390] 이상은 『顯揚聖教論』 권4(T31, 497a21) 참조.

살바다종은, 예를 들어 『구사론』 제4권[391]에서 말한다. 〈'자'는 즐거움을 주는 것(與樂)이고, '비'는 고통을 없애 주는 것(拔苦)이며, '희'는 기뻐해 주는 것(欣慰), '사'는 평등平等하게 하는 것이다.〉[392]

『대비바사론』에서는 다시 다음과 같이 말한다. "요익을 주는 것이 '자'의 모습이고, 손해(衰損)를 없애 주는 것이 '비'의 모습이며, (즐거움을) 얻고 (고통을) 버림을 기뻐하는(慶慰) 것이 '희'의 모습이고, (좋아하는 이를) 잊음과 (싫어하는 이를) 품어 줌을 평등하게 하는 것이 '사'의 모습이다."[393]

대승종에 의하면, 예를 들어 『현양성교론』에서 설한 것과 같다. 〈자무량慈無量이란 자심慈心을 갖춘 것을 말한다. '자심을 갖춘다'고 한 것은 고통도 없고 즐거움도 없는 중생에게는 즐길 거리(樂具)를 베풀어 주려는 아세야阿世耶[394]의 마음과 상응하기 때문이다. 비무량悲無量이란 비심悲心을 갖춘 것을 말한다. '비심을 갖춘다'고 한 것은 고통이 있는 중생에게 고통거리를 없애 주려는 아세야의 마음과 상응하기 때문이다. 희무량喜無量이란 희심喜心을 갖춘 것을 말한다. '희심을 갖춘다'고 한 것은 즐거움이 있는 중생에 대해 그의 즐거움을 따라서 기뻐해 주려는 아세야의 마음과 상응하기 때문이다. 사무량捨無量이란 사심捨心을 갖춘 것을 말한다. '사심을 갖춘다'

---

391 『俱舍論』 제4권에는 이와 같은 내용이 나오지 않고, 제29권에 나온다.
392 『俱舍論』 제29권에서는 자慈·비悲·희喜·사捨에 대해 다음과 같이 말한다. 〈'어떻게 해야 모든 유정의 부류들로 하여금 이와 같은 즐거움을 획득하게 할 것인가', 이와 같이 사유함으로써 자등지慈等至에 들어가게 된다. '어떻게 해야 모든 유정의 부류들로 하여금 이와 같은 괴로움을 떠나게 할 것인가', 이와 같이 사유함으로써 비등지悲等至에 들어가게 된다. '모든 유정의 부류들이 즐거움을 획득하고 괴로움을 떠난다면 어찌 기쁘지 않겠는가', 이와 같이 사유함으로써 희등지喜等至에 들어가게 된다. '모든 유정의 부류는 평등하고 평등하여 사랑하는 이도 미워하는 이도 없다', 이와 같이 사유함으로써 사등지捨等至에 들어가게 된다.〉『俱舍論』 권29(T29, 150c2) 참조.
393 『大毘婆沙論』 권81(T27, 420c10).
394 아세야阿世耶(⑤ Aseya) : 의요意樂라고 번역된다. 즉 어떤 목적을 향하여 나아가려는 의향을 뜻한다.

고 한 것은 오염되지 않으려는 아세야의 마음과 상응하기 때문이다.⟩³⁹⁵

> 言別名者。一慈。二悲。三喜。四捨。薩婆多宗。如俱舍論第四卷云。慈名與樂。悲名拔苦。喜名欣慰。捨名平等。大毗婆沙。復作是說。授與饒益是慈相。除去衰損是悲相。慶慰得捨是喜相。忘壞¹⁾平等是捨相。依大乘宗。如顯揚說。慈無量者。謂慈心俱。慈心俱者。於無苦無樂衆生。欲施樂具阿世耶心相應故。悲無量者。謂悲俱心。²⁾ 悲俱心*者。於有苦衆生。欲拔苦具阿世耶心相應故。喜無量者。謂喜俱心。* 喜俱心*者。謂於有樂衆生。隨喜彼樂阿世耶心相應故。捨無量者。謂捨俱心。* 捨俱心*者。欲令不染阿世耶心相應故。

1) ㉠ '壞'는 '懷'인 듯하다. ㉡『大毗婆沙論』권81(T27, 420c11)에 따르면, '壞'는 '懷'의 오기다. 2) ㉡『顯揚聖教論』권3(T31, 497a27)에는 '俱心'이 '心俱'로 되어 있다. 이하도 동일하다.

사무량四無量의 체성을 나타낸다는 것은 다음과 같다.
살바다종은 예를 들어『대비바사론』제81권에서 다음과 같이 설한다.

자慈·비悲의 무량無量에 대해 본래 두 가지 설이 있다.
어떤 이는 다음과 같이 말한다. ⟨자와 비는 둘 다 무진선근無瞋善根을 자성으로 하니, 그것이 '진瞋'을 대치시키기 때문이다.³⁹⁶ 상응相應·수전隨轉하는 법의 자성까지 아울러 말한다면, 욕계에서는 4온을 색계에서

---

395 이상『顯揚聖教論』에서는 아세야阿世耶(意樂)의 차별에 의거해서 자·비·희·사 등 사무량의 차이를 설명하였다.『顯揚聖教論』권4(T31, 497a14) 참조.
396 자慈와 비悲의 체를 법수法數로 나타내자면, 심소법 중에 특히 무진無瞋을 체로 삼는다고 하였다. '무진'이란 성낼 이유가 있든 없든 간에 남을 해치려는 마음을 절대 내지 않는 것인데, 이 무진과 무탐無貪·무치無癡의 세 가지 선한 마음은 그 밖의 모든 선한 마음의 근본이 되기 때문에 '삼선근三善根'이라 한다. 이 '무진'은 삼독三毒 중에서 '진瞋(성냄)'을 대치시킬 수 있는 선한 심소다.

는 오온을 자성으로 한다.[397] 그런데 차이점은 '자'가 (다른 이의) 목숨을 단절시킬 정도의 '진'을 대치시키는 것이라면, '비'는 채찍질하고 때릴 정도의 '진'을 대치시킨다는 것이다.[398]〉

어떤 이는 다음과 같이 설한다. 〈'자'는 무진선근無瞋善根을 자성으로 삼는다. '비'는 불해선근不害善根을 자성으로 삼으니, 그것은 '해害'를 대치시키기 때문이다.[399]〉

희무량喜無量의 자성에 대해 본래 두 가지 설이 있다.[400]

한편에서는 말한다. 〈'희'는 희근喜根(喜受)을 자성으로 삼는다. 4온과 오온을 (자성으로 삼으니,) 앞에 준해서 알아야 한다.[401]〉

문 만약 희무량이 희근을 자성으로 삼는 것이라면, 『품류족론』의 설과 어떻게 회통시키겠는가? 예를 들어 (그 논에서는) 설하길, 〈희무량이란 무엇인가? 희喜 및 희와 상응하는 수受·상想·행行·식識, 그에 의해 일어난 신업身業·어업語業이나 그에 의해 일어난 심불상응행心不相應

---

[397] 욕계에서는 수受·상想·행行·식識의 4온을 체로 삼는다면, 색계에는 정려에 의해 자연적으로 생겨난 무표색無表色, 즉 정려율의靜慮律儀와 같은 색법이 수전隨轉하기 때문에 오온을 체로 삼는다고 하였다.
[398] 진瞋은 살아 있는 유정들에 대한 원한과 분노를 나타내는 근본 번뇌인데, 분忿·한恨·뇌惱·질嫉·해害 등과 같은 수번뇌들은 모두 '진'의 일부를 체로 삼는 감정들이다. 이 '진'의 작용으로 인해 다른 유정들에게 해를 끼치려는 행동들이 유발될 수 있는데, '자慈'의 마음은 남의 목숨을 끊어 버릴 정도의 격렬한 감정을 대치시키고, '비悲'는 채찍 따위를 들고 후려칠 정도의 '화'를 대치시킨다는 것이다.
[399] 불해不害는 남에게 손해와 괴로움을 주지 않으려고 하는 마음이고 해害는 그와 상반되는 마음이다. 소승에서는 '불해'를 대선지법大善地法의 하나로 간주했지만, 유식종에서는 무진無瞋의 작용 상에서 가립된 것으로 별다른 실체가 없다고 한다.
[400] 희무량喜無量이란 중생들이 괴로움에서 벗어나 즐거움을 얻는 것에 대해 따라서 기뻐해 주는 마음이다. 이 희무량의 체體를 법수法數로 나타내면, 이에 대해 이설이 있다. 이하에서는 희무량의 체에 대한 두 가지 설을 제시했다. 하나는 '희수喜受'라는 심소를 체로 삼는다는 견해이고, 다른 하나는 '흔欣'이라는 심소를 체로 삼는다는 견해다.
[401] 희무량심의 체를 상응相應·수전隨轉하는 법까지 아울러 말하자면, 욕계에서는 네 종류 온을 자성으로 삼고 색계에서는 오온을 자성으로 한다는 것이다.

行도 모두 '희무량'이라 이름한다.〉402고 하였다. 그런데 어찌 희수喜受가 수와 더불어 상응할 수가 있겠는가?403

답 그 문장에서는 마땅히 '희喜 및 희와 상응하는 상想·행行·식識'이라 말했어야 하고, '수受'는 말하지 않았어야 한다. 그런데 '수'를 (넣어서 함께) 말한 것은 암송자의 잘못이다.404 다시 또 그 논에서는 총괄해서 '오온이 희무량의 자성이다'라고 설하였다. 비록 희수는 '수'와 상응하지 않지만 그 밖의 심법·심소법은 수와 상응하기 때문에, 이와 같이 설한다 해도 또한 이치에 어긋나는 것은 아니다.405

어떤 다른 논사는, 〈이 희무량은 '흔欣'을 자성으로 삼는데, '흔'의 체는 '수受'가 아니다. ('흔'이라는) 별도의 심소가 있어서 심과 상응하는 것이다.〉라고 한다. 어떤 이는 〈('흔' 심소가) 희근喜根과 상응한다.〉고 하고, 어떤 이는 〈희 다음에 생기한다.〉고 한다. 만약 이렇게 말하면서 '희수와 상응한다'고 한다면, 또한 이치에 어긋나는 것은 아니다.406

---

402 희무량의 체는 오직 '희근喜根(喜受)'으로만 한정될 수도 있지만, 가령 『品類足論』 등에서는 희수뿐만 아니라 그 희수와 더불어 상응相應하는 수상행식, 그리고 그에 의해 등기等起하는 신업·어업 등과 심불상응행 등을 모두 총칭해서 '희무량'이라 하였다. 이 중에서 '그에 의해 일어난 심불상응행'이란 신업·어업에 의해서 인발된 무표색無表色(無表業)을 가리킨다. 『品類足論』 권7(T26, 718b28) 참조.
403 질문자는 특히 『品類足論』에서 "희와 상응하는 수·상·행·식"이라 한 문구의 모순점을 지적한 것이다. 희수喜受도 '수受'인 이상, 이 희수와 상응해서 동시에 또 다른 '수'가 일어날 수 없다. 따라서 '어떻게 희수가 수와 더불어 상응할 수가 있는가'라고 물었다.
404 『品類足論』의 본의本意는 '희수喜受와 상응하는 상想·행행·식識'을 말하려 했던 것인데, 암송자의 잘못으로 인해 '희수와 상응하는 수·상·행·식'이라 했다는 것이다.
405 소승의 교리에서는 신업·어업 등은 형색形色을 본질로 하는 것이고, 그 두 가지 업에 의해 인발된 무표색無表色도 색법에 소속시킨다. 따라서 희수와 상응하거나 등기等起하는 모든 법들을 총괄해서 희무량의 체를 말한다면, 수·상·행·식의 4온과 색온을 모두 자성으로 삼는다고 말할 수 있다.
406 이것은 희무량의 체에 대한 또 다른 해석이다. 이 해석에서는 희무량이란 타인이 괴로움에서 벗어나 즐거움을 획득하는 것을 경하하고 위로해 주는(慶慰) 것인데, 선한 심소 중의 '흔欣'을 체로 삼는다고 말한다. 만약 이 '흔' 심소가 희수와 상응한다거나 혹은 희수 다음에 생긴다는 의미에서 "희 및 희와 상응하는 수·상·행·식을 자성으

사무량捨無量은 무탐선근無貪善根을 자성으로 삼고, (그 체는) 4온과 오온이니,[407] 앞에 준해서 알아야 한다.[408]

『대비바사론』 제141권에서도 동일하게 설한다.
『구사론』 제29권에서 말한다. 〈사무량四無量 중에 앞의 두 가지의 체는 무진無瞋인데, 이치상으로는 '비'의 체는 불해不害라고 말해야 한다.[409] 희 喜는 희수喜受를, 사捨는 무탐無貪을 (체로 삼는다.) 권속眷屬까지 (아울러 말하면) 오온을 (체로 삼는다.)〉[410]
『순정리론』 제79권에서는 그 밖의 세 가지 무량에 대해 『구사론』과 동일하게 설한다. 희무량에 대해서는, 『대비바사론』의 그 밖의 논사가 설했던 것처럼,[411] '흔欣을 자성으로 하거나 무탐無貪을 자성으로 한다'고 하였다.

言出體者。薩婆多宗。如大婆沙八十一說。慈悲無量。自有兩說。有說。慈悲俱以無瞋善根爲性。對治瞋故。兼取相應隨轉性者。欲界四蘊色界五蘊。而差別者。慈對治斷貪¹⁾瞋。悲對治搥打瞋。有作是說。慈以無瞋善根爲性。悲以不害善根爲性。對治害故。喜無量性。自有二說。一云。喜以喜根爲

로 삼는다."라고 했다면, 또한 이치에 어긋나는 것은 아니라고 평하였다.
407 사무량捨無量의 체는 무탐無貪선근인데, 만약 상응相應·수전隨轉하는 법까지 아울러 그 체를 말하자면, 욕계에서는 4온을 자성으로 하고 색계에서는 오온을 자성으로 한다.
408 이상은 『大毘婆沙論』 권81(T27, 420b11~c7)의 내용을 발췌한 것이다.
409 자무량과 비무량이 모두 무진無瞋심소를 본질로 하는 것이라면 둘 간의 차이를 알 수 없게 된다. 이에 대해 이전의 『大毘婆沙論』 인용문에서는 두 가지 견해가 제시되었다. 첫째는 '자'는 남을 죽이려 할 정도의 분노를 대치시킨다면, '비'는 남을 때리려고 할 정도의 분노를 대치시킨다는 견해다. 둘째는 '비무량'은 남을 해치려는 마음을 대치시키는 심소인 '불해'를 본질로 한다는 견해다.
410 이상은 『俱舍論』 권29(T29, 150b27) 참조.
411 이전의 『大毘婆沙論』 제81권의 인용문에서 '희무량'의 체에 대해 두 가지 해석이 있었다. 그중에 〈이 희무량은 '흔欣'을 자성으로 삼는데, '흔'의 체는 '수受'가 아니다. ('흔' 이라는) 별도의 심소가 있어서 심과 상응한다.〉고 했던 것을 가리킨다.

性。四蘊五蘊准上應知。問。若喜無量。以喜根爲性者。品類之說。當云何通。如說。云何喜無量。謂喜及喜相應受想行識。若彼所起身語二業。若彼所起心不相應行。皆名爲喜。豈有喜受與受相應。答。彼文應說。謂苦[2]及喜相應想行識。不應言受。而言受者是譯[3]者謬。復次。彼論總說五蘊爲喜無量自性。雖喜受與受不相應。而餘心心所法。與受相應。故作是說。亦不違理。有餘師說。此喜無量。欣爲自性。欣體非受。別有心所。與心相應。有說。喜根相應。有說。喜後生。若作是說。喜受相應。亦不違理。捨以無貪善根爲性。四蘊五蘊。准上應知。婆沙百四十一亦同。俱舍二十九云。四中初二。體是無瞋。理實應言。悲是不害。喜卽是[4]受。捨卽無貪眷屬五蘊。正理七十九。餘三無量。同俱舍論。喜同婆沙。餘師所說。欣爲自性。或以無貪以爲自性。

---

1) ㉼『大毘婆沙論』권81(T27, 420b16)에 따르면, '貪'은 '命'의 오기다. 2) ㉼『大毘婆沙論』권81(T27, 420b26)에 따르면, '苦'는 '喜'의 오기다. 3) ㉼『大毘婆沙論』권81(T27, 420b27)에 따르면, '譯'은 '誦'의 오기다. 4) ㉼『俱舍論』권29(T29, 150b28)에 따르면, '是'는 '喜'의 오기다.

문답으로 분별하면『대비바사론』과 같다.[412]

어떤 의미에서 계경에서 설하길, 사무량四無量을 닦아서 '자'의 궁극에는 변정천遍淨天에 이르고, '비'의 궁극에는 공무변처空無邊處에 이르며, '희'의 궁극에는 식무변처識無邊處에 이르고, '사'의 궁극에는 무소유처無所有處에 이른다고 하였고, 어째서 색계의 법이 무색계의 과果를 불러낼 수 있다고 하는가?[413] 또 사정려에 '자慈'가 있지 않음이 없는데 어

---

412 이전의『大毘婆沙論』제81권 인용문에는 희무량喜無量의 체를 '희 및 희와 상응하는 수·상·행·식 등'이라 할 경우 모순점에 대해 문답으로 해석한 바 있다. 이와 유사한 내용이『順正理論』권79(T29, 769a18~b2)에도 나온다.

413 『順正理論』권79(T29, 770a12)에는 희무량喜無量의 지지의 차별에 대해 여러 가지 해석들이 나온다. 혹자는 '희'가 희수喜受와 같다면, 제2정려 이상에는 희수가 없기 때

째서 '자무량'을 닦아 오직 궁극에 변정천에 이른다고 하는가?

그 밖의 사람은 이 문제에 대해 사유하길 그치고 자존慈尊께 우러러 구해서 이 의미를 풀고자 하였다. 전해 들은 바에 따르면, 구수具壽 가다연니자迦多衍尼子[414]가 일찍이 이 의미를 설마달다設摩達多에게 물은 적이 있었다. 그 존자는 사유해 보고는 곧 적정寂定에 들어서 청명한 해 뜰 무렵이 되자 해석해 주려 하였다. 이때 가다연니자가 다시 적정에 들었다. (둘은) 그때 만나지 못한 채로 각기 반열반하였다. 이로부터 지금까지 해석할 수 있는 자가 없었다.

비바사는 다음과 같이 해석한다.

〈이 경은 유사함(相似)에 의거해서 설하였음을 알아야 한다. 말하자면 '낙수樂受'[415]라는 법은 '자慈'와 유사하니, '자'는 '즐거움을 주는(與樂)' 행상을 일으켜서 굴리는 것이기 때문이다. (실제로는) '낙'이 변정천에 이

문에 초정려·제2정려에 의지한다고 한다. 혹자는 '희'가 희수와 다르다면, 사정려와 미지정未至定·중간정中間定의 6지에다 욕계의 선정을 추가하여 7지에 통한다고 한다. 또 자慈·비悲·사捨의 3무량에 대해, 사정려와 미지정·중간정 등의 6지에 의지한다고 한다. 혹은 사무량은 미지정을 제외한 그 밖의 5지에 의거한다고 한다. 이와 같이 사무량이란 주로 색계의 선정에 해당한다. 그런데 계경에서는 '비·희·사의 무량의 궁극에는 무색계의 3처에 이른다'고 설하였다. 따라서 어떻게 이와 같이 색계의 법을 닦아 무색계의 과를 낼 수 있는가라고 물었다.

414 구수具壽 가다연니자迦多衍尼子 : '구수[S] āyuṣmat'란 불제자나 아라한 등의 존칭으로 현자賢者·성자聖者·존자尊者·정명淨命 등으로 번역된다. '가다연니자[S] kāeyāyanī-putra)'는 인도 바라문 명문名門 출신으로서 유부有部의 학설을 선양했던 논사이다. 그가 지은 『阿毘達磨發智論』 20권은 설일체유부설一切有部의 근본 논전論典으로 유명한데, 그 후에 5백 명의 대아라한들이 이 『發智論』에 대한 주해서를 편찬해서 『大毘婆沙論』 200권을 집대성하였다.

415 낙수樂受[S] sukha-vedanā) : 수受는 대상경계를 받아들여(領納) 고락을 느끼는 심리작용을 말한다. 이 '수'는 희喜·낙樂·사捨 등 세 가지로 구분하거나 또는 우憂·희喜·고苦·낙樂·사捨의 다섯 가지로 구분되기도 한다. 삼수 중에서 낙수란 마음에 맞는 경계를 받아들여서 신심의 쾌감을 느끼는 것이다. 다섯 가지 수 중에, 낙수란 특히 몸의 쾌락을 느끼는 것을 가리키고, 이에 대조해서 마음의 쾌락을 느끼는 것을 희수喜受라고 한다.

른 것이고, (희수는) 상지上地에 모두 없다.⁴¹⁶ 따라서 '자를 닦는 궁극에는 변정천에 이른다'고 설한 것이다.

고苦를 떠나게 해 주는 법은 '비悲'와 유사하니, '비'는 '고통을 뽑아 주는(拔苦)' 행상을 일으켜서 굴리는 것이기 때문이다. 색신色身은 거친 고(麤苦)의 생인生因이 될 수 있고, 몸이 있으면 다시 목이 잘리는 일 등이 있기 때문에, 공처空處(공무변처)의 근분정近分定(선정에 들기 전의 예비 단계)에서 색신을 싫어하여 떠나게 된다. 따라서 '비를 닦는 궁극에는 공처에 이른다'고 설한 것이다.

경안輕安⁴¹⁷의 즐거움이라는 법은 '희喜'와 유사하니, '희'는 '안락安樂'의 행상을 일으켜서 굴리는 것이기 때문이다. 식무변처에서 경안의 즐거움이 증가하고 자기의 무변한 식(無邊識)을 반연하여 문門으로 삼기 때문에, 무변한 식의 모습이 궁극에는 안락을 증가시키는 것이다. 따라서 '희를 닦는 궁극에는 식처識處(식무변처)에 이른다'고 하였다.

능히 버리는 법은 '사捨'와 유사하니, '사'는 '버리는(棄捨)' 행상을 일으켜서 굴리는 것이기 때문이다. 무소유처無所有處는, 근분정에서 '무변함을 버리는(棄捨無邊)' 행상이 완전히 이루어진다. 그러므로 '사를 닦는 궁극에는 무소유처에 이른다'고 하였다.……이하 생략……〉"⁴¹⁸

---

416 색계의 초선初禪에서 제4선에 이르기까지 각각의 정려는 그와 상응하는 관상觀想과 감수感受에 의지해서 유지되는데, 초선과 제2선에는 낙수樂受와 희수喜受가 존재하지만 제3선에는 낙수만 존재하고 제4선에는 둘 다 없고 오직 불고불락수不苦不樂受만 존재한다. 따라서 위의 해석자는 상지上地에는 희수는 없고 실제로는 낙수만 있으며 그 낙수가 색계의 마지막 변정천에 이른다고 하였다.

417 경안輕安(Ⓢ prasrabdhi) : 심소법의 하나다. 곧 몸과 마음이 가볍고 날렵하며 편안해서, 인식 대상에 대해 느긋하고 자연스럽게 만나는 심리 작용이다. 이 경안은 주로 선정 상태에서 일어나서 그것을 수습修習하고 지속시키는 역할을 한다. 설일체유부說一切有部의 학설에 따르면, 경안에는 신경안身輕安과 심경안心輕安 두 가지가 있다. 마음의 감인堪忍하는 성질이 오식五識과 상응하는 것을 신경안이라 하고 의식意識과 상응하는 것을 심경안이라 한다. 설일체유부에서는 신경안은 다만 유루의 산위散位에 있으며, 심경안은 유루와 무루의 정위定位와 산위에 통한다고 한다.

【세 번의 '부차復次'로 해석하였는데, 살펴보고 좋은 해석을 취하였다.[419]】

問答分別。如大婆沙。依何義故。契經中說。修四無量。慈極至遍淨。悲極至空無邊處。喜[1]至識無邊處。捨[2]至無所有處。云何色界法能招無色果。又四靜慮。無不有慈。何緣修慈。唯極遍淨。有餘於此。倦於思尋。仰推慈尊。當解此義。傳聞具壽迦多衍尼子。曾以此義。問設摩達多。彼尊尋思。便入寂定。至明淸旦。欲爲解釋。時衍尼子。復入寂定。時未會遇。各般涅槃。由此迄今。無能釋者。毗婆沙者作是釋言。應知此經依相似說。謂樂受法。與慈相似。慈作與樂行相轉。樂至遍淨。上地皆無。故說修慈極於遍淨。求離苦法。與悲相似。悲作拔苦行相轉故。色身能作麤苦生因。有身便有斷首等故。空處近分厭離色身。故說修悲極於空處。輕安樂法。與喜相似。喜作安樂行相轉故。識無邊處。輕安樂增。緣自無邊識爲門故。無邊識相極增安樂。故說修喜極於識處。能棄捨法。與捨相似。捨作棄捨行相轉故。無所有處。由近分中。棄捨無邊行相成滿。是故說修捨極無所有處。乃至廣說。【三復次釋。評[3]取物[4]釋。】

---

418 『順正理論』 권79(T29, 770b23).
419 원문 '評取物釋'은 의미가 잘 통하지 않는데, 아마도 오자가 있는 듯하다. 여기서는 '物'을 '善'으로 간주하고, "살펴보고 좋은 해석을 취하였다.(評取善釋)"라고 번역하였다. 그 근거는 다음과 같다. 이 『順正理論』 권79(T29, 770c13) 이하에는 위의 해석 이외에도 "有言。此經依相順說……有言。此經就意樂說。……"이라는 문장에서 두 개의 해석이 더 소개되었다. 그중 하나는 '서로 따른다(相順)'는 데 의거해서 설하였다는 해석이고, 다른 하나는 '의요意樂'에 초점을 맞춰 설하였다는 해석이다. 이 논의 저자 중현衆賢은 전자에 대해서는 "이것은 이치를 드러내지 못한 허언"이라 비판하였고, 후자에 대해서는 "이 또한 이치에 맞지 않다.(此亦無理)"라고 비판하면서, "그러므로 마땅히 이전과 같이 해석하는 것이 좋다.(是故應如前釋爲善)"라고 평하였다. 중현은 이처럼 특정한 주제를 다루면서 각각의 해석에 대해 종종 '좋은 해석이 아니다(非爲善釋)'라고 평하거나, '지극히 좋은 해석이다(極爲善釋)'라고 평한다. 아마도 원측의 협주에서 이 점을 지적한 듯하다. 말하자면 그 논주가 세 가지 해석을 진술하고 그중 첫 번째 설을 좋은 해석이라 판정하였다. 따라서 원측도 그 첫 번째 해석만 소개하고 나머지 두 해석은 "이하 생략(乃至廣說)"으로 처리한 듯하다.

1) ㉢『順正理論』권79(T29, 770b25)에 '喜' 뒤에 '極'이 있다. 2) ㉢『順正理論』권79(T29, 770b25)에 '捨' 뒤에 '極'이 있다. 3) ㉮ '評'은 다른 판본에 '詳'으로 되어 있다. 4) ㉢ '物'은 '善'인 듯하다. 해당 번역문 역주 참조.

경부종에서는 사무량四無量은 모두 '혜慧를 자성으로 삼는다'고 건립하였다. 따라서『성실론』제12권에서는 말한다. 〈문 이 세 가지가 모두 '자慈'란 말인가?[420] 답 즉 자심을 세 종류로 차별시킨 것이다. 마음을 평등하게 하여 친한 이에 대해 친애를 버리고 원망하는 이에 대해 원망을 버리고 난 연후에 모든 중생에 대해 자심慈心이 평등해지는 것이니, '비'와 '희'도 이러하다. 따라서 나는 이전에 자심을 차별시켜 '비'와 '희' 등으로 나누었다고 설했다. 이 사무량은 모두 혜성慧性이다.[421]〉[422]

依經部宗。立四無量皆慧爲性。故成實論第二十[1]云。問曰。此三皆是慈也。答曰。卽是慈心差別三種。欲令心等。於親捨親。於怨捨怨。然後於一切衆生。慈心平等。悲喜亦爾。故我先說慈生[2]差別。爲悲喜等。是四無量。皆是

420 『成實論』에서는 자慈와 비悲와 희喜는 본질적으로 동일한 자심慈心인데, 이것을 세 종류로 세분한 것일 뿐이라 한다. 말하자면 '자'는 '진瞋'과 상반되는 선심善心이고, '뇌惱'와 상반되는 자심을 '비'라고 하고, 질투嫉妬와 상반되는 자심을 '희'라고 한다는 것이다. 따라서 '자'와 '비'와 '희' 세 가지가 동일한 '자심'인가라고 질문하였다.『成實論』권12(T32, 336b7~19) 참조.
421 전후로 문장이 많이 생략되었기 때문에 문장의 의미가 명확하지 않다. 경부종은 자와 비와 희는 동일한 자심慈心을 세 가지로 구분한 것이라고 하였다. 그렇다고 할 경우, 몇 가지 의문점이 생길 수 있는데, 그에 대해 답하는 과정에서 사무량은 모두 혜慧를 본질로 하는 것이라고 답한다. 그 논에서는 다음과 같이 말한다. "문 어떤 논사는 〈삼선三禪 이상부터는 희근喜根이 없다〉고 하는데, 이 사실(事)은 어떻게 보아야 하는가? 답 나는 희의 마음(喜心)이 희근의 성질이라고 설하지는 않는다. 다만 남을 이롭게 하려는 마음의 희喜가 탁해지지 않았기 때문에 '희'라고 한 것이다. 이 사무량은 혜의 성질이다.(問曰。有論師言。從三禪以上無喜根。是事云何。答曰。我不說喜心是喜根性。但爲利他心喜不濁。故名爲喜。是四無量。皆是慧性。)"『成實論』권12(T32, 337a22~26) 참조.
422 이상은『成實論』권12(T32, 336b19~337a26)의 내용을 요약한 것이다.

慧性。

---

1) ㉠ '二十'은 '十二'의 도치인 듯하다. 이하의 인용문은 『成實論』 제12권에 나온다.
2) ㉠ 『成實論』 권12(T32, 336c6)에 따르면, '生'은 '心'의 오기다.

이제 대승에 의하면 여러 교설이 다르다.

『잡집론』 제13권에 의하면, 네 종류 무량은 모두 정定·혜慧 및 그와 상응하는 모든 심·심법(심소)을 자성으로 삼는 것이다.[423]

『현양성교론』 제4권에서는 말한다. "'자'는 무진선근無瞋善根을 체로 삼고, '비'는 불해선근不害善根을 체로 삼으며, '희'는 부질선근不嫉善根을 체로 삼고, '사'는 무탐선근無貪善根과 무진선근을 체로 삼는다. 그것은 모두 중생을 가엾게 여기는 심소법들이기 때문이다. 이 네 가지 중에 '자'는 오직 무진을 (체로 삼고), 다음의 두 가지 무량은 무진의 일부를 (체로 삼으며),[424] '사'는 무탐과 무진의 일부를 체로 삼는다. 또 다시 그것과 상응하는 등지等持[425]의 모든 심·심법 그리고 그 권속들은 모두 사무량의 체에 해당한다."[426]

자세하게 분별하면 『별장』에서 구체적으로 설한 것과 같다.

今依大乘。諸教不同。依雜集十三。四種無量。皆以定慧及彼相應諸心心

---

[423] 『雜集論』 권13(T31, 757c25) 참조.
[424] 바로 앞에서 '비'는 불해선근不害善根을 체로 삼고 '희'는 부질선근不嫉善根을 체로 삼는다고 하였다. 그런데 그 두 가지 무량은 무진無瞋의 일부를 체로 삼는다고 한 것은, 불해와 부질이라는 심소가 모두 무진선근無瞋善根의 차별에 의거해서 시설된 것이기 때문이다. 이 『顯揚聖教論』에서는 그중에 '불해'는 무진과 차별시켜 독립적 선심소善心所로 안립하였지만, '부질'은 별도의 심소법으로 안립하지 않았다.
[425] 등지等持 : 삼마지三摩地([S] samādhi)의 의역으로 '삼매'와 같은 말이다. 혼침昏沈과 도거掉擧를 떠났기 때문에 '등'이라 하고, 마음을 하나의 경계에 머물게 하기 때문에 '지'라고 한다. 이 용어는 선정(定)의 이명異名들 중의 하나로서, 정심定心과 산심散心에 통용되지만 오직 유심정有心定에만 국한해서 사용된다.
[426] 『顯揚聖教論』 권4(T31, 497b13).

法。以爲自性。若依顯揚第四。慈以無瞋善根爲體。悲以不害善根爲體。喜
以不嫉善根爲體。捨以無貪無瞋善根爲體。皆是憐愍衆生法故。於四中。慈
唯無瞋。次二無量無瞋一分。捨是無貪無瞋一分。又復與彼相應等持諸心
心法。幷彼眷屬。皆是四無量體。若廣分別。具如別章。

문 이「분별유가품」에서는 지止를 먼저 설하고 관觀을 나중에 설했는
데, 어째서 이상의 두 문에서는 관을 먼저 설하고 지를 나중에 설했는가?
해 차례에는 두 종류가 있다. 첫째 관행觀行의 차례에서는, 먼저 지를
설하고 나중에 관을 설한다. 둘째 언설言說의 차례에서는 그 의미가 일정
하지 않다. 그러므로 여기에서는 언설의 차례에 의거한 것이다.
해 또 관행에 본래 두 가지 의미가 있다고 볼 수 있다. 첫째는 지에 의
지해서 관을 일으키는 것이다. 둘째는 관으로 말미암아 지를 이끌어 내는
것이다. 따라서 『유가사지론』 제31권에서는 '사마타가 의지依止가 되어 줌
으로써 비발사나가 빨리 청정해지도록 할 수 있고, 비발사나가 의지가 되
어 줌으로써 사마타가 증장되고 광대해지게 할 수 있다'고 하였다.[427] 이
런 의미에서 보면 서로 어긋나는 것은 아니다.

問。此品中。先止。後觀。如何此上二門。先觀後止。解云。次第有其二種。
一者觀行次第。先止後觀。二者言說次第。其義不定。是故此中依說次第。
又解。觀行自有二義。一依止發觀。二由觀引止。故瑜伽論三十一云。由奢
摩他爲依止故。令毗鉢舍那速得淸淨。由毗鉢舍那爲依止故。令奢摩他增
長廣大。由此義故。互不相違。

---

[427] 『瑜伽師地論』 권31(T30, 455b11~13) 참조.

⑨ 법에 의지하는 지관과 법에 의지하지 않는 지관을 밝히는 문[428]

가. 교법에 의지하는 지관과 의지하지 않는 지관을 밝힘

가) 질문

(가) 소의所依인 교법을 듦

[경] 자씨보살이 다시 부처님께 말하였다. "세존이시여, 가령 법法에 의지하는 사마타·비발사나를 설하셨고 다시 법에 의지하지 않는 사마타·비발사나

---

[428] 아홉 번째 문에서는 교법에 의지하여 지관을 닦는 경우와 그렇지 않은 경우를 설명한다. 경문에 따르면, 전자는 이근利根의 보살이 자신이 이전에 듣고 사유했던 바의 교법에 의지해서 지관을 닦는 것이고, 후자는 둔근鈍根의 보살이 타인의 가르침을 받아서 부정관不淨觀 등을 닦는 것을 말한다. 또 경문에서는 그 두 가지를 수법행隨法行과 수신행隨信行의 차이로 설명하기도 하였다. 그런데 유가지관瑜伽止觀의 특징은 무엇보다 '교법에 대한 사색'에 있기 때문에 이 아홉 번째 문의 설명도 그에 초점이 맞춰져 있다. 경문에 따르면, 교법에 의지해서 지관을 닦을 때, 혹은 십이부十二部의 교법 중에 각기 개별적 법(別法)에 대해 사색할 수도 있고, 모든 계경 등을 포괄하는 십이부의 총체적 교법(總法)을 한 단위로 삼아서 사색할 수도 있다. 여기서 중요한 것은 물론 총체적 교법을 사색의 대상으로 삼아 지관을 행하는 것이다. 이것은 결국 '진여眞如'라는 궁극적 대상에 대해 사색하여 그에 대한 진실한 이해에 도달하는 것을 말한다. 총체적 교법을 대상으로 하는 지관을 닦는 자들은, '일체의 교법이 결국은 진여에 수순하는 것이고, 거기로 향해 가는 것이고, 거기에 임하여 들어간다'는 것에 대해 사유한다. 이러한 수행은 십이부 중의 한 부에 해당하는 소총법小總法을 대상으로 삼아 진행될 수도 있고, 십이부 전체를 총괄하는 대총법大總法을 대상으로 삼아 진행될 수도 있으며, 혹은 무량한 여래의 음성, 그 음성 상에 나타난 무량한 언어적 기호(명·구·문), 여래의 언어에 대해 연속적으로 펼쳐진 무량한 설명과 해석 등, 이 세 가지의 무량함을 모두 아우르는 무량총법無量總法을 대상으로 삼아 진행될 수도 있다. 경문에 따르면, 보살의 견도인 초지初地(極喜地)에 이르렀을 때는 총체적 교법을 대상으로 하는 지관을 '통달했다'고 하고, 제3지(發光地)에 이르면 '획득했다'고 한다. 이러한 지관의 수행을 통해 점차로 번뇌를 끊고 지혜를 성숙시켜 궁극에는 보리와 해탈과 전의轉依를 획득하게 된다.

를 설하셨는데,

> 慈氏菩薩。復白佛言。世尊。如說依法奢摩他毗鉢舍那。復說不依法奢摩他毗鉢舍那。

석 이하는 아홉 번째로 법에 의지한 지관과 법에 의지하지 않는 지관을 밝히는 문이다. 이 중에 세 가지가 있다. 처음은 법에 의지한 지관과 법에 의지하지 않는 지관을 밝힌 것이다. 다음은 총법總法·별법別法을 반연하는 (지관을) 밝힌 것이다. 마지막은 총법을 소연으로 삼는 (지관의) 차별에 대해 설명한 것이다.

이것은 처음에 해당한다. 이 중에 두 가지가 있으니, 앞은 질문이고 뒤는 대답이다.

질문 중에 두 가지가 있다. 처음은 소의所依인 교법을 든 것이고, 나중은 교법에 의거해서 질문한 것이다.

이것은 처음에 해당한다.

> 釋曰。自下第九依不依法止觀門。於中有三。初明依法不依法。次明緣法總別門。後明緣總差別。此卽初也。於中有二。先問。後答。問中有二。初擧所依教。後依教發問。此卽初也。此卽初也。於中有二。先問。後答。問中有二。初擧所依教。後依教發問。此卽初也。

(나) 교법에 의거해 질문함

경 어떤 것을 '법에 의지하는 사마타·비발사나'라고 이름하고, 어떤 것을 다시 '법에 의지하지 않는 사마타·비발사나'라고 이름합니까?"

云何名依法奢摩他毗鉢舍那。云何復名不依法奢摩他毗鉢舍那。

석 두 번째는 교에 의거해서 질문한 것이다. 질문에는 두 가지 뜻이 있으니, 경문 그대로 알 수 있을 것이다.

釋曰。第二依敎發問。問有二意。如經可知。

나) 대답

(가) 질문에 대해 바로 설함

㉮ 법에 의지한 지관을 해석함

경 부처님께서 자씨보살에게 말씀하셨다. "선남자여, 만약 보살들이 이전에 받아들였던 바이고 사유했던 바의 법상을 따라서 그 의미에 대해 사마타·비발사나를 획득했다면, 이것을 '법에 의지하는 사마타·비발사나'라고 이름한다.

佛告慈氏菩薩曰。善男子。若諸菩薩。隨先所受所思法相。而於其義。得奢摩他毗鉢舍那。名依法奢摩他毗鉢舍那。

석 이하는 두 번째로 여래께서 바로 설하신 것이다. 이 중에 두 가지가 있다. 처음은 질문에 대해 바로 설하신 것이다. 나중의 "법에 의지해서" 이하는 신행信行·법행法行에 의거해서 '의지함과 의지하지 않음'에 대해 해석한 것이다.

전자 중에 두 가지가 있다. 처음은 '법에 의지하는 지관'을 해석한 것이다. 나중은 '법에 의지하지 않는 지관'을 해석한 것이다.

이것은 법에 의지하는 지관을 해석한 것이다. 말하자면 보살들이 전에 문혜聞慧로 받아들였던 바이고 사유했던 바의 12교법(十二部經)을 따라서 그 의미에 대해 지관을 획득했다면 이것을 '법에 의지하는 지관'이라 이름한다.

> 釋曰。自下第二如來正說。於中有二。初對問正說。後由依止下。約信法行釋依不依。前中有二。初釋依法。後釋不依。此釋依法。謂諸菩薩。隨先聞慧所受所思十二敎法。而於其義。得止觀者。卽說名爲依法止觀。

㈃ 법에 의지하지 않는 지관을 해석함

a. 간략한 해석

경 만약 보살들이 받아들였던 바이고 사유했던 바의 법상法相에 의지하지 않고 다만 다른 이의 교계·교수에 의지해서 그 의미에 대해 사마타·비발사나를 획득했다면,

> 若諸菩薩。不待所受所思法相。但依於他敎誡敎授。而於其義。得奢摩他毗鉢舍那。

석 이하는 두 번째로 법에 의지하지 않는 지관을 해석한 것이다. 이 중에 세 가지가 있다. 처음은 간략한 해석이고, 다음은 자세한 해석이며, 마지막은 총괄적 결론이다.

이것은 간략한 해석이다. 말하자면 보살들 (중에) 근성이 둔한 (자이기) 때문에 받아들이고 사유했던 바의 법의法義를 상대하는 자가 아니라면 반드시 다른 이의 가르침으로 말미암아 의미에 대해 지止와 관觀을 획

득하려 한다.

釋曰。自下第二釋不依法。於中有三。初略釋。次廣釋。後總結。此即略釋。
謂諸菩薩。以性鈍故。不待所受所思法義。要由他教。而於義中。得止及觀。

b. 자세한 해석

경 (다시 말해) 청어와 농란 등이나, 혹은 '일체행은 모두 무상하다', 혹은 '제행은 고다', 혹은 '일체법은 모두 무아다', 혹은 다시 '열반이 필경 적정하다'라는 것을 관한다면,

觀青瘀及膿爛等。或一切行皆是無常。或諸行苦。或一切法皆無有我。或復
涅槃畢竟寂靜。

석 두 번째는 자세한 해석이다.
(타인의) 가르침(敎誡)으로 말미암아 다섯 가지 청정한 경계에서 부정不
淨의 경계를 관하는 것, 말하자면 청어와 농란 등을 관하는 것이다.[429]
'등等'이라는 말은 자비관[430]의 경계 내지는 별상사념처[431]의 소행경계

---

[429] 이것은 '부정관不淨觀'을 설명한 것이다. 견도見道 이전에는 오정심관五停心觀·별상념주別相念住·총상념주總相念住 등의 7방편위方便位를 닦는데, 부정관은 처음의 오정심관의 첫 번째 관법에 해당한다. 부정관은 탐욕의 번뇌가 많은 자들이 청어상青瘀想이나 농란상膿爛想 등처럼 자타의 몸의 추한 상들을 관함으로써 탐욕의 번뇌를 제거해 가는 관법을 말한다. 이 중에 '청어'란 시체가 바람을 쏘이고 햇볕에 그을려서 점차 검푸른 색으로 변한 모습이고, '농란'이란 시체의 사지가 썩어서 문드러진 모습이다. 자세한 것은 뒤의 '구상관九想觀'에 대한 역주 참조.
[430] 자비관慈悲觀 : 오정심관五停心觀의 두 번째 관법으로서, 성냄(瞋)이 많은 자들이 친함(親)과 원한(冤)의 여부를 떠나서 모든 중생들에게 평등하게 '낙樂을 주고 고苦를 없애 주는 상想'을 관함으로써 진에瞋恚의 번뇌를 제거해 가는 관법이다. 이 자비관의

를 똑같이 취급한 것이다.

"혹은 '일체행이 다 무상하다……중략……모두 무아다.'"라고 한 것은 총상념처[432]를 해석한 것이다. 이상의 모든 관은 사념처의 소연경계 중에 '무상'과 '무아' 등을 합해서 관하는 것이므로 '총상념처'라고 하였다.

이와 같이 내지는 무루관에서는 고·무상 등을 (관하고) 혹은 다시 무학위 중의 열반적정을 관찰하는 것이다.

釋曰。第二廣釋。由敎誡力。五淨境中。觀不淨境。謂觀靑瘀及膿爛等。等言等取慈悲觀境。乃至別相四念處所行之境。或一切行。皆是無常。乃至皆無有我者。釋總相念處。已上諸觀。於四念處所緣境中。總觀無常及無我等。是總相念處。如是乃至無漏觀中。苦無常等。或復觀察無學位中涅槃寂靜。

해 또 "청어" 등이란 부정관 중에서 구상관九想觀[433]『대지도론』 제21권에

경계는 상품·중품·하품의 친한(親) 경계, 상품·중품·하품의 미워하는(冤) 경계, 친함도 미움도 없는 경계 등 일곱 종류로 나누기도 한다.
431 별상사념처別相四念處 : 별상념주別相念住라고도 하며 오정심관五停心觀 다음의 가행위에서 신身·수受·심心·법法의 사념주관四念住觀을 따로따로 닦는 것을 말한다. 말하자면 '몸은 부정하다(身不淨)', '감각은 괴로운 것이다(受是苦)', '마음은 무상하다(心無常)', '법에는 아가 없다(法無我)'고 관함으로써, '상常·낙樂·아我·정淨'이라고 보는 네 가지 전도를 대치한다.
432 총상념처總相念處 : 총상념주總相念住라고도 하며 별상념주別相念住 이후에 신身·수受·심心·법法 등의 경계를 두 개 혹은 세 개 혹은 네 개를 합해서 관하는 것을 말한다.
433 구상관九想觀 : 시체의 추악한 형상에 대해서 9종의 관상觀想을 일으키는 것을 말한다. 이것은 부정관不淨觀의 일종으로서 수행자가 나와 남의 육체에 대한 집착을 제거하기 위해 9종의 부정한 상을 짓는 것인데, 구상이란 다음과 같다. 첫째는 청어상靑瘀想이니, 시체가 바람을 쏘이고 햇볕에 그을려서 점차 검푸른 색으로 변한 모습이다. 둘째는 농란상膿爛想이니, 시체의 사지가 썩어서 문드러진 모습이다. 셋째는 충담상蟲噉想이니, 벌레나 새들이 시체를 파먹는 모습이다. 넷째는 팽창상膨脹想이니, 시체가 부풀어 오른 모습이다. 다섯째는 혈도상血塗想이니, 시체의 농혈膿血이 흘러넘치

서 구상관에 대해 자세하게 해석하였다.[434]이고, "일체행이 다 무상하다"는 등은 사법인四法印이라 볼 수도 있다. 법상法相이 모두 확정되어 변함이 없다는 의미에서 '법인法印'이라 이름하였다. 따라서『장엄경론』제11권에서 "사법인이란 첫째 일체행무상인一切行無常忍, 둘째 일체행고인一切行苦印, 셋째 일체법무아인一切法無我印, 넷째 열반적멸인涅槃寂滅印"[435]이라 하였는데, 이것을 '사법四法의 우타나優陀那'라고 이름한다.[436]

『보살장경』에서는 '사법의 오타남鄔拖南'이라 하였다.[437] '오타남'은 여기 말로 '표상標相'이라 한다. 예를 들어 '무상無常'은 유위법의 표상이고 '고苦'는 유루법의 표상이며 '무아無我'는 일체법의 표상이고 '열반적정涅槃寂靜'은 무위법의 표상이라고 설하는 것과 같다. 구역에서 '우타나憂陀那'라고 한 것은 잘못이다. 올타남嗢拖南에서, '올嗢(S) ud'은 여기 말로 '집集'이라 하고, '타남拖南(S) dāna'은 여기 말로 '시施'라고 하니, 구역에서 '단나檀那'라고 한 것은 잘못이다. 말하자면 모든 구의句義를 모아서 학자에게 베풀어 주기 때문에 '집시集施'라고 이름한다.[438] 혹은 '섭산攝散'으로 번역되는데, 널리 흩어진 의미들을 거두어 게송 안에 모아 놓고 중생들로 하여금

　　는 모습이다. 여섯째는 괴란상壞爛想이니, 피육皮肉이 파괴되고 부패한 모습이다. 일곱째는 패괴상敗壞想이니, 피육이 다 문드러져서 근골筋骨만 남아 있는 모습이다. 여덟째는 소상燒想이니, 시체가 불에 타서 재가 된 모습이다. 아홉째는 골상骨想이니, 시체가 한 무더기의 흩어진 백골로 되어 버린 모습이다.
434 9종 관상의 명칭과 순서에 대해서는 이설異說이 있다.『大智度論』권21(T25, 217a6)에는, 창상脹相, 괴상壞相, 혈도상血塗相, 농란상膿爛相, 청상靑相, 담상噉相, 산상散相, 골상骨相, 소상燒相 등의 순서로 열거되었다.
435 『大乘莊嚴經論』권11(T31, 646a15).
436 『大乘莊嚴經論』권5(T31, 617b4) 참조.
437 『菩薩藏經』은『大寶積經』「菩薩藏會」(제35권~제54권)를 가리킨다. 이 경의 권36(T11, 208a19)에는 '四種鄔柁南'에 대한 자세한 설명이 나온다.
438 범어 udāna는 오타남烏拖南·올타남嗢拖南·우단나優檀那·우타나憂陀那 등으로 번역된다.『莊嚴經論』등에서는 '사법의 오타남'이라 했는데, 이때 '오타남'이란 '인印 혹은 표상標相'의 의미로 쓰인 것이다.

쉽게 알도록 하였기 때문에 '섭산'이라 한다.[439] 그런데 지금은 '오타남'이라 하기 때문에 '표상'을 말한다.【『성실론』제2권과 『대지도론』제32권에서는 '삼법인三法印'이라 하였고, 앞의 고인苦印을 제외하였다.】 사법의 오타남의 의미를 자세하게 분별하면, 『보살장경』 제2권, 『선계경』 제7권, 『지지론』 제8권, 『유가사지론』 제46권에서 설한 것과 같다.[440]

又解。青瘀等者。不淨觀中。九相觀也。【大智度論第二十一。廣釋九相觀也。】一切行無常等者印。[1] 是四法印。觀法相。揩定不易之義。名爲法印。故莊嚴論第十一云。四法印者。一者一切行無常印。二者一切行苦印。三者一切法無我印。四者涅槃寂滅印。名爲四法優陀那。菩薩藏經。名四法鄔拕南。鄔拕南者。此云標相。如說無常是有爲法標相。苦是有漏法標相。無我是一切法標相。涅槃寂靜是無爲法標相。舊云憂陀那者。訛也。嗢拕南者。嗢此云集。拕南此云施。舊云檀那者。訛也。謂集諸句義。施於學者。故名集施。或翻攝散。攝廣散義。集在頌中。令衆易知。故言攝散。今云鄔拕南者。故是標相。【成實論第二。智度論三十二。名三法印。除前苦印也】若廣分別四法鄔拕南義。如菩薩藏經第二。善戒經第七。地持論第八。瑜伽三[2]十六。

1) ㊋ '印'은 잉자인 듯하다. 2) ㊋ '三'은 '四'의 오기인 듯하다.

C. 총괄적 결론

경 이와 같은 부류의 사마타·비발사나를 '법에 의지하지 않는 사마타·비발사나'라고 이름한다.

---

439 '오타남'이 '섭산攝散'으로 번역되는 경우는, 범어 udāna를 uttāna(散布)와 혼용해서 쓴 것이다.
440 『大寶積經』 권36 「菩薩藏會」(T11, 208a19), 『菩薩善戒經』 권7(T30, 997b1), 『菩薩地持經』 권8(T30, 934c9), 『瑜伽師地論』 권46(T30, 544a8) 참조.

如是等類奢摩他毗鉢舍那。名不依法奢摩他毗鉢舍那。

석 세 번째는 총괄적 결론이니, 알 수 있을 것이다.

釋曰。第三總結可知。

(나) 신행信行·법행法行에 의거해서 '의지함과 의지하지 않음'에 대해 해석함

㉮ 법에 의지함에 대해 해석함

경 법에 의지해서 사마타·비발사나를 획득하기 때문에 나는 (그를) '수법행보살'이라 시설하였으니, 이는 이근의 성품이다.

由依止法得奢摩他毗鉢舍那。故我施設隨法行菩薩。是利根性。

석 이하는 두 번째로 신행信行·법행法行에 의거해서 '의지함과 의지하지 않음'에 대해 해석한 것이다. 이 중에 두 가지가 있다. 처음은 법에 의지함에 대해 해석한 것이다. 나중은 법에 의지하지 않음에 대해 설명한 것이다.
이것은 처음에 해당한다. 말하자면 법에 의지해서 지관을 획득한 자는 이근利根이기 때문에 여래께서 그를 '수법행자(교법에 수순해서 행하는 자)'라고 설하셨다는 것이다.

釋曰。自下第二約信法行。釋依不依。於中有二。初釋依法。後辨不依。此卽初也。謂依止法得止觀者。以利根故。如來說爲隨法行者。

㉔ 법에 의지하지 않음에 대해 해석함

경 법에 의지하지 않고 사마타·비발사나를 획득하기 때문에 나는 (그를) '수신행보살'이라 시설하였으니, 이는 둔근의 성품이다.

由不依法得奢摩他毗鉢舍那。故我施設隨信行菩薩。是鈍根性。

석 이것은 (법에) 의지하지 않음에 대해 해석한 것이다. 타인의 가르침을 따라서 지관을 획득한 자는 둔근이기 때문에 여래께서 그를 '수신행자(믿음에 수순해서 행하는 자)'라고 설하셨다.

그런데 신행과 법행에 대해 여러 설이 다르다.

살바다종에 의하면, 계경에서 설한 것처럼 일곱 종류의 사람이 있으니, 신행信行, 법행法行, 신해信解, 견지見至, 신증身證, 혜해탈慧解脫, 구해탈俱解說이다. 견도위에서는 둔한 근기를 '수신행隨信行'이라 하고, 예리한 근기를 '법행'이라 한다. 수도위에서는 둔한 근기를 '신해'라고 하고, 예리한 근기를 '견지'라고 한다. 멸진정滅盡定을 얻은 자를 '신증'이라 한다.[441] 무학위에서 아직 멸진정을 얻지 못한 자를 '혜해탈'이라 하고, 이미 멸진정을 얻은 자를 '구해탈'이라 한다.[442] 구체적인 것은 여러 논에서 설한 것과 같다.

---

[441] 살바다종에 따르면, 불환不還의 성자가 멸진정滅盡定을 획득했을 때는 이름을 바꾸어 '신증身證'이라 부른다. 이는 그가 소의신所依身에 의거하여 열반과 유사한 법(멸진정)을 증득하였기 때문이다. 말하자면 멸진정에서는 심식心識의 활동이 전혀 일어나지 않는데, 불환의 성자가 멸진정에서 증득한 열반과 유사한 정적寂靜은 마음이 아니라 몸(身)에 의지하여 생겨난 것이기 때문에 '신증'이라 이름한다. 『俱舍論』 권24(T29, 126a17~25) 참조.

[442] 무학無學의 아라한 중에 멸진정을 증득한 자를 '구해탈俱解脫'이라 하니, 지혜(慧)와 선정(定)의 힘으로 번뇌장煩惱障과 해탈장解脫障에서 모두 해탈하였기 때문이다. 그 밖의 아직 멸진정을 증득하지 못한 자를 '혜해탈慧解脫'이라 하니, 단지 혜의 힘으로

경부종에 의하면, 신행과 법행이라는 두 행은 견도 이전에 있고, 견도 위에 이르면 '무상행無相行'이라 이름한다. 따라서 『성실론』 제1권에서는 말한다. 〈행수다원行須陀洹은 세 종류 사람이 있다.[443] 첫째는 수신행이고 둘째는 수법행이며 셋째는 무상행이다. '수신행'이란, 이 사람이 아직 공무아지空無我智를 증득하지 못했다면 부처님 말씀을 믿는 사람이기 때문에 '신행'이라 이름한 것이다.[444] '법행'이란, 이 사람은 무아지無我智를 증득하고 사선근위[445]에서 법에 수순해서 행하는 자이므로 이를 '법행'이라 이름한 것이다. 이 두 행인行人이 견제도見諦道(견도)에 들어서 멸제를 보았기 때문에 그들을 '무상행'이라 이름한다.[446]〉[447]

해 이에 준해 보면, 신행·법행의 두 행은 견도 이전에 있는 것이다.[448]

釋曰。此釋不依。從他敎誡得止觀者。以鈍根故。如來說爲隨信行者。然信法行。諸說不同。薩婆多宗。如契經說。有七種人。信行。法行。信解。見至。身證。慧解脫。俱解說。在見道位。鈍根名隨信行。利根名法行。修道位中。

번뇌장에서만 해탈하였기 때문이다. 『俱舍論』 권25(T29, 131c8~14) 참조.

443 『成實論』에서는 네 종류 성문과聲聞果를 사행四行과 사득四得으로 나누어 설명하였다. 사행이란 행수다원行須陀洹과 행사다함行斯陀含과 행아나함行阿那含과 행아라한行阿羅漢이고, 사득이란 수다원과 사다함과 아나함과 아라한을 말한다. 전자는 각각의 과果를 획득하기 위해 수행하는 단계이고, 후자는 각각의 과를 획득한 단계를 말한다. 특히 이 논에서는 '행수다원'을 세 단계로 구분해서 다시 신행信行과 법행法行과 무상행無相行을 건립하였다.

444 공무아지空無我智를 아직 증득하지 못한 사람은 부처님의 법을 믿기 때문에 부처님 말씀에 수순해서 행한다. 따라서 그를 '신행'이라 하였다.

445 사선근위四善根位 : 난煖·정頂·인忍·세제일법世第一法의 네 가지 수행법을 가리키며, 견도 이전의 자량위資糧位 즉 방편위方便位에 속한다. 이것은 견도 이전에 성인의 지위에 도달하기 위해 사제四諦의 행상을 관하는 수행법이다.

446 경부종에 따르면, 행수다원行須陀洹은 견도 이전에는 신행이나 법행으로 불리지만, 견도에 들어 멸제滅諦를 통찰했을 때 이름을 바꿔서 '무상행'이라 부른다.

447 이상은 『成實論』 권1(T32, 245c7~246a2) 참조.

448 살바다종에서는 견도위見道位의 둔근鈍根과 이근利根을 구분하여 신행과 법행이라 하지만, 경부종에서는 그 두 행은 견도 이전의 지위이다.

鈍根名信解。利根名見至。得滅定者。名爲身證。無學位中。未得滅定。名
慧解脫。己[1])得滅定。名俱解脫。具如諸論。依經部宗。信法二行。在見道前。
至見道位。名無相行。故成實論第二[2])卷云。行須陀洹者。有三種人。一隨
信行。二隨法行。三無相行。隨信行者。若人未得空無我智。信佛語故。名
信行。法行者。此人得無我智。在四善根。隨順法行。是名法行。此二行人。
入見諦道。見滅諦故。名無相行。解云。准此信法二行。在見道前。

---

1) ㉠ '己'는 '已'의 오기인 듯하다. 2) ㉠ '二'는 '一'의 오기인 듯하다. 뒤의 인용문은 『成實論』권1에 나온다.

이제 대승에 의하면 여러 교설들이 같지 않다.

『대지도론』제40권에 의하면, 견도의 15심心[449]에서 예리한 근기를 법행이라 하고, 둔한 근기를 신행이라 하며, 이 두 사람을 무상행이라고도 한다.[450]

『잡집론』제13권에 따르면, 신행·법행이라는 두 행은 자량위와 견도의 15심에 있는 자로서 둔한 근기를 신행이라 하고 예리한 근기를 법행이라 하니, 곧 이 16심 이후는 신해信解·견지見至라고 이름한다. 따라서 그 논에서는 말한다. "'수신행'이란 자량을 이미 갖추었고 성질이 둔한 근기로서 다른 이의 가르침에 수순해서 제현관諦現觀[451]을 닦는 자를 말한다. '수

---

449 견도의 15심(見道十五心) : 견도에서 사제四諦의 이치를 관하여 여덟 찰나의 팔인八忍과 여덟 찰나의 팔지八智가 일어나는데, 이 16찰나의 마음 중에 제16번째 마음인 도류지道類智를 제외한 앞의 15찰나 마음을 '견도15심心'이라 한다. 욕계에서 사제를 관찰하여 얻은 지를 '법지法智'라고 하고, 색계·무색계에서의 사제를 관찰하여 얻은 지를 '유지類智'라고 하며, 또 이러한 '지智'가 들어서기 전에 그 '제諦'를 '제'로서 인가忍可하는 작용이 일어난 것을 '인忍'이라 한다. 이와 같은 욕계의 사법지와 색계의 사유지, 그리고 욕계의 사법지인四法智忍과 색계의 사유지인四類智忍 등의 16찰나의 마음이 일어나면 곧바로 수도修道에 들게 된다. 그런데 이 16심 가운데 앞의 열다섯 가지는 견도에 속하고, 마지막 제16의 도류지는 사제의 법을 이미 두루 안 것이기 때문에 수도에 속한다.
450 이상은 『大智度論』권40(T25, 349b4) 참조.
451 제현관諦現觀 : 성제현관聖諦現觀이라고도 하며, 즉 16찰나의 마음으로 현전現前해 있는 사제四諦의 경계를 관하는 것을 말한다. 그중에서 이전의 15심心은 견도見道에

법행'이란 자량을 이미 갖추었고 성질이 예리한 근기로서 자연히 제증상법諦增上法[452]에 수순해서 제현관을 닦는 자를 말한다. '신해'란 믿음에 수순해서 행하여 이미 과위에 이른 자를 말하고, '견지'란 교법에 수순해서 행하여 이미 과위에 이른 자를 말한다."[453]

[해] 이미 과위에 이른 자를 신해·견지라고 이름하였기 때문에 견도15심의 지위에 있는 자를 신행·법행이라 이름한 것임을 알 수 있다.[454]

『현양성교론』 제3권과 『유가사지론』 제26권에서도 『잡집론』과 동일하게 설한다.

그런데 『유가사지론』 제58권에서는 '견도 이전은 신행·법행이라 이름하고 견도의 지위에 있으면 무상행이라 한다'[455]고 한 것 또한 서로 어긋나지 않는다. 그 이유는 무엇인가? 무상행의 사람을 설한다면 신행·법행 두 사람은 견도 이전에 있는 것이고, (무상행을) 설하지 않는다면 신행·법행은 또한 견도에 통하는 것이다.

'보살'에 대해 논한다면 문장으로 정확히 판정한 것은 없지만, 의미에 준해서 해석해 보면 지전地前과 지상地上으로 보아도 이치에 어긋남은 없다. 다시 별도로 신해信解 등을 건립하지 않았기 때문이다.[456]

속하기 때문에 이를 '견도15심'이라 한다.
452 제증상법諦增上法 : 자량위와 견도15심의 지위에서 자력自力으로 사제를 관하는 자를 수법행隨法行이라 하는데, 이 수법행에 의해 관해지는 고제苦諦 등의 사제는 증상增上되어진 것이기 때문에 '제증상법'이라 하고, 그것을 관함으로써 획득되는 지혜를 고법지苦法智 등의 4법지라고 한다. 『集論』 권5(T31, 682c16) 참조.
453 『雜集論』 권13(T31, 754b10) 참조.
454 『雜集論』에서도 기본적으로 둔근과 이근의 차이에 의거해서 '신행과 법행'을 구분한다. 그런데 사제의 이치를 현관現觀하여 팔인八忍·팔지八智라는 16찰나의 마음이 모두 일어났을 때, 즉 마지막 도류지道類智가 일어나 이미 과위에 이르렀을 때 '신해와 견지'라는 이름으로 바꿔 부른다. 따라서 이 논에서 말한 신행·법행은 과에 이르기 이전의 견도15심을 가리킨다고 하였다.
455 『瑜伽師地論』 권58(T30, 625a22) 참조.
456 신행信行과 법행法行의 구분을 대승의 보살에 적용시킬 경우에는 각기 지전地前보살과 지상地上보살에 해당한다고 볼 수도 있다. 왜냐하면 대승에서는 일곱 종류의 행인

今依大乘。諸敎不同。依智度論第四十云。見道十五心。利根名法行。鈍根名信行。卽此二人。亦名無相行。若依雜集第十三卷。信法二行。在資糧位。見道十五心。鈍根名信行。利根名法行。卽此十六心後名信解見至。故彼論云。隨信行者。謂資糧已具。性是鈍根。隨順他敎。修諦現觀。隨法行者。謂資糧已具。性是利根。自然隨順諦增上法。修諦現觀。信解者。謂隨信行已至果位。見至者。謂隨法行已至果位。解云。已至果位。名爲信解見至。故知在見道十五心位。名信法行。顯揚第三。瑜伽第二十六。亦同雜集。而瑜伽五十八卷。在見道前。名信法行。在見道位。名無相行者。亦不相違。所以者何。若說無相行人。信法二人。在見道前。若不說者。卽信法行。亦通見道。若論菩薩。無文正判。准義釋者。地前地上。於理無違。更不別立信解等故。

나. 총법總法・별법別法을 반연하는 지관을 밝힘

가) 질문

(가) 소의인 교를 듦

경 자씨보살이 다시 부처님께 말하였다. "세존이시여, 가령 별법을 반연하는 사마타・비발사나를 설하셨고, 다시 총법을 반연하는 사마타・비발사나를 설하셨는데,

慈氏菩薩。復白佛言。世尊。如說緣別法奢摩他毗鉢舍那。復說緣總法奢摩

行人 중에 신행과 법행이라는 두 종류만 설하고 신해信解・견지見至・신증身證・혜해탈慧解脫・구해탈俱解說 등은 설하지 않기 때문이다.

他毗鉢舍那。

석 이하는 두 번째로 총법·별법을 소연으로 삼는 (지관에 대해) 바로 밝힌 문이다. 이 중에 두 가지가 있다. 처음은 질문이고, 나중은 대답이다. 질문 중에 두 가지가 있다. 처음은 소의所依인 교를 든 것이다. 나중은 교에 의거해서 질문을 일으킨 것이다.
이것은 처음에 해당한다.

釋曰。自下第二正明緣法總別門。於中有二。初問。後答。問中有二。初擧所依敎。後依敎發問。此即初也。

(나) 교에 의거해서 질문을 일으킴

경 어떤 것을 '별법을 반연하는 사마타·비발사나'라고 이름하고, 어떤 것을 다시 '총법을 반연하는 사마타·비발사나'라고 이름합니까?"

云何名爲緣別法奢摩他毗鉢舍那。云何復名緣總法奢摩他毗鉢舍那。

석 두 번째는 교법에 의거해서 질문을 일으킨 것이다. 질문에는 두 가지 뜻이 있으니, 경문 그대로 알 수 있을 것이다.

釋曰。第二依敎發問。問有二意。如文可知。

나) 대답

(가) 별법別法을 반연하는 지관에 대해 답함

경 부처님께서 자씨보살에게 말씀하셨다. "선남자여, 만약 보살들이 각별한 계경 등의 법을 반연하여, 받아들였던 바이고 사유했던 바와 같은 법에서 사마타·비발사나를 닦는다면, 이것을 '별법을 반연하는 사마타·비발사나'라고 이름한다.

> 佛告慈氏菩薩曰。善男子。若諸菩薩。緣於各別契經等法。於如所受所思惟法。修奢摩他毗鉢舍那。是名緣別法奢摩他鉢鉢舍那。

석 이하는 여래께서 바로 대답하신 것이다. 이 중에 두 가지가 있다. 처음은 '별법을 반연하는 지관'에 대해 답한 것이고, 나중은 '총법을 반연하는 지관'에 대해 해석한 것이다.

이것은 처음에 해당한다. 경문에 두 개의 절이 있으니, 처음은 해석이고 나중은 결론이다.[457]

그런데 이 경문을 해석하자면 본래 두 가지 설이 있다.

한편에서는 말한다. 〈"각별한……반연하여(緣於各別)"라고 한 것은, 십이부교十二部敎가 각기 다르기 때문에 '각별'이라 하였지, 한편에서 말하듯 부部에 각기 여러 종류가 있기 때문에 '각별'이라 한 것은 아니다. "계경 등의 법(契經等法)"이란 십이부의 각별한 경계 자체를 바로 나타낸 것이다.〉 이 해석에 의하면, '별법'이든 '총법'이든, 하나하나의 부部를 반연하면 '별법을 반연한다'고 한다. 이 해석에 의하면, 뒤에서 말한 세 종류 총법 중에 첫 번째의 작은 총법(小總)이 이 경우에 속한다.[458]

---

[457] 이하의 경문 중 "선남자여,……사마타·비발사나를 닦는다면"까지는 해석이고, "이것을 개별적 교법을 소연으로 하는 사마타·비발사나라고 이름한다."는 결론인데, 이하에서는 두 구절을 따로 나누지 않고 포괄해서 해석하였다.

[458] 이것은 '개별'과 '총체'를 가르는 기준의 차이를 진술한 것이다. 특히 경문의 '각별各別'이란 문구의 의미를 어떻게 해석하는가에 따라 '별법別法을 반연하는 지관'의 정의도 달라진다. 가령 계경契經·응송應誦·기별記別·풍송諷誦·자설自說·인연因緣·비유

한편에서는 말한다. 〈"각별한……반연하여"라고 한 것은 하나하나의 부에 각기 많은 종류(種)가 있다는 것이다. 말하자면 십이부에 각기 다른 내용(義)이 있기 때문에 '각별'이라 한 것이지, 십이부가 구별됨을 일컬어 '각별'이라 한 것은 아니다. "계경 등의 법"이란 열두 종류의 각별한 경계를 나타낸 것이다.〉 이 해석에 의하면, 반드시 두 가지 의미를 갖추어야 비로소 '별법을 반연한다'고 하니, 첫째는 부部가 구별되고 둘째는 종류(類)가 구별되어야 한다. 이 해석에 의하면, 이 개별적 소연에는 '작은 총법(小總)'은 포함되지 않는다.[459]

이 경문의 뜻을 말하자면, 각별한 계경 등의 법을 반연하여, 이전에 설했던 것처럼 문혜聞慧로 받아들였던 바이고 사혜思慧로 사유했던 바의 문의文義의 법 상에서 지관을 수습한다면, 이것을 '별법을 소연으로 한다'고 이름한다는 것이다.

譬喩·본사本事·본생本生·방광方廣·희법希法·논의論議 등 십이부十二部의 교教가 각기 구별되고, 또한 각 부部 안에서도 품品마다 각기 다른 내용을 설하기 때문에 종류(義類)의 차별도 있다. 우선, 이 첫 번째 해석에 따르면, 계경 등의 십이부가 각기 구별된다는 의미에서 '각별'이라 말한 것이다. 따라서 '별법을 반연하는 지관'이란 십이부 중에 1부만을 대상으로 삼는 지관을 가리킨다. 바로 다음의 『解深密經』 경문에서 총법總法을 다시 소총법小總法과 대총법大總法과 무량총법無量總法으로 구분하였다. 그런데 첫 번째 해석에 의하면, 만약 십이부 중에서 1부만을 지관의 대상으로 삼는다면, 그 부 안의 개별적 교법을 대상으로 삼든 전체적 교법을 대상으로 삼든, 모두 '별법을 반연한다(別緣)'고 말한다. 따라서 첫 번째 해석에 따를 때 '별법을 반연한다'는 것은, 뒤의 경문에서 각기 1부의 전체 내용(小總法)을 대상으로 삼는 경우에 해당한다.

[459] 이 해석에 의하면, '각별各別'이라는 한정어는 계경 등 십이부교 간의 차이를 가리킨다기보다는 '의류義類(종류)'의 뜻이다. 말하자면 각각의 십이부十二部 안의 다양한 차별적 내용들을 가리킨다. 이와 같은 차별적 내용이 담긴 십이부교를 대상으로 삼는다는 의미에서 '각별'이라 하였다. 따라서 '별법을 반연한다'는 것은 단지 하나의 부를 각기 따로 지관의 대상으로 삼는다는 말이 아니라, 십이부에 나온 특정한 내용들을 대상으로 삼는다는 것이다. 따라서 1부 전체 즉 소총법小總法을 대상으로 하는 경우는 '별법을 반연하는 지관'에 속하지 않고, '총체적 교법을 반연하는 지관'에 속한다.

釋曰。自下如來正答。於中有二。先答緣別。後釋緣總。此卽初也。文有二節。先釋。後結。然釋此文。自有兩說。一云。緣於各別者。十二部教。各別異故。名爲各別。非一云部各有多種。故言各別。言契經等法者。正出十二部各別境體。若依此釋。若別若總。緣一一部。名爲緣別。若依此釋。後三總中。第一小總。於此中攝。一云。緣於各別者。於一一部。各有多種。謂有十二各別義故。故言各別。非十二部別名爲各別。言契經等法者。出十二種各別境也。若依此釋。要具二義。方名緣別。一者部別。二者類別。若依此釋。此別緣中。不攝小總。此中意說。緣於各別契經等法。如前所說。聞慧所受。思慧所思。文義法上。修習止觀。是名緣別。

(나) 총법總法을 반연하는 지관에 대해 해석함

㉮ 해석

a. 별법을 거두어 총법으로 삼아서 작의·사유하는 것에 대해 밝힘

경 만약 여러 보살들이 일체의 계경 등의 법을 반연하여 모아서 한 단위나 한 묶음이나 한 부분이나 한 무리로 삼아서 작의하고 사유하되,

若諸菩薩。卽緣一切契經等法。集爲一團。一種[1]一分一聚。作意思惟。

1) ㉢『解深密經』(T16, 699a3)에 따르면, '種'은 '積'의 오기다.

석 이하는 두 번째로 총법을 반연하는 지관에 대해 해석한 것이다. 이 중에 두 가지가 있으니, 처음은 해석이고 나중은 결론이다.

해석에 세 가지가 있다. 처음은 별법을 거두어 총법으로 삼아서 작의·사유하는 것에 대해 밝힌 것이다. 다음은 사유의 모습을 해석한 것이다.

마지막은 지관을 닦는 것에 대해 결론지은 것이다.

이것은 처음에 해당한다. 이 경문을 해석하면 또한 두 가지 설이 있다.

한편에서는 말한다. 〈"일체의 계경 등의 법을 반연하여 한 단위나 ……"라고 했는데, 십이부를 총괄해서(總攝) 한 단위(一團)로 삼기 때문에 '일체'라고 말한 것이니, 반드시 십이부를 갖추어야 '일체'라고 이름하는 것이다.〉

한편에서는 말한다. 〈'일체'에는 세 가지 의미가 내포되어 있다. 첫째는 하나하나의 부마다 모두 여러 종류가 있기 때문에 '일체'라고 한다. 둘째는 십이부교를 거두어 한 단위로 합했기 때문에 '일체'라고 한다. 셋째는 한량없는 십이부의 교를 총괄했기 때문에 '일체'라고 한다. 따라서 다음 경문에서 이 총법에서 세 종류를 나누었으니, 즉 소총小總 등을 말한다.[460]〉

두 가지 설 중에 후자의 설이 바르니, 뒤의 경문에 잘 이어지기 때문이다.

'단위(團)', '묶음(積)', '부분(分)', '무리(聚)'의 뜻은 같은데 이름만 다른 것이다.

이 경문의 뜻을 설하자면, 모든 계경 등의 법을 반연하여 한 단위로 모아서 진여해眞如解를 일으켜서 지관을 닦는다면, 이를 '총법을 반연하는 지관'이라 이름한다는 것이다.

따라서 무성無性의 『섭대승론석』 제6권에서는 "논 어떤 의미에서 유식성唯識性에 들어간다는 것인가? 총법을 반연하는 출세간적 지·관의 지智 때문이다."[461]라고 하였고, (이에 대해) 무성은 다음과 같이 해석하였다. "'총법을 소연으로 한다'는 것은 일체법의 총상總相에 의해 현현된 진여를 소연의 경계로 삼는 것이다. 말하자면 대승의 교에서 설하였듯 일체법은

---

[460] 뒤의 경문에서 총법總法을 소총법小總法과 대총법大總法과 무량총법無量總法 등 세 가지로 나눈 것을 말한다.
[461] 현장 역 무성無性의 『攝大乘論釋』 권6(T31, 416b20).

모두 진여를 성품(性)으로 삼기 때문에, 진여를 소연으로 삼을 때 곧 일체법의 성품을 이해하는 것이다."⁴⁶² 일체법을 반연할 때 곧 이는 진여를 반연하는 것이다.

> 釋曰。自下第二釋緣總法。於中有二。先釋後結。釋中有三。初攝別爲總。作意思惟。次釋思惟相。後結修止觀。此卽初也。釋此經文。亦有兩說。一云。卽緣一切契經等法。爲一團等者。總攝十二部。以爲一團。故言一切。要具十二。乃名一切。一云。一切含有三義。一於一一部。皆有多種。故言一切。二者攝十二部。合爲一團。故言一切。三者總攝無量十二部教。故言一切。故下經文。於此總中。開爲三種。謂小總等。於二說中。後說爲正。順後文故。團積分聚。義一名異。此中意說。謂緣一切契經等法。集爲一團。作眞如解。而修止觀。名緣總法止觀。故無性攝論第六卷云。論曰。爲何義故。入唯識性。由緣總法出世止觀智故。無性釋云。由緣總法者。緣一切法總相所顯眞如爲境。謂大乘教中所說。一切法皆眞如爲性。故緣眞如時。卽是解了一切法性。緣一切法時。卽是緣眞如。

b. 사유의 모습에 대해 해석함

a) 교敎에 세 가지 뛰어난 작용이 있음을 사유함

(a) 진여의 이치에 의거해서 세 가지 작용을 사유함

경 〈이 일체의 법은 진여에 수순하고 진여를 향해 나아가며 진여에 임하여

---

462 현장 역 무성無性의 『攝大乘論釋』 권6(T31, 416c1).

들어가는 것이다.〉,⁴⁶³

此一切法。隨修¹⁾眞如。趣向眞如。臨入眞如。

1) ⑨『解深密經』권3(T16, 699a4)에 따르면, '修'는 '順'의 오기다.

석 이하는 두 번째로 사유하는 모습을 해석한 것이다. 이 중에 두 가지가 있다. 처음에는 교敎에 세 가지 뛰어난 작용이 있음을 사유하고, 나중에는 '교'는 선법善法을 설하는 것임을 사유하는 것이다.

전자 중에 두 가지가 있다. 처음은 진여의 이치에 의거해서 세 가지 작용을 사유하는 것이다. 나중은 보리 등에 의거해서 세 가지 작용을 사유하는 것이다.

이것은 처음에 해당한다. 말하자면 보살들은 십이분교에는 세 가지 작용이 있다고 작의하고 사유하니, (세 가지 작용이란) 첫째 진여에 수순隨順하고, 둘째 진여를 향해 나아가며(趣向), 셋째 진여에 임하여 들어가는(臨入) 것이다. 말하자면 이 성스런 가르침(聖敎)이 바른 도리(正理)에 따르기 때문이고, 바른 도리에 들어가기 때문이다.

해 또는 성스런 가르침으로 인해 세 종류 지혜를 얻은 것이라 볼 수도 있다. 문혜聞慧로 (진여에) 수순하고, 사혜思慧로 (진여를) 향해 나아가며 수혜修慧로 (진여에) 임하여 들어간다.

해 또는 성스런 가르침으로 인해 세 가지 방편을 얻은 것이라 할 수도 있다. '수순한다'는 것은 진여에 대해서는 먼 방편이고, '향해 나아간다'는 것은 가까운 방편이며, '임하여 들어간다'는 것은 최후의 방편이다. 이후

---

463 이 경문은 일체의 법, 즉 총법總法을 반연하는 지관이 결국은 진여를 반연하는 지관이라는 점을 구체적으로 설명한 것이다. 말하자면 '이 일체의 교법이 진여에 수순하여 거기로 나아가고 마침내 거기에 임해 들어가는 것'이라고 사유하는 것을 일컬어 '총법을 반연하는 지관'이라 한다.

에도 이에 준해서 해석한다.

그런데 이 세 구의 경우, 『유가사지론』 제32권에서는 염주문念住門에 의거해서 이 세 구를 설하였고, 제33권에서는 정려정靜慮定에 의거해서 이 세 구를 설하였다.[464] 『대반야경』 제317권에서도 또한 이 세 구를 설한다.[465]

釋曰。自下第二釋思惟相。於中有二。初思惟教有三勝用。後思惟教宣說[1]法。前中有二。初約眞如理。思惟三用。後約菩提等。思惟三用。此卽初也。謂諸菩薩作意思惟十二分教。有其三用。一隨順眞如。二趣向眞如。三臨入眞如。謂此聖教。順正理故。入正理故。又解。由聖教故。得三種慧。聞慧隨順。思慧趣向。修慧臨入。又解。由聖教故。得三方便。隨順者。眞如中遠方便也。趣向者。近方便也。臨入者。最後方便。後准此釋。然此三句。瑜伽三十二。約念住門。說此三句。三十三。約靜慮定。說此三句。大般若三百一十六[2]等。亦說三句。

1) ㉠『解深密經疏』 권6(X21, 313b22)에 '說' 뒤에 '善'이 있다. 『韓國佛教全書』 편찬 과정에서 누락된 듯하다. 2) ㉠ '六'은 '七'의 오기인 듯하다.

(b) 보리 등에 의거해서 세 가지 작용을 사유함

---

464 위의 경문에서 '수순隨順과 취향趣向과 임입臨入'이라는 세 구는 지관의 수행자가 총법總法을 반연하는 지관을 닦을 때의 모습, 즉 진여眞如에 그 마음을 안주하는 모습을 설한 것이다. 이와 마찬가지로 『瑜伽師地論』 권32(T30, 462b11~14)에서는 사념주四念住의 가행加行에서 소연의 경계에 안주하는 모습을 설명하면서 위의 세 구를 설하기도 하고, 같은 책 권33(T30, 467c11~13)에서는 정려정靜慮定에 의거해서 욕락欲樂하던 경계에 안주하는 모습을 설명하면서 위의 세 구를 설하기도 한다.

465 원측 소에 '大般若三百一十六等'이라 되어 있는데, 이 중 '三百一十六'은 '三百一十七'의 오기인 듯하다. 가령 『大般若經』 권317(T6, 619c14 이하)에는 "隨順趣向臨入一切智智"나 "隨順趣向臨入空"이나 "隨順趣向臨入無相" 등 세 문구가 반복적으로 나타난다.

경 보리에 수순하고 열반에 수순하며 전의⁴⁶⁶에 수순하고, 또 그것들을 향해 나아가고 그것들에 임하여 들어가며,

隨順菩提。隨順涅槃。隨順轉依。及趣向彼。若臨入彼。

석 두 번째는 '보리' 등에 의거해서 그 세 가지 모습을 나타낸 것이다. 말하자면 이 세 가지 모습은 세 곳에서 일어나는데, 첫째는 보리이고 둘째는 열반이며 셋째는 전의다. 십이분교는 이 세 가지 법에 대해서도 모두 '수순隨順하고, 향해 나아가며(趣向), 임하여 들어가는(臨入)' 세 가지 뛰어난 작용이 있으니, 앞에 준해서 알아야 한다.

문 열반과 전의는 어떤 차별이 있는가?

해 열반이란 '진여에서는 두 가지 장애(二障)를 떠난다'는 의미에 의거해서 말한 것이고, 전의란 보리와 열반에 통하는 것이다. 따라서 『성유식론』 제9권에서는 "두 가지 추중麁重을 버리기 때문에 곧 전의를 증득하네."⁴⁶⁷라고 하였고, (이에 대해) 호법은 해석하길 '곧 능히 보리와 열반이라는 두 종류 전의를 증득한다'고 하였다.⁴⁶⁸

---

466 전의轉依 : 수행을 통해 깨달음을 이룰 때 소의인 아뢰야식이 전환되어 어떤 것을 버리고 어떤 것을 얻는 것을 말한다. 여기서 '전'이란 '전환하여 버림(轉捨)'과 '전환하여 얻음(轉得)'이라는 두 가지 의미가 있고, '의'는 소의所依 즉 제8아뢰야식을 뜻한다. 아뢰야식 안에는 두 가지 번뇌 즉 번뇌장煩惱障과 소지장所知障이 저장되어 있고, 또 번뇌 없는 깨달음의 종자도 포함되어 있다. 아뢰야식이 전의될 때, 전환하여 버리는 것은 번뇌장·소지장이고 전환하여 얻는 것은 보리·열반이다.
467 이것은 유식 30송 중에 제29송의 제3, 제4구에 해당한다. 『成唯識論』권9(T31, 50c20).
468 이 게송에 대해 호법護法은 다음과 같이 해석하였다. "여기서는 저 두 가지 추중을 버리기 때문에 곧 광대한 전의轉依를 증득할 수 있다. '의依'란 소의所依, 즉 의타기依他起(제8식)를 말한다. (이 식은) 염법染法과 정법淨法의 소의가 되어 주기 때문이다. 염법이란 허망한 변계소집성遍計所執性을 말하고, 정법이란 진실한 원성실성圓成實性을 말한다. '전轉'이란 염·정의 두 부분을 전환해서 버리거나(轉捨) 전환해서 증득하는(轉得) 것을 말한다. 무분별지無分別智를 자주 수습함에 따라서 본식本識 중에 있는 두 가지 장애의 추중麁重을 끊기 때문에, 의타기 상에서의 변계소집을 '전환하여 버리

해 또는 '보리'란 유위과有爲果이고, 열반은 열반과涅槃果이며, 전의는 법신과法身果라고 볼 수도 있다.

釋曰。第二約菩提等。顯其三相。謂此三相。於三處轉。一者菩提。二者涅槃。三者轉依。十二分敎。對此三法。皆有隨順趣向臨入三種勝用。准上應知。問。涅槃轉依。有何差別。解云。涅槃卽是依眞如上離二障義。轉依卽通菩提涅槃。故成唯識第九卷云。捨二麤重故。便證得轉依。護法釋云。便能證得菩提涅槃二種轉依。又解。菩提者。有爲果也。涅槃者。涅槃果也。轉依者。法身果也。

b) '교'란 선법善法을 설한 것이라고 사유함

경 〈이 일체의 법은 무량하고 무수한 선법善法을 설한 것이다.〉라고,

此一切法。宣說無量無數善法。

석 이것은 두 번째로 성스런 가르침은 선법을 설한 것이라고 사유하는 것이다. 실제로는 성스런 가르침은 세 가지 성질을 갖추고 있지만,[469] 사유하면서 지관을 수습하고자 하므로 오직 '선善'만 설한 것이다.

釋曰。此卽第二思惟聖敎宣說善法。據實聖敎。具說三性。爲欲思惟修習止

고' 또 의타기 중에서의 원성실성을 '전환하여 증득할' 수 있다. 즉 번뇌장煩惱障을 전환시켜 대열반을 얻고 소지장所知障을 전환시켜 무상각無上覺(보리)을 증득하는 것이다."『成唯識論』권9(T31, 51a2) 참조.
[469] 성스런 가르침이 세 가지 성질을 갖춘다는 것은, 성스런 가르침에서 선법善法과 악법惡法과 무기법無記法을 모두 설하였다는 것이다.

觀。故偏說善。

C. 지관을 닦는 것에 대해 결론지음

경 이와 같이 사유하면서 사마타·비발사나를 닦는다.

如是思惟。修奢摩他毗鉢舍那。

석 세 번째는 지관을 닦는 것에 대해 결론지은 것이다.

釋曰。第三結修止觀。

㉔ 결론

경 이것을 '총법을 반연하는 사마타·비발사나'라고 이름한다."

是名緣總法奢摩他毗鉢舍那。

석 이것은 두 번째로 총법을 반연하는 지관에 대해 결론지은 것이니, 경문 그대로 알 수 있을 것이다.

釋曰。此卽第二結總緣[1]法。如文可知。

1) ㉠ '總緣'은 '緣總'의 도치인 듯하다.

다. 총법總法을 반연하는 지관의 차별을 밝힘

가) 소총법小總法을 반연하는 지관의 차별을 밝히는 문

(가) 질문

㉮ 소의所依인 교教를 듦

경 자씨보살이 다시 부처님께 말하였다. "세존이시여, 가령 소총법小總法을 반연하는 사마타·비발사나를 설하셨고, 다시 대총법大總法을 반연하는 사마타·비발사나를 설하셨으며, 또 무량총법無量總法을 반연하는 사마타·비발사나를 설하셨는데,

> 慈氏菩薩。復白佛言。世尊。如說緣小總法奢摩他毗鉢舍那。復說緣大總法奢摩他毗鉢舍那。又說緣無量總法奢摩他毗鉢舍那。

석 이하는 세 번째로 총법을 소연으로 하는 지관의 차별에 대해 해석한 문이다. 이 중에 세 가지가 있다. 처음은 소총법小總法 등을 소연으로 하는 지관의 차별을 밝히는 문이다. 다음은 총상總相을 소연으로 하는 지관을 얻기 위해 갖추는 조건(具緣)을 밝히는 문이다. 마지막은 획득한 지위와 통달한 지위를 밝히는 문이다.

이것은 처음에 해당한다. 이 중에 두 가지가 있으니, 앞은 질문이고 뒤는 대답이다.

(앞의) 질문에는 두 가지가 있다. 처음은 소의가 되는 교教를 든 것이고, 나중은 교에 의거해서 질문한 것이다.

이것은 처음에 해당한다.

> 釋曰。自下第三釋緣總法差別門。於中有三。初明緣小總等差別門。次明得

緣總相具緣門。後辨得與通達位地[1])門。此即初也。於中有二。先問。後答。
問中有二。初擧所依敎。後依敎發問。此卽初也。

1) ㉯ '位地'는 '地位'의 도치인 듯하다. 뒤의 문구는 "自下第三得與通達地位門"이라고 되어 있다.

㉯ 교에 의거해서 질문함

경 어떤 것을 일컬어 '소총법을 반연하는 사마타·비발사나'라고 이름하고, 어떤 것을 일컬어 '대총법을 반연하는 사마타·비발사나'라고 이름하며, 어떤 것을 다시 '무량총법을 반연하는 사마타·비발사나'라고 이름합니까?"

云何名緣小總法奢摩他毗鉢舍那。云何名緣大總法奢摩他毗鉢舍那。云何復名緣無量總法奢摩他毗鉢鉢那。

석 두 번째는 교에 의거해서 질문한 것이다. 그에 세 가지 질문이 있으니, 경문 그대로 알 수 있을 것이다.

釋曰。第二依敎發問。有其三問。如文可知。

(나) 대답

㉮ 소총법小總法을 반연하는 지관을 밝힘

경 부처님께서 자씨보살에게 말씀하셨다. "선남자여, 각별各別한 계경 내지는 각별한 논의를 반연하여 한 단위 등으로 삼아서 작의하고 사유한다면, 이것을 일컬어 '소총법을 반연하는 사마타·비발사나'라고 이름한다는 것을 알아야 한다.

佛告慈氏菩薩曰。善男子。若緣各別契經乃至各別論議。爲一團等。作意思惟。當知。是名緣小總法奢摩他毗鉢舍那。

석 이하는 두 번째로 여래께서 바로 설하신 것이다. 세 가지 총연總緣(전체적 경계)을 해석했으므로 (경문도) 세 가지로 구분된다.

이것은 첫 번째로 소총법을 반연하는 것이니, 말하자면 십이분교 중에 각각을 따로 반연하는 것이다. 말하자면 많은 계경들을 하나로 총괄하거나(總攝) 내지는 많은 논의들을 하나로 총괄한 것이기 때문에 '소총법'이라 이름한 것이다.[470]

釋曰。自下第二如來正說。釋三總緣。卽分爲三。此卽第一緣小總法。謂十二中各各別緣。謂衆多契經。總攝爲一。乃至衆多論義[1]。總攝爲一。故名小總。

1) ㉢ '義'는 문맥상 '議'의 오기인 듯하다.

㉡ 대총법大總法을 반연하는 지관을 밝힘

경 내지는 받아들였던 바이고 사유했던 바의 계경 등의 법을 반연하여 한 단위 등으로 삼아서 작의하고 사유하되, 각별한 것을 반연하는 것이 아니라

---

[470] 십이분교十二分敎의 법法은 경문의 성질과 형식에 따라서 계경契經, 중송重誦, 수기受記, 불송게不誦偈, 자설自說, 연기緣起, 비유譬喩, 본사本事, 본생本生, 방광方廣, 미증유未曾有, 논의論議 등으로 구분된다. 이 십이분교 중에서 한 부류의 교법을 총섭해서 소연경계로 삼아서 지관을 수습하는 것을 일컬어 '소총법小總法을 반연하는 지관'이라 한다는 것이다.

면,⁴⁷¹ 이것을 일컬어 '대총법을 반연하는 사마타·비발사나'라고 이름한다는 것을 알아야 한다.

若緣乃至所受所思契經等法。爲一團等。作意思惟。非緣各別。當知是名緣大總法奢摩他毗鉢舍那。

석 이것은 두 번째로 대총법을 반연하는 것에 대해 해석한 것이다. 경문에 세 개의 절이 있다. 처음은 해석이고, 다음은 간별이며, 마지막은 결론이다.⁴⁷²

바로 해석한 곳에서 "(내지는……) 반연하여(若緣)"라고 했는데, 말하자면 이것이 십이분교를 갖추어 반연한다는 것이고, "내지는 받아들였던 바이고……"라 한 것은 소연의 분제分齊를 나타낸 것이다.⁴⁷³

이 경문의 뜻을 설하면 다음과 같다. 〈이는 십이분교라는 대총법의 공통된 소연(大總通緣)을 반연하는 것이다. 그것의 분한分限을 논하자면, 내지는 받아들였던 바이고 사유했던 바의 처處에 수순하는 십이분교를 한 단위 등으로 삼아서 작의하고 사유하는 것을 '대총법'이라 한다.〉

"각별한 것을 반연하는 것이 아니라면"이라 한 것은 소총법을 간별해

---

471 대총법을 반연하는 지관은 '일체의 계경 등의 법(一切契經等法)'을 반연하는 것이기 때문에 여기서는 소총법, 즉 '각별한 계경 등의 법(各別契經等法)'을 소연에서 배제하였다.
472 위의 경문에서 "내지는 받아들였던 바이고 사유했던 바의 계경 등의 법을 반연하여 한 단위 등으로 삼아서 작의하고 사유하되"까지는 대총법을 소연으로 하는 지관에 대해 바로 해석한 것이고, "각별한 것을 반연하는 것이 아니라면"까지는 대총법이 아닌 경우를 '배제'시킨 것이며, "이것을 '대총법을 반연하는 사마타·비발사나'……"라고 한 것은 결론이다.
473 원문 "若緣乃至所受所思契經等法……"이라 한 것에서, 앞의 '若緣'과 '乃至所受所思契經等法'을 구분하여 설명하였다. 앞의 '若緣'은 어떤 대상을 '반연한다'는 것을 말하고, '乃至' 이하는 대총법이라는 소연경계의 범위를 한정한 말이다.

낸 것이니, 소총법으로서의 부部와 부를 따로 반연하는 것과는 같지 않다.

> 釋曰。此即第二釋緣大總。文有三節。初釋。次簡。後結。就正釋中。言若緣
> 者。謂此具緣十二分教。言乃至所受等者。顯緣分齊。此意說云。是緣十二
> 大總通緣。論其分限。乃至隨所領受所思惟處。十二分教爲一團等。作意思
> 惟。名爲大總。非緣各別者。簡異小總。非如小總部部別緣。

㉣ 무량총법無量總法을 반연하는 지관을 밝힘

경 만약 **무량**한 여래의 **법교**法敎, **무량**한 **법구문자**法句文字, **무량**한 **후속적 혜**(後後慧)로 비춘 바를 반연하여 한 단위 등으로 삼아서 작의하고 사유하되, 내지는 받아들였던 바이고 사유했던 바를 반연하는 것이 아니라면,[474] 이것을 일컬어 '무량총법을 반연하는 사마타·비발사나'라고 이름한다는 것을 알아야 한다."

> 若緣無量如來法教。無量法句文字。無量後後慧所照了。爲一團等。作意思
> 惟。非緣乃至所受所思。當知。是名緣無量總法奢摩他毗鉢舍那。

석 세 번째는 무량총법을 반연하는 것이다. 경문에 세 개의 구절이 있다. 처음은 해석이고, 다음은 간별이며, 마지막은 결론이다.[475]

---

474 이 문장은 무량총법無量總法에 의지하는 지관을 이전의 소총법小總法·대총법大總法 두 가지에 의지하는 지관과 구별시킨 것이다. 말하자면 '무량총법을 반연하는 지관이란, 소총법을 반연하는 것도 아니고 대총법을 반연하는 것도 아니다. 따라서 "내지는"이라 한 곳에는 이전의 소총법과 대총법의 소연경계를 나타내는 문구들이 생략되었다. 이전 경문에서 소총법을 '各別契經等法, 如所受所思惟法' 또는 '各別契經乃至各別論義'라 하였고, 대총법을 '一切契經等法(또는 乃至所受所思契經等法)'이라고 하였다.
475 이하의 해석에서 세 구절을 따로 명시하지 않았다. 위의 경문 중에 "만약 무량한 여래

해석한 곳에서 "무량한 여래의 법교法教……반연하여"라고 했는데, 이것은 세 가지의 무량을 반연하여 한 단위로 삼아서 작의하고 사유하는 것을 일컬어 '무량총법'이라 하였음을 밝힌 것이다.

'세 가지 무량'이란 (다음과 같다.)[476]

첫째, '무량한 여래의 법교를 반연한다'는 것에 대해 많은 해석이 있다.[477] 한편에서는 말한다. 〈'무량한 법교'라는 것은, 음성으로 무량한 법을 설하였기 때문에 '무량한 법교'라고 이름한 것이다. '여래'란 설하는 자를 나타낸 것이다.〉 한편에서는 말한다. 〈'무량'이란 설하는 자를 나타내니, 시방의 삼세三世에 여래가 많기 때문에 '무량'이라 이름한 것이다.〉 한편에서는 말한다. 〈'무량'은 두 종류, 즉 부처님(佛)과 가르침(教)에 통하는 것이다.〉

둘째, '무량한 명名·구句·자字' 등은 음성에 의지해서 발생된 명·구·자를 말한다.[478]

의 법교法教, 무량한 법구문자法句文字, 무량한 후속적 혜(後後慧)로 비춘 바를 반연하여 한 단위 등으로 삼아서 작의하고 사유하되"까지는 무량총법에 대해 바로 해석한 것이고, "……받아들였던 바이고 사유했던 바를 반연하는 것이 아니라면"이라 한 것은 소총법과 대총법을 배제한 것이며, "이것을 일컬어 무량총법을 반연하는 사마타·비발사나……"라 한 것은 결론이다.

476 이하에 진술된 '세 가지 무량'이란 모두 교教의 언어가 무량함을 세 가지 측면으로 나누어 설명한 것이다. 간단히 요약하면, 첫째 여래의 음성, 둘째 그 음성 상에 나타난 언어적 기호(명·구·문), 셋째 여래의 언어에 대한 연속적 설명과 해석들, 이 세 가지가 한량없다는 것이다.

477 이하의 해석들은 "여래의 법교法教"라는 말이 부처님이 직접 설한 음성의 언교言教를 가리킨다고 보았다는 점에서 일치한다. 다만 "무량無量"이라는 문구가 여래와 법교 중에 어느 것을 형용하는가에 대해서 해석이 차이가 있다.

478 경문에서 "무량한 법구문자"라 한 것은, 이역본 『深密解脫經』 권3(T16, 675c14)에는 "無量名字無量章句"라고 되어 있다. 원측은 이 구절이 '명名·구句·자字(文)'의 무량함'을 나타낸 것이라고 보았다. 성교聖教란 본래 부처님의 음성으로 설해진 '말씀(言音)'이다. 이 말씀은 일차적으로는 물리적 '소리(聲)'이지만, 그 말소리에 특정한 음운적 패턴이 갖추어졌기 때문에 '말로서 이해된다. 이처럼 음성 상에 나타난 음운적 패턴을 명·구·자(문)이라 한다. 따라서 원측은 "무량한 명·구·자 등은 음성에 의지해서

셋째, "무량한 후속적 혜로 비춘 바"라 한 것은, 능연의 지(能緣智 : 사유 작용으로서의 지혜)를 들어서 소연의 교(所緣敎 : 사유 대상으로서의 교법)를 나타낸 것이다.[479] '지'는 하나가 아님을 나타내기 때문에 '후속적(後後)'이라 한 것이다. 따라서『심밀해탈경』에서는 '상상지上上智'라고 하였다.[480]『성유식론』제9권에서는 '연속적으로 훈석하기(展轉訓釋)' 때문에 '후속적'이라 했다고 하였다.[481]

어째서 이 세 가지 무량을 한 단위 등으로 삼는다고 설했는가? 이것은 (지관의) 소연所緣인 '법교法敎'를 밝힌 것이니, 그에 세 가지 의미가 있다. 첫째는 능히 설하는 사람(能說人)을 들어서 설해진 바의 교(所說敎)를 나타낸 것이다. 둘째는 명名·구句·문文을 설하여 교체敎體로 제시한 것이다. 셋째는 '능히 반연하는 지(能緣智)'에 의거해서 '반연되는 바의 교(所緣敎)'를 나타낸 것이다. 이로 인해 세 가지 (무량을) 설하였지만, 세 가지 무량이 모두 교체인 것은 아니다.[482]

발생된 명·구·자이다."라고 하였다.
[479] 무량한 설법과 무량한 법구문자가 있으면 다시 지혜로써 그것들을 조명하는 후속 작업이 뒤따른다. 조명하는 지혜는 이후로도 한량없이 계속되고 그에 의해 조명되는 '교'도 한량없기 때문에 '능연能緣의 지智를 들어 소연所緣의 교敎를 나타냈다'고 하였다. 이처럼 한량없는 설법과 그것을 후속적으로 조명하는 지혜의 산물까지도 총괄해서 '한 단위'로 삼아 작의하고 사유한다면, 이것을 '무량총법을 반연하는 지관'이라 한다.
[480] 『深密解脫經』 권3(T16, 675c15).
[481] 『成唯識論』의 해석은 『解深密經』「地波羅蜜多品」의 '於後後慧輾陀羅尼自在'라는 문구를 해석한 것이다. 그 논에 따르면, 여래의 언음言音으로 '연속해서 훈석함(展轉訓釋)'을 나타내기 위해 '후후後後'라는 표현을 썼다는 것이다.『成唯識論』 권9(T31, 53c7) 참조.
[482] 앞서 말한 세 가지 무량은 모두 언어의 세 가지 측면을 구분하여 그것이 모두 무량함을 설한 것이다. 그런데 이것을 모두 한 단위로 삼아 지관을 닦으라고 한 것은, 그 세 가지 무량이 모두 '교체敎體'임을 말하려는 것은 아니다. 위의 해석에서는 '둘째 명구문을 교체로 제시하였다'고 하였다. 그런데 교의 본질(敎體)이 무엇인가에 대해 학파마다 해석이 다양하다. 법수法數로 나타낼 때, 음성(聲) 혹은 명·구·문 중 어느 한쪽을 교체로 간주하거나 혹은 네 가지 법을 모두 교체로 간주하기도 한다. 자세한 설명

釋曰。第三緣無量總。文有三節。初釋。次簡。後結。就釋中。言緣無量如來法教等者。此明緣三無量。爲一團等作意思惟。名無量總。言三無量者。一緣無量如來法教。此有多釋。一云。無量法教者。以音聲說無量法故。名無量法教。言如來者。辨能說者。一云。無量者顯能說者。十方三世多如來故。名爲無量。一云。無量通於二種。謂佛及教。二無量名句字等者。依聲所發名句字也。三無量後後慧照了者。擧能緣智。辨所緣教。顯智非一。故言後後。故深密云上上智也。依成唯識第九卷云。展轉訓釋。故言後後。如何說此三無量爲一團等。此明所緣法教。有其三義。一者擧能說人。顯所說教。二者說名句文。正出教體。三者約能緣智。顯所緣教。由此說三。非三無量皆是教體。

그런데 이 세 가지에는 차별이 있으니, 이에 대해 여러 설들이 다르다.

첫째, 진제 스님의 『금광명기』에서는 말한다. 〈'교법'이란 사무애辭無礙의 경계이고, '무량한 법구문자'란 법무애法無礙의 경계이다. '무량한 지智'란 의무애義無礙·변무애辯無礙 두 가지의 체體이니, 그 의미를 잘 알아서 교묘한 방편으로 설하기 때문이다.〉[483]

『성유식론』에서는 스물두 가지 어리석음(愚)[484]을 설하면서, 앞의 세 가

은 『解深密經疏』「序品」의 '교체'에 대한 논의 참조.

[483] 진제는 세 종류 무량無量을 사무애해四無礙解(四無礙智)와 연관시켜 해석하였다. '사무애해'란 법法·의義·사辭·변설辨說 등의 네 가지에 대해 무애無礙한 것을 일컫는다. '법무애'란 온갖 교법에 통달하는 것이고, '사무애'란 여러 가지 각종 언어들에 통달하여 잘 알아듣는 것이며, '의무애'란 온갖 교법의 요의要義를 걸림 없이 잘 아는 것이고, '변설무애'란 중생의 근기에 맞춰 듣고 싶어 하는 것을 자재하게 말해 주는 것이다. 진제에 따르면, 위의 경문에서 "무량한 교법"이라 한 것은, 법무애의 지혜의 경계를 가리키고, "무량한 법구문자"라 한 것은 사무애의 지혜의 경계를 가리킨다. 또 마지막의 "후속적 지혜(後後慧)"라는 것은 의무애와 변설무애라는 두 종류 지혜의 체體를 가리킨다. 요컨대, 앞의 두 무량이 지智의 경계에 해당한다면, 마지막 무량은 두 종류 지智 그 자체를 가리킨다.

[484] 스물두 가지 어리석음(愚): 『解深密經』「地波羅蜜多品」에서는 보살의 십지十地에서

지 무애해無礙解에 해당시켰다. 〈첫째, '무량하게 설해진 법'은 의무애해義無礙解이고, '한량없는 명·구·자'는 법무애해法無礙解이며, '후속적 지혜의 변辯'은 사무애해辭無礙解로서 곧 언음을 연속해서 굴리며 훈석하는 것이다.〉[485]

『심밀해탈경』에서는 "한량없는 상상지혜上上智慧의 요설변재樂說辯才"[486]라고 했다.

해 그 『심밀해탈경』에 준해 보면, 세 번째 무량은 두 가지 무애변無礙辨(무애해)을 갖추고 있으니, '상상지혜'란 사무애解無礙이고, '요설변재'란 변무애辨無礙이다.

이제 이 경에 의하면, 그 뜻은 호법護法의 설과 동일하다.[487] 그 뜻을 총괄해서 말하자면, 사무애해의 소연인 성스런 가르침을 한 단위 등으로 삼아서 작의하고 사유하는 것이다.

끊어지는 스물두 가지 우치愚癡를 말한다. 그에 따르면, 보살의 십지에는 각 지地마다 두 종류의 우치가 있고, 십지 이후인 여래지如來地에도 극히 미세한 두 종류 우치가 있다고 한다. 마지막 금강유정金剛喩定이 현전할 때 여래지의 미세한 어리석음을 마저 끊으면 궁극의 '불지佛地'에 들어간다. 『解深密經』 권4 「地波羅蜜多品」(T16, 704b4) 참조.
485 문장이 매우 압축적으로 진술되었다. 이것은 제9지地에 존재하는 두 종류 어리석음(二憂) 중의 하나를 소개한 것이다. 여기서 "첫째(一)"라고 한 것은, 두 종류 어리석음 중에 그 첫 번째 것을 가리킨다. 보살은 제9지에서 그 두 가지 우치를 끊는다고 하는데, 그중 첫 번째 우치에 대해 다음과 같이 말한다. 〈하나의 의미에 모든 의미를 나타내는 다라니의 자재함(義無礙解)에 대한 우치, 또는 하나의 명구문에 모든 명구문을 나타내는 다라니의 자재함(法無礙解)에 대한 우치, 또는 언설을 연속해서 굴리며 훈석하는 다라니의 자재함(辭無礙解)에 대한 우치, 그리고 그것의 추중麤重이 존재한다. 보살은 제9지에서 그러한 우치와 추중을 끊게 된다.〉 이처럼 『成唯識論』에서는 첫 번째 어리석음을 법法·의義·사辭의 무애해와 연관시키고, 한편으로 두 번째 어리석음을 변재자재辯自在, 즉 마지막 변설무애辨說無礙와 연관시켜 설명한다. 말하자면 앞의 세 종류 무애에 대한 우치가 제9지의 첫 번째 우치이고, 네 번째 변설무애에 대한 우치가 제9지의 두 번째 우치이다. 자세한 것은 『成唯識論』 권9(T31, 53c2~9) 참조.
486 『深密解脫經』 권3(T16, 675c15).
487 앞서 언급된 『成唯識論』에서는 세 종류 무량을 그 순서대로 의무애義無礙와 법무애法無礙와 사무애辭無礙에 배당시켰는데, 이 『解深密經』의 취지도 그와 같다고 하였다.

然此三種有差別者。諸說不同。一眞諦師金光明記。言敎法者。辭無礙境。無量句文字者。法無礙境。無量智者。義辯二無礙體。了知其義。巧便說故。若依成唯識論二十二愚中。卽當前三無礙。一無量所說法。義無量[1]解。無量名句字者。法無礙解。後後慧辯者。辭無礙解。卽於言音展轉訓釋。依深密云。無量上上智慧樂說辯才。解云。若准彼經。第三無量。具有二辯。言上上智者。是辭無礙。樂說辯才者。是辯無礙。今依此經。意同護法。總說意云。四無礙解所緣聖敎。爲一團等。作意思惟。

---

1) ㉮ '量'은 '礙'인 듯하다.

🔲 세 가지 총법을 반연하는 것에 어떤 차별이 있는가?

🔲 그에 두 가지 설이 있다. 한편에서는 말한다. 〈'소총법'이란 십이부중에 부와 부마다 수많은 문구를 따로 반연하는 것이고, 두 번째 '대총법'이란 오직 일류一類의 십이분교를 반연하는 것이며, 세 번째 '무량총법'이란 일체의 십이분교를 통틀어 반연하는 것이다.〉 한편에서는 말한다. 〈'소총법'은 앞에서 설한 것과 동일하고, 두 번째 '대총법'은 오직 한 부처님의 십이분교를 반연하는 것이며, 세 번째 '무량총법'은 모든 부처님들의 십이분교를 반연하는 것이다.〉

🔲 이 세 가지 소연을 사유하는 것은 어떤 모습인가?

🔲 그에 세 가지 설이 있다. 한편에서는 말한다. 〈이 세 가지 총괄적 소연(總緣)에서 다만 '교敎'를 사유하는 것이다. 이전에 설한 것처럼, 계경 등을 반연하여 한 단위 등으로 삼아서, ('이 교법은 진여에) 수순隨順하는 등 세 종류 작용이 있다',[488] 또 '일체의 선법을 잘 설한 것이다'라고 작

---

[488] 세 종류 작용이란 성스런 가르침에 갖추어진 뛰어난 세 가지 작용, 즉 진여眞如 등에 수순隨順하고 거기를 향해 나아가며(趣向) 거기로 임하여 들어가는(臨入) 것을 말한다. '교법'을 지관止觀의 대상으로 삼아 수습할 때 '성스런 교법에 그와 같은 세 종류 작용이 있다'고 작의하고 사유하는 것을 말한다.

의하고 사유한다.〉 한편에서는 말한다. 〈이 세 가지 총괄적 소연에서 오직 '진여(如)'만을 사유하는 것이다. 뒤에서 설한 것처럼 다섯 종류 연緣 중에 진여에 의지하여 관함으로써 모든 추중麤重 등을 녹여 버리기 때문이다.[489]〉 한편에서는 말한다. 〈두 가지 의미를 포함하고 있다. '교를 반연하는 것(緣教)'과 '진여를 반연하는 것(緣如)'은 의미상 어긋나지 않기 때문이다.〉

問。三總緣有何差別。解云。有其二說。一云。小總。十二部中部部。別緣衆多文句。第二大總。唯緣一類十二分教。第三無量。通緣一切十二分教。一云。小總。同前所說。第二大教[1] 唯說[2] 一佛十二分教。第三無量。通緣諸佛十二分教。問。此三所緣思惟何相。解云。有其三說。一云。此三總緣。但思惟教。如前所說。緣契經等。爲一團等。作意思惟。有隨順等三種作用。及能宣說一切善法。一云。此三總緣。唯思惟如。如後所說五種緣中。依眞如觀。融銷一切麤重等故。一云。含有二義。緣教緣如。義不違故。

1) ㉑ '教'는 '總'인 듯하다. 2) ㉑ '說'은 '緣'인 듯하다.

나) 총법을 반연하는 지관을 획득하기 위해 갖추어야 할 조건을 밝히는 문

(가) 청문

경 자씨보살이 다시 부처님께 말하였다. "세존이시여, 보살이 어느 정도 되어야 총법을 반연하는 사마타·비발사나를 획득했다고 합니까?"

慈氏菩薩。復白佛言。世尊。菩薩。齊何名得緣總法奢摩他毗鉢舍那。

---

[489] 『解深密經』「分別瑜伽品」 권3(T16, 699a24~25)의 다음 경문에서 "善男子。由五緣故。當知名得。一者於思惟時刹那刹那。融銷一切麁重所依。"라고 한 것을 가리킨다.

석 이하는 두 번째로 총법을 반연하는 지관을 얻기 위해 갖추어야 할 조건(緣)을 밝히는 문이다. 혹은 총법을 반연하는 지관을 얻게 되는 분제 分齊를 밝힌 문이라 할 수도 있다. 이 중에 두 가지가 있으니, 앞은 청문이고 뒤는 정설이다.

이것은 청문이다. 〈어느 정도 연이 갖추어져야 총법을 반연하는 지관을 획득했다고 이름하는가.〉

釋曰。自下第二得緣總法具緣門。或可得緣總法分齊門。於中有二。先請。後說。此即請問。齊何緣具名得緣總法止觀。

(나) 정설

㉮ 개수를 들어 간략히 답함

경 부처님께서 자씨보살에게 말씀하셨다. "선남자여, 다섯 가지 연으로 인해 '획득했다'고 이름한다는 것을 알아야 한다.

佛告慈氏菩薩曰。善男子。由五緣故。當知名得。

석 이하는 두 번째로 세존께서 바로 설하신 것이다. 이 중에 두 가지가 있다. 처음은 개수를 표시하여 간략히 답한 것이다. 나중의 "첫째" 이하는 다섯 가지 연을 따로따로 해석한 것이다.

이것은 처음에 해당한다.

다섯 가지 연을 갖추었기 때문에 '총연總緣을 획득했다'고 한다. '다섯 가지 연'이란 『섭대승론』에서 설한 '다섯 가지 수修에 의해 획득된 다섯 종류 과果'에 해당한다. 그 논에서는 '수'에 대망시켰으므로 '과'라고 이름하였고, 지금은 '지관'에 대망시켰으므로 또한 '연緣'이라 이름한 것이다.

> 釋曰。自下第二世尊正說。於中有二。初標數略答。後一者下。別釋五緣。
> 此卽初也。具五緣故。名得總緣。五緣卽是攝大乘說五修所得五種果也。彼
> 對修故。名之爲果。今望止觀。亦名爲緣。

그런데 그 다섯 가지 수에 대해,『섭대승론』과『잡집론』제12권에서는 다섯 가지 수의 이름을 열거할 뿐 해석하지는 않았다. 무성無性의『섭대승론석』제7권과 양梁『섭대승론석』제10권에서는 이름을 열거하고 해석하였다. 따라서 지금 우선 무성의 해석 등에 의거해서 다섯 가지 수의 상相을 설명하고, 나중에 이『해심밀경』에 나온 다섯 가지 과의 차별을 해석하겠다.

'다섯 가지 수'라고 한 것은,『섭대승론』에서는 "말하자면 보살들은 각 지地에서 사마타·비발사나를 닦되 다섯 가지 모습을 따라서 닦는다. 어떤 것들이 다섯 가지인가? 말하자면 집총수集總修, 무상수無相修, 무공용수無功用修, 치성수熾盛修, 무희족수無喜足修다."[490]라고 하였다.

(이에 대해) 무성은 다음과 같이 해석하였다.

'사마타'란 능히 산동을 대치시키는 정定을 말하고, '비발사나'란 능히 모든 전도를 대치시키는 혜慧를 말한다. 각각의 지에서 이 두 종류를 닦되 모두 다섯 가지 모습을 따라서 자주자주 수습해야 한다. '다섯 가지 모습'이란 곧 '집총수' 등이다.

'집총수'란 일체를 모아서 한 무리로 총합하여 간추려서(簡) 핵심만(要) 수습하는 것을 말한다.【모든 교教·의義를 모아서 한 무리로 총합하여, 진여만을 간추려서(簡取) 핵심만 관하며(要觀) 수습하는 것이다.】 이외에 골쇄骨鎖 등의

---

[490]『攝大乘論釋』권7(T31, 424c21).

사물의 경계를 관하는 것 또한 일체를 모아서 한 무리로 총합하여 핵심적인 것만(要略) 수습하는 것이다.

그것과 구별하기(簡) 위해서 '무상수'를 설하였으니【이것은 두 번째로 무상無相을 수습하는 뜻을 해석한 것이다. 이후의 네 가지 수는 집총수에서 의미상으로 차별을 둔 것이다.】 많은 상相을 떠나서 참된 법계 안에서 사事의 차별을 버리고 수습하는 것이기 때문이다.【이것은 '무상'의 유래(所由)를 해석한 것이다. 사의 차별을 버리고[491] 무상의 이치를 관하는 것이다.】

비록 무상수라고 해도 간혹 공용功用이 있는데, 이 수修는 공력功力에 의지하지 않고 자유자재로(任運) 일으킴을 나타내기 위해서 다음에 다시 '무공용수'를 설하였다. 공용을 짓지 않고도 자유자재로 굴리기 때문이다.【이것은 무공용수를 해석한 것이다.】

비록 공용이 없이 자유자재로 닦기는 해도 간혹 수승하기도 하고 간혹 하열하기도 하여 두 가지가 일정하지 않다. 따라서 다시 네 번째로 '치성수'를 설하였다. '치성'이란 '더욱 수승해진 것(增勝)'이다.【이것은 치성수를 해석한 것이다.】

비록 치성수라고 해도 간혹 조금 얻은 것에 곧 흡족한 마음을 내고는 '우선 이것을 닦으면 되지 그 밖에 무슨 소용인가'라고 말한다. 따라서 마지막으로 '무희족수'를 설하였다. 단지 무상을 공용 없이 치성하게 닦을 뿐만 아니라, 누구든지 최상의 불과佛果를 증득하기 위해서는 마땅히 부지런히 수습해야 한다.【이것은 무희족수를 해석한 것이다.】[492]

해 그런데 이 오수五修의 체성은 차별된다. 이것을 문장으로 정확히 판

---

491 원측 소에 '定事差別'이라 되어 있는데, 의미가 통하지 않는다. 전후문맥으로 보면, 이전에 관했던 '事差別'의 경계를 버리고 이번에는 '無相理'를 관한다는 말이 되어야 한다. 따라서 '定事差別' 중의 '定'을 '遣'의 오기로 간주하였다.
492 『攝大乘論釋』 권7(T31, 424c29).

정한 것은 없지만, 총상總相으로 분별해 보면, 바로 정·혜 및 그와 함께 현행한 법들을 자성으로 삼는다. 양梁『섭대승론석』제10권에서는 그 차례대로 혜慧와 비悲와 정견正見과 근懃과 신信을 자성으로 삼는다고 하였다.[493] 구체적으로 설하면 그 논과 같다. 대당大唐의『섭대승론』과 2종『석론釋論』[494]에도 이것을 분별한 곳은 없다.

然彼五修。攝大乘論雜集十二。列五修名。而不解釋。准無性釋論第七。及梁論第十。列名解釋。故今且依無性釋等。辨五修相。後釋此經五果差別。言五修者。攝大乘說。謂諸菩薩。於地地中。修奢摩他毗鉢舍那。由五相修。何等爲五。謂集總修。無相修。無功用修。熾盛修。無喜之[1]修。無性釋云。奢摩他者。謂能對治散動定。毗鉢舍那者。謂能對治諸顚倒慧。於地地中。修此二種。皆由五相數數修習。五相卽是集總修等。集總修者。謂集一切總爲一聚。簡要修習。【集諸敎義總爲一聚。簡取眞如。要觀修習。】餘骨瑣[2]等事境界觀。亦集一切總爲一聚。要[3]修習爲簡彼故。說無相修。【此釋第二修無相意。已後四修。於集總修。義有差別也。】於離衆相眞法界中。遣事差別。而修習故。【此釋無相所由。定[4]事差別。觀無相理。】雖無相修。或有功用。爲顯此修不藉功力。任運而轉故。況[5]復說無功用修。離作功用。任運轉故。【此釋無功用修也。】雖無功用。任運而修。或勝或劣。三[6]種不定。故復第四說熾盛修。言熾盛者。卽是增勝。【釋熾盛修。】雖熾盛修。或少所得便生喜

---

493 이것은 진제가 번역한 세친世親의『攝大乘論釋』제15권에 나온다. 세친은 오수에 대해 해석하면서, 첫 번째 집총수는 '지혜행智慧行'에 의지하고, 두 번째 무상수는 '대비행大悲行'에 의지하며, 세 번째 무공용수는 '자재행自在行과 정견행正見行'에 의지하고, 네 번째 치성수는 '정진행精進行'에 의지하며, 다섯 번째 무희족수는 '신행信行'에 의지한다고 하였다. 이 해석을 근거로 하여, 원측은 오수의 체體를 법수로 나타내면 그 순서대로 혜慧와 비悲와 정견正見과 근勤(정진)과 신信이라고 한 것이다. 세친의『攝大乘論釋』권10(T31, 224c23) 참조.
494 이것은 현장玄奘이 번역한 무착의『攝大乘論本』, 그리고 세친의『攝大乘論釋』과 무성의『攝大乘論釋』두 종류 주석서를 가리킨다.

之,⁷⁾ 謂且修此。餘何用爲。故最後說無喜之⁸⁾修。非但無相及無功用熾盛而修。何者爲證最上佛果。應懃修習。【此釋無喜足修也。】解云。然此五修體性差別。無文正判。總相分別。正用定慧及俱行法而爲自性。梁論第十。如其次第。慧悲正見懃信爲性。具說如彼。大唐大乘二種釋論。無此分別。

1) ㉤ '之'는 '足'인 듯하다. ㉥『攝大乘論本』권3(T31, 146a7)에 '足'으로 되어 있다.
2) ㉥『攝大乘論釋』권7(T31, 425a4)에 따르면, '瑔'는 '鎖'의 오기이다. 3) ㉥『攝大乘論釋』권7(T31, 425a5)에 '要' 뒤에 '略'이 있다. 4) ㉤ 定은 '遣'의 오기인 듯하다. 해당 번역문 역주 참조. 5) ㉥『攝大乘論釋』권7(T31, 425a8)에 따르면, '況'은 '次'의 오기이다. 6) ㉥『攝大乘論釋』권7(T31, 425a9)에 따르면, '三'은 '二'의 오기이다. 7) ㉤ '之'는 '足'인 듯하다. ㉥『攝大乘論釋』권7(T31, 425a11)에 '足'으로 되어 있다. 8) ㉤ '之'는 '足'인 듯하다. ㉥『攝大乘論釋』권7(T31, 425a12)에 '足'으로 되어 있다.

『잡집론』제12권은 오수의 이름을 열거하지만 해석하지는 않았다. 따라서 그 논에서는 말한다. "이와 같은 다섯 가지 수는 능히 다섯 가지 과를 획득할 수 있다. 어떤 것이 다섯 가지인가? 말하자면 식상수息相修, 화합수和合修, 무상수無相修, 무공용수無功用修, 전상수轉相修다."[495]

해 『잡집론』의 '식상수'는 『섭대승론』의 '치성수'에 해당하고, '화합수'는 '총집수'에 해당한다. 그 논에서 '무상수·무공용수'라고 한 것은 '무상수·무공용수'에 해당한다. '전상수'는 '무희족수'에 해당한다. 이와 같이 두 논이 다른 까닭은 각사자覺師子[496]가 따로 도리를 내어 다섯 가지 수를 안치하면서 이와 같은 차례로 했기 때문이다. 말하자면 관행자는 최초로 관에 들 때 '그치는 모습(息相)'이 치성熾盛하다. 그러므로 치성수가 도리어 첫 번째에 있는 것이다.

그런데 이 (다섯 가지 수에 의해 획득된) 다섯 가지 과는 본래 이『해심

---

495 『雜集論』권12(T31, 752c21).
496 각사자覺師子(ⓢ Buddhasiṃha): 혹은 사자각師子覺이라고 한다. 무착無著의 문인으로서 무착의『集論』에 대한 주석서인『雜集論』을 저술하였다. 현장 역『雜集論』은 안혜安慧가 무착의 본문과 사자각의 해석을 합해서 편집해 놓은 것이다.

밀경』에 나온 것이다. 그러므로 무착의 『섭대승론』에서는 경문을 구체적으로 진술하면서도 따로 해석하지 않았고, 세친과 무성은 각기 석론을 지어서 경에서 말한 다섯 가지의 의미를 해석하였다. 따라서 두 논에 의거해서 경문을 해석하겠다.

> 雜集十二。列五修名。而不解釋。故彼論云。如是五修。能得五果。何等爲五。謂息相修。和合修。無相修。無功用修。轉相修。解云。雜集息相修者。卽當攝論熾盛修也。和合修者。卽總集修。彼云無相無功用者。卽是無相無功用修。轉相修者。無喜足。所以如是二論異者。謂覺師子別生道理。安置五修。如是次第。謂觀行者。創初入觀。息相熾盛。是故熾盛迴在第一。然此五果。本出此經。是故無著攝大乘。謂具申經文。而不別釋。世親無性。各造釋論。釋經五義。故依二論。正釋經文。

㉴ 다섯 가지 연을 따로따로 해석함[497]

a. 첫 번째 연

경 첫째는 사유할 때 찰나찰나 모든 추중의 소의를 녹여 버리는 것이다.

> 一者。於思惟時。刹那刹那。融銷一切麤重所依。

---

[497] 이하에서는 『解深密經』에서 설한 '오연五緣'에 대해 따로따로 자세하게 해석한다. 이 오연은 무착의 『攝大乘論』, 세친과 무성의 『攝大乘論釋』에 설했던 오과五果와 동일하다. 그 논들에 따르면, 오과는 다섯 종류 수(五修)에 의해 획득되는 과를 말한다. 원측은 '오연五緣이 갖추어진다'고 한 경문의 의미를 그에 각기 배대하여 해석하는데, 특히 무착과 세친과 무성의 3종 『攝論』을 일일이 대조해 가면서 자세하게 설명하였다.

석 이하는 두 번째로 다섯 가지 연緣을 따로따로 해석한 것이다. (경문도) 다섯 가지로 구분된다.

이것은 첫 번째로 추중을 녹여 없앤다고 하는 과果이다.[498] 『심밀해탈경』에서는 "순간순간 모든 번뇌들을 소멸시킨다.(念念滅一切煩惱身)"[499]라고 하였다.】

무착無著의 논론에 의하면, 곧 이 경과 동일하다.[500]

세친世親의 해석은 다음과 같다. "번뇌장煩惱障과 소지장所知障이라는 무시이래 훈습종자를 일컬어 '추중'이라 이름하니, 이 두 가지 장애의 무리를 '총법總法을 반연하는 지관'의 지력智力으로 순간순간 녹여 버린다. 이 말의 뜻을 말하자면, 장애 덩어리를 파괴하기 때문에 '녹여 버린다'고 한 것이다. 혹은 미약해지게(羸損) 하는 것을 '녹여 버린다'고 했을 수 있다."[501]

무성無性의 해석에서는 "아뢰야식을 '추중의 의지처'라고 하였고, 그 추중의 무리를 손괴損壞시키는 것을 '녹여 버린다'고 하였다."[502]라고 하였다.

이제 두 논에서 설한 취지의 다른 점을 해석해 보겠다. 세친은 '종자'를 '추중'이라 이름하였으니, 추중의 무감임無堪任[503] 때문이다. 또한 '의지依止'라고 이름하였으니, 현행의 소의所依이기 때문이다. 영원히 종자를 끊는 것을 '파괴한다'고 하였고, 현행과 종자를 조복시키는 것을 '미약해지게 한다'고 하였다. 무성의 논의 의취는, 현식現識(현행한 식)을 '의지처(依)'라고 하고 종자와 현행을 합해서 설하여 '무리(聚)'라고 하는데, 단지 무리

---

[498] 첫 번째 과는 오수五修 중에 집총수集總修에 의해 획득된 과를 말한다.
[499] 『深密解脫經』 권3(T16, 675c19).
[500] 현장 역 무착의 『攝大乘論本』 권3(T31, 146a7)에서는 "謂念念中。銷融一切麁重依止。"라고 하였다.
[501] 현장 역 세친의 『攝大乘論釋』 권7(T31, 359b8).
[502] 현장 역 무성의 『攝大乘論釋』 권7(T31, 425a14).
[503] 번뇌 추중으로 인해 심신心身이 혼매해져서 성도聖道를 감당해 내지 못하는 상태를 '무감임성無堪任性'이라 한다. 이와 반대로 번뇌 추중을 떠나서 심신이 유연해지고 편안해져서 성도를 감당해 낼 수 있는 상태를 감임성堪任性이라 한다.

중에서 현행이 아닌 종자만 줄어들게 하기 때문에 '손괴'라고 설했다는 것이다.

혹은 무성의 의취는 세친과 동일하다고 말해도 이치상 어긋나는 것은 없다.

『대업섭론大業攝論』[504]의 의취는 세친과 동일하다.

『양론梁論』[505]에 의하면 다음과 같다. "혹장惑障을 '추麤'라고 하고 지장智障을 '중중'이라 하는데,[506] 본식本識 중의 모든 부정품不淨品의 훈습 종자는 이 두 가지 장애의 의지처가 되는 법이다. 최초 찰나는 차제도次第道(無間道)이고 두 번째 찰나는 해탈도解脫道이니, 최초 찰나에 현재의 혹惑을 파괴하여 사라지게 하고, 두 번째 찰나에 미래의 혹이 생겨나지 않도록 한다."[507] 이런 문장으로 증명하자면, 각 지地마다 또한 번뇌장(혹장)을 끊는 것이다.[508]

> 釋曰。自下第二別釋五緣。卽分爲五。此卽第一融麤重果【深密經云。念念滅一切煩惱身也】依無著論。卽同此經。世親釋云。謂煩惱障及所知障。無

---

504 『대업섭론大業攝論』: 천축 삼장 급다笈多 등이 수隋 대업大業 5년(609)에 번역한 세친世親의 『攝大乘論釋論』을 가리킨다.
505 『양론梁論』: 진제眞諦가 번역한 세친의 『攝大乘論釋』을 가리킨다.
506 이 논에서는 '추중麤重'이라는 단어가 혹장惑障(煩惱障)과 지장智障(所知障) 두 가지를 총괄한다고 보았다. 혹장 즉 번뇌장은 중생의 몸과 마음을 어지럽혀서 열반에 이르는 것을 방해하고 생사의 세계에서 떠돌게 만드는 모든 번뇌를 가리킨다. 지장 즉 소지장은 알아야 할 경계를 가려 바른 지혜가 일어나지 못하게 하는 모든 번뇌를 가리킨다.
507 진제 역 세친의 『攝大乘論釋』 권10(T31, 225a20).
508 양梁『攝大乘論釋論』에서는 "찰나찰나"라는 경문이 차제도次第道와 해탈도解脫道의 두 찰나를 뜻한다고 보았다. '차제도'란 무간도無間道를 말하며, 해탈도 직전에 번뇌를 바로 끊는 지위를 가리킨다. '해탈도'란 무간도에서 번뇌를 끊은 직후 일념의 정지正智가 일어나서 그것으로 진리를 증득하는 지위를 가리킨다. 삼계三界를 구지九地로 나누었을 때 구지에 각기 수혹修惑과 견혹見惑이 있고, 1지의 수혹은 다시 구품九品으로 구분되는데, 매번 1품의 혹을 끊을 때마다 무간도와 해탈도가 있다고 한다.

始時來熏習種子。說名麤重。此二障聚。由緣總法止觀智力。念念銷融。此中意取障聚破壞。故名銷融。或令羸損名銷融。無性釋云。阿賴耶識名麤重依止。損壞彼聚。故名銷融。今釋二論意趣別者。世親說種名爲麤重。無¹⁾重無堪任故。亦名依止。現所依故。永斷種子名爲破。能伏現種名爲羸損。無性論意。現識爲依。種現合說。名之爲聚。但損聚中唯種非現。故說損壞。或可無性意同世親。於理無違。大業攝論意同世親。若依梁論。惑障爲麤。智障爲重。本識中一切不淨品熏習種子。爲此二障依法。初刹那爲次第道。第二刹那爲解脫道。初刹那壞現在惑令滅。第二刹那遮未來惑令不生。以此文證。地地亦斷煩惱障也。

1) ㉠ '無'는 '麁'의 오기인 듯하다.

b. 두 번째 연

경 둘째는 종종의 상想을 떠나서 낙법의 즐거움을 획득하는 것이다.

二者。離種種想得樂法樂。

석 이것은 두 번째로 낙법의 즐거움을 획득하는 과이다.⁵⁰⁹ 『심밀해탈경』에서는 "갖가지 상相을 떠나서 법락法樂의 즐거움을 얻는다."⁵¹⁰라고 하였다.】

무착의 논에서는 "종종의 상을 떠나서 법 동산(法苑)의 즐거움을 얻는다."라고 하였다.

세친의 해석에는 두 번의 부차復次(해석)가 있는데, (다음과 같이) 말한다.⁵¹¹ "계경 등의 법은 종종의 성性에 머무니, 이와 같은 종종의 성에 대

---

509 두 번째 과는 오수五修 중에서 무상수無相修에 의해 획득된 과이다.
510 『深密解脫經』 권3(T16, 675c20).
511 다음의 인용문은 두 종류 부차復次(해석) 중에서 첫 번째에 해당한다.

한 생각(想)을 멀리 떠나서 곧 법 동산의 즐거움을 증득한 것이다. 그 가운데 거주할 수 있기 때문에 '동산'이라 하였다."[512]

해 여기서는 '교敎를 떠나 참된 일미一味를 증득한다'는 점에서 '법락'이라 한 것이다. "계경 등의 법은 종종의 성性에 머무니"라고 했는데, 십이분교를 '계경 등'이라 하였고, 열두 가지가 동일하지 않으므로 '종종'이라 하였다. 혹은 "계경 등의 법"이란 능전의 교법(能詮敎)이고 "종종의 성에 머무니"라는 것은 소전의 의미(所詮義)이고,[513] 교법과 의미의 갖가지 성에 대한 생각을 멀리 떠나 법 동산의 즐거움을 얻는 것이라 볼 수도 있다.

뒤의 '부차復次(해석)'에서 말한다.[514] "다시 그 밖의 주장이 있다. 수순해서 받아들였고 심사尋伺했던 바의 법에 대해, 거칠게 드러난 영납領納과 관찰觀察을 일으키지 않고, 다만 지관에서의 억념憶念의 광명光明[515]을 따라 미세한 영납과 관찰을 일으키는 것을 말한다."[516]

해 여기서는 '미세한 관찰'이라는 의미에 의거해서 '법 동산의 즐거움(法苑樂)'이라 이름한 것이다. 이것은 다시 유심사有尋伺 등 세 종류 선정 중에 두 번째 선정을 설한 것이다.[517] 말하자면 거칠게 드러난 영납과 관

---

512 현장 역 세친의 『攝大乘論釋』 권7(T31, 359b2).
513 세친의 『攝大乘論釋』의 인용문에서 "계경 등의 법은 종종의 성性에 머무니"라고 한 문구를 능전能詮과 소전所詮의 관계로 해석하였다. 이에 따르면, '계경 등의 법'이란 언어적 수단으로서의 교법, 어떤 의미(대상)를 나타내기(지시하기) 위한 언어 자체를 가리킨다. 이에 대해 '종종의 성에 머문다'는 것은 그 언어에 의해 지시되는(혹은 나타나는) 의미·이치에 머무는 것을 말한다.
514 '뒤의 부차復次'란 세친의 『攝大乘論釋』에서 두 가지 해석 중에 두 번째 해석을 가리킨다.
515 억념憶念의 광명光明 : 경론의 문구를 잘 기억하고 자유자재로 암송해 내는 것을 말한다. 뒤의 '법광法光' 혹은 '법광명法光明'에 대한 해석 참조.
516 현장 역 세친世親의 『攝大乘論釋』 권7(T31, 359b14).
517 "유심사有尋伺 등 세 종류 선정"이란 '심尋'과 '사伺'라는 심소법의 유무를 기준으로 모든 선정을 세 종류로 구분한 것이다. '심'은 대상에 대해 거칠게 헤아리는 정신 작용이고, '사'는 미세하게 관찰하고 사유하는 정신 작용이다. 일반적 정의에 따르면, 욕계의 미지정未至定에서부터 색계의 초정려初靜慮(제1선)까지는 심과 사가 모두 일어나고(有尋有伺), 중간정려(초정려와 제2정려의 중간)는 심은 없고 사만 있으며(無尋有伺), 제

찰을 떠나서 미세한 저 광명념光明念[518]의 영납과 관찰이 있는 것을 일컬어 '법 동산의 즐거움을 얻는다'고 한 것이다.

문 어째서 세 번째 무심무사정無尋無伺定을 '법 동산의 즐거움'이라 이름하지 않는가?[519]

해 이는 교법에 의지해서 받아들이고(領受) 관찰하는 것을 '법 동산의 즐거움'이라 이름한 것이다. 그런데 저 세 번째 선정은 제법의 모습에 대해 전혀 작의하거나 영납하거나 관찰함이 없기 때문에 '법 동산의 즐거움'을 얻는다고 할 수 없다.[520]

釋曰。此卽第二得樂法樂果。【深密經云。離種種相。得法樂樂。】無著論云。離種種想。[1] 得法菀[2]樂。世親釋中。有兩復次云。契經等法。住種種性。遠離如是種種性想。卽是證得法菀*之樂。於中可居。故名爲菀。* 解云。此約離敎證眞一味。名爲法樂。言契經等法住種種性者。十二分敎。名契經等。十二不同。名住種種。或可契經等法。是能詮敎。住種種性者。所詮之義。遠離法義種種性想。得法菀*樂。後復次云。復有餘義。於隨所受尋伺法中。不起麤顯領納觀察。但由止觀億[3]念光明。而起微細領納觀察。解云。此依

2정려 이상의 모든 지는 심도 없고 사도 없다(無尋無伺). 그런데 세친의『攝大乘論釋』의 두 번째 해석에서, '법락의 즐거움이란 수순해서 받아들였고 심사尋伺했던 법에 대해 미세한 영납領納과 관찰觀察을 일으키는 것이다'라고 한 것은, 곧 이전의 유심유사정에서 심사했던 법에 대해 다시 무심유사정에서 미세한 관찰을 일으키는 것을 말한다는 것이다.

[518] 광명념光明念 : 수행자가 기억하고 있는 교법을 '법광명法光明'이라 하고, 그 법을 기억하는 것을 '광명념'이라 한다. 이에 대해 여러 해석들이 있는데, 뒤에서 자세하게 진술된다.

[519] 세친의 두 번째 해석에 따르면, '법 동산의 즐거움'이란 무심유사정無尋唯伺定에서 미세한 영납과 관찰을 일으키는 것을 말한다. 그렇다면 왜 색계의 제2정려 이상의 무심무사정無尋無伺定에서는 그러한 법원에서의 즐거움이 없는가라고 물었다.

[520] 무심무사정無尋無伺定에서는 상相을 분별하는 심尋 심소와 사伺 심소의 작용이 일어나지 않기 때문에 교법을 관찰하여 법락을 느끼는 일도 있을 수 없다고 하였다.

微細觀察義。名法菀*樂。此卽復說有尋伺等三種定中。第二定也。謂離麁
顯領納觀察。而有微細彼光明念領納觀察。名得法菀。* 問。如何不取第三
無尋無伺名法菀*樂。解云。此依敎法。領受觀察。名法菀*樂。彼第三者。於
諸法相。都無作意領納觀察。是故不名得法菀*樂。

1) ㉑『攝大乘論本』권3(T31, 146a8)에 '想'이 '相'으로 되어 있다.   2) ㉑『攝大乘論本』권3(T31, 146a9)에 '菀'이 '苑'으로 되어 있고, 의미는 같다. 이하도 동일하다.   3) ㉑『攝大乘論釋』권7(T31, 359b16)에 따르면, '億'은 '憶'의 오기다.

무성의 해석은 다음과 같다. "('법 동산의 즐거움을 얻는다'는 것은) 나(我)를 떠나고 법法과 불佛 등의 모습에 대한 생각(想)을 떠나는 것이다. '동산(苑)'이란 그 안에서 노닐 수 있는 곳이고, '법'이란 법계法界이니, '법' 그 자체가 '동산'이기 때문에 '법 동산'이라 하였다. 이곳에서의 희열을 '법 동산의 즐거움'이라 하였고, 이 즐거움을 증득했기 때문에 '법 동산의 희락喜樂을 얻었다'고 한 것이다. 마치 왕궁 바깥에 오묘한 동산이 있어서 그 안에서 놀면서 뛰어난 즐거움을 느끼는 것처럼, 법계에서도 또한 이와 같다."[521]

해 무분별지無分別智가 노니는 장소인 법계의 동산에서 무분별지와 상응하는 희락을 얻는다. 이는 세친의 첫 번째 부차復次에서 해설한 것과 거의 동일하다. 그런데 차이점은, 세친은 오직 '계경 등의 법에 대한 생각을 떠난다'고 했고, 무성은 구체적으로 '삼보三寶의 모습에 대한 생각을 떠난다'고 했다는 것이다. '나(我)를 떠난다'는 것은 불보佛寶와 승보僧寶를 떠난다는 것이고, '법을 떠난다'는 것은 '법보法寶를 떠난다'는 것이다.

『대업론大業論』[522]에 의하면, 당본唐本과 동일하다.

---

521 현장 역 무성無性의 『攝大乘論釋』 권7(T31, 425a16).
522 『대업론大業論』: 앞서 『大業攝論』이라 한 것과 같으며, 급다笈多 등이 번역한 세친의 『攝大乘論釋論』을 가리킨다.

『양론梁論』에 의하면, 나중의 해석은 없고 그 외는 당본과 동일하다.[523]

無性釋云。離我離法佛等相想。菀[1)]謂於中可以遊玩。法謂法界。法卽是菀。[*] 故名法菀。[*] 於此喜悅。名法菀[*]樂。證此故名得法菀[*]樂。如王宮外上妙菀[*] 園。遊戲其中。受勝喜樂。法界亦爾。解云。無分別智所遊戲處。法界園中。 得無分別智相應喜樂。大同世親初復次解。而差別者。世親唯離契經等想。 無性具離三寶相想。言離我者。謂離佛僧。言離法者。離法寶也。依大業論。 亦同唐本。若依梁論。卽無後釋。餘同唐本。

1) ㉔ '菀'은 '苑'과 같다. 이하도 동일하다.

c. 세 번째 연

경 셋째는 시방의 무차별상의 한량없는 법광을 이해하는 것이다.[524]

三者。解了十方無差別相無量法光。

석 이것은 세 번째로 법광을 이해한다고 하는 과이다.[525] 『심밀해탈경』 에서는 "여실하게 시방의 한량없는 무반제無畔齊[526]를 알고, 한량없는 법광명法光明을 안

---

523 진제 역 세친의 『攝大乘論釋』 권10(T31, 225a28)에는 "능히 종종의 안립된 상에 대한 생각을 멀리 떠나서 법락을 현수現受한다.(能得出離種種立相想現受法樂)……"라고 하였는데, 이는 현장 역 세친의 『攝大乘論釋』에 나온 첫 번째 해석과 같은 것이다. 그러나 현장 역에 나온 두 번째 해석, 즉 '지관의 억념憶念의 광명光明을 따라 미세한 영납과 관찰을 일으키는 것'이라는 해석은 나오지 않는다.
524 이하 원측의 해석에 따르면, 경론의 문구를 잘 기억하고 자유자재로 암송하는 것을 일컬어 '법광명法光明'이라 한다. 그런데 이 '법광명'은, 마음속에 알려지면서 현현하는(所知所現) 대상(相分)의 빛을 가리킨다는 해석도 있고, 반대로 그 대상을 능히 비추는 지혜(能照智)의 빛, 즉 견분見分을 가리킨다는 해석도 있다.
525 세 번째 과는 오수五修 중에서 무공용수無功用修를 닦음으로써 획득된 과이다.
526 무반제無畔齊 : 『解深密經』에서는 '무차별상無差別相'이라 하였고, 이하 세 종류 『攝

다."^527라고 하였다.】

무착의 논에서는 "두루하고 한량없는 무분한상無分限相의 대법광명大法光明을 바르게 알 수 있다."^528라고 하였다.

세친의 해석에서는 "시방의 끝없는 무분한상을 바르게 요달한 것을 말하니, 마치 문자를 잘 익히고 암송하는 광명과 같은 것을 '법광명'이라 한다."^529라고 하였다.

무성의 해석에서는 "시방의 끝없는 무분량상無分量相을 바로 통달한 것을 말한다. '환히 비추는 행(顯照行)'이기 때문에 '법광명'이라 하였으니, 마치 문자를 잘 외우고 익히는 광명과 같은 것이다."^530라고 하였다.

【해】 (세친과 무성의) 두 논에서 설했던 '법광명'에 대해 본래 두 가지 설이 있다. 한편에서는, '경을 능히 외우는 자는 이 법을 들으면 광명이 마음속에서 현현한다'고 한다. 한편에서는, '명·구·문들을 능히 기억하는 능연能緣의 마음이 분명하게 기억하는 것이기 때문에 법광명이라 한다'고 한다. 법法에 대해 설해도 이와 같으니, 본래 두 가지 설이 있다. 한편에서는, '후득지로 알려지는 바이고 현현되는 바인 상분相分을 법광명이라 이름한다'고 한다. 한편에서는, '상분을 비추는 견분見分을 법광명이라 이름한다'고 한다. 『대업론』과 『양조론』(『양론梁論』)에 준해 보면, 능히 비추는 지(能照智)를 법광명이라 한다.^531】

釋曰。此卽第三解了法光果。【深密經云。如實知十方無量無畔齊者。^1) 知無量法光明。】無著論云。能正了知周遍無量無分限相大法光明。世親釋云。謂

論』 등에서는 '무분한상無分限相' 혹은 '무분량상無分量相'이라 하였다. '반제畔齊가 없다'는 것은, 어떤 한정된 경계가 없는 것을 뜻한다.
527 『深密解脫經』 권3(T16, 675c20).
528 『攝大乘論本』 권3(T31, 146a9).
529 현장 역 세친世親의 『攝大乘論釋』 권7(T31, 359b17).
530 현장 역 무성無性의 『攝大乘論釋』 권7(T31, 425a21).
531 진제 역 세친의 『攝大乘論釋』 권10(T31, 225b8), 급다笈多와 행거行矩 등 역 세친의 『攝大乘論釋論』 권7(T31, 303c11) 참조.

正了達十方無邊無分限相。如善習誦文字光明。名法光明。無性釋云。謂正
通達十方無邊無分量相。顯照行故。名法光明。如善誦習文字光明。【解云。
二論所說法光明者。自有二說。一云。能誦經者。聞此法光於心中現。一云。能
記名句文身。能緣之心。分明記故。名法光明。法說亦爾。自有二說。一云。後得
所知所現相分。名法光明。一云。照相之見。名爲法光。若准大業及梁朝論。以
能照智。名法光明也。】

1) ⓥ『深密解脫經』권3(T16, 675c21)에 따르면, '者'는 잉자다.

d. 네 번째 연

경 넷째는 소작성만[532]과 상응하는 정분의 무분별의 상이 항상 현전해 있는 것이다.

四者。所作成滿。相應淨分。無分別相。恒現在前。

석 이것은 네 번째로 인지因智가 항상 현전한다고 하는 과이다.[533] 【『심밀해탈경』에서는 "소작성취所作成就(소작성만)와 상응하는 청정분의 무분별의 상이 현전한다."[534]라고 하였다.】

무착의 논에서는, "순청정분順淸淨分[535]의 분별하는 바 없는 무상無相이

---

532 소작성만所作成滿:「分別瑜伽品」의 서두에서 설했던 지관의 네 종류 소연所緣 중의 하나인 '소작성판所作成辦'을 말한다. 이하의 해석에서는 소작성취所作成就 혹은 사성판사成辦 등이라고도 이름하였다. 이에 대해서는 여러 논서의 해석이 조금씩 다르지만, '전의轉依를 이룬 자에게 무분별지無分別智가 생기는데 그러한 지의 경계로서 현전한 청정한 소연을 말한다.
533 네 번째 과는 오수五修 중에서 치성수熾盛修를 닦음으로써 획득된 과이다.
534 『深密解脫經』권3(T16, 675c21).
535 논본論本에 나온 "順淸淨分"이라는 문구는 두 가지로 번역될 수 있다. 첫째는 "(사성판에) 수순하는 청정분(인因)", 둘째는 "청정분(과果)에 수순하는"이라고 번역된다. 자

현행한다."라고 하였다.

세친의 해석에서는 "사성판事成辦[536]과 상응하는 모든 법들을 일컬어 '수순하는 청정분의 분별하는 바 없는 무상이 현행한다'고 하였다.[537] 이 말의 뜻은, 증득된 불과佛果를 취하여 '사성판'이라 한다는 것이다."[538]라고 하였다.

해 세친은 무착의 뜻을 취하면서, 단지 그 '인因'만 들었고 '과果'를 변별하지 않았다고 보았다. 따라서 경문의 '사성판'이란 말을 들어 논에 추가해서 논본論本(무착의 『섭대승론본』)을 해석한 것이다. 만약 세친에 의거해서 이 경문을 해석해 보면, '소작성판(소작성만)'은 불과佛果에 해당하고, "상응하는" 이하는 모두 인因의 이름이다.

무성의 해석에서는 "미래의 불과를 '청정분'이라 이름하고, 이것이 능히 그것을 이끌어 내기 때문에 '수순하는 분별하는 바 없는 무상이 현행한다'고 이름한다."[539]라고 하였다.[540]

해 무성은 무착의 뜻을 해석하면서, '청정분'은 이 『해심밀경』의 '소작성판所作成辦'이고 "수순하는" 및 "무소분별" 등은 모두 인因의 이름이라고 보았다. 만약 무성에 의거해서 이 경문을 해석해 보면, "소작성만"은 곧 과果의 이름이고, "상응하는 정분" 등은 모두 인因의 이름이다.

　　세한 것은 이하의 세친·무성의 해석과 해당 역주 참조.
536 사성판事成辦 : 소작성만所作成滿, 소작성판所作成辦과 같다. 자세한 것은 앞의 '소작성만'에 대한 주석 참조.
537 세친世親의 해석에 따르면, "順淸淨分無所分別~"이라는 문구에서는 불과佛果를 언급하지 않았고 모두 인因으로서의 무분별지無分別智를 나타낸 것이다. 이 경우 '順淸淨分'이라는 네 자는 인지因智의 청정함을 나타낸 말이다. 따라서 "(사성판에) 수순하는 청정분(因)의 분별하는 바 없는 무상無相"이라고 번역될 수 있다.
538 현장 역 세친의 『攝大乘論釋』 권7(T31, 359b20).
539 무성無性의 『攝大乘論釋』 권7(T31, 425a23).
540 무성의 해석에 따르면, "順淸淨分無所分別~"이라는 문구에서 '淸淨分'은 불과佛果를 나타내고 그 밖의 '順'과 '無所分別' 등은 인지因智를 나타낸 것이다. 따라서 위의 문구는 "청정분(果)에 수순하는 분별하는 바 없는~"이라고 번역할 수 있다.

'정분'이라 설한 것은 곧 '사성판'이고 경문에서 따로 '소작성판(소작성만)'이라 들었으니, 따라서 '상응하는 정분'이라 설한 것은 모두 인의 이름이다.[541]

그러므로 두 논의 취지는 다르다. 지금 이 경문은 세친에 의거해서 해석할 수 있으니, 생각해 보면 알 수 있을 것이다.

> 釋曰。此即第四因智恒現果。【深密經云。所作成就相應淸淨分無分別相現前。】無著論云。順淸淨分無所分別無相現行。世親釋云。謂事成辦諸相應法。名順淸淨分無所分[1)]別無相現行。此中意。取所得佛果。名事成辦。解云。世親取無著意。但擧其因。而不辨果。故擧經中事成辦言。加於論上。以釋論本。若依世親。釋此經者。所作成辦。即是佛果。相應已下。皆是因名。無性釋云。當來佛果。名淸淨分。此能引彼。故名順爲[2)]無所分別無相現行。解云。無性釋無著意。淸淨分者。即是經中所作成辦。順及無所分別等。皆是因名。若依無性釋此經者。所作成滿。即是果名。相應淨分等者。皆是因名。說淨分者。即事分[3)]辨。經中別擧所作成辦。故說相應淨分。皆是因名也。是故二論意趣不同。今此經文。依世親釋。尋即可知。

1) ㉠ '無所分別'이 다른 본에는 없다. 2) ㉠ 무성의 『攝大乘論釋』 권7(T31, 425a24)에 따르면, '順爲'는 '爲順'의 도치다. 3) ㉠ '分'은 '成'의 오기인 듯하다.

e. 다섯 번째 연

> 【경】 다섯째는 법신으로 하여금 성만成滿을 얻도록 하기 위해 이후(後後)의

---

541 무성의 해석에 준해 보면, '정분淨分'이란 사성판事成辦, 즉 경문에서 별도로 '소작성만'이라 칭한 것을 가리킨다. 따라서 무분별지無分別智라는 인지因智에 대해서는 '정분'이라 하지 않고 '그에 상응하는 정분'이라고 하였다. 무성의 해석에 나타나듯, '상응하는 정분'이라 한 것은, 무분별지라는 청정한 인因이 저 사성판이라는 청정한 과를 이끌어 내기 때문이다.

더욱 뛰어나고 묘한 인因을 섭수攝受하는 것이다.

五者。爲令法身得成滿故。攝受後後轉勝妙因。

석 이것은 다섯 번째로 후인後因을 섭수한다고 하는 과이다.[542] 【『심밀해탈경』에서는 "능히 법신을 성취하기 위해 최상의 뛰어난 승인勝因을 증득한다."[543]라고 하였다.】

무착의 논에서는 "법신으로 하여금 원만圓滿·성판成辦을 얻도록 하기 위해 능히 후후의 승인을 바르게 섭수한다."[544]라고 하였다.

세친의 해석은 다음과 같다. "제10지의 법신을 '원만'이라 이름하고, 제11불지佛地의 법신을 '성판'이라 이름한다. 모든 인因 중에 불지에서 생하는 것이 가장 수승하기 때문에 '후후의 승인을 바르게 섭수할 수 있다'고 하였다."[545]

무성의 해석은 다음과 같다. "제10지를 '원만'이라 이름하고 불지佛地에 있으면 '성판'이라 이름하는데, 이것을 초감하는 인이 가장 수승하기 때문에 '승인勝因'이라 하였다. '전전前前'의 모든 인들에 의해 초감되어 모인 것이기 때문에 '후후後後'라고 한 것이다."[546] 【어떤 곳에서 〈제10지를 '성成'이라 하고 불지를 '판辦'이라 한다〉고 한 것은, 곧 여러 논과는 어긋난다.】

해 '법신으로 하여금 성만을 얻도록 한다'는 것은, 『대업론』과 『양조론』에서는 네 번째 과果에 배속시켰는데, 곧 이 경문과는 위배된다.[547] 그 밖

---

542 다섯 번째 과는 오수五修 중에 무희족수無喜足修에 의해 획득된 과를 말한다.
543 『深密解脫經』 권3(T16, 675c22).
544 무착의 『攝大乘論本』 권3(T31, 146a10).
545 세친의 『攝大乘論釋』 권7(T31, 359b23).
546 무성의 『攝大乘論釋』 권7(T31, 425a26).
547 급다와 행거 등이 번역한 세친의 『攝大乘論釋論』 권7(T31, 303b27)에는 "四所有淸淨分因緣。不分別相而現行故。法身圓滿成就。五由展轉上上因所攝故。"라고 하였고, 진

의 것은 당본唐本과 동일하다.

경문의 해석을 이미 끝냈다.

釋曰。此卽第五攝受後因果。【深密經云。爲得成就法身。證[最上勝上][1]勝因也。】無著論云。爲令法身圓成滿[2]辦。能正攝受後後勝因。世親釋云。謂第十地法身。說名圓滿。第十一佛地法身。說名成辦。一切因中生佛地者。最爲殊勝。是故說言能正攝受後後勝因。無性釋云。謂第十地說名圓滿。若在佛地。說名成辦。感此之因。最爲殊勝。說名勝因。前前諸因所招集故。說名後後。【有云。十地名成。佛地爲滿者。便違諸論也。】解云。爲令法身得成滿者。大業梁朝論。屬第四果。便違此經。餘同唐本。釋經已訖。

1) ⑩『深密解脫經』 권3(T16, 675c22~23)에 '最上勝上'이 '上上勝'이라 되어 있다.
2) ⑩『攝大乘論本』 권3(T31, 146a11)에 따르면, '成滿'은 '滿成'의 도치다.

그런데 여러 논 가운데 같고 다른 점이 있으니, 이에 네 종류가 있다.

첫째는[548] 이름은 건립하였지만 과果에 배대配對시키지 않은 경우다. 말하자면 별도로 과의 이름을 건립하였지, 다섯 가지 수修를 따로 다섯 가지 과에 배대시키지 않으니, 예를 들면 『장엄론』과 같다. 뒤에 가서 설명할 것이다.

둘째는 과에 배대시켰지만 이름은 건립하지 않은 경우다. 말하자면 다섯 가지 수를 다섯 가지 과에 따로 배대시키면서 과의 이름은 건립하지 않았으니, 예를 들면 무성의 해석과 같다. 따라서 그 논에서는 "이

제가 번역한 세친의 『攝大乘論釋』 권10(T31, 225b16)에서도 "論曰。四如所分別法相。轉得淸淨分恒相續生。爲圓滿成就法身。"이라 하였다. 이 두 논에는 모두 '法身圓滿成就' 또는 '爲圓滿成就法身'이라는 문구가 네 번째 과에 배치되었는데, 당본唐本(현장 역 3종 『섭론』)에는 다섯 번째 과에 배치되었다. 이 점만 빼고 나머지는 모두 동일하다.

548 원측 소에 '一云立~'이라 되어 있는데, 이 문구는 뒤의 '二配~', '三立~'이라는 문구와 대구가 된다. 따라서 '一云立~' 중의 '云'을 삭제하고 '一立~'으로 수정하였다.

와 같은 다섯 가지 수는 그 수량만큼 다섯 종류 과를 얻는다."549라고 하였다.

셋째는 이름을 건립하고 또한 과에도 배대시킨 경우다. 말하자면 따로 과의 이름을 건립하고 또한 따로 오과에 배당시켰으니, 예를 들면 양梁『섭대승론석』과 같다. 따라서 그 논에서는 말한다. 〈'혹惑이 사라져서 다시 생하지 않는다고 하는 과果'는 총수總修(집총수)로 획득된 것이다. '불법佛法을 성취시킨다고 하는 과'는 무상수無相修로 획득된 것이다. 이지二智의 과는 무공용수無功用修로 획득된 것이다. 출리出離의 과는 치성수熾盛修로 획득된 것이다. 원만圓滿의 과는 부지족수不知足修(무희족수)로 획득된 것이다.〉550

넷째는 이름을 건립하지 않고 또한 과에도 배대시키지 않은 경우다. 예를 들면 세친의『섭대승론석』과『대업론』및 무성의『섭대승론석』제9권 등과 같다.

> 而諸論中有同異者。自有四種。一云[1]立名不配果。謂別立果名。不以五修別配五果。如莊嚴論。如後當說。二配果不立名。謂以五修別配五果。不立果名。如無性釋。故彼云。如是五修。隨其數量。得五種果。三立名亦配果。謂別立果名。亦別配五果。如梁攝論。故彼云。惑滅不生果。是總修所得。成就佛法果。是無相修所得。二智果是無功用修所得。出離果是熾盛修所得。圓滿果是不知足修所得。四不立名亦不配果。如世親釋大業論。及無性第九等。
>
> 1) ㉠ '云'은 잉자인 듯하다. 해당 번역문 역주 참조.

---

549 현장 역 무성의『攝大乘論釋』권7(T31, 425a29).
550 이상은 진제 역 세친의『攝大乘論釋』권10(T31, 225a26~c2)의 내용을 요약한 것이다.

『장엄경론』에서는 '두 종류 칭찬'을 다섯 가지 과에 배속시킨다.[551] 따라서 그 논에서는 말한다.

어떤 것이 다섯 가지 공덕인가?

🔳 순간순간 모든 습기를 녹이고
　　신의身倚 및 심의心倚,
　　원만한 밝음(圓明), 상을 통찰함(見相)으로
　　모든 법신을 충만시키고 청정하게 하네.

🔳 다섯 가지 공덕이란, 첫째는 습기를 녹임, 둘째는 신의, 셋째는 심의, 넷째는 원만한 밝음, 다섯째는 상을 통찰함이다.
　'습기를 녹임'이란 하나하나의 찰나마다 모든 습기의 무리를 녹여 버리기 때문이다.
　'신의'란 경안輕安을 수습하여 온몸에 가득 차기 때문이고, '심의'도 이러하다.[552]
　'원만한 밝음'이란 모든 종류의 '공空'을 원만하게 이해하여 분수分數[553]를 떠나기 때문이다.

---

551 『大乘莊嚴經論』 권7(T31, 624c3~29)에서는 모든 부처님들에게 칭찬받을 수 있는 공덕에 대해 논하는 대목이 있다. 그에 따르면, 보살은 '제일 수승하고 유연한 마음(第一勝柔軟心)' 즉 '정심淨心'을 획득한 경우에 칭찬을 받는데, 만약 아직 정심을 얻지 못했다면 '5종의 공덕'을 획득한 경우에 칭찬받는다고 한다. 여기서 설한 다섯 종류 공덕은 『解深密經』의 오연五緣, 『攝大乘論』 등의 오과五果에 해당한다.
552 위의 『莊嚴經論』 인용문에서 '신의信倚'라고 한 것은 신경안輕安과 같고, '심의心倚'라고 한 것은 심경안心輕安과 같다. 경안은 심소법 중의 하나로서, 주로 선정 상태에서 일어나서 그것을 잘 수습修習하고 지속시키는 역할을 한다. 이러한 경안이 오식五識과 상응하면 신경안이라고 하고, 의식과 상응하면 심경안이라 한다.
553 분수分數 : 나누어지고 셈해질 수 있는 것들(分數法), 즉 무상한 유위법有爲法을 가리킨다.

'상을 통찰함'이란 무분별상無分別相을 통찰한 것이 후에 청정의 인因이 되기 때문이다.554

'모든 법신을 충만시키고(滿) 깨끗이 한다(淨)'는 것은, 모든 종류의 법신을 충만시키고 청정하게 하기 위해서 항상 이와 같은 다섯 가지 인을 일으키기 때문이다.

문 어떤 때가 '충만'이고 어떤 때가 '청정'인가?

답 십지十地일 때는 '충만'이고, 불지佛地일 때는 '청정'이다. 여기에서 다섯 종류 공덕 중에 앞의 세 가지는 사마타분奢摩他分이고 뒤의 두 가지는 비발사나분毗缽舍那分임을 알아야 한다.555

若依莊嚴論二種稱讚配攝五果。故彼論云。何等五功德。偈曰。念念融諸習。身倚及心倚。圓明與見相。滿淨諸法身。釋曰。五功德者。一者融習。二者身倚。三者心倚。四者圓明。五者見相。融習者。二[1]剎那。消融一切習氣聚故。身倚者。修習輕安。遍滿身故。心倚亦爾。圓明者。圓解一切種空。離分數故。見相者。見無分別相。爲後淸淨因故。滿淨諸法身者。爲滿爲淨一切種法身。常作如是五因故。問。何時滿。何時淨。答。十地時滿。佛地時淨。此中應知。五種功德。前三是奢摩他分。後二是毗缽舍那分。

1) ㉱『大乘莊嚴經論』권7(T31, 625a4)에 따르면, '二'는 '一一'의 오기다.

문 『섭대승론』 등에서는 십지의 지위에 의거해서 다섯 가지 과를 해석하였는데, 어째서 이 『장엄경론』에서는 (그 공덕이) 지전地前에 있다고 설하는가?

---

554 원측이 제시한 이하의 문답에서 알 수 있듯, 이 『大乘莊嚴經論』의 5종 공덕은 지전地前보살에 의거해서 설한 것이다. 따라서 "청정의 인이 된다."라고 한 것은 '청정한 과' 즉 초지初地(極喜地)를 획득하는 인이 된다는 말이다.
555 『大乘莊嚴經論』 권7(T31, 624c29).

해 『장엄경론』은 초학자에 근거해서 '지전에 있다'고 설하였고, 『섭대승론』 등에서는 무루無漏를 획득했다는 데 의거해서 '십지에 있다'고 설한 것이다.

問。攝大乘等。約十地位。以釋五果。如何莊嚴說在地前。解云。莊嚴。據初學者。說在地前。攝大乘等。依得無漏故說十地。

『잡집론』에서는 '세 종류 칭찬'을 다섯 가지 과에 배대시킨다. 따라서 그 논에서는 말한다. "다시 또 방광분方廣分556에서 (설했던) 법삼마지法三摩地에서의 선교보살善巧菩薩의 모습은 어떻게 알 수 있는가? 말하자면 다섯 가지 이유 때문이다. 첫째는 찰나찰나 모든 추중의 소의를 녹여 버리는 것이다. 둘째는 갖가지 상想에서 출리出離하여 낙법의 즐거움(樂法樂)을 획득하는 것이다. 셋째는 한량없는 무분별상의 (대법광명大法光明을) 잘 아는 것이다. 넷째는 청정분에 수순하는 무분별상이 항상 현전해 있는 것이다. 다섯째는 점점 향상되고 점점 수승해진, 부처님의 법신을 원만하게 성취시키는 인因을 섭수하는 것이다."557

若依雜集。三種稱讚。配攝五果。故彼論云。復次。方廣分中。於法三摩地善巧菩薩相。云何可知。謂由五種因故。一刹那刹那消除一切麤重所依。二出離種種想得樂法樂。三了知無量無分別相。1) 四順淸淨分無分別相恒現在前。五攝受轉上轉勝圓滿成就佛法身因。

1) ㉭『雜集論』 권12(T31, 752c5)에 '相' 뒤에 '大法光明'이 있다.

---

556 방광분方廣分[S] vaipulya): 십이분교十二分敎 중의 하나로서, 특히 광대하고 심오한 교의를 설한 부분을 가리킨다.
557 『雜集論』 권12(T31, 752c1).

『잡집론』 제12권에 의하면 『섭대승론』의 의취와는 같지 않다. 따라서 그 논에서는 경을 인용하고서 스스로 다음과 같이 해석한다.

이와 같은 다섯 종류는 보살들의 세 종류 칭찬공덕稱讚功德에 의거해서 설한 것이다. 말하자면 사마타의 칭찬공덕, 비발사나의 칭찬공덕, 이 두 부분을 함께 갖춘(俱分) 칭찬공덕558이다.

사마타의 칭찬공덕에 다시 두 종류가 있다. 첫째는 찰나찰나 경안輕安을 증진시켜 빈틈없이 소의(몸)에 고루 미치기 때문에 찰나찰나 모든 추중의 소의를 녹여 없애는 것이다. 둘째는 승해勝解로 '모든 교법이 차별 없고 똑같은 한맛'임을 제관諦觀하기 때문에 갖가지 온·계·처 등의 모든 의미의 상相에 대한 생각(想)을 멀리 떠나 계경 등의 희락喜樂·법락法樂을 획득하는 것이다.

비발사나의 칭찬공덕에도 두 가지가 있다. 첫째는 간택했던 바의 법에 수순하되 빈틈없이 망실하지 않기 때문에 억념憶念의 문을 따라서 한량없고 분별없는 모습인 계경 등의 교법을 지혜로 비추는 것이다. 둘째는 이전에 있던 바의 모든 색의 형상을 전의轉依하여, 분별없고 가행 없는(無分別無加行) 상이 항상 현전해 있는 것이다.

다섯 번째의 한 종류는 이 두 가지(사마타·비발사나) 부분을 함께 갖춘 칭찬공덕이다. 법신이란 소지장을 영원히 끊은 것을 말하니, 전의에 속하는 것이다. 이것은 제10지地에서는 '원만圓滿'이라 하고, 여래지如來地에서는 '성취成就'라고 한다. 법신이 속히 원만해지고 성취되도록 하기 때문에, 더욱 향상되고 더욱 수승해진 등류습기等流習氣559를 끌어내어

---

558 구분俱分의 칭찬공덕은 사마타·비발사나라는 두 가지를 함께 갖춘 칭찬공덕을 말한다.
559 등류습기等流習氣 : 명언종자名言種子라고도 한다. 제법을 직접 발생시키는 인연因緣이 되는 종자를 가리킨다. 전전 칠식七識 중에 선善·악惡 등의 성질에 의해 훈습되어 성취된 습기인데, 선인善因은 선과善果를 이끌어 내고 악인惡因은 악과惡果 등을 이

키우기 때문에, '그 인因을 섭수한다'고 하였다.

　이와 같은 다섯 종류는 곧 다섯 가지 수修가 다섯 가지 과果를 획득할 수 있음을 나타낸 것이다. 무엇이 다섯 가지인가? 말하자면 식상수息相修와 화합수和合修와 무상수無相修와 무공용수無功用修와 전상수轉相修이다.⁵⁶⁰

若依雜集第十二卷。與攝大乘意趣不同。故彼引經。卽自釋云。如是五種。依諸菩薩三種稱讚功德說。謂奢摩他稱讚功德。毗鉢舍那稱讚功德。此二俱分稱讚功德。奢摩他稱讚功德。復有二種。一刹那刹那勝進輕安。無有間缺。遍所依故。刹那刹那消除一切麤重所依。二勝解諦觀一切敎法。無有差別。同一味故。遠離種種蘊界處等諸義想相。得契經等喜樂法樂。毗鉢舍那稱讚功德。亦有二種。一隨所釋¹⁾法。無有間缺。不忘失故。由憶念門。於無量無分別相契經等法。以慧照了。二種²⁾依前所有色像。無分別無加行相。恒現在前。第五一種。是此二俱分稱讚功德。法身。³⁾謂所知障永斷。轉依所攝。此於第十地名圓滿。於如來地名成就。爲令法身速得圓滿成就故。引殖轉上轉勝等流習氣。故名攝受彼因。如是五種。卽顯五修能得五果。何等爲五。謂息相修。和合修。無相修。無功用修。轉相修。

---

1) ㉘ '釋'은 다른 본에 '擇'으로 되어 있다. ㉠『雜集論』권12(T31, 752c14)에 '擇'으로 되어 있다.　2) ㉘ '種'은 다른 본에 '轉'으로 되어 있다. ㉠『雜集論』권12(T31, 752c16)에 '轉'으로 되어 있다.　3) ㉠『雜集論』권12(T31, 752c18)에 '身' 뒤에 '者'가 있다.

문 『장엄경론』에서는 두 종류 칭찬을 설했는데, 어째서 『잡집론』에서는 세 종류 칭찬을 설하는가?

　끌어 내듯이 이 습기는 전후 찰나에 자성自性과 동일한 등류과流類果를 이끌어 내기 때문에 '등류습기等流習氣'라고 칭한다.
560 『雜集論』 권12(T31, 752c7~23).

해 인용된 본경本經에서 미륵과 무착은 이렇게 분별한 적이 없다. 그러므로 세친과 각사자가 각자 별도의 논리를 내어 경의 다섯 가지 과를 해석한 것이다. 따라서 서로 어긋나는 것은 아니다.[561]

問。莊嚴論二種稱讚。如何雜集三種稱讚。解云。所引本經。彌勒無著。無此分別。是故世親與覺師子。各生別理。釋經五果。故不相違。

다) 획득한 지위와 통달한 지위를 밝히는 문

(가) 질문

경 자씨보살이 다시 부처님께 말하였다. "세존이시여, 이처럼 총법을 반연하는 사마타·비발사나를, 어디서부터 '통달했다'고 하고 어디서부터 '획득했다'고 합니까?"

慈氏菩薩。復白佛言。世尊。此緣總法奢摩他毗鉢舍那。當知從何名爲通達。從何名得。

석 이하는 세 번째로 획득한 지위와 통달한 지위를 밝히는 문이다. 이 중에 두 가지가 있으니, 앞은 질문이고 뒤는 대답이다.

---

561 현존하는 『大正藏』(T31)에는 『大乘莊嚴經論』의 저자를 '無著菩薩造'라고 표기하였지만, 이에 대해서는 이견들이 있다. 원측의 『解深密經疏』 등에서는 미륵彌勒이 본송本頌을 짓고 세친世親이 석론釋論을 지었다고 간주하였다. 또 『雜集論』은 무착無著의 『集論』에다 각사자覺師子(師子覺)의 석론을 합해서 편집한 것이다. 따라서 원측은 미륵의 본송과 무착의 본론本論에는 2종 칭찬 혹은 3종 칭찬을 오과五果에 대응시켜 설한 적이 없는데, 그 해석자인 세친과 각사자가 석론에서 그와 같은 논리를 제시했다는 것이다.

이것은 먼저 질문한 것이니, 경문 그대로 알 수 있을 것이다.

釋曰。自下第三得與通達地位門。於中有二。先問。後答。此即先問。如經可知。

(나) 대답

㉮ 앞의 질문에 바로 답함

경 부처님께서 자씨보살에게 말씀하셨다. "선남자여, 최초의 극희지부터는 '통달했다'고 하고, 제3의 발광지부터는 '획득했다'고 한다.

佛告慈氏菩薩曰。善男子。從初極喜地。名爲通達。從第三發光地。乃名爲得。

석 이하는 두 번째로 여래께서 바로 설하신 것이다. 이 중에 두 가지가 있다. 처음은 앞의 질문에 바로 답하신 것이고, 나중은 초학자에게 권한 것이다.

이것은 바로 답한 것이다. 말하자면 초지初地와 제2지에서는 이미 진여를 증득했기 때문에 '통달했다'고 하는데, 아직 성숙되지 않았기 때문에 '획득했다'고 하지는 않는다. 혹은 초지 이상의 모든 지地를 다 '통달했다'고 할 수도 있다. 제3지에서는 선정의 지위(定地)를 획득했기 때문에 선정에 의지해 관을 일으키는 것도 또한 성숙될 수 있다. 따라서 상위의 모든 지를 '획득했다'고 한 것이다.

이치에 맞게 논하자면 모든 지地에 다 두 가지 의미가 갖추어져 있지만, 특징이 두드러지는 시점에서 이와 같이 설한 것이다. 『심밀해탈경』에 의하면, 초지에서는 '통달했다'고 하고, 제3지에서는 '획득했다'고 한다.

釋曰。此下第二如來正說。於中有二。初正答前問。後勸初學者。此卽正答。
謂初二地已得證如。名爲通達。而未淳熟。不名爲得。或可初地已上諸地皆
名通達。第三地中得定地故。依定發觀。亦得淳熟。故上諸地皆名爲得。理
實爲論。於諸地中。皆具二義。就相顯故。作如是說。依深密經。初地名通
達。第三地名得。

㈏ 초학자에게 권함

경 선남자여, 초업의 보살은 또한 이 안에서 따라서 배우고 작의하니, 아직 칭찬받을 만하지 않지만 게을리하거나 그만두면 안 된다."

善男子。初業菩薩。亦於是中。隨學作意。雖未可歎。不應懈癈。

석 이것은 두 번째로 초학자에게 권한 것이다. 지전地前의 보살은 아직 능히 통달하지 못했고 또한 능히 획득하지도 못해서 비록 칭찬받을 만하지 않지만, 또한 이 안에서 따라서 배우고 작의하되 마땅히 부지런히 닦되 게을리하거나 그만두면 안 된다는 것이다.

釋曰。此卽第二勸初學者。地前菩薩。未能通達。亦未能得。雖未可歎。亦
於是中。隨學作意。而應懃修。勿生懈癈。

⑩ 유심사有尋伺 등의 차별을 밝히는 문[562]

---

562 열 번째 문에서는 세 종류 삼마지에 대해 자세히 설명하였다. 세 종류 삼마지는 '심사

가. 질문

경 자씨보살이 다시 부처님께 아뢰었다. "세존이시여, 이 사마타·비발사나에서 어떤 것을 유심유사삼마지라고 하고, 어떤 것을 무심유사삼마지라고 하며, 어떤 것을 무심무사삼마지라고 합니까?"

慈氏菩薩復白佛言。世尊。是奢摩他毗鉢舍那。云何名有尋有伺三摩地。云何名無尋唯伺三摩他。[1] 云何名無尋無伺三摩地。

1) ㉘ '他'는 '地'인 듯하다. ㉰ 『解深密經』 권3(T16, 699b8)에 '地'로 되어 있다.

尋伺'의 유무를 기준으로 하여 사선팔정四禪八定을 세 부류로 나눈 것이다. '심尋'이란 대상을 거칠게 헤아리는 정신 작용이고, '사伺'란 미세하게 관찰하고 사유하는 정신 작용이다. 이 두 가지 정신 작용과 상응하는 선정을 총칭해서 유심유사삼마지有尋有伺三摩地라고 하며, 이는 초선정初禪定 및 미지정未至定에 해당한다. 또 심과는 상응하지 않고 사와만 상응하는 삼매를 총칭해서 무심유사삼마지無尋唯伺三摩地라고 하며, 초선初禪의 근본정根本定과 제2선의 근분정近分定의 중간, 곧 중간정中間定을 가리킨다. 또 심과 사의 작용이 일어나지 않는 삼마지를 총칭해서 무심무사삼마지無尋無伺三摩地라고 하며, 색계 제2선 이상에서부터 무색계의 꼭대기인 유정천有頂天까지를 가리킨다.

경문에서는 이에 대해 두 번 설명하였는데, 처음에는 오직 지전地前에만 의거해서, 다음에는 통틀어 지전과 지상地上에 의거해서 차별적 모습을 설명하였다. 먼저, 오직 지전에만 의거해서 설명하면 다음과 같다. 〈유심유사삼마지'란 문문文·의의義의 법상에 대해 심구·사찰할 때 거칠고 두드러진 영수領受와 관찰觀察이 있는 지관을 말한다. '무심유사삼마지'란 앞의 총법總法·별법別法의 상에 대해 거칠고 두드러진 관찰은 없고, 미세하게 저 이전의 총·별의 교법을 기억億念하는 광명光明의 염念으로 영수·관찰하는 모든 지관을 말한다. '무심무사삼마지'란 이전의 제법에 대해 자유자재로 능숙하게 전혀 작의함이 없이 영수·관찰하는 모든 지관을 말한다.〉

다음에, 통틀어 지전·지상에 의거해서 설명하면 다음과 같다. 〈지전地前의 사선근위四善根位에서 사심사관四尋思觀을 닦을 때, 이전의 난煖·정頂의 선근위에서 명名·의義·자성自性·차별差別 등 네 종류 경계에 대해 심사하는 것을 '심구尋求'라 한다면, 인忍·세제일법世第一法의 선근위에서 네 종류 경계에 대해 여실하게 아는 것은 '사찰伺察'이라 한다. 전자의 지위를 일컬어 '유심유사삼마지'라고 하고, 후자의 지위를 '무심유사삼마지'라고 한다. 다시 지상의 지위에서 제법을 총괄해서 소연으로 삼아 진여관眞如觀을 짓되 모든 심尋·사伺를 떠나는 것을 '무심무사삼마지'라고 한다.〉

석 이하는 열 번째로 유심사有尋伺 등의 차별을 밝히는 문이다. 이 중에 두 가지가 있으니, 앞은 질문이고 뒤는 대답이다.

이것은 질문에 해당한다. 이 질문의 뜻을 말하자면, '앞에서 설한 것처럼 지·관 두 가지에는 심尋 등의 세 가지 개별적 상(別相)이 있는데, 어떤 것을 유심유사삼마지라고 하고 내지는 어떤 것을 무심무사삼마지라고 하는가'라는 것이다.

세 종류를 모두 '삼마지'라고 했는데, 산위散位를 배제하기 위해서 이 말을 설한 것이다.[563]

구역의 모든 경론에서 '각관覺觀'[564]이라 한 것을 대당 삼장은 '심사尋伺'라고 번역하였다. 그런데 이 심사는 (학파마다) 차별이 있다.

살바다종에 의하면, (심과 사는) 각기 따로 체가 있다. 서로 상응한다는 것을 허용하기 때문이다.[565]

경부종에 의하면, 체의 부류는 동일한데, '함께 일어나지 않는다'고 설한다. 따라서 『성실론』「각관품」에서는 말하길, 〈어떤 이가 '각·관은 한 마음에 있다'고 설했는데, 이런 일은 있을 수 없다.〉고 하였다.[566] 오직 이 『성실론』의 의취는, (각·관이) 일시에 일어나는 것도 아니고 또한 마음과 분리되어 별도의 자성이 있는 것도 아니라는 것이다.[567]

---

563 본래 '삼마지三摩地(定)'는 오별경五別境 심소법 중의 하나이기도 하지만, 경문에서 '유심사삼마지' 등이라 할 때는 특정 심소법을 가리킨다기보다는 산위散位가 아닌 정위定位를 나타내기 위해 사용한 것이다.

564 각관覺觀 : 심사尋伺의 구역으로서, 각覺은 심尋에 해당하고 관觀은 사伺에 해당한다. 전자는 대상을 거칠게 분별하는 정신 작용이고, 후자는 대상을 미세하게 분별하는 정신 작용이다.

565 살바다종의 학자들에 따르면, 심尋과 사伺가 상응해서 일어난다는 것은 곧 두 심소법이 각기 별개의 법체法體를 갖는다는 것을 뜻한다. 그렇지 않고 두 심소법의 체가 동일하다면, 한 찰나에 두 개의 동일한 법이 동시에 생기할 수 없기 때문이다.

566 『成實論』 권6 「覺觀品」(T32, 288c13) 참조.

567 원측은 이전의 「勝義諦相品」의 경문을 해석하면서 이 심尋·사伺에 대해 자세히 해석한 바 있다. 그에 따르면, 경부의 관점은 대승종의 그것과 거의 유사하다. 즉 심과 사

이제 대승에 의하면 (심·사는) 모두 사思와 혜慧를 자성으로 삼는다. 그런데 (둘이) 상응하지는 않으니, '심'은 거칠고 '사'는 미세하다는 차이가 있기 때문이다.[568] 예를 들어『유가사지론석』제1권에서는 말한다. "심尋은 심구尋求를 말하고 사伺는 사찰伺察을 말한다. 사思나 혜慧로 경계에 대해 추구推求하는 거친 단계(麤位)를 '심'이라 한다. 이 두 가지 중에 경계에 대해 사찰伺察하는 미세한 단계(細位)를 '사'라고 한다. 한 찰나에 두 개의 법이 상응하지 않으니, 한 부류의 거칢과 미세함은 전후로 달라지기 때문이다.[569]"[570]

釋曰。自下第十有尋伺等差別門。於中有二。先問。後答。此卽問也。此問意云。如上所說。止觀二種。皆尋等三種別相。云何名有尋有伺三摩地。乃至云何名無尋無伺三摩地。三種皆言三摩地者。爲簡散位。故說此言。舊諸經論。名爲覺觀。大唐三藏。翻爲尋伺。然此尋伺有差別者。薩婆多宗。各別有體。容互相應。依經部宗。體類是同。說不俱起。故成實論覺觀品云。有說。覺觀在一心者。是事不然。唯此成實論意。非一時起。亦非離心有別自性。今依大乘。皆用思慧。以爲自性。而非相應。麤細異故。如瑜伽釋第一

를 모두 가립된 법으로 간주하고, 오직 심心의 거칠거나(粗) 미세함(細)에 따라서 구분한다는 점에서는 동일하다. 그런데『成實論』(경부종)에서 심과 사가 모두 심心을 체로 삼는다고 하는 반면, 대승종에서는 사思와 혜慧를 체로 삼는다고 한다는 점에서는 차이가 있다. 자세한 것은 원측/백진순 옮김,『해심밀경소 : 제2 승의제상품』(서울: 동국대학교출판부, 2013), pp.202~203 참조.

568 대승의 해석에 따르면, 심尋과 사伺는 사思와 혜慧라는 심소법을 체로 삼는다. 말하자면 그 두 심소법이 경계에 대해 거칠게 분별할 때는 '심'이라 가립하고, 미세하게 분별할 때는 '사'라고 가립한다. 그런데 어떤 경계에서 '세밀하게' 헤아리면서 그와 동시에 '거칠게' 헤아린다는 것은 있을 수 없기 때문에 심과 사는 서로 상응해서 일어나는 것이 아니라고 하였다.
569 한 부류의 정신 작용은 전후의 시차를 두고 거칠거나 미세하게 달라질 수 있지만 하나의 찰나에 거칠기도 하고 미세하기도 할 수는 없다는 말이다.
570 『瑜伽師地論釋』권1(T30, 886a14).

卷云。尋¹⁾求。伺謂伺察。或思或慧。於境惟²⁾求。麤位名尋。卽此二種。於境伺察。細位名伺。非一刹那二法相應。一類麤細。前後異故。

1) ㉕『瑜伽師地論釋』권1(T30, 886a14)에 '尋' 앞에 '尋謂'가 있다. 2) ㉑ '惟'는 '推'인 듯하다. ㉕『瑜伽師地論釋』권1(T30, 886a15)에 '推'로 되어 있다.

나. 대답

가) 오직 지전地前에만 의거해서 차별적 모습을 설명함

(가) 유심유사有尋有伺의 모습을 밝힘

[경] 부처님께서 자씨보살에게 말씀하셨다. "선남자여, 파악되는 바(所取)와 같은 것에서 법상을 심사尋伺함에, 만약 거칠게 영수하거나 관찰함이 있는 모든 사마타·비발사나라면, 이를 '유심유사삼마지'라고 이름한다.

佛告慈氏菩薩曰。善男子。於如所取。尋伺法相。若有麤顯領受觀察。諸奢摩他毗鉢舍那。是名有尋有伺三摩地。

[석] 이하는 두 번째로 여래가 바로 설하신 것이다. 두 번의 '부차復次(추가된 해석)'가 있으므로 (경문도) 두 가지로 구분된다. 처음은 오직 지전地前에만 의거해서 차별적 모습을 설명한 것이다. 나중은 통틀어 지상地上에도 의거해서 차별적 모습을 설명한 것이다.
전자 중에서 세 가지가 구별되므로 (경문도) 세 가지로 구분된다.
이것은 처음에 해당한다. 말하자면 부처님께서 자씨보살에게 말씀하시길, 듣고 사유되는 대상(所聞思)을 두 가지 혜로써 파악했던 바대로, 이 안에서 문文·의義의 법상에 대해 심사尋伺할 때 거칠게 영수하고 관찰하는 지관을 일컬어 '유심유사삼마지'라고 한다는 것이다.

> 釋曰。自下第二如來正說。有二復次。卽分爲二。初唯就地前。辨差別相。後通約地上。辨差別相。前中三別。卽分爲三。此卽初也。謂佛告慈氏。如所聞思二慧所取。於中尋伺文義法相。麤顯領受觀察止觀。名有尋有伺三摩地。

(나) 무심유사無尋唯伺의 모습을 설명함

경 저 상相[571]을 거칠게 영수하고 관찰함은 없더라도 미세한 저 광명념이 있어서 영수하고 관찰하는 모든 사마타·비발사나라면, 이를 '무심유사삼마지'라고 이름한다.

> 若於彼相。雖無麤顯領受觀察。而有微細彼光明念。領受觀察。諸奢摩他毗鉢舍那。是無名[1]尋唯伺三摩地。
>
> 1) ㉮『解深密經』권3(T16, 699b13)에 따르면, '無名'은 '名無'의 도치다.

석 두 번째는 무심유사의 모습을 설명한 것이다. 저 이전과 같은 총법總法·별법別法의 상에 대해 비록 거칠고 두드러진 관찰은 없지만, 미세하게 저 이전의 총·별의 교법을 억념憶念하는 광명념光明念이 있어서 영수하고 관찰하는 모든 지관을 '무심유사삼마지'라고 이름한다는 것이다.

따라서 세친의『섭대승론석』제7권에서는 "받아들였던 바에 수순해서 법을 심사하는 가운데 거친 영수와 관찰을 일으키지 않고 다만 지관에서의 억념의 광명을 따라 미세한 영수와 관찰을 일으킨다."[572]라고 하

---

571 '저 상(彼相)'이란 직전의 경문에서 "於如所取尋伺法相"이라 했던 것을 가리킨다.
572 현장 역 세친의『攝大乘論釋』권7(T31, 359b15).

였다.

釋曰。第二辨無尋唯伺相。於彼如前總別法相。雖無麤顯觀察。而有微細憶念彼前總別敎法光明之念。領受觀察。所有止觀。名爲無尋唯伺三摩地。故世親釋第七卷云。於隨所受尋伺法中。不起麤顯領受¹⁾觀察。但由止觀憶念光明。而起微細領受*觀察。

1) ㉠『攝大乘論釋』권7(T31, 359b15)에 '受'가 '納'으로 되어 있다. 이하도 동일하다.

"저 광명념(彼光明念)"이라 한 것에는 여러 종류가 있다.

어떤 경우는 문혜에 의거해서 '광명'을 해석한다.⁵⁷³ 예를 들어『유가사지론』제20권에서는 말한다. "들었던 바(所聞)대로 이미 구경究竟을 획득하고 나서 잊지 않고 법을 기억(念)하는 것을 일컬어 '법광명法光明'이라 하고, 그것과 동시에 현행한 것으로서 그것과 상응하는 상想을 일컬어 '광명상光明想'이라 한다."⁵⁷⁴

어떤 경우는 세 가지 혜에 의거해서 '광명'을 해석한다.⁵⁷⁵ 예를 들어『유가사지론』제11권에서는 말한다. "'법광명'이란 가령 어떤 사람이 그가 받아들였던 바(所受)이고 사유했던 바(所思)이며 접촉했던 바(所觸)대로 제법을 관찰하거나, 혹은 다시 수습해서 불佛 등을 수념隨念하는 것이다."⁵⁷⁶

---

573 원측에 따르면, 다음의『瑜伽師地論』인용문은 문혜聞慧에 의거해서 '광명光明'을 해석한 사례이다. 인용문 중에서 "들었던 바(所聞)대로……"라고 한 것은, 문혜로 법을 기억하는 것을 말한다.
574『瑜伽師地論』권20(T30, 390c7).
575 원측에 따르면, 다음의『瑜伽師地論』제11권의 인용문은 삼혜三慧에 의거해서 '광명光明'을 해석한 사례이다. 인용문 중에서 "그가 받아들였던 바(所受)이고 사유했던 바(所思)이며 감촉했던 바(所觸)대로 제법을 관찰하거나……"라고 했는데, 그 순서대로 문혜와 사혜와 수혜에 의해 제법을 관찰하는 것을 말한다.『瑜伽論記』권4(T42, 379c9) 참조.
576『瑜伽師地論』권11(T30, 330a28).

어떤 경우는 네 종류 광명을 설하는데, 예를 들어 『유가사지론』 제28권에서는 말한다. "이 중에는 네 가지 광명이 있음을 알아야 한다. 첫째는 법法의 광명이고, 둘째는 의義의 광명이며, 셋째는 사마타의 광명이고, 넷째는 비발사나의 광명이다.[577] 이 네 종류 광명이 증상增上된 것을 '광명상光明想'이라 한다."[578]

해 이와 같은 광명에 대해 본래 두 가지 해석이 있다.[579]

한편에서는 말한다. 〈'저 광명'이라 한 것은, '저 파악된 바의 법과 동분인 영상(彼所取法同分影像)'[580]이 염념에 당면해서 현현하게 되면 '저 광명'이라 이름하니, '염'은 곧 능연能緣이다.〉 이 설명에 의하면, '광명의 염'을 '광명념'이라 설한 것이니, 이는 의주석依主釋이다.[581]

한편에서는 말한다. 〈저 능히 반연하는 염(能緣念)이 능히 현현해서 비추는 것을 '저 광명'이라 이름한 것이다.〉 이 해석에 의하면, 지업석持業釋에 해당하니, 염 그 자체가 광명이기 때문이다.[582]

---

577 『瑜伽論記』 권7(T42, 452a29)에 따르면, 네 종류 광명 중에 문혜聞慧로 교법에 통달하는 것을 법광명法光明이라 하고, 사혜思慧로 그 의미까지 확실하게 아는 것을 의광명義光明이라 한다. 또 지관止觀의 광명이란 위의 경문과 원측의 해석에서 설명했던 것과 같다.
578 『瑜伽師地論』 권28(T30, 437a11).
579 이하에는 광명光明에 대한 두 가지 해석이 나온다. 그 결정적 차이는, 반연되는 대상(所緣)의 광명으로 보는가, 혹은 능히 반연하는 작용(能緣)의 광명으로 보는가 하는 것이다.
580 저 파악된 바의 법과 동분인 영상(彼所取法同分影像): 지관에서는 법 그 자체가 아니라 삼매 속에서 그것의 영상을 현현해 내어 그 영상을 경계로 삼는다. 이때 삼매 속에서 현현한 영상은 그 법과 유사한 영상이기 때문에 '동분영상'이라 한다.
581 이 해석에 따르면, 삼매 속에서 현현된 동분영상을 일컬어 '광명'이라 하였고, 이는 반연되는 대상(所緣)이다. 반면에 '염'은 그 광명을 능히 반연하는 작용(能緣)에 해당하고, 그러한 '염'을 일컬어 '광명념光明念'이라 한 것이다. 이때 '광명념'이라는 복합어는 '광명의 염' 즉 'A之B'의 관계로 분석되므로 '의주석依主釋'에 해당한다.
582 이 해석에 따르면, 영상을 비추는 광명 그 자체가 바로 '염'이라는 의미에서 '광명념'이라 이름한 것이다. 이때 '광명념'이라는 복합어는 'A卽B'의 관계로 분석되므로 지업석持業釋에 해당한다.

彼光明念者。有其多種。有依聞慧。以釋光明。如瑜伽第二十云。謂如所聞
已得究竟不忘念法。名法光明。與彼俱行彼相應想。名[1]光明想。或依三慧
以釋光明。故瑜伽第十一云。法光明者。謂如有一隨其所受所思所觸。觀察
諸法。或復修習。隨念佛等。或說四種。如瑜伽第二十八云。當知。此中有
四光明。一法光明。二義光明。三奢摩他光明。四毗鉢舍那光明。依此四種
光明增上。名光明想。解云。如是光明。自有二釋。一云。彼光明者。彼所取
法同分影像。當念顯現。名彼光明。念卽能緣。若依此說。光明之念。名光
明念。是依主釋。一云。彼能緣念能顯照了。名彼光明。若依此釋。是持業
釋。念卽光故。

---

1) ㊀『瑜伽師地論』권20(T30, 390c9)에 '名' 앞에 '應知'가 있다.

(다) 무심무사無尋無伺의 모습을 해석함

경 저 일체의 법상에 나아가 전혀 작의함이 없이 영수하고 관찰하는 모든 사마타·비발사나라면, 이를 '무심무사삼마지'라고 이름한다.

若卽於彼一切法相。都無作意。領受觀察。諸奢摩他毗鉢舍那。是名無尋無
伺三摩地。

석 세 번째는 무심사無尋伺의 모습을 해석한 것이다. 말하자면 저 이전의 지관위止觀位에서의 소연이었던 제법에 나아가 자유자재로 능숙하게 전혀 작의함이 없이 영수하고 관찰하는 것을 일컬어 '무심사삼마지'라고 한다는 것이다.

해 또는 여기에서 '전혀 작의함이 없다'는 것은 지전地前에서 진여관眞如觀을 수학하여 모든 분별을 그친 것을 일컬어 '작의가 없다'고 한 것이다.

釋曰。第三釋無尋伺相。謂卽於彼前止觀位所緣諸法。任運淳熟。都無作意。領受觀察。名無尋伺三摩地。又解。此云都無作意者。謂於地前。學眞如觀。息諸分別。名無作意。

나) 통틀어 지상地上에도 의거해서 차별적 모습을 설명함

(가) 유심유사의 모습을 밝힘

경 다시 또 선남자여, 심구가 있는 사마타·비발사나라면, 이것을 '유심유사삼마지'라고 이름하고,

復次善男子。若有尋求奢摩他毗鉢舍那。是名有尋有伺三摩地。

석 이하는 두 번째로 통틀어 (지전地前뿐만 아니라) 지상地上에도 의거해서 차별적 모습을 설명한 것이다. 이 중에 세 개의 단락이 있으므로 곧 세 가지로 구분된다.

이것은 처음에 해당한다. 이것은 지전地前의 사심사四尋思에 의거해서 설한 것이다. 말하자면 가행위 중에 난煖·정頂의 선근위善根位에서 명名과 의義와 자성自性과 차별差別에 대해 심구하는 것을 일컬어 '심구'라고 하기 때문에 '유심유사삼마지'라고 한다는 것이다.[583]

---

[583] 지전地前의 지위는 견도見道 이전의 가행위加行位에 해당한다. 가행위의 사선근위四善根位에서는 사심사관四尋思觀을 집중적으로 닦는다. 사심사관이란 명名과 의義, 자성自性과 차별差別에 대해 사유하는(尋思) 것인데, 이를 통해 이름과 그에 대응하는 의미(대상) 등이 본래 공함을 깨달아 간다. 그런데 사선근위 중에서, 특히 난煖·정頂의 지위에서 닦는 사심사관은 '심구尋求'에 해당하기 때문에 난·정의 지위를 일컬어 '심도 있고 사도 있는 삼마지(有尋有伺三摩地)'라고 한다는 것이다.

釋曰。自下第二通約地上。辨差別相。於中三段。卽分爲三。此卽初也。此
約地前四尋思說。謂加行位中。煖頂善根。尋求自¹⁾義自性差別。名爲尋求。
故名有尋有伺三摩地。

1) ㉠ '自'는 '名'의 오기인 듯하다.

(나) 무심유사의 모습을 해석함

경 사찰이 있는 사마타·비발사나라면, 이것을 '무심유사삼마지'라고 이름하며,

若有伺察奢摩他毗鉢舍那。是名無尋唯伺三摩地。

석 이것은 두 번째로 무심유사에 대해 해석한 것이다. 말하자면 인忍
과 세제일법世第一法 두 종류 선근위善根位에서 명名 등의 네 가지 경계를
여실하게 아는 것을 '사찰伺察'이라 하니, 이와 같은 (지위를) 일컬어 '무심
유사삼마지'라고 한다는 것이다.[584]

이와 같은 '심사尋思'와 '여실지如實智'는 예를 들어 『성유식론』과 『섭대승
론』과 『유가사지론』 「보살지」에서 자세하게 분별한 것과 같다.

釋曰。此釋第二無尋唯伺。謂忍第一法二種善根。如實了知名等四境。名爲
伺察。如是名爲無尋唯伺三摩地。如是尋思及如實智。如成唯識及攝大乘
及瑜伽論菩薩地中。具廣分別。

---

[584] 지전地前의 사선근위四善根位에서 사심사관四尋思觀을 닦을 때, 이전의 난煖·정頂의
선근위에서 명名 등의 네 종류 경계에 대해 심사하는 것이 '심구尋求'에 해당한다면,
인忍·세제일법世第一法의 선근위에서 네 종류 경계에 대해 여실하게 아는 것은 '사찰
伺察'에 해당한다. 전자의 지위를 일컬어 '심도 있고 사도 있는 삼마지(有尋有伺三摩
地)'라고 한다면, 후자의 지위를 일컬어 '심은 없고 사만 있는 삼마지(無尋唯伺三摩地)'
라고 한다는 것이다.

(다) 무심무사의 모습을 해석함

경 총법을 반연하는 사마타·비발사나라면, 이것을 '무심무사삼마지'라고 이름한다."

若緣總法奢摩他毗鉢舍那。是名無尋無伺三摩地。

석 세 번째 무심사無尋伺의 모습에 대해 해석한 것이다. 말하자면 지상地上의 지위에서 제법을 총괄해서 소연으로 삼아 진여관眞如觀을 짓되 모든 심尋·사伺를 떠나는 것을 일컬어 '무심사'라고 한다. 따라서 『섭대승론』에서는 말한다. "어떤 의미에서 '유식성唯識性에 든다'고 하는가? 총법을 반연하는 출세간적 지관의 지智이기 때문이다."[585]
그런데 이 심·사는 세 종류 지地에서의 개별적 상(別相)이 (있으니,) 의미는 『별장』과 같다.

釋曰。第三釋無尋伺相。謂在地上。總緣諸法。作眞如觀。離諸尋伺。名無尋伺。故攝大乘云。爲何義故。入唯識性。由緣總法出世止觀智故。然此尋伺三地別相。義如別事。[1]

1) ㉱ '事'는 '章'의 오기인 듯하다.

⑪ 지상止相·거상擧相·사상捨相의 차별을 밝히는 문[586]

---

585 현장 역 『攝大乘論本』 권2(T31, 143a24).
586 열한 번째 문에서는 지상止相·거상擧相·사상捨相의 차별을 설명하였다. 이 중에, 지止와 거擧는 지止·관觀과 밀접하게 연관된 개념이다. '지상'이란, 마음이 들떠 있을 때 혐오할 만한 법이나 혹은 무간심無間心(觀心)에 대해 작의함으로써 마음을 적정하게 하는 것을 말한다. 또 '거상'이란, 마음이 가라앉았을 때 기뻐할 만한 법이나 심상心相(삼마지영상)에 대해 작의함으로써 마음을 책려하는 것을 말한다. 마지막 '사상'이

가. 질문

경 자씨보살이 다시 부처님께 말하였다. "세존이시여, 어떤 것이 지상이고, 어떤 것이 거상이며, 어떤 것이 사상입니까?"

慈氏菩薩。復白佛言。世尊。云何止相。云何擧相。云何捨相。

석 이하는 열한 번째로 지상·거상·사상의 차별을 밝히는 문이다. 이 중에 두 가지가 있으니, 앞은 질문이고 뒤는 대답이다.

이것은 질문이다.

이 질문의 뜻은 다음과 같다. 〈세존께서는 곳곳에서 지止·거擧·사捨의 세 종류 개별적 상을 설하셨다. 범음 '사마타奢摩他(⑤ śamatha)'는 여기 말로 '지止'라고 번역하니, 마음을 수호해서 경계에 머물고 산동散動을 떠나기 때문에 '지'라고 한다. '비발사나毘鉢舍那(⑤ vipaśyanā)'는 여기 말로 '관觀'이라 번역하니, 법에 대해 추구하고 간택하는 것을 '관'이라 한다. 혹은 '거擧'라고 이름하니, (마음의) 가라앉음(沈沒)을 떠나기 때문이다. 범음 '우필차優畢叉(⑤ upekṣā)'는 여기 말로 '사捨'라고 번역하니, 혼침昏沈과 도거掉擧를 떠나기 때문이다.[587] 그런데 지금 이 경문에서 우선 '관'이라 설하지 않았다.[588] 이와 같은 세 가지 상들의 그 상은 어떤 것인가.〉

란, 마음이 혼침과 도거에 의해 오염되었을 때 인위적으로 노력하지 않고도(無功用) 혹은 자유자재로(任運) 작의를 일으켜 장애를 떠나는 것을 말한다.
[587] '사상捨相'의 사捨는 우필차優畢叉(⑤ upekṣā)의 번역으로서, 혼침惛沈과 도거掉擧를 벗어난 평정한 상태를 말한다. 혼침과 도거는 지관止觀을 방해하는 두 가지 수번뇌隨煩惱로서, 전자는 마음이 무겁게 가라앉아 어두워지는 것이고, 후자는 마음이 들떠서 딴 데로 흩어져 달아나는 것이다.
[588] 이 경문에서는 '관觀'이라 설하지 않고 '거擧'라고 하였다.

釋曰。自下第十一止擧捨相差別門。於中有二。先問。後答。此卽問也。此問意云。世尊處處說止擧捨三種別相。梵音奢摩他。此翻名止。守心住境。離於散動。故名爲止。毗鉢舍那。此翻名觀。於法推求簡擇名觀。或名爲擧。離沉沒故。梵音優畢叉。此翻名捨。離沈掉故。然今此中。且不說觀。如是三相。其相云何。

나. 대답

가) 지상止相에 대해 답함

경 부처님께서 자씨보살에게 말씀하셨다. "선남자여, 마음이 들떴거나(掉擧) 혹은 들뜰까 봐 염려될 때 모든 혐오할 만한 법을 작의하거나 또 저 무간심을 작의하는 것을 '지상止相'이라 이름한다.

佛告慈氏菩薩曰。善男子。若心掉擧。或恐掉擧時。諸可厭法作意。及彼無間心作意。是名止相。

석 이하는 두 번째로 여래께서 대답하신 것이다. 앞의 세 가지 질문에 답하였으므로 (경문은) 곧 세 가지로 구분된다.

이것은 '지상'에 대해 답한 것이다. 말하자면 보살이 관행을 닦을 때 만약 마음이 이미 들떴을 때나 혹은 들뜰까 봐 염려될 때 두 종류 작의作意가 있을 수 있다. 첫째는 혐오할 만한 법을 반연하는 것이고, 둘째는 무간심無間心을 반연하는 것이다. 즉 이와 같은 두 종류 작의에 의해 마음을 적정하게 하는 것을 일컬어 '지상'이라 한다.

'무간심'이란 곧 앞에서 설했던 사마타의 소연경계이다.[589]

釋曰。自下第二如來正答。答前三問。卽分爲三。此答止相。謂若菩薩修觀行時。若心已掉擧時。或恐應掉擧時。有二作意。一緣可緣¹⁾法。二緣無間心。卽由如是二種作意。令心寂靜。名爲止相。無間心者。卽前所說。是奢摩他所緣境界。

1) ㉐ 위의 경문에 따르면, '緣'은 '厭'의 오기다.

나) 거상擧相에 대해 설명함

경 마음이 가라앉거나 혹은 가라앉을까 봐 염려될 때 모든 기뻐할 만한 법을 작의하거나 또 저 심상心相을 작의하는 것을 '거상擧相'이라 이름한다.

若心沉沒。或恐沉沒時。諸可欣法作意。及彼心相作意。是名擧相。

석 이것은 거상을 설명한 것이다. 말하자면 보살이 관행을 닦을 때 만약 마음이 이미 가라앉았을 때 혹은 가라앉을 것이라고 염려될 때 두 가지 작의가 있을 수 있다. 첫째는 기뻐할 만한 법을 반연하는 것이고, 둘째는 저 심상心相을 반연하는 것이다. 이와 같은 두 종류 작의에 의해 마음을 책려하는 것을 일컬어 '거상'이라 한다.

'심상心相'이란 즉 앞에서 설했던 비발사나의 소연경계이다.[590]

釋曰。此辨擧相。謂若菩薩。修觀行時。若心已沉沒時。或恐應沒沉時。有

---

589 무간심無間心이란 내심內心의 상속에서 직전 순간의 마음을 뜻하며, 구체적으로는 경계를 관하는 마음(觀心)을 말한다. 사마타(止)를 닦을 때는 그 관하는 마음을 사마타의 경계로 삼는다.

590 '심상心相'이 '마음의 상분(心之相分)'이라는 의미일 때는 비발사나의 소연경계, 즉 관찰되는 경계를 가리킨다. 반면에 '심상'이 '마음 그 자체가 상(心卽相)'이라는 의미일 때는 사마타(止)의 소연경계, 즉 무간심無間心을 가리킨다.

二作意。一緣可欣法。二緣彼心相。卽由如是二種作意。令心策勵。名爲擧相。言心相者。卽前所說毗鉢舍那所緣境界。

다) 사상捨相에 대해 해석함

경 한결같은 지도止道 혹은 한결같은 관도觀道나 혹은 둘을 짝지어 운행하는 도가 두 종류 수번뇌에 의해 오염되었을 때, 공용함이 없는 모든 작의 및 마음이 자유자재로 전전하는 중에 (일어난) 모든 작의를 '사상捨相'이라 이름한다.

若於一向止道。或於一向觀道。或於雙運轉送。¹⁾ 二隨煩惱所染汙時。諸無功用作意。及心任運轉中所有作意。是名捨相。

1) ㉠『解深密經』권3(T16, 699b26)에 따르면, '送'은 '道'의 오기다.

석 세 번째는 사상을 해석한 것이다. 말하자면 한결같은 지도止道나 한결같은 관도觀道나 둘을 짝지어 운행하는 도에서 혼침惛沉과 도거掉擧라는 두 종류 수번뇌에 의해 오염되었을 때, 공용함이 없는 모든 작의 및 심이 자유자재로 전전하는 중에 (일어난) 모든 작의를 '사상'이라 한다는 것이다.

한결같은 지와 관의 (도를 굴릴 때)⁵⁹¹ 각기 혼침과 도거라는, 따르거나 거스르는 두 가지 장애를 떠나기 때문에 또한 '사'라고 한 것이다.

문 공용 없이(無功用) 굴리는 것과 자유자재로(任運) 굴리는 것은 어떤 차이가 있는가?

---

591 원문 '一向止觀'이라 한 것은, 전후 문맥상으로 볼 때 한결같은 지(一向止)의 도道만 굴리거나 한결같은 관(一向觀)의 도만 굴리는 것을 말한다.

답 행상行相은 비슷한데 (지관을) 단지 최초로 성취했을 때는 공용을 일으키지 않으므로 "공용 없다(無功用)"라고 하였고, 다시 완전히 무르익었을 때는 자유자재로 전전하므로 "자유자재로(任運)"라고 한 것이다. 예를 들면 『성유식론』 제6권에서 행사行捨[592]에 대해 "평등하고 정직하며 공용 없이 머무는 것"[593]이라 설한 것은 초初·중中·후後의 삼시三時에 의거해서 말한 것일 뿐 별도의 행상이 없는 것처럼, 이 경문도 마찬가지다.[594]

釋曰。第三釋其捨相。謂一向止。或一向觀。或於雙運轉道。惛沉掉擧二隨煩惱所染汙時。諸無功用作意及以¹⁾任運轉中所有作意。是名爲捨。一向止觀。各離沉擧順違二障。故亦名捨。問。無功用及任運轉。有何異耶。答。行相相似。但初成就。不作功用。名無功用。復淳熟時。任運轉故。故名任運。如成唯識第六卷中。行捨中說。平等正直無功用住。約初中後三時差別。無別行相。此亦如是。

1) ㉠ 경문과 대조해 볼 때 '以'는 '心'의 오기인 듯하다.

문 이 세 가지 법에서 그 체는 무엇인가?

---

592 행사行捨 : 사捨(S upekṣā)라고도 하며 심소법의 이름이다. 마음이 고요한 상태에서 들뜨지도 않고 가라앉지도 않은 상태에 머무는 것이다. 유식종에서는 정진精進·무탐無貪·무진無瞋·무치無癡 등의 네 가지 법에 의지해서 마음이 혼침과 도거의 장애를 벗어나서 적정하고 잡염되지 않는 경지에 머문다고 하는데, 이것을 '행사'라고 한다. 이『大毘婆沙論』권95와 『瑜伽師地論』권29에서는 '사'를 칠각지七覺支 중의 하나인 사각지捨覺支라고 하고, 사마타품奢摩他品에 속하는 것으로 간주했다.
593 『成唯識論』권6(T31, 30b21).
594 예를 들어『成唯識論』에서 '마음을 평등平等·정직正直·무공용無功用에 머물도록 한다'는 것은 '행사'의 차별적 특징을 시간적으로 초·중·후 세 단계로 나눈 것이지 별도의 세 가지 작용이 있다는 말이 아니다. 지관 수행에서 '공용 없이(無功用) 굴린다'거나 '자유자재로(任運) 굴린다'는 말도 그와 마찬가지로 두 가지가 별도의 다른 수행법이라기보다는 지위에 의거해서 구분했을 뿐이다.

해 정定은 지止이고 관觀은 거擧라고 볼 수 있다. 이른바 '사捨'는 예로부터 서로 전해 오길, 본래 두 가지 해석이 있다. 한편에서는 지와 관을 합해서 설하여 자체로 삼으니, 혼침과 도거를 떠난 것이기 때문이다. 한편에서는 열한 개의 선심소법善心所法 중에 사捨심소를 자성으로 삼는다고 한다. 따라서 『성유식론』 제6권에서는 말한다. "행사行捨란 어떤 것인가? 정진과 세 가지 근[595]에 의해 마음이 평등·정직·무공용에 머물도록 하는 것을 체體로 삼고, 도거를 대치하여 적정에 머무는 것을 업業으로 삼는다."[596] 이에 준해 보면, '행사'가 체가 됨을 알 수 있다.[597] 비록 두 가지 설이 있지만 후자의 설이 우수하다.

그런데 여기서 설했진 '지와 관과 사'를 '작의'라고 이름한 것은 인근석隣近釋이니, 마치 사념처四念處라고 할 때 비록 '염념'이라 말했지만 체를 논하면 '혜慧'인 것과 같다.[598]

문 '관'이 '거'라면, 어째서 『유가사지론』 제31권에서는 지止·관觀·거擧·사捨라는 네 종류로 나누었는가?

---

[595] 여기서 말한 '세 가지 근'은 무탐無貪·무진無瞋·무치無癡를 말한다.
[596] 『成唯識論』 권6(T31, 30b21).
[597] 『成唯識論』의 인용문에 준해 볼 때, 지상과 거상과 사상 중에서 '행사'는 체體이고 나머지 둘은 용用에 해당한다는 것을 알 수 있다는 말이다.
[598] 경문에서 지止·거擧·사伺 등을 정의하면서 "······작의作意하는 것을······라고 이름한다." 혹은 "······모든 작의를 일컬어······라고 이름한다."라고 했는데, 여기서 '작의'라는 말이 지·거·사 등과 동의어로 쓰였다. 원측의 해석에 따르면, 이것은 인근석隣近釋(Ⓢ avyayī-bhāva)에 해당한다. 인근석이란 본래 범어에서는 두 개 이상의 합성어가 부사적 기능을 하는 것을 가리키지만, 한역에서는 이에 대한 정의가 조금 다르다. 중국 학자들은 이것을 "가까운 것에 따라 이름을 건립한 것"으로 정의하는데, 그 대표적 사례로 '사념주四念住(사념처)'를 든다. '사념주'라는 수행은 본래 혜慧로 신身·수受·심心·법法 등을 관찰하는 수행법이므로 '혜'를 체로 삼는다. 따라서 이것을 '4혜주'라고 이름해야 한다. 그런데 경계를 기억해서 잊지 않는 '염'의 작용이 있어야 '혜'가 그 경계를 간택하게 되고, 염과 혜의 의미가 서로 근접해 있기 때문에, '혜주'라고 하는 대신에 '염주'라고 명명한 것이다. 이와 마찬가지로 지止·거擧·사捨 등에서는 작의作意의 역할이 중요하기 때문에 세 가지 상을 정의하면서 "······모든 작의를 일컬어······라고 이름한다."라고 했다는 것이다.

해 만약 '거'라면 반드시 그것은 '관'이니, 본래 관문觀門이 있는 것이지 거문擧門이 있는 것은 아니다. 말하자면 혼침 등을 대치시키지 못할 때 ('거'가 있게 된다.[599]) 그런데 이 '지止' 등의 차별적 모습에 대해, 예를 들어 『유가사지론』 제31권에서 지·관·거·사에 모두 세 가지 상이 있다고 하였으니, 말하자면 지止와 지상止相과 지시止時 등이다.[600]

問。此三法。其體如何。解云。以定爲止。以觀爲擧。所言捨者。舊來相傳。自有兩釋。一云。合說止觀。以爲自體。離沉掉故。一云。十一善心法中。捨爲自性。故成唯識第六卷云。云何行捨。於[1] 精進三根。令心平等正直無功用住爲體。對治掉擧淨[2]住爲業。准此得知。行捨爲體。雖有兩釋。後說爲勝。然此所說。止觀及捨。名作意者。是隣近釋。如四念處。雖言是念。論體是惡。[3] 問。以觀爲擧。如何瑜伽第三十一。開爲四種。謂止觀擧捨。解云。若是擧者。必是其觀。自有觀門。而非是擧。謂不對治惛沉等時。然此止等差別相者。如瑜伽論第三十一。止觀擧捨。皆有三相。謂止止相止時等。

1) ㉠『成唯識論』 권6(T31, 30b21)에 '於'가 없다. 2) ㉠『成唯識論』 권6(T31, 30b23)에 따르면, '淨'은 '靜'의 오기다. 3) ㉤ '惡'은 다른 본에는 '惠'로 되어 있다. ㉠ '惡'은

---

599 혼침과 도거를 떠났을 때 바른 '관'이 이루어지는데, 너무 마음이 가라앉을 경우 '마음을 들어 올리는 작용'이 있는 것이다. '거'와 '관'을 이름 상으로 구별했지만 실제로는 '관문'이 있는 것이다.
600 지止·관觀·거擧·사捨의 각각 삼상三相이란 지·관·거·사 그 자체와 그것들의 상相과 그것들의 시時를 말한다. '지'를 예로 들면, 그 자체란 구상九相의 심주心住에 의해 그 마음을 적정하게 하는 것을 말한다. '지의 상'에는 소연상所緣相과 인연상因緣相이 있다. 소연상이란 지의 인식 대상이 되는 상이니, 앞서 언급되었던 사마타품奢摩他品의 '알아야 할 사의 동분영상(所知事同分影像)'에 해당한다. 인연상이란 사마타에 의해 훈습되어진 마음이 후시後時의 사마타정奢摩他定을 청정하게 함으로써 다시 비발사나(觀)의 모든 가행加行을 수습할 수 있게 해 주는 인연이 되는 것을 말한다. '지의 시'란 지를 닦아야 할 때이니, 즉 마음이 들떠 있거나 장차 들뜰까 봐 우려될 때, 또는 비발사나(觀)에 의해 훈습되어진 마음이 여러 가지 심사尋思나 사업事業들에 의해 어지럽혀졌을 때가 바로 지를 닦아야 할 시점이다. 그 밖의 관·거·사의 삼상에 대한 설명은 『瑜伽師地論』 권31(T30, 456a12) 참조.

'慧'의 오기인 듯하다.

⑫ 법法을 아는 것과 의미(義)를 아는 것의 차별을 밝히는 문[601]

가. 법을 아는 것과 의미를 아는 것에 대해 밝힘

가) 소지所知에 의거해서 법과 의미를 아는 것에 대해 밝힘

(가) 질문

경 자씨보살이 다시 부처님께 말하였다. "세존이시여, 사마타·비발사나를 닦는 모든 보살중들은 법을 알고 의미를 압니다. 어떤 것이 법을 아는 것이고 어떤 것이 의미를 아는 것입니까?"

慈氏菩薩。復白佛言。世尊。修奢摩他毗鉢舍那諸菩薩衆。知法知義。云何

---

[601] 열두 번째 문에서는 법法(S dharma)을 아는 것과 의미(義, S artha)를 아는 것의 차이를 자세히 설명하였다. 여기서 법과 의미의 구분은, 언어 자체와 그에 의해 언표되는 의미(대상)의 구분과 같다. 말하자면, '법'이란 일차적으로는 의미를 나타내기 위한 언어적 수단으로서의 '교법 자체'를 뜻하고, '의미'란 그 교법의 언어로 나타내려 했던 대상 혹은 이치를 가리킨다. 우선, '법(언어)'의 본성에 대한 사색은 초기 불교에서부터 정립된 언어관을 바탕으로 진행된다. 부처님이 설하신 교법教法의 본질(體)은, 그 분의 음성 상에 나타난 특정한 음운 유형들, 즉 이름(名)·문구(句)·음소(文)다. 따라서 '법을 안다'는 것은, 하나의 의미를 나타내는(能詮) 과정에서 이름·문구·음소가 어떤 차별적 기능을 담당하는지를 정확하게 이해하는 것을 말한다. 다음으로, '의미'란 하나의 말에 의해 나타나게 되는 것(所詮)을 뜻하며, '유식'의 지평에서 보면 외계 실재를 가리키는 것이 아니라 마음에 현현된 대상의 영상影像이다. 따라서 '의미를 안다'는 것은 바로 '말의 의미(語義)'로 현현된 대상의 영상들에 대해 아는 것을 말한다. 이 의미의 세계는 여러 방식으로 분류될 수 있다. 『解深密經』에서는 때로는 열 가지 범주(十義), 혹은 다섯 가지나 네 가지나 세 가지 범주 등 다양한 방식으로 구분하였다. 이를 통해서 요가행자들은 명·구·문이라는 언어에 의해 지시되는 모든 의미의 세계를 대상으로 삼아서, 그것들의 다양하고 차별적 모습과 내적 본질에 대해 집중적으로 관찰한다.

知法。云何知義。

석 이하는 열두 번째로 법을 아는 것과 의미를 아는 것의 차별을 밝히는 문이다.

이 중에 두 가지가 있다. 처음은 법을 아는 것과 의미를 아는 것에 대해 밝힌 것이다. 나중의 "자씨보살……어떻게 모든 상을 제거합니까." 이하는 모든 상들을 제거하는 것에 대해 밝힌 것이다.

전자에 두 가지가 있다. 처음은 '소지所知(알아야 할 대상)'에 의거해서 법을 아는 것과 의미를 아는 것에 대해 설명한 것이다. 나중의 "자씨보살……만약 문소성혜" 이하는 '능히 아는 지혜(能知智)'에 대해 설명한 것이다. 따라서 무성의 『섭대승론석』 제6권에서는 '대승의 법法·의義가 문혜 등 세 종류의 소연이다'라고 하였다.[602]

해 또 처음은 법을 아는 것과 의미를 아는 것에 대해 해석한 것이고, 나중의 "자씨보살……어떤 것이 '견見'입니까." 이하는 지知와 견見의 차별을 해석한 것이라 볼 수도 있다.

비록 두 가지 해석이 있지만 우선 앞의 설에 의거하겠다.

법을 아는 것과 의미를 아는 것을 밝힌 곳에서 경문을 나누면 두 가지가 있다. 앞은 질문이고 나중은 대답이다.

이것은 질문이다. 경문에 두 개의 절이 있다. 처음은 소의所依인 교教에 대해 물은 것이고, 나중의 "어떤 것이……" 이하는 질문하는 말을 바로 일으킨 것이다.

---

[602] 이것은 성문현관聲聞現觀과 보살현관菩薩現觀의 차이를 설명한 것이다. 보살의 현관은 우선 현관하는 대상(所緣)부터 차이가 있다. 무착無著의 논본論本에서는 "대승의 법을 소연으로 삼기 때문(以大乘法爲所緣故)"이라 총괄해서 표명하였는데, 이에 대해 무성無性은 "보살현관은 대승의 법을 문혜(·사혜·수혜) 등 세 종류의 소연으로 삼고, 성문현관은 성문승의 법을 그 소연으로 삼는다.(菩薩現觀。以大乘法爲聞慧等三種所緣。聲聞現觀。聲聞乘法爲其所緣)"라고 해석하였다.『攝大乘論釋』권6(T31, 417b25) 참조.

釋曰。自下第十二知法知義差別門。於中有二。初明知法知義。後慈氏乃至
云何除遣諸相下。辨除遣諸相。前中有二。初約所知明知法知義。後慈氏
乃至若聞所成慧下。明能知智。故無性攝論第六卷云。大乘法義[1]爲聞慧等
三種所緣。又解。初正釋知法知義。後慈氏菩薩乃至云何爲見下。釋知見
差別。雖有兩釋。且依前說。就知法知義。文別有二。先問。後答。此卽問也。
文有兩節。初問所依敎。後云何下。正發問辭。

1) ㉠『攝大乘論釋』권6(T31, 417b25)에 '義'가 없다.

(나) 대답

㉮ 법을 아는 것에 대해 밝힘

a. 업을 표시하며 개수를 둠

경 부처님께서 자씨보살에게 말씀하셨다. "선남자여, 저 보살들은 다섯 가지 상으로 말미암아 법을 아니,

佛告慈氏菩薩曰。善男子。彼諸菩薩。由五種相。了知於法。

석 이하는 두 번째로 여래께서 바로 답하신 것이다. 이 중에 두 가지가 있다. 처음은 법을 아는 것에 대해 밝힌 것이고, 나중은 의미를 아는 것에 대해 해석한 것이다.

법을 아는 것에 대해 밝힌 곳에서 경문을 구별하면 네 가지가 있다. 처음은 업業을 표시하며 개수를 든 것이고, 둘째는 개수에 의거해서 이름을 나열한 것이며, 셋째는 차례로 따로 해석한 것이고, 넷째는 해석하고 나서 총결지은 것이다.

이것은 처음에 해당한다.

釋曰。自下第二如來正答。於中有二。初明知法。後釋知義。就知法中。文
別有四。初標業擧數。二依數列名。三次第別釋。四釋已總結。此卽初也。

b. 개수에 의거해서 이름을 나열함

경 첫째 명名을 알고, 둘째 구句를 알며, 셋째 문文을 알고, 넷째 개별(別)
을 알며, 다섯째 총체(總)를 아는 것이다.

一者知。二[1)]者知句。三者知文。四者知別。五者知總。

1) ㉘ '二' 앞에 '名'이 빠진 듯하다. ㉠『解深密經』권3(T16, 699c2)에 '二' 앞에 '名'이
있다.

석 두 번째는 수에 의거해서 이름을 나열한 것이다.
다섯 가지 중에 앞의 셋은 '교敎의 자성自性'을 아는 것이다. 이 경문에
준해 보면, 여래의 교법은 명·구·문들을 자성으로 삼는다.[603]
나중의 둘은 교법의 총체적 의미와 개별적 의미를 아는 것이다. 그런
데 이 총체와 개별에 대해 본래 다섯 가지 해석이 있다.
한편에서는 말한다. 〈명名을 알기 때문에 '개별을 안다'고 하였고, 구句
를 아는 것을 '총체를 안다'고 하였다.〉
한편에서는 말한다. 〈명에는 많은 명들이 있으니 각각 따로 아는 것을

---

603 교의 본질(敎體)에 대한 학설은 다양하지만, 일차적으로는 음성(聲), 명名·구句·문文
등 네 가지 법에 초점을 맞춰 교법의 본성에 대해 논한다. 이 경문에 의거하면 세존께
서 스스로 '교법을 안다'는 것은 '이름(名)·문장(句)·음소(文) 등을 아는 것'이라 인정하
신 셈이다. 이에 의거해서 교의 본질을 명구문으로 간주한 것이라 볼 수 있다고 하였
다. 이 교체론에 대해서는 『解深密經疏』 서두에서 이미 자세하게 해석하였다.

'개별을 안다'고 하였고, 총괄해서 아는 것을 '총체를 안다'고 하였다. 구신句身(문장들)과 문신文身(음소들)을 총체적·개별적으로 (아는 것도) 이와 같다.〉

한편에서는 말한다. 〈각각 따로 명·구·문들을 아는 것을 '개별을 안다'고 하였고, 총합해서 명·구·문들을 아는 것을 '총체를 안다'고 하였다.〉

한편에서는 말한다. 〈많은 계경들 각각 따로 아는 것을 '개별을 안다'고 하였고, 총합해서 아는 것을 '총체를 안다'고 한 것이니, 앞에서 자세히 설한 것과 같다.〉

한편에서는 말한다. 〈총체와 개별을 안다는 것은, 말하자면 총체나 개별을 소연으로 하는 마음을 아는 것을 '총체나 개별을 안다'고 한 것이지, 명 등을 안다는 것은 아니다.〉

문 (마지막 해석에서) 이미 '마음을 안다'고 했는데 어째서 '법을 안다'고 하는가?

해 예를 들어 『현양성교론』에서는 능설能說(언어)과 설자說者와 소위所爲(설법 대상) 등에 대해 설하면서, 모두 '문文을 아는 것'이라 하였다.[604] 따라서 법을 소연으로 삼은 마음을 아는 것도 '법을 안다'고 한 것이다.

釋曰。第二依數列名。五中前三知教自性。卽准此文。如來教法。名句文身。以爲自性。後二知教總別之義。然此總別。自有五釋。一云。知名。故名知別。若知於句。名爲知總。一云。名中有衆多名。各各別知。名爲知別。總合了知。名爲知總。句身文身總別亦爾。一云。各各別知名句文身。名爲知別。

---

604 『顯揚聖教論』 권12(T31, 536c307)에는 다음과 같은 네 가지 조건들이 갖추어져야 '문文'의 의미가 명료하게 드러난다고 한다. 첫째는 소설所說이니, 즉 이름들(名身) 등과 상相의 일부를 말한다. 둘째는 소위所爲이니, 즉 설법의 대상이 되는 다양한 근기를 말한다. 셋째는 능설能說이니, 즉 언어를 말한다. 넷째는 설자說者이니, 즉 불보살 및 성문을 말한다. 이와 같은 모든 것들이 총괄적으로 갖춰져야 '문'이 분명해지는 것이고, 이 중에 하나라도 결여되면 의미가 명료하게 드러나지 않는다.

總合而知名句文身。名爲知總。一云。衆多契經各各別知。名爲知別。總合
了知。名爲知總。如前廣說。一云。知總別者。謂能了知緣總別心。名知總
別。非知名等。問。旣云知心。何名知法。解云。如顯揚說。能說之[1]者及所
爲等。皆名知文。故緣知[2]法心亦名知法。

1) ㉠『顯揚聖敎論』 권12(T31, 536c5)에 따르면, '之'는 '說'의 오기다.　2) ㉠ '緣知'
는 '知緣'의 도치인 듯하다.

c. 차례대로 따로 해석함

a) 명名

(a) 질문

경 '명'이란 무엇인가?

云何爲名。

석 이하는 세 번째로서 차례로 따로 해석한 것이다. 경문은 다섯 가지
로 구분되고, 모두 문답이 있다.
이것은 '명'에 대해 물은 것이다.

釋曰。自下第三次第別釋。卽分爲五。皆有問答。此卽問名。

(b) 해석

경 모든 염법과 정법 가운데 안립된 바인 자성自性·상상想의 가시설假施設을

말한다.[605]

謂於一切染淨法中所立自性想假施設。

석 두 번째는 바로 해석한 것이다. 말하자면 일체법은 염법과 정법을 벗어나지 않는데, 모든 염법·정법의 자성·상을 능히 언표하는 가시설을 가리켜서 '명'이라 한다.
 이 경문의 뜻을 말하자면 다음과 같다. 〈모든 법은 다 두 가지 의미를 갖고 있다. 첫째, 자성自性이다. 예를 들어 '인人', '천天' 및 '눈', '귀' 등이라 말하는 것처럼, 법의 자성을 가리키기 때문에 '명'이라 설한다. (둘째로) '명'은 '상想'으로부터 생기므로 '상'이라 하였다. 실제로는 제법은 모든 명언名言을 떠나 있지만 가짜로 설했기 때문에 '가안립假安立(假施設)'이라 한다.〉

釋曰。第二正釋。謂一切法。不出染淨。能詮染淨諸法自性想假施設。目之

---

[605] 이것은 '명名(단어, 이름)'을 정의한 것이다. 이 중에서 '자성自性'이란, 가령 대승 불교에서 말하는 일체법의 본성, 또는 직접 지각(現量, ⓢ pratyakṣa)에 의해 알려지는 자상自相(ⓢ sva-lakṣaṇa) 등과 같은 것이 아니다. 그와는 달리, 하나의 이름(名)에 의해 지시되는 '자성'이란 바로 '공상의 자성(共相之自性)'을 가리킨다. 예를 들어 『성유식론成唯識論』 등에서는 '이름(名)은 자성自性의 체體를 나타내고 구句는 차별差別의 의義를 나타낸다'고 하였다. 이 문구의 의미는 하나의 판단에서의 주어와 술어의 관계를 통해 설명될 수 있다. 가령 'A는 B이다'라는 단순 판단에서, 'A'는 어떤 차별적 규정이 가해지기 이전의 개별적 법 자체(自性)를 가리키고, 'B'는 'A'를 다시 한정함으로써 그것을 다른 것과 차별差別시키는 역할을 한다. 이러한 '명'은 항상 '상想'과 결합하여 작동하는 것이다. '상'이란 어떤 개념적 표상(像)을 떠올리는 정신 작용인데, 이러한 상의 작용으로 인해 갖가지 이름을 시설하게 되는 것이다. 유식학에서는 이와 같은 자성과 상은 모두 실재가 아니라 본래 가짜로 안립된 언어에 불과하다고 본다. 말하자면 갖가지 정법·염법들의 자성 등을 지칭하는 말들은 본래 그에 해당하는 실체는 존재하지 않으며, 다만 사회적 약정에 의해 임시방편으로 설정된 것이다. 따라서 이와 같은 언어를 일컬어 가시설假施設, 가안립假安立, 가립假立 등이라 한다. 자세한 것은 『성유식론成唯識論』 권3(T31, 11c22), 규기의 『성유식론술기成唯識論述記』 권2(T43, 288a17) 참조.

爲名。此中意說。一切諸法。皆有二義。一者自性。如說人天及眼耳等。目法自性。故說爲名。名從想生。故名爲想。據實諸法離諸名言。而假說故。名假安立。

b) 구句

(a) 질문

경 '구'란 무엇인가?

云何爲句。

석 이하는 '구'를 해석한 것이다. 앞은 질문이고, 뒤는 대답이다. 이것은 질문이다.

釋曰。自下釋句。先問。後答。此初問也。

(b) 대답

경 곧 저 명이 취집한 가운데 능히 수순해서 염·정의 의미를 언설하는 의依·지持의 건립을 말한다.

謂卽於彼名聚集中。能隨宣說諸染淨義。依持建立。

석 두 번째는 바로 대답한 것이다. 말하자면 저 명의 모임 중에 별도로 가법假法이 있어서 염법·정법의 차별적 의미를 능히 언표해 주는 것(能

詮)을 일컬어 '구'라고 한다. 예를 들어 유대有對·무대無對와 유견有見·무견無見 등의 차별의 의미를 설하는 것과 같다.[606]

이 구법句法은 언표되는 바(所詮)에 대해서는 '소의所依'가 되어 주기 때문에 그것을 일컬어 '의依'라고 하였고, 언표되는 바를 섭지하면서 잃지 않도록 하기 때문에 그것을 '지持'라고 하였다.[607] 혹은 '의依'라는 것은, 말하자면 구句가 의미(義)에 의지하면서 능히 그것(의미)을 현현시키기 때문에 '의'라고 이름했다고 볼 수도 있다.[608]

> 釋曰。第二正答。謂卽於彼名聚集中。別有假法。能詮染淨差別之義。名之爲句。如說有對無對有見無見等差別之義。謂此句法。能與所詮爲所依故。名之爲依。攝持所詮。令不失落。故名爲持。或可依者。謂句依義。而能顯彼。故名爲依。

c) 문文

(a) 질문

---

[606] '구'가 염법과 정법의 모든 차별을 드러낸다는 것은, 자성自性 상에서의 여러 차별적 의미를 나타낸다는 것이다. 이것은 앞서 말했듯 하나의 판단에서의 주어와 술어의 관계를 통해 설명될 수 있다. 예를 들어 '눈은 유대有對이다'라는 진술에서, '눈(眼)'이라는 주어는 어떤 사물의 자체(자성)를 가리킨다면, '유대이다' 즉 '물리적 질애를 가진다'는 술어는 '눈'을 특정하게 한정하는 역할을 한다. 구체적으로 말하면, '눈'을 그 밖의 '무대無對' 즉 물리적 질애를 갖지 않은 것들과 구분시키면서 그 눈의 차별적 의미를 드러내 준다.

[607] 이것은 두 단어 이상으로 이루어진 '구句'의 언어적 기능을 설명한 것이다. 이 해석에 따르면, '구'는 그에 의해 언표되는 대상(所詮)의 의미를 담지하고 있기 때문에, 그 언표되는 대상이 능의能依라면 '구'는 소의所依가 된다. 요컨대, 경문에서 '구'를 '의依'라고 지칭한 것은 '구'가 소의임을 뜻한다.

[608] 이 해석에 따르면, '구'는 의미에 의지하면서 동시에 그 의미를 현현시키는 것이다. 따라서 '구'가 능의能依이고 그에 의해 현현되는 대상(의미)이 소의所依이다. 요컨대, 경문에서 '구'를 '의'라고 지칭한 것은 '구'가 능의임을 뜻한다.

경 '문'이란 무엇인가?

云何爲文。

석 이하는 '문'을 해석한 것이다. 앞은 질문이고, 뒤는 대답이다. 이것은 질문이다.

釋曰。自下釋文。先問。後答。此卽問也。

(b) 대답

경 말하자면 저 둘의 소의인 '자字'이다.

謂卽彼二所依止字。

석 두 번째는 바로 대답한 것이다. 말하자면 저 문자文字는 비록 능전能詮은 아니지만 그것에 대해 의지처가 되어 주니,[609] '자'를 떠나서는 두 가지는 성립되지 않기 때문이다.

---

[609] 여기서는 '문文'을 설명한다. 원측이 '문자文字'라고 한 것은, '문文이 곧 자字이다'라는 뜻이다. 이 '문'은 시각의 대상인 하나의 글자나 기호를 가리키는 것이 아니라, 단어를 이루는 최소의 음운 단위를 가리킨다. 예를 들어 범어 'sarvadharmāḥ(諸法)'은 네 개의 음운(文)으로 이루어진다. 유식종에 따르면, '명'이나 '구'와는 달리, '문'은 어떤 의미(대상)를 능히 언표하는(能詮) 작용은 없기 때문에 그 자체만으로 능전能詮의 언어라고는 할 수 없다. 그러나 능전의 언어(명과 구)는 이 '문'에 의지해서 명료하게 드러나기 때문에 의지처(所依)가 되어 준다고 하였다. 따라서 '명·구·문'을 모두 능전이라 칭한다.

釋曰。第二正答。謂彼文字。雖不能詮。而能與彼爲所依止。若離於字。二不成故。

* 명구문의 차별

그런데 이 세 종류에는 차별이 있다.

범음 '나마南摩(Ⓢ nāma)'는 여기 말로 '명名(이름)'이라 번역한다. 이것은 '귀속함(歸趣)'을 뜻하니, 소전所詮(언표되는 대상)으로 귀속되기 때문이다.[610]

그런데 이 '명'의 해석에서 여러 논들이 다르다.

『대비바사론』에 의하면 그에 세 가지 의미가 있는데, 말하자면 수隨·소召·합合이다. 따라서 그 논에서는 말한다. "문 어째서 '명'이라 하는가? 답 명이란 '수隨'라고 하고, '소召'라고 하며, '합合'이라 한다. '수'란 그 지었던 바대로 곧장 가서 상응하는 것을 말한다. '소'란 이러한 의미(대상)라고 건립하였으므로 구하는 대로 곧 상응하여 합치하는 것을 말한다. '합'이란 송頌을 지음에 따라 연속되다가(轉) 의미와 만나게 되는 것을 말한다.[611]"[612]

---

610 '소전으로 귀속된다(皈趣所詮)'는 것은, 하나의 이름이 어떤 법의 자성을 지시하는 것을 말한다. 이런 기능이 있기 때문에 하나의 이름은 그와 결부된 특정 대상에 대한 관념을 불러일으키게 된다. 예를 들어 『大乘百法明門論開宗義記』 권1(T85, 1062c12)에는 "言名身者. 梵云南摩. 此譯爲名. 是歸趣義. 歸趣所詮法自性故. 故唯識云. 名詮自性."이라고 하였다.

611 이 『大毘婆沙論』에서 말하는 수隨·소召·합合의 정확한 의미는 알 수 없으나, 언표수단으로서의 '명名(이름, 단어)'의 언어적 기능을 세 가지로 설명한 듯하다. '수隨'란 가령 특정한 음운적 형태에 수순해서 어떤 대상(경계)으로 나아가게(趣) 되는 것을 말한다. 가령 '색' 혹은 '성'이라고 발성하는 경우 그 음운 유형에 수순해서 특정한 대상이 지시되는 것과 같다. 또 '소召'란 가령 'A는 이러이러한 의미를 갖는다'고 안립되었기 때문에 'A'라는 이름으로 그 대상(의미)을 호칭할 수 있게 된다는 것이다. 또 '합合'이란 그것을 게송의 형태로 연속해서 나열했을 때 하나의 차별적 의미가 완전하게 드러나는 것을 말한다.

612 『大毘婆沙論』 권14(T27, 70c25).

『오온론』에서는 ('명'은) "제행諸行의 자성증어自性增語[613]를 본성으로 삼는다."[614]라고 하였다. 『집론』도 이와 같이 설하는데, 『잡집론』에서는 "자성증어란 인人·천天·안眼·이耳 등의 사事를 설하는 것이다."[615]라고 해석하였다. 『현양성교론』 제1권과 『유가사지론』 제52권도 『집론』과 거의 동일하다.

또 『유가사지론』 제81권에서는 말한다. "문 '명'이란 무엇을 뜻하는가? 답 갖가지가 공동으로 알려지도록 해 주기 때문에 '명'이라 한다.[616] 또는 의意가 갖가지 상을 짓도록 하기 때문에 '명'이라 한다. 또 '말'로 말미암아 불려 나오는 것이기 때문에[617] '명'이라 한다."[618] 『현양성교론』 제12권도 『유가사지론』과 동일하다.

然此三種有差別者。梵音南摩。此翻爲名。是歸趣義。皈趣所詮故。然釋此

---

613 자성증어自性增語 : '증어'란 명·구·문으로 대변되는 언어를 가리킨다. 언어란 유사한 사물들의 보편상에 의거해서 건립된 것이기 때문에, 혹은 그 자체는 실재가 아니라 경계에서 증익된 것이기 때문에 '증어'라고 한다. 가령 '소'나 '말'과 같은 단어는 특수한 한 마리의 소나 말을 가리키는 것이 아니라 모든 동류의 소나 말에 적용되는 것과 같다. 따라서 『瑜伽師地論』 권81(T30, 750b23)에서는 "증어란 일체의 동류同類와 상응相應하는 것을 말한다."라고 하였고, 둔륜遁倫의 『瑜伽論記』 권13(T43, 188c19)에서는 "또 명·구·문 등은 말(語)이니, 이 말은 경계에서 증익된 것이기 때문에 '증어'라고 한다."라고 하였다. 이 증어 가운데서 '자성증어'란 '이름(名)'을 가리킨다. '이름'은 자성自性을 나타내는 것이기 때문에 '자성증어'라고 한다.
614 『大乘五蘊論』 권1(T31, 849c21).
615 이 논에 따르면, 가령 '사람'이나 '눈'이라고 말할 때처럼 어떤 사물의 자성을 가리키는 이름들을 자성증언自性增言(자성증어)이라 한다. 『雜集論』 권2(T31, 700c2).
616 '갖가지가 공동으로 알려진다'고 한 것은 이름(名)은 사물의 특수상(自相)이 아니라 보편상(共相)을 가리키기 때문이다. 예를 들어 '사과'라고 하는 이름은 특수한 사과가 아니라 '모든 사과'에 공통적으로 적용되는 것이고, 이 '사과'라는 이름에 의해서 '사과의 보편상'이 알려지는 것이다.
617 여기서 '말(語言)'이란 음성언어를 말한다. 명·구·문은 그 말소리 상에 나타나는 특정한 음운적 패턴을 가리키고, 이것이 의미를 현현하는 언어적 기능을 하기 때문에 특정한 말소리가 하나의 언어로서 이해된다. 따라서 명 등은 '말'로 말미암아 불려 나온다고 하였다.
618 『瑜伽師地論』 권81(T30, 750b18).

名。諸論不同。依毗婆沙。有其三義。謂隨召合。故彼論云。何故名名。答。
名者。名爲隨。名爲召。名爲合。隨者。如其所作。卽往相應。召者。爲此義
立。如求便應。合者。隨造頌轉。令與義會。五蘊論云。諸行自性增語爲性。
集論亦爾。雜集釋云。自性增語者。謂說人天眼耳等事。顯揚第一。及瑜伽
論五十二。大同集論。又依瑜伽八十一云。問。名是何義。答。能令種種共
所了知。故名爲名。又能令意作種種相。故名爲名。又由語言之所呼召。故
名爲名。顯揚十二。亦同瑜伽。

범음 '발타鉢陀(S pada)'는 여기 말로 '적跡'이라 번역한다. 마치 새의 발
자취를 보면 '새'가 표시되는 것처럼, 이와 같이 사구四句가 어떤 게송의
문장을 표시해 준다. 의미를 따라 번역하면 또한 '구'라고 한다.[619]

그런데 이 '구'의 해석에서 여러 논들이 다르다.

『대비바사론』에서는 '의미를 나타내는 것이 충족되면(滿足) 구라 한다'고
하였다.[620]

『오온론』에서는 말한다. "구신句身(문장들)이란 어떤 것인가? 제법의 차
별증어差別增語[621]를 자성으로 하는 것을 말한다."[622] 『집론』도 이와 같이

---

619 범음 'pada'는 '구句'라고 번역하는데, 간혹 '적跡'이라고도 번역한다. 이는 마치 코끼리의 네 발자국이 코끼리를 나타내 주는 것처럼, 네 개의 구句가 하나의 게偈를 이루어 어떤 차별적 의미를 나타내기 때문이다.
620 예를 들어 "모든 악을 짓지 말라.(諸惡莫作)"라고 할 때, '모든 악'이라는 단어만으로는 아직 말의 의미가 명료하지 않지만 '짓지 말라'는 말이 추가됨으로써 의미가 분명해진다. 이와 같이 하나의 의미가 충분히 나타나면, 그것을 '구'라고 한다. 자세한 것은 『大毘婆沙論』 권14(T27, 71a28) 등 참조.
621 차별증어差別增語 : '구句'는 제법의 차별적 의미를 나타내는 것이기 때문에 '차별증어'라고 이름한다. 뒤의 『雜集論』에서 말하듯, 가령 '제행무상'이라는 문구에서 '무상'이라는 말에 의해 '제행'의 차별적 의미가 드러나는 것과 같다. '제행은 무상하다' 등의 문구처럼 두 개 이상의 단어가 모여서 하나의 완결된 의미를 나타낼 때, 이것을 차별증어라 한다.
622 『大乘五蘊論』 권1(T31, 849c21).

설하는데, 『잡집론』에서 해석하길, "차별증어란 '제행은 무상하다'라거나 '모든 유정은 죽을 것이다'라는 따위의 의미를 설하는 것을 말한다."[623]라고 하였다. 『현양성교론』과 『유가사지론』은 『집론』과 거의 동일하다.

『유가사지론』 제81권에서는 "모든 이름을 섭수하여 결국에는 나타나 보이지 않았던 의미를 나타내 주기 때문에 '구'라고 한다."[624]라고 하였다. 『현양성교론』 제12권도 『유가사지론』과 동일하게 설한다.

梵音鉢陀。此翻爲跡。如見鳥跡而表於鳥。如是四句。表有頌文。隨義翻之。亦名爲句。而釋此句。諸論不同。毗婆沙云。顯義滿足。名之爲句。五薀論云。云何爲句身。謂諸法差別增語爲性。集論亦爾。雜集釋云。差別增語者。謂說諸行無常一切有情當死等義。顯揚瑜伽大同集論。瑜伽八十一云。攝受諸名。究竟顯了不現見義。故名爲句。顯揚十二亦同瑜伽。

범음 '변선나便繕那(Ⓢ vyanjana)'는 여기 말로 '문文(음소)'이라 번역하니, 이것은 전어典語이다. 범음 '악찰라惡刹羅(Ⓢ akṣara)'[625]는 여기 말로 '자字'라고 번역하니, 이것은 속어俗語이다. 문과 자가 동일함을 알지 못할까 염려해서 여러 곳에서 '문이 바로 자이다'라고 하였다.

『집론』에서는 "문신文身(음소들)이란 저 두 가지의 소의가 되는 모든 자字들을 '문신'이라 가립하였다."[626]라고 하였다. 『잡집론』에서는 다음과 같이 해석하였다.

---

623 『雜集論』 권2(T31, 700c4).
624 『瑜伽師地論』 권81(T30, 750b20).
625 원측 소의 원문은 '惡利'이라 되어 있는데, 범음 'akṣara'를 준해 볼 때 '刹' 뒤에 '羅'가 누락된 듯하다. 예를 들어 보광의 『俱舍論記』 권5(T41, 108c20)에서는 "梵云惡刹羅。唐言字。"라고 하였다.
626 『集論』 권1(T31, 665c19).

"저 두 가지의 의지처인 모든 자字들"이라 한 것은, 자성증언·차별증언의 소의인 모든 자들을 말한다. 예를 들면 '아(Ⓢ a)·이(Ⓢ i)·우(Ⓢ u)' 등과 같은 것이다.

'문'이란 뚜렷해지게 한다(能彰)는 뜻이니, 저 두 가지를 뚜렷해지게 하기 때문이다.[627] 이것은 또 '현현顯'이라 이름하니, 능히 의미를 나타내기 때문이다.[628] 이것을 다시 '자字'라고 이름하니, 다르게 바뀜이 없기 때문이다. 그 이유는 무엇인가? 가령 눈(眼)을 '눈'이라 이름하는데 이 이름 이외에도 다시 '조료도照了導(눈의 이명)'[629] 등의 이명으로 바꾸게 되면 그것이 똑같이 이 ('눈'에 대한) 상想을 나타낼 것이기 때문이다. 그러나 '아(a)·이(i)' 등의 자는 아·이 등의 차별 이외에 다시 (다른 음운) 차별이 있어서 이 자를 능히 나타내는 것은 아니다. 따라서 '다르게 바뀜이 없는 것'을 '자'라고 이름한 것이다. '다르게 바뀜이 없다'는 것은 '유전流轉하지 않는다'는 말이다.[630]

『오온론』에서 설한 것은 『집론』의 설과 동일하다. 『현양성교론』과 『유가사지론』도 그와 동일하게 설한다.

---

627 '문文'은 음운학적 최소 단위인 음소를 말한다. '문이 저 두 가지를 뚜렷해지게 한다'는 것은 음소에 의지해서 하나의 단어(名), 또 두 개 이상의 단어들로 이루어진 구句의 음운적 특징이 뚜렷하게 드러나는 것을 말한다.
628 '능히 의미를 나타내기 때문이다(能顯義故)'라고 했는데, 최소의 음적 단위로서의 음소(文 혹은 字)는 의미를 현현시키는 직접적 기능은 없다. 다만 이름(名)과 구句의 음운적 단위로 기능함으로써 의미를 현현하는 데 간접적으로 기여하는 것이다. 예를 들어 『瑜伽師地論』 권52(T30, 587c17)에서는 명·구·문의 언어적 기능을 다음과 같이 말한다. "오직 문文(음소)에만 의지하면 음운音韻은 알 수 있지만 존재하는 사물의 의미를 알 수 없다. 명名(이름·단어)에 의지하면 다시 그 법의 자성自性을 알 수 있고 또한 음운도 알 수 있지만, 판단 대상인 법의 깊고 넓은 차별差別을 알 수 없다. 구句를 통해 모두 알 수 있다."
629 『大乘法苑義林章』 권3(T45, 298a29)에서 "眼者照了導義. 名之爲眼."이라 하였다.
630 『雜集論』 권2(T31, 700c6).

『유가사지론』 제81권에서는 "명·구를 따르며 나타내기 때문에 '문'이라 이름한다.[631~632]라고 하였고, 『현양성교론』 제12권도 『유가사지론』과 동일하게 설한다.

> 梵音便繕那。此翻爲文。此是典語。梵音惡利。[1] 此翻爲字。卽是俗語。恐有不會文字是一。故諸處云文卽是字。集論云。文身者。謂於彼二所依諸字假立文身。雜集釋曰。彼二所依諸字者。謂自性差別增言所依諸字。如裒壹鄔等。文者。能彰義。能彰彼二故。此又名顯。能顯義故。此復名字。無異轉故。所以者何。如眼名眼。離此名外。更有照了導等異名改轉。由彼同顯此想[2]故。非裒壹等字。離裒壹等差別外。更有差別能顯此字。故無異轉說名爲字。無異轉者。謂不流轉。五蘊所說同集論說。顯揚瑜伽。亦同彼說。瑜伽八十一云。隨顯名句。故名爲文。顯揚十二。亦同瑜伽。
>
> 1) ㉠ '刹' 뒤에 '羅'가 누락된 듯하다. 해당 번역문 역주 참조. 2) ㉯ '想'은 다른 본에는 '相'으로 되어 있다. ㉠『雜集論』권2(T31, 700c13)에는 '想'으로 되어 있다.

명·구·문의 체體를 논하겠다.

살바다종에서는 이것은 소리(聲)를 떠나 그 밖에 따로 자성이 있고, 이는 불상응행온不相應行蘊에 속한다고 한다.[633] 자세하게 분별하면 『순정리론』 제14권의 설과 같다.

경부종에 의하면, 음성에 의거해서 가짜로 명·구·문을 설한 것이다. 그에 세 가지 해석이 있다. 한편에서는 이것은 성처聲處에 속한다고 하니, 소리를 떠나서는 별도의 명·구·문은 없기 때문이다. 한편에서는 이것은

---

631 '명·구를 따르며 나타낸다'는 것은 음소(文)들이 모여서 단어(名)·문장(句)의 음운적 형태를 명료하게 현현시키는 것을 말한다.
632 『瑜伽師地論』 권81(T30, 750b21).
633 살바다종에서는 음성(聲)과 명名·구句·문文이 모두 실법實法이라 본다. 음성이 색온色蘊에 속한다면, 명구문은 불상응행온不相應行蘊에 속한다.

법처法處에 속한다고 하니, 의식意識의 경계이기 때문이다. 한편에서는 이 것은 성처와 법처에 속한다고 하니, 앞의 두 가지 이유를 말할 수 있기 때문이다.

이제 대승에서는 이것은 불상응행온에 속하는 것으로서 가법假法이지 실법實法은 아니라고 하니, 자세한 것은 『유가사지론』과 『잡집론』 등의 설과 같다. 자세하게 분별하면 『별장』에서 구체적으로 설한 것과 같다.

> 論其體者。薩婆多宗。離聲已外。別有自性。是不相¹⁾行蘊所攝。若廣分別。如順正理第十四說。若依經部。卽依音聲假說名等。有其三釋。一云。聲處所攝。離聲無別名句等故。一云。法處所攝。意識境故。一云。聲處法處。前二說故。今依大乘。是不相應行蘊所攝。是假非實。廣如瑜伽雜集等說。若廣分別。具如別章。
>
> 1) ㉘ '相' 뒤에 '應'이 누락된 듯하다.

d) 각기 따로 아는 것에 대해 해석함

(a) 질문

경 저것의 각별함을 안다는 것은 어떤 것인가?

> 云何於彼各別了知。

석 이하는 개별을 (아는 것에 대해) 해석한 것이다. 앞은 질문이고, 뒤는 대답이다.

이것은 질문에 해당한다.

釋曰。自下別釋。¹⁾ 先問。後答。此即問也。

1) ㉘ '別釋'은 '釋別'의 도치인 듯하다. 이는 뒤의 '釋總'과 대구가 되는 문구다.

(b) 대답

경 말하자면 각별한 소연에 대해 작의함으로 말미암아 (아는 것이다.)

謂由各別緣¹⁾作意。

1) ㉘ 『解深密經疏』 권6(X21, 320a10)에 '緣' 앞에 '所'가 있다.

석 두 번째는 바로 설하신 것이다. 말하자면 명(名) 등의 개별적 상(別相)과 언표 작용(詮用)이 각기 다름을 알기 때문에,[634] '개별을 안다'고 했다는 것이다.

釋曰。第二正說。謂由了知名等別相。詮用各別。名了知別。

e) 총합을 아는 것에 대해 해석함

(a) 질문

경 저것의 총합을 안다는 것은 어떤 것인가?

---

[634] 언어의 문제를 다룰 때는 통상적으로 음성(音聲)과 명(名)·구(句)·문(文) 등 네 가지 법을 중심으로 논의된다. 이 중에서 명구문이란 음성 상에 나타난 특정한 음운의 차별에 의거해서 가립된 것이다. 명은 하나의 이름 혹은 단어이고, 구는 두 개 이상의 단어로 이루어진 것이고, 문은 명과 구를 이루는 음운 단위를 가리킨다. 이 세 가지는 각기 다른 언어적 기능을 한다.

云何於彼總合了知。

석 이하는 총합을 (아는 것에 대해) 해석한 것이다. 앞은 질문이고, 뒤는 대답이다.
이것은 질문에 해당한다.

釋曰。自下釋總。先問。後答。此即問也。

(b) 대답

경 말하자면 총합한 소연을 작의함으로 말미암아 (아는 것이다.)

謂由總合所緣作意。

석 두 번째 바로 대답한 것이다. 말하자면 명 등의 세 종류가 하나로 총략總略되어 소전所詮의 의미를 나타내는 것에 대해 알기 때문에 '총합을 안다'고 하였다.
별도로 다섯 가지 해석이 있으니, 위에 준해서 알아야 한다.

釋曰。第二正答。謂由了知名等三種總略爲一。顯所詮義。故名知總。別有五釋。准上應知。

d. 해석을 마치고 총결지음

경 이와 같이 일체의 (명·구·문을 아는 것을) 하나로 총략해서 '법을 안다'고 하고, 이와 같은 것을 일컬어 '보살이 법을 안다'고 한다.

如是一切總略爲一。名爲知法。如是名爲菩薩知法。

석 네 번째는 총결지은 것임을 알아야 한다.

釋曰。第四總結應知。

㉔ 의미를 아는 것에 대해 해석함

a. 지관止觀에서 의미를 아는 것에 대해 밝힘

a) 십의十義에 의해 의미를 아는 것에 대해 밝힘

(a) 표장으로서 개수를 둠

경 선남자여, 저 보살들은 열 가지 상으로 말미암아 '의미(義)'에 대해 안다.

善男子。彼諸菩薩。由十種相。了知於義。

석 이하는 두 번째로 '알아야 할 의미(所知義)'에 대해 해석한 것이다. 이 중에 두 가지가 있다. 처음은 '지관止觀에서 의미를 아는 것'에 대해 밝힌 것이다. 나중은 '삼혜三慧로 의미를 아는 것'에 대해 밝힌 것이다.
해 또는 삼혜는 '의미를 아는 것'에 포함되지 않는다고 한다.[635]

---

[635] 이것은 과목 분류와 관련된 말이다. 앞서 열두 번째 문(⑫ 법法을 아는 것과 의미를 아는 것의 차별을 밝히는 문)을 설명하는 가운데, 이 문을 '가) 소지所知에 의거해서 법과 의미를 아는 것에 대해 밝힘', '나) 능히 아는 지(能知智)에 대해 설명함'으로 구분하였다. 이 중에 두 번째 과목은 "자씨보살이 다시 부처님께 말하였다. 세존이시여, 문소

의미를 아는 것에 가서 경문을 구별하면 네 가지가 있다. 첫째는 십의 十義에 의해 '의미를 아는 것'에 대해 밝힌 것이다. 둘째는 오의五義에 의해 '의미를 아는 것'에 대해 해석한 것이다. 셋째는 사의四義에 의해 '의미를 아는 것'에 대해 해석한 것이다. 넷째는 삼의三義에 의해 '의미를 아는 것'에 대해 해석한 것이다.

십의를 밝힌 곳에서 경문을 구별하면 네 가지가 있다. 첫째는 표장으로서 개수를 든 것이다. 둘째는 개수에 의거해서 이름을 나열한 것이다. 셋째는 차례로 따로따로 해석한 것이다. 넷째는 십의에 대해 총결지은 것이다.

이것은 첫 번째로 표장으로서 개수를 든 것이다.

釋曰。自下第二釋所知義。於中有二。初明止觀知義。後明三慧知義。又解。三慧不入知義中。就知義中。文別有四。一約十義。以明知義。二約五義。以釋知義。三約四義。以釋知義。四約三義。以釋知義。就十義中。文別有四。一標章擧數。二依數列名。三次第別釋。四總結十義。此卽第一標章擧數。

(b) 개수에 의거해서 이름을 나열함

> 경 첫째는 '진소유성'을 알고, 둘째는 '여소유성'을 알며, 셋째는 '능취'의

성혜로 그 의미를 알거나, 사소성혜로 그 의미를 알거나, 사마타·비발사나의 수소성혜로 그 의미를 아는데, 이것은 어떤 차별이 있습니까?"라는 경문에서부터 시작된다. 그런데 이후의 목차를 보면, '나) 능히 아는 지에 대해 설명함'이라는 과목명이 없다. 그 대신에 위의 해당 경문은 '㉯ 의미를 아는 것에 대해 해석함'이라는 과목의 두 번째 하부 과목 'b. 삼혜三慧로 의미를 아는 것에 대해 설명함' 아래에 배치되어 있다.(『해심밀경소 제6 분별유가품 하』 p.17) 그러한 혼돈이 생겨난 이유를 여기에서 발견할 수 있다. 위의 풀이(㉮)에서 원측은 이 '삼혜'에 관한 내용은 본래 '의미를 아는 것'(㉯)에 포함되지 않을 수도 있다고 하였다.

의미를 알고, 넷째는 '소취'의 의미를 알며, 다섯째는 '건립'의 의미를 알고, 여섯째는 '수용'의 의미를 알며, 일곱째는 '전도'의 의미를 알고, 여덟째는 '전도 없음'의 의미를 알며, 아홉째는 '잡염'의 의미를 알고, 열째는 '청정'의 의미를 아는 것이다.

> 一者知盡所有性。二者知如所有性。三者知能取義。四者知所取義。五者知建立義。六者知受用義。七者知顚倒義。八者知無倒義。九者知雜染義。十者知清淨義。

석 이것은 두 번째로 개수에 의거해서 이름을 나열한 것이다.

> 釋曰。此卽第二依數列名。

(c) 차례로 따로따로 해석함

ⓐ 진소유성盡所有性

ㄱ. 정석正釋

경 선남자여, '진소유성'이란 모든 잡염법과 청정법 중에 있는 바 일체의 품류 차별의 변제를 말하니, 이것을 이 중에서의 진소유성이라 이름한다.

> 善男子。盡所有性者。謂諸雜染淸淨法中所有一切品別邊際。是名此中盡所有性。

석 이하는 세 번째로 차례로 따로따로 해석한 것이다. 열 가지 의미를 따로 해석하였으므로 (경문도) 열 가지로 구분된다.

최초의 의미를 밝힌 곳에서 경문을 구별하면 두 가지가 있다. 처음은 바로 해석한 것이고, 나중은 사事를 가리켜서 유석類釋[636]한 것이다.

이것은 처음에 해당한다. 경문에 세 개의 절이 있다. 처음은 (표제를) 내건 것(牒)이고, 다음은 해석이며, 마지막은 결론이다. 말하자면 알아야 할 법(所知法)들은 염법과 정법을 벗어나지 않고, 염법과 정법 중에 있는 모든 품류의 차별이 법을 두루 다 포괄하니, (이것을) 일컬어 '진소유성'이라 한다.[637]

釋曰。自下第三次第別釋。別釋十義。卽分爲十。就初義中。文別有二。初正釋。後指事類釋。此卽初也。文有三節。初牒。次釋。後結。謂所知法不出染淨。染淨法中所有一切品類差別。攝法周盡。名盡所有性。

ㄴ. 유석類釋

경 예를 들면 오수의 온, 육수의 내처와 육수의 외처, 이와 같은 일체이다.

如五數蘊。六數內處。六數外處。如是一切。

---

636 유석類釋 : 정식으로 설명하고 나서, 또 다른 사례를 들어 이전의 해석에 견주어 알도록 한 것을 말한다. 경문에서 흔히 "예를 들어 ……도 이와 같다."라는 식으로 표현된다.
637 진소유성盡所有性은 지관의 네 종류 소연 중의 하나인 '사변제事邊際'에 속하는 것이다. '사의 변제' 중에서 '진소유성을 사유한다'는 것은, 가령 오온五蘊·십이처十二處·십팔계十八界 등과 같이 일체의 품류 차별을 모두 다 포괄하는 교법에 의지해서 모든 법을 다 포괄해서 사유하는 것을 말한다.

석 두 번째는 '사'를 가리켜서 유석한 것이다.

"예를 들면 오수의 온……"이라는 말은 '사'를 가리킨 것이다. 말하자면 일체법에는 본래 두 종류가 있다. 첫째는 일체의 유위다. 오수의 온(오온)은 유위법을 다 포섭하기 때문에 '진소유성'이라 한다.[638] 둘째는 일체의 유위·무위다. 여섯 가지 내처와 여섯 가지 외처, 이와 같은 열두 가지는 일체의 유위와 무위를 모두 포괄하기 때문에 '진소유성'이라 한다.[639]

"이와 같은 일체이다."라고 한 것은 유추해서 해석한 것이다. 가령 온·처와 같이, 이와 같은 18수數의 계界 등이 또한 이러하다는 것이다.

釋曰。第二指事類釋。如五蘊等言。卽是指事。謂一切法。自有二種。一者一切有爲。以五數蘊。攝有爲盡。故言盡所有性。二者一切有爲無爲。以六內處及外六處。如是十二。總攝一切有爲無爲。故言盡所有性。如是一切者。卽是類釋。如蘊處。如是十八數界等亦爾。

ⓑ 여소유성如所有性

ㄱ. 간략히 밝힘

경 '여소유성'이란 모든 염법과 정법 중에 있는 바의 진여를 말하니, 이것을

---

[638] '모든 유위법有爲法'에 한정해서 '일체'라고 말하는 경우가 있는데, 예를 들면 오온五蘊과 같다. 말하자면 무위법無爲法을 제외한 일체의 유위법을 다섯 가지 온으로 포괄한 것이 '오온'이다. 이러한 '오온'도 일체 유위법의 외연을 모두 포괄하는 것이므로 '진소유성'이라 한다.

[639] 유위법뿐만 아니라 무위법까지 포괄해서 '일체'라고 하는 경우가 있는데, 예를 들면 십이처十二處나 십팔계十八界가 그러하다. 십이처·십팔계는 유위와 무위의 모든 법들을 모두 포괄한다는 의미에서 진소유성이라 한다. 이 경우 무위법은 법처法處 혹은 법계法界에 포함된다.

이 중에서의 '여소유성'이라 이름한다.

如所有性者。謂卽一切染淨法中所有眞如。是名此中如所有性。

석 이하는 두 번째로 여소유성을 해석한 것이다. 이 중에 두 가지가 있다. 처음에 간략히 밝혔고, 나중에 자세히 해석한다.

앞서 간략히 밝힌 곳에 가면 경문에 세 개의 구절이 있다. 처음은 (표제를) 내건 것이고, 다음은 해석이며, 마지막은 결론이다. 말하자면 염법과 정법 중의 일미진여一味眞如의 평등한 법성을 '여소유성'이라 한다.

釋曰。自下第二如所有性。於中有二。初略。後廣。就前略中。文有三節。初牒。次釋。後結。謂染淨法中一味眞如平等法性。名如所有性。

(* 진소유성·여소유성에 대한 이설異說들)

그런데 이 두 가지 성(진소유성·여소유성)은 본래 이 경(『해심밀경』)에 나오지만, 여러 논사들이 의미상으로 글을 취하였으므로 갖가지 이설이 있게 되었다.

『현양성교론』 제5권 및 『심밀해탈경』은 이 경과 동일하다.

『집론』 제6권과 『잡집론』 제11권에 의하면, 온·계·처 세 가지를 '진소유성'이라 이름하고, 사제四諦의 십육행상十六行相[640]과 진여와 사법인四法印[641]과 삼해탈三解脫[642]을 '여소유성'이라 이름한다. 따라서 『집론』에서는

---

640 사제四諦의 십육행상十六行相 : 고제苦諦 등 사성제 하에 각기 네 가지 행상이 있음을 말한다. 고제에는 비상非常·고苦·공空·비아非我의 4행상이 있고, 집제에는 인因·집集·생生·연緣의 4행상이 있으며, 멸제에는 멸滅·정靜·묘妙·이離의 4행상이 있고, 도제에는 도道·여如·행行·출出의 4행상이 있다. 이에 대해서는 앞서 지관止觀의 네 종류 소연所緣에 대해 설명하면서 자세히 논한 바 있다.

말한다. "'진소유성'이란 온·계·처를 말한다. '여소유성'이란 사성제의 십육행상, 진여, 일체행무상一切行無常, 일체행고一切行苦, 일체법무아一切法無我, 열반적정涅槃寂靜, 공空·무원無願·무상無相을 말한다."[643] 『잡집론』에서는 다음과 같이 해석한다. 〈오직 이만큼의 분량의 한계(邊際)가 있으니, 이 때문에 온·계·처 삼과를 건립해서 진소유성이라 이름한다.[644] 이와 같은 의미의 차별을 (밝힌) 문들로 말미암아 알아야 할 경계(所知境)를 알기 때문에 여소유성이라 이름한다.〉[645] 구체적으로 설하면 그 논과 같다.

해 앞의 두 논에 준해서 경문의 뜻을 해석해 보겠다. 삼과의 법문으로 법을 두루 다 포괄한 것을 '진소유성'이라 이름한다. 이와 같은 사성제의 도리 내지는 공·무원(·무상의 문) 등으로 말미암아 알아야 할 경계에 대해 요지하는 것을 일컬어 '여소유성'이라 한 것이지, 진여의 '여如'를 '여소

---

641 사법인四法印 : 다음 인용문에 나온 "일체행무상一切行無常, 일체행고一切行苦, 일체법무아一切法無我, 열반적정涅槃寂靜"을 가리킨다. 이에 대해서는 앞서 지관止觀의 네 종류 소연所緣에 대해 설명하면서 자세히 논한 바 있다.
642 삼해탈三解脫 : 다음 인용문에 나온 공空·무원無願·무상無相의 해탈문解脫門을 가리킨다. 이에 대해서는 앞서 지관止觀의 네 종류 소연所緣에 대해 설명하면서 자세히 논한 바 있다.
643 『集論』 권6(T31, 686c27).
644 이것은 '사변제事邊際' 중의 하나인 '진소유성盡所有性'에 대해 해석한 것이다. 가령 오온五蘊이나 십이처十二處나 십팔계十八界 등의 법문들은 지관 수행자들이 알아야 할 일체법의 외연外延 전체를 다섯 가지나 열두 가지 혹은 열여덟 가지 범주에 의해 포괄해 놓은 것이다. 다시 말하면, '일체법의 체사體事는 최대한 이만큼의 총량總量이 있다'고 한정해 놓은 것이 오온·십이처·십팔계 등의 삼과법문三科法門이다. 이에 대해 사유하는 것을 일컬어 일체법의 진소유성을 사유한다고 한다. 이상은 『雜集論』 권11(T31, 744c27) 참조.
645 이것은 '사변제事邊際' 중의 하나인 '여소유성如所有性'에 대해 해석한 것이다. 이 『雜集論』에 따르면, '여소유성'이란 가령 사성제의 십육행상이나 진여, 혹은 '일체행무상一切行無常, 일체행고一切行苦, 일체법무아一切法無我, 열반적정涅槃寂靜' 등의 사법인四法印, 혹은 공空·무원無願·무상無相 등의 삼해탈문三解脫門 등과 같이 일체법에 내재된 의미·이치를 설명해 놓은 문구들을 가리킨다. 관행자가 이와 같은 법문에 의지해서 일체법에 내재된 차별적 의미들을 사유하는 것을 일컬어 여소유성을 사유한다고 한다. 이상은 『雜集論』 권11(T31, 744c29) 참조.

유'라고 한 것은 아니다.[646]

『현양성교론』 제16권에서는 단지 그 이름만 열거하고 해석하지는 않았다.

然此二性。本出此經。而諸論師。以義取文。種種異說。若依顯揚第五及深
密經。與此經同。若依集論第六雜集十一。蘊界處三。名盡所有性。四諦
十六行。眞如。四法卽。[1] 三解脫。名如所有性。故集論云。盡所有性者。謂
蘊界處。如所有性者。謂四聖諦十六行相。眞如。一切行無常。一切行苦。
一切法無我。涅槃寂靜。空無相。[2] 雜集釋云。唯有所爾分量邊際。是故建
立蘊界處三。名盡所有性。由如是等義差別門。了所知境故。名如所有性。
具說如彼。解云。准上二論。釋經意者。三科法門攝法周盡。名盡所有性。
由如是等四聖諦理。乃至空無願等。了所知境。名如所有性。非眞如如名如
所有。顯揚十六。但列其名。而不解釋。

---

1) ㉜ '卽'은 '印'의 오기인 듯하다. 2) ㉘ '相' 뒤에 '無願'이 탈락된 듯하다. ㉜『集論』
권6(T31, 686c29)에 '相' 뒤에 '無願'이 있다.

『유가사지론』 제26권에 의하면 이전의 해석과 같지 않다. 따라서 그 논
에서는 말한다.

어떤 것을 진소유성이라 이름했는가? 색온 외에 다시 그 밖의 색은
없고 수·상·행·식의 온 외에 다시 그 밖의 수·상·행·식은 없다. 모든
유위사有爲事는 모두 5법(오온)에 속하고, 일체의 제법은 계·처에 속하
며, 일체의 알아야 할 사(所知事)는 사성제에 속한다. 이와 같은 것을 '진

---

646 위의 『解深密經』 경문에서는 '염법·정법에 내재된 일미진여一味眞如'를 일컬어 '여소
유성'이라 하였다. 그런데 『雜集論』에 따르면, 여소유성의 '여'는 사성제의 도리, 진여,
사법인, 삼해탈문 등을 모두 가리키는 말이지, 단지 '진여'의 '여'만을 뜻하는 것은 아
니다.

소유성'이라 이름한다.

어떤 것을 여소유성이라 이름했는가? 소연所緣이 진실성眞實性이고 진여성眞如性인 것을 말하고, (또) 네 가지 도리로 인해 도리성을 갖추는 것을 말하니,[647] (네 가지란) 관대도리觀待道理와 작용도리作用道理와 증성도리證成道理와 법이도리法爾道理를 말한다.[648]

해 (이전의 해석과) 같지 않다고 한 것은 (다음과 같다.)『집론』과『잡집론』에서는 사성제를 여소유성이라 한다고 설하였으니, 앞에서 설한 것과 같다. 이『유가사지론』의 뜻은 사성제를 진소유성이라 이름한다는 것이다. 그러한 까닭은, 사성제가 모든 염법과 정법을 포괄하기 때문이다. 이러한 의미에 의거하므로 '진소유성'이라 이름한 것이다.[649] 각기 하나의 의미에 의거하였으므로 서로 어긋나지 않는다. 또『집론』등에서는 사종도리를 여소유성이라 설하지 않았고, 이 논에서는 사법인 등을 여소유성이라 설하지 않았다. 영략影略해서 서로 나타낸 것이니,[650] 또한 서로 어긋나지 않는다.

---

647 여소유성에는 궁극의 이치에 해당하는 진여眞如를 비롯해서 현상적 세계에 관철되는 도리와 같은 것들도 포함된다. 위의 본문에서 '소연이 진실성이고 진여성인 것'이란 전자에 해당하고, '네 가지 도리로 말미암아 도리성을 갖추는 것'이란 후자에 해당한다.
648 『瑜伽師地論』권26(T30, 427b29).
649 이전의『雜集論』등에서는 사성제의 십육행상 등의 문을 통해 제법에 내재된 의미의 차별을 알게 된다는 측면에서 사성제를 '여소유성'이라 하였는데, 이『瑜伽師地論』에서는 사성제가 모든 염법染法과 정법淨法을 다 포괄하는 범주라는 점에서 '진소유성'이라고 하였다.
650 '영략해서 서로 나타낸다(影略互顯)'는 것은 간략한 설명 방식을 말한다. 서로 관계되는 두 가지 사실에서 각각 한 측면씩만 나타내고 다른 한 측면은 생략하여 유추해서 알도록 하는 설명법이다. 예를 들면 자부慈父·비모悲母라고 하는 경우, 부모에게 모두 자慈와 비悲가 있지만 각각 하나씩만 들어서 전자에서 생략된 것을 후자에서 거론하는 방식으로 나타내는 것이다. 마찬가지로『集論』에서는 사종도리를 제외한 그 밖의 사법인 등만을 들어 여소유성까지 밝힌 것이고, 이 논에서는 사법인을 제외한 그 밖의 사종도리 등만을 들어 여소유성까지 밝혔다는 것이다.

若依瑜伽第二十六。與前不同。故彼論云。云何名爲盡所有性。謂色蘊外。
更無餘色。受想行識蘊外。更無有餘受想行識。一切有爲事。皆五法所攝。
一切諸法界處所攝。一切所知事。四聖諦攝。如是名爲盡所有性。云何名爲
如所有性。謂若所緣是眞如¹⁾實性。是眞如性。由四道理。具道理性。謂觀
待道理。作用道理。證成道理。法爾道理。解云。言不同者。集論雜集。說四
聖諦。名如所有。如上所說。此瑜伽意。說四聖諦。名盡所有。所以然者。由
四聖諦。攝諸染淨。依此義故。名盡所有。各據一義。故不相違。又集論等。
不說四種道理。名如所有性。此論不說四法印等名如所有性者。影略互顯。
亦不相違。

---

1) ㉠『瑜伽師地論』권26(T30, 427c5)에 따르면, '如'는 잉자다.

문 어찌 진여가 계·처에 포섭되지 않겠는가? 어째서 그것을 진소유성
이라 하지 않는가?

해 실제로 두 가지 성性(진소유성·여소유성)은 체體의 넓고 좁음이 없으
니, 계·처가 모든 법을 포괄할 수 있기 때문이고, 사종도리는 법을 다 포
괄하기 때문이다.⁶⁵¹ 그런데 상相의 두드러짐에 의거해서, 온 등의 세 가
지 법을 '진소유성'이라 이름하고, 칠진여 등을 '여소유성'이라 이름한다.
혹은 '상'을 따라서 분별하면, 네 구가 된다고 볼 수 있다. 본래 진소유성
이지 여소유성은 아닌 것이 있으니, 예를 들면 온·처 등이다. 여소유성이
지 진소유성은 아닌 것은 예를 들면 칠진여 등이다. 진소유성이기도 하고
여소유성이기도 한 것은 예를 들면 사성제이다. 진소유성도 아니고 여소
유성도 아닌 것은 예를 들면 허공 꽃 등이다.

---

651 십팔계·십이처 등은 진소유성盡所有性으로서 일체법의 전체를 다 포괄하는 범주이
다. 이와 유사하게, 사종도리 등은 여소유성如所有性으로서 일체법에 두루 관철되는
도리이다. 이처럼 포괄하는 방식은 다르지만, 계·처 혹은 사종도리 등에 의해 포괄되
는 법체法體의 범위에는 넓고 좁음의 차이가 없다는 것이다.

問。豈不眞如。界處所攝。如何不說盡所有性。解云。據實二性。體無寬狹。界處能攝一切法故。四種道理攝法盡故。而就相顯。蘊等三法。名盡所有。七眞如等。名如所有。或可隨相分別。有其四句。自有盡而非如。如蘊處等。如而非盡。如七如等。亦盡亦如。如四聖諦。非盡非如。如空華等。

ㄴ. 자세히 해석함

ㄱ) 표장으로서 개수를 듦

경 이것은 다시 일곱 가지다.

此復七種。

석 이하는 두 번째로 일곱 가지 진여를 자세하게 해석한 것이다. 이 중에 세 가지가 있다. 처음은 표장으로서 개수를 들었다. 다음은 차례로 따로따로 해석하였다. 마지막은 네 가지 평등平等을 일곱 가지 진여에 배당하였다.
이것은 처음에 해당한다.

釋曰。自下第二廣釋七如。於中有三。初標章擧數。次次第別釋。後約四平等。屬當七如。此卽初也。

ㄴ) 차례로 따로따로 해석함

(ㄱ) 유전진여流轉眞如

경 첫째는 유전진여이니, 일체행의 무선후성을 말한다.

一者流轉眞如。謂一切行無先後性。

석 이하는 두 번째로서 차례로 따로따로 해석한 것이다.

그런데 이 칠진여七眞如[652]는 본래 이 경에 나오지만, 여러 논사들은 이 경에 의거해서 여러 설들을 다르게 말한다.

첫째, 『불지경론佛地經論』 제7권과 『삼무성론三無性論』 제1권과 『십팔공론十八空論』에서는 오직 진여에 의거해서 일곱 종류로 구분하였다.[653] 이 해석에 따르면, '실상진여實相眞如'는 오직 지업석持業釋에 해당하니, '실상 그 자체가 진여'이기 때문이다. '청정진여淸淨眞如'에는 본래 두 가지 의미가 있다. 첫째로 가假와 실實을 따로 논한 것이라면, 이는 오직 의주석依主釋에 해당한다. 멸제滅諦는 가립이고 진여는 실재이니, '멸제의 진여(滅

---

652 칠진여七眞如 : 이 『解深密經』에서는 특히 여소유성을 일곱 가지 진여로 나누어 자세히 설명하는데, 이는 대소승의 여러 경론에서 언급된 불교적 진리를 일곱 가지로 압축한 것이다. 첫째 유전진여流轉眞如란 생사윤회의 세계에서 모든 행行이 시작도 없고 끝도 없이 이어지는 것을 일컫는다. 이는 초기불교에서부터 한결같이 받아들여진 불교적 진리를 말한다. 둘째 상진여相眞如란 모든 법에 내재한 인人·법法의 무아성無我性을 말한다. 이는 대승의 반야사상에서 확립된 이공二空의 진리에 해당한다. 셋째 요별진여了別眞如란 모든 것은 오직 식일 뿐이라는 '유식'의 진리다. 이는 『解深密經』과 그것을 소의경전으로 하는 유가행파에서 새롭게 내세운 진리를 말한다. 다음의 네 가지 안립安立·사행邪行·청정淸淨·정행正行의 진여란 각기 고제苦諦·집제集諦·멸제滅諦·도제道諦를 나타낸다. 이 일곱 가지 진여는 '오염법과 청정법 가운데 내재되어 있는 궁극의 진리'이며, 요가행자가 반드시 관찰해야 할 여소유성에 해당한다.
653 『佛地經論』 등에 따르면, 칠진여七眞如란 하나의 진여에 의거해서 일곱 가지로 나눈 것이다. 말하자면 진여는 제법諸法의 실성實性으로서 그 체는 오직 일미一味이지만, 그 상相을 따라서 여러 가지로 나눌 수 있다. 가령 같은 책 권7(T26, 323a12)에서는 유전流轉, 실상實相, 유식唯識, 안립安立, 사행邪行, 청정淸淨, 정행正行이라 하였고, 『三無性論』 권1(T31, 871b18)과 『十八空論』 권1(T31, 864b3)에서는 생生, 상相, 식識, 의지依止, 사행, 청정, 정행이라 하였다. 세 논에서 설한 칠진여의 이름은 조금씩 달라도 그 의미는 동일하다.

之如)'이기 때문이다.[654] 둘째는 가립을 거두고 실재를 따라 설한 것이라면, 이는 지업석에 해당한다. '멸제가 곧 진여(滅卽如)'이기 때문이다.[655] 그 밖의 다섯 가지 진여는 오직 의주석에 해당하니, 즉 '유전의 진여(流轉之眞如)'에서 '정행의 진여(正行之眞如)'까지를 말한다.

둘째, 『장엄경론』 제12권과 『중변분별론』과 『변중변론』 제2권에서는 오직 '상相'을 따라서 설한다.[656] 즉 '유전' 등이 그 자체 그대로 자성을 잃지 않음을 일컬어 '진여'라고 한 것이지, (그것들이 모두) '한맛(一味)의 진여'라서 '진여'라고 이름한 것은 아니다.[657] '실상' 한 종류만 바르고 진실한 진여이고, '청정'의 두 가지 의미는 앞에 준해서 알 수 있으며, 나머지 다섯 종류는 바른 진여가 아니다. 이 해석에 따르면, 일곱 종류 진여는 모두

---

654 만약 '청정진여'라는 복합어가 '멸제의 진여'를 뜻한다면, '청정'이란 가립假立된 멸제를 가리키고, 그 가법假法들에 내재된 진실한 성품을 '진여'라고 한 것이다. 이 경우, 청정진여는 '청정의 진여'라고 번역될 수 있다. 이처럼 'A之B'로 해석되는 복합어는 의주석依主釋에 해당한다.
655 만약 '청정진여'라는 복합어가 '멸제인 진여'라는 뜻이라면, '청정'과 '진여'는 체용體用을 이루는 불가분리의 관계에서 전자가 후자를 수식한다. 이 경우, 청정진여는 '청정한 진여'라고 번역될 수 있다. 이처럼 'A卽B'로 해석되는 복합어는 지업석持業釋에 해당한다.
656 '상을 따라서 설하였다'는 것은, 삼상三相(三性)을 기준으로 일곱 종류 진여를 건립했다는 것이다. 예를 들어 『大乘莊嚴經論』 권12(T31, 653a15)에는 윤전輪轉, 공상空相, 유식唯識, 의지依止, 사행邪行, 청정淸淨, 정행正行 등 칠여七如를 설한다. 이 중에서 윤전·의지·사행 등 세 가지는 분별성分別性(변계소집성)과 의타성依他性에 해당하고, 그 밖의 네 가지는 진실성眞實性(원성실성)에 해당한다. 이와 마찬가지로 『中邊分別論』 권1(T31, 456c3)에서도 생기生起, 상相, 식識, 의처依處, 사행, 청정, 정행 등의 일곱 종류 진실眞實을 설하였고, 『辯中邊論』 권2(T31, 470a3)에는 유전流轉, 실상實相, 유식, 안립安立, 사행, 청정, 정행이라 되어 있다. 이 논에서도 마찬가지로 생기(유전)와 의처(안립)와 사행 등 세 종류는 분별성·의타성에 소속시켰고, 나머지 네 종류는 진실성에 소속시켰다.
657 이전의 『佛地經論』 등에 나온 일곱 종류 진여 등은 일미一味의 진여라는 하나의 체體에서 일곱 가지를 구분한 것이라면, 이와는 달리 『大乘莊嚴經論』 등에서 말한 칠여七如(七眞實) 등은 단지 분별分別(변계소집성)과 의타依他(의타기성)와 진실眞實(원성실성) 등 삼상三相에 의거해서 건립한 것이다. 따라서 '칠여七如'라고 이름하기는 했지만, 이 중에는 진실한 진여도 있고, 실제로는 진여가 아닌 것도 있다.

지업석에 해당한다.

셋째, 『성유식론』에 의하면 본래 두 가지 의미가 있다. 첫째는 오직 진여에 의거해서 (일곱 종류를 설한 것이니), 『불지경론』 등과 동일하다. 둘째는 '상'을 따라 설한 것이니, 『장엄경론』 등과 동일하다. 따라서 그 논의 제8권에서 말한다. "① 이 일곱 가지 실성實性은 원성실성에 속하니, 근본지와 후득지 두 지智의 경계이기 때문이다.[658] ② 상相을 따라 소속시키면, 유전流轉과 고제苦諦와 집제集諦 세 가지는 앞의 두 가지 자성(변계소집성과 의타기성)에 속하니, 허망하게 집착된 것(변계소집성)이거나 잡염된 것(의타기성)이기 때문이다. 나머지 네 개는 모두 원성실성에 속한다.[659]·[660]

『현양성교론』 제3권에 의하면, 일곱 종류 진여는 모두 진실한 진여이니, 그 논에서 일곱 진여를 설하면서 '편만遍滿'이라 이름하였기 때문이다.[661] 혹은 '상'을 따라 분별하면, 앞의 세 가지는 진여에 해당하고, 뒤의 네 가지는 사제에 해당한다고 볼 수도 있다.

『심밀해탈경』 제3권에 의하면 이 경과 거의 동일하기 때문에 따로 설하지 않겠다.

---

[658] 이 해석은 오직 하나의 진여에 의거해서 일곱 종류의 진여를 설한 경우다. 이 일곱 종류 진여 중에 실상實相과 유식唯識과 청정淸淨 등의 세 종류는 근본지根本智의 경계이고, 그 밖의 네 종류 진여는 후득지後得智의 인식 대상(所緣)이다. 『成唯識論述記』 권9(T43, 548c21) 참조.

[659] 이 해석은 소집所執·의타依他·원성실圓成實 등 삼상三相에 의거해서 일곱 종류 진여를 설명한 것이다.

[660] 『成唯識論』 권8(T31, 46c25).

[661] 『顯揚聖教論』 권3(T31, 493b10)에는 '진여작의상眞如作意相'을 설명하면서 "일곱 종류 편만진여遍滿眞如를 반연하는 작의作意"라고 하였다. 여기서 '일곱 종류 편만진여'란, 유전진여流轉眞如, 실상진여實相眞如, 유식진여唯識眞如, 안립진여安立眞如, 사행진여邪行眞如, 청정진여淸淨眞如, 정행진여正行眞如 등 '일곱 종류 진여'를 말한다. 그런데 이 논에서 일곱 종류 진여를 '편만진여'라고 한 것은, 곧 이 일곱 가지가 모두 편만 소연遍滿所緣으로서 모두 진실한 진여라고 간주한 것이다.

자세하게 분별하면, 예를 들어 『삼무성론』과 『십팔공론』 등에서 설한 것과 같다.[662]

釋曰。自下第二次第別釋。然此七如。本出此經。而諸論師。卽依此經。諸說不同。一依佛地第七。三無性論第一。十八空論。唯約眞如。分爲七種。若依此釋。實相一[1]如。唯持業釋。實相卽如故。淸淨眞如。自有二義。一假實別論。唯依主釋。滅諦是假。如卽是實。滅之如故。二攝假從實。是持業釋。滅卽如故。餘五唯依主釋。謂流轉之眞如。乃至正行之眞如故。二依莊嚴十二。中邊分別。辨中邊第二。唯隨相說。卽流轉等。如其自體。不失自性。名爲眞如。非一味如乃名如也。實相一種。正實眞如。淸淨二義。准前可知。餘之五種。非正眞如。若依此釋。七種眞如。皆持業釋。三依成唯識論。自有二義。一唯約眞如。同佛地等。二隨相說。同莊嚴等。故第八云。此七實性。圓成實攝。根本後得二智境故。隨相攝者。流轉苦集三。前二性攝。妄執雜染故。餘四皆是圓成實攝。若依顯揚第三。七種眞如。皆實眞如。彼說七如。名遍滿故。或可隨相分別。前三卽眞如。後四卽四諦。依深密經第三。大同此經。故不別說。若廣分別。如三無性論十八空論等。

1) ㉔『佛地經論』 권7(T26, 323a13) 등에 따르면, '一'은 '眞'의 오기인 듯하다.

일곱 종류 진여를 해석하므로 (경문은) 일곱 가지로 구분된다.

이것은 첫 번째로 '유전여流轉如(유전진여)'에 대해 해석한 것이다. "일체행의 무전후성을 말한다."라고 했는데, 이에 대해 세 가지 해석이 있다.

한편에서는 말한다. 〈일체행 중의 진여실성眞如實性은 과거·미래가 없기 때문에 '무전후성'이라 하였다.〉

---
662 이 두 논에서는 일곱 종류 진여를 생생生生, 상상相相, 식식識識, 의지依止, 사행邪行, 청정淸淨, 정행正行 등으로 구분하였다. 자세한 것은 『三無性論』 권1(T31, 871b18~872b11), 『十八空論』 권1(T31, 864b3~11) 참조.

한편에서는 말한다. 〈즉 '유전流轉'(그 자체를) 설하여 진여라고 한 것이다. 말하자면 일체행은 순간순간 생멸하는데 아직 있지 않다가 있게 되면 '생生'이라 이름하므로 '전이 없다(無前)'고 하였고, 이미 있다가 다시 없어지면 '멸滅'이라 이름하므로 '후가 없다(無後)'고 하였다.〉

한편에서는 말한다. 〈제행의 유전은 시작도 없고 끝도 없으므로 '전후가 없다'고 하였다.〉

『삼무성론』과 『십팔공론』에도 모두 세 가지 해석이 있는데, 번거로울까봐 서술하지 않겠다.

釋七眞如。卽分爲七。此卽第一釋流轉如。謂一切行無前後性者。此有三釋。一云。一切行中眞如實性。無前後際故。名無前後性。一云。卽說流轉。說名眞如。謂一切行念念生滅。未有而有。名之爲生。故名無前。已有還無。名之爲滅。名爲無後。一云。諸行流轉。無始無終。故云無前後。依三無性論。十八空論。皆有三釋。恐繁不述。

(ㄴ) 상진여相眞如

경 둘째는 상진여이니, 일체법의 보특가라무아성 및 법무아성을 말한다.

二者相眞如。謂一切法補特伽羅無我性及法無我性。

석 두 번째는 '상진여'를 해석한 것이다.

'상相'이란 실상實相을 말하니, 일체법의 두 종류 무아성無我性을 말한다. 『성유식론』에 의하면, "두 종류 무아에 의해 현현되는 실성實性을 말한다."663라고 하였다.

어째서 경론에 이런 차이가 있게 되었는가? 실제로는 무아無我가 곧 무법無法(법무아)이고, (그에 의해) 현현되는 실성인 진여는 체이다. 그런데 이 경에서는 '현현되는 곳(所顯處 : 진여)'에 대해 '능히 현현시키는 것(能顯 : 두 종류 무아)'의 이름을 설하였고, 『성유식론』 등에서는 실實에 나아가서 설하였기 때문에 '현현되는 것(所顯 : 실성의 진여)'을 설한 것이다.[664] 따라서 『유가사지론』에서는 유위와 무위를 '유有'라고 이름하였고, 아와 아소의 없음을 '무無'라고 하였다.[665]

> 釋曰。第二釋相眞如。相謂實相。謂一切法上二無我性。依成唯識。謂二無我所顯實性。如何經論有此異者。據實無我即是無法。所顯實性眞如爲體。而此經中。於所顯處。說能顯名。成唯識等。就實而說。故說所顯。故瑜伽云。有爲無爲名爲有。無我我所名爲無。

(ㄷ) 요별진여了別眞如

---

663 『成唯識論』 권8(T31, 46c21).
664 '상진여相眞如'를 『解深密經』에서는 '두 종류의 무아성無我性'으로 표현하였고, 『成唯識論』에서는 '두 종류의 무아에 의해 현현된 실성(二無我所顯實性)'이라 하였다. 그런데 능히 현현시키는 자(能顯)와 그에 의해 현현되는 것(所顯)의 관계에서 보면, 『解深密經』에서 말한 '두 종류 무아성'은 전자에 해당하고 『成唯識論』에 나온 '실성'은 후자에 해당한다. 그런데 이 『解深密經』에서는 전자를 들어서 진여를 나타낸 것이고, 『成唯識論』에서는 곧바로 진여를 나타냈다는 것이다. 요컨대, 표현은 달라도, '상진여'란 결국 실상진여實相眞如를 가리킨다는 것이다.
665 『瑜伽師地論』 권45 「本地分中菩薩地」(T30, 543c18)에는 "有爲無爲。名之爲有。我及我所。名爲非有。"라는 문구가 나온다. 그런데 이 논에서는 "아와 아소를 '비유'라고 한다.(我及我所名爲非有)"라는 후구後句를 인용하면서, 경우에 따라 "아와 아소의 없음을 일컬어 '무'라고 한다(無我我所名爲無)"고 표현하기도 한다. 말하자면 유위법이나 무위법은 연기적 세계를 설하기 위해 시설된 가법假法으로서 어느 정도 실재성이 있으므로 '유'라고 하지만, 반면 '아와 아소' 등은 범부의 정정 속에서 집착된 대상일 뿐 실재성이 전혀 없으므로 '무'라고 한다는 것이다. 원측은 위의 경문에서 '보특가라무아성 및 법무아성'이라고 한 것은 바로 『瑜伽師地論』에서 말한 '아와 아소의 무'와 같은 맥락이라고 보았다.

경 셋째는 요별진여이니, 일체행이 오직 식의 성질임을 말한다.

三者了別眞如。謂一切行唯是識性。

석 세 번째는 유식여唯識如(유식진여)를 해석한 것이다.
그런데 이 진여에 대한 해석에서 본래 두 가지 설이 있다.
『불지경론』 등에 의하면, '유식의 성唯識之性'을 '유식성唯識性'이라 이름한 것이다.
『성유식론』에 의하면 그것의 두 가지 의미가 있다. 하나는 『불지경론』과 동일하다.[666] 다시 하나의 해석이 있는데, '일체행에서 유식을 관하는 지智'라는 것이다. 따라서 『성유식론』에서는 '상相을 따라 설하면 원성실성에 속한다'고 하였다. 이미 '상을 따라 설하면 원성실성에 속한다'고 하였으니, 이는 무루無漏의 유식관지唯識觀智임을 알 수 있다.[667] 따라서 『장엄경론』에서는 "유식여唯識如란 무분별지를 말한다."[668]라고 하였고, 『심밀해탈경』에서는 "유식진여란 '유위행은 오직 마음일 뿐임을 아는 것이다.'"[669]라고 하였다. 『현양성교론』 또한 똑같이 말한다.

---

666 '요별진여了別眞如'는 『成唯識論』 권8(T31, 46c22)에서는 '유식진여唯識眞如'라고 하였다. 이 유식진여에 대해 먼저 "염법·정법의 유식실성唯識實性을 말한다."라고 정의하였는데, 이 정의에 따르면 '요별진여'란 '유식성唯識性'의 도리를 가리키는 것이다.
667 『成唯識論』 권8(T31, 46c26)에서는 칠진여七眞如와 삼성三性과의 상호 포섭 관계를 설명하면서, "유전流轉·고苦·집集 등 세 종류는 앞의 두 종류 성(변계소집·의타기)에 포섭되니, 망집妄執(소집)과 잡염雜染(의타)이기 때문이다. 나머지 네 종류는 모두 원성실圓成實에 포섭된다."라고 하였다. 이 논에서 '유식진여(요별진여)는 원성실성에 속한다'고 하였는데, 이는 '유식진여'라는 말이 '식識의 요별了別' 자체를 뜻한다기보다는 '유식唯識임을 아는 지혜'를 뜻한다고 보아야 한다. 이러한 무루지無漏智는 원성실성에 속한다. 그런데 만약 유식진여가 '식의 요별' 자체를 가리키는 것이라면, 이 '식'은 의타기성에 속한다.
668 『大乘莊嚴經論』 권12(T31, 653a24).
669 『深密解脫經』 권3(T16, 676b16).

釋曰。第三釋唯識如。然釋此如。自有兩說。若依佛地論等。唯識之性。名唯識性。若依成唯識論。有其二義。一同佛地。更有一釋。於一切行唯識觀智。故唯識云。隨相說者。圓成實攝。旣云隨相是圓成實。知是無漏唯識觀智。故莊嚴論云。唯識如者。謂無分別智。深密經云。唯識眞如。知有爲行皆[1]是心。顯揚亦同。

1) ㉠『深密解脫經』권3(T16, 676b17)에 '皆'가 '惟'로 되어 있다. 교감주에 따르면, '唯'로 된 곳도 있다.

(ㄹ) 안립진여安立眞如

경 넷째는 안립진여이니, 내가 설했던 모든 고성제를 말한다.

四者安立眞如。謂我所說諸苦聖諦。

석 네 번째는 고제여苦諦如를 해석한 것이다.
이것에도 두 가지 뜻이 있다. 고제의 실성實性을 말한다. 혹은 고제는 집제라는 인에 의해 성립된 것이기 때문에 '안립'이라 이름하였거나, 혹은 사제가 모두 안립이고 고제가 처음에 있으므로 '안립'이라는 이름을 얻은 것이라고 볼 수 있다. 【『현양성교론』 제6권과 『유가사지론』 제64권에서는 네 가지 의미로 '안립'에 대해 해석하였다.】
『심밀해탈경』에서는 '집착진여執着眞如'라고 하였다.[670]

해 이 고제는 아와 아소의 집착처가 되기 때문이다.

『십팔공론』에서 '의지진여依止眞如'라고 하였으니, 중생의 의지처이기 때문이다.[671]

---

670 『深密解脫經』 권3(T16, 676b17) 참조.
671 안립진여安立眞如란 부처님이 설하셨던 사성제 중의 고제苦諦를 가리킨다. 『十八空

釋曰。第四釋苦諦如。此亦二義。謂苦諦實性。或卽苦諦。由集諦因之所成立。故名安立。或可四諦。皆是安立。苦諦在初。得安立名。【顯揚第六。瑜伽六十四。以四義釋安立。】依深密經。名爲執著。解云。是我我所所執處故。十八空論名爲依止。爲衆生依處故。

(ㅁ) 사행진여邪行眞如

경 다섯째는 사행진여이니, 즉 내가 설했던 모든 집성제를 말한다.

五者耶[1]行眞如。謂我所說諸集聖諦。

1) ㉢ '耶'는 '邪'이다.

석 다섯 번째는 집제여集諦如를 해석한 것이다. 이에 또한 두 가지 해석이 있으니, 고제에 준해서 알아야 한다.

釋曰。第五釋集諦如。亦有二釋。准苦應知。

(ㅂ) 청정진여淸淨眞如

경 여섯째는 청정진여이니, 내가 설했던 모든 멸성제를 말한다.

論』에서는 이것을 '의지진여依止眞如'라고 하였다. 이 논의 설명에 따르면, 고과苦果로서의 오음五陰은 중생의 의지처가 되니, 말하자면 이 오음에 의탁해서 나와 남, 중생이나 목숨(壽者) 등이라고 여기기 때문에 고제를 일컬어 '의지依止'라고 하였다. 이 고제는 고苦·무상無常·공空·무아無我 등의 네 가지 상相을 갖고 있으며, 이러한 네 가지 의미는 모두 전도가 없는 '진실眞實'이다. 따라서 고제를 '의지진여'라고 설한다. 자세한 것은 『十八空論』 권1(T31, 865a3) 참조.

六者清淨眞如。謂我所說諸滅聖諦。

석 여섯 번째는 멸제여滅諦如를 해석한 것이다. 이에 또한 두 가지 해석이 있으니, 앞의 경우와 같음을 알아야 한다.

釋曰。第六釋滅諦如。此亦二釋。如上應知。

(ㅅ) 정행진여正行眞如

경 일곱째는 정행진여이니, 즉 내가 설했던 모든 도성제를 말한다.

七者正行眞如。謂我所說諸道聖諦。

석 일곱 번째는 도제여道諦如를 해석한 것이다. 두 가지 해석은 (앞에 준해) 알 수 있을 것이다.

釋曰。第七釋道諦如。二釋可知。

ㄷ) 4평등을 7진여에 배당시킴

(ㄱ) 유정평등有情平等

경 마땅히 알라. 이 중에 유전진여와 안립진여와 사행진여로 인해 모든 유정들이 평등하고 평등하며,

當知。此中。由流轉眞如安立眞如耶[1]行眞如故。一切有情平等平等。

1) ㉠ '耶'는 '邪'이다.

석 이하는 세 번째로 네 가지 평등을 일곱 종류 진여에 배속시킨 것이다. 이 중에 네 가지가 있다.

이것은 첫 번째이다. 세 가지 진여로 인해 유정이 평등하다. 그 이유는 무엇인가? '유전'이란 십이연생十二緣生에 해당하고, 안립과 사행은 고제와 집제에 해당하는데, 이것이 모든 유정들을 성립시키기 때문이다.[672]

釋曰。自下第三約四平等屬當七如。於中有四。此卽第一。由三如故。有情平等。所以者何。流轉。卽是十二緣生。安立耶[1)]行。卽是苦集。由此成立諸有情故。

1) ㉠ '耶'는 '邪'이다.

(ㄴ) 제법평등諸法平等

경 상진여와 요별진여로 인해 일체제법이 평등하고 평등하며,

由相眞如了別眞如故。一切諸法平等平等。

석 두 번째는 두 가지 진여로 인해 제법이 평등하다는 것이다. 일체제법은 모두 진여와 유식의 도리를 자성으로 삼기 때문이다.

釋曰。第二由二如故。諸法平等。一切諸法。皆用眞如唯識道理。爲自性故。

---

672 집제集諦로 인해 오온五蘊의 고과苦果, 즉 고제苦諦가 초감되는데, 이러한 인과因果의 사슬을 밝힌 것이 '십이인연十二因緣'이다. 따라서 집제(사행진여)와 고제(안립진여)와 십이인연(유전진여)으로 인해 모든 유정을 성립시킨다고 하였다.

(ㄷ) 보리평등菩提平等

경 청정진여로 인해 모든 성문보리와 독각보리와 아뇩다라삼먁삼보리가 평등하고 평등하며,

由淸淨眞如故。一切聲聞菩提獨覺菩提。阿耨多羅三藐三菩提平等平等。

석 세 번째는 하나의 진여이기 때문에 삼승의 보리가 평등하고 평등하다는 것이다. 모두 똑같이 증득했고 번뇌장을 끊었으며 택멸열반에 들었다는 점에서는 차별이 없기 때문이다. 따라서 모든 경에서 설하길, 삼승의 성자는 해탈의 자리를 함께한다고 하였다.

이 경문의 뜻을 설하자면, 증득되는 멸(所證滅)을 들어서 증득하는 지(能證智)에 '평등'의 의미가 있음을 나타내려는 것이다.[673]

釋曰。第三由一如故。三乘菩提平等平等。皆同證得。斷煩惱障。擇滅涅槃無差別故。故諸經說。三乘聖者。同解脫床。此意說云。擧所證滅。顯能證智。有平等義。

(ㄹ) 지혜평등智慧平等

경 정행진여로 인해 정법을 듣고서 총체적 경계를 반연하는 수승한 사마타·비발사나에 섭수되는 지혜가 평등하고 평등하다.

---

[673] 삼승三乘에 의해 증득되는 택멸열반擇滅涅槃(청정진여)에는 차별이 없다는 점에서 그 택멸을 능히 증득한 지智(보리)의 평등함을 나타냈다는 것이다.

由正行眞如故。聽聞正法。緣總境界。勝奢摩他毗鉢舍那。所攝受慧平等平等。

석 네 번째는 하나의 진여이기 때문에 지관으로 증득된 지혜가 평등하다는 것이다.

이 일곱 종류 진여에 대해 자세하게 분별하면, 구체적으로는 『별장』과 같다.

釋曰。第四由一如故。止觀所證智慧平等。此七眞如。若廣分別。具如別章。

ⓒ 능취能取

경 '능취'의 의미란, 안의 오색처나 심·의·식 및 모든 심법(심소법)을 말한다.

能取義者。謂內五色處。若心意識及諸心法。

석 세 번째는 '능취'의 의미를 해석한 것이다.

('능취'란) 능히 파악하는 법(能取法)을 말한다. 다섯 가지 색근色根은 다섯 가지 경계를 파악하기(取) 때문이다. "심·의·식"은 여덟 가지 식에 해당하니, 그에 두 가지 의미가 있다. 첫째는 공통된 것이고, 둘째는 개별적인 것이니, 구체적인 것은 이전에 설했던 것과 같다.[674] 또 그것과 상응

---

[674] '심의식心意識'에 대해서는 이전의 「心意識相品」에서 이미 설명된 바 있다. 그 설명에 따르면, '심·의·식'이라는 이름은 여덟 종류 식을 통칭하는 이름(通名)으로 쓰이는 경우가 있고, 각기 다른 식들을 별칭하는 이름(別名)으로 쓰이는 경우도 있다. 예를 들면 『成唯識論』 권5(T31, 24c9~14)에서 다음과 같이 말한다. "박가범은 경전 곳곳에서 심·의·식의 세 가지 다른 의미를 설하였다. 집기集起하는 것을 '심心'이라 하고, 사량思量하는 것을 '의意'라고 하며, 요별了別하는 것을 '식識'이라 하니, 이것이 세 가지 차별적 의미. 이와 같은 세 가지 의미는 여덟 가지 식에 공통되지만 두드러진 점을

하는 모든 심소법도 또한 '능취'라고 하니, 경계가 동일하기 때문이다.[675] 자세한 것은 『집론』 제2권과 『잡집론』 제3권의 설과 같다.[676]

> 釋曰。第三釋能取義。謂能取法。卽五色根取五境故。心意識者。卽是八識。有其二義。一通。二別。俱[1]如前說。及彼相應諸心所法。亦名能取。同一境故。廣如集論第二雜集第三。
>
> 1) ㉠ '俱'는 '其'의 오기인 듯하다.

ⓓ 소취所取

경 '소취'의 의미란, 밖의 육처이다. 또 '능취'의 의미가 또한 '소취'의 의미이기도 하다.

> 所取義者。謂外六處。又能取義。亦所取義。

석 네 번째는 '소취'의 의미를 해석한 것이다. 말하자면 십이처 중에서 밖의 육처(外六處)는 모든 심소법을 제외하고 모두 '소취(파악되는 대상)'에 해당한다.[677] (그것들은) 오직 '소취'일 뿐 '능취能取(파악하는 자)'는 아니

따라 설할 때는, 제8식을 심이라 하니, 제법의 종자를 적집하여 제법을 일으키기 때문이다. 제7식을 의라고 하니, 제8식을 대상으로 하여 항상 깊이 사량하면서 '나(我)' 등이라고 여기기 때문이다. 그 밖의 여섯 가지 식을 식이라 하니, 여섯 가지 다른 경계에서 거칠게 활동하고 중간에 끊기기도 하면서 요별을 일으키기 때문이다."

675 심의식과 함께 상응해서 일어난 심소법들도 그 심의식과 더불어 동일한 경계를 파악하기 때문에 심의식과 마찬가지로 '능취법能取法'의 범주에 들어간다.

676 '능취能取'에 관한 자세한 설명은 『集論』 권2(T31, 668c8)와 『雜集論』 권3(T31, 708a9) 참조.

677 오온五蘊과 십이처十二處와 십팔계十八界로서 일체법을 다 포괄한다고 할 때, 무표색을 제외한 색온은 안이비설신과 색성향미촉 등의 10처·10계에 해당하고, 수온·상온·행온과 무표색과 무위법은 모두 법처·법계에 속하며, 식온은 십이처에서는 의처

기 때문이다. 또 이전의 '능취'가 '소취'이기도 하니, 심·심소에 의해 파악되는 경계이기 때문이다.[678] 자세하게 분별하면, 『집론』 제2권과 『잡집론』 제3권의 설과 같다.

釋曰。第四釋所取義。謂十二處中。外六種處。除諸心所。皆是所取。唯是所取。非能取故。又前能取。亦是所取。以心心所所取境故。若廣分別。如集論第二雜集第三。

ⓔ 건립建立

ㄱ. 총괄적 해석

경 '건립'의 의미란 기세계를 말하니, 이 안에 일체의 유정계들을 건립할 수 있다.

建立義者。謂器世界。於中可得建立一切諸有情界。

석 다섯 번째는 건립의 뜻을 해석한 것이다. 이 중에 두 가지가 있다. 앞은 총괄적 해석이고, 뒤는 개별적 해석이다.
이것은 총괄적 해석에 해당한다. ('건립'이란) 기세계를 말하니, 즉 유정들의 처소를 건립하여 유정들을 섭지하였기 때문에 '건립'이라 이름한

에 해당하고 십팔계에서는 7계(즉 안식 등의 6계와 의계)에 해당한다. 이와 같이 외육처外六處의 하나인 법처에 심소법들도 포함되기 때문에 "밖의 육처는 모든 심소법을 제외하고 모두 소취이다."라고 하였다.
678 앞에서 말한 오근五根 등은 '능히 파악하는 자(能取)'이면서, 또한 심 등에 의해 파악되는 대상이기도 하다는 점에서 파악되는 대상(所取)이 된다고 하였다.

것이다.

釋曰。第五知¹⁾建立義。於中有二。先總。後別。此卽是總。謂器世界。卽是建立諸有情處。攝持有情。故名建立。

1) ㉠ '知'는 '釋'의 오기인 듯하다.

ㄴ. 개별적 해석

ㄱ) 촌전村田의 양

경 하나의 촌전이나 백 개의 촌전이나 천 개의 촌전이나 백천 개의 촌전을 (건립하고,)

謂一村田。若百村田。若千村田。若百千村田。

석 이하는 두 번째로 건립에 대해 따로따로 해석한 것이다. 이 중에 세 가지 해석이 있다.
한편에서는 말한다. 〈여기에서는 그 차례대로 열 단락이 된다. 첫째는 촌전의 양量, 둘째는 대지大地의 양, 셋째는 섬부주贍部洲의 양, 넷째는 사주四洲의 양, 다섯째는 소천계小千界의 양, 여섯째는 중천계中千界의 양, 일곱째는 대천계大千界의 양, 여덟째는 구지계拘胝界의 양, 아홉째는 무수계無數界의 양, 열째는 미진계微塵界의 양이다.〉
한편에서는 말한다. 〈여기에는 일곱 단락이 있으니, 이전의 일곱 단락에 해당한다.⁶⁷⁹ '대천계'에서 경문은 구별하면 네 가지가 있다. 첫째는 백

---

679 앞의 해석에 나온 일곱 단락, 즉 첫째 '촌전村田의 양量'에서 일곱째 '대천계大千界의

천百千의 양, 둘째는 구지拘胝의 양, 셋째는 무수無數의 양, 넷째는 미진微塵의 양이다.〉

한편에서는 말한다. 〈여기에는 다섯 단락이 있다. 첫째는 촌전의 양, 둘째는 대지의 양, 셋째는 사주의 양, 넷째는 삼천대천세계三千大千世界의 양, 다섯째는 시방세계十方世界의 양이다.〉

비록 세 가지 해석이 있지만, 우선 세 번째 해석에 의거하겠다.

이것은 처음에 해당한다.

釋曰。自下第二別釋建立。於中三釋。一云。此中如其次第。卽爲十段。一村田量。二大地量。三瞻部洲量。四四洲量。五小千界量。六中千界量。七大千界量。八拘胝界量。九無數界量。十微塵界量。一云。於中七段。卽前七段。於大千界。文別有四。一百千量。二拘胝量。三無數量。四微塵量。一云。於中有五。一村田量。二大地量。三四洲量。四三千大千世界量。五十方世界量。雖有三釋。且依第三。此卽初也。

ㄴ) 대지大地의 양

경 혹은 하나의 대지에서 해변가까지, 이것의 백 개나 이것의 천 개나 이것의 백천 개를 (건립하며,)

或一大地至海邊際。此百此千。若此百千。

석 두 번째는 대지의 양을 설명한 것이니, 경문 그대로 알 수 있을 것이다.

양까지를 말한다.

釋曰。第二辨大地量。如文可知。

ㄷ) 사주四洲의 양

경 혹은 하나의 섬부주나 이것의 백 개나 이것의 천 개나 이것의 백천 개를 (건립하고,) 혹은 하나의 사대주나 이것의 백 개나 이것의 천 개나 이것의 백천 개를 (건립하며,)

或一瞻部洲。此百此千。若此百千。或一四大洲。此百此千。若此百千。

석 세 번째는 사주四洲[680]의 양을 설명한 것이다.
'사주'란 다음과 같다.
첫째, 남섬부주南瞻部洲[681]는 나무에서 따와 이름을 세운 것이다. 북쪽은 넓고 남쪽은 좁은데, 그 모양이 마치 수레 같다. 남쪽은 넓이가 3유선나踰繕那[682] 반半이고, 세 쪽은 각기 2천 유선나가 된다.
둘째, 동비제가주東毗提訶洲[683]는 여기 말로 '승신勝身'이라 한다. 동쪽은 좁고 서쪽은 넓으며, 모양은 마치 반달 같다. 세 쪽의 길이가 똑같은데,

---

680 사주四洲 : 고대 인도인의 세계관에 따르면 수미산의 사방에 네 개의 큰 대륙(洲)이 있는데, 이를 사주 또는 수미사주須彌四洲 등이라 부른다.
681 남섬부주南瞻部洲 : 사주의 남쪽에 있는 주를 말한다. 섬부주(S) Jambu-dvīpa)는 구역에서 염부제閻浮提라고 하였다. 섬부瞻部(S) jambu)란 원래 나무의 이름으로서 이 주에는 이 섬부 나무가 무성하기 때문에 '섬부주'라고 부른다.
682 유선나踰繕那(S) yojana) : 유순由旬이라고도 한다. 인도에서 거리를 재는 단위로서 40리 혹은 30리에 해당한다. 또는 대유순은 80리, 중유순은 60리, 소유순은 40리라고 한다.
683 동비제가주東毗提訶洲(S) Pūrva-videha) : 동승신주東勝身洲라고도 하며, 수미산 동쪽 함해鹹海 중에 있는 주이다. 이 땅에 사는 사람들의 몸이 수승하기 때문에 이곳을 '승신주'라고 한다.

동쪽은 350유선나이고 세 쪽은 각기 2천 유선나이다.

셋째, 서구타니주西瞿陀尼洲[684]는 여기 말로 '우화牛貨'라고 한다. 모양은 마치 보름달 같다. 지름이 2천500, 둘레는 7천 반半 (유선나이다.)

넷째, 북구로주北俱盧洲[685]는 여기 말로 '승처勝處' 혹은 '승생勝生'이라 한다. 모양은 마치 네모난 깔개 같다. 네 쪽의 크기가 같고 사면이 각기 2천 유선나이다. 그 주洲의 모양을 따라서 사람의 얼굴 모양도 그러하다.

자세하게 분별하면 『구사론』제11권과 제12권, 『유가사지론』제2권 등에서 설한 것과 같다.

釋曰。第三明四洲量。言四洲者。一南贍部洲。從樹立名。北廣南狹。其相如車。南邊唯廣三踰繕那半。三邊各有二千踰繕那。二東毗提訶洲。此名勝身。東狹西廣。形如半月。三邊量等。東三百五十。三邊各二千。三西瞿陀尼。此云牛貨。形如滿月。徑二千五百。周圍七千半。四北俱盧洲。此云勝處。或名勝生。形如方座。四邊量等。面各二千。隨其洲相。人面亦然。若廣分別。如俱舍第十一十二瑜伽第二等。

ㄹ) 삼천대천세계三千大千世界의 양

(ㄱ) 백천百千의 양

경 혹은 하나의 소천세계나 이것의 백 개나 이것의 천 개나 이것의 백천 개

---

684 서구타니주西瞿陀尼洲(Ⓢ Apara-godānīya) : 서우화주西牛貨洲라고도 하며, 수미산 서쪽에 위치한 주이다. 이곳 사람들은 소를 화폐로 삼아 교역하기 때문에 이곳을 '우화주'라고 한다.
685 북구로주北俱盧洲(Ⓢ Uttara-kuru) : 북울단월北鬱單越이라고도 하며, 수미산 북쪽 함해鹹海 가운데 있는 주이다. 이곳은 생활이 평등하고 안락해서 사주 가운데 가장 수승한 처소(勝處)라고 한다.

를 (건립하고,) 혹은 하나의 중천세계나 이것의 백 개나 이것의 천 개나 이것의 백천 개를 (건립하며,) 혹은 하나의 삼천대천세계나 이것의 백 개나 이것의 천 개나 이것의 백천 개를 (건립한다.)

或一小千世界。此百此千。若此百千。或一中千世界。此百此千。若此百千。或一三千大千世界。此百此千。若此百千。

석 네 번째는 삼천계의 양을 설명한 것이다. 이 중에 세 가지가 있다. 첫째는 백천百千의 양이고, 둘째는 구지拘胝의 양이며, 셋째는 무수無數의 양이다.

釋曰。第四辨三千界量。於中有三。一百千量。二拘胝。三無數量。

백천百千을 밝힌 곳에 세 개의 절이 있다. 처음은 소천小千을 밝힌 것이고, 다음은 중천中千을 밝힌 것이며, 마지막은 대천大千을 밝힌 것이다. 이 소천·중천·대천을 (밝힌 곳에는) 사례로서 네 개의 절이 있으니, 말하자면 하나의 계界, 백 개의 계, 천 개의 계, 백천 개의 계이다.
　이 계의 양에 대해 여러 설들이 같지 않다.
　진제의 『부집기部執記』에서는 말한다. 〈하나의 사천하四天下를 1수로 삼아 1수에서 십에 이르고, 십에서 백에 이르며, 백에서 천에 이르면 소천세계小千世界가 된다. 소천세계를 3배倍로 늘리면 '삼천三千'이 된다.[686] 말하자면 (소천세계를 한 단위로 삼아서) 한 배로 늘리면 십소천十小千에 이르고, 두 배로 늘리면 백천百千에 이르며, 세 배로 늘리면 천천千千에 이르

---

[686] 여기서 '3배倍'란 앞서 말한 것처럼 세 단계에 걸쳐 열 배씩 증가하는 것을 말한다. 즉 1을 10까지 세는 것이 1배고, 다시 '10'을 1로 삼아 10개(百)를 만든 것이 2배며, '백'을 1로 삼아 10개(千)를 만든 것이 3배다.

는데,687 이것이 삼천세계다. 삼천을 또 세 배로 늘리면 '대천大千'이 된다. 말하자면 한 배로 늘리면 십삼천에 이르고 두 배로 늘리면 백삼천에 이르며 세 배로 늘리면 천삼천에 이르는데, 이것이 대천세계다.688〉【진제 스님의 『반야기般若記』에 의하면, '삼천'이란 중천中千과 대천大千을 든 것이다. 즉 뒤의 대천을 들면 소천小千을 세 배로 늘린 것이므로 '삼천'이라 한다.】

『장아함경』 제18권에 의하면, 천 개의 일월日月, 천 개의 수미산須彌山, 천 개의 사천하四天下, 천 개의 육욕천六欲天, 천 개의 범천梵天을 일컬어 '소천세계'라고 이름하고, 천 개의 소천세계를 '중천세계'라고 이름하며, 천 개의 중천세계를 '삼천대천세계'라고 이름한다.689 『잡아함경』 제16권 또한 똑같이 설한다.

> 就百千中。文有三節。初明小千。次明中千。後明大千。此小中大千。例有四節。謂一界界1)千界百千界。就此界量。諸說不同。若依眞諦部執記云。以一四天下爲一數。從一數至十。十至百。百至千。爲小千世界。三倍小千爲三千。謂一倍至十小千。二倍至百千。三倍至千千。此是三千世界也。三千又作三倍增。以爲大千。謂一倍至十三千。二倍至百三千。三倍至

---

687 진제에 의하면, 소천세계를 한 단위로 해서 그것이 열 번 합하면 열 개의 소천小千이 되고, 그것을 다시 열 번 합하면 백 개의 천千이 되며, 그것을 다시 열 번 합하면 천 개의 천이 되는데, 이와 같은 열 개의 소천과 백 개의 천과 천 개의 천을 가리켜서 '삼천세계三千世界'라고 한다.
688 진제에 의하면, 삼천세계를 한 단위로 해서 그것을 처음에 열 번 합하면 열 개의 삼천三千이 되고, 그것을 다시 열 번 합하면 백 개의 삼천이 되며, 그것을 다시 열 번 합하면 천 개의 삼천이 되는데, 이와 같은 열 개의 삼천과 백 개의 삼천과 천 개의 삼천을 총칭해서 '대천세계'라 한다.
689 이 경에 따르면, 천일千日, 천월千月, 천염부제千閻浮提, 천구타니千瞿陀尼, 천울달라월千欝怛羅越, 천불파제千弗婆提, 천수미산千須彌山 등을 소천세계小千世界라고 하고, 이것을 한 개로 삼아서 천 개에 이르면 중천세계中千世界라고 하며, 이것이 다시 천 개에 이르면 삼천대천三千大天(대천세계)이라고 한다. 이 세 번째 천千은 천을 거듭 세 번에 걸쳐 센 것이므로 '삼천三千'이라 한다. 『長阿含經』 권18(T1, 114b27) 참조.

千三千。以爲大千世界也。【依眞諦師般若記云。三千者。卽擧中千大千。卽擧後大千。以三倍小千。故名三千。】若依長阿含經第十八云。千日月。千須彌山。千四天下。千六欲天。千梵天。是名小千世界。千小千界。名中千界。千中千界。名三千大千世界。雜阿含十六亦同。

1) ㉮ '界' 앞에 '百'이 빠진 듯하다.

『구사론』제11권에 의하면, 해석에 두 가지 의미가 있다. 처음은 처소의 크기(處量)를 설명한 것이고, 나중은 '삼천대천'을 바로 설명한 것이다. '크기'라고 한 것에 대해 그 논에서 말한다.

> 야마천夜摩天 등의 궁전이 의거하는 처소의 크기는 얼마나 되는가?
> 어떤 논사는 말하길, '이상 네 개의 천天이 의거하는 처소의 크기는 묘고산의 꼭대기와 같다'고 하였다.
> 또 어떤 논사는 말하길, '이 네 개의 천은 위로 갈수록 두 배씩 증가한다'고 하였다.
> 또 어떤 논사는 말하길, '초정려지初靜慮地의 궁전이 의거하는 처소는 하나의 사주四洲와 같고, 제2정려지는 소천계小千界와 같으며, 제3정려지는 중천계中千界와 같고, 제4정려지는 대천계大千界와 같다'고 하였다.
> 또 어떤 논사는 말하길, '아래 세 정려지의 처소는 그 순서대로 소천·중천·대천과 같고, 제4정려지의 크기는 끝이 없다'고 하였다.[690]

'삼천'이라 한 것에 대해 그 논에서 말한다.

> 어느 정도 크기(量)가 되어야 소천·중천·대천이라 하는가?

---

[690] 『俱舍論』권11(T29, 60c27).

> 송 사대주와 해·달과
> 소미로산과 육욕천과
> 범세천이 각기 천 개면
> 1소천세계라 이름하고
>
> 이 소천세계의 천 배를
> 1중천세계라 이름하며
> 이것의 천 배는 대천세계니
> 모두 동시에 이뤄지고 무너진다네.⁶⁹¹

『순정리론』제31권에 의하면, 『구사론』과 거의 동일하다. 그런데 차별이 있으니, 그 논에서 말한다. "이 중에서 소천小千이란 오직 범세천梵世天까지만 거론한 것이기 때문에 소광천少光天 등은 소천계에 속하지 않는다.⁶⁹² 소천 등이 쌓여서 중천·대천이 되기 때문에 중천·대천도 그것(소광천 등)을 포함하지 않는다.⁶⁹³ 또 '소小'라는 것은 '비하卑下'의 뜻이다. 위(上)를 제거하였기 때문이니, 마치 뿔이 잘린 소와 같다. 소천이 쌓여서 그 밖의 것을 이룰 때도 또한 그것(소광천 등)을 포함하지 않는다."⁶⁹⁴

---

691 『俱舍論』권11(T29, 61a3).
692 색계 초선은 대범천大梵天(Ⓢ Mahā-brahman)이 지배하는 세계이기 때문에 범계梵界(Ⓢ Brahma-loka), 혹은 '범세천梵世天'이라고 한다. 또 '소광천少光天'이란 색계 제2선에 속하는 세 가지 천들 중의 하나다. 『俱舍論』에서는 소천세계의 범위를 사대주와 일·월과 수미산, 욕계육천, 그리고 색계의 초선初禪까지로 국한시켰기 때문에, 오직 범세까지만 소천세계이고 소광천 등은 이에 속하지 않는다고 하였다.
693 『順正理論』에 따르면, 소천세계의 범위는 욕계에서 색계 초선(범세천)까지이고 제2선의 소광천少光天 등을 포함하지 않는다. 그런데 그러한 소천세계가 적집해서 중천세계와 대천세계를 이루는 것이므로 중천과 대천에도 제2선의 소광천 등은 포함되지 않는다. 다시 말하면 이 삼천세계는 모두 욕계에서 범세천까지의 세계들로만 구성되어 있는데, 다만 적집된 양의 차이에 따라 소천·중천·대천으로 구분되는 것이다.
694 『順正理論』권31(T29, 520a29).

해 『순정리론』에 의하면 삼천대천은 오직 '범세'까지이니, 성스런 가르침에서 오직 '범세까지'라고 설했기 때문이고, 소천계가 쌓여서 중천·대천이 되기 때문이다.

若依俱舍十一。釋有二義。初明處量。後正明三千大千。言處量者。彼云。夜摩等天宮依處量有幾。有餘師說。此上四天。依處量同妙高山頂。有餘師說。上倍倍增。有餘師言。初靜慮地宮殿依處等一四洲。第二靜慮等小千界。第三靜慮等中千界。第四靜慮等大千界。有餘師言。下三靜慮。如次量等小中大千。第四靜慮量無邊際。言三千者。彼云。齊何量說小中大千。頌曰。四大洲日月。蘇迷盧欲天。梵世各一千。名一小千界。此小千千倍。說名一中千。此千倍大千。皆同一成壞。若依順正理第三十一。大同俱舍。而差別者。彼云。此中千小。[1] 唯擧至梵世。故少光等。非小千界攝。積小千等。爲中大千。故中大千。亦不攝彼。又言小者。是卑下義。以除上故。如截角牛。積小成餘。亦非攝彼。解云。依正理論。三千大千。唯至梵世。聖敎唯說至梵世故。積小千界成中大故。

1) 『順正理論』 권31(T29, 520a29)에 따르면, '千小'는 '小千'의 도치다.

이제 대승에 의하면 여러 교설이 같지 않다.
『잡집론』 제6권과 『불지경론』 제6권과 『유가사지론』 제2권과 『대지도론』 제7권에 의하면, 이전에 인용했던 『장아함경』 등과 동일하고 다시 달리 해석한 것은 없다.
『현양성교론』 제1권에 의하면 이전의 설과 거의 동일한데, 그러나 차별이 있다. 그 논에서는 말한다. "문 어떤 이유에서 소천세계를 '비소卑小'라고 하는가? 답 마치 수소(特牛)의 양 뿔이 잘린 것과 같아서 결함이 있기 때문에 '비소'라고 이름하였다. 이와 같이 범세천 이하는 그 안의 모든 천세계千世界가 상지上地만 못하기 때문에 '비소'라고 이름하였다. 이와 같이 삼천세계는 삼재三災에 의해 무너지니, (삼재란) 불·물·바람의 재난을 말한다."[695]

해 이에 준해 보면, 소천은 상지에 이르지 못하지만, 마땅히 중천과 대천은 상지까지 통하는 것임을 알아야 한다. 또 이르길, '삼천세계는 삼재에 의해 허물어진다'고 하였다. 따라서 초선은 소천세계이고 제2선은 중천세계이며 제3선은 대천세계라는 것을 알 수 있다.[696]

또 『현양성교론』 제18권에 의하면 앞과 조금 차이가 있는데, 그 논에서는 말한다. "어떤 인연으로 이 삼천대천세계 안에 여러 세계 내지는 색구경천色究竟天[697]이 있는데도 똑같이 '1세계는 단지 범세梵世까지다'라고 설했는가? 또한 두 가지 이유 때문이니, 첫째는 동일하게 이루어지고 무너지기 때문이고, 둘째는 대중들(衆會)을 건립하였기 때문이다."[698]

해 이에 준해 보면 대천세계는 제4선천까지다. 그런데 『아함경』 등에서 '범세까지'라고 한 것은 두 가지 이유 때문이다. 첫째는 동일하게 이루어지고 무너지기 때문이다. 말하자면 (초선천까지는) 다함께 삼재에 의해 이루어지고 무너지기 때문이다. 둘째는 중회衆會를 건립했기 때문이다. 말하자면 초선 이하는 왕중王衆의 차별로써 중회를 포괄하였기 때문이다.[699]

---

695 『顯揚聖教論』 권1(T31, 485a12).
696 『顯揚聖教論』에 의하면, '소천세계는 상지上地까지 이르지 못한다'고 하였기 때문에 소천세계는 색계의 초선初禪까지로 한정된다. 또한 '삼천세계가 모두 삼재에 의해 허물어진다'고 하였는데, 이에 근거해 보면 소천·중천·대천의 범위는 각기 초선·제2선·제3선까지다. 왜냐하면 겁이 무너질 때는 불의 재난으로 욕계에서 초선천까지 파괴되고, 물의 재난으로 제2선천까지 유실되며, 바람의 재난으로 제3선천까지 파괴된다고 하기 때문이다.
697 색구경천色究竟天 : 색계色界의 사선천四禪天 중에 맨 꼭대기를 말한다. 이 천은 최상最上의 사선四禪을 닦은 자가 태어나는 곳으로서, 그 과보는 유색계有色界 중에서 가장 뛰어나다고 한다.
698 『顯揚聖教論』 권18(T31, 572c12).
699 초선初禪에는 세 종류 천(三天)이 있다. 그중 첫 번째 범중천梵衆天은 초선천의 주인

🐵 삼천세계는 이미 색구경천까지 통하는데 어째서 '삼재에 의해 파괴되는 것을 삼천세계로 건립한다'고 말하는가?

🐶 우선 삼재에 의거해서 삼천세계에 배속시킨 것인데, 이치대로 말하자면 제4정려靜慮도 대천세계에 통한다.[700] 따라서『십지경』에서는, 팔지 보살은 대개 대범천왕大梵天王으로 화작해서 천세계千世界의 주인이 되고, 구지 보살은 대개 대범천왕으로 화작해서 이천세계의 주인이 되며, 십지 보살은 대개 마혜수라천왕摩醯首羅天王(S Maheśvara : 대자재천)으로 화작해서 삼천세계의 주인이 된다고 하였다.[701]

今依大乘。諸教不同。若依雜集第六。佛地第六。瑜伽第二。智度論第七。同前所引長阿含等。更無異釋。若依顯揚第一大同前說。而差別者。彼云。問何因緣故。小千世界。名爲卑小。答由如特牛斷去兩角。以缺減故。名爲卑小。如是梵世已下。其中所有千世界不如上地。故名卑小。如是三千世界三灾所壞。謂火水風灾。解云。准此小千不至上地。應知中大卽通上地。又云。三千世界三灾所壞。故知初禪小千。二禪中千。三禪大千。又依顯揚十八。與上少異。彼云。何因緣故。此三千大千世界中。有多世界。乃至色究竟天。而同說爲一世界。但至梵世。謂亦由二因故。一同成壞故。二建立衆會故。解云。准此大千世界至第四禪。而阿含等。至梵世者。由二因緣。

(主)이 다스리는 백성들(民衆)이고, 두 번째 범보천梵輔天은 그 천주를 보좌하는 신하(臣僚)들이며, 세 번째 대범천大梵天은 초선천의 주인이다. 이처럼 초선천까지는 각각의 차별적 왕중王衆을 건립하고, 그에 의해 중회衆會를 모두 포괄하였기 때문에 하나의 세계(一世界)로 간주했다는 것이다.

700 다음의『十地經』경문에서 '십지보살十地菩薩이 마혜수라천왕摩醯首羅天王으로 화작해서 삼천세계에 머문다'고 하였다. 원측의『仁王經疏』에 따르면, 마혜수라천왕은 색계의 맨 꼭대기인 색구경천色究竟天에 머무는 '대정천왕大靜天王'에 해당한다. 따라서 삼천세계의 범위는 색계의 제4정려까지도 통한다고 하였다.『仁王經疏』권2(T33, 392b27) 참조.

701 『十地經』의 권6「菩薩不動地」(T10, 562a17), 권7「菩薩善慧地」(T10, 566a10), 권8「菩薩法雲地」(T10, 571c20) 참조.

一同成壞。謂具之[1]三灾所成壞故。二建立衆會。謂初禪已下王衆差別。攝
衆會故。問。三千世界。旣通色究竟。如何說言三灾所壞立三千界。解云。
且約三灾。屬當三千。理實而言。第四靜慮。亦通大千。故十地經云。八地
菩薩。多作大梵天王。主千世界。九地菩薩。多作大梵天王。主二千世界。
十地菩薩。多作摩醯首羅天王。主三千世界。

1) ㉠ '其之'는 의미가 통하지 않는다. '俱'로 간주하였다.

『심밀해탈경』에 의하면, 앞의 것과 조금 차이가 있다. 그 경에서 "그것의 백천 배, 그것의 백천 배의 염부제, 그것의 백천 배, 그것의 백천만 배를 일천세계一千世界라고 하고, 그 일천세계의 백 배, 그 백 배의 천 배, 그 천 배의 백천 배를 이천중세계二千中世界라고 하며, 그 이천중세계의 백 배, 천 배, 백천 배를 삼천대천세계三千大千世界라고 이름한다."[702]라고 한 것은, 역자가 다르기 때문이다.

『금광명경』에 의하면, 삼천세계는 무색계까지 통한다. 그 경에서는 말한다. "이 모든 인왕人王들이 손으로 향로를 받쳐 들고 경을 공양할 때 그 향이 두루 퍼져서 한순간에 삼천대천세계의 백억 일日·월月 내지는 백억 비상비비상천非想非非想天에 두루 이르렀다."[703]

해 이에 준해 보면, 대승도 또한 삼천대천세계가 비상비비상천까지 통한다고 한다.

문 그렇다면 『유가사지론』 등과는 어떻게 회통시켜 해석할 수 있겠는가?[704]

---

702 『深密解脫經』권3(T16, 676c4).
703 『金光明經』권2(T16, 342c19).
704 『金光明經』 등에 의하면, 삼천대천세계의 범위는 무색계無色界의 비상천非想天까지도 통한다. 그러나 『瑜伽師地論』 등에서는 소승의 『俱舍論』 등과 마찬가지로 삼천세계는 오직 범세천梵世天(색계의 초선천)까지로 국한된다고 하였다. 따라서 『瑜伽師地論』의 설과 어떻게 회통시킬 수 있는가 하고 물었다.

해 성스런 가르침은 본래 두 가지 종류가 있다. 첫째는 공통된 가르침(共敎)이니, 예를 들면 『아함경』 등과 같다. 둘째는 공통되지 않는 가르침(不共敎)이니, 예를 들면 『금광명경』 등과 같다. 공통된 가르침에서도 본래 두 가지 해석이 있다. 『순정리론』 등에서는 오직 초선初禪 이하의 세계에 의거해서 삼천계를 설한다. 『현양성교론』 등에 의하면, 실제로는 제4정려까지이지만, 두 가지 이유 때문에 『아함경』에서 오직 '초정려까지'라고 하였으니, 앞에서 이미 설했던 것과 같다.[705]

依深密經。與上小異。彼云。彼百千彼百千閻浮提。彼百千彼百千萬。名爲一千世界。彼一千世界百倍。彼百倍千倍。彼千倍百千倍。名爲二千中千[1]世界。彼二千中世界百倍千倍百千倍。名爲三千大千世界者。譯異也。若依金光明經。三千世界通無色界。彼云。是諸仁[2]王。手擎香爐。供養經時。其香遍布。於一念頃。遍至三千大千世界百億日月。乃至百億非想非非想天。解云。准此大乘。三千大千。亦通非想。問。若爾。如何會釋瑜伽等論。解云。聖敎自有二種。一者共敎。如阿含等。二者不共敎。如金光明等。就共敎中。自有兩釋。若依順正理等。唯約初禪已下。說三千界。若依顯揚等。據實乃至第四靜慮。由二緣故。故阿含經。唯至初定。如前已說。

1) ㉓『深密解脫經』권3(T16, 676c6)에 '千'이 없다. 2) ㉓『金光明經』권2(T16, 342c19)에 '仁'이 '人'으로 되어 있다.

문 삼천세계는 누구를 주인으로 하는가?
답 이 뜻을 해석하자면 여러 교설이 다르다.

---

705 『顯揚聖敎論』의 해석에 따르면, 삼천세계는 사실상 색계의 제4정려 꼭대기인 색구경천까지 통한다. 그런데 『阿含經』 등에서 '오직 초정려(색계의 초선)까지'라고 설한 이유는, 첫째 색계의 초선까지는 모두 삼재에 의해 동일하게 이루어지고 파괴되기 때문이고, 둘째 초선 이하로 왕중王衆을 차별시켜 그가 거느리는 대중들(衆會)을 포괄하였기 때문이다.

『대품경』 등에 의하면 윤왕輪王이 주인이다. 그 경에서는 '전륜왕으로 화작하여 삼천세계를 다스린다'고 하였다.

『대집경』에 의하면 마왕魔王이 주인이다. 그 경에서는 '마왕이 있어 삼천세계를 다스린다'고 하였다.[706]

『법화경』에 의하면 초선의 범왕梵王이 주인이다. 그 경에서는 "사바세계의 주인은 범천왕이다."[707]라고 하였고, 또 『대지도론』에서는 삼천대천세계의 주인은 '시기尸棄'[708]라는 이름의 범천왕이라 하였고,[709] 또 『아함경』 등에서 삼천계는 '초정려까지'라고 설하였기 때문이다.[710]

『십지경』에 의하면 제10지의 보살이 주인이다. 그 논에서는 '십지보살이 대개 마혜수라천왕으로 화작해서 삼천대천세계의 주인이 된다'고 하였고,[711] 또 『현양성교론』에서도 '삼천세계는 색구경천까지 통한다'고 설하였기 때문이다.

『인왕경』에 의하면 세존이 주인이다. 따라서 그 경의 상권에서는 '원지圓智의 무상無相은 삼계의 왕'이라고 하였다.[712] 『금강명경』에서 '삼천계는

---

706 『大方等大集經』 권11(T13, 72b18) 등 참조.
707 『妙法蓮華經』 권1(T9, 2a18).
708 시기尸棄(Ⓢ Śikhi): 초선천初禪天에 머무는 대범천왕大梵天王의 이름이다.
709 『大智度論』 권1(T25, 58a26) 참조.
710 삼천세계의 범위를 색계의 초선천初禪天까지로 국한시킬 경우, 가장 상지上地에 해당하는 초선천의 '범왕'이 삼천세계의 주인이 된다는 것이다.
711 『十地經』에 의하면, 팔지보살八地菩薩은 주로 대범천왕大梵天王으로 화작해서 천세계千世界의 주인이 되고, 구지九地의 보살은 주로 대범천왕으로 화작해서 이천세계의 주인이 되며, 십지보살十地菩薩은 대개 마혜수라천왕摩醯首羅天王(대자재천)으로 화작해서 삼천세계의 주인이 된다. 따라서 삼천세계의 범위를 색계의 제4선의 꼭대기인 '색구경천色究竟天'까지로 간주할 경우, '마혜수라천왕'으로 화작하는 십지보살이 주인이라고 하였다. 『十地經』 권6(T10, 562a17), 권7(T10, 566a10), 권8(T10, 571c20) 참조.
712 『仁王經』에서는 적멸인寂滅忍을 증득한 묘각위妙覺位를 일컬어 '원지圓智의 무상無相'이라 이름하였고, 그의 지위를 왕위에 배당시키면 '삼계의 왕'에 해당한다고 하였다. 따라서 삼천세계를 무색계까지 포함시키는 경우는 묘각위의 세존이 삼천세계의 주인이라고 하였다. 『仁王般若波羅蜜經』 권1(T8, 827c27) 참조.

무색계까지 통한다'고 설했기 때문이다.

問。三千世界。以誰爲主。答。釋此義。諸敎不同。依大品經等。輪王爲主。
彼云。化作轉輪王。領三千世界。依大集經。魔王爲主。彼云。有魔王領
三千世界。依法華經。初禪梵王爲主。彼云。娑婆世界主梵天王。又智度論
云。三千大千世界主梵天王名尸棄。又阿含經等說。三界至初定故。依十
地經。第十地菩薩爲主。彼云。十地菩薩。多作魔醯首羅天王。主三千大千
世界。又顯揚論說。三千界通色究竟故。依仁王經。世尊爲主。故彼上卷云。
圓智無相三界王。金光明經說。三千界通無色界故。

(ㄴ) 구지拘胝의 양

경 혹은 이것의 구지[713]나 이것의 백 구지나 이것의 천 구지나 이것의 백천 구지를 (건립하고,)

或此拘胝。此[1]千拘胝。此百千拘胝。

1) ⑨『解深密經』권3(T16, 700a12)에 '此' 앞에 '此百拘胝'가 있다.

석 두 번째는 구지의 양을 설명한 것이다.
'구지'란 여기 말로 '억億'이라 한다. 따라서『심밀해탈경』에서는 '억'이라 설하였다.[714]『대지도론』에서도 '억'이라 하였다. 따라서 제7권에서는

---

713 구지拘胝(⑤ koṭi) : 인도에서 쓰던 수량 단위다.『解深密經』이나『大智度論』에서는 '구지'를 '억億'이라 하였다. 그런데 이하 원측의 해석에서도 나타나듯, '억(구지)'은 일반적 의미와는 달리, 십만이라는 설, 백만이라는 설, 천만이라는 설 등 다양한 설들이 있다.
714 원측의『解深密經疏』에는 '故解深密經說名爲億'이라 되어 있는데, '深密經'은 아마도 '深密經'(『深密解脫經』)의 오기인 듯하다. 이하에서는『解深密經』에 나온 '구지拘胝'가 어떤 수에 해당하는지를 밝히기 위해, 다른 경론의 문구와 비교하였다. 우선, 이

"백억의 일월日月 내지는 백억의 대범大梵을 삼천대천세계라고 한다."[715]라고 하였다. 또 『유가사지론』 제2권에서는 "백 구지의 사대주四大洲⋯⋯백 구지의 범세간梵世間을 삼천대천세계라고 이름한다."[716]라고 하였다. 따라서 '구지'는 '억'임을 알 수 있다.[717]

『대비바사론』 제177권에서는 말한다. "이 하나를 쌓아서 백천에 이르면 낙차洛叉(⑤ lakṣa)라고 하고, 백 개의 백천에 이르면 구지俱胝(⑤ koṭi)라고 하며, 백천 개의 구지를 나유다那庾多라고 한다."[718]

『구사론』 제12권에서는 말한다. "일의 열 배를 십이라 하고, 십의 열 배를 백이라 하며, 백의 열 배를 천이라 하고, 천의 열 배를 만이라 하며, 만의 열 배를 낙차洛叉라고 하고, 낙차의 열 배를 도락차度洛叉(⑤ atilakṣa)라고 하며, 도락차의 열 배를 구지俱胝라고 하고, 구지의 열 배를 말타末陀(⑤ madhya)라고 하며, 말타의 열 배를 아유다阿庾多(⑤ ayuta)라고 한다."[719]

『대지도론』 제4권에서는 말한다. "1을 한 배 (늘리면) 2이고, 2의 두 배

경의 이역본인 『深密解脫經』을 보면, '구지'에 해당하는 문구는 '억億'이다. 예를 들어 『深密解脫經』 권3(T16, 676c8)에는 "彼三千大千世界百倍。彼復千倍。復千倍。復百千萬倍。彼百千萬倍。名爲一億。彼一億百倍。彼百倍復千倍。彼千倍復一億。彼一億。復千億。復百千億。名爲一阿僧祇⋯⋯"라고 되어 있다. 따라서 '故解深密經說名爲億'에서 '解深密經'의 '解'를 잉자로 간주하였다.

715 『大智度論』 권7(T25, 113c26).
716 『瑜伽師地論』 권2(T30, 288a15).
717 『大智度論』 권7과 『瑜伽師地論』 권2의 문구를 비교해 볼 때, '구지'와 '억'은 동일한 의미로 쓰였음을 알 수 있다. 두 논에 따르면, 하나의 소천세계小千世界는 수미산須彌山을 중심으로 하여 그 주위를 둘러싼 사대주四大洲 및 구산팔해九山八海를 포함하고, 위로 색계色界의 초선천初禪天에서부터 아래로 대지大地 하의 풍륜風輪까지 그 중간에는 일日·월月·수미산須彌山과 육욕천六欲天과 범세천梵世天 등을 포함하고 있다. 우선 두 논에서는 이와 같은 일·월과 수미산 등이 '백억百億' 개 혹은 '백구지百拘胝' 개 집적된 것을 삼천대천세계라고 하였기 때문에 '억'과 '구지'가 같은 의미로 쓰였다고 볼 수 있다. 그런데 이 '억(구지)'에 대해서도 경론마다 해석이 다르다. 이하에는 『大毘婆沙論』 등의 다양한 해석이 이어진다.
718 『大毘婆沙論』 권177(T27, 890c15).
719 『俱舍論』 권12(T29, 63b15).

는 4이며, 3의 세 배는 9이고, 10의 열 배는 100이며, 100의 열 배는 천이고, 천의 열 배는 만이며, 만의 천 배는 억이고, 억의 천만 배는 나유타이다."[720]

해 '구지'는, 전하는 해석에 따르면, 세 가지가 있다. 첫째는 십만, 둘째는 백만, 셋째는 천만이라는 설이다.

(경문의 뜻을) 말하자면 이 1구지의 삼천대천세계가 혹은 백 개의 수에 이르고 혹은 천 개의 수에 이르며 혹은 백천의 수에 이른다는 것이다.

釋曰。第二明拘胝量。言拘胝者。此云億也。故解[1] 深密經說名爲億。智度論亦名爲億。故第七云。百億日月乃至百億大梵。是名三千大千世界。又瑜伽第二云。百拘胝四大洲。乃至百拘胝梵世間。名三千大千世界。故知拘胝卽是億也。依婆沙論一百七十七云。積[2] 一至百千。名洛叉。百至[3] 百千。名俱胝。百千俱胝名那庾多。依俱舍論第十二云。十一爲十。十十爲百。十百爲千。十千爲萬。十萬爲洛叉。十洛叉爲度洛叉。十度洛叉爲俱胝。十俱胝爲末陀。十末陀爲阿庾多。依智度論第四卷云。一一名二。二二名四。三三名九。十十名百。十百名千。十千名萬。千萬名億。千萬億名那由他。解云。拘胝傳釋有三。一者十萬。二者百萬。三者千萬。謂此一拘胝三千大千世界。或至百數。或至千數。或百千數。

1) ㉼ '解'는 잉자인 듯하다. 해당 번역문 역주 참조. 2) ㉠『大毘婆沙論』권177(T27, 890c15)에 '積' 뒤에 '此'가 있다. 3) ㉠『大毘婆沙論』권177(T27, 890c16)에 따르면, '百至'는 '至百'의 도치다.

(ㄷ) 무수無數의 양

경 혹은 이것의 무수, 이것의 백 무수, 이것의 천 무수, 이것의 백천 무수,

720 『大智度論』권4(T25, 86c20).

或此無數。此百無數。此千無數。此百千無數。

[석] 세 번째는 무수의 양을 설명한 것이다.

범음 아승기야阿僧企耶(⑤ asaṃkhya)는 여기 말로 '무수無數'라고 한다. 『대비바사론』과 『구사론』에 의하면, 60수數 중에 52번째 수를 '무수'라고 이름한다.[721] 『대지도론』에 의하면, "천天·인人 중에 능히 산수를 아는 자가 극한의 수를 더 이상 알 수 없다면 이것을 1아승기라고 한다."[722]라고 하였다. 구체적으로 설하면 그 논과 같다. 『화엄경』 「아승기품」의 설에 의하면, 120전轉 중에 103번째를 '아승기'라고 하였다.[723]

(경문의 뜻을) 말하자면 이 1무수의 삼천대천세계가 혹은 백 개의 수에 이르고 혹은 천 개의 수에 이르며 혹은 백천의 수에 이른다는 것이다.

釋曰。第三辨無數量。梵音阿僧企耶。此云無數。依大婆沙及俱舍論。六十數中。第五十二。名爲無數。依智度論云。天人中能知笇[1]數。[2] 極數不復能知。是名一阿僧祇。具說如彼。依華嚴經僧祇品說。百二十轉中。第一百三。名阿僧祇。謂此一無數三千大千世界。或至百數。或至千數。或百千數。

1) ㉠『大智度論』권4(T25, 86c19)에 '笇'이 '算'으로 되어 있다. 2) ㉠『大智度論』권4(T25, 86c19)에 '數' 뒤에 '者'가 있고, 교감주에 따르면 '者'가 '法'으로 된 곳도 있다.

---

[721] 고대 인도에서 수를 세는 단위로 60가지가 있었다고 하는데, 『俱舍論』 등에서는 그 당시 망실된 8수數를 제외하고 52수의 이름을 나열하였다. 그 52수 중에 첫 번째 수가 1(⑤ eka)이고 마지막 수는 아승기阿僧祇(⑤ asaṅkya)다. 『俱舍論』 권12(T29, 63b13) 참조.

[722] 『大智度論』 권4(T25, 86c19).

[723] 『華嚴經』에는 고대 인도의 계산법에서 쓰이던 극대수의 명칭들이 120가지가 나오는데, 이것을 120전轉이라 한다. 이것들은 자승自乘해서 이루어진 큰 수들이다. 예를 들면 구지俱胝(⑤ koṭi)의 구지 배를 '1아유다阿庾多(⑤ ayuta)'라고 하고 아유다의 아유다 배를 '1나유타那由他(⑤ nayuta)'라고 한다. 『華嚴經』 권45 「阿僧祇品」(T10, 237b15) 참조.

ㅁ) 시방세계十方世界의 양

경 혹은 삼천대천세계, 무수백천의 (세계), 미진량만큼의 시방면에 있는 무량무수한 모든 기세계를 말한다.

或三千大千世界, 無數百千, 微塵量等。於十方面無量無數諸器世界。

석 다섯 번째는 시방세계의 양을 설명한 것이다. 첫째는 삼천세계이고, 둘째는 무수백천의 삼천세계이며, 셋째는 미진량만큼의 시방의 무량한 삼천세계이다. 따라서 『현양성교론』에서는 '삼천세계와 무수백천세계와 극미진만큼의 시방의 무량무수한 세계'라고 하였다.[724]

해 또는 일방一方의 무수백천의 (삼천세계와) 미진량만큼의 삼천세계, 시방의 무량무수의 삼천세계를 모두 설하여 '건립의 의미'라고 한 것일 수 있다.

釋曰。第五明十方界量。一三千世界。二無數百千三千世界。三微塵量等十方無量三千世界故。顯揚云。三千世界。無數百千世界。極微塵等十方無量無數世界。又解。一方無數百千微塵量等三千世界。十方無量無數三千世界。皆說名爲建立義也。

ⓕ 수용受用

경 '수용'의 의미란, 내가 설했던 바의 모든 유정의 부류들이 수용하기 위해 생활도구(資具)를 섭수하는 것을 말한다.[725]

---

724 『顯揚聖敎論』 권5(T31, 502b20) 참조.

受用義者。謂我所說諸有情類。爲受用故。攝受資具。

석 여섯 번째는 수용의 의미를 설명한 것이다. 말하자면 모든 유정들이 수용하기 위해 열 가지 신자구身資具[726]를 구족하여 섭수하는 것을 말한다.

따라서 『유가사지론』 제2권에서는 말한다. "열 가지 신자구란 무엇인가? 첫째는 먹을거리, 둘째는 마실 것, 셋째는 탈것, 넷째는 옷, 다섯째는 장신구, 여섯째는 노래하며 웃는 춤과 음악, 일곱째는 향香·만鬘을 바르거나 뿌리고 (꾸미는 것),[727] 여덟째는 집물什物 기구,[728] 아홉째는 조명照明 기구, 열째는 남녀 시봉꾼(受行)이다."[729]

해 또는 '섭수'라고 한 것은 일곱 종류 섭수사攝受事이고, '자구'라고 한 것은 열 가지 '신자구身資具'일 수도 있다. 일곱 가지 섭수사란 예를 들어 『유가사지론』 제2권에서 다음과 같이 설한다. "일곱 가지 섭수사란 무엇인가? 첫째 자기 부모라는 사事, 둘째 처자라는 사, 셋째 노비·하인이라는 사, 넷째 친구·관료·형제·권속이라는 사, 다섯째 전택田宅·가게(廛肆)

---

725 경문은 "受用義者。謂我所說諸有情類。爲受用故。攝受資具。"라고 되어 있는데, 원측의 해설에 따르면 마지막 '攝受資具'는 두 가지로 해석될 수 있다. 첫째로 '열 가지 신자구身資具를 섭수한다'는 말이거나, 둘째로 '일곱 종류 섭수사攝受事와 열 가지 신자구'를 가리킨다.

726 신자구身資具 : 이하에서 열거된 항목에서 알 수 있듯 자기 몸을 유지하고 편안하게 하기 위해 거두어 쓰는 사물들을 말한다.

727 규기窺基의 『瑜伽師地論略纂』 권1(T43, 18a5)에서는 "일곱 번째 '향만도말香鬘塗末'이라 한 것은, '도塗'는 몸에 향을 바르는 것이고, '말末'은 가루로 된 향(末香)을 몸에 뿌리는 것이다.(第七香鬘塗末者。塗謂塗身香。末謂末香。以散身上。)"라고 하였다. 또 '향만香鬘'이란 몸에 바르는 향유香油와 몸을 꾸미는 장식을 말한다.

728 여덟 번째는 '집물지구什物之具'라 했는데, 이에 대해 규기의 『瑜伽師地論略纂』 권1(T43, 18a7)에서는 "아홉 가지를 제외하고 그 밖의 책상 등 자기에게 필요한 도구를 말한다. '집물什物'이란 '갖춤'을 뜻하니, 단지 10이라는 수를 말한 것은 아니다.(除餘九外。餘床机等。資身之具。什物者。具義。非是十數。)"라고 하였다.

729 『瑜伽師地論』 권2(T30, 288c4).

라는 사, 여섯째 복업福業이라는 사와 방편작업方便作業이라는 사, 일곱째는 창고라는 사이다."[730] 열 가지 신자구란 이미 앞에서 설했던 것과 같다.

釋曰。第六知[1]受用義。謂諸有情爲受用故。具足攝受十身資具。故瑜伽論第二卷云。云何十種身資具。一食。二飮。三乘。四依。五莊嚴具。六歌咲[2]儛樂。七香鬘塗末。八什物之具。九照明。十男女受行。又解。言攝受者。七種攝受事。言資具者。十身資具。七種攝受事者。如瑜伽論第二卷說。云何七種攝受事。一自父母事。二妻子事。三奴婢僕使事。四朋友官僚兄弟眷屬事。五田宅鄽[3]肆事。六福業事及方便作業事。七庫藏事。十身資具。已如上說。

1) ㊝ '知'는 '明'이나 '釋'의 오기인 듯하다. 2) ㊝ 『瑜伽師地論』 권2(T30, 288c5)에 '咲'이 '笑'로 되어 있다. 3) ㊝ 『瑜伽師地論』 권2(T30, 288c3)에 '鄽'이 '邸'로 되어 있고, 『解深密經疏』 권6(X21, 324a17)에 '廛'으로 되어 있다.

⑨ 전도顚倒

경 '전도'의 의미란, 저 능취能取 등의 의미에 대해 '무상無常'을 '상常'이라 계탁하여 상想이 전도되고 심心이 전도되며 견見이 전도되거나, '고苦'를 '낙樂'이라 계탁하고 '부정不淨'을 '정淨'이라 계탁하며 '무아無我'를 '아我'라고 계탁하여 상이 전도되고 마음이 전도되며 견이 전도되는 것을 말한다.

顚倒義者。謂卽於彼能取等義。無常計常。想倒心倒見倒。苦計爲樂。不淨計淨。無我計我。想倒心倒見倒。

석 일곱 번째는 전도의 의미를 해석한 것이다. 말하자면 저 앞에서 설했던 바의 능취能取 등의 의미 등에 대해 일곱 가지 전도를 (일으키는 것

---

730 『瑜伽師地論』 권2(T30, 288c1) 참조.

을) '전도의 의미'라고 이름한 것이다.
　이 일곱 가지 전도란 『십칠지론』[731] 제8권에서 설한 것과 같다. 그 논에서는 말한다.

　　전도에 속하는 것이란 일곱 가지 전도를 말한다. 첫째는 상想의 전도, 둘째는 견見의 전도, 셋째는 마음의 전도, 넷째는 무상無常을 상常이라 여기는 전도, 다섯째는 고苦를 낙樂이라 여기는 전도, 여섯째는 부정不淨을 정淨이라 여기는 전도, 일곱째는 무아無我를 아我라 여기는 전도이다.
　　'상의 전도'란 무상·고·부정·무아에 대해 상·낙·정·아라고 하는 망상분별을 일으키는 것이다.
　　'견의 전도'란 저 망상으로 분별된 것에 대해 인가忍可하고 욕락欲樂하며 건립하고 집착하는 것을 말한다.
　　'마음의 전도'란 저 집착된 것들에 대해 탐貪 등의 번뇌를 일으키는 것을 말한다. 번뇌에는 대략 세 종류가 있음을 알아야 한다. 어떤 번뇌는 전도의 근본根本이고, 어떤 번뇌는 전도의 체體이며, 어떤 번뇌는 전도의 등류等流[732]이다. '전도의 근본'이란 무명無明을 말한다. '전도의 체'란 살가야견薩迦耶見(有身見)과 변집견邊執見의 일부와 견취견見取見과 계금취견戒禁取見 및 탐貪을 말한다. '전도의 등류'란 사견邪見과 변집견의 일부와 진瞋과 만慢과 의疑를 말한다.
　　이 중에서 살가야견은 무아를 아라고 여기는 전도이고, 변집견의 일부는 무상을 상이라 여기는 전도이며, 견취견은 부정을 정이라 여기는 전도이고, 계금취견은 고를 낙이라 여기는 전도이다. '탐'은 두 가지에

---

[731] 『십칠지론十七地論』: 『瑜伽師地論』을 가리킨다. 이 논은 유가사瑜伽師가 수행하는 십칠지十七地에 대해 자세하게 해석한 것이기 때문에 '십칠지론'이라 불리기도 한다.
[732] 전도의 등류等流: 전도의 체體인 살가야견 등이 원인이 되어 생겨난 번뇌들을 가리킨다. 인과가 서로 등질적이기 때문에 '등류'라고 한다.

통하니, 부정을 정이라 여기는 전도 및 고를 낙으로 여기는 전도를 말한다.733

자세하게 분별하면 예를 들어 『구사론』 제19권과 『순정리론』 제47권과 『대비바사론』 제104권과 「사도장四倒章」과 같다.

釋曰. 第七釋顚倒義. 謂卽於彼如上所說能取等義. 七種顚倒. 名顚倒義. 此七顚倒. 如十七地第八卷說. 彼云. 顚倒攝者. 謂七顚倒. 一想倒. 二見倒. 三心倒. 四於無常常倒. 五於苦樂倒. 六於不淨淨倒.¹⁾ 想倒者. 謂於無常苦不淨無我中. 起常樂淨我妄想分別. 見倒者. 謂卽於彼妄想所分別中. 忍可欲樂建立執著. 心倒者. 謂卽於彼所執著中貪等煩惱. 當知煩惱略有三種. 或有煩惱. 是倒根本. 或有煩惱. 是顚倒體. 或有煩惱. 是倒等流. 倒根本者. 謂無明. 顚倒體者. 謂薩迦耶見邊執見一分. 見取戒禁取及貪. 倒等流者. 謂邪見邊執見一分. 瞋²⁾慢及癡. 此中薩迦耶見. 是無我我倒. 邊執見一分. 是無常常倒. 見取. 是不淨淨倒. 戒禁取. 是於苦樂倒. 貪通二種. 謂不淨淨想.³⁾ 及於苦樂倒. 若廣分別. 如俱舍十九. 順正理四十七. 婆沙一百四. 及四倒章.

1) ㉯『瑜伽師地論』 권8(T30, 314b8)에 '倒' 뒤에 '七於無我我倒'가 있고, 문맥상 여섯 자를 넣어야 한다. 2) ㉯『瑜伽師地論』 권8(T30, 314b16)에 '瞋'이 '恚'로 되어 있다. 3) ㉯『瑜伽師地論』 권8(T30, 314b19)에 '想'이 '倒'로 되어 있다.

ⓗ 무전도無顚倒

경 '전도 없음'의 의미는 앞의 것과 상반되니, 능히 그것(전도)을 대치하는 것이 그것의 상임을 알아야 한다.

---

733 『瑜伽師地論』 권8(T30, 314b6).

無倒義者。與上相違。能對治彼。應知其相。

석 여덟 번째는 전도 없음의 의미를 해석한 것이다. 앞의 것과 반대로 알아야 한다.

釋曰。第八釋無倒義。返上應知。

① 잡염雜染

경 '잡염'의 의미란 삼계 중의 세 종류 잡염, 첫째 번뇌잡염, 둘째 업잡염, 셋째 생잡염을 말한다.

雜染義者。謂三界中三種雜染。一煩惱雜染。二業雜染。三生雜染。

석 아홉 번째는 잡염의 의미를 밝힌 것이다. 경문에 세 개의 절이 있다. 처음은 장문章門을 내건 것이고, 다음은 그 개수를 표시한 것이며, 마지막은 그 이름을 나열한 것이다.
　무성無性의 『섭대승론석』 제2권에 의하면 다음과 같다. "'잡염'이란 어지러움(渾), 흐림(濁), 부정不淨의 뜻이다.……잡염에는 세 가지가 있다. 첫째는 번뇌에 의해 만들어진 것이고, 둘째는 업에 의해 만들어진 것이며, 셋째는 생에 의해 만들어진 것이다."[734] 【**해** 번뇌가 고요하지 않아서 마음을 어지럽히는 것을 '어지러움'이라 하였고, 업의 성질은 조작하는 것으로서 마음을 맑지 못하게 하는 것을 '흐림'이라 하였으며, 생사가 유루有漏이니 이를 '부정'이라고 하였다.】
　또 『현양성교론』 제1권에서는 말한다. 〈'번뇌의 잡염'이라 했는데, 모

734　무성의 『攝大乘論釋』 권2(T31, 391a16).

든 번뇌 및 수번뇌를 합해서 번뇌의 잡염이라 이름한 것이다. '업의 잡염'이란, 혹은 번뇌가 인因이 되어 생겨나는 것, 혹은 번뇌를 인으로 하고 보조적 선법(助善法)을 연으로 하여 생겨나는 것을 말하니, 그 대응하는 바의 삼계에 포섭되는 신업·어업·의업과 같은 것이다. '생의 잡염'이란, 번뇌 및 업으로 인해 생함이 있고 생함으로 인해서 고苦가 있는 것을 말한다.〉[735] 구체적으로 설하면 그 논과 같다.

자세하게 분별하면 예를 들어 『유가사지론』 제8권과 제9권과 같다.

釋曰。第九明雜染義。文有三節。初牒章門。次標其數。後列其名。若依無性攝大乘釋第二卷云。言雜染者。是渾。[1] 是不淨義。雜染有三。一煩惱所作。二業所作。三生所作。【解云。煩惱不靜亂心。名渾。業性造作令心不澄。稱之爲濁。生死有漏。是名不淨。】又顯揚論第一卷云。煩惱雜染者。謂一切煩惱及隨煩惱。合名煩惱雜染。業雜染者。謂或因煩惱所生。或因煩惱緣助善法所生。如其所應三界所攝身語意業。生雜染者。謂因煩惱及業故生。因生故苦。具說如彼。若廣分別。如瑜伽論第八第九。

1) ㉑ 무성의 『攝大乘論釋』 권2(T31, 391a16)에 '渾' 뒤에 '是濁'이 있다.

① 청정淸淨

경 '청정'의 의미란, 이와 같은 세 종류 잡염에서 (벗어나는) 모든 이계의 보리분법[736]을 말한다.

---

735 『顯揚聖敎論』 권1(T31, 485a29~b27) 참조.
736 모든 이계의 보리분법(所有離繫菩提分法) : 이하 원측의 해석에 따르면, 이 문구는 "모든 이계와 보리분법" 혹은 "모든 이계의 보리분법" 등 두 가지로 해석될 수 있다. 원측은 후자의 해석이 뛰어나다고 하였기 때문에 여기서는 "모든 이계의 보리분법"이라 번역하였다. 이 중에서 이계離繫란 모든 번뇌의 계박으로부터 떠난 것, 즉 이계과離繫果를 뜻한다. 보리분법菩提分法이란 그러한 이계과를 획득하는 인因으로서의 수

淸淨義者。謂卽如是三種雜染所有離繫菩提分法。

석 열 번째는 청정의 의미를 해석한 것이다.
"모든 이계의 보리분법"에 대해 본래 두 가지 설이 있다.

한편에서 말하길, '모든 이계 및 보리분법'을 '청정의 의미'라고 한다. 이는 상위석相違釋이다.[737] 한편에서는 말하길, '모든 이계의 보리분법'이란 과果를 들어서 인因을 나타낸 것이고, 이것이 '청정'의 의미라고 한다. 이는 의주석依主釋이다.[738] 비록 두 가지 설이 있지만 뒤의 해석이 뛰어나다.

따라서 『현양성교론』 제5권에서는 "'청정'의 의미란 세 종류 잡염의 이계를 증득하기 위해 닦는 바의 모든 보리분법을 말한다."[739]라고 하였다.

또 『섭대승론석』에서는 "'청정'의 의미는 선명함(鮮), 청결함(潔), '소제掃除'의 뜻이다.……청정에는 두 가지가 있다. 첫째는 세간청정이니, 유루도有漏道로써 잠시 현재의 번뇌를 줄이고 조복시켰기 때문이다. 둘째는 출세간청정이니, 무루도無漏道로써 마침내 저 수면隨眠까지 단멸시켰기 때문이다."[740] 【**해** 미혹을 떠난 것을 '선명'이라 하였고, 업을 떠난 것을 '청결'이라 하였으며, 생사를 떠난다는 의미에서 이를 '소제'라고 말하였다.】

釋曰。第十釋淸淨義。所有離繫菩提分法。自有二說。一云。所有離繫及菩

행법들을 가리킨다.
737 이 해석에 따르면, '所有離繫菩提分法'이라는 문구는 '모든 이계 및 보리분법'으로 해석되는데, 이는 상위석相違釋에 해당한다. '상위석'이란 두 단어 이상으로 이루어진 복합어를 'A와 B'라는 병렬적 관계로 해석하는 것을 말한다.
738 이 해석에 따르면, '所有離繫菩提分法'이라는 문구는 '모든 이계의 보리분법'으로 해석되는데, 이는 의주석依主釋에 해당한다. '의주석'이란 넓은 의미에서 두 단어의 관계가 'A의 B'라는 수식 관계로 해석되는 복합어를 가리킨다. 이렇게 해석할 경우, '이계'는 과果이고 보리분법은 그 과를 증득하는 인因에 해당하므로, '모든 이계의 보리분법'이란 최종적으로는 '인'의 이름을 나타내는 것이다.
739 『顯揚聖教論』 권5(T31, 502b26).
740 無性無性의 『攝大乘論釋』 권2(T31, 391a16).

提分法。名淸淨義。是相違釋。一云。所有離繫之菩提分法。擧果顯因。是淸淨義。是依主釋。雖有兩說。後釋爲勝。故顯揚論第五卷云。淸淨義者。謂爲證三種雜¹⁾離繫故。所修一切菩提分法。又攝論云。淸淨義者。是鮮是潔。是掃除義。淸淨有二。一世間淸淨。以有漏道暫時損伏現煩惱故。二出世²⁾淸淨。以無漏道畢竟斷滅彼隨眠故。【解云。離惑稱鮮。離業名潔。離生死義。是謂掃除。】

1) ⓔ『顯揚聖敎論』권5(T31, 502b27)에 '雜' 뒤에 '染'이 있다.   2) ⓔ『攝大乘論釋』권5(T31, 391a19)에 '世' 뒤에 '間'이 있다.

(d) 십의에 대해 총결지음

경 선남자여, 이와 같은 열 가지가 일체의 의미들을 두루 포섭함을 알아야 한다.

善男子。如是十種。當知普攝一切諸義。

석 네 번째는 열 가지 의미가 모든 의미를 포섭한다고 총결지은 것이다.[741] 이와 같은 열 가지 의미에 대해 『현양성교론』 제5권에서도 이 경과 동일하게 말한다.[742] 그런데 차이점은 그 논에서는 일곱 진여(七如)에 대해 단지 이름만 나열하고 해석하지 않았다는 것이다.

釋曰。第四總結十義能攝諸義。如是十義。顯揚第五。一同此經。而差別者。

---

741 이상에서 설한 열 가지 의미란, 보살들이 알아야 할 의미(所知義)를 열 가지 항목으로 총괄한 것이다. 말하자면 진소유성盡所有性, 여소유성如所有性, 능취能取, 소취所取, 건립建立, 수용受用, 전도顚倒, 전도 없음(不倒), 잡염雜染, 청정淸淨 등이다.
742 『顯揚聖敎論』 권5(T31, 502b8) 참조.

彼論七如。但列其名。而不解釋。

b) 오의五義에 의거해서 의미를 아는 것에 대해 설명함

(a) 표장으로 개수를 둠

경 다시 선남자여, 저 모든 보살들은 다섯 종류 의미를 알기 때문에 '의미를 안다'고 하는 것이다.

復次。善男子。彼諸菩薩。由能了知五種義故。名爲知義。

석 이하는 두 번째로 다섯 종류 의미에 의거해서 '의미를 안다'는 것에 대해 해석한 것이다. 이 중에 네 가지가 있다. 첫째는 표장으로서 개수를 든 것이다. 둘째는 문답으로 이름을 나열한 것이다. 셋째는 차례대로 따로 해석한 것이다. 넷째는 다섯 종류 의미에 대해 총결지은 것이다.
이것은 처음에 해당한다.

釋曰。自下第二約五種義。以釋知義。於中有四。一標章擧數。二問答列名。三次第別釋。四總結五義。此即初也。

(b) 문답으로 이름을 나열함

ⓐ 질문

경 어떤 것이 다섯 종류 의미인가?

何等五義。

석 이하는 두 번째로 문답으로 이름을 나열한 것이다. 이 중에 두 가지가 있으니, 앞은 질문이고 뒤는 대답이다.
이것은 처음에 해당한다.

釋曰。自下第二問答列名。於中有二。先問。後答。此卽初也。

ⓑ 대답

경 첫째는 변지해야 할 사이고, 둘째는 변지해야 할 의미이며,[743] 셋째는 변지라는 인이고,[744] 넷째는 변지의 과를 증득함이며,[745] 다섯째는 이 각을 완

---

[743] '의미를 안다'는 것이 무엇인지를 설명하기 위해, 변지사遍知事, 변지의遍知義, 변지인遍知因, 변지과遍知果, 각료각了 등 다섯 가지 범주로 나누어 설명하였다. 이하 원측의 해석에 따르면, 다섯 종류는 알아야 할 경계(所知境), 그것을 능히 아는 지혜(能知智), 그리고 경계를 두루 앎으로써 증득되는 과(所證果) 등으로 구분한 것이다. 위 경문에서 '변지遍知~'라는 수식어가 붙은 복합어가 네 종류 제시되었는데, 그 의미는 조금 다르다. 이 중에 변지사와 변지의에 대해, 뒤의 경문에서는 '알아야 할 대상(所知), 마땅히 알아야 할 경계(所應知境)'라고 정의하였다. 이때의 '변지'는 '두루 알아야 할 대상(所遍知, 所應遍知)'을 뜻한다. 따라서 변지사·변지의라는 복합어는 '변지해야 할 사, 변지해야 할 의미', 혹은 '두루 알아야 할 사, 두루 알아야 할 의미' 등으로 번역될 수 있다.

[744] 이전의 변지사遍知事·변지의遍知義가 알아야 할 경계(所知境)에 해당한다면, 이 변지인遍知因은 그 경계를 능히 아는 지(能知智)에 해당한다. 다시 이후의 변지과遍知果와 대응시켜 보면, 이 지가 인因이 되어 유위有爲·무위無爲의 과果를 획득하기 때문에 '변지인'이라 하였다. 뒤의 경문에 따르면, 변지인이란 구체적으로는 지智를 기반으로 해서 그 지를 더욱 성숙시켜 가는 삼십칠보리분법三十七菩提分法의 수행법을 가리킨다. 이때 '변지'는 '능히 두루 아는 지智'를 가리키며, 그 지혜 자체가 인因이므로 '변지인'이라 한 것이다. 따라서 '변지인'이라는 복합어는 '변지라는 인' 등으로 번역될 수 있다.

[745] 변지과遍知果는 번뇌의 멸진 등과 같은 무위과無爲果, 또 성문·여래의 공共·불공不共의 공덕 등과 같은 유위과有爲果를 가리킨다. 이것은 '변지'라는 인因에 의해 증득되

료하는 것이다.

一者遍知事。二者遍知義。三者遍知因。四者得遍知果。五者於此覺了。

석 두 번째는 개수에 의거해서 이름을 나열한 것이다. 이 다섯 가지 중에서 총괄해서 나누면 셋이 된다. 처음의 두 개는 알아야 할 경계(所知境)이다. 세 번째는 능히 아는 지혜(能知智)이니, 인행因行이다. 뒤의 두 개는 증득되는 과(所證果)이다.

釋曰。第二依數列名。於此五中。總分爲三。初二所知境。第三能知智。卽是因行。後二卽是所證果。

(c) 차례대로 따로 해석함

ⓐ 변지사遍知事

경 이 중에 '변지해야 할 사'란 일체의 '알아야 할 대상(所知)'임을 알아야 하니, 말하자면 모든 온이나 모든 내처나 모든 외처, 이와 같은 일체이다.

此中遍知事者。當知卽是一切所知。謂或諸蘊。或諸內處。或諸外處。如是一切。

석 이하는 세 번째로 차례대로 따로 해석한 것이다. (경문을) 구분하면 다섯 가지다.

는 과果이다. 따라서 '변지과'라는 복합어는 '변지의 과'라고 번역될 수 있다.

이것은 처음의 의미에 대해 해석한 것이다. 경문에는 세 개의 절이 있으니, 처음은 (표제를) 내건 것이고, 다음은 해석한 것이며, 마지막은 유석類釋한 것이다.[746]

'사事'란 체사體事를 말한다. 말하자면 일체법의 알아야 할 경계(所知境), 오온이나 십이처나 십이처 중에서 안의 모든 육처와 밖의 모든 육처이다. "이와 같은 일체이다."란, (온·처와 마찬가지로) 계界도 모두 알아야 할 대상이라고 유석한 것이다.

따라서 『현양성교론』에서는 '변지해야 할 사란 온·계·처와 같은 것이다'라고 하였고,[747] 『유가사지론』 제82권에서는 '변지해야 할 사란 온·계·처와 연기·염주 및 정단 등을 말한다'고 하였다.[748] 『현양성교론』 제13권에서 또한 『유가사지론』과 동일하게 설한다.[749]

釋曰。自下第三次第別釋。即分爲五。此釋初義。文有三節。初牒。次釋。後類。事謂體事。謂一切法所知境。或是五蘊。或十二處。十二處中。內諸六處。外諸六處。如是一切者。類釋界皆是所知。故顯揚云。遍知事者。謂蘊界處如是等。依瑜伽論八十二云。遍知事者。謂蘊界處緣起念住及正斷等。顯揚十三。亦同瑜伽。

ⓑ 변지의 遍知義

---

746 유석類釋이란 구체적인 해석을 생략하고 이전에 준해서 이해하도록 하는 것을 말한다. 위의 경문 중에서는 "이와 같은 일체이다."가 유석에 해당한다.
747 『顯揚聖教論』 권5(T31, 502c1) 참조.
748 『瑜伽師地論』 권82(T30, 759c28) 참조.
749 『顯揚聖教論』 권13에서는 '모든 법을 두루 안다는 것(遍知諸法)'에 대해 설명하면서 『瑜伽師地論』 권82와 동일하게 설한다. 자세한 것은 『顯揚聖教論』 권13(T31, 544c23) 참조.

ㄱ. 총괄해서 표명함

경 '변지해야 할 의미'란 나아가 모든 품류의 차별에 이르기까지 '마땅히 알아야 할 경계'를 말한다.

遍知義者。乃至所有品類差別。應¹⁾知境。

1) ㉔『解深密經』권3(T16, 700b1)에 따르면, '應' 앞에 '所'가 누락되었다.

석 두 번째는 '변지해야 할 의미'에 대해 설명한 것이다. 이 중에 세 가지가 있다. 처음은 총괄해서 표명하였고, 다음은 따로 해석하였으며, 마지막은 유석한 것이다.
 이것은 처음에 해당한다. 경문에 두 개의 구절이 있다. 처음은 (표제를) 내건 것이고, 나중은 해석한 것이다.
 이전의 '사事'와는 차별이 있으니, 전에는 경계의 체를 나타내었지만 아직 갖가지 의문義門의 차별을 설명하지 않았다. 따라서 지금 이 문에서 의미의 차별에 대해 밝힌 것이다.

釋曰。第二明遍知義。於中有三。初總標。次別釋。後類釋。此卽初也。文有二節。初牒。後釋。謂與前事有差別者。前出境體。未辨種種義門差別。故今此門明義差別。

ㄴ. 따로 해석함

ㄱ) 세속世俗·승의勝義의 문

경 말하자면 세속이기 때문이고 혹은 승의이기 때문이며,

謂世俗故。或勝義故。

석 이하는 따로 해석한 것이다. 이에 열한 개의 문이 있다.[750]
이것은 첫 번째로 세속·승의의 문이다.
예를 들어 『집론』 제2권과 『잡집론』 제3권에서는 말한다.[751]

> 어떤 것이 세속유世俗有이고, 몇 개가 세속유이며, 어떤 의미에서 세속유를 관찰하는가?
> 잡염된 소연(雜染所緣)이 세속유의 뜻이다.[752] 일체가 모두 세속유이다. {'일체'라고 했는데, 오온·십이처·십팔계의 35법을 갖추기 때문에 '일체'라고 하였다.} 잡염된 모습의 '아我'에 대한 집착을 버리기 위해서 세속유를 관찰하는 것이다.
> 어떤 것이 승의유勝義有이고, 몇 개가 승의유이며, 어떤 의미에서 승의유를 관찰하는가?
> 청정한 소연(清淨所緣)이 승의유의 뜻이다.[753] 일체가 모두 승의유이다. 청정한 아의 모습에 대한 집착을 버리기 위해서 승의유를 관찰하는

---

750 알아야 할 사(所知事)란 유가행자들이 알아야 할 경계들의 체體를 말한다. 그 경계 자체는 갖가지 품류 차별이 있기 때문에 갖가지 차별적 의미를 내포하게 되는데, 이것을 '알아야 할 의미(所知義)'라고 한다. 이하에서는 세속世俗·승의勝義의 문, 공덕功德·과실過失의 문 등 모두 열한 개의 문을 기준으로 해서, 각종의 사사에 어떤 차별적 의미가 있는지, 또 어떤 이유에서 그러한 차별적 의미를 관하는지 등을 설명하였다.
751 원문에는 『集論』 권1과 『雜集論』 권2의 인용문이라고 되어 있는데, 이하의 인용문은 『集論』 권2와 『雜集論』 권3에 나온다.
752 세속유世俗有라는 경계는 능히 일체의 잡염을 발생시킨다는 의미가 있기 때문에 '잡염소연雜染所緣'이라고 하였다. 『雜集論』 권3(T31, 705a9) 참조.
753 승의유勝義有라는 경계를 소연으로 삼아 관함으로써 청정을 획득하게 된다. 이 경계가 바로 가장 뛰어난 지혜의 영역(最勝智所行), 즉 지혜의 인식 대상(所緣)이라는 의미가 있기 때문에 '청정소연清淨所緣'이라 하였다. 『雜集論』 권3(T31, 705a14) 참조.

것이다.[754]

『잡집론』의 해석에서는 "'일체가 모두 승의유이다'라고 한 것은 일체법이 진여와 분리되지 않기 때문이다."[755]라고 하였다.

자세하게 분별하면 「이제장二諦章」과 같다.

釋曰。自下別釋。有十一門。此卽第一世俗勝義門。如集論第一[1]雜集第二[2]云。云何世俗[3]。幾是世俗[4]。爲何義故現[5]世俗耶。謂雜染所緣是世俗有義。一切皆是世俗有。【言一切者。具五蘊十二處十八界三十五法。故言一切也。】爲捨執著雜染相我故。觀察世俗有。云何勝義有。幾是勝有。爲何義故觀勝義有耶。謂淸淨所緣是勝義有義。一切皆是勝義有。爲捨執著淸淨我相故。觀察勝義有。雜集釋云。一切皆是勝義有者。以一切法不離眞如故。若廣分別。如二諦章。

1) ㉠ '一'은 '二'인 듯하다. 2) ㉠ '二'는 '三'인 듯하다. 3) ㉠『集論』권2(T31, 667a22)와『雜集論』권3(T31, 705a7)에 '世俗' 뒤에 '有'가 있다. 4) ㉠『集論』권2(T31, 667a22) 등에는 '世俗' 뒤에 '有'가 있다. 5) ㉠『雜集論』권3(T31, 705a7)에 따르면, '現'은 '觀'의 오기다.

ㄴ) 공덕功德·과실過失의 문

경 혹은 공덕이기 때문이고 혹은 과실이기 때문이며,

或功德故。或過失故。

---

754 『集論』권2(T31, 667a22).
755 『雜集論』권3(T31, 705a16).

석 두 번째는 공덕과 과실의 문이다.

말하자면 사무량四無量[756] 등과 140불공불법不共佛法[757]을 '공덕'이라 하고, 오역五逆·십악十惡[758]과 사중번뇌四重煩惱[759] 등은 '과실'이라 한다. 따라서 뒤의 경문에서는 "'과실'이란 모든 잡염법을 말하고 '공덕'이란 모든 청정법을 말한다."[760]라고 하였다. 『중변분별론』에서는 '열반'을 '공덕'이라 하였고 '생사'를 '과실'이라 하였다.[761]

釋曰。第二功德過失門。謂四無量等。及百四十不共佛法。名爲功德。五逆

---

[756] 사무량四無量 : 자자慈·비悲·희喜·사捨 등의 네 종류 무량無量을 말한다. 이전의 '⑧ 지관의 종류 수의 차별을 밝히는 문'에서 '네 종류 사마타'를 설명하면서 이 사무량에 대해 자세히 해석한 바 있다.

[757] 140불공불법不共佛法 : 성문 등과는 공유하지 않고 오직 불보살만 가진 특수한 법을 '불공불법', 간단히 '불공법不共法'이라 하는데, 이에 대해서는 많은 이설이 있다. 특히 『瑜伽師地論』 권49에서는 오직 불세존佛世尊만이 소유하는 140가지 불공불법을 설한다. 140가지란 여래의 삼십이대장부상三十二大丈夫相, 팔십수호八十隨好, 사일체종청정四一切種清淨, 십력十力, 사무소외四無所畏, 삼념주三念住, 삼불호三不護, 대비大悲, 무망실법無忘失法, 습기를 영원히 제거함(永害習氣), 그리고 일체종묘지一切種妙智 등이다. 이에 관한 자세한 설명은 『瑜伽師地論』 권49 「本地分中菩薩地」(T30, 566c7) 참조.

[758] 오역五逆·십악十惡 : '오역'이란 악취惡趣에 떨어지는 다섯 종류 중죄重罪를 가리키는데, 소승과 대승의 설이 다르다. 소승에서는 ① 어머니를 살해하는 것(害母), ② 아버지를 살해하는 것(殺父), ③ 아라한을 살해하는 것(殺阿羅漢), ④ 나쁜 마음으로 부처님 몸에 피가 나게 하는 것(惡心出佛身血), ⑤ 승가를 파괴하는 것(破僧) 등을 오역죄라고 한다. 대승에서는 ① 탑사를 파괴하거나(破壞塔寺) 경상을 훼손시키거나(燒燬經像) 삼보의 물건을 훔치는(奪取三寶之物) 등의 일을 저지르는 것, ② 성문·연각을 비방하고 또 대승법을 비방하는 것, ③ 출가인의 수행을 방해하거나 출가인을 살해하는 것, ④ 소승의 오역죄 중 하나를 범하는 것, ⑤ 모든 것에 업보가 없다고 주장하면서 열 가지 불선업不善業을 행하는 것 등을 말한다. '십악'이란 열 가지 불선업을 말하니, ① 살생殺生, ② 도둑질(偸盜), ③ 사음邪淫, ④ 거짓말(妄語), ⑤ 이간질하는 말(兩舌), ⑥ 악구惡口, ⑦ 기어綺語, ⑧ 탐욕貪欲, ⑨ 진에瞋恚, ⑩ 사견邪見 등이다.

[759] 사중번뇌四重煩惱 : 음란(淫), 도둑질(盜), 살생(殺), 거짓말(妄) 등의 네 종류 무거운 죄(四波羅夷)를 범하게 하는 번뇌를 말한다.

[760] 『解深密經』 권5 「如來成所作事品」(T16, 709b5).

[761] 『中邊分別論』 권1(T31, 457c8) 참조.

十惡四重煩惱等。名爲過失故。下經云。過失者。諸雜染法。功德者。諸淸
淨法。中邊論曰。涅槃名功德。生死名過失。

ㄷ) 사연四緣·삼세三世의 문

경 연 때문이고 세 때문이며,

緣故世故。

석 세 번째는 사연四緣으로 분별한 문이고, 네 번째는 삼세三世로 분별한 문이다.

'사연'이라 한 것에 대해,[762] 예를 들어 『유가사지론』 제3권에서 말한다. 〈또 네 가지 연이 있다. 첫째는 인연因緣이니, 모든 종자를 말한다.[763] 둘째는 등무간연等無間緣이니, 만약 이 식識과 무간으로 식들이 결정코 생겨

---

[762] 불교 경론에는 다양한 인과설이 등장하는데, 그중 대표적인 것은 사연설四緣說이다. 사연이란 어떤 과果를 산출하는 인因을 네 종류로 구분한 것이다. 유식唯識의 교의에 따르면, 모든 유위법의 발생은 '식識'에 의거해서 설명할 수 있는데, 구체적으로는 아뢰야식阿賴耶識에 내재된 일체종자一切種子, 또 현행한 여덟 가지 식들이 어떤 과果를 산출하는 데서 담당하는 차별적 역할에 따라 네 종류의 연緣을 말할 수 있다. 그중에 ① 인연因緣(Ⓢ hetu-pratyaya)이란, 유위법이라는 결과를 직접 산출하는 내적 원인, 특히 아뢰야식의 종자를 가리킨다. ② 등무간연等無間緣(Ⓢ samanantara-pratyaya)이란, 전찰나의 마음(心과 心所)이 후찰나의 동일한 부류의 마음의 발생에 대해 즉각적으로 이어 주는 토대(所依)로서 작용하는 것을 말한다. ③ 소연연所緣緣(Ⓢ ālambana-pratyaya)이란, 심과 심소의 인식 대상을 가리킨다. ④ 증상연增上緣(Ⓢ adhipati-pratyaya)이란, 이상의 세 가지 역할을 제외하고, 어떤 과법果法이 생하도록 도와주는 모든 것을 가리킨다.
[763] 인연因緣이란 모든 유위법들을 산출해 낸 직접적 원인이다. 이 논에서는 우선 '종자種子'에 국한해서 인연의 의미를 설하였다. 전후 이시적異時的 관계에서 종자로부터 자류自類의 종자가 생하거나, 혹은 동시적 관계에서 종자로부터 동류同類의 현행식이 생하는 경우, 종자는 종자와 현행식에 대해 인연성因緣性을 갖는다.

난다면 이것은 그것의 등무간연이다.[764] 셋째는 소연연所緣緣이니, 모든 심법과 심소법의 소연경계를 말한다. 넷째는 증상연增上緣이다. 종자를 제외한 그 밖의 소의所依를 말하니, 마치 안眼과 조반법助伴法을 안식眼識과 대응시키는 것과 같고, 그 밖의 식도 이와 같다.[765] 또 선성善性과 불선성不善性은 좋아하는 과(愛果)나 좋아하지 않는 과(非愛果)를 가져오니, 이와 같은 부류를 증상연이라 한다.[766][767]

자세한 것은 『별장』의 설과 같다.

釋曰。第三四緣分別門。第四三世分別門。言四緣者。如瑜伽論第三卷云。又有四緣者。一者因緣。謂諸種子。二等無間緣。謂若此識無間[1] 諸識決定

---

[764] 등무간연等無間緣이란 전후의 식識들 상호 간에 성립되는 것이다. 만약 이 식에 이어서 '등질적이고 즉각적으로(等無間)' 저 식이 생긴다면, 이 식은 저 식에 대해 등무간연이라 말한다. 이것은 곧 직전에 소멸한 현행식과 심소법들을 가리킨다.

[765] 증상연增上緣이란 본래 어떤 법의 발생에 있어서 적극적으로 '힘을 더해 주는 것(與力)' 뿐만 아니라 단지 '방해하지 않는 것(不障)'을 통칭하는 말이다. 따라서 넓은 의미에서는 이전의 세 가지 연緣도 증상연에 속한다. 그런데 앞의 세 가지 연은 각기 특수한 기능을 부각시켜 별도의 연으로 가립되었기 때문에 그것들을 제외한 나머지를 '증상연'이라 칭한 것이다. 위 논에서는 우선 구생俱生하는 법 중에서 대표적 두 가지를 들었다. "종자를 제외한 그 밖의 소의所依"란 식識과 구생俱生하는 근根을 말하니, 가령 안근眼根 등은 내적 토대(所依)가 되어 안식眼識 등이 발생을 돕기 때문에 '증상연'이라 한다. "조반"이란 그 밖에 구생한 심·심소법을 말하니, 하나의 식과 구생한 심·심소들은 상호 간에 서로 증상연이 되어 준다.

[766] 증상연의 또 다른 사례는 시간적으로 현격하게 떨어진 인·과의 관계에서도 성립한다. 과거의 선업善業·불선업不善業은 미래의 애과愛果·비애과非愛果 등에 대해 증상연이 된다. 미래의 과보는 일차적으로는 업의 힘에서 기인하는 것이지만, 업종자를 직접적 원인(因緣)이라 하지 않는다. 그 일차적 이유는, 업종자가 결과를 '직접 산출했다'고 말할 수 없기 때문이다. 사연설에 따르면, 다음 찰나의 과를 직접 산출해 낸 종자는 '인연'에 해당한다. 이것을 특히 명언습기名言習氣라고 하는데, 이 습기(종자)가 생의 마지막 순간에 업종자를 보조인으로 삼아서 다음 순간의 과보를 산출해 낸다. 따라서 명언습기는 다음 생의 이숙과異熟果를 '직접(親)' 산출해 내는 '인연'에 해당하고, 업종자는 그것을 '보조하는' 증상연에 해당한다. 규기의 『成唯識論述記』 권8(T43, 517b5) 참조.

[767] 이상은 『瑜伽師地論』 권3(T30, 292a1) 참조.

生。此是彼等無間緣。三所緣緣。謂諸心心法所緣境界。四增上緣。謂除種子餘所依。如眼及助伴法望眼識。所餘識亦爾。又善不善性。能取愛非愛果。如是等類名增上緣。廣如別章。

1) ㉑ '聞'은 '間'인 듯하다. ㉠ 『瑜伽師地論』 권3(T30, 292a3)에 '間'으로 되어 있다.

'삼세'라 한 것에 대해,[768] 예를 들어 『유가사지론』 제3권에서 말한다. "어째서 삼세를 건립했는가? 모든 종자는 법과 분리되지 않기 때문에 법과 같이 (삼세를) 건립하였고, 또 과를 냄(與果)과 아직 과를 내지 않음(未與果)이 있기 때문에 (삼세를 건립하였다.) 만약 모든 과법果法이, 이미 멸한 모습이라면 과거이고, 인因은 있는데 아직 생하지 않은 모습이라면 미래이며, 이미 생했는데 아직 멸하지 않은 모습이라면 현재이다.[769]"[770]

또 『유가사지론』 제52권에서는 말한다. "이미 과를 낸 종자種子가 상속하는 것을 과거계過去界라고 하고, 아직 과를 내지 않은 미래의 종자가 상

---

[768] 이하에서는 『瑜伽師地論』 권3과 권52 등의 문구를 인용하여 '삼세三世'의 뜻을 해석하였다. 이 논의 권3에서는, '종자種子에 의거해서 삼세三世를 건립한다'는 유가행파의 주장을 총괄적으로 표명하였다. 불교적 관점에 따르면, 삼세라는 것은 시時이고, '시'란 별도의 실체가 없으며, 다만 색色·심心 등의 법 상의 전후 차별에 의거해서 가짜로 '삼세'를 건립한 것이다. 그런데 이 『瑜伽師地論』에서는, 제법의 종자는 법과 분리되지 않기 때문에 종자에 의거해서 삼세를 건립한다고 말한다. '종자에 의거한다'는 것은, 구체적으로 말하면, 현재의 종자에 의거해서 과거와 미래를 건립한다는 뜻이다. 현재의 종자에는 두 가지 의미가 내포되어 있다. 과를 산출하는 종자의 공능功能을 '여과與果'라고 하는데, 현재의 종자는 이미 과果로서 산출된 것이라는 점에서는 '이미 여과를 마친 것(已與果)'이라는 의미가 있고, 또 미래의 인因을 담지하고 있다는 점에서는 '아직 여과를 일으키지 않은 것(未與果)'이라는 의미도 있다. 현재의 종자 상에 이와 같은 두 가지 의미가 있기 때문에 과거와 미래를 가립한다. 자세한 것은 『瑜伽師地論略纂』 권2(T43, 22b2) 참조. 『瑜伽論記』 권1(T42, 334a29) 참조.
[769] 이 문장은 과법果法을 기준으로 삼아 과거·미래·현재를 구분한 것이다. 말하자면 과법이 이미 멸한 것을 과거라고 하고, 인因만 있고 아직 과법이 생하지 않은 것을 미래라고 하며, 과법이 이미 생하여 아직 소멸하지 않은 것을 현재라고 한다.
[770] 『瑜伽師地論』 권3(T30, 291c17).

속하는 것을 미래계未來界라고 하며, 아직 과를 내지 않은 현재의 종자가 상속하는 것을 현재계現在界라고 한다. 여기에서 설한 이와 같은 밀의密意를 알아야 한다."[771]

또 말한다. "과거의 제행諸行은 '과를 냈다(與果)'는 점에서 유有이고, 미래의 제행은 '인을 거둔다(攝因)'는 점에서 유이다.[772] 그 이유는 무엇인가? 현재의 제행은 세 가지 상相으로 현현되기 때문이다. 첫째, 이것은 과거의 과성果性이기 때문이다. 둘째, 이것은 미래의 인성因性이기 때문이다. 셋째, 자성自性(自相)이 상속하면서 끊어지지 않기 때문이다."[773] 구체적으로 설하면 그 논과 같다.

『유가사지론』제56권에서도 동일하게 설한다. 『변중변론』제2권과 『집론』제2권과 『잡집론』제3권과 『현양성교론』제9권도 『유가사지론』과 거의 동일하게 설한다.

또 『성유식론』제3권에서는 말한다. "대승(에서 설한) 연기의 바른 도리(正理)를 믿어야 한다. 말하자면 이 바른 도리는 깊고 묘하여 언어를 떠난 것이고, '인과因果' 등이라는 말은 모두 가짜로(假) 시설한 것이다. 현재의 법이 이후를 이끌어 내는 작용이 있음을 관하여, '미래의 과(當果)'를 가짜로 안립하고, 그에 상대해서 '현재의 인(現因)'을 설한다. 현재의 법이 이전에 응수하는 모습이 있음을 관하여, '과거의 인(曾因)'을 가짜로 안립하고 그에 상대해서 '현재의 과(現果)'를 설한다. '가짜(假)'라는 것은, 현식現識이

---

[771] 『瑜伽師地論』권52(T30, 585c3).
[772] 『瑜伽師地論』권52의 인용문은, 앞의 권3과 유사한 맥락에서, 과거와 미래를 완전히 무無라고 하지 않고 '유有'라고 가립한 이유를 설명한 것이다. 유식종에 따르면, 삼세 중에 현재법現在法만이 실재하는 것이다. 그런데 현재법을 관찰해 보면, 이것은 여과與果와 섭인攝因이라는 두 가지 측면을 동시에 담지하고 있다. 현재법에는 과거의 행으로부터 산출된 과성果性이 내포되어 있으므로 과거가 전혀 없다고 할 수 없고, 미래의 법을 산출해 낼 인성因性을 거두고 있으므로 미래가 전혀 없다고 할 수 없다. 이런 의미에서 과거와 미래를 '유'라고 가립한다는 것이다.
[773] 『瑜伽師地論』권52(T30, 585b22).

그와 유사한 모습으로 현현하는 것을 말한다.[774] 이와 같은 인과는 이취理趣가 명백하고, 두 가지 극단(邊)을 멀리 떠나서 중도中道에 부합하는 것이다.[775],[776]

자세하게 분별하면, 구체적인 것은 『별장』과 같다.

言三世者。瑜伽論第三云。云何建立三世。謂諸種子不離法故。如法建立。又由與果未與果故。若諸法果[1] 若以[2]滅相是過去。有因未生相是未來。已生未滅相是現在。又瑜伽五十二云。若已與果種子相續。名過去界。若未與果當來種子相續。名未來界。若未與果現在種子相續。名現在界。當知。此中如是密意。又云。過去諸行。與果故有。未來諸行。攝因故有。所以者何。現在諸行。三相所顯。一是過去果性故。二是未來因性故。三自性[3]相續不斷故。具說如彼。瑜伽五十六亦同。辨中邊第二。集論第二。雜集第三。顯揚第九。大同瑜伽。又成唯識第三卷云。應信大乘緣起正理。謂此正理深妙離言。因果等言。皆假施設。觀現在法有引後用。假立當果。對說現因。觀現在法有酬前相。假立曾因。對說現果。假謂現識似彼相現。如是因果。理趣顯然。遠離二邊。契會中道。若廣分別。具如別章。

1) ㉘『瑜伽師地論』권3(T30, 291c18)에 '法果'가 '果法'으로 되어 있다.   2) ㉘『瑜伽師地論』권3(T30, 291c18)에 따르면, '以'는 '已'의 오기다.   3) ㉘『瑜伽師地論』권

---

774 유식唯識의 교의에 따르면, 일체는 모두 식識의 전변으로 현현된 것이다. 말하자면 중생의 식識이 마치 과거나 미래의 상, 혹은 원인과 결과의 상처럼 현현하기 때문에 그에 의거해서 '가짜로(假)' 삼세를 설정한 것이다. '가짜(假)'라고 한 것은, '임시방편'을 뜻하기도 하지만, 여기서는 특히 '사현似現' 혹은 '전사轉似'와 밀접하게 연관된다. 식전변識轉變에 의해 마치 어떤 것과 유사하게 현현된 상相들은 '실재가 아닌데도 실재하는 것처럼(非有似有)' 나타나기 때문에 '가짜'라고 하였다.
775 '연기緣起'의 도리에 따르면, 제법은 인因을 갖기 때문에 영원한 것(常)도 아니고, 과果를 갖기 때문에 단멸하는 것(斷)도 아니다. 이러한 도리가 극단적인 상견常見과 단견斷見을 벗어나서 중도中道에 계합하는 인과론이라고 하였다. 『成唯識論述記』 권3(T43, 339b21) 참조.
776 『成唯識論』 권3(T31, 12c27).

52(T30, 585b24)에 '性'이 '相'으로 되어 있다.

ㄹ) 삼상三相의 문

경 혹은 생하는 상相, 혹은 머무는 상, 혹은 무너지는 상이기 때문이고,

或生或住。或壞相故。

석 다섯 번째는 생生 등 삼상三相의 문이다.
『유가사지론』 제3권에서는 말한다. 〈인연의 힘으로 인해 지금 최초로 생겨나면, 이것을 생生의 유위상有爲相이라 이름한다. 이미 생하였을 때 오직 생하는 찰나만 수전隨轉하기 때문에 주住의 유위상이라 이름한다. 생하는 찰나 후에 (한) 찰나도 머물지 않기 때문에 무상無常의 유위상이라 이름한다.〉[777]
자세한 것은 『별장』의 설과 같다.

釋曰。第五生等三相門。瑜伽三云。由緣力故。今最初生。名生有爲相。卽已生時。唯生刹那隨轉故。名住有爲相。生刹那後刹那不住故。名無常有爲相。廣如別章。

ㅁ) 병病 등으로 분별한 문

---

[777] 위의 경문에 나온 생生·주住·무상無常 등 유위有爲의 삼상三相에 대해 『瑜伽師地論』을 인용하여 해석하였는데, 본래 그 논에서는 생生·노老·주住·무상無常 등 사상四相을 건립하였다. 그중 '노老'란 법의 변이성變異性을 가리킨다. 자세한 것은 『瑜伽師地論』 권3(T30, 291c22) 참조.

경 혹은 병 등과 같기 때문이며,

或如病等故。

석 여섯 번째는 병 등으로 분별한 문이다.

따라서 『유가사지론』 제86권에서는 말한다. "염배상厭背想[778]에 다시 네 가지 행行이 있다. 말하자면 제행에 대해 마치 병病과 같다고, 종기(癰)와 같다고, 화살(箭)과 같다고, 뇌해惱害와 같다고 사유하는 것이다. '병과 같다'는 것은, 예를 들면 어떤 사람이 계界의 착란으로 생긴 병의 고통으로 인해서 염배상을 닦는 것을 말한다.[779] '종기와 같다'고 한 것은, 예를 들면 어떤 사람이 이전의 업으로 생겨난 종기의 고통으로 인해서 염배상을 닦는 것을 말한다. '화살과 같다'고 한 것은, 예를 들어 어떤 사람이 타원他怨의 화살에 맞은 고통으로 인해서 염배상을 닦는 것을 말한다. '뇌해와 같다'고 한 것은, 친구나 재물 등이 궁핍한 가운데 자기 삿된 계략으로 생겨난 모든 고통들로 인해서 염배의 상을 닦는 것을 말한다.[780] 이와 같은 것을 일컬어 관행을 닦는 자가 제행에 대해 염배상을 닦는다고 한다."[781]

또 『대지도론』 제54권에서는 말한다. "오중五衆(五蘊)이 능히 모든 번뇌를 생기게 함을 관하기 때문에 '병과 같다'고 말한 것이다. 어떤 사람은 '오중이 병과 같다'는 것을 들으면 '(그것은) 경미하다'고 한다. 따라서 '(오

---

[778] 염배상厭背想 : 이치에 맞게 관행을 닦는 자들은 제행에 대해 염배상, 과한상過患想, 실의상實義想 등 세 종류 더욱 뛰어난 상(勝進想)을 일으킨다. 그중에 '염배상'이란 여러 가지 이유로 인해 제행에 대해 '싫어하며 등지려는 상'을 일으키는 것이다. 자세한 것은 『瑜伽師地論』 권86(T30, 779b24) 참조.
[779] 이는 내적인 몸을 이루는 계(內身界)의 사대四大가 조화되지 않고 어그러짐으로써 생겨난 병의 고통으로 말미암아 제행에 대해 염배의 상을 닦는 것이다.
[780] 친구와 사이가 어그러져 이별하거나 재물을 상실하게 됨으로써 생겨난 고통으로 인해 제행에 대해 염배상을 닦는 것을 말한다.
[781] 『瑜伽師地論』 권86(T30, 779b25).

중은) 종기와 같다'고 말한 것이다. 어떤 사람은 '종기는 치유되기 어려워도 오히려 간혹 치유될 수도 있다'고 한다. 따라서 마치 '화살촉이 몸에 박혀서 뽑아내지 못하는 것과 같다'고 말한 것이다. 어떤 사람은 '화살촉이 몸에 깊이 박혀서 뽑아내기 어려워도 좋은 처방과 묘한 기술로 오히려 빠지게 할 수 있다'고 한다. 따라서 '항상 아프고 괴로운 것'이라 말한 것이다."[782] 자세하게 설하면 그 논과 같다.

釋曰。第六病等分別門。故瑜伽論八十六云。厭背想者。復有四行。謂於諸行。思惟如病如癰如箭惱害。如病者。謂如有一。因界錯亂所生病苦。修厭背想。如癰者。謂如有一。因於先業所生癰苦。修厭背想。如箭者。謂如有一。因他怨箭所中之苦。習[1]厭背想。惱害者。謂於親財等匱乏中。因自耶[2]計所生諸苦。修厭背想。如是名爲修觀行者。於諸行中。修厭背想。又智度論五十四云。觀五衆能生諸惱。故言如病。有人聞五衆如病。謂爲輕微。故言如癰疽。有人以癰疽難愈。猶或可差。故言如箭鏃入體不可得出。有人以箭鏃在體。雖沉深難拔出。[3] 良方妙術。猶可令出。故言常痛惱。廣說如彼。

1) ㉠『瑜伽師地論』권86(T30, 779c1)에 '習'이 '修'로 되어 있고, 교감주에 따르면 '習'으로 된 곳도 있다. 2) ㉠ '耶'는 '邪'이다. 3) ㉠『大智度論』권54(T25, 443c24)에 '出'이 없다.

ㅂ) 사제四諦로 분별한 문

경 혹은 고苦이고 집集 등이기 때문이고,

或苦集等故。

---

782 『大智度論』권54(T25, 443c20).

석 일곱 번째는 사제로 분별한 문이다. '등等'이라는 말은 멸제와 도제 두 가지 제를 똑같이 취한 것이다. 이 사제의 의미는 이전 장에서 설한 것과 같다.

釋曰。第七四諦分別門。等言等取滅道二諦。此四諦義。如前章說。

ㅅ) 진여眞如의 여러 이름으로 밝힌 문

경 혹은 진여이고 실제이며 법계 등이기 때문이며,

或眞如實際。法界等故。

석 여덟 번째는 진여의 여러 이름을 밝힌 문이다.
"진여"라 한 것에 대해, 예를 들어 『성유식론』제9권에서 다음과 같이 설한다. "'진眞'은 진실眞實을 말하니, 허망하지 않음을 나타낸 것이다. '여如'란 항상 그대로임(如常)을 말하니, 변함없음을 나타낸 것이다. 말하자면 이 진실은 모든 지위에서 항상 그 자성 그대로이기 때문에 '진여'라고 하니, 즉 담연湛然하고 허망하지 않다는 뜻이다."[783] 또 『성유식론』제2권에서는 "이치는 허망하거나 전도된 것이 아니기 때문에 '진여'라고 한다."[784]라고 하였다. 친광親光은 해석하길, "모든 허망·전도를 떠난 것이기 때문에 '진여'라고 가립하였다."[785]라고 하였다.
"실제"라 한 것에 대해,[786] 무성無性은 다음과 같이 해석한다. "참되기

---

783 『成唯識論』권9(T31, 48a23).
784 『成唯識論』권2(T31, 6c18).
785 『佛地經論』권7(T26, 323a24).
786 진여의 이명異名들 중의 하나인 '실제實際'에는 '진실하다'는 의미 외에도 '변제邊際'라

(眞) 때문에 '실實'이라 하였다. 궁극적이기(究竟) 때문에 '제際'라고 하였으니, '제'라는 말(聲)은 '변제邊際'라는 말이기 때문이다. 예를 들어 '사변제事邊際'라고 하는 것과 같다."[787] 친광은 해석하길, "제법의 허구(虛假)를 분석해서 추구해 가다 끝내 이것에 이르러서는 더 이상 헤아릴 수 없고 오직 이것만이 참된 것이라면, '실제'라고 가립한다."[788]라고 하였다.

"법계"라 한 것에 대해, 무성은 해석하길 "모든 청정한 법의 인因을 말한다."[789]라고 하였고, 친광은 해석하길 "능히 모든 선법의 소의가 되어 주는 것을 법계라고 가립하였다."[790]라고 하였다.

'등等'이란 공空·무아無我 등을 똑같이 취한 것이다.

釋曰。第八眞如衆名門。言眞如者。如成唯識第九卷說。眞謂眞實。顯非虛妄。如謂如常。表無變易。謂此眞如[1]於一切位。常如其性。故曰眞如。卽是湛然不虛妄義。又成唯識第二卷云。理非妄倒。故曰眞如。親光釋云。由離一切虛妄顚倒。假名眞如。言實際者。無性釋云。眞故名實。究竟名際。際聲卽是邊際言故。如事[2]邊際。親光釋云。分折[3]推求諸法虛假。極至於此。更不可度。唯此是眞。假立[4]實際。言法界者。無性釋云。法界者。謂是一切淨法因。親光釋云。能與[5]一切善法所依。假立[6]法界。等者。等取空無我等。

고 하는 의미가 담겨 있다. 가령 진여가 일체의 사법事法에 편재하는 궁극적 본질이라는 의미에서 진여를 사변제事邊際라고 하거나, 또는 가립된 허구의 사물들을 계속해서 분석해 가다 그 극한에 도달했을 때 드러나는 참된 실재를 일컬어 '실제'라고 하는 경우와 같다. 이때 '변제' 혹은 '제'는 궁극 혹은 극한極限을 나타내는 개념이다.

787 무성의 『攝大乘論釋』 권5(T31, 406b29).
788 『佛地經論』 권7(T26, 323a26).
789 무성의 『攝大乘論釋』 권5(T31, 406c3). 진여의 이명이명異名으로서 '법계法界'라고 할 때, '계界'는 '인因' 혹은 '소의所依'를 뜻한다. 가령 경전 등의 정법正法 등을 일컬어 '법계에서 평등하게 흘러나온 것(法界等流)'이라고 말하는 경우처럼, 그것은 일체의 청정한 법의 근거가 되는 것이기 때문에 '인因'이라 하였다.
790 『佛地經論』 권7(T26, 323a25).

1) ㉠『成唯識論』권9(T31, 48a25)에 '如'가 '實'로 되어 있다. 2) ㉠『攝大乘論釋』권5(T31, 406c1)에 '事'가 '弓'으로 되어 있는데, '事'가 바른 듯하다. 3) ㉠『佛地經論』권7(T26, 323a26)에 '折'이 '析'으로 되어 있다. 4) ㉠『佛地經論』권7(T26, 323a28)에 '立'이 '名'으로 되어 있다. 5) ㉠『佛地經論』권7(T26, 323a25)에 '與'가 '爲'로 되어 있다. 6) ㉠『佛地經論』권7(T26, 323a25)에 '立'이 '名'으로 되어 있다.

그런데 이 여러 이름들에 대해 여러 교에서 다르게 설한다.

『변중변론』에서는 대략 여섯 가지 이름을 들었으니, '공·무아' 등이다. 그 논의 게송에서 말한다.

> 간략히 공空의 이문異門을 설하자면
> 진여, 실제, 무상, 승의성, 법계 등임을 알아야 하네.[791]

자세하게 설하면 그 논과 같다.

『집론』제1권에서는 간략하게 일곱 가지 이름을 들었으니, 말하자면 진여, 무아성, 공성, 무상, 실제, 승의, 법계이다.[792] 자세한 것은 그 논 및 『잡집론』의 해석과 같다.[793]

『섭대승론』과 『불지경론』에서도 여러 이름을 설했지만 완전히 갖추어 설하지는 않았다.

『대반야경』에는 (진여의 또 다른 이름으로) 열한 가지 이름이 나오는데, 말하자면 법계, 법성, 불허망성, 불변역성, 평등성, 이생성,[794] 법정, 법주, 실제, 허공계, 부사의계를 말한다.

---

791 『辯中邊論』권1(T31, 465c13).
792 『集論』권1(T31, 666a23) 참조.
793 『雜集論』권2(T31, 702b5) 참조.
794 『大般若經』에는 "法界。法性。不虛妄性。不變異性。平等性。離生性。法定。法住。實際。虛空界。不思議界。"라는 문구가 반복적으로 진술되는데, 원측의 『解深密經疏』에는 앞의 열한 종류 이명 중에 '이생성離生性'이 누락되었다.

然此衆名。諸敎不同。辨中邊論。略擧六名。等[1]無我等。故彼頌云。略說空
異門。謂眞如實際。無相勝義性。法界等應知。廣說如彼。集論第一。略擧
七名。謂眞如。無我性。空性。無相。實際。勝義。法界。廣如彼論及雜集釋。
攝論佛地亦說衆名。而不具足。依大般若。有十一名。謂法界。法性。不虛
妄性。不變異性。平等性。法定。法住。實際。虛空界。不思議界。

1) ㉮ '等'은 '空'의 오기인 듯하다.

o) 광광廣·약략略으로 분별한 문

경 혹은 자세하거나 간략하기 때문이고,

或廣略故。

석 아홉 번째는 광광廣·약략略으로 분별한 문이다.
『현양성교론』제20권에서는 말한다. "'간략한 것과 자세한 것'이란 먼저 한 구의 법을 설하고 그 이후에 무량한 구로 계속해서 분별하여 궁극을 완전하게 나타내는 것을 말한다."[795] 이 경의 제5권에서는 '총總·별別'이라 하였는데, 해석하면 『현양성교론』과 동일하다.

예를 들어 『유가사지론』 제81권에서는 말한다. "간략하다는 뜻은 제법의 동류同類와 상응하는 것을 설하는 것이고, 자세하다는 뜻은 제법의 이류異類와 상응하는 것을 설하는 것이다.……다시 두 종류 간략함의 뜻이 있다. 첫째는 이름이 간략한 것이고, 둘째는 의미가 간략한 것이다. 간략함의 뜻과 마찬가지로 자세함의 뜻에도 두 종류가 있다. 첫째는 이름이 자세한 것이고, 둘째는 의미가 자세한 것이다. 예를 들면 세존께서 '사

---

795 『顯揚聖敎論』권20(T31, 583a1).

리자여, 내가 설한 법은 간략하거나 혹은 자세하다'고 말씀하신 것과 같다.……여기에서는 세존께서 계경이란 문장을 자세하게 의미를 간략하게 설한 것이고 가타란 의미를 자세하게 문장을 간략하게 설한 것임을 나타내었다는 것을 알아야 한다."[796]

『대지도론』 제46권에서는 말한다. "부처님들의 설법에는 두 종류가 있다.……혹은 처음에는 간략하게 뒤에서는 자세하게 (설하니, 뒤에서는) 의미를 풀이하였기 때문이다. 혹은 처음에는 자세하게 뒤에서는 간략하게 (설하니, 뒤의 것은) 수지하기 쉽기 때문이다."[797]

『십주비바사론』 제3권에서는 말한다. "'간략한 설'이란 적은 언사로 많은 의미를 포함하는 것이니, 이근利根의 사람이 들으면 바로 깨칠 수 있다. '자세한 설'이란 하나의 사事와 하나의 의미(義) 중의 갖가지 인연에 대해 분별을 즐기는 둔근鈍根의 모든 자를 위해 펼쳐서 해설해 준 것이다. 간략하거나 자세하게 설하는 자라면, 역시 한 마디 말에 넓은 의미를 포괄하거나, 또 역시 갖가지 (말로) 하나의 의미를 펼쳐 보이기도 한다."[798]

釋曰。第九廣略分別門。顯揚第二十云。略廣者。謂先說一句法。後後以無量句。轉[1])轉分別。顯了究竟。此經第五。名爲總別。釋同顯揚。如瑜伽論八十一云。略義者。謂宣說諸法同類相應。廣義者。謂宣說諸法異類相應。復次。有二種略義。一者名略。二者義略。如略義。如是廣義。亦有二種。一者名廣。二者義廣。如世尊言。舍利子。我所說法。或略或廣。當知。此中顯示世尊。於契經中。文廣義略。於伽他中。義廣文略。依智度論四十六云。諸佛說法有二種。[2]) 或初略後廣。爲解義故。或初廣後略。爲易持故。十住婆沙第三卷云。略說者。以少言辭。苞[3])含多義。利根之人。聞卽開悟。廣說

---

796 『瑜伽師地論』 권81(T30, 752c21).
797 『大智度論』 권46(T25, 396a24).
798 『十住毘婆沙論』 권3(T26, 33a22).

者。於一事一義中種種因緣。爲諸鈍根樂分別者。敷演解說。略⁴⁾廣⁵⁾者。亦以一言苞擧廣義。又亦種種演敷⁶⁾一義。

1) ⑨『顯揚聖敎論』권20(T31, 583a2)에 '轉'이 '展'으로 되어 있다. 2) ⑨『大智度論』권46(T25, 396a24)에 '諸佛說法有二種'이 '諸佛有二種說法'으로 되어 있다. 3) ⑨『十住毘婆沙論』권3(T26, 33a22)에 '苞'가 '包'로 되어 있다. 4) ⑨『十住毘婆沙論』권3(T26, 33a24)에 '略' 앞에 '若'이 있다. 5) ⑨『十住毘婆沙論』권3(T26, 33a24)에 '廣' 뒤에 '說'이 있다. 6) ⑨『十住毘婆沙論』권3(T26, 33a25)에 '敷'가 '散'으로 되어 있다.

ㅈ) 사기四記의 차별로 밝힌 문

경 혹은 일향기이기 때문이고, 혹은 분별기이기 때문이며, 혹은 반문기이기 때문이고, 혹은 치기이기 때문이다.

或一向記故。分¹⁾別記故。或返問記故。或置記故。

1) ⑨『解深密經』권3(T16, 700b4)에 '分' 앞에 '或'이 있다.

석 열 번째는 사기四記[799]의 차별의 문이다.
예를 들어『불지경론』제6권에서는 말한다.

'사기'란 첫째는 일향기이고, 둘째는 분별기이며, 셋째는 반문기이고, 넷째는 묵치기이다.

---

799 사기四記 : 이것은 물음에 답하는 네 가지 방식(四記答), 즉 일향기一向記와 분별기分別記와 반문기反問記(反詰記)와 묵치기嘿置記(捨置記)를 가리킨다. 혹은 일향답一向答·분별답分別答·문답問答·치답置答 등이라 부르기도 한다. 가령 어떤 질문들 중에서 한결같이 대답해 주어야 하는 경우를 일향기(일향답)라고 하고, 분별해서 알려 주어야 하는 경우를 분별기(분별답)라고 하며, 다시 반문하는 방식으로 답해야 하는 경우는 반힐기(문답)라고 하고, 대답하지 않고 그냥 내버려 두는 경우는 사치기(치답)라고 한다. 이하에 그에 관한 다양한 해석이 소개되었다.

'일향기'란, 예를 들어 '모든 생겨난 것들은 결정코 멸하는지', '불보·법보·승보는 훌륭한 복전인지'를 묻는 경우, 이와 같은 질문에는 마땅히 한결같이 대답해 주는(一向記) 것이다. 이 의미는 결정되어 있기 때문이다.[800]

'분별기'란, 예를 들어 '모든 멸한 것들은 반드시 다시 생겨나는지', '불보·법보·승보는 오직 하나인지'를 묻는 경우, 이와 같은 질문에는 마땅히 분별해서 대답해 주는(分別記) 것이다. 이 의미는 결정되어 있지 않기 때문이다.[801]

'반문기'란, 예를 들어 '보살의 십지十地는 높은지 낮은지', '불보·법보·승보는 수승한지 하열한지'를 묻는 경우, 이와 같은 질문에는 마땅히 반문하는 식으로 대답해 주는(反問記) 것이다. (예를 들면) '그대는 어느 것과 비교해 물은 것인가'라고.[802]

'묵치기'란, 예를 들어 '실유하는 성질의 아(實有性我)는 선한지 악한지', '석녀石女의 아이 색깔은 검은지 흰지'를 묻는 경우, 이와 같은 질문에는 마땅히 말하지 않고 내버려 두는(嘿置記) 것이다. 대답해서는 안 되기 때문이고, 희론만 길어지기 때문이다.[803·804]【자세하게 분별하면, 예를

---

800 '생한 것은 반드시 멸한다'는 등의 이치는 정해진 것이므로 이에 관한 질문에는 반드시 한결같이 정확하게 대답해 주어야 한다.
801 이미 멸했다고 해서 반드시 다시 생하는 것은 아니다. 가령 번뇌가 다한 무학의 성자가 입멸하는 경우처럼 다시 태어나지 않을 수도 있다. 이와 같이 하나의 이치로써 결정해서 대답할 수 없는 일에 대해 묻는다면, 반드시 잘 분별해서 대답해 주어야 한다는 것이다.
802 십지十地가 높은지 낮은지, 삼보三寶가 수승한지 하열한지는 무엇과 비교하느냐에 따라 달라질 수 있다. 예를 들어 보살의 십지는 십신十信 등에 비하면 높지만 불지佛地에 비하면 낮은 것이다. 따라서 '무엇에 비해 그렇다는 말인가'라고 반문하면서 대답해 주어야 한다는 것이다.
803 '실재성을 지닌 아'라든가 '석녀의 아이'라는 것은 본래 존재하지도 않기 때문에 그것의 선악의 성질이나 색깔 등에 대한 물음 자체가 성립하지 않고, 그에 대답하는 것도 무의미하다. 또 이에 대한 대답이 오히려 끝없는 말장난으로 이어진다. 따라서 이런 질문에는 대답하지 않고 그냥 내버려 둔다.

들어『잡아비담심론』제1권,『구사론』제19권,『순정리론』제49권,『대비바사론』제15권,『대지도론』제22권과 제26권과 제35권,『열반경』제35권,『유가사지론』제81권과 같다.】

釋曰。第十四記差別門。如佛地論第六卷說。言四記者。一一向記。二分別記。三返[1])問記。四嘿[2])置記。一向記者。如有問言。一切生者。決定滅耶。佛法僧寶。良福田耶。如是等問。應一向記。此義決定。分別記者。如有問言。一切滅者。定更生耶。佛法僧寶。唯有一耶。如是等問。應分別記。此義不定。反問記者。如有問言。菩薩十地爲上爲下。佛法僧寶爲勝爲劣。如是等問。應反問記。汝望何問。嘿*置記者。如有問言。實有性我。爲善爲惡。石女兒色。爲黑爲白。如是等問。應嘿*置記。不應記故。長戲論故。【若廣分別。如毘曇第一。俱舍論第十九。順正理第四十九。毘婆沙第十五卷。智度論第二十二二十六三十五。涅槃經三十五。瑜伽論第八十一也。】

---
1) ㉠『佛地經論』권6(T26, 320c15)에 '返'이 '反'으로 되어 있다. 2) ㉠『佛地經論』권6(T26, 320c15)에 '嘿'이 '默'으로 되어 있다. 이하도 동일하다.

ㅊ) 은밀隱密·현료顯了의 문

경 혹은 은밀 때문이고 혹은 현료 때문이며,

或隱密故。或顯了故。

석 열한 번째는 은밀과 현료의 문이다.[805]

---
804 『佛地經論』권6(T26, 320c14).
805 이하에는 은밀교隱密教와 현료교顯了教에 대한 상반된 두 가지 관점이 제시되었다. ①『顯揚聖教論』권6 등에 따르면, 은밀교란 성문장聲聞藏의 교설에 해당하고 현료교

예를 들어 『현양성교론』 제6권에서는 은밀교隱密教는 대부분 성문장의 가르침을 말하고, 현료교顯了教는 대부분 대승장의 교를 말한다고 하였다.[806] 『유가사지론』 제64권도 『현양성교론』과 동일하게 설한다.

『대지도론』 제65권에 의하면, 불사佛事에는 두 종류가 있다. 첫째는 숨겨진 것(隱)이고, 둘째는 드러난 것(現)이다. 처음 법륜을 굴릴 때 성문과를 증득했다면 현료교에 의한 것이고, 보살의 무생인無生忍[807] 등을 증득했다면 은밀교에 의한 것이다.[808] 자세한 것은 그 논의 설과 같다.

혹은 삼성三性의 가르침을 현료교라고 하고 삼무성三無性의 가르침을 은밀교라고 설한 것이라 볼 수 있다.

는 대승장大乘藏의 교설에 해당한다. 이와는 반대로 ②『大智度論』 권65 등에 따르면, 은밀교란 대승인을 위한 가르침이고 현료교는 성문인을 위한 가르침이다. 전자에 따르면, 어떤 교설이 얼마나 자세하고 명료하게 해석해서 설해 주었는가에 따라 '은밀'과 '현료'를 구분한다. 말하자면 '은밀교'란 아직 완전하게 해석해 주지 않은 가르침을 뜻하고 '현료교'란 모든 의미를 자세하게 해석해 준 가르침을 뜻한다. 후자에 따르면, 동일한 교설이 표면적으로 드러나지 않은 심층적인 의미까지 내포할 수 있다는 데서 '은밀'과 '현료'의 차이가 생겨난다. 말하자면, 듣는 사람이 표면적으로 드러나지 않는 은밀한 의미까지 통달했다면 그는 '은밀교'를 받아들인 것이고, 명료하게 드러난 의미만을 이해했다면 그는 '현료교'를 받아들인 것이다.

806 『顯揚聖教論』 권6(T31, 510b1) 참조.
807 무생인無生忍 : 무생법인無生法忍이라고도 하며, 모든 법이 생김도 없고 멸함도 없는 이치를 체인하고서 그 부동심에 안주하는 것을 말한다. 원측에 따르면, 이 논에서 말한 '무생인'이란 지상地上의 보살이 획득하는 보리菩提를 가리킨다. 자세한 것은 『大智度論』 권53 「無生品」(T25, 437c29), 원측의 『解深密經疏』 권5 「無自性相品」(X21, 296c13) 참조.
808 『大智度論』에 의하면, 동일한 법륜을 굴릴지라도 소승의 성문들이 들으면 성문과聲聞果를 증득하지만, 대승의 보살은 무생인無生忍을 증득한다. 이와 같은 차이가 생기는 이유는 부처님의 가르침에 은밀과 현료의 차이가 있기 때문이다. 말하자면, 성문은 표면적으로 명료하게 드러난 의미만을 이해하였기 때문에 현료교를 들은 것이고, 보살은 나아가서 더 많은 감춰진 의미까지 이해하였기 때문에 은밀교를 들은 것이다. 이것은 비유하자면 대우大雨가 내리면 큰 나무는 더 많이 받아들이지만 작은 나무는 더 적게 받아들이는 것과 같다. 『大智度論』 권65(T25, 517a27) 참조.

釋曰。第十一隱密顯了門。如顯揚論第六卷云。隱密敎者。謂多分聲聞藏敎。顯了敎者。謂多分大乘藏敎。瑜伽六十四亦同顯揚。依智度論六十五云。諸佛事有二種。一密。二現。初轉法輪。得聲聞果。依顯了敎。若得菩薩無生忍等。依隱密敎。廣如彼說。或可說三性敎。名爲顯了。三無性敎。名爲隱密。

ㄷ. 유석類釋

경 이와 같은 등의 부류, 일체를 일컬어 '두루 알아야 할 의미'라고 이름한다는 것을 알아야 한다.

如是等類。當知一切名遍知義。

석 세 번째는 유추하여 해석한 것이니, 경문 그대로 알 수 있을 것이다.

釋曰。第三類釋。如文可知。

ⓒ 변지인遍知因

경 '변지라는 인'[809]이란, 앞의 두 가지를 능히 파악하는 보리분법, 이른바 염주 혹은 정단 등임을 알아야 한다.

---

809 이전에 언급하였듯, 변지사遍知事·변지의遍知義가 알아야 할 경계(所知境)에 해당한다면, 이 변지인遍知因은 그 경계들을 능히 아는 지(能知智)에 해당한다. 이 변지(智)에 의거한 수행들이 인因이 되어 세간·출세간의 과果를 내기 때문에 '변지인'이라 이름한다. '두루 아는 지' 그 자체가 인이라는 의미에서 변지인이라 하였기 때문에 "변지라는 인"으로 번역하였다.

言遍知[1]者。當知即是能取前二菩提分法。所謂念住或正斷等。

1) ⓨ『解深密經』권3(T16, 700b7)에 '知' 뒤에 '因'이 있다.

석 이것은 세 번째로 '변지라는 인'에 대해 해석한 것이다. 말하자면 앞의 두 가지 경계를 파악하는 사념주 등 37종류 보리분법을 말한다.[810]

釋曰。此釋第三遍知。[1] 謂即能取前二境界四念住等三十七種菩提分法。

1) ⓨ '知' 뒤에 '因'이 누락된 듯하다.

ⓓ 변지과遍知果

ㄱ. 표제를 내걺

경 '변지의 과'[811]를 증득한다는 것은,

得遍知果者。

석 네 번째는 '변지의 과'에 대해 해석한 것이다. 처음은 (표제를) 내건 것이고, 나중은 해석한 것이다.
이것은 (표제를) 내건 것이다.

---

810 '앞의 두 가지 경계'란 앞서 말했던 변지사遍知事와 변지의遍知義를 가리킨다. 이 두 경계를 능히 파악하는 지智에 의거한 수행법이 바로 삼십칠보리분법이다. 이것이 인 因이 되어 세간·출세간의 과果를 내게 된다. 따라서 삼십칠보리분법을 변지인遍知因 이라 하였다.
811 이전의 변지인遍知因이 '변지 그 자체가 인'의 의미라면, 이 변지과遍知果는 '변지라는 인'에 의해 획득되는 결과를 뜻하기 때문에 "변지의 과"라고 번역하였다.

釋曰。第四釋遍知果。先牒。後釋。此卽牒也。

ㄴ. 해석

ㄱ) 무위과無爲果를 해석함

경 말하자면 탐·진·치의 영원한 비나야[812] 및 탐·진·치 일체를 영원히 끊은 모든 사문과,[813] [본래 어떤 판본에는 "영원히 끊은 비나야"라고 되어 있는데, 이는 오류이다. 지금 초본과 경본과 『유가론』을 조사해 보니 모두 "영원한 비나야"라고 하였다.[814]]

謂貪瞋癡永毗奈耶。及貪瞋癡一切永斷諸沙門果。【自有本云。永斷毗奈耶者。謬也。今勘草本經本瑜伽。皆云。永毗奈耶也。】

석 두 번째는 바로 해석한 것이다. 이 중에 두 가지가 있다. 처음은 '무위의 과'를 해석한 것이고, 나중은 유위의 과를 해석한 것이다.
이것은 처음에 해당한다.
'비나야'란 여기 말로 '멸滅'이라 하니, 복멸伏滅에 해당한다. 이 탐·진·치를 영원히 끊은 것은 정멸正滅에 해당하니, 이러한 정멸을 '사문과'라고

---

812 비나야毗奈耶(⑤ Vinaya) : '조복調伏'을 뜻한다. 특히 신업身業 등을 제어하여 모든 악업을 조복시키는 기능을 한다는 의미에서 '율장律藏'을 '비나야'라고 부른다.
813 사문과沙門果 : 성문사과聲聞四果, 즉 예류預流·일래一來·불환不還·무학無學 등 네 종류 과를 획득한 성자를 가리킨다.
814 위의 원측 『解深密經疏』에 나온 "謂貪瞋癡永毗奈耶"라는 경문은, 현존하는 현장 역 『解深密經』 권3(T16, 700b8)에는 "謂貪恚癡永毘奈耶"라고 되어 있고, 『瑜伽師地論』 권77(T30, 726a8)에 실린 경문에는 "謂貪恚癡斷毘奈耶"라고 되어 있다. 원측은 이 문구를 다른 판본들과 검토해 본 결과, '斷'이라는 글자가 없는 '永毗奈耶'가 바르다고 하였다.

한다.[815] 따라서 『현양성교론』에서는 (변지과의 획득이란) '탐·진·치를 영원히 소멸시킴, 그리고 남김없이 탐·진·치를 끊은 네 가지 사문과를 말한다'고 하였다.[816]

釋曰。第四[1)]正釋。於中有二。初釋無爲果。後釋有爲果。此卽初也。毗奈耶者。此云滅也。卽是伏滅。此貪瞋癡。若永斷者。卽是正滅。用此正滅。爲沙門果。故顯揚云。謂永滅貪瞋癡。及無遺餘貪瞋癡斷四沙門果。

1) ㉠ '四'는 '二'의 오기인 듯하다.

ㄴ) 유위과有爲果를 해석함

경 또 내가 설했던 바의 성문·여래의 공통되거나 공통되지 않은 세간·출세간의 모든 공덕, 이것을 작증하는 것이다.

及我所說聲聞如來。若共不共世出世間所有功德。於彼作證。

석 두 번째는 유위의 과를 해석한 것이다. 이른바 성문과 모든 여래의 팔해탈八解脫 등 모든 공통된 공덕,[817] 역력·무외無畏 등 140개의 공통되지

---

815 무위과無爲果란 '탐·진·치의 멸滅'을 가리키고, 이 '멸'은 다시 두 종류로 구분된다. 위의 경문에서 "~비나야"라고 한 것은 '복멸伏滅', 즉 탐·진·치를 조복시켜 일시적으로 일어나지 않게 한 것이라면, 이에 비해 "~사문과"라고 한 것은 '정멸正滅', 즉 탐·진·치를 완전히 끊어서 영원히 일어나지 않는 것을 말한다.

816 『顯揚聖敎論』 권5(T31, 502c9)에는 "得遍知果者。謂永滅貪欲瞋恚愚癡。及無遺餘貪瞋癡斷四沙門果。"라고 되어 있다. 원측의 해석에 따르면, 이 논에서 '永滅貪欲瞋恚愚癡'이라 한 것은 '복멸伏滅(비나야)'을 뜻하고, '無遺餘貪瞋癡斷四沙門果'라 한 것은 '탐·진·치의 정멸正滅'에 해당한다.

817 팔해탈八解脫 등의 공덕에 대해서는 이전의 '⑥ 지관에서의 유식唯識의 도리를 분별하는 문' 참조.

않는 공덕[818]을 작증하는 것이다.

문 어째서 독각의 공덕을 설하지 않았는가?

해 사실은 독각의 공덕도 있다. 따라서 『현양성교론』에서는 통틀어 '삼승의 모든 공덕'을 설한 것이다.[819] 그런데 지금 이 경에서는 준해서 알 수 있기 때문에 그것을 생략하고 설하지 않았다. 혹은 성문장聲聞藏에 포섭된다고 볼 수도 있다.[820]

釋曰。第二釋有爲果。所謂聲聞及諸如來。八解脫等諸共功德。力無畏等一百四十不共功德。於彼作證。問。如何不說獨覺功德。解云。據實亦有獨覺功德。故顯揚論。通說三乘所有功德。而今此經。准可知故。略不說之。或可攝在聲聞藏中。

ⓔ 각의 완료(覺了)

경 '이 각을 완료한다'는 것은 이러한 작증한 법에 대해 모든 해탈지로 널리 남을 위해 설해 주고 선양하며 개시해 주는 것을 말한다.

於此覺了者。謂卽於此作證法中。諸解脫智。廣爲他說宣揚開示。

---

818 성문 등과 공유하지 않고 오직 부처님만 가지고 있는 특수한 공덕을 불공법不共法이라 한다. 이 불공법을 140가지로 구분하기도 하는데, 이른바 삼십이대장부상三十二大丈夫相과 팔십수호八十隨好, 네 종류의 일체종청정一切種淸淨, 십력十力, 사무외四無畏, 삼념주三念住와 삼불호三不護, 대비大悲, 무망실법無忘失法, 영해습기永害習氣, 일체종묘지一切種妙智 등이다. 자세한 것은 『瑜伽師地論』 권38(T30, 499a11) 참조.
819 위의 경문에는 "성문·여래의……공덕"이라고 했는데, 이에 비해 『顯揚聖教論』 권5(T31, 502c10)에는 "모든 성문·독각·여래의……공덕"이라 표현한 것을 말한다.
820 성문뿐만 아니라 독각에 대한 교설도 모두 성문장聲聞藏에 속하기 때문에 독각을 따로 설하지 않았다는 말이다.

석 다섯 번째는 '각의 완료(覺了)'의 의미를 설명한 것이다.

후득지後得智를 말하니, 증득한 바의 유위·무위의 모든 공덕에 대해 능히 알고(能知) 능히 증득하는(能證) 해탈지解脫智로 널리 남을 위해 연설하고 현시해 주는 것이다. 따라서『심밀해탈경』에서는 '능지해탈能知解脫·능수해탈能受解脫로 남을 위해 자세하게 설해 준다'고 하였다.[821]

혹은 "모든 해탈지"라고 한 것은, 지혜 자체가 장애를 벗어났으므로 '해탈지'라고 이름한 것이라 볼 수 있다.

『현양성교론』에 의하면, '변지의 과를 수용한다(受用遍知果)'고 하는데,[822] 그 뜻을 해석하면 이 경과 같다.

> 釋曰。第五辨覺了義。謂後得智。於所證得有爲無爲所有功德。能知能證諸解脫智。能廣爲他宣說顯示。故深密云。能知解脫。能受解脫。爲他廣說。或可諸解脫智者。智體離障。名解脫智。若依顯揚。名受用遍智[1]果。釋義同經。

1) ㉠『顯揚聖教論』권5(T31, 502c1)에 따르면, '智'는 '知'의 오기다.

(d) 오의에 대해 총결지음

경 선남자여, 이와 같은 다섯 가지 의미가 일체의 의미들을 두루 포섭한

---

[821] '능지해탈能知解脫·능수해탈能受解脫'은『深密解脫經』권3(T16, 677a19)에는 '지해탈知解脫·수해탈受解脫'이라 되어 있다. 여기서 '~해탈'이란 '해탈지解脫智', 즉 능히 알고(能知) 능히 받아들이는(能受) 지혜를 가리키는 말이다. 원측의 해석에 따르면, 이 지혜는 후득지後得智에 해당한다. 말하자면 '각의 완료'라 한 것은, 앞서 언급된 모든 공덕에 대해 해탈지로 많은 중생들에게 자세히 설해 주는 것을 말한다.
[822]『顯揚聖教論』권5(T31, 502c1~13)에서는 "변지과遍知果를 수용한다는 것은, 증득된 바의 법에 대해 해탈지解脫智로 또 자세하게 타인에게 열어 보이고 연설해 주고 분별해 주는 것이다."라고 하였다. 이는 위의 경문의 취지와 동일하다.

다는 것을 알아야 한다.

善男子。如是五義。當知。普攝一切諸義。

석 네 번째는 총괄해서 결론지은 것이니, 경문 그대로 알 수 있을 것이다.

『현양성교론』에 나온 '다섯 가지 의미'도 모두 이 경에서 설한 것과 동일하며, 다시 별다른 해석이 없다.[823]

『잡집론』제15권에는 본래 두 가지 문장이 있다.

앞 문장에 의하면, 여섯 종류 의미로 구분되고, 문구의 해석도 조금 차이가 있다. 따라서 그 논에서는 말한다.

'변지해야 할 사(所遍知事)'란 온蘊 등을 말한다.
'변지해야 할 의미(所遍知義)'란 무상無常 등을 말한다.
'변지의 인연(遍知因緣)'이란 청정한 계율로 근문根門 등을 수호하는 것을 말한다.
'변지의 자성(遍知自性)'이란 보리분법을 말한다.
'변지의 과(遍知果)'란 해탈을 말한다.
'그것의 증수(彼證受)'란 해탈지견解脫智見을 말한다.[824]

『집론』제7권에서 여섯 가지 이름만 나열하였고, 『잡집론』과 마찬가지로 해석하지 않았다.[825]

---

823 『顯揚聖敎論』권5(T31, 502b29~c14) 참조.
824 『雜集論』권15(T31, 765c23).
825 『集論』권7(T31, 693a23)에 육의六義의 이름을 열거하는데, 앞의 『雜集論』에서 제시된 이름과 동일하다.

『잡집론』의 뒤 문장에 의하면, 『애미경愛味經』을 인용하여 이 다섯 가지 의미를 해석한다. (다섯 가지) 이름은 이 경과 똑같이 (설하지만) 뜻의 해석에는 차이가 있다.[826] 그 논에서 말한다.

'변지해야 할 사'란 색色 등을 말한다.

'변지해야 할 의미'란 애미愛味 등이 있음을 말하니,[827] 이러한 차별적 의미로 말미암아 색 등의 사事에 대해 두루 알기 때문이다.

'변지'란 오취온五取蘊에 대해 이와 같은 '삼전三轉'을 따라서 여실하게 두루 아는 것을 말한다.【'삼전'이라 했는데, 앞서 말했던 '변지해야 할 사'와 '변지해야 할 의미'와 '변지'를 삼전이라 하였으니, 오온을 세 번 관찰하기[828] 때문이다.

해 또는 오온에서 세 번 관찰하기 때문에 삼전이라 하였으니, 첫째는 애미愛味 즉 집제를 관하는 것이고, 둘째는 과환過患 즉 고제를 관하는 것이며, 셋째는 출리出離 즉 멸제·도제를 관하는 것이라 볼 수도 있다. 혹은 시전示轉과 권전勸轉과 증전證轉을 '삼전'이라 볼 수도 있다.[829]】

---

826 『解深密經』과 『雜集論』에서 나열된 오의五義의 이름은 동일하지만, 해석이 조금 다르다. 그중에서 가장 차이가 나는 곳은 세 번째 '변지遍知'에 대한 해석이다. 변지의 본질은 두루 아는 '지智'인데, 이 경에서는 그 '지'에 기반한 삼십칠보리분법의 수행(因)을 가리킨다고 보았기 때문에 '변지인遍知因'이라 칭하였다. 한편, 『雜集論』에서는 '삼전三轉을 따라 여실히 아는 것'을 의미한다고 보았기 때문에 그냥 '변지'라고만 칭하였다.
827 색 등에는 그에 대한 애미愛味가 있고(有味) 그것의 과환이 있으며(有患) 그로부터의 출리가 있다(有出離). 이와 같이 색 등에 있는 여러 가지 차별적 의미들이 바로 보살들이 두루 알아야 할 의미에 해당한다.
828 원측 소에 '三度觀度'라고 되어 있는데, 의미가 통하지 않는다. 뒤의 원측의 풀이(해)에서 "又解。於五蘊中。三度觀察。故名三轉。"이라고 한 것에 준해 볼 때, '三度觀度' 중의 '觀度'는 '觀察'의 오기인 듯하다.
829 시전示轉·권전勸轉·증전證轉은 사제四諦의 법륜을 시示·권勸·증證의 방식으로 세 번 굴리는 것을 말한다. 이 중에 '시전'이란 '이것은 고이다, 이것은 집이다, 이것은 도이다, 이것은 멸이다'라고 남을 일깨워 주는 것을 말한다. '권전'이란 '고를 알아야 한다(苦應知), 집을 마땅히 끊어야 한다(集應斷), 도를 닦아야 한다(道應修), 멸을 증득해야 한다(滅應證)'고 권하는 것을 말한다. '증전'이란, '고를 나는 이미 알았다(苦我已

'변지의 과'란 이 모든 천天의 세간에서 천·인에 이르기까지 모두 해탈을 얻거나 나아가서는 극해탈極解脫을 얻는 것을 말한다.

'그것의 증수'란 '나는 이미 무상정등보리를 깨달았다'고 자증自證해서 아는 것을 말한다.[830]

釋曰。第四總結。如文可知。顯揚五義。並同此經。更無異釋。依雜集論第十五卷。自有兩文。若依前文。開爲六義。釋文少異。故彼論云。所遍知事。謂蘊等。所遍知義。謂無常等。遍知因緣。謂淨尸羅守根門等。遍知自性。謂菩提分法。遍知果。謂解脫。彼證受。謂解脫智見。集論第七但列六名。同雜集論。而不解釋。若依雜集後文。引愛味經。釋此五義。名同此經。釋義有異。彼云。所遍知事者。謂色等。遍知義者。謂有味等。由此差別義。遍知色等事故。遍知者。謂於五取蘊。由如是三轉如實遍知【言三轉者。即於如前所遍知事所遍知義及此遍知。名爲三轉。以於五蘊。三度觀度[1]故。又解。於五蘊中。三度觀察。故名三轉。一者愛味。即觀集諦。二者過患。即觀苦諦。三者出離。觀滅道。或可示轉。勸轉。證轉。名爲三轉】遍知果者。謂從此諸天世間乃至幷天人皆得解脫。乃至極解脫。彼證受者。謂自證知我已證覺無上正等菩提。

---

1) ⓔ '度'는 '察'인 듯하다. 해당 번역문 역주 참조.

c) 사의四義에 의거해서 의미를 아는 것에 대해 설명함

(a) 총괄해서 나타냄

知), 집을 나는 이미 끊었다(集我已斷), 도를 나는 이미 닦았다(道我已修), 멸을 나는 이미 증득했다(滅我已證)'고 자증한 것을 말한다. 이에 대해서는 『大乘起信論義疏』 권2(T44, 193b19), 『瑜伽論記』 권12(T42, 570a7) 등 참조.
830 『雜集論』 권15(T31, 766c17).

경 선남자여, 저 보살들이 네 가지 의미를 알기 때문에 '의미를 안다'고 하는 것이다.

善男子。彼諸菩薩。由能了知四種義。名爲知義。

석 이하는 세 번째로 네 가지 의미에 의거해서 '의미를 안다'는 것에 대해 설명하였다. 이 중에 세 가지가 있다. 앞은 총괄해서 나타낸 것이고, 다음은 따로 해석한 것이며, 마지막은 결론이다.
이것은 처음에 해당한다.

釋曰。自下第三約四種義。以明知義。於中有三。先總。次別。後結。此卽初也。

(b) 따로 해석함

ⓐ 질문

경 어떤 것이 네 가지 의미인가?

何等四義。

석 이하는 따로 해석한 것이다. 앞은 질문이고, 뒤는 대답이다.
이것은 질문이다.

釋曰。自下別釋。先問。後答。此卽問也。

ⓑ 대답

경 첫째는 마음의 집수의 의미, 둘째는 영납의 의미, 셋째는 요별의 의미, 넷째는 잡염·청정의 의미다.

一者心執受義。二者領納義。三者了別義。四雜染淸淨義。

석 두 번째는 바로 해석한 것이다.
그런데 '네 가지 의미'를 해석하면 이에 두 가지 설이 있다.[831]

한편에서는 말한다. 〈'마음의 집수의 의미'라는 것은, 말하자면 자기 마음이 경계를 집수한다는 것을 아는 것이다. '영납의 의미'라는 것은, 말하자면 저 세 가지 감각(三受 : 苦受·樂受·捨受)이 영납領納한다는 것의 의미를 아는 것이다. '요별의 의미'라는 것은, 말하자면 모든 식識이 경계를 요별한다는 것의 의미를 아는 것이다. '잡염·청정의 의미'라는 것은, 말하자면 일체법의 잡염·청정에 대해 아는 것이다.〉[832]

한편에서는 말한다. 〈이 네 가지는 그 차례대로 사념처四念處의 소연인 네 가지 경계, 즉 신身·수受·심心·법法을 아는 것이다. 그런데 '마음의 집수'라고 한 것은 집수하는 주체(能執受)를 들어서 집수되는 몸(所執身)을 나타낸 것이다.〉[833]

---

831 이하에 두 가지 해석이 제시되었다. 첫 번째는 위의 경문을 심心(아뢰야식)의 집수執受, 수심소受心所의 영납領納, 제식諸識의 요별了別 등에 배대시켜 해석한 것이고, 두 번째는 위의 경문을 신身·수受·심心·법法의 사념주四念住에 배대시켜 해석한 것이다. 그런데 『瑜伽論記』 권20에서도 위의 경문에 대한 두 가지 해석이 나오는데, 전자는 경경 스님의 해석과 유사하고, 후자는 태태 스님의 해석과 유사하다. 자세한 것은 『瑜伽論記』 권20(T42, 779c22) 참조.
832 이 첫 번째 해석에 따르면, 집수執受와 영납領納과 요별了別 등이라 한 것은 마음이 경계에서 일으키는 차별적 작용을 나타내는 말이다. 이 중에서 '집수'는 가령 '심心'이 신체와 같은 내적 경계를 붙잡고 있으면서(執取) 흩어지지 않게 하는 것이다. 이때의 심心이란 특히 아뢰야식을 가리킨다. '영납'은 특히 경계에서 고수苦受나 낙수樂受 등을 수용하는 것이다. '요별'이란 모든 식識의 요별 작용을 가리킨다.
833 이 해석에 따르면, 위의 경문에 나온 네 종류는 신身·수受·심心·법法이라는 사념처

釋曰。第二正釋。然釋四義。自有二說。一云。心執受義者。謂知自心於境執受。領納義者。如¹⁾彼三受納之義。了別義者。謂知諸識了別境義。雜染清淨義者。知一切法雜染清淨。一云。此四如其次第。知四念處所緣四境。謂身受心法。而言心執受者。舉能執受。顯所執身。

1) ㉠ '如'는 '知'의 오기인 듯하다.

(c) 결론

경 선남자여, 이와 같은 네 가지 의미가 모든 의미를 두루 포섭함을 알아야 한다.

善男子。如是四義。當知普攝一切諸義。

석 세 번째는 총괄적 결론임을 알아야 한다.

釋曰。第三總結應知。

d) 삼의三義에 의거해서 의미를 아는 것에 대해 설명함

(a) 총괄적 표명

의 경계를 제시한 것이다. '마음의 집수'는 '신'에 해당하고, '영납'은 '수'에 해당하며, '요별'은 '심'에 해당하고, '잡염·청정'은 '법'에 해당한다. 그런데 여기서 특히 '신身'을 일컬어 '집수'라고 칭했는데, 이때 '집수'라는 말은 능히 집수하는 작용(能執受)을 뜻하는 것이 아니라 집수된 것(所執受)을 뜻한다. 가령 『成唯識論』 등에서 아뢰야식의 인식대상(所緣)인 종자種子·몸(有根身)을 일컬어 '집수執受'라고 표현하는 경우와 같다.

경 다시 선남자여, 저 보살들이 세 가지 의미를 잘 알기 때문에 '의미를 안다'고 하는 것이다.

復次。善男子。彼諸菩薩。由能了知三種義故。名爲知義。

석 이하는 네 번째로 세 가지 의미에 의거해서 '의미를 아는 것'에 대해 해석하였다. 이에 세 가지가 있다. 처음은 총괄해서 표명하였고, 다음은 이름을 나열했으며, 마지막은 따로 해석하였다.
이것은 처음에 해당한다.

釋曰。自下第四約三種義。以釋知義。於中有三。初總標。次列名。後別釋。此卽初也。

(b) 문답으로 이름을 나열함

ⓐ 질문

경 어떤 것이 세 가지 의미인가?

何等三義。

석 이하는 문답으로 이름을 나열한 것이다.
이것은 질문에 해당한다.

釋曰。自下問答列名。此卽問也。

ⓑ 대답

경 첫째는 '문'의 의미, 둘째는 '의'의 의미, 셋째는 '계'의 의미다.

一者文義。二者義義。三者界義。

석 이것은 두 번째로 개수에 따라서 이름을 나열한 것이다.

釋曰。此卽第二依數列名。

(c) 따로 해석함

ⓐ 문文의 의미

경 선남자여, '문'의 의미란 명신名身 등을 말한다.

善男子。言文義者。謂名身等。

석 이하는 세 번째로 세 가지 의미를 따로 해석한 것이다. (경문은) 세 가지로 구분된다.
이것은 처음의 의미에 해당한다.
'문의 의미'라는 것은, 이른바 명신名身과 구신句身과 문신文身을 말한다. 이 명名 등 세 가지에 '적집積集'의 뜻이 있기 때문에 '신身'이라 하였다.[834] 혹은 '신'은 '체體'의 뜻이라 할 수도 있다. 말하자면 명 등 세 가지

---

[834] 이 해석에 의하면, 명·구·문에 붙은 '신身'이란 글자는 '복수·집합'을 뜻한다.

는 모두 체가 있기 때문에 그것을 '신'이라 이름한 것이다.[835] 이 세 가지가 '의미를 능히 뚜렷하게 드러내므로(能彰顯義)' 모두 '문'이라 한다.[836] 곧 능전能詮의 의미이기 때문에 '문의 의미'라고 하였다.[837]

> 釋曰。自下第三別釋三義。即分爲三。此即初義。言文義者。所謂名身句身文身。此名等三。有積集義。皆名爲身。或可身者體義。謂名等三。皆有體故。名之爲身。即此三種。能彰顯義。皆名爲文。即是所[1]詮之義。故名文義。
>
> 1) ⓐ '所'는 '能'인 듯하다. 해당 번역문의 역주 참조.

ⓑ 의義의 의미

---

[835] 이 해석에 의하면, 명·구·문에 붙은 '신身'이란 글자는 이 세 가지의 법체法體를 가리키는 말이다. 즉 이 세 가지는 별도의 법체를 가진 것으로서, 오위백법의 체계 안에서는 불상응행법不相應行法에 속한다.

[836] '문文'에 대해 정의하면서, "의미를 능히 뚜렷하게 드러낸다.(能彰顯義)"라고 하였는데, 이 문구는 명名·구句·문文 중에 최소의 음운적 단위인 '문(음소)'을 정의할 때 자주 쓰인다. 음소는 그 자체로는 어떤 의미를 나타내는 것은 아니지만, 음소가 음운적 최소 단위가 되어 명名과 구句를 뚜렷하게 드러냄으로써 최종적으로는 의미를 현현시킨다는 점에서 '의미를 현현한다'고 말하기도 한다. 그런데 위의 경문에서 말한 '문'이란 그러한 '음소(文)'를 가리키는 것이 아니라, 능전能詮과 소전所詮의 관계에서 볼 때 '능전'에 속하는 모든 명·구·문을 총칭한 말이다. 이는 다음의 '의의 의미(義義)'를 해석하면서 '소전의 의미(所詮義)에 해당한다'고 한 데서도 잘 드러난다. '능전'이란 어떤 의미(대상, 이치)를 언표하는 수단으로서의 언어 자체를 가리킨다면, '소전'이란 그러한 언어에 의해 현현하게 되는 의미에 해당한다.

[837] 원측의 소疏에 "即是所詮之義故名文義"라고 한 것은, 의미가 통하지 않는다. 이하의 경문에서는 '문文'과 '의義'의 관계를 중심으로 '문의 의미(文義)'와 '의의 의미(義義)'를 설명하고 있다. 이 경문에서 '문'이라 한 것은 '능전能詮'에 해당하고, 뒤의 경문에서 '의'라 한 것은 '소전所詮'에 해당한다. 이 중에서 먼저 '문' 그 자체의 본성을 설명하기 위해 '문의 의미'를 정의한 것이다. 경문에 따르면, 이때의 '문'이란 명名·구句·문文으로 대변되는 능전의 언어 자체를 가리킨다. 여기에는 '能詮'과 '文'을 등치시키는 문구가 나와야 하기 때문에 '即是所詮之義故名文義'라는 문구에서 '所詮'을 '能詮'으로 수정하였다.

ㄱ. 표장標章으로 개수를 둠

경 '의의 의미'에는 다시 열 종류가 있음을 알아야 한다.

義義當知。復有十種。

석 이하는 두 번째로 '의의 의미'에 대해 해석한 것이다. 이 중에 두 가지가 있다. 처음은 표장으로서 개수를 들었고, 나중은 개수에 의거해서 이름을 나열하였다.
이것은 처음에 해당한다. 이것은 앞의 문의文義에 의해 나타나는 바의 의미(所詮義)이기 때문에 '의의 의미'라고 하였다.[838]

釋曰。自下第二釋其義義。於中有二。初標章擧數。後依數列名。此卽初也。是前文義所詮義故。名爲義義。

ㄴ. 개수에 의거해서 이름을 나열함

ㄱ) 첫 번째 상

경 첫째는 진실상이고,

---

[838] 능전能詮으로서의 이름(名)·문구(句)·음소(文) 등의 본성과 언어적 기능에 대해 아는 것을 일컬어 '문文을 안다'고 했다면, 그 문(명·구·문)에 의해 나타나는 (혹은 지시되는) 소전所詮의 의미의 세계에 대해 아는 것을 일컬어 '의義를 안다'고 한다. 여기서 '의'란 언어로 지시되는 의미(대상)의 세계를 말한다. 이러한 의미의 자리에 놓인 것이 '일체법'이며, 그것은 오온五蘊, 십이처十二處, 십팔계十八界 등의 법문으로 나타낼 수 있다.

一者眞實相。

석 이하는 두 번째로 개수에 따라 이름을 나열한 것이다.
이것은 첫 번째 상이니, 즉 일체법의 실상진여實相眞如를 말한다. 따라서 저 뒤의 경문에서 이르길, "'체실諦實'이란 제법의 진여를 말한다."[839]라고 하였다.

해 '체실'이 곧 '진실상'이다.[840]

釋曰。自下第二依數列名。此卽初相。謂一切法實相眞如。故下經云。諦實者。謂諸法眞如。解云。諦實卽是眞實相也。

ㄴ) 다음의 네 종류 상

경 둘째는 변지의 상이고, 셋째는 영단의 상이며, 넷째는 작증의 상이고, 다섯째는 수습의 상이며,

二者遍知相。三者永斷相。四者作證相。五者修習相。

석 이 네 종류 상은 그 차례대로 고·집·멸·도의 사제의 상에 해당한

---

839 『解深密經』 권5(T16, 709b2).
840 『解深密經』 권5「如來成所作事品」(T16, 709a27)에 따르면, 부처님께서는 본모本母(論藏) 가운데서 열한 종류 상으로 제법에 대해 자세히 분별하여 보여 주셨다고 한다. 그 열한 가지 상 중에 네 번째 '보리분법菩提分法의 행상行相'에 대해 설명하면서, 보살은 여덟 가지 행상에 의지해서 제법諸法을 관찰한다고 설한다. 그중에 첫 번째가 '체실諦實'이고, 이는 제법의 진여眞如를 말한다. 원측의 해석에 따르면, 저「如來成所作事品」에서 설한 '체실'이 바로 위의 경문에서 설한 '진실상眞實相'에 해당한다.

다.[841]

釋曰。此四種相。如其次第。苦集滅道四諦相也。

ㄷ) 여섯 번째 상

경 여섯째는 저 진실상 등의 품류차별상이며,

六者卽彼眞實相等品類差別相。

석 이것은 여섯 번째 상이다. 즉 전의 다섯 가지 상은 하나하나마다 모두 다양한 의문義門의 품류의 차별이 있다.

釋曰。此第六相。卽前五相。一一皆有衆多義門品類差別。

ㄹ) 일곱 번째 상

경 일곱째는 소의·능의의 상속상이고,

七者所依能依相屬相。

석 이것은 일곱 번째 상을 해석한 것이다.
『현양성교론』제5권에서는, "'소의와 능의의 상속상'이란 대종大種이 소

---

841 경문 중의 네 종류 상을 사제四諦에 배대하면, 고제는 두루 알아야 하고(遍知), 집제는 영원히 끊어야 하며(永斷), 멸제는 작증作證해야 하고, 도제는 수습修習해야 하는 것이다.

의이고 조색造色은 능의다."⁸⁴²라고 하였다.⁸⁴³

혹은 안眼 등이 소의이고 식識 등이 능의라고 볼 수도 있고, 혹은 능전能詮은 소의이고 소전所詮은 능의라고 볼 수도 있다.⁸⁴⁴

이와 같이 능의와 소의가 상호 계속繫屬되는 것을 '상속상'이라 한다.

釋曰. 釋第七相. 顯揚第五云. 所依能依相屬相者. 謂大種是所依. 造色是能依. 或可眼等是所依. 識等是能依. 或可能詮是所依. 所詮是能依. 如是能所互相繫屬. 名相屬相.

ㅁ) 여덟 번째 상

경 여덟째는 변지 등을 장애하는 법의 상이며,

八者卽遍知等障礙法相.

석 이것은 여덟 번째 상을 설명한 것이다. 즉 사제四諦에 의해 끊어지는 번뇌를 일컬어 '장애하는 법의 상'이라 하였다. 뒤의 경문에 의하면,

---

842 『顯揚聖教論』 권5(T31, 503b7).
843 『顯揚聖教論』은 지·수·화·풍이라는 사대종四大種과 그에 의해 조성된 조색造色의 관계에서 능의能依와 소의所依의 상호 결속 관계를 해석하였다. 거칠게 드러난 모든 물질(造色)은 지·수·화·풍이라는 네 가지 근본 요소로 이루어진 것이므로 전자가 능히 의지하는 자(能依)라면 후자는 의지하는 대상(所依)이다.
844 이것은 안식眼識 등 여섯 가지 식과 눈(眼) 등 여섯 가지 근根의 관계에서 능의能依와 소의所依의 상호 결속 관계를 해석한 것이다. 모든 식은 근을 내적 토대(所依)로 삼아 발생하므로 전자가 능히 의지하는 자(能依)이고 후자는 의지처(所依)에 해당한다고 볼 수도 있다. 또는 능전能詮의 언어 자체와 소전所詮의 의미(대상)와의 관계에서 보면, 하나의 의미(대상)는 능전의 언어에 의해 지시되거나 혹은 현현되는 것이므로 전자가 능히 의지하는 자(能依)라면 후자가 의지처(所依)에 해당한다고 볼 수도 있다.

"보리분법을 닦는 데 있어 능히 따라다니며 장애하는 모든 염오법染汚法을 일컬어 '그것을 장애하는 법의 상'이라 한 것이다."[845][846]

釋曰。辨第八相。卽是四諦所斷煩惱。名障礙法相。若依下文。謂卽於修菩提分法。能隨障礙諸染汙相。[1] 是名彼障礙法相。

1) ㉮『解深密經』권5(T16, 710a28)에 '相'이 '法'으로 되어 있다.

ㅂ) 아홉 번째 상

경 아홉째는 그것에 수순하는 법의 상이고,

九者卽彼隨順法相。

석 이것은 아홉 번째 상을 설명한 것이다. 즉 사제로 능히 미혹을 끊는 지智를 일컬어 '수순하는 법의 상'이라 하였다. 뒤의 경문에 의하면, "그것에서 많이 지었던 바의 법(所作法)을 일컬어 '그것에 수순하는 법의 상'이라 한 것이다.[847][848]

釋曰。辨第九相。卽是四諦能斷惑智。名隨順法相。若依下文。謂卽於彼多

---

845 「如來成所作事品」의 이 문구는 부처님께서 본모本母(論藏)에서 설하신 열한 종류 상 중에 여덟 번째 '피장애법상彼障礙法相', 즉 보리분법菩提分法의 수습修習에 장애가 되는 법을 설한 것이다.
846 『解深密經』 권5 「如來成所作事品」(T16, 710a27).
847 「如來成所作事品」의 이 문구는 부처님께서 본모本母(論藏)에서 설하신 열한 종류 상 중에 아홉 번째 '피수순법상彼隨順法相'에 대해 설명한 것이다. 원측의 해석에 따르면, 수순법隨順法이란 능히 미혹을 끊는 지智를 가리킨다. '그것에서 많이 지었던 바의 법'이라 한 것은 보리분법에 수순하는 지를 많이 일으켰기 때문이다.
848 『解深密經』 권5 「如來成所作事品」(T16, 710a29).

所作。[1] 名[2]彼隨順法相。

1) ㉔『解深密經』권5(T16, 710a29)에 '作' 뒤에 '法'이 있다.　2) ㉔『解深密經』권5(T16, 710a29)에 '名' 앞에 '是'가 있다.

ㅅ) 열 번째 상

경 열째는 불변지 등과 변지 등의 과환·공덕의 상이다.

十者不遍知等及遍知等過患功德相。

석 이것은 열 번째 상을 설명한 것이다. 즉 불변지 등의 번뇌의 과실 및 변지 등 지혜의 공덕의 차별적 상을 말한다. 따라서 뒤의 경문에서는 말한다. 〈'그것의 과환의 상(彼過患相)'이란 그 모든 장애법에 있는 모든 과실임을 알아야 한다. '그것의 승리의 상(彼勝利相)'이란 그 모든 수순법에 있는 모든 공덕임을 알아야 한다.〉[849]

釋曰。明第十相。謂不遍知等煩惱過失。及遍知等智慧功德差別之相。故下經云。彼過患相者。當知卽彼諸障礙法所有過失。彼勝利相者。當知卽彼諸隨順法所有功德。

(* 의의義義에 대한 그 밖의 해석)

해 또 사제四諦를 총괄해서 설하여 '진실상'이라 설했을 수 있다. 따라서『유가사지론』제64권에서 첫 번째 제상교諦相敎와 그 밖의 아홉 가지 상을 설하였으니, 이는 이 경과 동일하다.[850] 고제를 '변지의 상'이라 했

---

849 『解深密經』권5「如來成所作事品」(T16, 710b1).
850 『瑜伽師地論』권64(T30, 654b7)에서는 일체장一切藏과 본모本母에 속하는 모든 교教

고, 집제를 '영단의 상'이라 했으며, 멸제를 '작증의 상'이라 했고, 도제를 '수습의 상'이라 하였다. 십육행十六行의 차별을 '저 진실상 등의 품류차별상'이라 하였다.[851] 집인集因·고과苦果와 도인道因·멸과滅果가 '서로 합치한다(相稱)'는 뜻을 설해서 '소의와 능의의 상속상'이라 하였으니, 인因을 소의라고 하였고, 과果를 능의라고 한 것이다.[852] 사제에 의해 끊어지는 법을 설하여 '변지 등을 장애하는 법의 상'이라 하였고,[853] 결택분決擇分[854]

를 다음과 같은 열 종류로 구분했다. 첫째는 제상諦相, 둘째는 변지遍知, 셋째는 영단永斷, 넷째는 증득證得, 다섯째는 수습修習, 여섯째는 그것의 품류차별(彼品類差別), 일곱째는 그것에 소속된 소의·능의의 상속(彼所攝所依能依相屬), 여덟째는 변지 등을 장애하는 법(遍知等障法), 아홉째는 변지 등에 수순하는 법(遍知等順法), 열째는 불변지 등과 변지 등의 과실·공덕(不遍知等遍知等過失功德)에 관한 교이다. 이 논에서 '제상諦相'이라 한 것은 사제四諦를 총칭한 말이고, 변지에서부터 수습까지는 사제를 따로따로 설명한 것이다. 이전의 원측의 해석에 따르면, 『解深密經』에서 설한 첫 번째 진실상眞實相은 '제법의 진여'라고 한 바 있다. 그런데 또 다른 해석에 의하면, 진실상은 '사제의 상(諦相)'을 가리킨다고 볼 수도 있다.

851 이 해석에 따르면, 사제四諦에 대해 짓는 십육행상十六行相을 일컬어 이 『解深密經』에서는 '저 진실상 등의 품류의 차별상(彼眞實相等品類差別相)'이라 한 것이다. 말하자면 '품류의 차별상을 관찰한다'는 것은 고제에 대해 비상非常·고苦·공空·비아非我의 4행상, 집제에 대해 인因·집集·생生·연緣의 4행상, 멸제에 대해 멸滅·정靜·묘妙·리離의 4행상, 도제에 대해 도道·여如·행行·출出의 4행상을 관하는 것을 말한다.

852 이 해석에 따르면, 인因과 과果가 서로 칭합하는 관계를 일컬어 '능의·소의의 상속상'이라 한 것이다. 말하자면 집제가 원인이 되어 고제라는 과보를 불러오고, 도제의 수습이 원인이 되어 멸제의 증득이라는 과를 얻는 것이다.

853 『解深密經疏』의 원문은 "說四諦所斷法。名爲卽遍知諦果法相。"이라고 되어 있는데, 뒤의 '遍知諦果法相'이라는 문구 중에 오자가 있는 듯하다. 전후 문맥상으로 볼 때, 여기에는 『瑜伽師地論』 권64에 열거된 열 종류 상 중에 여덟 번째 '변지 등을 장애하는 법(遍知等障法)'과 상응하는 문구가 나와야 의미가 통한다. 말하자면 '사제에 의해 끊어지는 법'을 일컬어 '변지 등을 장애하는 법의 상'이라 한다고 해야 전후문맥이 통한다. 『瑜伽師地論』의 '遍知等障法'은 『解深密經』에는 '遍知等障礙法相'이라 되어 있다. 이에 따를 때, 『解深密經疏』에서 '遍知諦果法相'이라 한 것은 '遍知障礙法相'의 오기인 듯하다.

854 결택분決擇分 : 결택을 본질로 하는 모든 성도聖道를 가리킨다. 예를 들어 『俱舍論』 권23(T29, 120a18)에서 다음과 같이 말한다. "여기서 '결決'이란 결단決斷을 말하고, '택擇'이란 간택簡擇을 말한다. 곧 결단과 간택이란 모든 성도聖道(견도·수도·무학도)를 말하니, 모든 성도는 능히 의심을 끊는 것이기 때문이며, 아울러 능히 사제의 상을

등을 '그것에 수순하는 법의 상'이라 하였다. 번뇌의 과실과 변지의 공덕을 '불변지 등과 변지 등의 과환·공덕의 상'이라 하였다.

> 又解。總說四諦。名眞實相。故瑜伽論六十四云。一諦相敎。餘之九相。名同此經。苦諦名遍知相。集諦名永斷相。滅諦名作證相。道諦名修習相。十六行差別。名卽彼眞實相等品類差別相。說集因苦果道因滅果相稱義。名所依能依相屬相。因名所依。果爲能依也。說四諦所斷法。名爲卽遍知諦果[1]法相。決擇分等。名爲卽彼隨順法相。煩惱過失遍知功德。名不遍[2]等及遍知等過患功德相。

---
1) ㉠ '諦果'는 '障礙'의 오자인 듯하다. 해당 번역문 역주 참조.   2) ㉠ '遍' 뒤에 '知'가 누락된 듯하다.

『잡집론』 제15권에 의하면, 『애미경』을 인용해서 구체적으로 열 가지 상을 해석한다.[855] 따라서 그 논에서는 말한다.

> '진실상'이란 취온取蘊(오취온)에 포섭되는 고제의 상을 말한다.[856]
> '변지상'이란 이것에 애미 등이 있음을 여실하게 아는 것을 말한다.[857]

분별하는 것이기 때문이다. 그리고 '분分'이란 분단分段을 말한다.……결택의 부분이기 때문에 '결택분'이라는 명칭을 얻게 된 것이다." 이 논에 따르면, 결택분이라는 말은 오직 견도見道 한 가지만을 가리키고, 특히 견도 이전의 가행위加行位에서 닦는 난煖·정頂·인忍·세제일법世第一法 등의 사선근위四善根位는 진실한 결택에 수순해서 나아가는 단계이기 때문에 순결택분順決擇分이라 한다.

855 『雜集論』 권15에서는 『愛味經』을 인용하여 진실상 등의 열 종류 상을 해석하였다. 그런데 '애미경'이란 이름은 이 논에서만 언급되기 때문에 이것이 어떤 경인지 알 수 없다. 또 이 논에서 경문을 자세히 인용하지 않고 주요 문구만 언급하였기 때문에 경문의 구체적 내용을 알 수 없다.

856 『愛味經』에 따르면, 진실상眞實相이란 일체의 취온取蘊 그 자체가 '고苦'라는 것이고, 이것을 일컬어 '취온에 포섭된 고제의 상'이라 하였다. 이에 비해 이전의 『瑜伽師地論』 권64에서는 진실상이란 사제四諦의 상을 총칭한 것이라고 하였다.

857 『愛味經』에 따르면, 변지상遍知相이란 색 등의 오온에 애미愛味(탐미함)가 있고, 그것

'영단상'과 '작증상'이란 일체의 세간으로부터 해탈을 증득하는 것을 말한다. 모든 장애를 영원히 끊고, 전의轉依를 증득하는 것이기 때문이다.[858]

'수습상'이란 전도된 마음을 떠나서, 많이 수습하며 머무는 것을 말한다.

'품류차별상'은 (다음과 같다.)【해 이 차별상은 그 순서대로 위의 다섯 가지 상에 차별적 의미가 있음을 해석한 것이다.】

진실상에는 다섯 종류 차별이 있으니, 색色 내지는 식識을 말한다.[859]

변지상에는 세 종류 차별이 있으니, 말하자면 애미愛味는 애미를 따라서 내지는 출리出離는 출리를 따라서 여실하게 아는 것이다.[860]【해 '세 종류 차별'이란 애미, 출리, 여실한 앎을 말한다. 이 해석에 의하면, '애미'란 집제에 해당하고, '내지는'이라 한 것은 '과환'이라는 고제도 포함시킨 것이며, '출리'란 멸제에 해당하고, '여실한 앎'은 도제에 해당한다.[861] 혹은 세 가지에서, 첫째는 애미이고 둘째는 과환이며 셋째는 출리이니, 이 세 종류를 여실하게 요지하는 것을 '여실지'라고 한 것일 수도 있다.】

영단상과 작증상에는 각기 두 종류 차별이 있으니, 번뇌해탈煩惱解脫과 고해탈苦解脫을 말한다. (경에서) '이 모든 천세간天世間에서부터 내

의 과환過患이 있으며, 그로부터의 출리出離가 있음을 '여실하게 아는 것'을 말한다.
858 영단상永斷相이란 모든 장애를 영원히 끊은 것이고, 작증상作證相이란 장애를 끊고 내적 토대를 전환하여(轉依) 궁극의 지혜를 증득하는 것이다.
859 일체의 취온取蘊에서 색·수·상·행·식 등 다섯 가지 취온으로 구별하는 것을 일컬어 진실상의 품류 차별상이라 한다.
860 오취온五取蘊에 대해 두루 요지하는 데에 세 가지 차별이 있다. 세 가지 차별이란 오취온 상에서 애미가 있음을 여실하게 아는 것, 과환過患이 있음을 여실하게 하는 것, 출리出離가 있음을 여실하게 아는 것을 따로 구분한 것이다.
861 『愛味經』에 의거하면, '변지遍知'란 색色 등의 오온五蘊에 대해 '유미有味·유환有患·유출리有出離를 여실하게 아는 것'을 말한다. 이 중에 애미(味, 탐착)는 집제에 해당하고, 과환(患)은 그에 의해 초감되는 고제에 해당하며, '출리出離'란 고제 등이 소멸한 멸제에 해당하고, '여실하게 안다'는 것은 멸滅을 증득하기 위해 닦는 도제에 해당한다.

지는 천·인이 모두 해탈을 얻었다'는 것은 번뇌해탈을 나타낸다. 이것의 차별적 의미를 나타내기 위해 다음에 '출리'라는 말을 설하였다. 어째서인가? 그 밖의 경에서 설하였다. 〈'출리'란 무엇인가? 만약 이 처소에서 탐욕을 영원히 멸하고 탐욕을 영원히 끊었다면, (그는) 탐욕을 벗어났기 때문에, 이와 같이 미래의 고苦를 낼 수 있는 번뇌로부터의 이계離繫를 획득하였기 때문에, '고'에서 역시 해탈한 것이다.〉 이것의 차별적 의미를 나타내기 위해 다음에 '계박을 떠난 지극한 해탈(離繫縛極解脫)'을 설하였다.

수습상에도 두 종류 차별이 있으니, 견도와 수도를 말한다. '전도된 마음을 떠난다'는 것은 견도를 나타내고, '많이 수습하여 안주한다'는 것은 수도를 나타낸다.[862]

'능의와 소의의 상속상'이란 진실상 등 (앞의 것이 연속적으로) 이후의 것에 대해 소의가 되어 줌을 말한다.

'변지 등을 장애하는 법의 상'이란 이와 같은 삼전三轉을 여실하게 알지 못하는 것을 말한다.[863]

'변지 등에 수순하는 법의 상'이란 안립된 바와 같이 색 등의 법에서 애미 등의 상을 관찰하는 것을 말한다.

'불변지 등에 있는 과실의 상'이란 해탈하지 못하고 내지는 무상정등보리를 깨닫지 못하는 것을 말한다. 이와 상반되는 것을 '변지 등에 있

---

862 인용문 서두에서 "수습상修習相이란 전도된 마음을 떠나서, 많이 수습하며 안주하는 것이다."라고 하였는데, 이 중에 전자는 견도見道의 수습상을 나타내고, 후자는 수도修道의 수습상을 나타낸 것이다.

863 이전의 원측의 해석에 따르면, '삼전三轉'에 대해 몇 가지 해석이 가능하다. 그런데 뒤에서 '변지 등에 수순하는 법이란……애미 등의 상을 관찰하는 것'이라 한 것에 준해 보면, '변지 등을 장애하는 법'이란 그와 상반되는 것임을 알 수 있다. 말하자면 '삼전을 따라 여실하게 알지 못한다'는 것은 오온에서 애미愛味·과환過患·출리出離의 상을 따라서 여실하게 관하지 않는 것을 가리킨다.

는 공덕의 상'이라 한다.[864]

若依雜集第十五卷。引愛味經。具釋十相。故彼論云。眞實相者。謂取蘊所攝苦諦相。遍知相者。謂卽於此有味等如實智。[1] 永斷相作證相者。謂從一切世間得解脫。由永斷諸障。證得轉依故。修習相者。謂離顚倒心。多修習住。品類差別相者。【解云。此差別相。如其次第。釋上五相有差別義也。】眞實相。有五種差別。謂色乃至識。遍知相。有三種差別。謂味由味故。乃至出離由出離故。如實知。【解云。三差別者。謂味出離如實知。若依此釋。愛味卽是集諦。言乃至者。卽攝過患苦諦。出離是滅諦。如實知是道諦。或可三者。一愛味。二過患。三出離。於此三種。如實了知。名如實知也。】永斷相。作證相。各有二種差別。謂煩惱解脫。苦解脫。從此諸天世間乃至幷天人皆得解脫者。顯煩惱解脫。爲顯此差別義故。次說出離言。何以故。由餘經言。出離云何。謂若於是處。貪欲永滅。貪欲永斷。超過貪欲故。如是由能生未來苦煩惱得離繫故。苦亦解脫。爲顯此差別義故。次說離繫縛極解脫。修習相者。[2] 有二種差別。謂見道修道。離顚倒心者。顯示見道。多修習住者。顯示修道。能依所依相屬相者。謂顯示眞實相等。爲後後所依性。遍知等障礙法相者。謂如是三轉不如實知。遍知等隨順法相者。謂觀察如所安立色等法中味等相。於不遍知等過失相者。謂不解脫乃至不證覺無上正等菩提。與此相違。名於遍知等功德相。

---

1) ㉟『雜集論』권15(T31, 766c29)에 '智'가 '知'로 되어 있다. 2) ㉟『雜集論』권15(T31, 767a12)에 '者'가 없다.

ⓒ 계界의 의미

---

864 『雜集論』 권15(T31, 766c28).

ㄱ. 표장으로 개수를 둠

경 '계界의 의미'라고 한 것은 다섯 종류 계를 말한다.

言界義者。謂五種界。

석 세 번째는 '계의 의미'를 해석한 것이다. 이 중에 세 가지가 있다. 처음은 표장으로 개수를 든 것이고, 다음은 개수에 의거해서 이름을 나열한 것이며, 마지막은 오의에 대해 총결지은 것이다.
이것은 처음에 해당한다.

釋曰。第三釋界義。於中有三。初標章1)數。次依數列名。後總結五義。此即初也。

---
1) ㉑ '章' 뒤에 '擧'가 누락된 듯하다.

ㄴ. 개수에 의거해서 이름을 나열함

경 첫째는 세계이고, 둘째는 유정계이며, 셋째는 법계이고, 넷째는 조복되는 계이며, 다섯째는 조복시키는 방편계이다.

一者世界。二者有情界。三者法界。四者所調伏界。五者調伏方便界。

석 두 번째는 개수에 의거해서 이름을 나열한 것이다.
『장엄경론』 제12권에서는 '오무량五無量'이라 이름하였다.[865] 따라서 그

---
[865] 『大乘莊嚴經論』 권12에서는 다섯 종류 사사의 무량無量을 설하는데, 이 다섯 종류 사

논에서는 말한다.

> 다섯 가지 사事의 무량은 다음과 같다. 첫째는 교화해야 할(應化) 사의 무량함이니, (이것이) 모든 중생계를 포괄하기 때문이다. 둘째는 청정하게 해야 할(應淨) 사의 무량함이니, (이것이) 모든 기세계器世界를 포괄하기 때문이다. 셋째는 증득해야 할(應得) 사의 무량함이니, (이것이) 모든 법계를 포괄하기 때문이다. 넷째는 성숙시켜야 할(應成) 사의 무량함이니, (이것이) 모든 교화 가능한 중생을 포괄하기 때문이다. 다섯째는 설해야 할(應說) 사의 무량함이니, (이것이) 중생을 교화하는 방편인 십이부경을 포괄하기 때문이다.[866]

『현양성교론』 제3권에서도 '오무량五無量'이라 이름하였다. 따라서 그 논에서는 말한다.

> 첫째는 유정의 무량함이다. 보살은 (시방의) 무량한 세계의 모든 유정들의 차별적 상을 사유하여, 혹은 일족一足과 이족二足과 사족四足과 다족多足, 유색有色과 무색無色, 오취五趣와 사생四生 등에 대해 (여실하게 안다.)
> 둘째는 세계의 무량함이다. 보살은 시방의 무량한 기세간의 상을 사유하여, 이 세계가 잡염되었는지 이 세계가 청정한지, 혹은 이루어지거나 무너지는 갖가지 모습의 차별을 건립한 것 등에 대해 (여실하게

는 위의 경문에서 말한 다섯 종류 계계와 대응된다. 첫째 교화해야 할 사(應化事)는 유정계有情界에 해당하고, 둘째 청정하게 해야 할 사(應淨事)는 세계世界에 해당하며, 셋째 증득해야 할 사(應得事)는 법계法界에 해당하고, 넷째 성숙시켜야 할 사(應成事)는 조복되는 대상의 계(所調伏界)에 해당하고, 다섯째 설해야 할 사(應說事)는 조복시키는 방편의 계(調伏方便界)에 해당한다.
866 『大乘莊嚴經論』 권12(T31, 654c3).

안다.)

셋째는 법계의 무량함이다. 보살은 시방의 무량한 세계의 모든 법들의 자상自相과 공상共相을 사유하여, 이것이 색色인지 비색非色인지, 유견有見인지 무견無見인지 등에 대해 (여실하게 안다.)

넷째는 조복되는 대상(所調伏)의 무량함이다. 보살은 시방의 무량한 세계의 유정들의 갖가지 행行과 갖가지 성姓을 사유하여, 성문 종성이나 독각 종성이나 여래 종성, 연근軟根·중근中根·상근上根의 우열의 차별 등에 대해 (여실하게 안다.)

다섯째는 조복시키는 방편(調伏方便)의 무량함이다. 보살은 시방의 무량한 세계의 교화되는 유정을 조복시키는 방편에 대해 사유하여, 이것은 비밀祕密의 법을 설함으로 인해 비로소 조복시킬 수 있고, 이것은 현료顯了의 법을 설함으로 인해 비로소 조복시킬 수 있으며, 이것은 거두어들이는(攝受) 방편에 의해, (혹은) 이것은 굴복시키는(折伏) 방편 등에 의해 비로소 조복될 수 있다는 것에 대해 (여실하게 안다.)[867]

구체적으로 설하면 그 논과 같다.
자세한 것은 예를 들어 제10권 경기經記[868]에서 설한 것과 같다.

釋曰。第二依數列名。莊嚴十二名五無量。故彼論云。五事無量者。一應化事無量。由攝一切衆生界故。二應淨事無量。由攝一切器世界故。三應得事無量。由攝一切法界故。四應成事無量。由攝一切可化衆生故。五應說事無量。由攝十二部經是化主[1]方便故。顯揚第三。亦名五無量。故彼論云。一有情無量。菩薩思惟無量世界一切有情差別之相。或一足二足四足多足。

---

867 이상은 『顯揚聖教論』권3(T31, 492c15) 참조.
868 '제10권 경기經記'란 『解深密經疏』제10권을 가리키는 듯하다. 이 부분은 원본은 산실되고, 티베트어에서 한문으로 환역된 것만 남아 있다.

有色無色。五趣四生等。二世界無量。菩薩思惟十方無量器世界²⁾相染。³⁾ 此世界淨。或成壞種種形界⁴⁾差別建立等。三法界無量。菩薩思惟十方無量世界一切諸法自相共相是色非色有見無見等。四所調伏無量。菩薩思惟十方無量世界有情種種行種種姓。或聲聞種性。或獨覺種性。或如來種性。奧中上根勝劣差別等。五調伏方便無量。菩薩思惟十方無量世界所化有情調伏方便。此因說秘密之法。方能調伏。此因說顯了之法。方能調伏。此因攝受方便。此因折伏方便等。方令調伏。具說如彼。廣如第十經記中說。

1) ㉓『大乘莊嚴經論』권12(T31, 654c7)에 '主'가 '衆生'으로 되어 있다. 2) ㉑『顯揚聖教論』권3(T31, 492c26)에 '界'가 '間'으로 되어 있다. 3) ㉑『顯揚聖教論』권3(T31, 492c26)에 '染' 앞에 '此世界'가 있다. 4) ㉔ '界'는 다른 본에는 '貌'로 되어 있다. ㉑『顯揚聖教論』권3(T31, 492c29)에 '貌'로 되어 있다.

ㄷ. 총결

경 선남자여, 이와 같은 다섯 가지 의미가 모든 의미들을 포괄함을 알아야 한다.

善男子。如是五義。當知普攝一切諸義。

석 세 번째는 다섯 가지 의미에 대해 총결지은 것이다.

그런데 이 결문은,『해심밀경』초본草本과『유가사지론』초본과『심밀해탈경』에 의하면 모두 "이와 같은 다섯 가지 의미"라고 하였고,『현양성교론』제5권에 의하면 '이와 같은 세 가지 의미가 모든 의미를 포괄한다'고 하였다.⁸⁶⁹

앞의 열 가지 의미와 다섯 가지 의미와 네 가지 의미는 모두 경문에 나

869 『顯揚聖教論』 권5(T31, 502c25) 참조.

와 있는 수數이고, 앞에 준해 볼 때 여기서는 '세 가지 의미'라고 하는 것이 더 나음을 알 수 있다.[870] 이『해심밀경』과『유가사지론』 두 곳의 초본 및『심밀해탈경』에서 모두 '다섯 가지 의미'라고 한 것은 갑자기 (이전 내용으로) 되돌아간 것이라 해도 무방하다.

> 釋曰。第三總結五義。然此結文。依經草本瑜伽草本及深密經。皆云如是五義。若依顯揚第五卷云。如是三義普攝諸義。如上十義五義四義。皆有經數。准上知。此中三義爲勝。此經瑜伽兩處草本及深密經。皆云五義。不妨輒迴。

『해심밀경소』제6권
解深密經疏卷第六

---

[870] 지금까지 지관의 수행에서 '의미를 안다(知義)'는 것에 대해 열 가지 의미, 다섯 가지 의미, 네 가지 의미, 세 가지 의미에 의거해서 거듭 설명하였다. 마지막은 문文·의義·계界라는 세 가지 의미에 의거해서 설명하였음에도 그 결문結文에서 '다섯 가지 의미가 모든 의미를 포괄한다'고 한 것은 전후 문맥상 오류가 있는 듯하다. 그런데 이상의 내용을 동일하게 다루는 유식학 경론 중에『解深密經』과『瑜伽師地論』 등에는 모두 '다섯 가지 의미'라고 되어 있고,『顯揚聖敎論』에서는 '세 가지 의미'라고 되어 있는데, 원측은 후자가 더 낫다고 평하였다. 말하자면 이전의 단락들에는 열 가지 의미, 다섯 가지 의미를 설명하고 나서 각기 그 개수에 맞춰 결론짓는 문장들이 따로 있었다. 지금 이 단락에서는 문文과 의義와 계界라고 하는 세 가지 의미가 일체법을 모두 포괄함을 밝힌 것이다. 따라서 그에 맞춰 결론짓는 문장에서도 '이와 같이 세 가지 의미가 모든 의미를 포괄한다'고 해야 한다는 것이다.

찾아보기

가상假想의 승해勝解 / 221, 224
가안립假安立 / 337
가타伽陀 / 117
가행구경과작의정加行究竟果作意定 / 229~231
가행구경작의加行究竟作意 / 229~231
각관覺觀 / 314
각료覺了 / 404
각사자覺師子 / 289
각의 완료(覺了) / 432
간략한 설(略說) / 423
간택簡擇 / 135, 202
감능성堪能性 / 126
거擧 / 324, 329
거상擧相 / 323, 326
건립建立 / 352, 375, 394
견見 / 137, 332
견도의 15심(見道十五心) / 260
견見·문聞·각覺·지知 / 236
견분見分 / 110, 112
견의 전도(見倒) / 397
견제도見諦道 / 259
견지見至 / 258, 260
견취견取見 / 397
경境 / 66
경사경事 / 87
경안輕安 / 123, 126, 244
경안촉輕安觸 / 126

경유가경瑜伽 / 67
경境·행行·과果 / 66
계界 / 453
계경契經 / 115
계금취견戒禁取見 / 397
계념繫念 / 127, 214
계차별관界差別觀 / 92
고를 낙이라 여기는 전도(於苦樂倒) / 397
고성제苦聖諦 / 368
공덕功德·과실過失 / 409
공덕시功德施의 『파야론波若論』 / 83
공무변처空無邊處 / 222, 223, 230, 242
공무변처정空無邊處定 / 221
공무아지空無我智 / 259
공空·무원無願·무상無相 / 90, 356
공성空性 / 421
공처정空處定 / 221
과果 / 67
과거계過去界 / 413
과유가果瑜伽 / 68, 69
관觀 / 77, 137, 202, 324, 329
관경觀境 / 134
관대도리觀待道理 / 205
관도觀道 / 327
관觀에 수순하는 작의作意 / 143, 144
관觀의 동분영상同分影像 / 133
관觀의 행상行相 / 135
관행觀行 / 73
광대심廣大心 / 83
광명光明 / 318

찾아보기 • 459

광명념光明念 / 295, 317, 319
광명상光明想 / 318, 319
광廣·약略 / 422
광파廣破 / 116
교敎의 자성自性 / 334
구句 / 334, 338, 343
구마라다鳩摩邏多 / 169
구분俱分의 칭찬공덕稱讚功德 / 308
구상관九想觀 / 254
구수具壽 가다연니자迦多衍尼子 / 243
구신句身 / 335, 343
구지拘胝(Ⓢ koṭi) / 390
구지俱胝(Ⓢ koṭi) / 391
구해탈俱解說 / 258
그것의 본성인 소지사(彼本性所知事) / 139
그것의 증수(彼證受) / 434, 436
극략색極略色 / 178
극형색極迥色 / 178
극희지極喜地 / 311
근본정려根本靜慮 / 106
근분정近分定 / 229
근송近誦 / 81
근주近住 / 126
기별記別 / 115, 116
기별경記別經 / 116
기세계器世界 / 375
기야祇夜 / 117

낙樂 / 137
낙법의 즐거움(樂法樂) / 293
낙수樂受 / 243
낙차洛叉(Ⓢ lakṣa) / 391
남섬부주南瞻部洲 / 378
내심內心 / 123, 125
내주內住 / 126
네 가지 종류 혜행慧行 / 202
네 가지 혜의 행상(四慧行相) / 202
네 종류 사마타 / 234
네 종류 소연경사所緣境事 / 86
네 종류 혜행慧行 / 135
논의論議 / 115, 117
능정사택能正思擇 / 135, 202
능지해탈能知解脫·능수해탈能受解脫 / 433
능취能取 / 351, 373
능취법能取法 / 374
니타나尼陀那 / 117

다문多聞 / 120
단수單修 / 184~186
대덕大德 라마邏摩 / 169
대범천왕大梵天王 / 386
대비행大悲行 / 288
대승大乘 / 84
『대업론大業論』 / 162, 296
『대업섭론大業攝論』 / 292
대지大地 / 377
대진大秦의 수정水精 / 172
대천大千 / 380, 381

나마南摩(Ⓢ nāma) / 341
나유다那庾多 / 391

대천계大千界 / 382
대천세계大千世界 / 385
대총법大總法 / 265, 276, 283
대총법大總法을 반연하는 사마타·비발사나 / 274, 277
도락차度洛叉(⑤ atilakṣa) / 391
도성제道聖諦 / 370
도도·여如·행行·출出 / 90
도제여道諦如 / 370
동분同分 / 102
동비제가주東毗提訶洲 / 378
둔근鈍根 / 258, 259
등류과等流果 / 222, 224
등류습기等流習氣 / 308
등무간연等無間緣 / 411
등인等引 / 98, 213
등인지等引地 / 201
등주等住 / 126
등지等持 / 126, 210, 247
등지等至 / 106

로파魯波(⑤ rūpya) / 219

마왕魔王 / 389
마음의 전도(心倒) / 397
마음의 집수(心執受) / 438

마혜수라천왕摩醯首羅天王(⑤ Maheśvara : 대자재천) / 386, 389
만慢 / 397
말타末陀(⑤ madhya) / 391
매달리야梅怛履耶(⑤ Maitreya) / 75
멸성제滅聖諦 / 369
멸滅·정靜·묘妙·이離 / 90
멸제여滅諦如 / 370
멸진정滅盡定 / 227, 231
명名 / 334, 336, 341, 342
명명明 / 137
명名·구句·문文 / 334, 346
명료상명了想 / 227
명名·상想 / 79
무간심無間心 / 185, 188, 193, 325
무간작의無間作意 / 188
무감임無堪任 / 291
무견無見 / 153
무공용수無功用修 / 286, 287, 289, 304, 309
무대無對 / 153
무량無量 / 235
무량총법無量總法 / 265, 278, 283
무량총법無量總法을 반연하는 사마타·비발사나 / 274, 278
무루의 색(無漏色) / 153, 154
무루無漏의 심품心品 / 108
무루無漏의 유식관지唯識觀智 / 367
무반제無畔齊 / 297
무변심無邊心 / 83
무변한 식의 상(無邊識相) / 224
무변한 행상(無邊行相) / 226
무변한 허공의 상(無邊虛空相) / 222, 230
무분별영상無分別影像 / 86, 96, 97, 99,

101, 105, 112
무분별영상소연無分別影像所緣 / 89
무분별영상소연경사無分別影像所緣境事 / 87
무분별영상소연작의無分別影像所緣作意 / 101
무분별의 현량(無分別現量) / 100
무분별지無分別智 / 112
무분한상無分限相의 대법광명大法光明 / 298
무상無想 / 227
무상無相 / 421
무상수無相修 / 286, 287, 289, 304, 309
무상을 상이라 여기는 전도(無常常倒) / 397
무상정無想定 / 227, 230
무상취無相取 / 109
무상행無相行 / 259, 260
무색無色(Ⓢ arūpya) / 219, 220
무색계의 생(無色界生) / 232
무색의 정(無色定) / 232
무선후성無先後性 / 361
무소유無所有의 상상 / 230
무소유처無所有處 / 225, 226, 231, 242
무소유처無所有處에 대한 가상假想의 승해勝解 / 230
무수無數 / 392
무승無勝 / 75
무심무사無尋無伺 / 320
무심무사삼마지無尋無伺三摩地 / 313, 320, 323
무심사無尋伺 / 320, 323
무심유사無尋唯伺 / 317
무심유사삼마지無尋唯伺三摩他 / 313,

317, 322
무아를 아라고 여기는 전도(無我我倒) / 397
무아성無我性 / 421
무애변無礙辨 / 282
무애해無礙解 / 282
무위과無爲果 / 430
무인론無因論 / 93
무작색無作色 / 233
무전도無顚倒 / 398
무전도성無顚倒性 / 67
무전후성無前後性 / 364
무진無瞋 / 241
무진선근無瞋善根 / 238, 239, 247
무탐無貪 / 241
무탐선근無貪善根 / 241
무표無表 / 153
무표색無表色 / 152, 153, 233
무희족수無喜足修 / 286, 287
묵치기嘿置記 / 424, 425
문文 / 334, 339, 340, 344, 441
문답問答 / 424
문소성지聞所成地 / 120
문신文身 / 335, 344
문혜聞慧 / 118, 119, 130
미래계未來界 / 414
미륵彌勒 / 76
미제례彌帝隷 / 76

반문기返問記 / 424, 425

반야般若(Ⓢ prajña) / 77
발광지發光地 / 311
발심發心 / 80
발타鉢陀(Ⓢ pada) / 343
방광方廣 / 115, 116
방광분方廣分 / 307
백천百千 / 379, 380
번뇌잡염煩惱雜染 / 399
범세천梵世天 / 383
범왕梵王 / 389
법法(Ⓢ dharma) / 331
법가안립法假安立 / 78, 79, 115
법계法界 / 419~421, 454
법광法光 / 297
법광명法光明 / 297, 318, 319
법 동산(法苑) / 293
법 동산의 즐거움(法苑樂) / 294, 296
법동유法同喩 / 180
법락法樂 / 293
법무아성法無我性 / 365
법무애法無礙 / 281
법무애해法無礙解 / 282
법성法性 / 421
법신과法身果 / 272
법法에 의지하는 사마타·비발사나 / 249, 251
법法에 의지하지 않는 사마타·비발사나 / 249
법法을 아는 것 / 331, 333
법·의와 유사한 영상상분(似法義影像相分) / 105
법이도리法爾道理 / 205
법인法印 / 255
법정法定 / 421

법주法住 / 421
법처소섭색法處所攝色 / 177
법처法處에 속하는 색色 / 152
법행法行 / 258~260
변계소기색遍計所起色 / 178
변무애辨無礙 / 281, 282
변선나便繕那(Ⓢ vyanjana) / 344
변정천遍淨天 / 242
변제邊際 / 105, 420
변지遍知 / 435, 444
변지과遍知果 / 404, 429
변지사遍知事 / 404, 405
변지상遍知相 / 450, 451
변지의遍知義 / 404, 406
변지의 과(遍知果) / 434, 436
변지의 인연(遍知因緣) / 434
변지의 자성(遍知自性) / 434
변지인遍知因 / 404, 428
변지해야 할 사(所遍知事) / 434, 435
변지해야 할 의미(所遍知義) / 434, 435
변집견邊執見 / 397
별법別法 / 262, 264
별법을 반연하는 사마타·비발사나(緣別法奢摩他毗鉢舍那) / 262, 264
별상사념처別相四念處 / 253
보리菩提 / 271
보리평등菩提平等 / 372
보변심사普遍尋思 / 135, 202
보살법성菩薩法性 / 80
보살현관菩薩現觀 / 332
보특가라무아성補特伽羅無我性 / 365
본사本事 / 115, 116
본생本生 / 115, 116
본질本質 / 132, 138, 177

본질本質과 영상影像 / 138
본질상분本質相分 / 174
부사의계不思議界 / 421
부전도심不顚倒心 / 83
부정관不淨觀 / 92, 152, 253, 254
부정을 정이라 여기는 전도(不淨淨倒) / 397
부지족수不知足修 / 304
부질선근不嫉善根 / 247
북구로주北俱盧洲 / 379
분별기分別記 / 424, 425
분별답分別答 / 424
분별론자分別論者 / 168
불공불법不共佛法 / 69
불변역성不變異性 / 421
불상위성不相違性 / 67
불평등인不平等因 / 93
불해不害 / 241
불해선근不害善根 / 239, 247
불허망성不虛妄性 / 421
비悲 / 236, 244, 247
비나야毗奈耶(ⓢ Vinaya) / 430
비등지비等至 / 237
비무량悲無量 / 237
비발사나毗鉢舍那(ⓢ vipaśyanā) / 72, 77, 286, 324
비발사나삼마지소행영상毗鉢舍那三摩地所行影像 / 149
비발사나에 수순하는 승해와 상응하는 작의(隨順毗鉢舍那勝解相應作意) / 144
비발사나의 소연경사所緣境事 / 104
비발사나의 소연경심所緣境心 / 147
비발사나의 칭찬공덕稱讚功德 / 308
비불략毗佛略 / 117

비상非常·고苦·공空·비아非我 / 90
비상비비상처非想非非想處 / 227, 228, 231
비소卑小 / 384
비유譬喩 / 115, 116
비하卑下 / 383

사伺 / 315
사捨 / 236, 244, 247, 324, 329
사견邪見 / 397
사기四記 / 424
사다가闍多伽 / 117
사득四得 / 259
사등지捨等至 / 237
사마타奢摩他(ⓢ śamatha) / 72, 77, 123, 207, 286, 324
사마타에 수순하는 승해와 상응하는 작의(隨順奢摩他勝解相應作意) / 143
사마타의 소연경사所緣境事 / 104
사마타의 칭찬공덕稱讚功德 / 308
사무량四無量 / 234, 238, 241, 242, 246, 410
사무량사無量捨 / 237, 241
사무색정四無色定 / 219, 232, 233
사무애辭無礙 / 281, 282
사무애해辭無礙解 / 282
사문과沙門果 / 430
사바세계娑婆世界 / 389
사법似法·사의似義 / 199
사법四法의 우타나優陀那 / 255

사법인四法印 / 90, 255, 356
사변제事邊際 / 102, 106, 356
사변제각事邊際覺 / 205, 206
사변제성事邊際性 / 86, 96, 99, 105
사변제소연事邊際所緣 / 89, 90, 97, 107
사변제소연경사事邊際所緣境事 / 87
사변제소연작의事邊際所緣作意 / 101
사변제수事邊際修 / 101
사상捨相 / 323, 327
사선근위四善根位 / 259
사성제四聖諦의 십육행상十六行相 / 90
사성판事成辦 / 300
사소성지思所成地 / 122
사연四緣·삼세三世 / 411
사의四義 / 436
사자각師子覺 / 112
사정려四靜慮 / 209, 217, 218
사제四諦 / 418
사제四諦의 십육행상十六行相 / 355
사종도리四種道理 / 67
사주四洲 / 378, 379, 382
사중번뇌四重煩惱 / 410
사찰伺察 / 322
사찰비발사나伺察毗鉢舍那 / 197, 200
사찰을 따라 행하는(隨伺察行) 비발사나 / 201
사행四行 / 259
사행관四行觀 / 202
사행진여邪行眞如 / 369, 370
사혜思慧 / 119, 121, 130
산심散心의 소연所緣 / 181
살가야견薩迦耶見 / 397
삼계유심三界唯心 / 149
삼마지三摩地(Ⓢ samādhi) / 77, 314

삼마지관동분영상三摩地觀同分影像 / 134
삼마지소행관경三摩地所行觀境 / 101
삼마지소행심경三摩地所行心境 / 102
삼마지소행영상三摩地所行影像 / 132, 151, 152, 180
삼마지소행의 유분별영상(三摩地所行有分別影像) / 193, 198
삼마지영상소지의三摩地影像所知義 / 134
삼마희다지三摩呬多地 / 98
삼사관三事觀 / 202
삼상三相 / 416
삼세三世 / 413
삼승三乘의 관행觀行 / 70
삼십칠보리분법三十七菩提分法 / 68
삼의三義 / 439
삼천三千 / 380
삼천대천세계三千大千世界 / 379, 381, 387, 389
삼천세계三千世界 / 381, 386, 388, 394
삼해탈三解脫 / 356
삼해탈문三解脫門 / 356
상像 / 166, 167
상想 / 337
상견常見 / 225
상상과 수受 / 230
상분相分 / 110, 112
상색像色 / 167, 168, 171~173
상색무체설像色無體說 / 169
상수순성相隨順性 / 67
상심常心 / 83
상응相應 / 66
상의 전도(想倒) / 397
상진여相眞如 / 365, 371
상칭과相稱果 / 93

상칭인相稱因 / 93
색구경천色究竟天 / 385
생무색生無色 / 233
생잡염生雜染 / 399
생정려生靜慮 / 214, 218
서구타니주西瞿陀尼洲 / 379
선교소연善巧所緣 / 88, 89, 93
선교소연경계善巧所緣境界 / 136
선정의 경계가 되는 색(定境色) / 153
선정의 등류等流 / 222
섭산攝散 / 255, 256
섭수攝受 / 395
섭수사攝受事 / 395
성만成滿 / 301
성문현관聲聞現觀 / 332
성취成就 / 308
성판成辦 / 302
세간청정世間淸淨 / 401
세계世界 / 454
세속발심世俗發心 / 81
세속수발심世俗受發心 / 81
세속世俗·승의勝義 / 407
세속유世俗有 / 408
세속世俗의 유식唯識 / 185, 190
세 종류 사마타 / 207, 208
소광천少光天 / 383
소소연疎所緣 / 138
소연연所緣緣 / 412
소의·능의 상속상(所依能依相屬相) / 445
소작성만所作成滿 / 299, 300
소작성만소연所作成滿所緣 / 107
소작성취所作成就 / 299
소작성취소연所作成就所緣 / 89, 91
소작성판所作成辦 / 86, 96, 99, 102, 300

소작성판소연所作成辦所緣 / 97, 102
소작성판소연경사所作成辦所緣境事 / 87
소작성판소연작의所作成辦所緣作意 / 101
소작성판수所作成辦修 / 101, 106
소지所知 / 332
소지사所知事 / 139
소지의所知義 / 134, 139
소지의라는 본질의 경계(所知義本質之境) / 138
소천小千 / 380, 381, 383
소천계小千界 / 382
소천세계小千世界 / 380, 381, 384
소총법小總法 / 265, 276, 283
소총법小總法을 반영하는 사마타·비발사나 / 274, 275
소총법小總法을 반영하는 지관 / 274
소취所取 / 352, 374
소행所行 / 102, 151
소행관경所行觀境 / 102
소행영상所行影像 / 159, 166, 181
속어俗語 / 344
수다라修多羅 / 117
수발심受發心 / 81
수발심법受發心法 / 81
수번뇌隨煩惱 / 128
수법행隨法行 / 259, 260
수법행보살隨法行菩薩 / 257
수법행자隨法行者 / 257
수소인색受所引色 / 178
수隨·소召·합合 / 341
수습修習 / 444
수습상修習相 / 451, 452
수신행隨信行 / 258~260
수신행보살隨信行菩薩 / 258

수신행자隨信行者 / 258
수용受用 / 352, 394
순청정분順淸淨分 / 299
숨겨진 비난(伏難) / 163
승생勝生 / 379
승신勝身 / 378
승의勝義 / 421
승의유勝義有 / 408
승의勝義의 유식唯識 / 191
승의勝義의 유식성唯識性 / 185
승인勝因 / 302
승처勝處 / 379
승해작의勝解作意 / 89, 97
시기尸棄 / 389
시방세계十方世界 / 394
식과 유사한 상(相似識想) / 224
식무변처識無邊處 / 224, 230, 242
식무변처정識無邊處定 / 224
식상수식상수修 / 289, 309
식식識의 삼분설三分說 / 110
신경안身輕安 / 123, 126
신의信倚 / 305
신자구身資具 / 395
신증身證 / 258
신해信解 / 258, 260
신행信行 / 258~260, 288
신행信行·법행法行 / 251, 257
실리라다室利邏多 / 169
실상진여實相眞如 / 361, 444
실제實際 / 419, 421
심尋 / 315
심경안心輕安 / 123
심구尋求 / 321
심구비발사나尋求毗鉢舍那 / 197, 199

심사尋伺 / 314
심사尋思 / 204
심사를 따라 행하는(隨尋思行) 비발사나 / 201
심상心相 / 131, 133, 185~187, 192, 193, 208, 326
심의心倚 / 305
심의식心意識 / 373
심일경心一境 / 190, 191
심일경성心一境性 / 185, 190, 191, 194, 232
심일심一心 / 185
십변처十遍處 / 152
십의十義 / 350
십이부경十二部經 / 78
십이분교十二分敎 / 79, 115
십일체처관十一切處觀 / 150
쌍수雙修 / 184, 186

아기다阿嗜多 / 75
아로파阿魯波 / 220
아부타단마阿浮陀檀摩 / 117
아세야阿世耶(S Aseya) / 237
아승기阿僧祇(S asaṅkya) / 393
아승기야阿僧企耶(S asaṃkhya) / 393
아씨다阿氏多(S Ajita) / 75
아유다阿庾多(S ayuta) / 391
아일다阿逸多 / 75
아파타나阿婆陀那 / 117
아홉 가지 정행正行 / 126

아홉 종류 심주心住 / 126, 127
아홉 종류 주심住心 / 202
악각惡覺 / 128
악찰라惡刹羅(⑤ akṣara) / 344
안립安立 / 368
안립진여安立眞如 / 368, 370
안주安住 / 126
알아야 할 사(所知事) / 100
알아야 할 사의 동분(所知事同分) / 101
알아야 할 사의 동분영상(所知事同分影像) / 98
알아야 할 의미(所知義) / 350
애섭심愛攝心 / 83
야마천夜摩天 / 382
『양론梁論』 / 292, 297
『양조론梁朝論』 / 298
어의각語義覺 / 205, 206
억億 / 390
억념憶念의 광명光明 / 294
억지식憶持識 / 158
업잡염業雜染 / 399
에각恚覺(瞋覺) / 128
여과與果와 섭인攝因 / 414
여덟 가지 지(八止) / 209
여덟 종류 사마타 / 208
여소유성如所有性 / 90, 99, 351, 354, 356, 358, 359
여실각如實覺 / 205, 206
연기緣起 / 116
연기관緣起觀 / 92
연기선교緣起善巧 / 93
열반涅槃 / 271
열반과涅槃果 / 272
열반적정涅槃寂靜 / 356

염배상厭背想 / 417
영影 / 167
영납領納 / 438
영단永斷 / 444
영단상永斷相 / 451
영략影略 / 358
영상影像 / 132, 138, 177
영상상분影像相分 / 105, 174
영상수影像修 / 101
영색影色 / 167, 171~173
오명처五明處 / 120
오무량五無量 / 454, 455
오역五逆 · 십악十惡 / 410
오의五義 / 403
오직 상을 따라 행하는(唯隨相行) 비발사나 / 201
오타남鄔拖南 / 255, 256
오파타야鄔波拖耶 / 81
온선교蘊善巧 / 93
올타남嗢拖南 / 255
요별了別 / 438
요별진여了別眞如 / 366, 371
욕각欲覺 / 128
우타나優陀那 / 117
우타나憂陀那 / 255
우파제사憂婆提舍 / 117
우필차優畢叉(⑤ upekṣā) / 324
우화牛貨 / 379
원경圓鏡 / 170
원만圓滿 / 302, 308
원성실성圓成實性 / 191
원지圓智의 무상無相 / 389
위세본魏世本 / 162
유가瑜伽 / 66, 70

유가지관瑜伽止觀 / 72, 113
유분별영상有分別影像 / 86, 96~98, 101, 105, 185
유분별영상소연有分別影像所緣 / 89
유분별영상소연경사有分別影像所緣境事 / 87
유분별영상소연작의有分別影像所緣作意 / 101
유상비발사나有相毗鉢舍那 / 197, 198
유상有相·심구尋求·사찰伺察의 비발사나毗鉢舍那 / 196
유상정有想定 / 227
유석類釋 / 353
유선나踰繕那(Ⓢ yojana) / 378
유순由旬 / 378
유식唯識 / 148, 149, 155, 158, 160, 181~183
유식성唯識性 / 191, 367
유식여唯識如 / 367
유식진여唯識眞如 / 367
유심유사삼마지有尋有伺三摩地 / 313, 316, 321
유위과有爲果 / 272, 431
유전流轉 / 365
유전여流轉如 / 364
유전의 진여(流轉之眞如) / 362
유전진여流轉眞如 / 360, 370
유정계有情界 / 454
유정평등有情平等 / 370
육사차별소연관六事差別所緣觀 / 202, 203
육사차별소연비발사나六事差別所緣毗鉢舍那 / 204
윤왕轉王 / 389
은밀교隱密敎 / 426, 427

은밀隱密·현료顯了 / 426
응송應頌 / 115
의依 / 72
의疑 / 397
의광명義光明 / 319
의무애義無礙 / 281
의무애해義無礙解 / 282
의미(義, Ⓢ artha) / 331, 350
의미(義)를 아는 것 / 331
의요意樂 / 237
의의 의미(義義) / 443
의지진여依止眞如 / 368
의타기성依他起性 / 191
의학依學 / 81
이계의 보리분법(離繫菩提分法) / 400
이리·교敎·행行·과果 / 67, 84
이근利根 / 257, 259
이분二分 / 112
이생성離生性 / 421
이언법성離言法性 / 79
이언자성離言自性 / 80
이제우다가伊帝憂多伽 / 117
이천중세계二千中世界 / 387
인忍 / 137
인과상속사因果相屬事 / 96
인忍·낙樂·혜慧·견見·관觀 / 137
인연因緣 / 115, 412
인因·집集·생生·연緣 / 90
일곱 가지 전도(七顚倒) / 397
일곱 종류 편만진여遍滿眞如 / 363
일미진여一味眞如 / 355, 357
일심一心 / 191
일천세계一千世界 / 387
일체법무아一切法無我 / 356

일체사一切事 / 96
일체지광선인一切智光仙人 / 76
일체행고一切行苦 / 356
일체행무상一切行無常 / 356
일향기一向記 / 424, 425
일향답一向答 / 424
입출식관入出息觀 / 92

자字 / 340, 344
자慈 / 236, 243, 246, 247
자구資具 / 395
자등지慈等至 / 237
자무량慈無量 / 237
자비관慈悲觀 / 92, 253
자慈·비悲의 무량無量 / 238
자慈·비悲·희喜·사捨 / 234, 237
자설自說 / 115, 116
자성自性 / 337
자성自性·상想의 가시설假施設 / 336
자성으로 머물면서 색 등을 반연하는 마음
 (自性而住緣色等心) / 181
자성증어自性增語 / 342
자세한 설(廣說) / 423
자씨慈氏 / 75
자재소생색自在所生色 / 178
자재행自在行 / 288
자증분自證分 / 110
작용도리作用道理 / 205
작증作證 / 444
작증상作證相 / 451

잡염雜染 / 352, 399
잡염雜染·청정淸淨 / 438
적跡 / 343
적정寂靜 / 126
전도顚倒 / 352, 396
전도 없음(無倒) / 352
전상수전상修 / 289, 309
전어典語 / 344
전의轉依 / 91, 99, 271
전주일취專注一趣 / 126
정定 / 77, 85, 329
정견행正見行 / 288
정경계색定境界色 / 233
정定과 혜慧 / 77, 85
정관正觀 / 213
정려靜慮 / 209~214, 218
정무색定無色 / 233
정정려定靜慮 / 214, 218
정지심正智心 / 83
정진행精進行 / 288
정행正行 / 123, 126
정행소연淨行所緣 / 88, 89, 91
정행소연경계淨行所緣境界 / 136
정행의 진여(正行之眞如) / 363
정행진여正行眞如 / 370, 372
정혹소연淨惑所緣 / 88, 89, 94
정혹소연경계淨惑所緣境界 / 136
제법평등諸法平等 / 371
제일심第一心 / 83
제증상법諦增上法 / 261
제현관諦現觀 / 260
조복調伏 / 430
조복되는 계(所調伏界) / 454
조복시키는 방편계(調伏方便界) / 454

조순調順 / 126
주住 / 72
주변사찰周遍伺察 / 135, 202
주변심사周遍尋思 / 135, 202
주심관찰周審觀察 / 135, 202
중유中有 / 167
중유무체론中有無體論 / 168
중천中千 / 380, 381
중천계中千界 / 382
중천세계中千世界 / 381
증법성발심證法性發心 / 81, 82
증상연增上緣 / 412
증성도리證成道理 / 205
지止 / 77, 123, 202, 207, 324, 329
지智 / 137
지知 / 332
지止・거擧・사捨 / 324
지止・관觀 / 70
지관止觀 / 66, 72
지止・관觀・거擧・사捨 / 329
지관쌍수止觀雙修 / 190
지관止觀의 네 종류 소연경사所緣境事 / 86
지관止觀의 단수單修와 쌍수雙修 / 185
지관止觀의 의依와 주住 / 75
지도止道 / 327
지상止相 / 323, 325, 330
지시止時 / 330
지심止心 / 125, 133
지止에 수순하는 작의作意 / 141
지행止行 / 73
지혜止慧 / 130
지혜평등智慧平等 / 372
지혜행智慧行 / 288
진瞋 / 397

진소유성盡所有性 / 90, 99, 106, 351~353, 355~359
진실사眞實事 / 96
진실상眞實相 / 443, 444, 450, 451
진실작의眞實作意 / 89, 97, 112
진실한 진여성(眞實眞如性) / 111
진여眞如 / 419, 421
진여실성眞如實性 / 364
진여와 유사한 상(似眞如相) / 111
진여眞如의 여러 이름 / 419
집물什物 / 395
집성제集聖諦 / 369
집수執受 / 438
집시集施 / 255
집제여集諦如 / 369
집착진여執着眞如 / 368
집총수集總修 / 286

차별증어差別增語 / 343
차제도次第道 / 292
처비처선교處非處善巧 / 93
천천千千 / 380
첫 번째 겁劫의 아승기야阿僧企耶 / 81
청어靑瘀 / 152
청정淸淨 / 352, 400, 401
청정분淸淨分 / 300
청정진여淸淨眞如 / 361, 369, 372
체실諦實 / 444
촌전村田 / 376
총법總法 / 262, 264, 265

찾아보기 • 471

총법을 반연하는 사마타·비발사나(緣總法
　奢摩他毗鉢舍那) / 262, 273, 284, 310,
　323
총법總法을 반연하는 지관 / 266, 269
총상념처總相念處 / 254
총수總修 / 304
총연總緣 / 285
최극간택最極簡擇 / 135, 202
최극사택最極思擇 / 135, 202
최극적정最極寂靜 / 126
최상심最上心 / 83
추중麤重 / 290, 292
출세간청정出世間淸淨 / 401
취구경성趣究竟性 / 67
치기置記 / 424
치답置答 / 424
치성수熾盛修 / 286, 287, 304
친교親敎 / 81
친교사親敎師 / 81
친소연親所緣 / 138, 164
칠여七如 / 362
칠진여七眞如 / 361
칭찬공덕稱讚功德 / 308

타심他心 / 164, 165
타심지他心智 / 164
탐貪 / 397
통리通利 / 118

팔해탈八解脫 / 154
편만소연遍滿所緣 / 87, 89, 95, 96
평등성平等性 / 421
표상標相 / 255, 256
품류차별상品類差別相 / 445, 451
풍송諷誦 / 115, 116

해각害覺 / 128
해탈도解脫道 / 292
행行 / 67
행사行捨 / 328, 329
행수다원行須陀洹 / 259
행유가行瑜伽 / 68
허공계虛空界 / 421
허공과 유사한 상(相似空想) / 222
허공무변처虛空無邊處 / 230
현료교顯了教 / 426, 427
현색顯色 / 167, 229
현재계現在界 / 414
혜慧 / 77, 85, 137, 246
혜해탈慧解脫 / 258
혼침惛沉과 도거掉擧 / 327
화가라나和伽羅那 / 117
화상和尚 / 81
화합수和合修 / 289, 309
후득지後得智 / 111
흔欣 / 240, 241
희喜 / 236, 244, 247

희근喜根 / 239, 240
희등지喜等至 / 237
희무량喜無量 / 237, 239, 240
희법希法 / 115, 117
희수喜受 / 240, 241

4종관四種觀 / 137
9종 관상觀想 / 152
37종류 보리분법(三十七種菩提分法) / 429
120전轉 / 393
140불공불법不共佛法 / 410

한글본 한국불교전서

신·라·출·간·본

신라 1 인왕경소
원측 | 백진순 옮김 | 신국판 | 800쪽 | 35,000원

신라 2 범망경술기
승장 | 한명숙 옮김 | 신국판 | 620쪽 | 28,000원

신라 3 대승기신론내의약탐기
태현 | 박인석 옮김 | 신국판 | 248쪽 | 15,000원

신라 4 해심밀경소 제1 서품
원측 | 백진순 옮김 | 신국판 | 448쪽 | 24,000원

신라 5 해심밀경소 제2 승의제상품
원측 | 백진순 옮김 | 신국판 | 508쪽 | 26,000원

신라 6 해심밀경소 제3 심의식상품 제4 일체법상품
원측 | 백진순 옮김 | 신국판 | 332쪽 | 20,000원

신라 7 해심밀경소 제5 무자성상품
원측 | 백진순 옮김 | 신국판 | 536쪽 | 27,000원

신라 12 무량수경연의술문찬
경흥 | 한명숙 옮김 | 신국판 | 800쪽 | 35,000원

신라 13 범망경보살계본사기 상권
원효 | 한명숙 옮김 | 신국판 | 272쪽 | 17,000원

신라 14 화엄일승성불묘의
견등 | 김천학 옮김 | 신국판 | 264쪽 | 15,000원

신라 15 범망경고적기
태현 | 한명숙 옮김 | 신국판 | 612쪽 | 28,000원

신라 16 금강삼매경론
원효 | 김호귀 옮김 | 신국판 | 666쪽 | 32,000원

신라 17 대승기신론소기회본
원효 | 은정희 옮김 | 신국판 | 536쪽 | 27,000원

신라 18 미륵상생경종요 외
원효 | 성재헌 외 옮김 | 신국판 | 420쪽 | 22,000원

신라 19 대혜도경종요 외
원효 | 성재헌 외 옮김 | 신국판 | 256쪽 | 15,000원

신라 20 열반종요
원효 | 이평래 옮김 | 신국판 | 272쪽 | 16,000원

신라 21 이장의
원효 | 안성두 옮김 | 신국판 | 256쪽 | 15,000원

신라 22 본업경소 하권 외
원효 | 최원섭·이정희 옮김 | 신국판 | 368쪽 | 22,000원

신라 23 중변분별론소 제3권 외
원효 | 박인성 외 옮김 | 신국판 | 288쪽 | 17,000원

신라 24 지범요기조람집
원효·진원 | 한명숙 옮김 | 신국판 | 310쪽 | 19,000원

신라 25 집일 금광명경소
원효 | 한명숙 옮김 | 신국판 | 636쪽 | 31,000원

신라 26 복원본 무량수경술의기
의적 | 한명숙 옮김 | 신국판 | 500쪽 | 25,000원

신라 27 보살계본소
의적 | 한명숙 옮김 | 신국판 | 534쪽 | 27,000원

고·려·출·간·본

고려 1 일승법계도원통기
균여 | 최연식 옮김 | 신국판 | 216쪽 | 12,000원

고려 2 원감국사집
충지 | 이상현 옮김 | 신국판 | 480쪽 | 25,000원

고려 3 자비도량참법집해
조구 | 성재헌 옮김 | 신국판 | 696쪽 | 30,000원

고려 4 천태사교의
제관 | 최기표 옮김 | 4X6판 | 168쪽 | 10,000원

고려5 대각국사집
의천 | 이상현 옮김 | 신국판 | 752쪽 | 32,000원

고려6 법계도기총수록
저자 미상 | 해주 옮김 | 신국판 | 628쪽 | 30,000원

고려7 보제존자삼종가
고봉 법장 | 하혜정 옮김 | 4X6판 | 216쪽 | 12,000원

고려8 석가여래행적송·천태말학운묵화상경책
운묵 무기 | 김성옥·박인석 옮김 | 신국판 | 424쪽 | 24,000원

고려9 법화영험전
요원 | 오지연 옮김 | 신국판 | 264쪽 | 17,000원

고려10 남명천화상송증도가사실
□련 | 성재헌 옮김 | 신국판 | 418쪽 | 23,000원

고려11 백운화상어록
백운 경한 | 조영미 옮김 | 신국판 | 348쪽 | 21,000원

고려12 선문염송 염송설화 회본 1
혜심·각운 | 김영욱 옮김 | 신국판 | 724쪽 | 33,000원

고려13 선문염송 염송설화 회본 2
혜심·각운 | 김영욱 옮김 | 신국판 | 670쪽 | 32,000원

조·선·출·간·본

조선1 작법귀감
백파 긍선 | 김두재 옮김 | 신국판 | 336쪽 | 18,000원

조선2 정토보서
백암 성총 | 김종진 옮김 | 4X6판 | 224쪽 | 12,000원

조선3 백암정토찬
백암 성총 | 김종진 옮김 | 4X6판 | 156쪽 | 9,000원

조선4 일본표해록
풍계 현정 | 김상현 옮김 | 4X6판 | 180쪽 | 10,000원

조선5 기암집
기암 법견 | 이상현 옮김 | 신국판 | 320쪽 | 18,000원

조선6 운봉선사심성론
운봉 대지 | 이종수 옮김 | 4X6판 | 200쪽 | 12,000원

조선7 추파집·추파수간
추파 홍유 | 하혜정 옮김 | 신국판 | 340쪽 | 20,000원

조선8 침굉집
침굉 현변 | 이상현 옮김 | 신국판 | 300쪽 | 17,000원

조선9 염불보권문
명연 | 정우영·김종진 옮김 | 신국판 | 224쪽 | 13,000원

조선10 천지명양수륙재의범음산보집
해동사문 지환 | 김두재 옮김 | 신국판 | 636쪽 | 28,000원

조선11 삼봉집
화악 지탁 | 김재희 옮김 | 신국판 | 260쪽 | 15,000원

조선12 선문수경
백파 긍선 | 신규탁 옮김 | 신국판 | 180쪽 | 12,000원

조선13 선문사변만어
초의 의순 | 김영욱 옮김 | 4X6판 | 192쪽 | 11,000원

조선14 부휴당대사집
부휴 선수 | 이상현 옮김 | 신국판 | 376쪽 | 22,000원

조선15 무경집
무경 자수 | 김재희 옮김 | 신국판 | 516쪽 | 26,000원

조선16 무경실중어록
무경 자수 | 성재헌 옮김 | 신국판 | 340쪽 | 20,000원

조선17 불조진심선격초
무경 자수 | 성재헌 옮김 | 신국판 | 168쪽 | 11,000원

조선18 선학입문
김대현 | 성재헌 옮김 | 신국판 | 240쪽 | 14,000원

조선19 사명당대사집
사명 유정 | 이상현 옮김 | 신국판 | 508쪽 | 26,000원

조선20 송운대사분충서난록
신유한 엮음 | 이상현 옮김 | 신국판 | 324쪽 | 20,000원

조선21 의룡집
의룡 체훈 | 김석군 옮김 | 신국판 | 296쪽 | 17,000원

| 조선 22 | 응운공여대사유망록
응운 공여 | 이대형 옮김 | 신국판 | 350쪽 | 20,000원

| 조선 23 | 사경지험기
백암 성총 | 성재헌 옮김 | 신국판 | 248쪽 | 15,000원

| 조선 24 | 무용당유고
무용 수연 | 이상현 옮김 | 신국판 | 292쪽 | 17,000원

| 조선 25 | 설담집
설담 자우 | 윤찬호 옮김 | 신국판 | 200쪽 | 13,000원

| 조선 26 | 동사열전
범해 각안 | 김두재 옮김 | 신국판 | 652쪽 | 30,000원

| 조선 27 | 청허당집
청허 휴정 | 이상현 옮김 | 신국판 | 964쪽 | 47,000원

| 조선 28 | 대각등계집
백곡 처능 | 임종완 옮김 | 신국판 | 408쪽 | 23,000원

| 조선 29 | 반야바라밀다심경략소연주기회편
석실 명안 엮음 | 강찬국 옮김 | 신국판 | 296쪽 | 17,000원

| 조선 30 | 허정집
허정 법종 | 성재헌 옮김 | 신국판 | 488쪽 | 25,000원

| 조선 31 | 호은집
호은 유기 | 김종진 옮김 | 신국판 | 264쪽 | 16,000원

| 조선 32 | 월성집
월성 비은 | 이대형 옮김 | 4X6판 | 172쪽 | 11,000원

| 조선 33 | 아암유집
아암 혜장 | 김두재 옮김 | 신국판 | 208쪽 | 13,000원

| 조선 34 | 경허집
경허 성우 | 이상하 옮김 | 신국판 | 572쪽 | 28,000원

| 조선 35 | 송계대선사문집 · 상월대사시집
송계 나식 · 상월 새봉 | 김종진 · 박재금 옮김 | 신국판 | 440쪽 | 24,000원

| 조선 36 | 선문오종강요 · 환성시집
환성 지안 | 성재헌 옮김 | 신국판 | 296쪽 | 17,000원

| 조선 37 | 역산집
영허 선영 | 공근식 옮김 | 신국판 | 368쪽 | 22,000원

| 조선 38 | 함허당득통화상어록
득통 기화 | 박해당 옮김 | 신국판 | 300쪽 | 18,000원

| 조선 39 | 가산고
월하 계오 | 성재헌 옮김 | 신국판 | 446쪽 | 24,000원

| 조선 40 | 선원제전집도서과평
설암 추붕 | 이정희 옮김 | 신국판 | 338쪽 | 20,000원

| 조선 41 | 함홍당집
함홍 치능 | 성재헌 옮김 | 신국판 | 348쪽 | 21,000원

| 조선 42 | 백암집
백암 성총 | 유호선 옮김 | 신국판 | 544쪽 | 27,000원

| 조선 43 | 동계집
동계 경일 | 김승호 옮김 | 신국판 | 380쪽 | 22,000원

| 조선 44 | 용암당유고 · 괄허집
용암 체조 · 괄허 취여 | 김종진 옮김 | 신국판 | 404쪽 | 23,000원

| 조선 45 | 운곡집 · 허백집
운곡 충휘 · 허백 명조 | 김재희 · 김두재 옮김 | 신국판 | 514쪽 | 26,000원

| 조선 46 | 용담집 · 극암집
용담 조관 · 극암 사성 | 성재헌 · 이대형 옮김 | 신국판 | 520쪽 | 26,000원

| 조선 47 | 경암집
경암 응윤 | 김재희 옮김 | 신국판 | 300쪽 | 18,000원

| 조선 48 | 석문상의초 외
벽암 각성 외 | 김두재 옮김 | 신국판 | 338쪽 | 20,000원

| 조선 49 | 월파집 · 해붕집
월파 태율 · 해붕 전령 | 이상현 · 김두재 옮김 | 신국판 | 562쪽 | 28,000원

| 조선 50 | 몽암대문집
몽암 기영 | 이상현 옮김 | 신국판 | 348쪽 | 21,000원

| 조선 51 | 징월대사시집
징월 정훈 | 김재희 옮김 | 신국판 | 272쪽 | 16,000원

| 조선 52 | 통록촬요
엮은이 미상 | 성재헌 옮김 | 신국판 | 508쪽 | 26,000원

| 조선 53 | 충허대사유집
충허 지책 | 성재헌 옮김 | 신국판 | 296쪽 | 18,000원

| 조선54 | 백열록
금명 보정 | 김종진 옮김 | 신국판 | 364쪽 | 22,000원

| 조선55 | 조계고승전
금명 보정 | 김용태·김호귀 옮김 | 신국판 | 384쪽 | 22,000원

| 조선56 | 범해선사시집
범해 각안 | 김재희 옮김 | 신국판 | 402쪽 | 23,000원

| 조선57 | 범해선사문집
범해 각안 | 김재희 옮김 | 신국판 | 208쪽 | 13,000원

| 조선58 | 연담대사임하록
연담 유일 | 하혜정 옮김 | 신국판 | 772쪽 | 34,000원

| 조선59 | 풍계집
풍계 명찰 | 김두재 옮김 | 신국판 | 438쪽 | 24,000원

| 조선60 | 혼원집·초엄유고
혼원 세환·초엄 복초 | 윤찬호 옮김 | 신국판 | 332쪽 | 20,000원

| 조선61 | 청주집
환공 치조 | 성재헌 옮김 | 신국판 | 416쪽 | 23,000원

| 조선62 | 대동영선
금명 보정 | 이상하 옮김 | 신국판 | 556쪽 | 28,000원

| 조선63 | 현정론·유석질의론
득통 기화·지은이 미상 | 박해당 옮김 | 신국판 | 288쪽 | 17,000원

| 조선64 | 월봉집
월봉 책헌 | 이종수 옮김 | 신국판 | 232쪽 | 14,000원

| 조선65 | 정토감주
허주 덕진 | 김석군 옮김 | 신국판 | 382쪽 | 22,000원

| 조선66 | 다송문고
금명 보정 | 이대형 옮김 | 신국판 | 874쪽 | 41,000원

| 조선67 | 소요당집·취미대사시집
소요 태능·취미 수초 | 이상현 옮김 | 신국판 | 500쪽 | 25,000원

| 조선68 | 선원소류·선문재정록
설두 유형·진하 축원 | 조영미 옮김 | 신국판 | 284쪽 | 17,000원

| 조선69 | 치문경훈주 상권
백암 성총 | 선암 옮김 | 신국판 | 348쪽 | 21,000원

| 조선70 | 치문경훈주 중권
백암 성총 | 선암 옮김 | 신국판 | 304쪽 | 19,000원

| 조선71 | 치문경훈주 하권
백암 성총 | 선암 옮김 | 신국판 | 322쪽 | 20,000원

※ 한글본 한국불교전서는 계속 출간됩니다.

원측 圓測
(613~696)

스님의 휘諱는 문아文雅이고 자字는 원측圓測이며, 신라 국왕의 자손이다. 3세에 출가해서 15세(627)에 입당하였다. 처음에는 경사京師의 법상法常과 승변僧辯 등에게 강론을 들으면서 중국 구舊유식의 주요 경론들을 배웠다. 정관 연간正觀年間(627~649)에 대종문황제大宗文皇帝가 도첩을 내려 승려로 삼았다. 장안의 원법사元法寺에 머물면서『비담론毗曇論』,『성실론成實論』,『구사론俱舍論』,『대비바사론大毘婆沙論』등 고금의 장소章疏를 열람하였다. 현장玄奘이 귀국한 이후에는『유가사지론瑜伽師地論』,『성유식론成唯識論』등을 통해 신新유식에도 두루 통달하였다. 서명사西明寺의 대덕이 된 이후부터 본격적 저술 활동에 들어가서『성유식론소成唯識論疏』,『해심밀경소解深密經疏』,『인왕경소仁王經疏』및『관소연론觀所緣論』,『반야심경般若心經』,『무량의경無量義經』등의 소疏를 찬술하였다. 지금은『인왕경소』3권과『반야바라밀다심경찬般若波羅蜜多心經贊』1권, 그리고『해심밀경소』10권만 전해진다. 말년에 역경에 종사하다 낙양洛陽의 불수기사佛授記寺에서 84세로 생을 마감하였다. 후대에 중국 법상종法相宗의 양대 산맥 중 하나인 서명파西明派를 탄생시킨 장본인으로 추앙받았다.

옮긴이 백진순

이화여자대학교 사회학과와 동 대학원 철학과 석사과정을 거쳐, 연세대학교 대학원 철학과에서『『성유식론成唯識論』의 가설假說(upacāra)에 대한 연구』로 박사학위를 받았다. 현재는 동국대학교 불교학술원 조교수로 재직 중이다. 주로 중국 법상종의 유식 사상에 대한 논문들을 발표하였고, 역주서로『인왕경소』,『해심밀경소 제1 서품』,『해심밀경소 제2 승의제상품』,『해심밀경소 제3 심의식상품·제4 일체법상품』,『해심밀경소 제5 무자성상품』등이 있으며, 공저로『인물로 보는 한국의 불교 사상』등이 있다.

증의 및 윤문
박인석(동국대학교 불교학술원 조교수)